春秋左传读本

王伯祥　选注

图书在版编目（CIP）数据

春秋左传读本 / 王伯祥选注. — 北京：商务印书馆，2022
ISBN 978-7-100-16182-4

Ⅰ.①春… Ⅱ.①王… Ⅲ.①中国历史－春秋时代－编年体②《左传》－注释 Ⅳ.①K225.04

中国版本图书馆CIP数据核字（2018）第114321号

权利保留，侵权必究。

春秋左传读本
王伯祥　选注

商　务　印　书　馆　出　版
（北京王府井大街36号　邮政编码 100710）
商　务　印　书　馆　发　行
三河市尚艺印装有限公司印刷
ISBN 978－7－100－16182－4

2022 年 3 月第 1 版	开本 640×960　1/16
2022 年 3 月第 1 次印刷	印张 31　1/4

定价：99.00 元

出版说明

王伯祥先生的《春秋左传读本》成书于 1940 年。1957 年中华书局以开明书店排校纸型重印，曾多次再版。商务印书馆此次再版，即依照 1957 年版排印。

为便于读者使用，我们做了以下工作：

一、原书为繁体字直排，本次改为简体字横排。除确系错讹误字外，对原书中具有时代特色的、特定含义的词语未予改动。

二、原书音读依据中华民国《国音常用字汇》，但现在已不常用这种注音方法，故不再采用原来的注音方式标注，但对其中一些易误繁难字标注现代汉语拼音。

三、原书对都邑山川等地理名称详注所在，其注解之今地为中华民国时之名称，为尊重原著，今一仍其旧。

四、原书所引用的文献，未注明版本，且作者引用或有省改，与当下通行版本有异，故此类引文未作改动。

五、按照现在通行标点符号规则对原书标点进行统一处理，使之符合现代出版规范。

六、原书排印错误的文字，均径改，不出注。

七、原书的文后注改为页下注。

原　序

经今古文之争起,《左传》一书遂成大问题。二千年来,异同党伐,历久难泯。迨至晚近,说逾纷纶:右之者,谓为亲见夫子,以事翼经。诋之者,谓出刘歆依托,欲以济阿世干位之私;是则不但载笔所及,致其疑诘,即作者主名,亦且惝怳难凭矣。迄于今日,略得论定。虽翼经云云,宜可舍旃,而此书出于战国时人之手,追记东周前叶二百数十年间之事,则要可信也。然则欲治先秦旧闻及探讨文章流变者,此书犹当奉为大宗,承学之士,讵可恝置。矧当种性凋残之际,先民手泽之绵存,尤感有特殊之意义乎。一九三八年春,违难孤岛,困心衡虑,百无一是,爰于事务之隙,取次选注,将纂为学校诵读之本,窃自比强挥鲁阳之戈。当时曾亦排日为程,而作辍靡恒,遂历两载,近方杀青。挦扯虫鱼,固不贤识小之本色。摘缪纠愆,实大雅宏达之盛心。述例如下,敬俟裁正。

一、本选着眼在考史与学文,是以取材一以史事发展为纲领,兼以文采辞令为指归。即有略去正文者,亦必藉手释语,以为补缀联络之用,务期一事之本末,脉络分明,首尾完具;而高文妙辞,亦得有所附丽而益显。

二、史事之发展,以段落为区别,前后互有关联者则集成一大段落,但仍依十二公纪年之次统编,中间有删节处,概加"……"符号为别,与纪事本末之移动原文序次,别立标题者不同。庶几克保完整编年之绪，藉免错综破碎之嫌。

三、本文用大字排。应加注释之处，先在本文编码为识，然后将释语分条系附于每一大段之后，用小字排。俾诵读参考，两不相妨，而一事之起讫，亦得界画分明之效。

四、地理沿革，代有变异。不悉今名，何取准望。此选于当时都邑山川等名，皆详注所在，并以现行政区之地名释之。其有岐说者，亦必参考折中，以归一是。

五、官氏人名，随文注释，取足辨识邦族，略晓职守而已。若其人其官于当时有重要关系者，则特为加详。

六、诠事释训，并参诸家，而要以杜《注》、孔《疏》为圭臬。清儒识解有突过前人者，则改从其说。通行林释本，每有胜义，辄加采获。初无是丹非素之见，蕲申近真求是之心云尔。

七、音读概依部颁《国音常用字汇》为准。凡应释音之字，先取一同音字为直音，取其易明；仍附注音符号于下，以期正读。直音字与所释字之间，概以"读如"二字介之，俾资一律，初不泥从前小学家所持"读如""读若""读曰""读为"诸例之有别也。

一九四〇年三月王伯祥谨识

目　次

隐　公
元　年 1
三　年 4
四　年 7
六　年 9
九　年 10
十一年 11

桓　公
二　年 15
三　年 20
五　年 21
六　年 22
八　年 25
十　年 27
十一年 27
十二年 29
十三年 30
十五年 31
十七年 32

庄　公

　　八　年 33
　　九　年 35
　　十　年 36
　　十一年 37
　　十二年 38
　　十四年 39
　　二十二年 41
　　二十八年 43
　　三十二年 45

闵　公

　　元　年 46
　　二　年 48

僖　公

　　二　年 53
　　四　年 54
　　五　年 58
　　六　年 61
　　七　年 62
　　八　年 64
　　九　年 65
　　十　年 68
　　十二年 70
　　十三年 71
　　十四年 72

十五年..................72

十七年..................78

二十二年................79

二十三年................81

二十四年................86

二十五年................92

二十六年................94

二十七年................96

二十八年................98

三十年.................105

三十二年...............107

三十三年...............108

文　公

元　年.................114

二　年.................116

三　年.................117

七　年.................118

十二年.................120

十三年.................121

十六年.................123

十七年.................125

十八年.................127

宣　公

二　年.................132

三　年.................137

四　年.................138

十一年 141
十二年 143
十四年 158
十五年 159
十七年 162

成 公

二　年 165
三　年 174
四　年 176
六　年 176
七　年 178
八　年 180
九　年 182
十　年 184
十二年 186
十三年 188
十五年 193
十六年 194
十七年 203
十八年 206

襄 公

二　年 209
三　年 211
四　年 213
八　年 216
九　年 219

十　年..................223

十一年..................230

十三年..................233

十四年..................236

十五年..................245

十七年..................246

十八年..................247

十九年..................253

二十年..................256

二十一年................258

二十二年................263

二十三年................267

二十四年................270

二十五年................272

二十六年................280

二十七年................289

二十八年................300

二十九年................307

三十年..................315

三十一年................320

昭　公

元　年..................329

三　年..................346

四　年..................353

五　年..................365

六　年..................372

七　年..................376

九　年 ……………………… 382
十　年 ……………………… 384
十一年 ……………………… 386
十二年 ……………………… 389
十三年 ……………………… 392
十四年 ……………………… 406
十五年 ……………………… 408
十六年 ……………………… 412
十七年 ……………………… 417
十八年 ……………………… 418
十九年 ……………………… 421
二十年 ……………………… 422
二十一年 …………………… 433
二十二年 …………………… 437
二十三年 …………………… 438
二十四年 …………………… 441
二十五年 …………………… 442
二十六年 …………………… 444
二十七年 …………………… 449
二十八年 …………………… 453
三十年 ……………………… 457
三十二年 …………………… 459

定　公

元　年 ……………………… 461
二　年 ……………………… 463
三　年 ……………………… 464
四　年 ……………………… 465

五　年……470
　　六　年……473
　　十四年……473

哀　公
　　元　年……475
　　七　年……478
　　十一年……479
　　十三年……480
　　十七年……482
　　二十年……482
　　二十二年……484

隐　公

鲁国第十四君，名息姑，《史记》作名息，为惠公弗湟之庶长子。在位十一年，为公子翚所弑。其元年当周平王四十九年己未岁，西历纪元前722年。《春秋》即托始于是年。鲁，姬姓，侯爵。自周公之子伯禽始受封。都曲阜，今山东县。

元　年[①]

初，郑武公[②]娶于申，[③]曰武姜，[④]生庄公[⑤]及共叔段。[⑥]庄公寤生，[⑦]惊姜氏，故名曰寤生，遂恶之。爱共叔段，欲立之，亟[⑧]请于武公。

---

① 隐公元年当郑庄公二十二年。
② 郑武公名掘突，郑国第二君，郑桓公友之子。在位二十七年。其元年当周宣王二十二年乙未岁，西历纪元前806年。郑国，姬姓，伯爵，周宣王庶弟友始受封，即桓公。初都棫林，在今陕西华县西北。武公始徙新郑，今河南县。
③ 申国，姜姓，侯爵，灭于楚。其地在今河南南阳县。
④ 武姜，武公妻姜氏。当时妇人称谓，每系母家之姓，示所自来，故曰"姜"，"武"则所配偶之谥也。
⑤ 庄公在位四十三年。其元年当周平王二十八年戊戌岁，西历纪元前748年。二十二年入"春秋之世"。
⑥ 共叔段即京城太叔，庄公弟，其后出奔共国，故称"共叔"。犹晋侯在鄂则称之为"鄂侯"耳。
⑦ 寤生即难产，《史记》云"生之难"是也。盖先困而后寤，始得出生，故下云"惊姜氏"。因命名曰寤生。
⑧ 亟读如"器"，频数也。"亟请"即屡次请求。

公弗许。

及庄公即位，为之请制。^① 公曰："制，岩邑^②也，虢叔^③死焉。佗邑唯命。"请京，^④使居之，谓之"京城大叔"。祭仲^⑤曰："都城过百雉，^⑥国之害也。先王之制，大都不过参国之一，^⑦中五之一，小九之一。今京不度，^⑧非制也，君将不堪。^⑨"公曰："姜氏欲之，焉辟^⑩害。"对曰："姜氏何厌^⑪之有，不如早为之所，无使滋蔓。蔓，难图也，蔓草犹不可除，况君之宠弟乎。"公曰："多行不义必自毙，子姑待之。"

既而大叔命西鄙、北鄙贰于己。^⑫公子吕^⑬曰："国不堪贰，君将若之何。欲与大叔，臣请事之；若弗与，则请除之，无生民心。"公曰："无庸，将自及。"大叔又收贰以为己邑，至于廪延。^⑭子封曰："可矣，厚将得众。^⑮"公曰："不义不暱，^⑯厚将崩。"大叔完

---

① 制，郑邑，故城在今河南汜水县西，亦名虎牢。
② 岩邑，险要之邑。故有山险可扼之境曰"岩疆"。
③ 虢叔，东虢之君。虢有东西二国，皆姬姓，伯爵。周文王子虢仲始封于西虢，故城在今陕西宝鸡县东。后为晋所灭，详后。虢仲弟虢叔始封于东虢，故城即今河南荥泽县之虢亭。别作"郭"。其后世有凭恃险要，不务德义者，郑武公灭之。故此云"虢叔死焉"。
④ 京，郑邑，故城在今河南荥阳县东南二十一里。
⑤ "祭"读如"蔡"（zhài）。祭仲，郑大夫。其先为祭封人，掌封疆者，后遂以为氏。字足，故一称祭足，一称祭仲足，亦称祭封人仲足。
⑥ 方丈曰"堵"，三堵曰"雉"。一雉之墙长三丈，高一丈。侯伯之城方五里，径三百雉。故其都不得过百雉。
⑦ 参通"三"。当时制度：诸侯都城之大小，大国不得过王城三分之一，中国不得过王城五分之一，小国不得过王城九分之一。故此云"大都不过参国之一"，下云"中五之一，小九之一"。
⑧ 不度，不合当时之制度，故下云"非制"。
⑨ 不堪，不任也。此有控制不住之意。
⑩ 辟同"避"。
⑪ 厌，满足也。
⑫ 鄙，边邑。贰，两属。贰于己，使之离心向己也。
⑬ 公子吕，郑大夫，字子封。
⑭ 廪延，郑邑，在今河南延津县北。
⑮ 厚谓土地广大。得众，收得民心也。
⑯ 暱音"匿"，亲也。

聚,①缮甲兵,②具卒乘,③将袭郑。夫人将启④之。公闻其期,曰:"可矣。"命子封帅⑤车二百乘以伐京。京叛大叔段,段入于鄢。⑥公伐诸鄢。五月辛丑,大叔出奔共。⑦……

遂置姜氏于城颍⑧而誓之曰:"不及黄泉,⑨无相见也。"

既而悔之。颍考叔⑩为颍谷封人,⑪闻之。有献于公。公赐之食,食舍肉。公问之。对曰:"小人有母,皆尝小人之食矣,未尝君之羹,请以遗⑫之。"公曰:"尔有母遗,繄⑬我独无。"颍考叔曰:"敢问何谓也。"公语之故,且告之悔。对曰:"君何患焉,若阙⑭地及泉,隧⑮而相见,其谁曰不然。"公从之。公入而赋:⑯"大隧之中,其乐也融融。⑰"姜出而赋:"大隧之外,其乐也泄泄。⑱"遂为母子如初。……

---

① 完聚,谓完治城郭,聚集人民。
② 缮,修治整理之谓。甲谓衣装。兵谓武器。
③ 具,备也。卒为步兵。乘,作战之兵车也。
④ 启,开也,导也。"启之"意即内应。
⑤ 帅同"率",带领也;指挥也。
⑥ 鄢,妘姓国,郑武公灭之,夷为邑。初仍旧名,后改称鄢陵。今河南县。
⑦ 共,音"恭"。共国,伯爵,共伯和之国,后为卫邑。即今河南辉县。太叔奔此,已出郑境矣。
⑧ 寘同"置",安顿也。此有流放意。城颍,郑地,即临颍,故城在河南今县西北。
⑨ 地中之泉曰黄泉,此誓词之意,盖谓不至死后不复相见也。
⑩ 颍考叔,郑人,为城颍典守封疆之吏。
⑪ 颍谷即城颍之谷。封人即典守封疆之吏。
⑫ 遗,赠送也。
⑬ 繄读如"伊",语首助词。
⑭ 阙通"掘"。
⑮ 隧,地道也。
⑯ 赋,赋诗,犹后世诗题中之"口号"。
⑰ 融融,和乐相得之貌。
⑱ 泄泄,舒散相得之貌。泄读如"曳"。

三　年①

　　郑武公、庄公为平王②卿士，③王贰于虢，④郑伯怨王。王曰无之。故周、郑交质，⑤王子狐⑥为质于郑，郑公子忽⑦为质于周。王崩，周人将畀⑧虢公政。四月，郑祭足帅师⑨取温⑩之麦。秋，又取成周⑪之禾。周、郑交恶。

　　君子曰，⑫信不由中，⑬质无益也。明恕而行，⑭要⑮之以礼，虽无有质，谁能间⑯之。苟有明信，涧溪沼沚之毛，⑰蘋蘩蕰藻之菜，⑱筐筥锜

---

① 隐公三年当周平王五十一年辛酉岁，卫桓公十五年，陈桓公二十五年，宋穆公九年，齐僖公十一年，西历纪元前720年。
② 平王，周朝第十三王，名宜臼，幽王宫涅之子。因避犬戎之祸，自镐（今陕西长安县西北十八里）迁都王城（今河南洛阳县西偏），是为东周。平王在位五十一年。其元年辛未岁，当西历纪元前770年。四十九年己未入"春秋之世"。
③ 卿士，王卿之执政者。
④ 虢，此指西虢公，亦留仕于王朝者。贰于虢谓王欲分政于虢，不复专任郑伯。
⑤ 质读如"致"，押物取信之谓。交质，互相交换质子也。后云"交恶"，即指失信后互相嫉恶。
⑥ 王子狐，平王子。时入质于郑。
⑦ 郑公子忽，郑庄公子，一称太子忽，一称世子忽，亦称郑忽。其后嗣为郑伯，即郑昭公。在位四年，为高渠弥所弑。
⑧ 畀读如"敝"，授与也；托付也。
⑨ 师，徒众也，即兵队。
⑩ 温，周畿内国，故城在今河南温县西南。
⑪ 成周即洛邑，今洛阳县东郊。
⑫ "君子曰"以下俱作传者自己之议论。后来史书中之"论""赞"及"史臣曰"等即仿此。
⑬ 信不由中，言周、郑之诚信不出于中心，虽以子交质，无益于事，故下云"质无益也"。
⑭ 明则彼此相知，恕则彼此相谅，故曰"明恕而行"。
⑮ 要，约也；结也。
⑯ 间，隙也，离也。
⑰ 山溪为涧。通川为溪。方池为沼。小渚为沚。毛，草也。
⑱ 蘋，大萍也。蘩为皤蒿。蕰藻，聚藻也。凡此皆可以为菜。

釜之器，①潢汙行潦之水，②可荐③于鬼神，可羞④于王公，而况君子结二国之信，行之以礼，又焉用质。《风》⑤有《采蘩》《采蘋》，⑥《雅》⑦有《行苇》《泂酌》，⑧昭忠信也。

　　宋穆公⑨疾，召大司马孔父⑩而属⑪殇公⑫焉。曰："先君⑬舍与夷而立寡人，⑭寡人弗敢忘。若以大夫之灵，⑮得保首领以没，⑯先君若问与夷，其将何辞以对。请子奉之，以主社稷。⑰寡人虽死，亦无悔焉。"对曰："群臣愿奉冯⑱也。"公曰"不可。先君以寡人为贤，使主

---

① 方曰筐，圆曰筥，皆竹器。有足曰锜，无足曰釜，皆金器。筥音"莒"。
② 汙音"乌"。潦音"劳"。潢汙，停积之水。行潦，流动泛滥之水。
③ 荐，享也；献也。
④ 羞，馐膳之本字，引申为进奉、供享之义。此二语综括上"涧溪沼沚之毛"等四语，言苟出诚信，虽如此微物亦可献享于鬼神，进奉于王公也。
⑤ 《风》指《诗经》之《国风》。风本歌谣，古之王者采取各国之歌谣以观民风，故谓之"国风"。今《诗经》首列周南、召南、邶、鄘、卫、王、郑、齐、魏、唐、秦、陈、桧、曹、豳十五国诗，即称"十五国风"。
⑥ 《采蘩》《采蘋》俱《国风·召南》之篇名。小序谓为可以奉祭祀，承先祖，义盖取不嫌薄物也。此与上述诸语相应。
⑦ 《雅》指《诗经》中正乐之歌诗，今《国风》后有《小雅》《大雅》，括称为"雅"。
⑧ 《行苇》《泂酌》俱《大雅·生民之什》之篇名。《行苇》义取忠厚，《泂酌》义取虽行潦可以供祭祀也。亦与上述诸语相应。
⑨ 宋穆公，宋国第十四君，名和，为武公司空之子，宣公力之弟也。在位九年。其元年当周平王四十四年癸丑岁，西历纪元前728年。其七年入"春秋之世"。宋国，子姓，公爵。周武王既克殷纣，封其子武庚奉祀。其后武庚叛，成王诛之，更封纣之庶兄微子启于宋，以承汤祀。与陈、杞二国作宾王家，谓之"三恪"。都商丘，今河南县。
⑩ 孔父名嘉，孔子六世祖，为宋大司马。亦称孔父嘉。
⑪ 属读如"竹"，托也。"属殇公"即以奉立殇公为托。
⑫ 殇公名与夷，宋第十五君，宣公力之子，穆公和之侄。在位十年，太宰督弑之。其元年当周桓王元年壬戌岁，西历纪元前719年。
⑬ 先君，已死故君之通称。此指宋宣公。
⑭ 寡人为古诸侯自称之谦词，意即寡德之人。
⑮ 灵，威灵也。"大夫之灵"意即诸大夫之力。
⑯ "保首领以没"意即善终。
⑰ 社稷本土谷之神。古礼，诸侯祭社稷，灭国，则变置之。遂引申为国家之代称。"主社稷"盖谓为社稷之主，即国君也。
⑱ 冯同"凭"。公子冯即宋庄公，穆公和之子，为宋第十六君，在位十八年。其元年当周桓王十一年壬申岁，西历纪元前709年。

社稷，若弃德不让，是废先君之举也，岂曰能贤。①光昭先君之令德，可不务②乎。吾子其无废先君之功。"使公子冯出居于郑。八月庚辰，宋穆公卒，殇公即位。君子曰，宋宣公③可谓知人矣，立穆公，其子飨之，④命以义夫。⑤《商颂》⑥曰："殷受命咸宜，百禄是荷。"⑦其是之谓乎。

　　卫庄公⑧娶于齐东宫得臣⑨之妹，曰庄姜，⑩美而无子，卫人所为赋《硕人》⑪也。又娶于陈，⑫曰厉妫，⑬生孝伯，早死。其娣戴妫⑭生桓公，⑮庄姜以为己子。公子州吁，⑯嬖人⑰之子也，有宠而好兵。公弗禁，

---

① 岂曰能贤，犹云"岂足称贤"。
② 务，专力也。此有"专力以赴之"之意。
③ 宋宣公名力，武公司空之子，穆公和之兄，为宋第十三君。在位十九年。其元年当周平王二十四年甲戌岁，西历纪元前747年。
④ 飨，享受也。"其子飨之"言宣公有知人之明，不立其子而立弟；及穆公卒，又立宣公之子，是仍为其子享有君位也。
⑤ 夫读如"扶"，语助词。"命以义夫"言宣公能以义制命，是命出于义也。
⑥ 《商颂》为《诗经》最后一部分。《颂》为古时祭祀之乐章，《诗经·风》《雅》之后继收三《颂》，即《周颂》《鲁颂》《商颂》。
⑦ 此出《商颂·玄鸟》篇末句。言殷汤、武丁受命皆以义，故能任受天之百禄也。荷，任也。
⑧ 卫庄公名扬，卫国第十二君，为卫武公和之子。在位二十三年。其元年当周平王十四年甲申岁，西历纪元前757年。卫，姬姓，侯爵，周武王弟康叔封始受封。都朝歌，故城在今河南淇县东北。其后传至文公，迁楚丘，故城在今河南滑县东。成公又迁帝丘，即今河北濮阳县西南之颛顼城。
⑨ 东宫得臣，齐庄公之世子，早死未得立。与齐大夫东宫得臣之以东宫为氏者系别一人。齐，姜姓国，详后。
⑩ 庄姜，卫庄公之夫人，以出于齐，故系姜姓；从夫谥，故曰"庄姜"。
⑪ 《硕人》，见收《诗经·卫风》中，凡四章，每章七句。据《小序》云："《硕人》，闵庄姜也。庄公惑于嬖妾，使骄上僭，庄姜贤而不答，终以无子，国人闵而忧之。"
⑫ 陈，妫姓国，侯爵。周武王封舜之后胡公满于陈，为三恪之一。都宛丘，今河南淮阳县。十一传至桓公鲍二十三年，入"春秋之世"。春秋末为楚所灭。
⑬ 厉妫亦卫庄公夫人，以别于庄姜，别谥为"厉"。
⑭ 娣本女弟。古者嫁女，每以侄娣从。故自適（亦作"嫡"）室以下皆谓之"娣"。戴妫即厉妫之从嫁者。"戴"亦谥也。
⑮ 桓公名完，卫第十三君。在位十六年。其元年当周平王三十七年丁未岁，西历纪元前734年。其十三年入"春秋之世"。
⑯ 公子州吁，卫庄公庶子。桓公十六年二月，弑公自立。至十二月，国人弑之，迎立桓公之弟晋，是为宣公。
⑰ 嬖人，地贱而得宠之人，无间男女。此则专指宠妾，即《硕人序》所谓"惑于嬖妾"也。嬖读如"薛"。

庄姜恶之。

石碏谏①曰："臣闻爱子，教之以义方，②弗纳于邪。骄奢淫泆，③所自邪也；四者之来，宠禄过也。将立州吁，乃定之矣。④若犹未也，阶之为祸。⑤夫宠而不骄，骄而能降，⑥降而不憾，⑦憾而能眕⑧者鲜⑨矣。且夫贱妨贵，少陵长，远间亲，新间旧，小加大，淫破义，所谓六逆也；君义，臣行，⑩父慈，子孝，兄爱，弟敬，所谓六顺也；去顺效逆，所以速祸也。君人者将祸是务去，而速之，无乃不可乎？"弗听。

其子厚，⑪与州吁游。禁之不可。桓公立，乃老。⑫

四 年⑬

四年春，卫州吁弑桓公而立。⑭……

宋殇公之即位也，公子冯出奔郑。郑人欲纳之。⑮及卫州吁立，

---

① 石碏，卫大夫。碏读如"鹊"。谏读如"见"，诤也；正也。谓以义正之，诤劝使向正也。
② 义方犹言正道，使其志向必轨于正义也。故下云"弗纳于邪"。纳，入也。邪，僻也。
③ 骄谓矜傲，奢谓僭侈，淫谓无度，泆谓放荡。"泆"通作"佚，读如"逸"。
④ 定之，谓定其名位。
⑤ 阶，级也；梯也。引申有导接谊。"阶之为祸"盖谓将诱导之使作祸乱也。
⑥ 降谓抑制。
⑦ 憾读如"旱"，恨也。
⑧ 眕读如"畛"，重也。"憾而能眕"，言虽有恨于心仍能自安自重也。
⑨ 鲜，少也。
⑩ 臣行之"行"，谓能行君之义也。
⑪ 厚党于州吁，后与州吁同被杀。
⑫ 老，谓告老引退，即致仕。
⑬ 隐公四年当周桓王元年壬戌岁，卫桓公十六年，郑庄公二十五年，蔡宣侯三十一年，陈桓公二十六年，宋殇公元年，西历纪元前719年。
⑭ 据《经》文，是年二月戊申，卫州吁弑其君完。
⑮ 纳之，谓以兵拥立公子冯入宋为君也。

将修先君之怨于郑,①而求宠于诸侯以和其民,②使告于宋曰:"君若伐郑以除君害,③君为主,敝邑以赋④与陈、蔡⑤从,则卫国之愿也。"宋人许之。于是⑥陈、蔡方睦于卫,故宋公、陈侯、蔡人、卫人⑦伐郑,围其东门,五日而还。

公⑧问于众仲⑨曰:"卫州吁其成乎?"对曰:"臣闻以德和民,不闻以乱。以乱,犹治丝而棼⑩之也。夫州吁阻兵而安忍;⑪阻兵无众,安忍无亲,众叛亲离,难以济⑫矣。夫兵,犹火也,弗戢,⑬将自焚也。夫州吁弑其君,而虐用其民,于是乎不务令德,⑭而欲以乱成,必不免⑮矣。"……

州吁未能和其民,厚问定君⑯于石子。石子曰:"王觐为可。⑰"

---

① 据本《传》,隐二年十二月,郑人伐卫。讨公孙滑之乱也。注云,治元年取廪延之乱。所谓修先君之怨即指此。
② 凡诸篡立者,诸侯既与之会则不复讨。故州吁欲假拒郑之名以见好于宋,因而求得此宠会以和其民人也。
③ 君害,指在郑之宋公子冯。
④ 敝邑,对外自称其国之谦词。赋谓赋调,即所收之租税。"敝邑以赋与陈、蔡从",言将卫国之军费与陈、蔡两国之兵,从宋讨郑也。
⑤ 蔡,姬姓,侯爵。周武王封弟叔度于蔡,以监殷。成王时,叔度以武庚叛,周公放之,后立其子蔡仲胡。都上蔡,故城在河南今县西。其后九传至宣侯考父之二十八年,入"春秋之世"。又八传至平侯庐,迁新蔡,即今河南县。又二传至昭侯申,徙州来,谓之下蔡。时州来属吴,昭侯请于吴而迁之,以避楚。即今安徽凤台县。又四传,终为楚灭。
⑥ 于是,犹言"当是时"。与一般用法相当于"遂""因而"等连词者不同。
⑦ 宋公即宋殇公。陈侯即陈桓公,见下。蔡人、卫人指参加是役之蔡、卫两国人,明非国君自行,或特遣某官某人之可指称也。
⑧ 公指鲁隐公。
⑨ 众仲,鲁大夫。
⑩ 棼读如"汾",纷乱也。
⑪ 阻兵,谓恃其兵戈。安忍,谓安于残忍。
⑫ 济,通也;成也。
⑬ 戢读如"楫",止也;敛也。
⑭ 不务令德,谓不致力于美德之修进也。
⑮ 不免,不能免祸败也。
⑯ 定君,安定君位也。州吁不能和其人民,故属石厚问于石碏,如何可以安也。
⑰ 王觐为可,谓若朝觐于周王,则观听自尊,可以即安。

曰："何以得觐？"曰："陈桓公①方有宠于王，陈卫方睦，若朝陈使请，必可得也。"厚从州吁如②陈。

石碏使告于陈曰："卫国褊小，③老夫耄④矣，无能为也。此二人者，实弑寡君，敢即图之。⑤"陈人执⑥之，而请莅⑦于卫。九月，卫人使右宰丑⑧莅杀州吁于濮；⑨石碏使其宰獳羊肩⑩莅杀石厚于陈。君子曰，石碏，纯臣⑪也，恶州吁而厚与⑫焉。大义灭亲，其是之谓乎？

六 年⑬

五月庚申，郑伯⑭侵陈，大获。⑮往岁，郑伯请成于陈，⑯陈侯不许。五父⑰谏曰："亲仁善邻，⑱国之宝也。君其许郑。"陈侯曰："宋、

---

① 陈桓公名鲍，陈国第十二君。文公圉之子。在位三十八年。其元年当周平王二十七年丁酉岁，西历纪元前744年。
② 如，往也。
③ 褊小，谦词。褊读如"扁"，狭隘也。
④ 耄，老也。八十曰"耄"。
⑤ 敢即图之，请就其来朝而图讨之也。
⑥ 执，擒住也。
⑦ 莅读如"例"，临也。"请莅于卫"，请卫国自临讨之也。
⑧ 右宰丑，卫臣。"右宰"，官名。
⑨ 濮，陈地，见《史记集解》。今地不详。
⑩ 獳羊肩，石碏之家宰，故曰"其宰"。獳读如"妞"。
⑪ 纯臣，纯直之臣。
⑫ 与读如"预"，介也；参列也。
⑬ 隐公六年当周桓王三年甲子岁，卫宣公二年，郑庄公二十七年，陈桓公二十八年，宋殇公三年，西历纪元前717年。
⑭ 郑伯，郑庄公也。
⑮ 大获，大有俘馘之谓，所谓全胜也。
⑯ 成犹平也。请成，即求和之意。往岁，即指前年卫州吁纠陈侯伐郑事。
⑰ 五父即陈公子佗，五父其字也。桓公之弟。桓公之末，佗杀太子免自立。明年，免弟跃复杀佗。一称陈佗，一称文公子佗，一称陈五父，亦称五父佗。
⑱ 亲仁谓亲近善人，善邻谓辑睦邻国。

卫实难，郑何能为。①"遂不许。君子曰，善不可失，恶不可长，其陈桓公之谓乎？长恶不悛，②从自及③也，虽欲救之，其将能乎？《商书》④曰："恶之易也，如火之燎于原，不可乡迩，其犹可扑灭。⑤"周任⑥有言曰，为国家者，见恶如农夫之务去草焉，芟夷蕴崇之，⑦绝其本根，勿使能殖，⑧则善者信⑨矣。

九　年⑩

北戎⑪侵郑，郑伯⑫御之。患⑬戎师，曰："彼徒我车，⑭惧其侵轶⑮我也。"公子突⑯曰："使勇而无刚⑰者尝寇而速去之，⑱君为三

---

① 陈侯即陈桓公。此处两语，盖言"宋、卫大国，实可畏难，郑则小国，何能为害"也。
② 悛读如"棬"，止也；改也。
③ 从，随也；将也。自及谓自及于祸。
④ 《商书》，商代之诰训，今《尚书》中收《汤誓》《仲虺之诰》《汤诰》《伊训》《肆命》（原佚）、《徂后》（原佚）、《太甲》上中下、《咸有一德》、《盘庚》上中下、《说命》上中下、《高宗肜日》《西伯勘黎》《微子》等篇，次《夏书》之后，《周书》之前。
⑤ "如火之燎于原"以下三语，出《商书·盘庚》篇上。"恶之易也"一语则论者改置者。四语合看，盖言恶之易长如燎原之野火，势炽不可逼近，无法扑灭之也。乡通"向"，面对也。迩，近也。其表疑问，用如"岂"。
⑥ 周任，周朝之大夫。
⑦ 芟读如"删"，刈也；削也。夷，杀也；平也。蕴，积也。崇，聚也。此言农夫之治田，必将无用之草削平积聚移去始可。之，代名词，指草。
⑧ 殖，生也；长也。
⑨ 信通"申"，即读作"申"。
⑩ 隐公九年当周桓王六年丁卯岁，郑庄公三十年，西历纪元前714年。
⑪ 北戎，夷国，即山戎，居今河北迁安县地方。当时常为齐、郑、燕诸国之患。
⑫ 郑伯，郑庄公。
⑬ 患，忧也；引以为虑也。
⑭ 徒，步兵。车，车战之士。
⑮ 侵，冒也。轶，突也。惧其侵轶，惧车战之难于进退，易为步兵所冒突也。
⑯ 公子突，郑庄公子，即郑厉公，为郑国第五君。先在位四年，出奔蔡。越十六年，复入，又在位七年。其元年当周桓王二十年辛巳岁，西历纪前700年。
⑰ 无刚，不以引退为耻也。
⑱ 尝，试也；探诱也。尝寇而速去之，谓试探敌人，速退以诱致其追蹑也。

覆①以待之。戎轻而不整，贪而无亲，胜不相让，败不相救，先者见获必务进，②进而遇覆必速奔，③后者不救则无继④矣，乃可以逞。⑤"从之。戎人之前遇覆者奔，祝聃⑥逐之，衷⑦戎师前后击之，尽殪。⑧戎师大奔。十一月甲寅，郑人大败戎师。

十一年⑨

十一年春，滕侯、⑩薛侯⑪来朝，⑫争长。⑬薛侯曰："我先封。⑭"滕侯曰："我，周之卜正⑮也，薛，庶姓⑯也，我不可以后之。"公使羽父⑰

---

① 覆，伏兵也。为三覆，设伏兵三处也。
② 见获必务进，言得胜必锐进也。
③ 遇覆必速奔，言遇伏必狂逃也。
④ 无继，失却救应也。
⑤ 逞读如"骋"，快心也；得志也。
⑥ 祝聃，郑大夫。
⑦ 衷，包围也。
⑧ 殪，毙也。
⑨ 隐公十一年当周桓王八年己巳岁，郑庄公三十二年，齐僖公十九年，许穆公元年，西历纪元前712年。
⑩ 滕，姬姓，侯爵，周文王子叔绣所封。其故城在今山东滕县西南十五里。至隐公七年始见于《春秋》，此滕侯名谥未详。滕凡传三十一世。自宣公婴齐以下降称子。《汉书·地理志》云滕为齐所灭。《国策》《通鉴》《通考》皆云宋灭滕。未审孰是。
⑪ 薛侯名谥未详，隐公十一年始见《春秋》。薛，任姓国，侯爵。夏时封黄帝之后奚仲于薛，故城在今山东滕县东南四十四里。后徙国于挚，在今河南汝南县东南。周初复封于薛。庄公十一年书薛伯卒，盖已降爵矣。惠公夷后无考。或云灭于齐。
⑫ 来朝，朝鲁也。《春秋》纪事以鲁为主，故曰"来"。
⑬ 争长，争班列之先后。
⑭ 薛之祖奚仲，夏时已受封，在周之前，故曰"我先封"。
⑮ 卜正，卜官之长。
⑯ 庶姓，同姓以外之诸姓也。薛，任姓，非周之同姓，故谓之庶姓。
⑰ 羽父即公子翚，羽父其字也。鲁之公族，时为大夫。以其后手弑隐公，故《春秋》削其"公子"之称，只称"翚"。

请^①于薛侯曰："君与滕君，辱在^②寡人。周谚^③有之曰，山有木，工则度^④之；宾有礼，主则择之。周之宗盟，异姓为后。^⑤寡人若朝于薛，不敢与诸任齿^⑥。君若辱贶^⑦寡人，则愿以滕君为请。^⑧"薛侯许之，乃长滕侯。

夏，公会郑伯于郲，^⑨谋伐许^⑩也。郑伯将伐许，五月甲辰，授兵于大宫。^⑪公孙阏^⑫与颍考叔争车^⑬，颍考叔挟辀^⑭以走，子都拔棘^⑮以逐之。及大逵，^⑯弗及。子都怒。

秋七月，公会齐侯^⑰郑伯伐许。庚辰，傅^⑱于许。颍考叔取郑伯

---

① 请，启说也。此有"开导"之意。
② 在，存也。辱在寡人，谓承其委屈存问鲁君也。
③ 谚，俗语也。读如"彦"。
④ 度读如"踱"，忖也；揣量也。
⑤ 此言周室有盟誓之事皆先同姓而后异姓也。
⑥ 齿，并列也。
⑦ 贶读如"况"，赐与也。
⑧ 愿以滕君为请，谓请以滕君为长也。
⑨ 郲，郑地，即《经》文之时来，在今河南荥泽县东。此云"公会郑伯"即指鲁隐公会郑庄公事。
⑩ 许，姜姓国，男爵，尧四岳伯夷之后，与齐同祖。周武王封文叔于此。今河南许昌县。九传至庄公弗，始见《春秋》。又四传至灵公宁，迁于叶，今河南县。其子悼公买迁夷，实城父，今安徽亳县东南七十里有城父故城。又迁析，实白羽，今河南内乡县。其后又迁容城，或云即今湖北监利县，或云即在叶县西，未能定也。战国初，灭于楚。
⑪ 授兵，分发兵赋车马也。大宫，郑之祖庙。
⑫ 公孙阏，字子都，郑大夫。一称公子阏。阏读如"遏"。
⑬ 争车，争所赋车之多寡也。
⑭ 辀读如"舟"，车旁之木用以驾马者所谓辕也。授车之时未有马，故考叔以手挟辕而走。
⑮ 棘，戟也。公孙子都与颍考叔争车，见考叔挟辕而走，遂拔戟以追之。
⑯ 大逵，大道也。《尔雅》云，九达谓之逵。逵读如"葵"。
⑰ 齐侯，齐僖公禄父。"父"一作"甫"。庄公购之子，齐国第十三君。在位三十三年。其元年当周平王四十一年辛亥岁，西历纪元前730年。其九年入"春秋之世"。齐，姜姓国，侯爵。尧四岳伯夷之后太公吕望佐周灭纣，始封此。初都营丘，今山东临淄县。五传至胡公静，徙薄姑，即今山东博兴县东北十五里之薄姑城。其弟献公山，又迁临淄。战国初，为其臣田氏所篡。
⑱ 傅，附也；迫近也。傅于许，谓鲁、齐、郑三国之师迫附于许都之下也。

之旗蝥弧①以先登,②子都自下射之颠。③瑕叔盈④又以蝥弧登,周麾而呼⑤曰:"君登矣。"郑师毕⑥登。壬午,遂入许。许庄公⑦奔卫。

齐侯以许让公,⑧公曰:"君谓许不共,⑨故从君讨之。许既伏其罪矣,虽君有命,寡人弗敢与闻。⑩"乃与郑人。

郑伯使许大夫百里奉许叔⑪以居许东偏,⑫曰:"天祸许国,鬼神实不逞于许君而假手于我寡人。⑬寡人唯是一二父兄,不能共亿,⑭其敢以许自为功乎?寡人有弟,不能和协,而使糊其口于四方,⑮其况能久有许乎?吾子其奉许叔以抚柔⑯此民也。吾将使获⑰也佐吾子。若寡人得没于地,⑱天其以礼悔祸于许,⑲无宁兹,⑳许公复奉其社稷。㉑唯我郑

---

① 蝥弧,郑庄公之旗名,此旗用以指挥战士者。蝥读如"矛"。
② 先登,谓率先登城。
③ 颠,坠也。此谓跌死。
④ 瑕叔盈,郑大夫。
⑤ 周,遍也。麾,招也。周麾而呼,谓举其蝥弧之旗周遍招呼其士卒也。麾读如"挥"。
⑥ 毕,皆也;尽也。
⑦ 许庄公名弗,许国第十君。在位二十年,出奔。其元年当周平王三十九年己酉岁,西历纪元前 732 年。其十一年入"春秋之世"。
⑧ 以许让公,谓以许之土地让于鲁隐公也。
⑨ 不共谓不供职贡。共通"供"。
⑩ 弗敢与闻,不敢参与其事而听受此言也。
⑪ 百里,许大夫之名。许叔,庄公之弟,即穆公新臣。在位五十七年。其元年当周桓王八年己巳岁,西历纪元前 712 年。
⑫ 东偏,东鄙也。与下"西偏"对举。
⑬ 此言上天降祸于许国,鬼神实怒许君而不得自逞其志以降罚,故借手于郑以讨其罪也。
⑭ 一二父兄,谓同姓之群臣。共亿,供给而亿安之,犹云给养也。亿读如"臆",安也。
⑮ 此谓共叔段出亡在外事。糊读为"胡",寄食也。
⑯ 吾子指百里。自"天祸许国"以下语俱郑庄公说向百里之词。抚,绥安之;柔,顺理之也。
⑰ 获,郑大夫公孙获也。使之佐百里治许,其实监之也。故下云"使公孙获处许西偏"。
⑱ 得没于地,犹云以寿终也。
⑲ 此言天将加礼于许而悔祸之也。
⑳ 无宁兹,犹云"岂但止此"。
㉑ 复奉其社稷,即还国复位。

国之有请谒①焉,如旧昏媾,②其能降以相从③也。无滋他族,④实逼处此,⑤以与我郑国争此土⑥也。吾子孙其覆亡之不暇,⑦而况能禋祀许⑧乎？寡人之使吾子处此,不唯许国之为,亦聊以固吾圉⑨也。"

乃使公孙获处许西偏,曰:"凡而⑩器用财贿,⑪无置于许,我死,乃亟⑫去之。吾先君新邑于此,⑬王室而⑭既卑矣,周之子孙日失其序。夫许,大岳之胤⑮也,天而既厌周德矣,吾其能与许争乎？"

君子谓郑庄公于是乎有礼。礼,经国家,定社稷,序民人,利后嗣者也。许无刑⑯而伐之,服而舍之,度德而处之,量力而行之,相时而动,无累后人。⑰可谓知礼矣。

---

① 谒,告也。请谒,请求也。
② 如旧昏媾,谓重缔婚姻如旧日之亲也。
③ 降以相从,言降心以相从,犹云"俯允"。
④ 无滋他族,言弗使他姓族类生心觊觎也。
⑤ 实逼处此,言处此许地以逼害郑国也。
⑥ 此土指许。
⑦ 覆亡之不暇,不暇救覆亡之祸也。
⑧ 禋祀许,谓禋祀许国之山川,意即享有许国也。禋读如"因",洁敬之祭也。
⑨ 此言使百里处许东偏,不但为许国之社稷,亦赖此以固郑国之边境也。圉读如"宇",边陲也。
⑩ 而,汝也。
⑪ 财贿,财物货贿也。贿读如"讳",财也。析言之,金玉曰"货",布帛曰"贿"。浑言之,货贿皆释为"财"。又以财赠人亦曰贿,故引申有营求贿托意。
⑫ 亟同"急",速也。
⑬ 郑自桓公受封至庄公才二世,故曰"新邑于此"。
⑭ 而,语助词,等于衍文。与下"天而既厌周德矣"之"而"同。
⑮ 胤读如"印",继也。相当于后文之"后嗣"。大岳读如"太岳",即四岳之尊称。四岳,当时四方诸侯之长,所谓方伯也。
⑯ 刑,法也。无刑谓无法度,与前"京今不度,非制也"之"不度"意相当。
⑰ 相时而动,承上度德量力而言,谓须依时势之推移而因应之。无累后人,承上利后嗣而言,谓不以昧势而贻害于后嗣也。与前文"我死乃亟去之"相应。

桓　公

鲁国第十五君,名允,一名轨,惠公弗湟子,隐公十一年十一月,与公子翚谋,弑隐公而自立,翌年正月即位。在位十八年,为齐人所杀,其元年当周桓王九年庚午岁,西历纪元前711年。

二　年①

二年春,宋督②攻孔氏,杀孔父而取其妻。③公怒。督惧,遂弑殇公。……

宋殇公立,十年十一战,④民不堪命。⑤孔父嘉为司马。⑥督为大宰,⑦故因⑧民之不堪命,先宣言⑨曰:"司马则然。"已⑩杀孔父而弑殇

---

① 桓公二年当周桓王十年辛未岁,郑庄公三十四年,晋哀侯八年,陈桓公三十五年,宋殇公十年,西历纪元前710年。
② 宋督即太宰督,宋戴公孙,字华父,以字为氏,亦称华父督。
③ 上年冬,宋督见孔父之妻于路,目逆而送之,曰:"美而艳。"至是,遂攻孔氏,杀孔父而取其妻。宋殇公怒其专。督惧而弑公。
④ 十年十一战,十年之内共起战役十一次也。
⑤ 不堪命,谓不堪忍受殇公争战之命令也。
⑥ 时孔父为司马,司马掌军事之官,故下文有归罪之词"司马则然",盖谓战事俱出司马之意也。
⑦ 大宰即太宰,行政之长,与司军事之官分职为政者也。
⑧ 故,有意。因,承也。故因,因承人民之怨而有意使之播扬也。
⑨ 宣言,公告之词,犹云"扬言"。
⑩ 已,"已而"之省词,犹云过不多时也。

公，召庄公于郑而立之以亲郑。以郜大鼎①赂②公。齐、陈、郑皆有赂。故遂相宋公③。

夏四月，取郜大鼎于宋。④戊申，纳于大庙。非礼也。⑤臧哀伯⑥谏曰："君人者，⑦将昭德塞违，⑧以临照百官，犹惧或失之，⑨故昭令德以示子孙。是以清庙茅屋，⑩大路越席，⑪大羹不致，⑫粢食不凿，⑬昭其俭⑭也。衮冕黻珽，⑮带裳幅舄，⑯衡紞紘綖，⑰昭其度⑱也。藻率

---

① 郜大鼎，郜国之大鼎，系国于器之称。郜，国名，周文王子所封。此云取郜大鼎于宋。杜元凯《注》："郜国，济阴城武县东南有北郜城。"是为北郜。前隐公十年书"公败宋师于管，取郜"。杜《注》："济阴城武县东南有郜城。"在今山东城武县东南八十里。是为南郜。盖郜有二城，北郜为郜国，南郜为宋邑也。
② 赂读如"路"，用财物营求之谓。赂公，致赂于鲁桓公也。
③ 宋督既赂鲁以郜大鼎，又遍赂于齐、陈、郑诸国，故遂得为宋庄公之相也。
④ 此言鲁取宋赂也。
⑤ 此言受弑逆者之赂，纳于太庙以污祖宗之盛德，非礼之甚也。
⑥ 臧哀伯，鲁大夫，僖伯之子，即臧孙逢。
⑦ 君人者，君临于人之人，即为人之君也。
⑧ 昭德，谓昭明善德。塞违，谓杜绝邪恶。违，邪逆也，与"治"对举，故后文有"灭德立违"之讥，而篇末有"君违，不忘谏之以德"也。
⑨ 犹惧或失之，言尚恐偶或蹉失其道也。
⑩ 清庙，周代祀文王之庙。茅屋，缉茅为饰之屋。此言清庙虽肃然清静之地，犹缉茅为饰也。
⑪ 大路即玉辂，天子祀天时御用之大车也。越席，结草之席。此言虽以大路之重，亦仅用草席荐之也。
⑫ 大羹，祭祀用之肉汁，大读如"太"。不致，不备全五味也。
⑬ 粢食不凿，谓祭祀用之黍稷等谷物概不用精凿之品也。粢读如"咨"，黍稷所煮成之饭。食读如"饲"，饼饵也。凿本作"糳"，读如"柞"，精米也。一云，粝米一斛舂为八斗谓之糳。
⑭ 以上四项俱去华从朴，皆所以昭示俭德也。
⑮ 衮，读如"滚"，彩画之衣。冕，冠也。黻读如"绂"，衣前蔽膝之韦韠（熟皮之带）。珽读如"廷"，玉笏也。
⑯ 带，束衣之革带。裳，下衣也。幅谓以帛斜缠于足之行縢，犹今之"绑腿"。舄读如"昔"，履也。
⑰ 衡即维系冠冕与发髻之横簪。紞读如"亶"，冠冕悬瑱之绳，垂于冠之两旁者也。紘读如"宏"，结于颔下之冠缨，而垂其余以为饰者也。綖读如"延"，冠顶平盖所覆之物也。
⑱ 以上诸物，俱当时冠服之制。以尊卑各有制度，故曰"昭其度"。

桓　公　17

鞞鞛，① 鞶厉游缨，② 昭其数③也。火龙黼黻，④ 昭其文⑤也。五色比象，⑥ 昭其物⑦也。钖鸾和铃，⑧ 昭其声⑨也。三辰旂旗，⑩ 昭其明⑪也。夫德，俭而有度，登降有数，文物以纪之，声明以发之，以临照百官，百官于是乎戒惧而不敢易纪律。⑫ 今灭德立违，而置其赂器于大庙，以明示百官，百官象之，其又何诛焉？⑬ 国家之败，由官邪⑭也。官之失德，宠赂章⑮也。郜鼎在庙，章孰甚焉。武王克商，迁九鼎于雒邑，⑯

---

① 藻率，所以藉玉者，朝会时所用。以熟皮为之，上绘采色。王五采，公侯伯三采。子男二采。率读如"律"。鞞，佩刀削上之饰；鞛，下饰也。鞞读如"毕"，鞛读如"部"。
② 鞶读如"盘"，绅带也。厉，下垂之带端也。游本作"斿"，读如"留"，旌旗边缘所缀状类火焰之饰物。缨，马膺前之饰物，状如束裙。
③ 以上诸物俱当时服御之制。以尊卑各有定数，不相逾越，故曰"昭其数"。
④ 此皆当时礼服上所绘绣之物象。火，火焰。龙，游龙。黼，白与黑相间之文，形如斧。黻，黑与青相间之文，形如两己字相背亚。
⑤ 衣裳绘绣之饰，亦有尊卑贵贱之别，故曰"昭其文"，示不凌乱也。
⑥ 古代器物之饰色，每象征天地四方以示意，例如东方象春，其色青，南方象夏，其色赤之类，即所谓"五色比象"也。
⑦ 承上而言，盖谓车服器械之有五色，皆以比象天地四方，示器物之不虚设，故曰"昭其物"。
⑧ 钖读如"扬"，马额之饰铁，亦称当庐，动则有声。鸾，在马勒两端之小铃也。和，车辕前端横木上所缀之小铎。铃则旗上所系者也。
⑨ 以上四物，动皆有鸣声，以示不妄发，故曰"昭其声"。
⑩ 三辰，日、月、星也。旂与旗今多通用，其实二者音义并异。旂在微韵，旗在支韵，是音异也。古者以帛上画交龙，斿端着铃者名旂，亦作旍。与旌为近。旗则帛上画熊虎文者之专称。是义异也。故此处并举。
⑪ 画三辰于旂旗，是象天之明也，故曰"昭其明"。
⑫ 不敢易纪律，言不敢变易国家之纪纲法律也。
⑬ 此言以贿赂明示于百官，则百官从而象法之，遂不复能诛责之也。
⑭ 官邪，百官象法违邪，不复衷于令德也。
⑮ 章，明也；显也。此言百官之不衷于令德，由于明受贿赂，示之以无所忌惮也。
⑯ 九鼎，相传夏禹收九牧所贡之金所铸，以象九州。其后历世相承，至商汤二十七年，迁九鼎于商邑。周武王克殷，乃营雒邑而后去之，又迁九鼎焉。时但营雒邑，未有都城，至周公，乃卒功，谓之"王城"，即今河南洛阳县。故《传》称成王定鼎于郏鄏。郏鄏，洛阳西偏也。九鼎为当时传国之重器，是以商、周迭迁，以示传国焉。周昭襄王五十二年，秦攻西周，取宝器九鼎，其一飞入泗水，余八人秦。后遂无考。雒通作"洛"。

义士犹或非之。① 而况将昭违乱之赂器于大庙，其若之何。"公不听。周内史②闻之，曰："臧孙达其有后于鲁乎？君违，不忘谏之以德。"

初，晋穆侯③之夫人姜氏以条之役④生大子，命⑤之曰仇。⑥其弟以千亩之战⑦生，命之曰成师。⑧师服⑨曰："异哉，君之名⑩子也。夫名以制义，⑪义以出礼，⑫礼以体政，⑬政以正民，是以政成而民听。易则生乱。⑭嘉耦曰妃，⑮怨耦曰仇，古之命也。今君命大子曰仇，弟曰成

---

① 伯夷、叔齐，孤竹君之二子也。闻西伯昌善养老，往归焉。及至，西伯卒。武王载木主，号为文王，东伐纣。伯夷、叔齐叩马而谏曰："父死不葬，爰及干戈，可谓孝乎？以臣弑君，可谓仁乎？"左右欲兵之。太公曰："此义人也。"扶而去之。武王已平殷乱，天下宗周，而伯夷、叔齐耻之，义不食周粟，隐于首阳山，采薇而食之。及饿且死，作歌曰："登彼西山兮，采其薇矣。以暴易暴兮，不知其非矣。神农、虞夏忽焉没兮，我安适归矣。于嗟徂兮，命之衰矣。"遂饿死于首阳山。见《史记·伯夷列传》。此云"义士犹或非之"，殆即指是。

② 周内史，周之大夫，内史其官也。内史，春官之属，居宫中，贰太宰以诏王治者也。

③ 晋穆侯名费王，一作弗生，一作渍王，献侯籍之子也，为晋国第九君。在位二十七年。其元年当周宣王十七年庚寅岁，西历纪元前811年。晋，姬姓，侯爵。周成王弟叔虞初封于唐，都翼，在今山西翼城县东南。传子燮，始徙晋，因改称晋，今山西太原县。十二传至鄂侯郄之二年，始入"春秋之世"。又四传至武公称，迁于绛，在今山西新绛县北。又八传至景公獳，迁新田，在今山西曲沃县南。又十二传至靖公俱酒，为韩、魏、赵三卿所分，晋亡，因启战国。

④ 条，晋地，今地不详。条之役在穆侯七年，以何而战，亦不详。是年生太子，以其命名推之，此役必不得志也。

⑤ 命，命名也。

⑥ 仇即晋文侯，在位三十六年。其元年当周幽王元年庚申岁，西历纪元前781年。初，穆侯卒，其弟殇叔立，仇出奔。越三年，文侯始入嗣位。

⑦ 千亩不详何属，今山西介休县有千亩原，或云在山西安泽县北。千亩之战在穆侯十年，亦不详战为何事。是年生子命名为"成师"，意取能成其众，是此役有功也。

⑧ 成师即桓叔，详见后。

⑨ 师服，晋之大夫。

⑩ 名，谓命名也，系动词。与下"名以制义"之"名"作名词用者不同。

⑪ 义者，宜也。名以制义，言名子所以制其宜。故杜《注》谓"名之必可言也"。

⑫ 义以出礼，谓礼从义出，盖得其宜则礼敬自生也。

⑬ 礼以体政，谓政以礼成。体，成也。

⑭ 此言政以礼成则民自听从，如反易礼义则乱自生也。

⑮ 妃读如"霏"，匹也；才也。嘉耦曰妃，谓嘉善之配耦名为妃，言相匹配或才美也。故与下"怨耦曰仇"对举。

师，始兆乱矣，^①兄其替^②乎？"

惠之二十四年，^③晋始乱，故封桓叔于曲沃，^④靖侯^⑤之孙栾宾傅之。^⑥师服曰："吾闻国家之立也，本大而末小，是以能固。^⑦故天子建国，^⑧诸侯立家，^⑨卿置侧室，^⑩大夫有贰宗，^⑪士有隶子弟，^⑫庶人工商，各有分亲，^⑬皆有等衰，^⑭是以民服事其上，而下无觊觎。^⑮今晋，甸侯^⑯也，而建国。^⑰本既弱矣，其能久乎？"

---

① 此言"易则生乱"之兆已开始发露矣。
② 替读如"剃"，废也；歇也。
③ 惠之二十四年即鲁惠公二十四年，当周平王二十六年丙申岁，晋昭侯元年，西历纪元前745年。远在"春秋之世"以前，故本章开首著一"初"字。
④ 是年，晋文侯仇卒，子昭侯伯立，危不自安，故分封其叔桓叔为曲沃伯。惟其危不自安，故曰"始乱"。曲沃，晋地，在今山西闻喜县东。其后曲沃武公并晋，仍为别都，一名"下国"，亦简称沃。
⑤ 靖侯名宜臼，厉侯福之子，为晋第六君。在位十八年。其元年当周厉王二十一年癸卯岁，西历纪元前858年。
⑥ 靖侯于桓叔为高祖，栾宾于桓叔为从祖。以不敢忽桓叔，故以贵宠公孙傅相之。
⑦ 本，根本；末，枝叶也。此言国家之所以能树立者，根本必强大而枝叶须弱小，始能安固也。
⑧ 此言惟天子至尊，乃得封建公、侯、伯、子、男五等诸侯之国。
⑨ 此言诸侯但可立卿大夫之家，不得分建枝国也。
⑩ 侧室，众子也，别于適室而言。
⑪ 大夫受分于诸侯，其適子为小宗，次者为贰宗，犹卿之侧室辅贰適室也。
⑫ 此言士卑自以其子弟为仆隶，禄不足以家，是以有隶子弟也。
⑬ 庶人指平民。工，执技艺者。商，行商，贸迁有无者。分读如"忿"，即"本分""身分"之分。各有分亲，谓庶人工商无复尊卑，以亲疏为分别也。
⑭ 等，级也。衰读如"崔"，降减也。皆有等衰，谓自天子以至于庶人各有等级以次降减也。
⑮ 觊觎，窥伺生心也。觊读如"冀"，觎读如"歈"。此上二语谓民志既定，自能尽心以事其上，必不敢冀望非分也。
⑯ 周公斥大九州，广土万里，制为九服。邦畿方千里，其外每五百里谓之一服。侯、甸、男、采、卫、要六服为中国，夷、镇、蕃三服为夷狄。见孔颖达《疏》。此云"甸侯"，谓晋系甸服之诸侯也。
⑰ 此谓晋以甸服之诸侯而封建桓叔于曲沃，大都耦国，是先自弱其根本矣。故下有"本既弱矣，其能久乎"之叹也。

曼伯①为右拒，祭仲足为左拒，原繁、高渠弥②以中军奉公，为鱼丽之陈，先偏后伍，伍承弥缝，③战于繻葛。④命二拒曰："旝动而鼓。⑤"蔡、卫、陈皆奔，王卒乱。郑师合以攻之。王卒大败，祝聃射王中肩。⑥王亦能军，⑦祝聃请从之。⑧公曰："君子不欲多上人⑨，况敢陵天子乎？苟自救也，社稷无陨多矣。⑩"夜，郑伯使祭足劳王，且问左右。⑪

六　年⑫

楚武王⑬侵随，⑭使薳章求成焉，⑮军于瑕⑯以待之。随人使少师

---

① 曼伯即檀伯，郑大夫。
② 原繁，郑大夫。高渠弥，郑卿，亦称高伯。
③ 《司马法》：车战，二十五乘为"偏"，以车居前，以"伍"次之，承偏之隙而弥缝阙漏也。五人为伍。此盖鱼丽陈法。见杜《注》。陈通作"阵"，战阵也。
④ 繻葛，郑地，或云即长葛，今河南长葛县北十二里有故城。
⑤ 此言郑人命其左右二拒见旝动则各鸣鼓以进军也。旝读如"桧"，旃也，通帛为之，盖即大将之麾，执以为号令者。
⑥ 祝聃，郑臣。射读如"十"，以箭远射也。中读如"种"，着也。
⑦ 王虽军败身伤，犹殿而不奔，故言能军。
⑧ 从之，追逐之也。
⑨ 上人，出人之上也。
⑩ 社稷无陨多矣，谓国家不至颠陨，幸遇实多也。陨，颠坠也，读如"允"。
⑪ 此言郑庄公使祭仲问劳桓王，并问左右安否。盖郑志在苟免王讨之非也。
⑫ 桓公六年当周桓王十四年乙亥岁，郑庄公三十八年，齐僖公二十五年，楚武王三十五年，西历纪元前706年。
⑬ 楚武王熊通，为楚国第十七君，蚡冒熊眴之弟也。本子爵，僭称王。在位五十一年。其元年当周平王三十一年辛丑岁，西历纪元前740年。其十九年始入"春秋之世"。楚，芈姓国，周成王封熊绎以子男之田，是为楚受封之始，亦称荆。自谓颛顼之后。初都丹阳，故城在今湖北秭归县东。后徙郢，即今湖北江陵县北之纪南城。后又徙鄀，故城在今湖北宜城县西南，一名鄢郢。楚自春秋之初僭称王，始终为南方强国，每左右中原。战国时又为七雄之一。后灭于秦。末叶避秦之逼，屡迁其都，初自鄢郢退保陈，即今河南淮阳县。后徙钜阳，或云即今安徽阜阳县西北四十里之细阳城。又徙寿春，即今安徽寿县。
⑭ 随，姬姓国，侯爵。其故城在今湖北随县南。为楚所灭。
⑮ 薳章，楚大夫。楚欲东侵，先使薳章请和于随以试之，故一面驻军于瑕以待其变。
⑯ 瑕，随地，在今湖北随县境。

董成。①

斗伯比②言于楚子③曰："吾不得志于汉东④也,我则使然。⑤我张吾三军,而被吾甲兵,以武临之,彼则惧而协以谋我,故难间⑥也。汉东之国随为大。随张⑦必弃小国,小国离,楚之利也。少师侈,⑧请赢师⑨以张之。"熊率且比⑩曰:"季梁⑪在,何益?"斗伯比曰:"以为后图。少师得其君。⑫"王毁军而纳少师。⑬

少师归,请追楚师。随侯将许之,季梁止之,曰:"天方授楚,⑭楚之赢,其诱我也,君何急焉?臣闻小之能敌大也,小道大淫,⑮所谓道,忠于民而信于神也。上思利民,忠也;祝史正辞,⑯信也。今民馁而君逞欲,⑰祝史矫举以祭,⑱臣不知其可也。"公曰:"吾牲牷肥腯,⑲

---

① 董,正也。董成犹言莅盟,监正二国之成也。少师,官名,随之大夫,名氏不详,故仅以官称之。
② 斗伯比,楚大夫,令尹子文之父。
③ 楚本子爵,虽僭称王,《春秋》仍以"楚子"称之。《传》则兼举为文。此云楚子即楚武王。
④ 汉东谓汉水以东诸小国,随国之外,江、黄、六等国其尤著者也。汉水源出陕西宁羌县北之嶓冢山,东南流经湖北。襄阳以下亦称襄河,至汉口入于江。
⑤ 我则使然,谓我自己失策致此也。
⑥ 间,隙也。离也。难间,谓难使汉东诸小国自相离携也。
⑦ 张,大也;侈也。此有骄矜之意。
⑧ 少师侈,言随使骄慢。
⑨ 赢读如"累",瘦也;弱也。赢师,谓故将队容减损以示弱劣也。
⑩ 熊率且比,楚大夫。率读如"律"。
⑪ 季梁,随之贤臣。
⑫ 此言季梁虽贤,不知少师之有宠,故云"少师得其君"。季梁之谏,不过一见从,终当听少师之计,是仍堕我术中也,故云"以为后图"。
⑬ 此言楚子从伯比之谋,故毁损军容而接纳随少师也。
⑭ 楚自若敖、蚡冒以来,日渐强盛,故曰"天方授楚"。
⑮ 小道大淫,谓小国有道而大国淫虐。必如是,小国始能敌大国也。
⑯ 祝史正辞,谓祭祀时祝史陈信于鬼神无愧辞也。
⑰ 民馁而君逞欲,言人民皆饥馁而君独纵欲也,馁读如国语单数询问之"哪",饿也。
⑱ 矫举以祭,谓诈称功德以诳于鬼神也。矫读如"绞",诬也;过也。
⑲ 牲,牛、羊、豕也。牷读如"全",纯色完全也。腯读如"突",肥也。

粢盛丰备，①何则不信。"对曰："夫民，神之主也。是以圣王先成民而后致力于神。②故奉牲以告曰，博硕③肥腯，谓民力之普存④也，谓其畜之硕大蕃滋⑤也，谓其不疾瘯蠡⑥也，谓其备腯咸有⑦也。奉盛以告曰，絜粢丰盛，谓其三时不害而民和年丰⑧也。奉酒醴以告曰，嘉栗旨酒，⑨谓其上下皆有嘉德而无违心也。所谓馨香无谗慝⑩也。故务其三时，修其五教，⑪亲其九族，⑫以致其禋祀。⑬于是乎民和而神降之福，故动则有成。今民各有心，而鬼神乏主，君虽独丰，其何福之有？君姑⑭修政而亲兄弟之国，庶⑮免于难。"

随侯惧而修政，楚不敢伐。

北戎伐齐，齐侯⑯使乞师于郑。郑太子忽帅师救齐。六月，大败戎师，获其二帅大良、少良，⑰甲首⑱三百，以献于齐。⑲于是诸侯之大

---

① 黍稷曰粢，在器曰盛，丰备，丰盈而齐备也。
② 此言先养人民使之成就，而后致力于事鬼神也。
③ 博，宽广；硕大也。
④ 此言因牲之肥大以推见民力之普遍存在也。
⑤ 蕃滋，滋生蕃育也。
⑥ 瘯读如"簇"。蠡，《说文》作"瘰"，读如"裸"。瘯、蠡，皮肥也。不疾瘯蠡，谓皮毛纯洁无疥癣也。
⑦ 咸有，兼备而无有所阙也。
⑧ 此言不夺农时，春夏秋无有灾害，使得尽力耕耘，故和气致祥而年谷丰登也。
⑨ 言有加善敬谨之德以将其美酒也。旨酒即美酒。嘉，善也。栗，谨也。
⑩ 此言牲牷粢盛酒醴之所以馨香者，上下皆无谗谀邪慝之行，是以馨香也。谗读如"孱"，佞也；谀也；谮也。慝读如"忒"，恶也；邪也。
⑪ 父义，母慈，兄友，弟恭，子孝，是为五教。
⑫ 九族谓外祖父、外祖母、从母之子及妻父、妻母、姑之子、姊妹之子、女子之子并己之同族，皆外亲有服而异族者也。九族之释各异，此从杜《注》。
⑬ 致其禋祀，谓必先务三时，修五教，亲九族而后致力于鬼神之事也。
⑭ 姑，且也。犹言"暂时"。
⑮ 庶，近也。犹言"或能"。
⑯ 齐侯指齐僖公禄父。
⑰ 大良、少良系戎帅之名，俱为郑忽所擒。
⑱ 甲首，被甲之人之首级也。
⑲ 以献于齐，谓郑忽以所擒之戎帅及甲首俱送于齐侯也。

夫戍齐。①齐人馈之饩，②使鲁为其班。③后郑。④郑忽以其有功也，怒，故有郎之师。⑤

公之未昏于齐也，齐侯欲以文姜⑥妻⑦郑大子忽。大子忽辞。人问其故。大子曰："人各有耦，齐大，非吾耦也。《诗》云自求多福，⑧在我而已，大国何为？"君子曰，善自为谋。及其败戎师也，齐侯又请妻之。固辞。人问其故，大子曰："无事于齐，吾犹不敢。今以君命奔齐之急，⑨而受室⑩以归，是以师昏⑪也，民其谓我何？"遂辞诸郑伯。⑫

八　年⑬

随少师有宠，楚斗伯比曰："可矣。雠有衅，不可失也。⑭"夏，

---

① 于是，作"于时"解。此言诸侯以戎难故，皆遣其大夫助齐戍守也。戍读如"恕"，荷戈守望也。
② 馈同"饋"，赠送也。饩读如"系"，牲腥之食品也。此言齐人遍以生饩馈送诸侯助守之大夫。
③ 班，次也。为其班，按其序次先后，分别送达之也。
④ 郑为伯爵，故郑忽之班后于诸侯。
⑤ 郎之师在后桓公十年冬十二月。郑伯纠齐侯、卫侯侵鲁，报此"班后"之耻也。郎，鲁邑，古名郁郎亭，今日郁郎村，在今山东鱼台县东北八十里，接滕县界。
⑥ 文姜，齐僖公女，襄公诸儿之妹，嫁为鲁桓公夫人，于桓公三年归鲁。六年，生庄公。后以返齐与襄公通，致桓公被害，遂逊于齐。至庄公二十一年始死于鲁。此处追叙前事，故以"公之未昏于齐也"冒之。
⑦ 妻，动词，与人为妻也，犹云"嫁"。
⑧ 自求多福，出《诗经·大雅·文王》篇。言求福由己，非由人也。故下云"在我而已，大国何为"。
⑨ 奔齐之急，谓奔救齐之急难。
⑩ 受室犹言娶妇也。
⑪ 以师昏，谓以兵事要取婚姻也。
⑫ 辞诸郑伯，假父之命以为辞也。
⑬ 桓公八年当周桓王十六年丁丑岁，楚武王三十七年，西历纪元前704年。
⑭ 衅读如"焮"，瑕隙也。雠有衅，指随国有弱点呈露，谓可以乘此进攻，不可失此机会也。杜《注》："无德者宠，国之衅也。"直承上文"少师有宠"而言。

楚子合诸侯于沈鹿,①黄、②随不会。使薳章让黄。③楚子伐随,军于汉、淮④之间。

季梁请下之,⑤弗许而后战,⑥所以怒我而怠寇⑦也。少师谓随侯曰:"必速战,不然,将失楚师。⑧"随侯御之,望楚师。季梁曰:"楚人上左,⑨君必左,无与王遇,且攻其右。右无良⑩焉,必败。偏败,众乃携⑪矣。"少师曰:"不当王,非敌也。⑫"弗从。战于速杞。⑬随师败绩,⑭随侯逸。⑮斗丹⑯获其戎车,与其戎右少师。

秋,随及楚平。楚子将不许,斗伯比曰:"天去其疾矣,⑰随未可克也。"乃盟而还。

---

① 沈鹿,楚地。楚子欲会合诸侯于此,将以求隙讨随也。
② 黄,嬴姓国,颛顼孙陆终之后。故城在今河南潢川县西十二里。鲁僖公十二年为楚所灭。
③ 让,谴责也。让黄,责其不赴会。
④ 淮水源出河南桐柏山,东流入安徽境,潴于江苏、安徽间之洪泽湖。其下游本由江苏涟水县入海。金、元以来,黄河自淮阴县西南之清江入淮。淮水下流遂为黄河所占。清咸丰五年,黄河北徙,淮水下游亦淤,其干流遂自淮阴县合于运河。
⑤ 下之,为之下也,犹云"请服"。
⑥ 弗许而后战,言俟楚弗许请服而后与之宣战也。
⑦ 此言如楚弗许和而然后战,则随之士卒必奋怒,而楚乃谓随惧而请服,必致懈怠也。
⑧ 此言将失去败楚之机会也。
⑨ 上左,以左为尊而上之也。故下云"君必左"。
⑩ 右无良,言其右必无精良之兵。
⑪ 携读如"兮",离散也;溃败也。偏败,谓一偏先败,即指楚右师。
⑫ 此言不当楚王之左师,不足以言对敌也。
⑬ 速杞,随地。
⑭ 败绩,师徒崩溃也。
⑮ 逸,逃也。
⑯ 斗丹,楚大夫。
⑰ 去疾,谓随少师见获而死。

十 年①

初，虞叔有玉，②虞公求旃。③弗献。既而悔之，曰："周谚有之，匹夫无罪，怀璧其罪。④吾焉用此，其以贾害⑤也。"乃献之。又⑥求其宝剑。叔曰："是无厌也。无厌，将及我。⑦"遂伐虞公。故虞公出奔共池。⑧

十一年⑨

楚屈瑕⑩将盟贰轸。⑪郧⑫人军于蒲骚，⑬将与随、绞、⑭州、⑮

---

① 桓公十年当周桓王十八年己卯岁，西历纪元前702年。
② 虞叔为虞公之弟。有玉谓藏有宝玉也。虞，姬姓国，公爵。周武王克殷，求太伯、仲雍之后，得虞仲，封之于故夏墟，是为虞公。故城在今山西平陆县东北六十里，一名吴城。此处所见之虞公、虞叔其后也，世次名字俱不详，后灭于晋。
③ 旃读如"占"，此处作代词用，相当于"之"。求旃，求玉也。
④ 此言匹夫本无罪，徒以怀璧之故，人乃利其璧以害其身，此其所以为罪也。璧，美玉，形圆，中有圆孔。
⑤ 贾害，犹言得祸。贾读如"古"，买也。
⑥ 又，复也；再也。此与开首"初"字呼应，"初"为追述前事。"又"则指明本年事也。
⑦ 将及我，言如此无厌之求必将害及我之生命也。
⑧ 共池，在今山西平陆县西四十里。
⑨ 桓公十一年当周桓王十九年庚辰岁，郑庄公四十三年，卫宣公十八年，宋庄公九年，楚武王四十年。西历纪元前701年。
⑩ 屈瑕，楚大夫。
⑪ 贰，国名，在今湖北应山县境。轸亦国名，在今湖北应城县西。将盟贰、轸，谓将以兵威劫二国会盟也。
⑫ 郧亦作"邧"，子爵之国，在今湖北安陆县境。
⑬ 蒲骚，郧邑，在今湖北应城县西北，即古蒲骚城。
⑭ 绞，国名，在今湖北郧县西北。
⑮ 州，国名，即今湖北监利县东之州陵城。

蓼①伐楚师。莫敖②患之。斗廉③曰:"郧人军其郊,必不诫。④且日虞⑤四邑⑥之至也。君次于郊郢⑦以御四邑,我以锐师⑧宵加于郧。郧有虞心而恃其城,莫有斗志,若败郧师,四邑必离。"莫敖曰:"盍⑨请济师⑩于王?"对曰:"师克在和,不在众。⑪商周之不敌,⑫君之所闻也。成军以出,又何济焉?"莫敖曰:"卜之。"对曰:"卜以决疑,不疑何卜。"遂败郧师于蒲骚,卒盟而还。

郑昭公⑬之败北戎也,齐人将妻之,昭公辞。祭仲曰:"必取之。君多内宠,子无大援,将不立。⑭三公子皆君也。⑮"弗从。

夏,郑庄公卒。初,祭封人仲足有宠于庄公,庄公使为卿,⑯为公娶邓曼,⑰生昭公。故祭仲立之。宋雍氏女⑱于郑庄公,曰雍姞,生

---

① 蓼,国名,亦作飂,为楚所灭,谓之湖阳。今湖阳故城在河南泌源县南九十里。
② 莫敖,楚官名,此处即指屈瑕。其后屈重亦袭此官。
③ 斗廉,若敖之子,即斗射。
④ 此言郧人军于蒲骚未出其国之郊邑,恃其近郊,必不戒谨设备也。
⑤ 虞,猜度也。此有"期望"意。下云"虞心"即希望之心,所谓侥幸也。
⑥ 四邑指随、绞、州、蓼。邑亦国也。
⑦ 郊郢,楚地,不详何所,想离楚都不远。君谓屈瑕,盖请渠屯兵于郊郢,以御四国之兵,使不得来犯也。
⑧ 我,斗廉自称。锐师,精锐之军队也。
⑨ 盍,"何不"之合音。
⑩ 济师,犹言增兵。济,益也;加增也。
⑪ 此言用兵克敌在师众和同一心,不在师徒之众多。
⑫ 商,纣也。周,武王也。《古文尚书·泰誓》曰:"受有亿兆夷人,离心离德。予有乱臣十人,同心同德。"此即所谓商周之不敌也。
⑬ 郑昭公,即郑太子忽。
⑭ 君指庄公,子,称昭公。此言郑庄公内多宠妾而昭公无大国之援将不得立为君也。故坚劝曰"必取之"。
⑮ 三公子指忽弟子突、子亹、子仪。其母皆有宠,各将抗宠以为君也。
⑯ 使为卿,谓擢自封人,使为卿以听政也。
⑰ 邓曼,郑庄公夫人,邓国之女。邓,曼姓,侯爵,殷时吾离曼封此,即今河南邓县。后灭于楚。
⑱ 女,以女妻人之谓,嫁也。雍氏,宋之大夫,姞姓,故嫁于郑庄公之女,曰雍姞。

厉公。①雍氏宗②有宠于宋庄公，③故诱祭仲而执之，④曰："不立突，将死。"亦执厉公而求赂焉。祭仲与宋人盟，以厉公归而立之。

秋九月丁亥，昭公奔卫。己亥，厉公立。

十二年⑤

楚伐绞，军其南门。莫敖屈瑕曰："绞小而轻，⑥轻则寡谋，请无扞采樵者以诱之。⑦"从之。绞人获三十人。明日，绞人争出，驱楚役徒于山中。楚人坐⑧其北门，而覆诸山下，⑨大败之。为城下之盟⑩而还。

伐绞之役，楚师分涉于彭，⑪罗⑫人欲伐之，使伯嘉谍之，三巡数之。⑬

---

① 厉公，即公子突。
② 雍氏宗，谓雍氏之宗人。
③ 宋庄公，即公子冯。
④ 祭仲之如宋，非会非聘，见诱而以行人应命。见杜《注》。
⑤ 桓公十二年当周桓王二十年辛巳岁，楚武王四十一年，西历纪元前700年。
⑥ 小而轻，言国土褊小而其人轻躁易动也。故下云"轻则寡谋"。
⑦ 扞读如"汗"，御也；卫也。此言请无扞卫楚之采樵者以诱绞人之出也。故下有"绞人获三十人"及"驱楚役徒于山中"之语。
⑧ 坐，守也。
⑨ 此言在山下设伏兵以待绞人也。覆，设伏。诸，"之于"合音。
⑩ 城下之盟，谓在敌兵劫持之下，迫不得已盟于城下也。此事在当时为诸侯所深耻。
⑪ 分涉于彭，谓楚人分其师以涉彭水也。彭水即湖北之筑水，今名南河。有二源：北源出房县南，南源出房县西南。二源既合，东北流，经保康县至谷城县之筑口入汉水。亦名粉青河。
⑫ 罗，熊姓国，即今湖北宜城县西二十里之罗川城。其后楚迁之枝江，又徙长沙，故今湖南平江县南三十里有罗城，湘阴县东六十里亦有罗城。
⑬ 此处连用三"之"字，俱指楚师。伯嘉，罗之大夫。谍读如"蝶"，侦察也；窥伺也。巡，遍也；周匝也。数，计其师之多寡也。

十三年①

十三年春,楚屈瑕伐罗。斗伯比送之还,②谓其御曰:"莫敖必败。举趾高,心不固矣。③"遂见楚子,④曰:"必济师。"楚子辞焉,⑤入告夫人邓曼。⑥邓曼曰:"大夫其非众之谓。⑦其谓君抚小民以信,训诸司以德,而威莫敖以刑也。莫敖狃⑧于蒲骚之役,将自用⑨也,必小罗。⑩君若不镇抚,⑪其不设备乎?夫固⑫谓君训众而好镇抚之,召诸司而劝之以令德,见莫敖而告诸天之不假易⑬也。不然,夫岂不知楚师之尽行⑭也。"楚子使赖⑮人追之,不及。

---

① 桓公十三年当周桓王二十一年壬午岁,楚武王四十二年,西历纪元前699年。
② 送之还,言斗伯比送屈瑕出师而后还也。
③ 凡人志意轻慢则举步自高,谓人莫己若也。今莫敖举趾高,盖骄矜已甚,备敌之心早不固矣。故伯比决其必败。
④ 楚子指武王。见,请见也。
⑤ 楚子不解伯比请济师之意,故辞之。
⑥ 邓曼,楚子夫人,亦出于邓。与前见郑庄公之夫人自是别一人。
⑦ 大夫指伯比。非众之谓,言伯比之意不在于济师也。
⑧ 狃读如"纽",贪也;惯也;习也。此有"贪恃前胜,以为此次仍可必胜"之意。
⑨ 自用,自以为是而不听信人言也。
⑩ 小罗,言小视罗国而轻忽之也。
⑪ 镇抚,镇压抚绥之谓,此有戒饬莫敖之意。
⑫ 固,本也,本然之词,犹今言"原来"。与下文"不然"呼应。
⑬ 此言天不假贷慢易之人。即上文所谓"威莫敖以刑"也。
⑭ 不然……尽行也,与上文之"固谓……不假易也"照应。若曰"不然,彼伯比岂不知楚师已尽发,而尚有增兵之请乎"。故楚子悟其言,使人追回屈瑕也。
⑮ 赖,楚之与国,子爵,在今湖北随县北四十里。

莫敖使徇①于师曰："谏者有刑。②"及鄢,③乱次以济。④遂无次,且不设备。及罗,罗与卢戎⑤两军之,⑥大败之。莫敖缢⑦于荒谷。⑧群帅囚于冶父以听刑。⑨楚子曰："孤之罪也。"皆免之。⑩

十五年⑪

祭仲专,郑伯⑫患之,使其婿雍纠⑬杀之,将享⑭诸郊。雍姬⑮知之,谓其母曰："父与夫孰亲?"其母曰："人尽夫也,父一而已。⑯胡可比也?"遂告祭仲曰："雍氏舍其室而将享子于郊,吾惑之,以告。"祭仲杀雍纠,尸⑰诸周氏之汪。⑱公载以出,⑲曰："谋及妇人,宜

---

① 徇读如"迅",宣示也;号令也。
② 谏者有刑,言如以伐罗之事来谏者,必以刑随之也。
③ 鄢,水名,源出湖北保康县西南,曰深溪河。东流经南漳、宜城二县,注于汉水。鄢水一作鄢水,亦名夷水,又名蛮水,今称蛮河。
④ 乱次以济,言渡鄢水时不复整其行列也。次,序列也。
⑤ 卢戎,南蛮夷国,在今湖北南漳县东北。卢亦作"庐"。
⑥ 两军之,两面驻扎,所谓"夹攻"也。
⑦ 缢,经也。犹今言"吊死"。
⑧ 荒谷,亦作亢谷,与下冶父俱为楚地,在今湖北江陵县东南。
⑨ 此言与屈瑕同出之群帅自囚于冶父以请罪也。听刑即请罪,听候施刑之谓。
⑩ 此言楚子引咎自责,以为不能从谏,致有此败,非群帅之过也。故皆免其罪。
⑪ 桓公十五年当周桓王二十三年甲申岁,郑厉公四年,蔡桓侯十八年,西历纪元前697年。
⑫ 郑伯,即宋国劫持祭仲所立之郑厉公也。
⑬ 其婿谓祭仲之女夫。雍纠当是雍姞之族人,故祭仲妻以女而厉公亲信之。
⑭ 享,宴饮之也。
⑮ 雍姬,祭仲之女,雍纠之妻。
⑯ 杜《注》:"妇人在室则天父,出则天夫,女以为疑,故母以所生为本解之。"
⑰ 尸,暴露其尸以示戮也。
⑱ 周氏之汪,指郑大夫周氏之池。汪,池也。
⑲ 公载以出,谓厉公憨雍纠之见杀,故载其尸以出奔也。

其死也。"夏，厉公出奔蔡。① 六月乙亥，昭公入。②

十七年③

初，郑伯④将以高渠弥⑤为卿，昭公恶之，固谏。不听。昭公立，惧其杀己也，辛卯，弑昭公而立公子亹。⑥君子谓昭公知所恶矣。公子达⑦曰："高伯⑧其为戮⑨乎，复恶已甚矣。"

---

① 厉公畏祭仲之逼害，故出奔于蔡。
② 厉公既出奔，祭仲遂迎昭公入立也。
③ 桓公十七年当周庄王二年丙戌岁，郑子亹元年，西历纪元前695年。
④ 此郑伯追指郑庄公。
⑤ 高渠弥已见前，本郑之大夫，以御周桓王时献鱼丽之陈功，晋为卿。后为齐人所轘死。
⑥ 子亹，庄公之子。高渠弥弑昭公立之，在位一年，会齐襄公于首止，为齐所杀，并及高渠弥。亹读如"尾"。
⑦ 公子达，鲁之大夫。
⑧ 高伯即高渠弥。
⑨ 其为戮，言将必有人祸或天刑诛戮之也。

庄 公

鲁国第十六君,名同,桓公允之子。在位三十二年。其元年当周庄王四年戊子岁,西历纪元前693年。

八 年①

齐侯②使连称、管至父③戍葵丘,④瓜时而往,曰:"及瓜而代。⑤"期戍,⑥公问⑦不至。请代,弗许。故谋作乱。僖公之母弟⑧曰夷仲年,⑨生公孙无知,⑩有宠于僖公,衣服礼秩如适。⑪襄公绌之。⑫

---

① 庄公八年当周庄王十一年乙未岁,齐襄公十二年。
② 齐侯指齐襄公。襄公名诸儿,为齐国第十四君,僖公禄父之子也。在位十二年,为公孙无知所弑。其元年当周桓王二十三年甲申岁,西历纪元前697年。
③ 连称、管至父皆齐之大夫。
④ 葵丘,齐地,在今山东临淄县西。
⑤ 二大夫赴戍时适当瓜熟之候,故云"瓜时而往"。出使时襄公与约定明年瓜熟之时遣人接替,故云"及瓜而代"。
⑥ 期戍,谓已届周岁代戍之时也。
⑦ 公问,谓襄公遣代之命也。
⑧ 母弟,同母弟也。
⑨ 夷仲年于襄公为叔父。
⑩ 公孙无知于襄公为从弟。连称、管至父因以作乱,弑襄公而立之。无知尝作虐于大夫雍廪,翌年春,遂为雍廪所杀。
⑪ 衣服礼秩如适,谓宠遇之甚,所享衣服礼数品秩一如适子也。适子即指襄公。
⑫ 绌之,降减其待遇也。绌读如"诎",减也;抑也。

二人因之①以作乱。连称有从妹在公宫，无宠，使间公，②曰："捷，吾以女为夫人。③"

冬十二月，齐侯游于姑棼，④遂田⑤于贝丘。⑥见大豕。从者曰："公子彭生⑦也。"公怒曰："彭生敢见。⑧"射之。豕人立⑨而啼。公惧，队于车，⑩伤足丧屦。⑪反，诛屦于徒人费。⑫弗得，鞭之见血。走出，遇贼于门，劫而束之。⑬费曰："我奚御哉？"袒而示之背。⑭信之。费请先入，⑮伏公⑯而出，斗死于门中。石之纷如⑰死于阶下。遂入，⑱杀孟阳⑲于床。曰："非君也，不类。⑳"见公之足于户下，遂弑之，而立无知。

初，襄公立，无常。㉑鲍叔牙㉒曰："君使民慢，㉓乱将作矣。"奉

---

① 因，依也。二人因之，谓连称、管至父知无知怨襄公，遂依之以作乱也。
② 使间公，言使之窥伺襄公之间隙，得当以发祸也。
③ 捷，克也；成也。女通作"汝"。此盖宣无知之言以餂之。
④ 姑棼，齐地，当在今山东博兴县附近。
⑤ 田与"畋"同，猎也。
⑥ 贝丘，齐地，在今山东博兴县南。一名沛丘，亦作狈丘。
⑦ 公子彭生受齐襄公之命，于享鲁桓公时拉杀桓公于车中。其后归罪彭生，杀之以谢鲁人。时在鲁桓公十八年，齐襄公四年。至是妖现，故襄公见是大豕，而从者见是彭生也。
⑧ 此言彭生既死，何敢现形以见我。
⑨ 人立，如人之直立也。
⑩ 队通"坠"。队于车，自车上坠下也。
⑪ 丧，失去也。屦读如"窭"，履也。
⑫ 诛，责也；求也。徒人费，徒役之人名费者。
⑬ 劫而束之，言费被鞭走出，作乱之贼已至于门，贼遂劫胁费而加束缚焉。
⑭ 贼疑徒人费为襄公守御，径缚之。费告以被鞭而走，何尝为之守御，故曰"我奚御哉"。且袒衣而示之以背上之鞭痕焉。御通作"禦"。
⑮ 贼见费背创痕，信之。费因伪为助贼，请先入内刺探也。
⑯ 伏公，匿襄公于安隐之处也。
⑰ 石之纷如，齐小臣，亦格斗死。
⑱ 遂入，谓谋乱之贼既杀徒人费与石之纷如，遂入内图襄公也。
⑲ 孟阳亦小臣，代襄公居于床，藉以诳贼。
⑳ 不类，谓孟阳之貌不似襄公，故断曰"非君也"。
㉑ 无常，谓政令无常也。
㉒ 鲍叔牙，公子小白之傅，亦称鲍叔。
㉓ 君使民慢，即指政令无常言，谓将使人民起慢易之心也。

公子小白①出奔莒。②乱作，管夷吾③、召忽④奉公子纠⑤来奔。⑥……

九　年⑦

夏，公⑧伐齐，纳子纠。桓公自莒先入。秋，师⑨及齐师战于乾时，⑩我师败绩。公丧戎路，⑪传乘而归。⑫秦子、梁子⑬以公旗辟于下道，⑭是以皆止。⑮

鲍叔帅师来言，曰："子纠，亲也，请君讨之。管召，雠也，请受而甘心⑯焉。"乃杀子纠于生窦。⑰召忽死之。管仲请囚，⑱鲍叔受之。

---

① 公子小白，僖公之庶子，襄公之弟。襄公被弑先已奔莒，及无知死，入即位，是为桓公。桓公为齐国第十五君，在位四十三年。其元年当周庄王十二年丙申岁，西历纪元前685年。公在位时，九合诸侯，为"春秋五霸"之一。

② 莒，嬴姓国，子爵，少昊之后。周武王封兹舆期于莒，即今山东莒县。十一传至兹平父，始见于《春秋》。又十一传而楚灭之。

③ 管夷吾即管仲，公子纠之傅。后相桓公，助成霸业，为孔子所称。

④ 召忽亦公子纠之傅。

⑤ 公子纠，小白庶兄。

⑥ 来奔，奔于鲁也。

⑦ 庄公九年当周庄公十二年丙申岁，齐桓公元年，西历纪元前685年。

⑧ 公谓庄公。

⑨ 师谓鲁师。

⑩ 乾时，齐地。杜《注》："时水支流，旱则竭涸，故曰乾时。"乾读如"干"。时水在今山东博兴县南。

⑪ 戎路，诸侯所乘御之兵车。

⑫ 传乘而归，言庄公既丧失戎路，遂乘他车逃归也。

⑬ 秦子、梁子，庄公之御及戎右也。

⑭ 庄公既败师失车，恐为齐擒，故使二子张公之旗，避于旁道以误齐师。辟通"避"。下道，旁道岐路也。

⑮ 止，获也。言二子皆为齐所获也。

⑯ 此皆鲍叔乘胜迫胁之言。子纠于小白为兄，故云"亲"，属鲁君自致讨伐以谢齐足已。管、召助子纠争国，管仲且射小白中钩，故云"雠"，欲生得送齐自为治罪以快心。甘心，快心也。其实鲍叔欲藉以全管仲耳，观于下文自明。

⑰ 生窦，鲁地，在今山东菏泽县北，一作笙渎。

⑱ 请囚，自请就系送齐也。

及堂阜①而税之。②归而以告,曰:"管夷吾治于高傒,③使相④可也。"公⑤从之。

十　年⑥

十年春,齐师伐我。⑦公⑧将战,曹刿⑨请见。其乡人⑩曰:"肉食者谋之,又何间焉?⑪"刿曰:"肉食者鄙,未能远谋。"乃入见。

问何以战。公曰:"衣食所安,弗敢专也,必以分人。⑫"对曰:"小惠未遍,民弗从也。⑬"公曰:"牺牲玉帛,弗敢加也,必以信。⑭"对曰:"小信未孚,神弗福也。⑮"公曰:"小大之狱,虽不能察,必以情。⑯"对曰:"忠之属也,可以一战。⑰战则请从。⑱"公与

---

① 堂阜,齐地,在今山东蒙阴县西北三十里。
② 税之,释去管仲之囚缚也。税读如"蜕",释也。亦与"脱"同。
③ 治于高傒,言管仲治理政事之才胜于高傒也。高傒,齐卿,亦称高子,亦称敬仲。
④ 使相,任之为国相也。
⑤ 公指桓公小白。
⑥ 庄公十年当周庄王十三年丁酉岁,齐桓公二年,西历纪元前684年。
⑦ 九年,鲁与齐大夫盟于蔇。至是,齐背盟来侵,故云"伐我"。
⑧ 公指鲁庄公。
⑨ 曹刿,鲁人,以勇力事庄公。即《史记》中劫齐返鲁侵地之曹沫。
⑩ 乡人,同乡里之人。
⑪ 肉食者,谓在位有禄俸所入之人,犹云"当事之人"。又何间焉,犹云"何必厕身其间"。
⑫ 此言衣食二者虽吾身之所安,弗敢自专其有,必分与人之冻馁者。
⑬ 此言分公衣食,所沾惠者不过左右近习之人,故曰"小惠未遍"。民未怀惠,必不从公所使,故曰"民弗从也"。
⑭ 牺牲,牛、羊、豕之属;玉,珪璧;帛,币也:皆祭祀礼神之物。此言牲玉自有常数,弗敢有加于旧,祝史必陈信于鬼神,不敢以小为大,以恶为美,故曰"弗敢加也,必以信"。
⑮ 此言是特一念之小信,未孚于上下,神未必降之福也。孚,浃洽也。
⑯ 此言争讼刑罚之类虽不能遍察其曲直当否,必尽己之情以求人之情也。狱,讼也。
⑰ 此言以情察狱实为利民之思,君人忠实之一端也。民感其忠,思欲报上,故可用以一战。
⑱ 战则请从,言如出于战,自请从征也。

之乘，①战于长勺。②

公将鼓之。③刿曰："未可。"齐人三鼓，刿曰："可矣。"齐师败绩，公将驰之。④刿曰："未可。"下视其辙，⑤登轼⑥而望之，曰："可矣。"遂逐齐师。

既克，公问其故。对曰："夫战，勇气也。一鼓作气，再而衰，三而竭。彼竭我盈，故克之。夫大国难测也，惧有伏焉。吾视其辙乱，望其旗靡，⑦故逐之。"

十一年⑧

秋，宋大水，公使吊⑨焉，曰："天作淫雨，⑩害于粢盛，若之何不吊。"对曰："孤实不敬，⑪天降之灾。又以为君忧，拜命之辱。⑫"

臧文仲⑬曰："宋其兴乎。禹、汤罪己，其兴也悖焉。⑭桀、纣罪

---

① 与之乘，与之共乘也。

② 长勺，鲁地。按《路史》："成王以商民六族锡鲁公，有长勺氏、尾勺氏。"是商民所居也。今地不详。

③ 古之行军，闻鼓则进。将鼓之，谓庄公将命鸣鼓以帅进也。其下"齐人三鼓"之"鼓"与此同。

④ 驰之，追逐齐之奔卒也。

⑤ 辙，车过之轨迹也。

⑥ 轼，车前凭手之横木。地较座位为高，故登以望远。

⑦ 靡，乱也；偃倒也。

⑧ 庄公十一年当周庄王十四年戊戌岁，宋闵公九年，西历纪元前683年。

⑨ 吊，愍而问慰之谓。公使吊，谓庄公使往慰问也。

⑩ 淫雨，过量之雨。

⑪ 诸侯平日自称曰"寡人"。引咎自抑则降称"孤"。孤实不敬，宋闵公自谓，言己不敬天地宗庙而致此灾凶也。

⑫ 拜命之辱，犹言"敬承厚意，敢拜谢之"。

⑬ 臧文仲即臧孙辰，鲁大夫。

⑭ 悖焉，状其盛。悖通作"浡"，亦作"勃"。禹、汤罪己，谓禹之下车泣囚与汤之桑林自祷。

人，其亡也忽焉。① 且列国有凶，② 称孤，礼也。言惧而名礼，③ 其庶④乎。"既而闻之曰：⑤ "公子御说⑥之辞也。"臧孙达⑦曰："是宜为君，有恤民之心。⑧"……

十二年⑨

十二年秋，宋万⑩弑闵公于蒙泽。⑪遇仇牧⑫于门，批而杀之。⑬遇大宰督于东宫之西，又杀之。立子游。⑭群公子奔萧。⑮公子御说奔亳。⑯南宫牛、猛获⑰帅师围亳。

---

① 忽焉，状其速。夏桀、殷辛皆拒谏饰非，果于杀戮，故曰"桀、纣罪人"。
② 有凶，谓有凶荒之灾。
③ 言惧而名礼，谓闵公之言戒惧，而其自名称孤合于礼也。
④ 其庶，犹言"庶几于兴"，与上"宋其兴乎"相应。
⑤ 既而闻之曰，犹言"后来传闻说"。
⑥ 公子御说，庄公冯之子，闵公捷之弟，即宋桓公，为宋国第十八君，在位凡三十一年。其元年当周僖王元年庚子岁，西历纪元前681年。
⑦ 臧孙达，即前谏桓公纳郜大鼎之臧哀伯，为文仲之祖，疑无与文仲同时预政之理。林尧叟释："即臧文仲。"固误，然疑莫能明也。
⑧ 有恤民之心，言御说之辞戒惧而知礼，明有体恤民艰之意，故许之曰"是宜为君"。
⑨ 庄公十二年当周庄王十五年己亥岁，宋庄十年，卫惠公十八年，陈宣公十一年，西历纪元前682年。
⑩ 宋万即南宫长万，亦称南宫万，以勇力事宋闵公为大夫。鲁庄公十年乘丘之役，宋为鲁败，擒长万。宋人请之，得归。闵公以其为鲁囚也，不加敬。遂弑公立子游。桓公立，奔陈。宋赂陈，致而醢之。
⑪ 闵公名捷，《公羊传》作"接"，庄公冯之子，为宋第十七君，在位十一年。其元年当周庄王六年庚寅岁，西历纪元前691年。其十一年之秋，宋万弑之于蒙泽。蒙泽，宋邑，今河南商丘县东北蒙县故城是。
⑫ 仇牧，宋大夫。
⑬ 批而杀之，犹云"拉杀之"。批，引也；击也。
⑭ 子游，宋公子。
⑮ 萧，宋邑，即今江苏萧县。
⑯ 亳，宋邑，即今河南商丘县北四十里之大蒙城，亦称北亳，又名蒙亳、景亳，汉置薄县于此。
⑰ 南宫牛，长万之子。猛获，其党也。

冬十月，萧叔大心及戴、武、宣、穆、庄之族①以曹师伐之。杀南宫牛于师。杀子游于宋。立桓公。猛获奔卫。南宫万奔陈，以乘车辇其母，②一日而至。③

宋人请猛获于卫，卫人欲勿与。石祁子④曰："不可。天下之恶一也，恶于宋而保于我，保之何补？得一夫⑤而失一国，与恶而弃好，非谋⑥也。"卫人归之。亦请南宫万于陈，以赂。陈人使妇人饮之酒，而以犀革⑦裹之。比⑧及⑨宋，手足皆见。⑩宋人皆醢⑪之。

十四年⑫

郑厉公自栎侵郑，⑬及大陵，⑭获傅瑕。⑮傅瑕曰："苟舍我，⑯吾请纳君。"与之盟而赦之。六月甲子，傅瑕杀郑子⑰及其二子，而纳厉公。

---

① 萧叔大心，萧邑大夫。戴、武、宣、穆、庄之族，宋五公之子孙。
② 辇其母，言长万亲载其母以行也。
③ 一日而至，言其速。宋去陈二百六十里，又辇重而行，足见长万之多力。
④ 石祁子，卫大夫。
⑤ 一夫，犹云"一个人"。
⑥ 非谋，非善谋也，犹云"失计"。
⑦ 犀革，犀牛之革，取其坚牢。
⑧ 比读如"婢"，逮也；及也。
⑨ 及，到也。
⑩ 宋万多力，虽乘醉裹以犀革，而途中觉醒后肆行蹴踏，犀革皆破，故及宋而手足皆见也。
⑪ 醢读如"海"，剁为肉酱也。
⑫ 庄公十四年当周僖王二年辛丑岁，郑厉公二十一年，子仪十四年，西历纪元前680年。
⑬ 郑厉公为祭仲所逼，出奔蔡，已见桓公十五年。是年秋，厉公入于栎，遂居之。栎读如"历"，郑之别都，即今河南禹县。至是，自栎侵郑。
⑭ 大陵，郑地，在今河南临颍县北十里。
⑮ 傅瑕，郑大夫。
⑯ 舍我，犹云"放我"。舍通作"舍"，弃也；释也。
⑰ 郑子，庄公第四子公子仪，名婴。齐人既杀子亹，辕高渠弥，祭仲乃立子仪。在位十四年，为郑国第七君。其元年当周庄王四年戊子岁，西历纪元前693年。

初，内蛇与外蛇斗于郑南门中，内蛇死。六年而厉公入。公闻之，问于申繻。① 曰："犹有妖乎？②"对曰："人之所忌，其气焰以取之，③ 妖由人兴也。人无衅焉，妖不自作。④ 人弃常，则妖兴，故有妖。"

厉公入，遂杀傅瑕。使谓原繁⑤曰："傅瑕贰。周有常刑，既伏其罪矣，纳我而无二心者，吾皆许之上大夫之事。⑥ 吾愿与伯父图之。⑦ 且寡人出，伯父无里言；⑧ 入，又不念寡人；寡人憾焉。"对曰："先君桓公，命我先人典司宗祐。⑨ 社稷有主而外其心，其何贰如之？⑩ 苟主社稷，国内之民，其谁不为臣？臣无二心，天之制也。子仪在位十四年矣，而谋召君者，庸非⑪贰乎？庄公之子犹有八人，若皆以官爵行赂劝贰⑫而可以济事，君其若之何？臣闻命矣。"乃缢而死。

---

① 公闻之之"公"谓鲁庄公。申繻，鲁大夫。繻读如"须"。
② 妖，怪异之事，凶兆也。犹有妖乎，表疑问，言厉公之入岂与蛇斗之兆有关乎。
③ 此言子仪在郑，常畏忌厉公之夺其国，此畏忌之气焰足以致蛇妖之异兆也。故下言"妖由人兴"。
④ 此言苟人无衅隙之可乘，则妖不能自作。故下重言以申明之，云"人弃常，则妖兴，故有妖"也。
⑤ 原繁，《史记》作"原"，无"繁"字，厉公之伯父。
⑥ 上大夫，卿也。许之上大夫之事，言厉公以卿职为赂，钩致贰于己者。
⑦ 疑原繁有二心，故以上大夫之事试之，而云"愿与图之"也。
⑧ 里言，谓无纳我之言。
⑨ 宗祐，宗庙中藏主之石室。祐读如"石"。
⑩ 其何贰如之，言二心之甚无有至于此者矣。
⑪ 庸非，犹云"岂非"。
⑫ "以官爵行赂劝贰"，针对厉公"皆许之上大夫之事"而发，是直斥其诱贰奖乱也。

二十二年①

二十二年春，陈人杀其大子御寇。②陈公子完③与颛孙④奔齐。颛孙自齐来奔。⑤齐侯⑥使敬仲为卿。辞曰："羁旅之臣，⑦幸若获宥，及于宽政，⑧赦其不闲于教训，⑨而免于罪戾，⑩弛于负担，⑪君之惠也，所获多矣。敢辱高位，以速官谤。⑫请以死告。⑬《诗》云，翘翘车乘，招我以弓，岂不欲往，畏我友朋。⑭"使为工正。⑮

饮桓公酒，⑯乐公曰："以火继之。"⑰辞曰："臣卜其昼，未卜其夜，不敢。"君子曰，酒以成礼，不继以淫，⑱义也。以君成礼，弗纳于淫，仁也。

---

① 庄公二十二年当周惠王五年己酉岁，陈宣公二十一年，齐桓公十四年，西历纪元前672年。

② 大子御寇，陈宣公忤臼之太子也。宣公为陈国第十五君，系厉公跃之子，庄公林之弟。在位四十五年。其元年当周庄王五年辛丑岁，西历纪元前692年。有嬖姬生子款，欲立之，遂杀大子御寇。

③ 陈公子完，厉公跃之子，党于御寇，故奔齐。后仕为工正，改田氏。卒谥敬仲。及五世孙无宇，始大于齐。

④ 颛孙，陈公子，亦御寇党。先奔齐，后奔鲁，遂为颛孙氏。

⑤ 来奔，奔于鲁也。

⑥ 齐侯指桓公。

⑦ 羁旅之臣，犹言客居之臣。羁，寄也。旅，客也。

⑧ 此言幸得陈君之赦宥，及于齐国宽大之政也。

⑨ 不闲于教训，不习熟于教训也。闲通作"娴"，熟谙也。

⑩ 免于罪戾，不计其出奔之罪戾也。

⑪ 弛于负担，言去其负担奔走之劳而得息肩于齐也。弛读如"矢"，缓也；宽也；释去也。

⑫ 此言不敢忝辱齐卿之高位以速召官府之谤讟也。盖当官不称其职则谤讟自兴，故云"官谤"。

⑬ 请以死告，以死自誓，告免齐卿之位也。

⑭ 此引逸《诗》语。翘翘，远貌。古者聘士以弓，言虽贪显命，惧为朋友所讥责也。

⑮ 工正，掌百工之官。

⑯ 陈完辞卿就工正，齐桓公贤之，故就其家会。据主人之辞，故言饮桓公酒。

⑰ 以火继之，使用灯火以继昼饮也。

⑱ 淫，过也。

初，懿氏卜妻敬仲，①其妻占之，②曰："吉，是谓凤皇于飞，和鸣锵锵，③有妫之后，将育于姜。④五世其昌，并于正卿。八世之后，莫之与京。⑤"陈厉公，⑥蔡出也，故蔡人杀五父⑦而立之，生敬仲。其少也，周史有以《周易》见陈侯者，陈侯使筮之。⑧遇观☷☴之否☷☰，⑨曰："是谓观国之光，利用宾于王。⑩此其代陈有国乎？不在此，其在异国；非此其身，在其子孙，光达而自他有耀者也。坤，土也。巽，风也。乾，天也。风为天于土，上山也。有山之材，而照之以天光，于是乎居土上。故曰，观国之光，利用宾于王。庭实旅百，奉之以玉帛，天地之美具焉。⑪故曰利用宾于王。犹有观焉，故曰其在后乎。⑫风行而著于土，故曰其在异国乎。⑬若在异国，必姜姓也，姜，大岳之后也。山岳则配天，物莫能两大，陈衰，此其昌乎？"

---

① 懿氏，陈大夫。卜妻敬仲，谓将以女妻陈完，卜其吉否也。用龟灼兆曰"卜"。
② 其妻占之，懿氏之妻用龟占之也。
③ 凤皇于飞，和鸣锵锵，象征夫妇和洽。
④ 妫，陈之姓。姜，齐之姓。言敬仲将长育于齐也。
⑤ 京，大也。莫之与京，不能与之比大也。此上皆占得之繇辞。
⑥ 陈厉公名跃，《史记》作"利"，文公圉之子，为陈国第十三君。文公卒，长子桓公鲍立。桓公卒，公子佗杀太子免自立。明年蔡人杀佗而立厉公。在位七年，太子免之三弟纠结蔡人共杀之。其元年当周桓王十四年乙亥岁，西历纪元前706年。
⑦ 杀五父事在桓公六年。五父即公子佗。
⑧ 此云陈侯当为陈厉公使筮之，使周太史以《周易》筮敬仲之遭际也。用蓍草揲演而占吉凶曰"筮"。读如"逝"。
⑨ 观与否俱卦名。观，坤下巽上☷☴；否，坤下乾上☷☰。两卦六爻之上二爻及下三爻皆同，惟第四爻有异，盖观之六四变为否之九四耳。凡占，以初占得之卦为主，再任取六爻之一变易之，即得次卦。然后合其卦象、爻辞等参比取验以求征也。
⑩ "观国之光，利用宾于王"，《周易》观卦六四之爻辞也。意谓观之六四近于九五之君，是乃观国家之光华，利用作宾于王家耳。此周太史开端引用之辞，以下诸句皆其释解之语。
⑪ 观卦之上为艮，艮为门庭。否卦之上为乾，乾为金玉。观、否之下皆为坤，坤为布帛。是诸侯朝王陈贽币之象。故云"庭实旅百……天地之美具焉"。旅，陈也。百言物备。见杜《注》。
⑫ 因观文以传占，故言"犹有观"。非在己之言，故知"在后"。
⑬ 行而著于土，则不在本国明矣，故曰"在异国"。

及陈之初亡也,①陈桓子始大于齐。②其后亡也,③成子得政。④

二十八年⑤

晋献公⑥娶于贾,⑦无子。烝于齐姜,⑧生秦穆夫人⑨及大子申生。⑩又娶二女于戎,大戎狐姬⑪生重耳,⑫小戎子⑬生夷吾。⑭晋伐骊戎,⑮骊戎男女以骊姬,⑯归,生奚齐。⑰其娣生卓子。⑱

---

① 鲁昭公八年,楚灭陈,使其弟弃疾为陈公。后四年,弃疾王楚,复陈,立惠公。陈之初亡即指昭公八年事。
② 陈桓子,敬仲五世孙陈无宇也。大于齐,在齐日见强大也。
③ 鲁哀公十七年,楚复灭陈,陈终亡。故曰"其后亡也"。
④ 成子即陈桓,亦称陈常,一作田常,敬仲八世孙也。弑齐简公而专国政。其曾孙和遂篡齐而代之,是为田齐。
⑤ 庄公二十八年当周惠王十一年乙卯岁,晋献公十一年。西历纪元前 666 年。
⑥ 晋献公名诡诸,曲沃武公称之子也,承并晋之烈,为晋国第十九君。始都于绛,在位二十六年。其元年当周惠王元年乙巳岁,西历纪元前 676 年。
⑦ 贾,姬姓国,侯爵,唐叔虞少子公明封此,为晋所灭。
⑧ 齐姜,武公之妾。烝,上淫也。
⑨ 秦穆夫人,秦穆公之夫人,即秦穆姬。
⑩ 大子申生被谗自杀,谥曰"共",亦称共太子,或称共子。
⑪ 大戎,唐叔子孙别在戎狄者,姬姓,以狐为氏,故称大戎狐姬。
⑫ 重耳,晋文公名。献公次子。申生见杀,出亡在外十九年。然后得国为晋第二十四君。在位九年,任用诸贤,继齐桓称霸。其元年当周襄王十七年丙戌岁,西历纪元前 635 年。
⑬ 小戎,允姓之戎。子,女也。
⑭ 夷吾,晋惠公名。献公之子。申生死,奔梁。献公卒,里克杀奚齐、卓子迎夷吾,赂秦以入,立为晋侯。既立,杀里克而背秦,遂有韩原之败,为秦所虏。既而复归,前后在位十四年,为晋第二十二君。其元年当周襄王二年辛未岁,西历纪元前 650 年。
⑮ 骊戎,姬姓国,男爵。故称骊戎男。秦时于其地置骊邑,汉改曰新丰。故城在今陕西临潼县东。
⑯ 骊姬,骊戎男之女,晋献公五年,即鲁庄公二十三年,晋伐骊戎,骊戎遂纳女于献公以求成。
⑰ 奚齐以母嬖得为晋储。献公卒,继立。未几,为里克所弑。
⑱ 卓子于奚齐见杀后继立,未几,亦为里克所弑。

骊姬嬖，欲立其子，赂外嬖梁五①与东关嬖五，②使言于公曰："曲沃，君之宗也。③蒲④与二屈，⑤君之疆⑥也。不可以无主。宗邑无主则民不威，疆场无主则启戎心。戎之生心，民慢其政，国之患也。若使大子主曲沃，而重耳、夷吾主蒲与屈，则可以威民而惧戎，且旌君伐。⑦"使俱曰：⑧"狄之广莫，于晋为都，晋之启土，不亦宜乎？⑨"晋侯说⑩之。夏，使大子居曲沃，重耳居蒲城，夷吾居屈，群公子皆鄙。⑪唯二姬之子⑫在绛。⑬二五率⑭与骊姬谮⑮群公子而立奚齐。晋人谓之"二五耦⑯"。

---

① 梁五，晋大夫，为献公所嬖幸，使在闺闼之外视听外事，故曰"外嬖"。
② 东关嬖五，亦晋大夫之名五者，同为献公所嬖，使别在关塞侦刺外情焉。
③ 曲沃，桓叔所封，先君宗庙所在，故云"君子宗也"。
④ 蒲，晋邑，在今山西隰县西北。
⑤ 二屈，晋邑。今山西吉县有北屈废县。或云"二"当为"北"。或云有"南"，故称"北"，"二屈"盖兼南北而言。
⑥ 疆谓边疆之邑，即下文"疆场无主"之疆场。场读如"亦"，界也；畔也。
⑦ 旌，章显也。伐，功勋也。
⑧ 又使二五合辞再进，故云"使俱曰"。
⑨ 广莫，谓狄地旷绝，即指与蒲及二屈毗连之地，言遣二公子出都之，则晋当大开土界也。
⑩ 说通"悦"。
⑪ 皆鄙，谓皆处边鄙之邑。
⑫ 二姬之子即指奚齐、卓子。
⑬ 绛在今山西新绛县北。时为晋都。
⑭ 率，常也。
⑮ 谮，毁也；谗也。
⑯ 《考工记》："耦广五寸，二耜为耦。"二五耦，杜《注》："二耜相耦广一尺，共起一伐。言二人俱共呈伤晋室若此。"

三十二年①

秋七月，有神降于莘。②惠王③问诸内史过④曰："是何故也？"对曰："国之将兴，明神降之，监其德也。将亡，神又降之，观其恶也。故有得神以兴，亦有以亡。虞、夏、商、周皆有之。⑤"王曰："若之何？"对曰："以其物享焉，其至之日，亦其物也。⑥"王从之。内使过往，⑦闻虢请命。⑧反曰："虢必亡矣。虐而听于神。⑨"

神居莘六月，虢公⑩使祝应宗区、史嚚⑪享焉，神赐之土田。史嚚曰："虢其亡乎。吾闻之，国将兴，听于民。将亡，听于神。神聪明正直而壹⑫者也，依人而行。⑬虢多凉德，⑭其何土之能得？"

---

① 庄公三十二年当周惠王十五年己未岁，西历纪元前 662 年。
② 有神降于莘，谓有神附于莘地之人以示休咎也。莘，虢地，今河南陕县硖石镇之西十五里有莘原，即其地也。
③ 惠王，周惠王，名阆，僖王胡齐子，为周朝第十七王，在位二十五年。其元年乙巳岁，当鲁庄公十八年，西历纪元前 676 年。
④ 内史过，周大夫。
⑤ 虞、夏、商、周皆有之，言历代均有此神异也。
⑥ 以其物享焉……亦其物也，杜《注》："享，祭也。若以甲乙日至，祭先脾，玉用苍，服上青。以此类祭之。"
⑦ 内史过往，使过往虢，以其物享神也。
⑧ 此言闻虢请于神，求赐土田之命。
⑨ 反曰，返命时所陈白也。其意若曰："民，神之主也。虢公虐民而听命于神，以此，知其必亡。"
⑩ 虢公时为王之卿士。
⑪ 祝，大祝；宗，宗人；史，大史。俱官名。应、区、嚚皆人名。嚚读如"吟"。
⑫ 壹，专一之谓。
⑬ 依人而行，犹云"唯德是与"，须视其人之应否获福也。
⑭ 凉德，薄德也，即谓虐民之政。凉，薄也。

闵 公

名启方,庄公之子,《史记》作名开,无"方"字。在位二年,为庆父所弑。其元年当周惠王十六年庚申岁,西历纪元前661年。

元 年①

晋侯作二军。②公将上军,大子申生将下军,赵夙③御戎,毕万④为右,以灭耿,⑤灭霍,⑥灭魏。⑦还,为大子城曲沃。赐赵夙耿,赐毕万魏,以为大夫。士蒍⑧曰:"大子不得立矣。分之都城而位以卿,⑨先为之极,又焉得立?⑩不如逃之,无使罪至。为吴大伯⑪不亦可乎?犹

---

① 闵公元年当何世,已详前。
② 晋侯指晋献公。周制:大国三军,次国二军,小国一军。晋本大国,自曲沃武公覆灭宗国,于鲁庄公十六年时,周僖王命曲沃伯以一军,为晋侯,遂从小国之制。至是,始作二军。
③ 赵夙,造父后叔带五世孙,赵衰之兄。
④ 毕万,毕公高之后,魏犨之祖父。毕国详后。
⑤ 耿,姬姓国,为晋所灭。故城在今山西河津县东南,一名耿乡城。
⑥ 霍,姬姓国,文王子叔处所封。晋灭之,故城在今山西霍县西南十六里。
⑦ 魏故城在今山西芮城县东北,亦姬姓国,为晋所灭。
⑧ 士蒍,晋大夫。
⑨ 卿始有军行,今大子将下军,故曰"位以卿"。
⑩ 此言先为大子之极处,又安得复立为晋后也。盖天下事未极则有增,已极则无以复加矣。
⑪ 吴大伯,周太王之嫡子。知其父欲立季历,故让位而适吴。为吴之始祖。大,通作"太",亦作"泰"。

有令名，与其及也。① 且谚曰：心苟无瑕，何恤乎无家。② 天若祚大子，其无晋乎？③"

卜偃④曰："毕万之后必大。万，盈数也。魏，大名也。以是始赏，⑤天启之⑥矣。天子曰兆民，诸侯曰万民，今名之大，以从盈数，其必有众。⑦"

初，毕万筮仕⑧于晋，遇屯☰☰之比☰☰，⑨辛廖⑩占之，曰："吉。屯固比入，⑪吉孰大焉。其必蕃昌，震为土，⑫车从马，⑬足居之，⑭兄长之，⑮母覆之，⑯众归之，⑰六体不易，⑱合而能固，安而能杀，⑲公侯之卦⑳也。公侯之子孙，必复其始。㉑"

---

① 此言虽去犹有令名，胜于留而及祸也。
② 此言吾心苟无瑕疵之可指，则不必以无家为忧恤也。
③ 此言天若降福大子，其必舍去晋国矣。
④ 卜偃，晋掌卜大夫。
⑤ 始赏，开始受赏也。
⑥ 天启之，言天已启示其兆矣。
⑦ 十万为兆，天子主有天下，故曰"兆民"。十千为万，诸侯主有一国，故曰"万民"。今以魏封万，是以魏从万，从盈数也，明为得国之象，故曰"今名之大，以从盈数，其必有众"。
⑧ 筮仕，占入仕前途也。
⑨ 屯卦震下坎上☰☰，艰难犯险之象。其初爻九"—"变易为六"--"，遂得坤下坎上之比卦☰☰，亲密之象。屯读如"窀"。
⑩ 辛廖，晋大夫。
⑪ 屯，险难，所以坚固。比，亲密，所以得入。故曰"屯固比入"。
⑫ 屯变为此则震变为坤矣。坤为地，故曰"震为土"。
⑬ 震为车，坤为马。震变为坤，故曰"车从马"。
⑭ 震为足。震动而遇坤，安静之象，故曰"足居之"。
⑮ 震为长男，兄也。初爻变，是最长之意，故曰"兄长之"。
⑯ 坤为母，故曰"母覆之"。
⑰ 坤为众，故曰"众归之"。
⑱ 六体不易，言初一爻变已有以上之六义，不可易也。
⑲ 比卦有合之义，屯卦有固之义。以比承屯之变，故曰"合而能固"。比之下卦有坤，坤为土安之象。屯之下卦有震，震为雷杀之象。以坤承震之变，故曰"安而能杀"。
⑳ 承上言，比合屯固坤安震杀，固为公侯之卦。而屯之初九曰"利建侯"。比之大象曰"建万国，亲诸侯"。其为公侯之卦益显。
㉑ 此言毕万为毕公高之子孙，必复其始为公侯也。

二　年①

冬十二月，狄人伐卫。卫懿公②好鹤，鹤有乘轩者。③将战，国人受甲者皆曰："使鹤。鹤实有禄位，余焉能战。"公与石祁子玦，④与宁庄子⑤矢，使守，曰："以此赞国，择利而为之。⑥"与夫人绣衣，曰："听于二子。"渠孔⑦御戎，子伯⑧为右，黄夷前驱，⑨孔婴齐殿，⑩及狄人战于荧泽。⑪卫师败绩，遂灭卫。卫侯不去其旗，是以甚败。⑫狄人囚史华龙滑与礼孔⑬以逐卫人。二人曰："我大史也，实掌其祭，不先，国不可得也。"乃先之。至则告守曰："不可待也。⑭"夜与国人出。狄入卫，遂从之，又败诸河。⑮

---

① 闵公二年当周惠王十七年辛酉岁，齐桓公二十六年，晋献公十七年，卫懿公九年，宋桓公二十二年，西历纪元前660年。
② 卫懿公名赤，惠公朔之子，卫国第十七君。在位九年，为狄人所杀。其元年当周惠王九年癸丑岁，西历纪元前668年。
③ 轩，大夫所乘之车。鹤而乘轩，其所以宠之亦甚矣。
④ 玦读如"决"，玉佩也。如环而缺。
⑤ 宁庄子，卫大夫宁速也。
⑥ 赞，助也。玦示以当决断，矢示以御难，故曰"择利而为之"。
⑦ 渠孔，卫臣。
⑧ 子伯，卫臣。
⑨ 黄夷，卫臣。前驱，先发开道之人，所谓"先锋"也。
⑩ 孔婴齐，卫臣。殿读如"店"，师后反御者，所谓"殿军"也。
⑪ 荧泽，杜《注》："当在河北。"盖卫地之邻接狄境者。
⑫ 此言师之耳目在旗，卫懿公既败而不去其旗，是以甚败，至于君臣皆尽也。
⑬ 华龙滑与礼孔皆卫之大史。
⑭ 守谓居守者，即指石祁子与宁庄子。不可待也，言狄师盛强，不可坐而待灭也。
⑮ 从之，追石、宁及卫人也。败诸河，追而败之于济河之所也。

闵　公　　49

初，惠公①之即位也少，②齐人使昭伯③烝于宣姜，④不可，⑤强之，⑥生齐子、⑦戴公、⑧文公、⑨宋桓夫人、⑩许穆夫人。⑪文公为卫之多患也，先适齐。及败，宋桓公逆诸河，⑫宵济。⑬卫之遗民男女七百有三十人，益之以共滕之民为五千人，立戴公以庐于曹。⑭许穆夫人赋《载驰》。⑮齐侯⑯使公子无亏⑰帅车三百乘，甲士三千人，以戍曹。⑱归公乘马，⑲祭服五称，⑳牛羊豕鸡狗皆三百，与门材。㉑归夫人鱼轩，㉒重锦三十两。㉓

---

① 惠公名朔，宣公晋之子，卫国第十五君。立四年，左右公子攻公，立急子弟黔牟为君。公奔齐。黔牟立八年，齐襄公率师纳公，黔牟奔周。公复立，诛左右公子。在位三十一年。其元年当周桓王二十一年壬午岁，西历纪元前 699 年。

② 惠公立时，盖年十五六，故曰"少"。

③ 昭伯，黔牟母弟，惠公庶兄，宣公之子公子顽也。

④ 宣姜，宣公为急子所娶而自取之之齐女也。

⑤ 不可，谓昭伯不肯从。

⑥ 强之，齐人迫使昭伯也。

⑦ 齐子未得立。

⑧ 戴公名申。懿公败死，国人思立急子之后，以黔牟及昭伯皆已卒，乃立戴公。在位一年，为卫第十八君。

⑨ 文公名毁。齐桓公以卫遭狄乱，率诸侯伐狄，为卫筑楚丘，戴公既卒乃立毁为卫君。在位二十五年，为卫第十九君。其元年即戴公元年当周惠王十八年壬戌岁，西历纪元前 659 年。

⑩ 宋桓夫人，宋桓公御说之夫人。

⑪ 许穆夫人，许穆公新臣之夫人。

⑫ 逆诸河，迎卫败众于河上也。逆，迎也。

⑬ 宵济，乘夜渡河，畏狄人之逼也。

⑭ 共、滕皆卫之别邑。曹，卫之下邑，亦作"漕"。庐，寄止也。

⑮ 《载驰》，《诗·墉风》篇名。《小序》云："许穆夫人作也。闵其宗国颠覆自伤不能救也。卫懿公为狄人所灭，国人分散露于漕邑。许穆夫人闵卫之亡伤许之小，力不能救，思归唁其兄，又义不得，故赋是诗也。"

⑯ 齐侯指齐桓公。

⑰ 公子无亏，桓公子武孟也。

⑱ 戍曹，为卫御狄也。

⑲ 归，遗也；赠送也。公指戴公。乘马，四马备驾车也。

⑳ 衣单复具曰"称"。五称犹今言"五套"。

㉑ 门材，造作门户之材木。与门材，使之先立门户之意。

㉒ 夫人，谓戴公夫人。鱼轩，夫人用车，以鱼皮为节。

㉓ 重锦，锦之熟细者。以二丈双行故曰两。三十两，三十匹也。

晋侯①使大子申生伐东山皋落氏。②里克③谏曰:"大子奉冢祀社稷之粢盛,④以朝夕视君膳⑤者也,故曰冢子。⑥君行则守,有守则从。⑦从曰抚军,守曰监国,⑧古之制也。夫帅师,专行谋,⑨誓军旅,⑩君与国政⑪之所图也,非大子之事也。师在制命而已。⑫禀命则不威,专命则不孝。⑬故君之嗣適,不可以帅师。君失其官,⑭帅师不威,⑮将焉用之?且臣闻皋落氏将战,君其舍之。"公曰:"寡人有子,未知其谁立焉。"不对而退。⑯

见大子。⑰大子曰:"吾其废乎?"对曰:"告之以临民,⑱教之以军旅,⑲不共是惧,何故废乎?且子惧不孝,无惧弗得立。修己而不责人,则免于难。"

---

① 晋侯指献公。
② 东山皋落氏,赤狄之别种也。皋落乃其氏族。地在山西垣曲县西北五十里,今为皋落堡。
③ 里克,晋大夫。
④ 此言大子当奉国家之祭祀与社稷之粢盛。冢,大也。
⑤ 膳,厨膳。此言君之厨膳,大子当朝夕视之,盖大子有视膳之礼。
⑥ 冢子,言其大异于诸子也。
⑦ 古者,君有朝会征伐行杀之事,则大子代君守国。君使大臣守国,则大子从君而行。故云"君行则守,有守则从"。
⑧ 大子从君出征,号称抚军,言助君镇抚士卒也。守国则号称监国,言代君监临国家也。故云"从曰抚军,守曰监国"。
⑨ 帅师专行谋,言帅师者必专谋军事也。
⑩ 誓军旅,言宣号令于有众也。
⑪ 国政,指与闻大政之正卿。
⑫ 师在制命而已,将军之责唯在专制师徒之号令也。
⑬ 若大子帅师,禀君之命而后行事,则权不在己,何以取威重。故云"禀命则不威"。若专制命令,不复禀白,则失为子之道。故云"专命则不孝"。
⑭ 君失其官,谓君不当使大子统兵。
⑮ 帅师不威,谓大子必不能专制以取威重也。
⑯ 里克闻公"未知谁立"之言,微示欲废申生之意,故不对而退。
⑰ 见大子,里克退朝往见大子申生也。
⑱ 告之以临民,言君使大子居曲沃,是以临民之道训大子也。
⑲ 教之以军旅,言君使大子将下军,是以练兵之事教大子也。

闵　公　　51

　　大子帅师，公衣之偏衣，①佩之金玦。②狐突③御戎，先友④为右，梁馀子养御罕夷，⑤先丹木⑥为右，羊舌大夫⑦为尉。⑧先友曰："衣身之偏，⑨握兵之要，⑩在此行也，⑪子其勉之。偏躬无慝，⑫兵要远灾，⑬亲以无灾，⑭又何患焉？"狐突叹⑮曰："时，事之征也；衣，身之章也；佩，衷之旗也。⑯故敬其事则命以始，⑰服其身则衣之纯，⑱用其衷则佩之度。⑲今命以时卒，闵其事也；⑳衣之尨服，远其躬也；㉑佩以金玦，弃其衷也。㉒服以远之，时以闵之，尨凉冬杀，金寒玦离，㉓胡可恃也？虽欲勉之，狄可尽乎？"梁馀子养曰："帅师者受命于庙，受脤于

----

① 偏衣，左右异色，其半似公服。
② 金玦，以金为之，如环而不连，为偏衣之佩饰。
③ 狐突，字伯行，晋大夫，文公重耳之外祖父也。为申生御，时申生受公命将上军。
④ 先友，晋大夫。
⑤ 罕夷，晋下军卿也。时大夫梁馀子养为罕夷御。子养，名。梁馀，氏。
⑥ 先丹木，晋大夫。
⑦ 羊舌大夫，其名不详，叔向之祖父也。
⑧ 尉，军尉，军中执法之官。
⑨ 衣身之偏，谓已得国之半体。
⑩ 握兵之要，谓佩金玦将上军。
⑪ 在此行也，言兼有上述之二美，成功在此一行，故下云"子其勉之"。
⑫ 偏躬无慝，言分身之半，非恶意也。慝读如"忒"，恶也。
⑬ 兵要远灾，言威权在己，可以远害也。
⑭ 亲以无灾，谓有偏衣之亲而无灾害，承上二语，故下云"又何患焉"。
⑮ 叹，叹先友之不知君心也。
⑯ 在天为时，事之征应可以知终始，故云"时，事之征也"。在身为衣，身之文章可以别贵贱，故云"衣，身之章也"。在腰为佩，中心之表见可以明向背，故云"佩，衷之旗也"。衷，藏于中心之怀念。旗，表也。
⑰ 此承时言，谓君若敬大子之事，当命四时之始，所谓赏以春夏也。何以乃在冬十二月命之。
⑱ 此承衣言，谓君若章大子之身，必以纯色为服，何以用偏衣。
⑲ 此承佩言，谓君若表大子之身，必当依君子之常度佩之以玉，何以用金玦。此下均分承时、衣、佩三者申说之。
⑳ 时卒，谓冬十二月，闵尽之时。闵同"闭"，塞也。此言明明不敬其事。
㉑ 尨服，杂色之衣。尨读如"旁"，毛色不纯之犬。此言不服其身，故云"远其躬也"。
㉒ 不佩以玉而佩以金玦，是违常度而不用其衷也，故云"弃其衷也"。
㉓ 衣之尨杂则有凉薄之意。命以穷冬，则有肃杀之意。金属秋方，其性刚而寒。玦如环而缺，不相连属。故云"尨凉冬杀，金寒玦离"。

社,①有常服矣。不获而尨,命可知也。②死而不孝,③不如逃之。"罕夷曰:"尨奇无常,④金玦不复,⑤虽复何为?君有心矣。⑥"先丹木曰:"是服也,狂夫阻之,⑦曰尽敌而反,⑧敌可尽乎?虽尽敌,犹有内谗,不如违⑨之。"狐突欲行。⑩羊舌大夫曰:"不可。违命不孝,弃事不忠。虽知其寒,恶不可取。⑪子其死之。"

大子将战,狐突谏曰:"不可。昔辛伯谂周桓公⑫云,内宠并后,外宠二政,嬖子配適,大都耦国,乱之本也。⑬周公弗从,故及于难。今乱本成矣,⑭立可必乎?孝而安民,⑮子其图之!与其危身以速罪也。⑯"

① 受命于庙,受脤于社,言国之颁命有常地,不容越次,故下云"有常服"。脤,宜社之肉,盛以脤器者也。
② 军旅常服,宜锡韦弁,今不获韦弁之常服而衣以尨杂之偏衣,君命亦可知矣。
③ 死而不孝,谓虽死而使父有杀子之名也。
④ 尨奇无常,谓杂色奇怪非常之服。
⑤ 金玦不复,言刚玦而缺,离不复反之象也。
⑥ 君有心矣,言献公有害大子之心也。
⑦ 阻,疑也。言虽狂夫犹知有见疑,故云"是服也,狂夫阻之"。
⑧ 曰尽敌而反,盖献公命大子之辞,须尽灭狄人而后得还也。
⑨ 违,去也;别离也。此有引避及逃亡意。
⑩ 欲行,赞同逃亡之言。
⑪ 寒,薄也。此言虽知君心寒薄,然而不孝不忠之恶名不可取,故云"虽知其寒,恶不可取"。
⑫ 谂读如"审",告也。周桓公,名黑肩,周室之卿。辛伯,周大夫。周公欲弑庄王而立王子克,辛伯告王,遂与王杀周公,王子克奔燕。事在鲁桓公十八年。
⑬ 内宠并后……乱之本也,皆当时辛伯谏周公语。参看下注。
⑭ 骊姬嬖幸,几欲与君夫人并行,所谓"内宠并后"也。二五相构,政令旁分,所谓"外宠二政"也。奚齐嬖子,与大子相匹敌,所谓"嬖子配適"也。曲沃大都,而使大子出居之,所谓"大都耦国"也。综是诸状,一一与辛伯所言"乱本"相合,故云"今乱本成矣"。
⑮ 奉身为孝,不战为安民,故云"孝而安民"。
⑯ 此言有功将益见害,故谓与其危身犯敌以速召罪祸,不如孝而能安民也。

僖 公

名申,庄公同之子,闵公启方之兄,为鲁国第十九君。在位三十三年。其元年当周惠王十八年壬戌岁,西历纪元前659年。

二 年①

晋荀息②请以屈产之乘③与垂棘之璧,④假道于虞以伐虢。⑤公曰:"是吾宝也。"对曰:"若得道于虞,犹外府也。⑥"公曰:"宫之奇存焉。⑦"对曰:"宫之奇之为人也,懦而不能强谏。且少长于君,⑧君昵之,虽谏,将不听。⑨"乃使荀息假道于虞,曰:"冀⑩为不道,入自颠

---

① 僖公二年当周惠王十九年癸亥岁,晋献公十九年,西历纪元前658年。
② 荀息,晋之大夫,亦称荀叔。
③ 屈产之乘,屈产所出之良马也。此语《左传注》及《穀梁传注》均以为屈邑所产之马,惟《公羊传注》则谓屈产为出名马之地。今山西石楼县东南四里有屈产泉,当从《公羊传注》为是。
④ 垂棘之璧,垂棘所出之美玉也。垂棘不详。
⑤ 自晋往虢途必出于虞,故赂虞借路也。虞已详前。
⑥ 外府,在外之府库。言若得借路得志,虽以璧马与虞,犹暂寄外府,终必取之也。
⑦ 宫之奇,虞之忠臣。献公惧其阻格,故云"宫之奇存焉"。
⑧ 少长于君,自少长养于公宫也。
⑨ 昵读如"逆",亲狎也。亲而狎之,必轻其言,故云"虽谏,将不听"。
⑩ 冀,国名,灭于晋。今山西河津县东北十五里有冀亭,即冀都。

轵,^① 伐郲^②三门。冀之既病,则亦唯君故。^③ 今虢为不道,保于逆旅,以侵敝邑之南鄙,^④ 敢请假道,以请罪于虢。^⑤"虞公许之,且请先伐虢。^⑥ 宫之奇谏,不听,遂起师。

夏,晋里克、荀息帅师会虞师伐虢,灭下阳。^⑦……

四 年^⑧

四年春,齐侯^⑨以诸侯之师侵蔡,^⑩蔡溃,遂伐楚。^⑪楚子使与师言^⑫曰:"君处北海,寡人处南海,^⑬唯是风马牛不相及^⑭也。不虞君之涉吾地也,何故?^⑮"

---

① 颠轵,即颠轵坂,在今山西平陆县东北七十里。
② 郲,虞邑,在今山西平陆县东北二十里。
③ 冀前伐虞至郲,虞遂报伐冀。此言"冀之既病则唯君之故",是将欲假道,故意称赞虞之强盛以悦其心也。
④ 逆旅,客舍也。是时虢稍遣人分依客舍,钞寇晋边邑,故云然。
⑤ 请罪于虢,言问虢伐已以何罪也。实则声讨耳。
⑥ 虞公喜得厚赂,遂请先伐虢以求媚于晋也。
⑦ 下阳,虢邑,在今山西平陆县东北二十里。
⑧ 僖公四年当周惠王二十一年乙丑岁,齐桓公三十年,晋献公二十一年,卫文公四年,蔡穆公十九年,郑文公十七年,曹昭公六年,陈宣公三十七年,宋桓公二十六年,楚成王十六年,西历纪元前656年。
⑨ 齐侯指桓公。
⑩ 此云"以诸侯之师侵蔡",即《经》云"公会齐侯、宋公、陈侯、卫侯、郑伯、许男、曹伯侵蔡"。先是,齐桓公与蔡姬乘舟于囿,荡公。公惧,变色。禁之,不可。公怒,归之,未绝之也。蔡人嫁之。至此,桓公遂纠鲁、宋、陈、卫、郑、许、曹之师以侵蔡。
⑪ 时齐桓图霸,而蔡党楚,故帅诸侯之师侵蔡,所以先披楚之党也。蔡溃,遂伐楚。
⑫ 楚子指楚成王。成王名頵,《史记》作熊恽,文王熊赀之子,楚国第二十君。在位四十六年,为世子商臣所弑。其元年当周惠王六年庚戌岁,西历纪元前671年,使与师言谓遣使往诃,向齐侯之师诘问也。
⑬ 南海北海,犹言南方、北方,非实指大海也。
⑭ 牝牡相诱曰"风",风马牛不相及,言虽马牛风逸,牝牡相诱亦不相及,喻齐、楚辽远,本不相干也。
⑮ 此问师出何名。涉,及也;到也;侵入也。

管仲对曰："昔召康公①命我先君大公②曰，五侯九伯，女实征之，③以夹辅周室。赐我先君履，④东至于海，⑤西至于河，⑥南至于穆陵，⑦北至于无棣。⑧尔贡包茅不入，⑨王祭不共，⑩无以缩酒，⑪寡人是征。⑫昭王南征而不复，⑬寡人是问。⑭"对曰："贡之不入，寡君之罪也，敢不共给？昭王之不复，君其问诸水滨。⑮"师进，次于陉。⑯

夏，楚子使屈完如师。⑰师退，次于召陵。⑱齐侯陈诸侯之师，⑲与屈完乘⑳而观之。齐侯曰："岂不榖是为？㉑先君之好是继，㉒与不榖

---

① 召康公即召公奭，武王封之于北燕。成王时与周公旦并相王室，为太保，自陕以东，周公主之；自陕以西，召公主之。"康"，其谥也。
② 大公即佐周灭纣之姜尚。已见前。
③ 五侯九伯，谓五等诸侯及九州之伯。女通"汝"。实征之，言如有罪行，皆得声讨征伐之也。
④ 履犹境也。谓践履所及之疆界。
⑤ 海指今山东半岛所临之黄海与渤海。
⑥ 河指黄河，时大河西来，在今河南浚县东南二十里之大伾山折北播为九河入海，与今道不同。
⑦ 穆陵，即今山东临朐县南一百里大岘山上之穆陵关。径道危恶，一名破车岘。
⑧ 无棣，齐邑，在今山东无棣县北三十里。
⑨ 包茅，裹束之菁茅，用以漉酒，时例为南土所贡。此处藉词罪楚，故责以"尔贡不入"。
⑩ 王祭不共，承上言，谓包茅不入无以漉酒，至不能供给王室祭祀之用也。
⑪ 缩酒即漉酒，灌酒包茅中滤之也。
⑫ 是征，指名征索也。
⑬ 昭王名瑕，成王诵之孙，康王钊之子，为周朝第四王。在位五十一年，南巡涉汉，汉滨人以胶舟进，中流溶解，王及祭公俱溺。南征而不复指此。其元年己丑岁当西历纪元前1052年。
⑭ 是问，摁案责问也。
⑮ 问诸水滨，言当问汉滨之人。昭王时楚力尚未及汉也。
⑯ 陉读如"刑"，楚地，当在今河南郾城县境。
⑰ 屈完，楚大夫。如师，往驻陉之师以观强弱也。
⑱ 完请盟，故诸侯之师，自陉撤退。召陵故城在今河南郾城县东三十五里。
⑲ 陈诸侯之师，罗列在场见兵示威也。
⑳ 乘，共载也。
㉑ 岂不榖是为，言诸侯之附从，非为己也。不榖，不善之意，为诸侯之谦称。
㉒ 先君之好是继，言此举乃寻先君之旧好，谦而自广，因求与楚同好也。

同好如何？"对曰："君惠徼福于敝邑之社稷，辱收寡君，① 寡君之愿也。"齐侯曰："以此众战，谁能御之？以此攻城，何城不克？"对曰："君若以德绥② 诸侯，谁敢不服？君若以力，楚国方城③ 以为城，汉水以为池，④ 虽众，无所用之。"屈完及诸侯盟。

陈辕涛涂⑤ 谓郑申侯⑥ 曰："师出于陈、郑之间，国必甚病。⑦ 若出于东方，观兵于东夷，⑧ 循海而归，其可也。"申侯曰："善。"涛涂以告。齐侯许之。申侯见，曰："师老矣，⑨ 若出于东方而遇敌，惧不可用也。若出于陈、郑之间，共其资粮屝屦，⑩ 其可也。"齐侯说，与之虎牢。⑪ 执辕涛涂。

秋，伐陈，讨不忠也。⑫……冬，叔孙戴伯⑬ 帅师会诸侯之师侵陈。陈成，归辕涛涂。⑭

初，晋献公欲以骊姬为夫人，⑮ 卜之，不吉；筮之，吉。公曰："从筮。"卜人曰："筮短龟长，⑯ 不如从长。且其繇⑰ 曰，专之渝⑱，攘公

---

① 辱收寡君，言不以收拾楚君之同好为齐之辱也。
② 绥，安定也。
③ 方城，山名，在今河南叶县南四十里。
④ 汉水以为池，言汉水深广险固，足为楚之池隍也。
⑤ 辕涛涂，陈大夫，亦作袁涛涂。
⑥ 申侯，郑大夫。
⑦ 甚病，谓当有供应之烦费为二国之病也。
⑧ 观兵，谓扬威耀武。东夷指郯、莒、徐夷诸国。
⑨ 师老矣，言兵出已久，疲敝不堪再用也。
⑩ 屝屦，草履之属，为兵差之一种。
⑪ 虎牢即郑制邑。已见前。
⑫ 此次执辕涛涂伐陈，全归罪于陈之诡谋误道，不忠于同盟，故云"讨不忠也"。
⑬ 叔孙戴伯即公孙兹，鲁大夫。
⑭ 陈成，陈服罪请成也。遂送还辕涛涂。
⑮ 事见前庄公二十八年《传》。
⑯ 龟卜成象，蓍筮从数。杜《注》："物生而后有象，象而后有滋，滋而后有数。"象在先，数在后。以先为长，以后为短，故云"筮短龟长"。
⑰ 繇，占卜所得之辞也。
⑱ 专之渝，谓专宠必变乱，喻骊姬。渝，变也。

之瑜,①一薰一莸,十年尚犹有臭。②必不可。"弗听,立之。生奚齐。其娣生卓子。

及将立奚齐,既与中大夫③成谋。④姬谓大子曰:"君梦齐姜,必速祭之。⑤"大子祭于曲沃,归胙于公。⑥公田。⑦姬置诸宫六日,公至,毒而献之。⑧公祭之地,地坟。⑨与犬,犬毙。与小臣,小臣亦毙。姬泣曰:"贼由太子。⑩"大子奔新城。⑪公杀其傅杜原款。⑫或谓大子:⑬"子辞,君必辩焉。⑭"大子曰:"君非姬氏,居不安,食不饱。我辞,姬必有罪。君老矣,吾又不乐。⑮"曰:"子其行乎?"大子曰:"君实不察其罪,被此名也以出,⑯人谁纳我?"十二月戊申,缢于新城。姬遂谮二公子,曰:"皆知之。"重耳奔蒲。夷吾奔屈。

---

① 攘,除也;夺也。瑜,羊之腴美者。攘公之瑜,谓专宠之变必将夺公之所美,盖喻申生,言夺公之嫡也。
② 薰,香草,指申生之徒。莸,臭草,指骊姬之党。此言香臭共处则香不胜臭,喻善易消,恶难除也。故云"十年尚犹有臭"。
③ 中大夫,里克也。
④ 献公欲废大子,惮里克,未敢废。里克曰:"中立其免乎。"是成谋也。中立,谓事从中制。其免乎,免于外议也。
⑤ 此言献公梦大子之母齐姜求食。故令大子速祭之。
⑥ 此言大子祭毕,归献胙肉于献公。胙,祭祀用之酒肉也。
⑦ 田,出猎也。
⑧ 毒而献之,置毒于胙而奉之于献公也。杜《注》:"毒酒经宿辄败,而经六日,明公之惑。"
⑨ 坟,隆起也。此言骊姬谓献公,酒食自外来,不可不试,故令祭地。毒酒泼地,地土遂隆起如坟。
⑩ 贼由太子,谓奸谋弑逆实由大子也。
⑪ 新城即曲沃。
⑫ 献公信谗欲杀大子,而申生已奔新城,故归罪于其师傅杜原款而杀之。
⑬ 或谓大子,言大子左右之某人献计于大子也。
⑭ 子辞,谓大子陈状自理,君必辩焉,谓献公必审状自察也。
⑮ 此言吾若自理则姬必死,姬死则君必不乐。不乐为由吾也。故云"吾又不乐",犹言吾又以不乐之事贻君也。
⑯ 被此名也以出,带此谋弑君父之罪名以出奔也。故下云"人谁纳我"。

五　年[①]

　　初，晋侯使士蒍为二公子筑蒲与屈，[②]不慎，置薪焉。[③]夷吾诉之，公使让之。[④]士蒍稽首[⑤]而对曰："臣闻之，无丧而戚，忧必雠焉。[⑥]无戎而城，雠必保焉。[⑦]寇雠之保，又何慎焉？守官废命，不敬。[⑧]固雠之保，不忠[⑨]。失忠与敬，何以事君？《诗》云：怀德惟宁，宗子惟城。[⑩]君其修德而固宗子，何城如之？三年将寻师焉，[⑪]焉用慎？"退而赋曰："狐裘尨茸，一国三公，吾谁适从？[⑫]"及难，[⑬]公使寺人披[⑭]伐蒲。重耳曰："君父之命不校。[⑮]"乃徇[⑯]曰："校者，吾雠也。[⑰]"逾垣而走。披斩其祛，[⑱]遂出奔翟。[⑲]

---

①　僖公五年当周惠王二十二年丙寅岁，晋献公二十二年，西历纪元前655年。
②　士蒍，晋大夫。为重耳筑蒲、为夷吾筑屈事并在庄公十六年。
③　置薪于土，杂而筑之，自不坚实，故先云"不慎"。
④　诉之，诉置薪之事。让之，谴责士蒍也。
⑤　稽首，至敬之礼，俯首下拜至地也。
⑥　无丧而戚，忧必雠焉，言无因而忧，忧必立至也。雠犹对也。
⑦　无戎而城，雠必保焉，言无兵衅而城城，必将为寇雠所保有凭借也。
⑧　若不坚筑则守官而废君之命，恐负不敬之罪。故曰"守官废命，不敬"。
⑨　若固筑，则是为寇雠而固其保守，恐负不忠之罪。故曰"固雠之保，不忠"。
⑩　怀德惟宁，宗子惟城，出《诗·大雅·生民之什·板》篇。言怀德以安之，则宗子之固若城也。
⑪　此言三年之后将用兵于二邑，盖当时姬氏欲杀二公子之谋已露矣。寻，用也。
⑫　此士蒍自作之诗也。狐裘，贵者之服，集狐腋以成者。尨茸，犹言蒙茸，乱貌。状贵者之多蒲、屈大都耦国，致献公与二子鼎立，故云"一国三公，吾谁适从？"
⑬　及难，及骊姬发难也。
⑭　寺人披，亦称寺人勃鞮，献公之宦寺。
⑮　此言披以君父之命来伐，不敢与校强弱胜负也。
⑯　徇，号令于众也。
⑰　校者吾雠也，言如敢与君使校量者，皆为吾之雠敌也。
⑱　祛，被也，读如"区"。
⑲　翟即狄，夷国，狄有赤狄、白狄，俗尚赤衣、白衣也。赤狄在今山西长治、屯留、潞城、黎城一带。白狄在今陕西肤施、延长及山西离石、石楼一带。重耳所奔，当为赤狄，于其离狄入卫证之。

晋侯①复假道于虞以伐虢。宫之奇谏曰："虢，虞之表②也，虢亡，虞必从之。晋不可启，③寇不可翫。④一之谓甚，其可再乎？⑤谚所谓辅车相依，唇亡齿寒者，其虞虢之谓也。⑥"公曰："晋，吾宗也，岂害我哉？"对曰："大伯、虞仲，大王之昭⑦也。大伯不从，是以不嗣。⑧虢仲、虢叔，王季之穆⑨也。为文王卿士，勋在王室，⑩藏于盟府。⑪将虢是灭，何爱于虞？且虞能亲于桓、庄乎？其爱之也，桓、庄之族何罪，而以为戮，不唯逼乎？⑫亲以宠逼，犹尚害之，况以国乎？"公曰："吾享祀丰洁，神必据我。⑬"对曰："臣闻之，鬼神非人实亲，⑭惟德是依。故《周书》曰，皇天无亲，惟德是辅。⑮又曰，黍稷非馨，明德惟馨。⑯又曰，民不易物，惟德繄物。⑰如是，则非德民

---

① 晋侯，晋献公。
② 表对里言，外屏也。
③ 晋不可启，言贪欲无厌，不可轻启其贪心也。
④ 翫，狎也；忽也。晋之假道，实为侵寇，故云"寇不可翫"。
⑤ 一之谓甚，指僖公二年虞假晋道灭虢下阳事，言此一事已觉过度不当矣，故下云"其可再乎"。
⑥ 辅，颊辅面颊皮肉也。车，牙车牙床骨也。此引谚以喻虞、虢，言虞如齿，如牙车，在里；虢如唇，如颊辅，在表：二国相须以立，去一不可者也。
⑦ 大伯、虞仲皆大王之子。昭，宗庙在左之位次也。古者，昭穆相承，《礼记·祭统》："昭穆者所以别父子远近长幼亲疏之序而无乱也。"故昭位之子在穆位，穆位之子仍为昭位，左右迭推而下，所以辨纪世序。大王于周庙为穆，穆生昭，故大王之子为昭。
⑧ 大伯、仲雍不从父命，俱让位适吴，遂未得嗣立，故云不嗣。其后武王别封仲雍之支子于西吴，即虞公之先世也。
⑨ 王季，大伯、虞仲之母弟。虢仲、虢叔，王季之子，文王之母弟。王季于周庙为昭，昭生穆，故虢仲、虢叔为王季之穆。
⑩ 勋在王室，言有功勋于周室也。
⑪ 盟府，司盟之官，纪勋之事俱掌之。犹今日之铨叙部。
⑫ 桓、庄，桓叔、庄伯之族，于晋献公为从祖昆弟。庄公二十五年，献公患桓、庄之逼，尽杀之。故宫之奇引以为戒虞公。
⑬ 据我，谓安我之享，必佑我也。杜《注》："据犹安也。"
⑭ 鬼神非人实亲，言鬼神非必尽人求飨也，必有所择而凭依之，故下云"惟德是依"。
⑮ 此引《周书》系逸《书》，非今本。下同。皇天无亲，惟德是辅，言天无私亲，惟辅有德耳。
⑯ 此言感鬼神者非黍稷粢盛之馨香，盖惟君之明德庶得如馨香之远闻也。
⑰ 物谓祭物，黍稷牲玉之属。此言虽具黍稷牲玉，无德则不见飨，有德则见飨，物一而异用也。繄读如"衣"，助词，作"是"用。

衰绖，①士舆榇。②楚子问诸逢伯。③对曰："昔武王克殷，微子启④如是。武王亲释其缚，受其璧而祓之；⑤焚其榇，礼而命之，⑥使复其所。⑦"楚子从之。

七　年⑧

夏，郑杀申侯以说于齐，⑨且用陈辕涛涂之谮⑩也。初，申侯，申出⑪也，有宠于楚文王。⑫文王将死，与之璧使行，曰："唯我知女，女专利而不厌，予取予求，不女疵瑕也。⑬后之人，将求多于女，⑭女必不免。我死，女必速行，无适小国，将不女容焉。⑮"既葬，出奔郑，又有宠于厉公。子文⑯闻其死也，曰："古人有言曰，知臣莫若君，弗

---

① 衰绖，丧服。衰读如"崔"，绖读如"咥"。君将受死，故使大夫以丧服从。
② 榇读如"衬"，棺也。舆榇，以舆载棺而行也。
③ 逢伯，楚大夫。楚子问以受降之礼。
④ 微子启，纣之庶兄，宋之祖也。
⑤ 祓读如"弗"，除不祥之祭也。祓之，为之行除凶之礼也。
⑥ 礼而命之，待之以礼，命之以辞也。
⑦ 使复其所，使之复安其处所也。
⑧ 僖公七年当周惠王二十四年戊辰岁，齐桓公三十三年，郑文公二十年，西历纪元前653年。
⑨ 申侯之仕郑本自楚来。时齐、楚争霸，齐桓纠诸侯伐郑而楚救之。郑处两大间，无以周旋，遂杀申侯以求悦于齐。说通"悦"。
⑩ 陈辕涛涂怨郑申侯之反己召陵而见执，及归，劝申侯城其齐桓所赐之虎牢。曰："美，城之大名也，子孙不忘。吾助子请。"乃为之请于诸侯而城之。遂谮诸郑伯曰："美城其赐邑，将以叛也。"申侯由是得罪。时在僖公五年。"用……之谮"即指此。
⑪ 杜《注》："姊妹之子为出。"申出，申国之甥也。
⑫ 楚文王名熊赀，楚国第十八君，武王熊通子，始都郢。在位十五年。其元年当周庄王八年壬辰岁，西历纪元前 689 年。
⑬ 此节中"女"字皆与"汝"同。予取予求，不女疵瑕，言从我取，从我求，我不以汝为罪衅也。
⑭ 后之人，谓嗣君。将求多于女，言将以礼义大望责汝也。
⑮ 无适小国，将不女容焉，言小国政狭法峻，不能容汝之专利不厌也。
⑯ 子文，斗穀於菟之字，仕楚成王为令尹，亦称令尹子文，楚之名臣也。

可改也已。①"

秋，盟于宁母，②谋郑故也。③管仲言于齐侯④曰："臣闻之，招携以礼，⑤怀远以德。⑥德礼不易，无人不怀。"齐侯修礼于诸侯，诸侯官受方物。⑦

郑伯⑧使大子华⑨听命于会，言于齐侯曰："泄氏、孔氏、子人氏三族，⑩实违君命，若君去之以为成，⑪我以郑为内臣，⑫君亦无所不利焉。"齐侯将许之。管仲曰："君以礼与信属诸侯，而以奸⑬终之，毋乃不可乎？子父不奸⑭之谓礼，守命共时⑮之谓信，违此二者，奸莫大焉。"公曰："诸侯有讨于郑，未捷。⑯今苟有衅，⑰从之不亦可乎？"对曰："君若绥⑱之以德，加之以训辞，而帅诸侯以讨郑，郑将覆亡之不暇，岂敢不惧？若总其罪人以临之，⑲郑有辞⑳矣，何惧？且夫合诸

---

① 弗可改也已，必然之词。谓知臣莫若君之言实不可改易也。
② 宁母，鲁地，在今山东鱼台县东十二里。
③ 时郑尚未服，齐桓公会鲁侯、宋公、陈世子款、郑世子华盟于宁母，谋郑故也。
④ 齐侯，桓公也。
⑤ 诸侯之携离者，惟修礼可以招徕之，故云"招携以礼"。
⑥ 远方之叛贰者，惟修德可以怀服之，故云"怀远以德"。
⑦ 诸侯官受方物，言诸侯官司各于齐受其方所当贡天子之物。盖王室盛明之时，每国贡有常职。天子既衰，诸侯惰慢，贡赋之事，无复定准，故霸主总帅诸侯，尊崇天子，量其国之大小号令所出之物传言诸侯各使官司取齐约束，受其方所当贡天子之物也。
⑧ 郑伯，郑文公名捷，《史记》作踕，郑国第八君。在位四十五年。其元年当周惠王五年己酉岁，西历纪元前672年。
⑨ 大子华，文公之世子，亦称子华。后于僖公十六年见杀。
⑩ 泄氏、孔氏、子人氏三族皆郑之大夫。
⑪ 若君去之以为成，言齐君若能去此三族以与郑国为成也。
⑫ 我以郑为内臣，言我不惜以郑事齐，如齐封内之臣也。
⑬ 奸，邪谋也。
⑭ 奸同"干"，犯也。
⑮ 守命共时，守君命以恭时事也。
⑯ 未捷犹云"未克"。不得逞志也。
⑰ 有衅，谓有隙可乘，指子华犯父命以引外邪事。
⑱ 绥，抚也；安也；辑也。
⑲ 总，将领也。罪人，谓奸父命之子华。临之，威胁也。
⑳ 有辞，言若以大义为辞，其理固甚充也。

侯以崇德也，会而列奸，何以示后嗣？夫诸侯之会，其德刑礼义，无国不记。记奸之位，①君盟替②矣。作而不记，③非盛德也。君其勿许，郑必受盟。夫子华既为大子，而求介④于大国以弱其国，亦必不免。郑有叔詹、堵叔、师叔三良⑤为政，未可间也。"齐侯辞焉。⑥子华由是得罪于郑。

冬，郑伯使请盟于齐。⑦

八　年⑧

宋公⑨疾，大子兹父⑩固请曰："目夷⑪长且仁，君其立之。"公命子鱼。⑫子鱼辞曰："能以国让，仁孰大焉？臣不及也，且又不顺。⑬"遂走而退。

---

① 位，会位也，犹云列席会场之坐次。子华为奸人，而列在会位，将为诸侯所记，故云"记奸之位"。
② 替，废也。君盟替矣，言若容奸人列位，则此次宁母之盟实为败事也。
③ 作而不记，谓明有其事而讳隐不书也。
④ 介，因也。借力之意。
⑤ 叔詹、堵叔、师叔皆郑当国之大夫，故云"三良"。
⑥ 辞焉，谓不受子华之言而却之也。
⑦ 郑文公以齐桓公不听子华故，别遣使请盟于齐。
⑧ 僖公八年当周惠王二十五年己巳岁，宋桓公三十年，西历纪元前 652 年。
⑨ 宋公，宋桓公御说也。
⑩ 大子兹父，桓公之嫡子襄公也。襄公为宋国第十九君，好言仁义，以庶兄目夷为相。继齐桓为诸侯盟主。与楚争霸，目夷谏，不听，战于泓，伤而卒，在位十四年。其元年当周襄王二年辛未岁，西历纪元前 650 年。
⑪ 目夷，襄公之庶兄，字子鱼。
⑫ 公命子鱼，宋桓公以兹父之言告目夷也。
⑬ 不顺，谓废嫡立庶。

九　年①

夏，会于葵丘，②寻盟，且修好，礼也。王使宰孔③赐齐侯胙，④曰："天子有事于文、武，⑤使孔赐伯舅⑥胙。"齐侯将下拜。⑦孔曰："且有后命。⑧天子使孔曰，以伯舅耋老，⑨加劳赐一级，无下拜。"对曰："天威不违颜咫尺，⑩小白余⑪敢贪天子之命，无下拜，恐陨越于下，⑫以遗天子羞，⑬敢不下拜？"下，拜；登，受。⑭

秋，齐侯盟诸侯于葵丘，曰："凡我同盟之人，既盟之后，言归于好。"⑮宰孔先归，遇晋侯，曰："可无会也。⑯齐侯不务德而勤远略，⑰故北伐山戎，⑱南伐楚，⑲西为此会也。东略之不知，⑳西则否矣，其在乱

---

① 僖公九年当周襄王元年庚午岁，齐桓公三十五年，晋献公二十六年，郑文公二十二年，卫文公九年，宋桓公三十一年，秦穆公九年，曹共公二年，许僖公五年，西历纪元前651年。
② 葵丘，宋地，在今河南考城县东三十里，时齐桓公会周公、鲁侯、宋子（时在丧，降称子）、卫侯、郑伯、许男、曹伯于此。
③ 宰孔，即周公。孔名，宰则官也。时与于葵丘之会。
④ 赐齐侯胙，以祭肉赐齐桓公也。天子赐胙，尊比二王之后矣。
⑤ 有事于文、武，谓方有祭事于文王、武王之庙也。
⑥ 天子谓异姓诸侯曰伯舅。
⑦ 将下拜，将下阶拜谢也。
⑧ 且有后命，言赐胙之后尚有别命也。
⑨ 耋读如"迭"，七十岁以上之老年也。耋老，高年之谓。
⑩ 此言天鉴不远，威严常在颜面之前不敢违越也。咫，八寸。
⑪ 小白，齐桓公名。余，身也。"小白余"，齐桓自呼己名对越，示天颜咫尺也。
⑫ 陨越，犹云颠坠。天子居上，故自云恐颠坠于下。
⑬ 以遗天子羞，言恐颠越其礼于下，以上贻天子之羞耻也。
⑭ 下谓下阶。拜谓拜谢。登谓登堂。受谓受胙。
⑮ 此当时之盟辞，义取修好，所谓衣裳之会也。
⑯ 宰孔既会，先归，遇晋献公于途，时晋侯来会葵丘，故言可不必往会。
⑰ 不务德而勤远略，言不务修德而只勤经略远方也。
⑱ 北伐山戎，在庄公三十年。
⑲ 南伐楚，见前僖公四年。
⑳ 东略之不知，言更能经略东方与否则不可知也。

乎。① 君务靖乱，无勤于行。②"晋侯乃还。

九月，晋献公卒，里克、丕郑，③ 欲纳文公，故以三公子之徒④作乱。

初，献公使荀息傅奚齐，⑤ 公疾，召之，曰："以是藐诸孤，⑥ 辱在大夫，⑦ 其若之何？"稽首而对曰："臣竭其股肱之力，⑧ 加之以忠贞。其济，君之灵也；不济，则以死继之。"公曰："何谓忠贞？"对曰："公家之利，知无不为，忠也。送往事居，⑨ 耦俱无猜，⑩ 贞也。"及里克将杀奚齐，先告荀息曰："三怨将作，⑪ 秦、晋辅之，⑫ 子将何如？"荀息曰："将死之。"里克曰："无益也。"荀叔⑬曰："吾与先君言矣，不可以贰。能欲复言而爱身乎？⑭ 虽无益也，将焉辟之？且人之欲善，谁不如我？我欲无贰，而能谓人已乎？⑮"

冬十月，里克杀奚齐于次。⑯ 书曰杀其君之子，⑰ 未葬也。荀息将死之。人曰："不如立卓子而辅之。"荀息立公子卓以葬。⑱

---

① 在，察也。其在乱乎，犹云"其察祸乱之盟乎"。此以齐桓盛极而衰为祸乱之盟。微戒晋献杀嫡立庶，晋将有乱，齐必不能救恤也。
② 此言晋献宜先务靖辑晋国之祸难，不必远行求会也。
③ 丕郑，晋大夫。
④ 三公子之徒，谓申生、重耳、夷吾之党。
⑤ 傅奚齐，为奚齐之傅相也。
⑥ 藐诸孤，指奚齐言其幼贱与诸子悬藐也。
⑦ 辱在大夫，欲屈辱荀息使保护之。
⑧ 股肱之力，手足并营之劳也。两胫之上曰股，两臂之下曰肱。
⑨ 送往，送往而死者，谓献公。事居，事居而生者，谓奚齐。
⑩ 耦，两也。猜，疑也。耦俱无猜，言送死事生两无疑恨也。
⑪ 三怨将作，谓三公子之怨将发作，即上云三公子之徒。
⑫ 秦、晋辅之，言秦与晋之国人皆辅佐三公子之徒也。
⑬ 荀叔即荀息。
⑭ 能欲复言而爱身乎，犹言"岂能欲求我言之信履而反惜我身之死乎"。
⑮ 我欲无贰，而能谓人已乎，犹言"我欲无二心于所事，岂能止人不忠于所事乎"。
⑯ 次，丧寝也。
⑰ 《经》文云"杀其君之子"，盖献公未葬，奚齐不成君，故云然。
⑱ 卓子，骊姬之娣所生，亦献公嬖娣之子，故有人劝荀息立而辅之。荀息从其计，遂立公子卓以葬献公。

十一月，里克杀公子卓于朝，荀息死之。君子曰，《诗》所谓白圭之玷，尚可磨也，斯言之玷，不可为也。① 荀息有焉。②

晋郤芮③使夷吾重赂秦以求入，④曰："人实有国，我何爱焉？⑤入而能民，土于何有？⑥"从之。齐隰朋⑦帅师会秦师纳晋惠公。秦伯⑧谓郤芮曰："公子谁恃？"对曰："臣闻亡人无党，有党必有雠。⑨夷吾弱不好弄，⑩能斗不过，⑪长亦不改。不识其他。"

公谓公孙枝⑫曰："夷吾其定乎？⑬"对曰："臣闻之，唯则定国。⑭《诗》曰，不识不知，顺帝之则，⑮文王之谓也。⑯又曰，不僭不贼，鲜

---

① 白圭之玷……不可为也，出《诗·大雅·荡之什·抑》篇。此言白圭有玷，尚可磨治，若言有失信，难治更甚于白圭也。
② 荀息有焉，谓荀息能以死践诺，无愧于《抑》篇所云也。
③ 郤芮，郤克之祖父，从夷吾出亡者。
④ 重赂秦以求入，以重赂予秦，希求借力纳送入晋为君也。夷吾即晋惠公，已见前。时出亡在外。
⑤ 人实有国，我何爱焉，言国非己有，何所顾爱而不以赂秦也。
⑥ 入而能民，土于何有，言能得民而为君，不患无土地也。
⑦ 隰朋，齐大夫，隰读如"习"。
⑧ 秦伯，谓秦穆公。秦，嬴姓国，伯爵。周孝王始封伯益之后非子为附庸而邑之秦，今甘肃天水县故秦城是。四传至庄公，徙居犬丘，即陕西兴平县东南十里之槐里城。其子襄公，讨西戎有功，平王赐以岐、丰之地，始列为诸侯。徙居汧，即今陕西陇县南三里之汧城。襄公子文公复卜居汧、渭之间，即今陕西郿县东北十五里之故郿城。其孙宁公徙平阳，故城在今陕西郿县西四十六里。其子德公徙居雍，今陕西凤翔县治。其后十八传，至献公，徙栎邑，故城在今陕西临潼县北五十里。其子孝公徙都咸阳，故城在今县东三十里。今陕西长安以西皆其地。至战国时，惠文君自称王，至始皇而兼并天下。穆公，德公第三子，名任好，亦春秋霸主，秦国第十三君也。在位三十九年。其元年当周惠王十八年壬戌岁，西历纪元前659年。
⑨ 亡人指夷吾，因出亡在外，故云。有党必有雠，犹言无党亦无雠，如此则易出易入，因以微示劝秦，意不必问谁恃也。
⑩ 弱不好弄示庄重，言幼弱之时即不好戏弄也。
⑪ 能斗不过示有节制，言虽力能斗人，不求过胜也。
⑫ 公孙枝，字子桑，秦大夫。
⑬ 夷吾其定乎，言夷吾入晋，能否安定其国也。
⑭ 唯则定国，谓唯有法则可循，始可安定国家也。
⑮ 不识不知，顺帝之则，出《诗·大雅·文王之什·皇矣》篇。帝，天也。则，法也。
⑯ 文王之谓也，言文王暗行，自然合天之法。《皇矣》所言，实赞美文王也。

不为则，①无好无恶，不忌不克之谓也。②今其言多忌克，难哉！③"公曰："忌则多怨，又焉能克？是吾利也。④"

宋襄公即位，以公子目夷为仁，使为左师，以听政。⑤于是宋治。故鱼氏⑥世为左师。

十　年⑦

夏四月，周公忌父、王子党⑧会齐隰朋立晋侯。⑨晋侯杀里克以说。⑩

将杀里克，公使谓之曰："微子则不及此。⑪虽然，⑫子弑二君与一大夫，⑬为子君者，不亦难乎？"对曰："不有废也，君何以兴？欲加之罪，其无辞乎？⑭臣闻命⑮矣。"伏剑⑯而死。于是⑰丕郑⑱聘于秦，

---

① 不僭不贼，鲜不为则，出《诗·大雅·荡之什·抑》篇。僭，过差也。贼，伤害也。皆忌克也。能不僭贼，然后可以为人法则，故云"鲜不为则"。

② 不识不知则自然无好无恶，不僭不贼则自然不忌不克，故云云也。忌谓猜疑，克谓好胜。

③ 难哉，叹其难能定国也。

④ 此言夷吾之言虽多忌，适足以自害，不能胜人也。秦伯本虑夷吾还害己，今知其不能定己，故曰"是吾利也"。

⑤ 左师，宋执政之官，故云"听政"。

⑥ 鱼氏，目夷之子孙。目夷字子鱼，其后人以王父字为氏，故曰"鱼氏"。

⑦ 僖公十年当周襄王二年辛未岁，齐桓公三十六年，晋惠公元年，秦穆公十年，西历纪元前650年。

⑧ 周公忌父，周之卿士。王子党，周之大夫。

⑨ 立晋侯，会秦、齐之力拥立惠公也。

⑩ 以说，以不篡自解也。

⑪ 微子则不及，此言若无里克之力则无由反晋得为国君也。微犹"无"。

⑫ 虽然，推宕之词，犹云"虽知此说，犹有后辞也"。

⑬ 二君谓奚齐、卓子，一大夫谓荀息。

⑭ 欲加之罪，其无辞乎，犹云"君若欲加我以罪，又何患无辞以杀我乎"。

⑮ 闻命，领会之谓。

⑯ 伏剑，以首俯就剑芒自刎也。

⑰ 于是，当此时也。

⑱ 丕郑，里克之党，亦晋大夫。已见前。

且谢缓赂,① 故不及。②

晋侯改葬共大子。③秋,狐突适下国,④遇大子,⑤大子使登仆⑥而告之曰:"夷吾无礼,余得请于帝矣,⑦将以晋畀⑧秦,秦将祀余。"对曰:"臣闻之,神不歆非类,⑨民不祀非族,⑩君祀毋乃殄⑪乎?且民何罪?失刑乏祀,⑫君其图之。⑬"君曰:"诺,吾将复请。七日,新城⑭西偏将有巫者而见我焉。⑮"许之,⑯遂不见。⑰及期而往。告之曰:"帝许我罚有罪矣,敝于韩。⑱"

丕郑之如秦也,言于秦伯⑲曰:"吕甥、郤称、冀芮实为不从,⑳若重问㉑以召之,臣出晋君,㉒君纳重耳,蔑不济矣。㉓"

---

① 谢缓赂,谢秦以缓报入晋之赂也。
② 不及,未及与里克同死。
③ 改葬共大子,以礼加谥于申生而改葬之也。
④ 下国,曲沃新城。
⑤ 遇大子,言狐突忽如梦而见大子申生也。
⑥ 狐突本为大子御,故复使登车为仆。
⑦ 得请于帝,言得请于上帝将加罚夷吾也。夷吾于申生,加谥改葬而申生谓之"无礼"者,殆指惠公入晋,烝于献公次妃贾君事。
⑧ 畀读如"神",付也;与也。
⑨ 歆,享也。不歆非类,言非我族类之人虽虔修祭祀,神亦不享之也。
⑩ 民不祀非族,意与上同,谓对非其族类之神本不当祀,即祀亦必不恪奉也。
⑪ 殄读如"腆",绝灭也。
⑫ 因怒夷吾而滥及其民是失刑。以晋畀秦而自绝其祀是乏祀。
⑬ 图之,思考而熟筹之也。
⑭ 新城指曲沃。
⑮ 将有巫者而见我焉,谓将凭巫觋以见形,可来相见。
⑯ 许之,狐突应申生也。
⑰ 不见,如梦之觉,不复见申生。
⑱ 告之曰,申生凭巫告狐突之词。帝许我罚有罪矣,言上帝许我加罚于夷吾一人也。敝于韩,谓败于韩,详见后僖公十五年韩之战,惠公竟为秦所获。
⑲ 秦伯,秦穆公。
⑳ 吕甥姓吕,名饴甥,字子金,晋大夫。亦称瑕吕饴甥,亦称吕甥子金,亦称瑕甥,又以食采于阴,称阴饴甥。郤称,郤芮之族,晋大夫。冀芮即郤芮,以食采于冀,故称。不从,谓此三大夫不肯与秦赂,故丕郑如秦谢缓赂也。
㉑ 问,聘问之币。重问,重币也。
㉒ 臣出晋君,言知如得秦召去三大夫,丕郑必可逐出惠公也。
㉓ 蔑,无也。蔑不济矣,无有不成之谓。

冬，秦伯使泠至报问，①且召三子。②郤芮曰："币重而言甘，诱我也。"遂杀丕郑、祁举③及七舆大夫④，左行共华、右行贾华、叔坚、骓歂、累虎、特宫、山祁，皆里、丕之党也。丕豹⑤奔秦，言于秦伯曰："晋侯背大主而忌小怨，⑥民弗与也，伐之必出。⑦"公曰："失众，焉能杀？⑧违祸，谁能出君？⑨"

十二年⑩

冬，齐侯⑪使管夷吾平戎于王，使隰朋平戎于晋。⑫

王以上卿之礼飨管仲。⑬管仲辞曰："臣，贱有司也，⑭有天子之二守国、高在。⑮若节春秋，来承王命，何以礼焉？⑯陪臣⑰敢辞。"王曰：

---

① 泠至，秦大夫穆公用丕郑之计，故使泠至如晋，报是夏丕郑之聘。报问，报聘也。
② 三子，谓吕、郤等三大夫。
③ 祁举，晋大夫。
④ 侯伯七命，副车七乘，故有七舆大夫之官，其下所举"左行共华"以下七人即七舆大夫也，故此语为总冒。骓读如"追"，歂读如"遄"。
⑤ 丕豹，丕郑之子也。
⑥ 背大主，谓背穆公，指不与秦赂事。忌小怨，谓忌里、丕之小怨而多杀不辜也。
⑦ 伐之必出，言秦若伐晋，晋民弗应战，惠公必出奔也。
⑧ 惠公若失众心，安能杀里、丕之党，故云"失众，焉能杀"。
⑨ 违祸，谓丕豹避祸在外。谁能出君，以其无能出君也。
⑩ 僖公十二年当周襄王四年癸酉岁，齐桓公三十八年，晋惠公三年，西历纪元前684年。
⑪ 齐侯，齐桓公也。
⑫ 前年，晋救周伐戎，故戎与周、晋不和。至是，齐桓使管仲如周，隰朋使晋，分别为之讲和。平，和也。
⑬ 管仲为齐下卿，王为加礼，设享宴，故以上卿之礼飨之。
⑭ 贱有司，谦词，犹后世所称"卑职"，盖谓位在卑下之有职守人也。
⑮ 大国三卿，其二卿命于天子，则曰天子之守臣。天子之二守谓此。国、高，谓国子、高子，天子所命为齐守臣者，皆上卿也。庄公二十二年，高傒始见《经》。僖公二十八年，国归父乃见《传》。归父之父曰懿仲，高傒之子曰庄子。此云国、高，不详当谁世。
⑯ 此言若以春秋时节国、高二子来聘于周以奉承王室之命，则臣既受上卿之礼，王室又何以礼国、高也。节，时也。
⑰ 凡诸侯之臣称于天子曰陪臣。

"舅氏,① 余嘉乃勋,应乃懿德,② 谓督不忘。③ 往践乃职,④ 无逆朕命。"管仲受下卿之礼而还。⑤

君子曰,管氏之世祀⑥也,宜哉!让不忘其上。⑦《诗》曰,恺悌君子,神所劳矣。⑧

十三年⑨

冬,晋荐饥,⑩使乞籴⑪于秦。

秦伯谓子桑:⑫"与诸乎?"对曰:"重施而报,君将何求?⑬重施而不报,其民必携。⑭携而讨焉,无众必败。"谓百里:⑮"与诸乎?"对曰:"天灾流行,国家代有。救灾恤邻,道也。行道有福。"

丕郑之子豹在秦,请伐晋。秦伯曰:"其君是恶,其民何罪?"秦于是乎输粟于晋,自雍及绛相继,⑯命之曰泛舟之役。⑰……

---

① 伯舅之使,故曰"舅氏"。
② 嘉乃勋,应乃懿德,言嘉美汝尊奖王室之功勋,报应汝懿美之德行也。
③ 谓督不忘,言功勋美德可谓正而不可忘也。督,正也。
④ 往践乃职,言居汝之职,其往受享也。不言位而言职者,管仲位卑而执齐政,故欲以职尊之耳。
⑤ 此言管仲不敢以职自高,卒受本位之礼也。
⑥ 世祀,谓世守其祀,代有传人也。
⑦ 让不忘其上,言管仲以国、高之位在上,而能逊让不忘其职也。
⑧ 恺悌君子,神所劳矣,出《诗·大雅·文王之什·旱丽》篇。恺悌本作"岂弟",岂,乐也。弟,易也。言乐易君子为神所劳来也。
⑨ 僖公十三年当周襄王五年甲戌岁,秦穆公十三年,晋惠公四年,西历纪元前647年。
⑩ 麦禾皆不熟曰荐饥。荐,重;厚也。饥谓饥荒。
⑪ 籴读如"狄",购入米粮也。乞籴犹云"贷粟"。
⑫ 秦伯即穆公,子桑即公孙枝。谓,与语而问之也。
⑬ 此言如果重施而获厚报,于秦无损,故云"君将何求"。
⑭ 必携,言受施而不报,其民必不直所为而自相携离也。
⑮ 百里即百里奚,秦之贤大夫。
⑯ 雍时为秦都,绛时为晋都,俱见前。相继,谓输粟不绝也。
⑰ 自秦输粟入晋,当从渭水运入河、汾,故曰"泛舟之役"。

徒①为右，乘小驷，②郑人③也。庆郑曰："古者，大事④必乘其产。⑤生其水土，而知其人心，安其教训，而服习其道，唯所纳之，无不如志。⑥今乘异产以从戎事，及惧而变，将与人易。⑦乱气狡愤，阴血周作。张脉偾兴，外强中干，⑧进退不可，周旋不能。君必悔之。"弗听。

九月，晋侯逆⑨秦师，使韩简⑩视师。⑪复曰：⑫"师少于我，斗士倍我。⑬"公曰："何故？"对曰："出因其资，⑭入用其宠，⑮饥食其粟，⑯三施而无报。是以来也。今又击之，我怠秦奋，倍犹未也。⑰"公曰："一夫不可狃，况国乎？⑱"遂使请战，曰："寡人不佞，⑲能合其众而

---

① 家仆徒，晋大夫，其后为家仆氏。
② 小驷，马名。
③ 郑人，郑国所献入者。
④ 国之大事，在祀与戎。此云大事，系专指戎事。
⑤ 必乘其产，言所乘之马必用己国土地所产者。
⑥ 生其水土……无不如志，言己国所产之马，水土既同，与人心素相谙熟，则国人之教训必能安受，而生长其地于道路又必素相服习，一旦有事，唯人之意使用之，驰驱进退，无不如人之志也。
⑦ 今乘异产……将与人易，言乘异国所产之马以从兵戎战斗之事，及临戎畏惧而变其常度，将与人易心而变乱人意也。
⑧ 乱气狡愤……外强中干，杜《注》："狡，戾也。偾，动也。气狡愤于外，则血脉必周身而作，随气张动，外虽有强形内实干竭。"
⑨ 逆，迎敌也。
⑩ 韩简，晋大夫，韩万之孙。
⑪ 视师，往秦师观强弱也。
⑫ 复曰，复命之辞。
⑬ 此言秦师实少于晋，而士有斗志则倍于晋也。
⑭ 出因其资，谓夷吾奔梁以求秦，言初欲依傍其助力而出奔也。
⑮ 入用其宠，谓夷吾为秦所纳，言假其宠灵以入晋为君也。
⑯ 饥食其粟，谓泛舟之役，秦输晋粟。
⑰ 三施而无报……倍犹未也，言秦有三施而晋无一报，是以秦人来讨。今不责己求和而又迎击秦师，晋师不直其君，故懈怠；秦师怒晋无礼，故奋发。以此观之，秦之斗志，倍犹未止也。
⑱ 狃，习也；狎也。一夫不可狃，况国乎，犹言匹夫尚不可狃侮，况晋与秦为敌国，秦其可以师狎侮晋乎。
⑲ 不佞，犹不才也，后用为谦称。

不能离也。君若不还，无所逃命。①"秦伯使公孙枝对曰："君之未入，寡人惧之。入而未定列，犹吾忧也。苟列定矣，敢不承命。②"韩简退曰："吾幸而得囚。③"

壬戌，战于韩原。晋戎马还泞而止。④公号庆郑。⑤庆郑曰："愎谏违卜，固败是求，又何逃焉？⑥"遂去之。梁由靡御韩简，虢射为右，辂秦伯，将止之。⑦郑以救公误之，⑧遂失秦伯。秦获晋侯以归。晋大夫反首拔舍从之。⑨秦伯使辞焉，曰："二三子何其戚⑩也！寡人之从君而西也，亦晋之妖梦是践，⑪岂敢以至？⑫"晋大夫三拜稽首曰："君履后土而戴皇天，皇天后土，实闻君之言。群臣敢在下风。⑬"

穆姬闻晋侯将至，以大子罃、弘与女简、璧⑭登台而履薪焉。⑮使

---

① 无所逃命，言无所逃避战斗之命也。
② 君之未入，……敢不承命，此真绝妙词令，盖谓君未入晋，我实为君忧惧，既入而未能定位，我忧犹未释，苟位定而能合其众矣，敢不承顺君请战之命乎。
③ 吾幸而得囚，言此役必败，实以得囚为幸也。
④ 韩原当在韩境，似即陕西韩城县西南之古韩国。清儒江永曰："韩城地在河西，然秦、晋战韩原获晋侯非此地也。韩原当在河东，故《传》云涉河，侯车败，谓秦军涉河而晋侯车败。又晋侯曰寇深矣，其不在河西可知。《姓氏书》：韩为晋灭，至韩万复采韩原。盖在山西河津、万泉之间也。"晋戎马还泞而止，杜《注》："泞，泥也。还，便旋也。小驷不调，故坠泥中。"
⑤ 公号庆郑，晋惠公既胶止于泥淖不得行，遂急呼庆郑救己也。
⑥ 愎谏，谓不听庆郑之谏。愎读如"弼"，戾也。固败是求，又何逃焉，言惠公自求祸败，又何所逃避也。
⑦ 梁由靡，晋大夫，靡名，梁由氏也。尝从里克败狄于采桑。辂读如"迓"，迎也；要截也。止，获也。言梁由靡等正要截秦穆公，将擒获之也。
⑧ 郑以救公误之，言庆郑不知其将获秦伯，呼使救惠公，遂误其师也。
⑨ 反首，散乱头发使下垂也。拔舍，拔草藉为舍止之具也。反首拔舍从之，是坏形毁服，故示忧戚以追从秦师之后也。
⑩ 二三子谓晋大夫。何其戚也，言何必如此忧伤也。
⑪ 妖梦，指前狐突不寐而遇申生事。此言今将晋君而西，实以厌息妖梦之言耳。践，厌也；止也。
⑫ 岂敢以至，言岂敢至于已甚，明示无他意也。
⑬ 群臣敢在下风，言晋大夫敢在秦之下风仰请君实践此"岂敢以至"之言也。
⑭ 大子罃，穆公之子康公，嗣为秦第十五君，在位十二年。其元年当为襄王三十二年辛丑岁，西历纪元前620年。弘，罃之母弟。简与璧，罃、弘之姊妹也。皆穆姬出，故将在左右。
⑮ 登台而履薪焉，杜《注》："古之宫闭者，皆居之台以抗绝之。穆姬欲自罪，故登台而荐之以薪，左右上下者皆履柴乃得通。"

以免服衰绖逆。①且告曰：②"上天降灾，使我两君匪以玉帛相见，而以兴戎。若晋君朝以入，则婢子夕以死。夕以入，则朝以死。唯君裁之。"乃舍诸灵台。③

大夫请以入。④公曰："获晋侯，以厚归也。既而丧归，焉用之？⑤大夫其何有⑥焉？且晋人戚忧以重我，⑦天地以要我⑧，不图晋忧，重其怒也。⑨我食吾言，背天地也。⑩重怒难任，⑪背天不祥，必归晋君。"公子絷⑫曰："不如杀之，无聚慝⑬焉。"子桑曰："归之而质其大子，必得大成。⑭晋未可灭而杀其君，只以成恶。且史佚有言曰，无始祸，⑮无怙乱，⑯无重怒。重怒难任，陵人不祥。"乃许晋平。

晋侯使郤乞⑰告瑕吕饴甥，且召之。子金教之言⑱曰："朝国人而以君命赏。且告之曰，孤虽归，辱社稷矣，其卜贰圉⑲也。"众皆哭。

---

① 使以免服衰绖逆，穆姬使行人服遭丧之服以迎秦伯，示夫人将以耻辱自杀也。衰绖已见前。免亦作"絻"，读如"问"，袒免之服也。
② 且告曰，即夫人所教行人告秦伯之辞。
③ 舍诸灵台，安置晋惠公于灵台也。灵台即周之故台，在今陕西鄠县，居之于台，亦所以抗绝令不得通内外也。
④ 大夫请以入，秦之大夫请执晋侯以入国也。
⑤ 获晋侯……焉用之，犹云"我之执获晋侯以归，以示厚获俘囚，乃夫人或因而自杀，是以丧归也，我将安所用之"。
⑥ 何有，犹云"何所得"。
⑦ 戚忧以重我，谓晋人反首拔舍以从。
⑧ 天地以要我，谓皇天后土实闻我"岂敢以至"之语。
⑨ 不图晋忧，重其怒也，言我若不顾晋人之戚忧，是加晋人之怨怒也。
⑩ 我食吾言，背天地也，言我若消去我"岂敢以至"之言，是我自背皇天后土也。食，消也。
⑪ 难任，犹云"担当不起"。
⑫ 公子絷，秦大夫。
⑬ 公子絷恐惠公归后复相聚为恶，故曰"无聚慝"。慝读如"忒"，恶也。
⑭ 必得大成，必得满意之和议也。
⑮ 始祸，为祸乱之首。
⑯ 怙乱，恃人乱为己利。
⑰ 郤乞，晋大夫，时随惠公在秦。
⑱ 子金教之言，吕甥教郤乞向国人宣言也。故先教其称君命赏，然后出君言。
⑲ 卜贰圉，言试以大子圉代为君也。贰，代也。圉即惠公之子怀公。为质于秦，闻惠公病，逃归。惠公卒，公即位，为晋第二十三君。秦怨公，乃求公子重耳，发兵送纳之。公奔高梁，重耳使杀之，在位止五月。其即位之年当周襄王十六年乙酉岁，西历纪元前636年。

晋于是乎作爰田。①吕甥曰："君亡之不恤而群臣是忧，②惠之至也，将若君何？"众曰："何为而可？"对曰："征缮以辅孺子。③诸侯闻之，丧君有君，群臣辑睦，甲兵益多。好我者劝，恶我者惧。④庶有益乎。"众说。⑤晋于是乎作州兵。⑥……

十月，晋阴饴甥会秦伯，盟于王城。⑦秦伯曰："晋国和乎？"对曰："不和。小人耻失其君而悼丧其亲，⑧不惮征缮以立圉⑨也。曰必报雠，宁事戎狄。⑩君子爱其君而知其罪，不惮征缮以待秦命。⑪曰必报德，有死无二，以此不和。"秦伯曰："国谓君何？"对曰："小人戚，谓之不免。君子恕，以为必归。小人曰，我毒秦，⑫秦岂归君？君子曰，我知罪矣，秦必归君。贰而执之，服而舍之，德莫厚焉，刑莫威焉。服者怀德，贰者畏刑。此一役也，⑬秦可以霸。纳而不定，废而不立，以德为怨，秦不其然。⑭"秦伯曰："是吾心也。"改馆晋侯，馈七牢焉。⑮

蛾析⑯谓庆郑曰："盍行乎？"对曰："陷君于败，败而不死，又

---

① 爰田，分公田之税应入公者，爰之于所赏之众也。爰，易也。
② 君亡之不恤而群臣是忧，言惠公丧亡在外，不自忧恤，而赏赐群臣，忧其匮乏也。
③ 征，赋也。缮，治也。孺子谓大子圉。言征赋车马，缮治甲兵，以辅立大子也。
④ 好我者劝，谓与我为好者必勉助我。恶我者惧，谓与我相恶者亦必惧而知止也。
⑤ 众说，群臣悦服吕甥之言也。
⑥ 五党为州，州，二千五百家也。因此又使州长各缮甲兵，谓之州兵。
⑦ 王城，秦地，在今陕西朝邑县东。
⑧ 悼丧其亲，痛其亲为秦所杀也。
⑨ 不惮征缮以立圉，不畏征缮之难以立大子也。
⑩ 必报雠，宁事戎、狄，言宁可事戎、狄以为君，必致死于秦以报君雠也。
⑪ 以待秦命，待秦归惠公之命。
⑫ 我毒秦，言三施不报，我已种毒于秦也。
⑬ 服者怀德，贰者畏刑，此一役也，言秦归惠公使诸侯威服，可当一事之功也。
⑭ 不其然，必不肯如此。
⑮ 改馆晋侯，馈七牢焉，更晋侯之馆舍，加以礼貌，复饷以七牢焉。牛、羊、豕各一为一牢，七牢，七牛、七羊、七豕也。
⑯ 蛾析，晋大夫。或作"蚁晳"。

使失刑，①非人臣也。臣而不臣，行将焉入？②"十一月，晋侯归。丁丑，杀庆郑而后入。

是岁，晋又饥。秦伯又饩③之粟。曰："吾怨其君而矜其民。且吾闻唐叔之封也，箕子曰：其后必大。晋其庸可冀乎？④姑树德焉，以待能者。⑤"于是秦始征晋河东，置官司焉。⑥

十七年⑦

齐侯⑧之夫人三，王姬、徐嬴、蔡姬，⑨皆无子。齐侯好内，⑩多内宠，内嬖如夫人⑪者六人。长卫姬⑫生武孟，⑬少卫姬生惠公，⑭郑姬⑮生孝公，⑯

---

① 陷君于败，谓君呼不往，误晋师失秦伯。败而不死，又使失刑，言晋师败而不能死战，君归而出奔，又使不得正误师之刑也。
② 行将焉入，言不为人所容，虽行矣，而安所入耶。
③ 饩，馈也。以粟饩晋，明非籴也。
④ 晋其庸可冀乎，言晋国未可图取也。
⑤ 姑树德焉，以待能者，言且种好因，以俟将来能取之者取之也。
⑥ 置官司焉，秦始设官以征晋河东之赋，盖惠公前许赂秦之河外列城五，至是全为秦有矣。
⑦ 僖公十七年当周襄王九年戊寅岁，齐桓公四十三年，西历纪元前643年。
⑧ 齐侯，齐桓公。
⑨ 王姬，王室之女，亦称共姬。徐嬴，徐国之女。徐，嬴姓国，伯益之后，周初称王，为穆王所灭，后复封为子国。故城在今安徽泗县北，后为吴所灭。蔡姬，蔡国之女，各从其姓，故以姬、嬴分系为称。
⑩ 好内，耽好女色也。
⑪ 内嬖如夫人者六人，内宠中之六人尤嬖幸，其礼秩竟上与夫人同也。六人者，即下举之长卫姬等。
⑫ 长卫姬，即卫共姬，卫国之女以有二卫姬，故以"长""少"别之。
⑬ 武孟即公子无亏。桓公卒，无亏立。立三月而为国人所杀。
⑭ 惠公即公子元。懿公商人被杀，元即位，为齐国第十九君。在位十年。其元年当周匡王五年癸丑岁，西历纪元前608年。
⑮ 郑姬，郑国之女。
⑯ 孝公即公子昭。无亏立，昭奔宋。宋襄公发兵纳之，齐人遂杀无亏。宋又败四公子之徒，乃立昭而还。昭即位，为齐国第十六君。在位十年。其元年当周襄王十年己卯岁，西历纪元前642年。

葛嬴①生昭公，②密姬③生懿公，④宋华子⑤生公子雍。⑥公与管仲属孝公于宋襄公，以为大子。

雍巫⑦有宠于卫共姬，因寺人貂⑧以荐羞于公，⑨亦有宠。公许之立武孟。⑩

管仲卒，五公子⑪皆求立。冬十月乙亥，齐桓公卒。易牙入，与寺人貂因内宠以杀群吏，⑫而立公子无亏。孝公奔宋。十二月乙亥，赴。⑬辛巳，夜殡。⑭

二十二年⑮

晋大子圉⑯为质于秦，将逃归，⑰谓嬴氏⑱曰："与子归乎？"对

---

① 葛嬴，葛国之女。葛，嬴姓国，故城在今河南宁陵县北十五里。
② 昭公即公子潘。孝公卒，潘即位，为齐国第十七君，在位二十年。其元年当周襄王二十年己丑岁，西历纪元前632年。
③ 密姬，密国之女。密本姞姓国，亦称密须，在今甘肃灵台县西五十里。周文王灭之，以封姬姓。传至密康公，为周共王所灭。
④ 懿公即公子商人。昭公卒，子舍立，商人弑舍自立，为齐国第十八君。在位四年，国人杀之。其元年当周匡王元年己酉岁，西历纪元前612年。
⑤ 宋华子，宋华氏之女，子姓。
⑥ 公子雍未得立，后为鲁外援，安置于谷，易牙奉之。
⑦ 雍巫即易牙，巫其名，雍谓饔人，其职事也。善调味。"雍"与"饔"通。
⑧ 寺人貂即竖貂，亦作竖刁，有宠于桓公之阉人也。与易牙并为乱齐之人。
⑨ 羞与"馐"通。荐羞于公，献珍味于桓公也。
⑩ 易牙既有宠于桓公，乃为长卫姬请立公子无亏，公遂许之立武孟也。
⑪ 五公子，孝公以外之公子无亏、公子元、公子潘、公子商人、公子雍也。
⑫ 因内宠以杀群吏，凭借内官之有权宠者矫命杀诸执政有司也。
⑬ 赴，以丧赴告诸侯也。桓公之卒在十月乙亥，赴时为十二月乙亥，已越六十日矣。
⑭ 殡，殓也。辛巳日，上距十月乙亥已六十七日，故史云尸虫出于户外也。
⑮ 僖公二十二年当周襄王十四年癸未岁，宋襄公十三年，楚成王三十四年，西历纪元前638年。
⑯ 大子圉即晋怀公。
⑰ 将逃归，在秦闻惠公病，将私逃归晋也。
⑱ 嬴氏即怀嬴，秦女，妻于圉以监之者也。

曰:"子晋大子,而辱于秦,子之欲归,不亦宜乎?寡君之使婢子①侍执巾栉,②以固子③也。从子而归,弃君命也。不敢从,亦不敢言。④"遂逃归。⑤

楚人伐宋以救郑。⑥宋公将战。⑦大司马固⑧谏曰:"天之弃商久矣,君将兴之,弗可。赦也已。⑨"弗听。冬十一月己巳朔,宋公及楚人战于泓。⑩宋人既成列,⑪楚人未既济。⑫司马⑬曰:"彼众我寡,及其未既济也,请击之。"公曰:"不可。"既济,而未成列,又以告。公曰:"未可。"既陈而后击之,⑭宋师败绩,公伤股,⑮门官歼焉。⑯

国人皆咎公。⑰公曰:"君子不重伤,不禽二毛。⑱古之为军也,不以阻隘⑲也。寡人虽亡国之余,⑳不鼓不成列。㉑"子鱼曰:"君未知

---

① 婢子,妇人之卑称。
② 侍执巾栉,谦辞,陪侍执贱役也。巾以帨手,栉以理发,皆贱役。
③ 固子,安固子之心也。实有维繫意。
④ 从圉归晋,恐失君臣之义。漏泄此言,恐伤夫妇之恩。故不敢从,亦不敢言,听圉逸去也。
⑤ 遂逃归,大子圉遂得逃秦归晋也。
⑥ 宋襄公自以兵定齐立孝公,隐然以继霸齐桓自命。故僖公二十一年之春为鹿上之盟,其秋又会于盂。二十二年三月,郑伯如楚,其夏,宋公遂合卫侯、许男、滕子伐郑。以是,楚人伐宋以救郑。
⑦ 宋公将战,襄公将应敌而战也。
⑧ 大司马固,宋庄公之孙公孙固也。于襄公为兄弟行。
⑨ 公孙固之谏辞,言君欲兴天之所弃,必不可,不如赦楚勿与战。
⑩ 泓,水名,在今河南柘城县北。
⑪ 成列,已成行列,战阵毕具也。
⑫ 未既济,尚未尽渡泓水而北也。
⑬ 司马,即公子目夷子鱼也。
⑭ 既陈而后击之,待楚军毕渡成列而后攻之也。
⑮ 伤股,下肢受伤也。
⑯ 门官,守门之官。歼,尽灭也。
⑰ 咎公,归过于襄公也。
⑱ 不重伤,谓不忍加创于已伤之敌人。不禽二毛,谓不俘敌之年老班白者。二毛,头白有二色也。
⑲ 不以阻隘,不因关塞险阻以求胜也。
⑳ 宋为商纣之后,故自谦为亡国之余。
㉑ 鼓以进兵击敌,宋襄耻以诈胜,故不鼓以击不成列之人也。

战。勍①敌之人，隘而不列，②天赞我③也。阻而鼓之，不亦可乎？犹有惧焉。④且今之勍者，皆吾敌也，虽及胡耇，⑤获则取之，何有于二毛？明耻教战，⑥求杀敌也。伤未及死，如何勿重？⑦若爱重伤，则如勿伤。爱其二毛，则如服焉。⑧三军以利用⑨也，金鼓以声气⑩也。利而用之，阻隘可也。⑪声盛致志，鼓儳可也。⑫"

二十三年⑬

九月，晋惠公卒。怀公命无从亡人，⑭期期而不至，⑮无赦。狐突之子毛及偃，⑯从重耳在秦，弗召。冬，怀公执狐突曰："子来则免。"对

---

① 勍读如"鲸"，强也。
② 隘而不列，言楚在险隘不得成列也。
③ 天赞我，天所以佐宋也。
④ 阻而鼓之……犹有惧焉，言虽因阻以击之，犹恐不胜也。
⑤ 胡耇，元老之称。耇读如"苟"，老寿之人。
⑥ 凡教战，必明设刑戮以厉不果，故云"明耻教战"。
⑦ 伤未及死，尚能害己，如何勿重加创伤之乎。
⑧ 若爱重伤……则如服焉，言苟不欲杀伤敌人，则本可不须斗也。
⑨ 三军以利用，言军国之用，利在战斗，所谓当锋而试割也。
⑩ 金鼓以声气，用金鼓以佐士卒之声气也。金，钲也。鼓以进兵，钲以收兵，所以节声气，齐号令也。
⑪ 既以利而兴军国之用，迫敌人之隘以利我可也。故云"利而用之，阻隘可也"。
⑫ 既以声盛而致士卒勇锐之志，乘敌人之动摇未定击之可也。故云"声盛致志，鼓儳可也"。儳读如"忏"，摇荡颠坠之貌。
⑬ 僖公二十三年当周襄王十五年甲申岁，秦穆公二十三年，晋惠公十四年，宋襄公十四年，齐孝公六年，卫文公二十三年，郑文公三十六年，曹共公十六年，楚成王三十五年，西历纪元前637年。
⑭ 无从亡人，不许从侍出亡之人，谓不许从公子重耳也。
⑮ 期期而不至，谓约期而不归也。上"期"，动词，期约也。下"期"，名词，期日也。注家以朞月、朞年释之，俱未的。
⑯ 狐毛、狐偃俱重耳之舅，而偃尤显。偃字子犯，亦称舅犯，为大夫，其后文公定王室，宣信诸侯而霸宇内，大抵偃谋为多。

曰："子之能仕，父教之忠，古之制也。策名委质，①贰乃辟也。②今臣之子，名在重耳有年数矣，若又召之，教之贰也。父教子贰，何以事君？刑之不滥，君之明也，臣之愿也。淫刑以逞，③谁则无罪？臣闻命矣。"乃杀之。卜偃称疾不出，④曰："《周书》有之，乃大明服。⑤己则不明，而杀人以逞，不亦难乎？民不见德而唯戮是闻，其何后之有？⑥"……

晋公子重耳之及于难也，晋人伐诸蒲城。⑦蒲城人欲战，重耳不可，曰："保君父之命而享其生禄，于是乎得人。⑧有人而校，⑨罪莫大焉。吾其奔也。"遂奔狄。从者狐偃、赵衰、⑩颠颉、⑪魏武子、⑫司空季子。⑬狄人伐廧咎如。⑭获其二女叔隗、季隗，纳诸公子。公子取季隗，生伯鯈、叔刘，⑮以叔隗妻赵衰，生盾。⑯将适齐，谓季隗曰："待我二十五年不来而后嫁。"对曰："我二十五年矣，又如是而嫁，则就木焉，⑰请待子。"处狄十二年而行。

---

① 策名，谓名书于所臣之策。委质，谓屈身以君事之。
② 既以委质策名而又贰之，是罪辟也，故云"贰乃辟也"。辟，罪也。
③ 淫刑以逞，滥施刑罚以快心也。
④ 卜偃已见前。称疾不出，托病以却问卜也。
⑤ 《周书》，《康诰》。乃大明服，言君能大明则民服也。
⑥ 其何后之有，言怀公己明而杀人以逞，必无后于晋也。
⑦ 晋人伐蒲，事在僖公五年，已见前。
⑧ 保君父之命……于是乎得人，言恃有君父之命而受其养生之禄邑，夫然后始能聚人得众也。
⑨ 有人而校，恃生聚之人众以与君父校胜负也。
⑩ 赵衰字子馀，赵夙之弟，晋文公之正卿也。亦称赵成子，亦称成季，亦称孟子馀，亦称原大夫。
⑪ 颠颉，文公之大夫，后因入曹擅爇僖负羁氏而见杀。
⑫ 魏武子即魏犨，毕万之子。文公入，犨为戎右，后亦列为大夫。
⑬ 司空季子名胥臣，字季子，晋大夫，以食采于臼，亦称臼季。时从重耳亡者尚有狐毛、贾佗等，独举狐偃以下五人者，以其人贤而有大功也。
⑭ 廧咎如，夷国，赤狄别种，隗姓。在今山西旧太原府境。廧同"墙"，咎读如"皋"。
⑮ 伯鯈、叔刘留狄未归，详后。鯈读如"稠"。
⑯ 盾谥"宣"，亦称赵宣子，亦称宣孟，世为晋卿。
⑰ 我二十五年矣……则就木焉，言我今已二十五岁，再过二十五年则将死入木矣。

过卫,卫文公不礼①焉。出于五鹿,②乞食于野人。野人与之块,③公子怒,欲鞭之。子犯曰:"天赐也。"④稽首受而载之。

及齐,齐桓公妻之,⑤有马二十乘。⑥公子安之,从者以为不可。⑦将行,谋于桑下。蚕妾在其上,⑧以告姜氏。姜氏杀之,而谓公子曰:"子有四方之志,⑨其闻之者,吾杀之矣。"公子曰:"无之。"姜曰:"行也!⑩怀与安,实败名。⑪"公子不可。姜与子犯谋,醉而遣之。醒,以戈逐子犯。

及曹,曹共公⑫闻其骈胁,⑬欲观其裸,浴薄⑭而观之。⑮僖负羁⑯之妻曰:"吾观晋公子之从者皆足以相国,若以相,夫子⑰必反其国。反其国,必得志于诸侯。得志于诸侯而诛无礼,曹其首也。子盍蚤自贰⑱焉。"乃馈盘飧,寘璧焉。⑲公子受飧,反璧。⑳

---

① 卫文公名燬,懿公赤之子,戴公申之弟,已见前。不礼,不予礼待也。
② 五鹿,卫地,在今河北大名县东。
③ 野人,乡野之田夫。块,土块也,本作"凷"。
④ 得土为有国之兆,故子犯以为天赐也。
⑤ 妻之,以宗女妻重耳也。下云"姜氏",即指重耳妻。
⑥ 四马为乘,有马二十乘,是有马八十匹也。
⑦ 重耳以齐为可安而不复有行意。故从者以为不可也。
⑧ 蚕妾,姜氏育蚕之妾,在其上,适来采桑,故备闻桑下之谋也。
⑨ 四方之志,出行之意也。
⑩ 行也,勖辞,劝其必行也。
⑪ 怀与安,实败名,言怀人之宠与安己之居,实足以败坏功名也。
⑫ 曹共公名让,昭公班之子,为曹国第十六君。在位三十五年。其元年当周惠王二十五年己巳岁,西历纪元前652年。曹为武王弟叔振铎所封,伯爵,都陶丘,在今山东定陶县西北四里。鲁哀公八年灭于宋。
⑬ 重耳骈胁。骈,合也。胁,肋也。言其肋骨合比也。
⑭ 薄读如"博",迫也。
⑮ 骈胁非裸身不见,故乘其就浴,迫近其身而谛视之也。
⑯ 僖负羁,曹之大夫。
⑰ 夫子谓重耳。夫读如"扶",夫子犹言"那人"。
⑱ 盍,何不也。蚤通"早"。自贰,自别异于曹也。
⑲ 馈盘飧,寘璧焉,送盘飧与重耳,飧下藏璧也。古者人臣无境外之交,故藏璧不令人见。飧读如"孙",夕食。《字林》云,水浇饭也。
⑳ 受飧以领其意。反璧以示不贪。

及宋，宋襄公赠之以马二十乘。

及郑，郑文公①亦不礼焉。叔詹②谏曰："臣闻天之所启，人弗及也。晋公子有三焉，天其或者将建诸，③君其礼焉！男女同姓，其生不蕃。晋公子，姬出也，而至于今，④一也。离外之患，而天不靖晋国，殆将启之，⑤二也。有三士足以上人而从之，⑥三也。晋、郑同侪，⑦其过子弟⑧固将礼焉，况天之所启乎！"弗听。

及楚，楚子⑨飨之，曰："公子若反晋国，则何以报不穀。⑩"对曰："子女玉帛则君有之，羽毛齿革⑪则君地生焉。其波及晋国者，君之余也，⑫其何以报君。"曰："虽然，何以报我？"对曰："若以君之灵得反晋国，晋、楚治兵，遇于中原，其辟君三舍。⑬若不获命，⑭其左执鞭弭，右属櫜鞬，以与君周旋。⑮"子玉⑯请杀之。楚子曰："晋公子广

---

① 郑文公已见前，因不礼重耳，故叔詹谏之。
② 叔詹，郑大夫，与堵叔、师叔同执政，有贤名。
③ 晋公子……将建诸，言重耳有人所不可及者三事，疑是天意将建立之以为君也。三事详下。
④ 男女同姓……而至于今，宋林尧叟《释》云："凡男女配合而以同姓者，其美先尽，故其子孙必不蕃盛。故古者娶妻不娶同姓，买妾不知其姓则卜之。重耳乃犬戎狐姬所生，而蕃盛至于今日，此天意之可疑者也。"
⑤ 离外之患……殆将启之，林《释》："遭罹骊姬之难，出奔在外，而天不安靖晋国，祸乱相仍，庶几将开导之，此天意之可疑者二。"
⑥ 有三士足以上人而从之，林《释》："狐偃、赵衰、贾佗三人皆相材，足以居人之上，而从重耳以为左右，此天意之可疑者三。"
⑦ 侪读如"柴"，等也；辈也。齐同平等之意。
⑧ 过子弟，谓晋子弟之过郑境者。
⑨ 楚子，楚成王也。
⑩ 何以报不穀，言何以报我之德，将以观重耳之志也。不穀，诸侯之谦称。
⑪ 羽毛齿革皆当时资生之良材。羽谓鸟之长羽。毛谓细毛之兽。齿谓象齿。革谓犀革。
⑫ 波及晋国者，君之余也，言晋国资用之羽毛齿革，皆楚君享用之余所沾溉及之者。
⑬ 三十里为一舍。辟君三舍，退避九十里以俟后命也。
⑭ 若不获命，言晋如三退，仍不得楚止师之命。
⑮ 弭读如"靡"，弓之两端无缘饰者。櫜读如"皋"，盛箭之囊。鞬读如"缄"，弓袋。属，著也。周旋，相追逐也。
⑯ 子玉，楚令尹成得臣之字。令尹，卿也。

而俭，① 文而有礼。② 其从者肃而宽，③ 忠而能力。④ 晋侯无亲，外内恶之。⑤ 吾闻姬姓，唐叔之后，其后衰者也，其将由晋公子乎。⑥ 天将兴之，谁能废之？违天必有大咎。"乃送诸秦。

秦伯纳女五人，怀嬴与焉，奉匜沃盥。⑦ 既而挥之。⑧ 怒曰："秦、晋匹也，何以卑我？"⑨ 公子惧。降服而囚。⑩ 他日，公享之。⑪ 子犯曰："吾不如衰之文也。⑫ 请使衰从。"公子赋《河水》。⑬ 公赋《六月》。⑭ 赵衰曰："重耳拜赐。"⑮ 公子降拜稽首，⑯ 公降一级而辞焉。⑰ 衰曰："君称所以佐天子者命重耳，⑱ 重耳敢不拜？"

---

① 广而俭，言志广而体俭。
② 文而有礼，文虽文华而能约之以礼。
③ 肃而宽，言遇事肃敬而济之以宽容。
④ 忠而能力，言尽忠事主而加之以勤力。
⑤ 晋侯无亲，外内恶之，言晋惠公外树怨于秦，内滥杀里、丕之党，是内外交恶而无亲矣。
⑥ 其将由晋公子乎，言将由重耳振起唐叔之后衰也。
⑦ 怀嬴，晋怀公妻，留秦未行，遂与于五人之列以媵重耳。后生公子乐，谥曰"辰"，故亦称辰嬴。奉匜沃盥，捧匜面之器侍候洗沐也。匜读如"貤"，注水之器，《说文》云，似羹魁，柄中有道，可注水。沃读如"渥"，注也；灌也。盥读如"冠"，洗沐也。
⑧ 挥之，怀嬴以匜水洒湔重耳；示怒也。
⑨ 此言秦、晋本匹敌之国，何以不敬吾君而使我奉匜供沃也。故云"何以卑我"。
⑩ 降服而囚，去上服，自拘囚以谢怀嬴也。
⑪ 公享之，秦穆享宴重耳也。
⑫ 古者，卿大夫交会，必赋诗相酬，子犯自谓文辞不及赵衰，荐衰从重耳赴穆公之宴，故云"吾不如衰之文也"。
⑬ 《河水》，逸《诗》篇名，其义取河水朝宗于海之意。海以喻秦。
⑭ 《六月》，《诗·小雅·南有嘉鱼之什》篇名，诗中称道尹吉甫佐周宣王征伐，以喻重耳还晋必能匡王国也。
⑮ 赵衰聆穆公赋诗奖重耳，故亟代公子称名以拜秦赐也。
⑯ 降拜稽首，降阶下拜尽礼也。
⑰ 穆公降阶一级，辞重耳之稽首，盖俨然以霸主自居矣。
⑱ 君称所以佐天子者命重耳，赵衰之善辞，盖《六月》首章有"王于出征，以匡王国"语，次章有"王于出征，以佐天子"语，衰乃通言之以示公子之能承赐也。

二十四年①

二十四年春王正月，秦伯纳之。②……及河，子犯以璧授公子曰："臣负羁绁从君，巡于天下，臣之罪甚多矣。臣犹知之，而况君乎？③请由此亡。④"公子曰："所不与舅氏同心者，有如白水！"⑤投其璧于河。⑥济河，围令狐，⑦入桑泉，⑧取臼衰。⑨二月甲午，晋师军于庐柳。⑩秦伯使公子絷如晋师。⑪师退，军于郇。⑫辛丑，狐偃及秦、晋之大夫盟于郇。壬寅，公子入于晋师。丙午，入于曲沃。丁未，朝于武宫。⑬戊申，使杀怀公于高梁。⑭……

吕、郤畏逼，⑮将焚公宫而弑晋侯。⑯寺人披请见，公使让之，且辞焉，⑰曰："蒲城之役，君命一宿，女即至。⑱其后余从狄君以田渭

---

① 僖公二十四年当周襄王十六年乙酉岁，晋怀公元年，秦穆公二十四年，郑文公三十七年，齐孝公七年，西历纪元前636年。
② 秦伯纳之，穆公以兵送重耳返晋也。
③ 臣负羁绁从君……而况君乎，言我自执辔追随以来，积罪多矣，我犹自知之，何况于君而不记我之罪乎。羁读如"几"，马络头也。绁读如"燮"，马缰也。
④ 请由此亡，言请君自归国，我从此逃去也。
⑤ 所不与舅氏同心者，有如白水，重耳之誓辞。言与舅氏同心之明如此白水也。
⑥ 投其璧于河，示质信于河神也。
⑦ 令狐，在今山西猗氏县西。
⑧ 桑泉，故城在今山西临晋县东北。
⑨ 臼衰，即今山西解县西北二十五里之臼城。
⑩ 庐柳，在今山西猗氏县西北。
⑪ 如晋师，赴晋军传秦命纳公子重耳也。
⑫ 师退，晋师从秦命而退也。郇，姬姓国；文王第十七子所封，侯爵，先已灭于晋，在今山西猗氏县西南。
⑬ 武宫，文公祖武公之庙也。
⑭ 怀公自文公人，奔于高梁，故使人就杀之。高梁，晋地，在今山西临汾县东北。
⑮ 吕甥、郤芮俱惠公旧臣，惧为文公所逼害，故云"吕、郤畏逼"。
⑯ 将焚公宫而弑晋侯，谋纵火烧晋君之居，因救火作难而弑文公也。
⑰ 寺人披请见……且辞焉，披尝得罪于文公，故使人责之，且辞不见也。
⑱ 君命一宿，女即至，言君命如蒲，计程本限越宿而至，而汝竟日便到也。

滨,①女为惠公来求杀余,②命女三宿,女中宿至,③虽有君命,何其速也?夫袪犹在,女其行乎!④"对曰:"臣谓君之入也,其知之矣。若犹未也,又将及难。⑤君命无二,古之制也。除君之恶,惟力是视。蒲人、狄人,余何有焉?⑥今君即位,其无蒲、狄乎!⑦齐桓公置射钩而使管仲相,⑧君若易之,何辱命焉?⑨行者甚众,岂唯刑臣?⑩"公见之,以难告。⑪三月,晋侯潜会秦伯于王城。⑫己丑晦,公宫火,瑕甥、郤芮不获公,乃如河上。秦伯诱而杀之。晋侯逆夫人嬴氏⑬以归。秦伯送卫于晋三千人,实纪纲之仆。⑭

初,晋侯之竖头须,⑮守藏⑯者也,其出也,窃藏以逃,尽用以求纳之。⑰及入,求见。⑱公辞焉以沐。⑲谓仆人⑳曰:"沐则心覆,心覆

---

① 从狄君以田渭滨,与狄君猎于渭水之滨也。
② 女为惠公来求杀余,言汝为惠公所使,来求狄君杀我也。
③ 命女三宿,女中宿至,言衔命如狄本限越三宿,而女第二宿便来也。
④ 夫袪犹在,女其行乎,言前在蒲城为披所斩之衣袂犹存此,汝其远去,以免求戮也。
⑤ 臣谓君之入也……又将及难,言君以艰难得国,当知为君之道矣,若犹未知为君之道,则又将及于患难也。
⑥ 君命无二……余何有焉,言当献公、惠公二君之世,君则蒲、狄之人耳,于我有何义耶。
⑦ 其无蒲、狄乎,谓岂无如蒲如狄之人之欲为君害者乎。此以隐患逗之。
⑧ 乾时之役,管仲射桓公,中其带钩,而桓公置不问罪,反使管仲为相,故云"置射钩而使管仲相"。此以齐桓之度动之。
⑨ 君若易之,何辱命焉,言君若反齐桓之所为,己将自去,不须更辱君命也。
⑩ 行者甚众,岂唯刑臣,言如君之念旧恶,则惧罪出奔者将甚多,岂止我一人而已。披,奄人,故称刑臣,盖自称刑余之人也。
⑪ 公见之,以难告,文公动于披言,遂见之,披乃以吕、郤之谋告文公也。
⑫ 文公既知吕、郤之谋,乃潜会秦穆于王城,不使吕、郤知之也。
⑬ 夫人嬴氏,穆公之女,前在秦时妻文公者,即文嬴。怀嬴诸媵当从行归晋焉。
⑭ 时晋新有吕、郤之难,国未辑睦,故秦穆假送嫁为由,以兵三千人卫文公入国也。所有诸门户仆隶之事皆秦供之,为之纪纲,故云"实纪纲之仆"。纪纲,经理也。
⑮ 竖,左右小吏。头须,小吏之名,一曰里凫须。
⑯ 守藏,典守帑藏。
⑰ 其出也……尽用以求纳之,文公出亡时,头须窃藏逃去,尽用其资以求纳文公为君也。
⑱ 及入,求见,及文公入为君,头须踵门求见也。
⑲ 公辞焉以沐,文公不愿见头须,故托言洗头谢不见也。
⑳ 谓仆人,头须告文公之传言执事人也。

则图反，宜吾不得见也。① 居者为社稷之守，行者为羁绁之仆，其亦可也，何必罪居者？② 国君而雠匹夫，惧者甚众矣。③"仆人以告，公遽见之。④

狄人归季隗于晋而请其二子。⑤ 文公妻赵衰，⑥ 生原同、屏括、楼婴。⑦ 赵姬请逆盾与其母。子馀辞。⑧ 姬曰："得宠而忘旧，何以使人。⑨ 必逆之。"固请，许之，来。⑩ 以盾为才，固请于公，以为嫡子，而使其三子下之；⑪ 以叔隗为内子，而己下之。⑫

晋侯赏从亡者。介之推⑬不言禄，禄亦弗及。⑭ 推曰："献公之子九人，唯君在矣。惠、怀无亲，外内弃之，天未绝晋，必将有主。主晋祀者，非君而谁？天实置之，而二三子⑮以为己力，不亦诬乎？窃人之财，犹谓之盗。况贪天之功以为己力乎？下义其罪，上赏其奸，

---

① 沐则心覆……宜吾不得见也，言沐则头低而心为反复，心主谋画，心既反复则所图谋者亦将反复，宜吾求见而不得见也。

② 居者为社稷之守……何必罪居者，言居者行者皆可以事君，何必以居者为有罪也。

③ 国君而雠匹夫，惧者甚众矣，言若以国君之尊而记匹夫之小怨，则惧罪离携者必多也。

④ 仆人以告，公遽见之，传言之仆尽以头须之言告文公，文公感之，因即实时延见也。

⑤ 归季隗于晋而请其二子，狄君送季隗归晋而留其二子伯儵、叔刘也。

⑥ 文公妻赵衰，文公以女妻衰也。

⑦ 同、括、婴俱文公女赵姬所生。原、屏、楼，三子之封邑。原同亦称原叔，亦称赵同。屏括亦称屏季，亦称公族大夫。楼婴亦称赵婴，亦称赵婴齐。原，本姬姓国，文王第十六子封此，鲁僖公二十五年，降于晋文公，后为赵同封邑，故城在今河南济源县西北，亦称济源城。屏与楼今地不详。

⑧ 请逆盾与其母，请接取赵盾及其母叔隗也。子馀辞，赵衰辞谢赵姬，不肯接取叔隗及赵盾也。

⑨ 得宠而忘旧，何以使人，言得新宠而忘旧爱，将何以使人悦服也。

⑩ 固请，赵姬坚持以请也。许之，赵衰许逆叔隗母子也。来则叔隗与盾来归至晋也。

⑪ 以盾为才……而使其三子下之，赵姬固请于文公，立盾为赵氏之嫡子，而使己生之三子避居庶孽，不敢与盾匹也。

⑫ 以叔隗为内子，而己下之，赵姬请自居下位，以叔隗为赵衰之嫡妻也。内子，卿之嫡妻。

⑬ 介之推，亦称介推，亦称介子推，从文公出亡之微臣。

⑭ 不言禄，禄亦弗及，不称己功以邀禄赏，而禄赏因亦未被及之也。

⑮ 二三子，谓从亡之臣。

上下相蒙,^①难与处矣。"其母曰:"盍亦求之以死。谁怼?"^②对曰:"尤而效之,^③罪又甚焉。且出怨言,不食其食。^④"其母曰:"亦使知之若何?"对曰:"言,身之文也。身将隐,焉用文之?是求显也。^⑤"其母曰:"能如是乎?与女偕隐。^⑥"遂隐而死。晋侯求之不获,以绵上为之田,^⑦曰:"以志吾过,且旌善人。"^⑧

郑之入滑也,^⑨滑人听命。师还,又即卫。^⑩郑公子士、泄堵俞弥^⑪帅师伐滑。王使伯服、游孙伯^⑫如郑请滑。^⑬郑伯怨惠王之入而不与厉公爵^⑭也,又怨襄王之与卫滑^⑮也,故不听王命,而执二子。^⑯王怒,将以狄伐郑。富辰^⑰谏曰:"不可。臣闻之,大上以德抚民,^⑱其次

---

① 贪天之功,罪也,在下者反以为立君之义,故云"下义其罪"。贪天之功,奸也,在上者乃以为推立之赏,故云"上赏其奸"。下不自知其罪而求赏,是欺其上;上不计其奸而赏之,是欺其下:故云"上下相蒙"。蒙,欺也。

② 盍亦求之以死,谁怼,言不求而死,将以谁怨也。怼读如"对",怨恨也。

③ 尤,过也;咎也。尤而效之,言既以为过而咎之,何复当从而效仿之耶。

④ 且出怨言,不食其食,言既出怨言谓为上下相蒙,则不当更食其禄赐也。

⑤ 是求显也,言伪隐而有求显之心也。

⑥ 与女偕隐,甘愿与尔俱隐也。

⑦ 以绵上为之田,以绵上之地为介之推私田,以供祭祀也。绵上,晋地,在今山西介休县南四十里介山下,亦曰绵山,接灵石县界。

⑧ 以志吾过,且旌善人,记吾推赏忘善之过,表彰介推隐逸不贪之善也。

⑨ 滑,姬姓国,伯爵,亦称费滑。今河南偃师县南二十里有缑氏城,即滑国。鲁僖公三十三年为秦所灭,后属晋,旋又属周。郑之入滑,事在僖公二十年,以滑人叛郑而服于卫,其夏郑公子士、泄堵寇帅师入滑。

⑩ 师还,又即卫,郑师既归,滑又叛郑通好于卫也。

⑪ 公子士,郑文公之子,泄堵俞弥即泄堵寇,亦称堵俞弥,亦称子俞弥,亦称俞弥,郑文公娶于苏所生,为郑大夫。

⑫ 伯服、游孙伯皆周大夫。时为襄王所使如郑。

⑬ 请滑,请释滑之讨伐也。

⑭ 郑伯谓郑文公。惠王之入而不与厉公爵,事在庄公二十一年。其时厉公定周,会虢叔纳惠王,杀王子颓。

⑮ 襄王助卫为滑请,是王与于卫、滑也。

⑯ 执二子,拘伯服、游孙伯也。

⑰ 富辰,周之大夫。

⑱ 以德抚民,谓不以亲疏异等,故云"大上"。

亲亲以相及①也。昔周公吊二叔之不咸，②故封建亲戚以蕃屏周。③管、蔡、郕、霍、鲁、卫、毛、聃、郜、雍、曹、滕、毕、原、酆、郇，文之昭也。④邗、晋、应、韩，武之穆也。⑤凡、蒋、邢、茅、胙、祭，周公之胤也。⑥召穆公⑦思周德之不类，故纠合宗族于成周，而作诗⑧曰，常棣之华，鄂不韡韡，⑨凡今之人，莫如兄弟。其四章曰，兄弟阋于墙，外御其侮。⑩如是，则兄弟虽有小忿，不废懿亲。今天子不忍小忿以弃郑亲，其若之何？庸勋、亲亲、昵近、尊贤，⑪德之大者

---

① 亲亲以相及，言先亲以及疏，推恩以成义也。

② 吊，伤也。咸，同也。二叔谓夏、殷二代之叔世。吊二叔之不咸，言哀伤夏、殷末世之不能同亲戚以至于覆亡也。或以二叔为管、蔡者非。盖下文方列管、蔡为文昭也。见林《释》。

③ 蕃屏周，捍卫周室也。

④ 管……文之昭也，言此十六国皆文王之子。文王于周庙为穆，穆生昭，故曰"文之昭"。管，武王弟叔鲜所封，在今河南郑县。蔡见前。郕，武王弟叔武所封，伯爵，在今山东宁阳县北。霍、鲁、卫均见前。毛，文王子叔聃封此，伯爵，在今河南宜阳县。聃一作邥，亦作冉，文王子季戴封此，伯爵，即今湖北荆门县那口城。郜见前。雍，伯爵，在今河南沁阳县东北，接修武界。曹、滕见前。毕，文王子高所封，即今陕西咸阳县北之毕原。原见前。酆亦作"丰"，文王子封此，以荒酒为成王所黜，故城在今陕西鄠县东。郇见前。

⑤ 邗……武之穆也，言此四国皆武王之子。武王于周庙为昭，昭生穆，故曰"武之穆"。邗地即今河南沁阳县西北之邗台镇。读如"于"。晋见前。应，武王次子封此，侯爵，后为楚所灭。故城在今河南宝丰县西南。韩见前。

⑥ 凡……周公之胤也，言此六国皆周公旦之子。胤，嗣也。凡，周公子所封，伯爵。故城在今河南辉县西南。蒋，周公第三子封此，后为楚灭。其地即今河南固始县东之蒋乡。邢，周公第四子封此，侯爵，亡于卫。今河北邢台县西南襄国故城即其地。茅，周公子所封，即今山东金乡县西南之茅乡。胙，周公子封此，燕灭之，其地在河南延津县北三十五里。祭读如"蔡"，周公子所封，伯爵，在今河南郑县东北十五里。

⑦ 召穆公名虎，周厉王、宣王时卿士，召，其采邑也，在今陕西岐山县西南。宣王时平淮夷，甚有名。

⑧ 类，善也。纠，收也。周厉王时，周德衰微，兄弟道缺，召穆公乃于东都收合宗族，特歌此周公之乐歌《常棣》以励众也。《常棣》篇在《诗·小雅·鹿鸣之什》。

⑨ 常棣之华，鄂不韡韡，杜《注》："常棣，棣也。鄂，鄂然华外发。不韡韡，言韡韡以喻兄弟和睦则强盛而有光辉韡韡然。"《疏》："常棣，棣，《释木》文也。舍人曰，常棣一名棣。郭璞曰，今关西山中有棣树，子似樱桃，可啖。鄂鄂然华外发者，华聚而发于外，鄂鄂然而光明也。不韡韡乎，言其实韡韡也。古之人语有声而倒者，诗文多有此类。"韡读如"伟"，韡韡，光明貌。近人释"鄂不"为一词，谓花萼盛开，泛及花跗也，似较旧说为胜。

⑩ 兄弟阋于墙，外御其侮，言内虽不和，然有外侮则同心御之也。阋读如"禽"，狠争也；乖戾也。

⑪ 庸勋，登庸有功之人。 亲亲，接近宗亲。昵，近，亲交近邻。尊贤，尊礼贤能。

也。即聋、从昧、与顽、用嚚，①奸之大者也。弃德、崇奸，祸之大者也。郑有平、惠之勋，②又有厉、宣之亲，③弃嬖宠而用三良，④于诸姬为近。⑤四德具矣。耳不听五声之和为聋，目不别五色之章为昧，心不则德义之经为顽，口不道忠信之言为嚚。狄皆则之，四奸具矣。周之有懿德也，犹曰莫如兄弟，故封建之。其怀柔天下也，犹惧有外侮。扞御侮者莫如亲亲，故以亲屏周。召穆公亦云。⑥今周德既衰，于是乎又渝周、召以从诸奸，⑦无乃不可乎？民未忘祸，⑧王又兴之，其若文、武何？⑨"王弗听，使颓叔、桃子出狄师。⑩

夏，狄伐郑，取栎。⑪王德狄人，将以其女为后。富辰谏曰："不可。臣闻之曰，报者倦矣，施者未厌。⑫狄固贪惏，⑬王又启之。⑭女德无极，妇怨无终，⑮狄必为患。"王又弗听。

----

① 即聋，就质偏听失聪之人。从昧，依从愚昧瞀惑之谈。与顽，交与顽梗不化之辈。用嚚，进用谗佞贪鄙之夫。嚚，读如"银"，妄也；谗也。参看正文下"耳不听五声之和"四句。

② 平王东迁，晋、郑是依。惠王出奔虢，郑又纳之，故云"有平、惠之勋"。与上"庸勋"呼应。

③ 郑，始封之祖桓公友为厉王之子、宣王之母弟，故云"有厉、宣之亲"，与上"亲亲"呼应。

④ 弃嬖宠，谓僖公七年郑杀嬖臣申侯，十六年又杀宠子子华。三良谓叔詹、堵叔、师叔。与上"尊贤"呼应。

⑤ 郑地接河、洛，在周室同姓诸侯中最为近，故云"于诸姬为近"。与上"昵近"呼应。

⑥ 周公既作《常棣》之诗，召穆公复引而歌之，故曰"召穆公亦云"。

⑦ 渝周、召以从诸奸，言变改周公、召公亲兄弟之道以狄伐郑，是从狄之诸奸也。渝，变也；违也。

⑧ 前有子颓之乱，中有叔带召狄，故曰"民未忘祸"。

⑨ 其若文、武何，言将废文王、武王之功业也。

⑩ 颓叔、桃子皆周大夫。出狄师，如狄使出师伐郑也。

⑪ 栎，郑别都，今河南禹县。

⑫ 报者倦矣，施者未厌，言报人之德者已倦劳无力，而旌德望报者犹未有厌足之心也。

⑬ 惏亦作婪，读如"岚"，《方言》："杀人而取其财曰惏。"

⑭ 启之，挑逗之也。

⑮ 女德无极，妇怨无终，杜《注》："妇女之志近之则不知止足，远之则忿怨无已。终犹已也。"

初，甘昭公①有宠于惠后，②惠后将立之，未及而卒。昭公奔齐，③王复之。④又通于隗氏。⑤王替⑥隗氏。颓叔、桃子曰："我实使狄，狄其怨我。"⑦遂奉大叔以狄师攻王。王御士⑧将御之。王曰："先后其谓我何？⑨宁使诸侯图之。⑩"王遂出。及坎埳，⑪国人纳之。⑫秋，颓叔、桃子奉大叔以狄师伐周。大败周师，获周公忌父、原伯、毛伯、富辰。⑬王出适郑，处于氾。⑭大叔以隗氏居于温。⑮……

二十五年⑯

秦伯师于河上，将纳王。狐偃言于晋侯⑰曰："求诸侯莫如勤王，⑱诸侯信之，且大义也。继文之业，⑲而信宣于诸侯，今为可矣。"

---

① 甘昭公即王子带，周惠公之子，襄王之母弟也。一称叔带，亦称太叔带，食邑于甘，在今河南洛阳县西南。
② 惠后，惠王之后，襄王及叔带之母也。
③ 叔带奔齐在僖公十二年秋，襄王以戎难故，讨之，遂出奔。
④ 僖公二十二年，襄王从富辰之言，使召王子带于齐，复归于周，故曰"王复之"。
⑤ 隗氏，襄王所立之狄后。
⑥ 替，废也。
⑦ 我实使狄，狄其怨我，言我实使狄出师伐郑，及以狄女为后，今废之，则狄将以怨王者怨我也。
⑧ 御士，王之卫士。《周礼》："王之御士十二人。"
⑨ 先后其谓我何，言若诛叔带，恐违惠后之志也。
⑩ 宁使诸侯图之，盖不欲亲诛叔带也。
⑪ 坎埳，周地，在今河南巩县东。
⑫ 国人纳之，周人纳王归京，不听出也。
⑬ 周公忌父、原伯、毛伯、富辰皆襄王之亲近。
⑭ 氾读如"泛"，郑邑，亦称南氾，在今河南襄城县南一里。
⑮ 温，周畿内国，已见前。叔带处此，即称温大叔。
⑯ 僖公二十五年当周襄王十七年丙戌岁，晋文公元年，秦穆公二十五年，西历纪元前635年。
⑰ 秦伯，秦穆公。晋侯，晋文公。
⑱ 勤王，宣勤于王室也。此指纳王。
⑲ 晋文侯仇为平王侯伯，匡辅周室，故狐偃勖文公以"继文之业"。

使卜偃卜之，曰："吉。遇黄帝战于阪泉之兆。"① 公曰："吾不堪也。"对曰："周礼未改，今之王，古之帝也。"② 公曰："筮之。"筮之，遇《大有》☰☲之《睽》☲☱，曰："吉。遇公用享于天子之卦。③ 战克而王享，吉孰大焉？且是卦也，天为泽以当日，天子降心以逆公，④ 不亦可乎？《大有》去《睽》而复，亦其所也。⑤"晋侯辞秦师而下。⑥ 三月甲辰，次于阳樊。⑦ 右师围温，⑧ 左师逆王。夏四月丁巳，王入于王城。取大叔于温，杀之于隰城。⑨

戊午，晋侯朝王。王飨醴，⑩ 命之宥。⑪ 请隧，⑫ 弗许，曰："王章也，未有代德而有二王，亦叔父之所恶也。"⑬ 与之阳樊、温、原、攒茅⑭ 之田。晋于是始启南阳。⑮

阳樊不服，围之。⑯ 仓葛⑰ 呼曰："德以柔中国，刑以威四夷，宜

---

① 黄帝与神农之后姜氏战于阪泉之野，胜之，遂帝天下。卜偃卜时乃遇此兆，故曰"吉"。
② 文公自以为己当此兆，故谦曰"不堪"，谓不敢任受也。卜偃对以"周礼未改……古之帝也"，言周德虽衰，其命未改，今之周王自当帝兆，非谓晋也。
③ 遇公用享于天子之卦，杜《注》："《大有》九三爻辞也。三为三公而得位，变而为兑，兑为说，得位而说，故能为王所宴飨也。"
④ 天为泽以当日，天子降心以逆公，杜《注》："乾为天，兑为泽，乾变为兑而上当离，离为日。日之在天，垂曜在泽，天子在上，说心在下，是降心逆公之象。"
⑤ 《大有》去《睽》而复，亦其所也，杜《注》："言去《睽》卦还论《大有》，亦有天子降心之象。乾尊离卑，降尊下卑，亦其义也。"
⑥ 辞秦师而下，晋文辞让秦师使还，独以晋师顺流而下以纳襄王也。
⑦ 阳樊，周畿内邑，在今河南济源县，今名皮城。
⑧ 围温，以叔带在温，故分师围而取之也。
⑨ 隰城亦畿内邑，在今河南武陟县西南十五里。
⑩ 王飨醴，王飨晋文设醴酒也。
⑪ 命之宥，又加之以币帛以助欢也。宥，助也。
⑫ 请隧，请以王之葬礼予晋也。杜《注》："阙地通路曰隧，王之葬礼也。诸侯皆县柩而下。"
⑬ 王章也……亦叔父之所恶也，言彰显王者本与诸侯异，今周德虽衰，天下未有代周之德者，而晋欲拟天子之礼，是有二王也，岂非叔父之痛恶乎？
⑭ 攒茅亦作欑茅，周畿内邑，在今河南修武县西北二十里，今名大陆村。攒读如"趱"。
⑮ 襄王割四邑以塞晋文之望，晋乃大开南境山南河北之土，故云"晋于是始启南阳"。
⑯ 阳樊人不愿属晋，故晋人围之。
⑰ 仓葛，阳樊人，抗晋之领袖。

吾不敢服也。此谁非王之亲姻，其俘之也？"① 乃出其民。②……

冬，晋侯围原，命三日之粮。③ 原不降。命去之。④ 谍出，⑤ 曰："原将降矣。"军吏曰："请待之。"公曰："信，国之宝也，民之所庇⑥也。得原失信，何以庇之？所亡滋多。⑦" 退一舍而原降，迁原伯贯⑧于冀。⑨ 赵衰为原大夫，狐溱⑩为温大夫。

二十六年⑪

夏，齐孝公伐我北鄙。卫人伐齐，洮之盟故也。⑫ 公使展喜⑬犒

---

① 德以柔中国，……其俘之也，言惟德之善者可以柔怀中国，亦惟刑之善者可以威惧四夷，晋今不尚德政而尚威刑，宜吾之不敢服；且居此地者谁非王室之亲戚姻娅，奈何拘执以为俘囚乎？
② 晋闻仓葛之言，知不可强取，乃出阳樊之民，取其土而已。
③ 原亦如阳樊之不服，故晋文围原。命三日之粮，预备三日攻下也。
④ 三日期满，原不降，故晋文命撤围而去之也。
⑤ 谍出，所遣刺探军情之间谍自原出报也。
⑥ 民无信不立，信所以庇其身，故云"信，国之宝也，民之所庇也"。
⑦ 得原失信，……所亡滋多，言我命三日降原，而今复少待之，是得一原而失信于我师，无信何以庇民，得原所得少，失信所失多也。
⑧ 原伯贯，周守原之大夫也。
⑨ 冀本国名，灭于晋，今山西河津县东北十五里有冀亭，盖其故都也。
⑩ 狐溱，狐毛之子。
⑪ 僖公二十六年当周襄王十八年丁亥岁，齐孝公九年，卫成公元年，西历纪元前634年。
⑫ 僖公二十五年，卫人平莒于鲁。十二月，盟于洮，修卫文公之好，且及莒平。二十六年正月，僖公会莒兹丕公及卫宁速盟于向，寻洮之盟。齐为二盟故，侵鲁西鄙。至是夏，齐孝公伐鲁北鄙。卫人以同盟故，伐齐救鲁。故云"洮之盟故也"。洮，曹地，在今山东濮县南。向，国名，在今山东莒县南。莒，己姓国，子爵，杜《谱》作嬴姓。出自少昊之后，周武王封兹舆期于莒，今山东莒县是也。十一世，始见于《春秋》。兹丕公时君之号。其后共公庚舆而下微不复见。后四世而楚灭之。
⑬ 展喜，鲁大夫，公子展之后。

师,^①使受命于展禽。^②

齐侯未入竟,^③展喜从之,^④曰:"寡君闻君亲举玉趾,将辱于敝邑,^⑤使下臣犒执事。"^⑥齐侯曰:"鲁人恐乎?"对曰:"小人恐矣,君子则否。"^⑦齐侯曰:"室如县罄,野无青草,^⑧何恃而不恐?"对曰:"恃先王之命。^⑨昔周公、大公股肱周室,夹辅成王。成王劳之,而赐之盟曰,世世子孙无相害也。载在盟府。^⑩大师职之。^⑪桓公是以纠合诸侯,而谋其不协。^⑫弥缝其阙,而匡救其灾,昭旧职也。^⑬及君即位,诸侯之望曰,其率桓之功。^⑭我敝邑用不敢保聚,^⑮曰,岂其嗣世九年而弃命废职?^⑯其若先君何?君必不然。恃此以不恐。^⑰"

齐侯乃还。

------

① 犒师,畏齐之逼,迎其师而犒劳之也。
② 使受命于展禽,使展喜请劳师之辞于展禽也。展禽名获,亦字季,鲁大夫,食邑柳下,谥曰"惠",故亦称柳下惠。
③ 竟同"境"。未入竟,齐侯之师犹未入鲁境也。
④ 展喜从之,展喜前迎,从而见齐侯也。
⑤ 辱于敝邑,辱临我境也。
⑥ 下臣,谦辞。称执事,不敢斥尊,言犒劳左右执事之人也。
⑦ 小人恐矣,君子则否,言小人无知则畏恐,君子有识则无惧也。
⑧ 室如县罄,野无青草,杜《注》:"如,而也。时夏四月,今之二月,野物未成,故言居室而资粮县尽,在野则无蔬食之物。"县,"悬"本字,垂也。罄,尽也。县罄,垂尽也。又阮元《校勘记》:"罄有房室中空之象,室无资粮,故曰如县罄也。"按二说俱可通,阮说不烦改字为训,似较顺。
⑨ 恃先王之命,言鲁之所恃者以有先王之命,所以不恐。先王之命谓下文成王之赐盟。
⑩ 载在盟府,记盟辞之载书藏在司盟之府也。
⑪ 大师职之,言此盟向由齐主之也。职,主也。周初,齐大公为大师。兼主司盟之官,故云然。
⑫ 桓公……谋其不协,言桓公承大公之绪,是以能纠率列国之诸侯,有不和协者则会盟以图谋之也。
⑬ 弥缝其阙……昭旧职也,言桓公补救诸侯之阙失,拯恤诸侯之灾害,皆所以昭明大公夹辅之旧职也。
⑭ 诸侯之望曰,其率桓之功,言诸侯皆属望孝公,以为其必率循桓公之旧业也。
⑮ 用不敢保聚,用此旧盟,故不复聚众保守也。
⑯ 岂其嗣世九年而弃命废职,言孝公即位仅九年,岂遂背弃先王之命而废置大公之职乎?
⑰ 其若先君何,言孝公何以自解于大公及桓公。君必不然。言孝公必不弃命废职。恃此以不恐,言恃有孝公之必不然,是以鲁君子不恐。

二十七年①

楚子将围宋，②使子文③治兵于睽。④终朝而毕，不戮一人。⑤子玉⑥复治兵于蒍。⑦终日而毕，鞭七人，贯三人耳。⑧国老⑨皆贺子文，⑩子文饮之酒。蒍贾⑪尚幼，后至不贺。子文问之。对曰："不知所贺。子之传政于子玉，曰以靖国也。靖诸内而败诸外，所获几何？子玉之败，子之举也。举以败国，将何贺焉？子玉刚而无礼，⑫不可以治民。过三百乘，⑬其不能以入⑭矣。苟入而贺，何后之有？"

冬，楚子及诸侯围宋。宋公孙固如晋告急。先轸⑮曰："报施救患，取威定霸，⑯于是乎在矣。"狐偃曰："楚始得曹而新昏于卫，⑰若

---

① 僖公二十七年当周襄王十九年戊子岁，晋文公三年，楚成王三十九年，陈穆公十五年，蔡庄侯十三年，郑文公四十年，许僖公二十三年，宋成公四年，齐孝公十年，曹共公二十年，卫成公二年，西历纪元前633年。

② 楚子将围宋，时宋离楚即晋，楚正与晋争霸，故楚成王纠陈穆公、蔡庄侯、郑文公、许僖公围宋。

③ 子文，斗伯比子斗穀於菟之字，事楚成王为令尹，亦称令尹子文，楚之贤臣也。

④ 睽，楚邑，今地未详。

⑤ 时子文已举成得臣代为令尹，传政与之，欲委重于得臣，故略其事，终朝而毕，不戮一人。终朝，自旦及食时也。

⑥ 子玉，成得臣之字。成王时，伐陈有功，子文使为令尹。城濮败归，至连谷，自杀。

⑦ 蒍，楚邑，今地未详。

⑧ 贯耳，军中罪刑之一，以矢穿耳徇于众也。俗称"插耳箭"。

⑨ 国老，卿大夫之致仕者。

⑩ 皆贺子文，贺子文使子玉为令尹，能堪其事，庆得人也。

⑪ 蒍贾字伯嬴，孙叔敖之父。

⑫ 刚而无礼，谓子玉力小任重，有专欲而无礼文也。

⑬ 三百乘，二万二千五百人也。

⑭ 不能以入，不能功成返国也。

⑮ 先轸，晋下军佐。食采于原，故亦称原轸。

⑯ 报宋赠马之施，救宋被围之患。取威重于诸侯，定霸业于晋国。

⑰ 谓楚近始得曹之党附，而新与卫结婚媾也。

伐曹、卫，楚必救之，则齐、宋免矣。①"于是乎蒐于被庐，②作三军。谋元帅。③赵衰曰："郤縠④可。臣亟⑤闻其言矣，说《礼》《乐》而敦《诗》《书》。⑥《诗》《书》，义之府也；《礼》《乐》，德之则也。德义，利之本也。《夏书》曰，赋纳以言，明试以功，车服以庸。⑦君其试之。"乃使郤縠将中军，郤溱⑧佐之。使狐偃将上军，让于狐毛而佐之。⑨命赵衰为卿，⑩让于栾枝、⑪先轸，使栾枝将下军，先轸佐之。荀林父⑫御戎，魏犨为右。

晋侯始入而教其民。⑬二年，欲用之。子犯曰："民未知义，未安其居。"⑭于是乎出定襄王，⑮入务利民。民怀生矣，⑯将用之。子犯曰："民未知信，未宣其用。"⑰于是乎伐原以示之信。民易资者，不求丰焉，明征其辞。⑱公曰："可矣乎？"子犯曰："民未知礼，未生其共。"⑲于

---

① 前年楚使申叔戍谷以逼齐，故齐、宋并称。详见下注。
② 蒐读如"搜"，治兵之礼也。晋常以春蒐礼改政令，敬其始也。被庐，晋地，今何许未详。
③ 晋献公于鲁闵公元年始作二军，至是复大国之礼，作三军。谋元帅，咨谋于众以谁可当中军大帅之任也。
④ 郤縠当系郤芮之后。
⑤ 亟读如"器"，频也；数也。
⑥ 说《礼》《乐》而敦《诗》《书》，言其所喜悦者《礼》《乐》之事，其所敦崇者《诗》《书》之文也。
⑦ 《夏书》曰……车服以庸，杜《注》："《尚书·虞、夏书》也。取纳以言，观其志也。明试以功，考其事也。车服以庸，报其劳也。赋犹取也。庸，功也。"按今本《尚书·虞书·舜典》作"敷奏以言，明试以功，车服以庸"。
⑧ 郤溱当系郤縠族人。
⑨ 让于狐毛而佐之，偃以将上军之任让其兄毛，而己为其佐也。
⑩ 命赵衰为卿，使将下军也。
⑪ 栾枝，栾宾之孙，亦称栾贞子。
⑫ 荀林父，亦称中行桓子，中行氏之祖也。一称荀伯，亦称中行伯。
⑬ 晋侯始入而教其民，文公始返晋国即以教化其民为任也。
⑭ 民未知义，未安其居，言无义则苟生，用之易于逃散。
⑮ 出定襄王，见前，以示事君之义。
⑯ 怀生，怀生安居，知生之可乐也。
⑰ 民未知信，未宣其用，言未明于见用之信也。宣，明也。
⑱ 民易资者……明征其辞，言民以货物易资财者不诈以求丰多，明定其辞不二价，重言信也。
⑲ 民未知礼，未生其共，言民无礼则不生敬恭将事之心也。

是乎大蒐以示之礼,^① 作执秩以正其官。^② 民听不惑而后用之。^③ 出谷戍,^④ 释宋围。^⑤ 一战而霸,^⑥ 文之教也。^⑦

二十八年^⑧

二十八年春,晋侯将伐曹,假道于卫,卫人弗许。还,自南河济^⑨侵曹,伐卫。正月戊申,取五鹿。^⑩

二月,晋郤縠卒,原轸将中军,胥臣^⑪佐下军,上德^⑫也。

晋侯、齐侯盟于敛盂。^⑬卫侯请盟,晋人弗许。卫侯欲与楚,国人不欲,故出其君以说于晋。卫侯出居于襄牛。^⑭

---

① 蒐礼本以顺少长,明贵贱,故云"大蒐以示之礼"。

② 执秩,主爵秩之官,犹今之铨叙部。置此官则进退黜陟俱有准的矣,故云"作执秩以正其官"。

③ 民听不惑而后用之,言民既知义,知信,知礼,则听上之命必不致疑惑,然后可以用之也。

④ 出谷戍,谓楚使申叔去谷。详后。

⑤ 释宋围,谓楚使子玉去宋。详后。

⑥ 一战而霸,谓翌年城濮之战。详后。

⑦ 文之教也,言上述三事皆由晋侯以文德教民故也。

⑧ 僖公二十八年当周襄王二十年己丑岁,晋文公四年,齐昭公元年,卫成公三年,蔡庄侯十四年,郑文公四十一年,曹共公二十一年,陈穆公十六年,宋成公五年,秦穆公二十八年,楚成王四十年,西历纪元前632年。

⑨ 自南河济,谓从今汲县南渡河,盖自卫南而东也。

⑩ 五鹿,卫地,在今河北境。已见前。

⑪ 胥臣,臼季之名,亦称司空季子。

⑫ 先轸以下军之佐超为中军之帅,故曰"上德",言不次超擢也。

⑬ 齐孝公以楚申叔戍谷之逼,从晋求援,故与晋文公盟于敛盂。敛盂,卫地,在今河北濮阳县东南。

⑭ 卫侯请盟……出居于襄牛,卫侯,卫文公燬之子卫成公郑也。在位三十五年,为卫国第十八君。其元年当周襄王十八年丁亥岁,西历纪元前634年。晋文公既怨卫文公之不礼,又怒成公之不肯假道,故不许卫盟。卫人以其君欲从楚,故逐出其君以求悦于晋。襄牛,卫地,当在今山东濮县境。

公子买①戍卫,②楚人救卫,不克。公惧于晋,杀子丛以说焉。谓楚人曰:"不卒戍也。"③

　　晋侯围曹,门焉,多死。④曹人尸诸城上。⑤晋侯患之,听舆人之谋,⑥曰,称舍于墓。⑦师迁焉,曹人凶惧,⑧为其所得者棺而出之。⑨因其凶也而攻之。⑩三月丙午,入曹。数之以其不用僖负羁,而乘轩者三百人也,且曰献状。⑪令无入僖负羁之宫,而免其族,报施也。⑫魏犨、颠颉怒曰:"劳之不图,报于何有?"⑬爇⑭僖负羁氏。魏犨伤于胸。公欲杀之,而爱其材,使问,且视之病,将杀之。⑮魏犨束胸见使者曰:"以君之灵,不有宁也!"⑯距跃三百,曲踊三百。⑰乃舍之。杀颠颉以徇于师,⑱立舟之侨⑲以为戎右。

------

① 公子买,亦称子丛,鲁大夫。
② 戍卫,以兵为卫守也。晋伐卫,卫楚之婚姻,鲁欲与楚,故出此。
③ 不卒戍也,诈告楚人谓子丛不终戍事而归,故杀之也。
④ 门焉,多死,言曹守门甚坚,晋人之攻者多格死也。
⑤ 尸诸城上,言曹人磔晋死人于城上,以示城下之攻者。
⑥ 晋侯患之,文公患其摇动军心也。听舆人之谋,听众人之计谋,顺众心也。舆读如"余",众也。
⑦ 曰,舆人之辞。称舍于墓,声称将发掘冢墓也。
⑧ 师迁焉,谓晋师移向曹人之墓。凶惧,大恐也。凶,很也;甚也。一曰,凶凶,恐惧之声。
⑨ 为其所得者棺而出之,为曹所得之晋死人皆棺敛其尸而出之于外,盖欲加礼于晋师以求免发冢之祸也。
⑩ 因其凶也而攻之,晋师因曹人之凶惧而加紧攻城也。
⑪ 数之以其……且曰献状,声数其不用僖负羁而无德居位者且多至三百人也,故责令供状自陈也。数声诘也;列举罪状也。轩,大夫之车。
⑫ 报施也,报前盘飧置璧之施。
⑬ 劳之不图,报于何有,魏犨、颠颉各有从亡之劳,故怒言从亡之劳苦尚不图谋,何有于报人之微施也。
⑭ 爇读如"箬"(ruò),烧也。
⑮ 将杀之,言文公欲讨魏犨违命,而爱其有材力,使人责问之,且视其伤胸之病,将待其复命而杀之也。
⑯ 以君之灵,不有宁也,言不以病之故而敢自耽安宁也。
⑰ 距跃,超越也。曲踊,跳踊也。百读如"陌",犹励也。三百,三度勉行迎命也。
⑱ 杀颠颉以徇于师,戮亲臣以示违命之不可赦也。
⑲ 舟之侨本虢臣,鲁闵公二年奔晋,至是代魏犨为戎右。

宋人使门尹般①如晋师告急。公曰:"宋人告急,舍之则绝。②告楚不许。③我欲战矣,齐、秦未可,④若之何?"先轸曰:"使宋舍我而赂齐、秦,⑤藉之告楚。⑥我执曹君而分曹、卫之田以赐宋人。楚爱曹、卫必不许也,喜赂怒顽,能无战乎?⑦"公说,执曹伯,分曹、卫之田以畀宋人。

楚子入居于申,⑧使申叔去谷,⑨使子玉去宋,⑩曰:"无从晋师!⑪晋侯在外十九年矣,而果得晋国。险阻艰难,备尝之矣;民之情伪,尽知之矣。天假之年,⑫而除其害。⑬天之所置,其可废乎?《军志》⑭曰,允当则归。⑮又曰,知难而退。又曰,有德不可敌。此三志者,晋之谓矣。"

子玉使伯棼⑯请战,曰:"非敢必有功也,愿以间执谗慝之口。⑰"

---

① 门尹般,宋大夫。
② 舍之则绝,言如不应宋求则必与晋绝也。
③ 告楚不许,言如请楚释宋必又不许也。
④ 齐、秦未可,言二国未必肯助晋战楚也。
⑤ 使宋舍我而赂齐、秦,设计使宋舍晋而以赂求救于齐、秦也。
⑥ 藉之告楚,假借齐、秦,使为宋请也。
⑦ 喜赂怒顽能无战乎,言齐、秦喜得宋赂而怒楚之顽,必将自战也。顽,指楚之不受请也。
⑧ 申在方城之内,故曰"楚子入居于申"。盖暂戢进取之志矣,遂还申。
⑨ 僖公二十六年,以楚师伐齐,取谷,置齐桓之子公子雍于谷,使易牙奉之,以为鲁援,楚使申公叔侯戍之,盖用以逼齐也。至是,楚使申叔去谷,以解于齐。谷,齐地,亦曰山谷,即今山东东阿县治。
⑩ 使子玉去宋,令撤围而去也。
⑪ 无从晋师,言无得从晋师与之争战也。
⑫ 献公之子九人唯文公在,故曰"天假之年"。
⑬ 除其害,谓去惠、怀、吕、郤也。
⑭ 《军志》,兵书也。
⑮ 允当则归,《军志》之语。引此,盖谓齐、秦既为宋请,则赦宋而归,可谓允当也。
⑯ 伯棼,斗伯比之孙斗椒也。亦称子越椒,亦称子越,先后为楚司马及令尹。
⑰ 间执,犹塞也。谗慝之口,指芳贾之言。盖欲一雪"过三百乘不能以入"之耻也。

王怒，少与之师，① 唯西广东宫与若敖之六卒实从之。②

子玉使宛春③告于晋师曰："请复卫侯而封曹，臣亦释宋之围。"子犯曰："子玉无礼哉！君取一，臣取二，④不可失矣。⑤"先轸曰："子与之！定人之谓礼，⑥楚一言而定三国，我一言而亡之。⑦我则无礼，何以战乎？不许楚言，是弃宋也。救而弃之，谓诸侯何？楚有三施，⑧我有三怨，⑨怨仇已多，将何以战？不如私许复曹、卫以携之，⑩执宛春以怒楚。既战而后图之。"公说，乃拘宛春于卫，且私许复曹、卫。曹、卫告绝于楚。

子玉怒，从晋师。晋师退。军吏曰："以君辟臣，辱也。且楚师老矣，何故退？"⑪子犯曰："师直为壮，曲为老。岂在久乎？⑫微楚之惠不及此，⑬退三舍辟之，所以报也。⑭背惠食言，以亢其仇，⑮我曲楚直。其众素饱，⑯不可谓老。我退而楚还，我将何求？若其不还，君退臣犯，曲在彼矣。⑰"退三舍。楚众欲止，子玉不可。夏四月戊辰，

---

① 王怒，少与之师，成王怒子玉之不肯去宋国，故略分甲兵益之也。
② 唯西广东宫与若敖之六卒实从之，杜《注》："楚有左右广，又大子有宫甲，分取以给之。若敖，楚武王之祖父，葬若敖者，子玉之祖也。六卒，子玉宗人之兵六百人，言不悉师以益之。"
③ 宛春，楚大夫。
④ 君取一，臣取二，谓子玉以释宋围惠晋侯，却以复曹、卫为己功也。
⑤ 不可失矣，言可伐其罪，勿失此机会也。
⑥ 子与之定人之谓礼，言安定人国谓之有礼，子犯向所推许之言也。
⑦ 楚一言而定三国，我一言而亡之，谓子玉一言而复卫封曹释宋，是安定三国；晋不许楚则晋亡曹、卫，楚亦亡宋，是亡三国也。
⑧ 楚有三施，即谓一言而定三国。
⑨ 我有三怨，即谓我一言而亡之，是树三怨也。
⑩ 私许复曹、卫以携之，私许二国使告绝于楚而后复之，藉以离间楚与二国之交也。
⑪ 以君辟臣……何故退，军吏疑问之辞。言以晋君而避子玉，故云"以君辟臣"。且以楚师连年在外，疲敝已极，故云"老矣"。
⑫ 师直为壮……岂在久乎，言用师之道，理直为强壮，理曲为衰老，不久出为老也。
⑬ 微楚之惠不及此，言无楚国之惠不有今日也。惠指昔重耳过楚时楚成王赠送之德。
⑭ 退三舍辟之，所以报也，实重耳前在楚许报之言。
⑮ 背惠食言，以亢其仇，言背楚之惠而自食其避楚之言以当楚人之仇怨也。亢，当也。
⑯ 素饱，谓直气盈饱也。
⑰ 如晋君退而子玉敢犯，是曲在彼矣。

晋侯、宋公、①齐国归父、崔夭、②秦小子③次于城濮。④楚师背酅而舍。⑤晋侯患之，听舆人之诵，曰，原田每每，舍其旧而新是谋。⑥公疑焉。⑦子犯曰："战也！战而捷，必得诸侯。若其不捷，表里山河，⑧必无害也。"公曰："若楚惠何？"⑨栾贞子曰："汉阳诸姬，楚实尽之，⑩思小惠而忘大耻，不如战也。"晋侯梦与楚子搏，⑪楚子伏己而盬其脑，⑫是以惧。子犯曰："吉。我得天，楚伏其罪，吾且柔之矣。"⑬

子玉使斗勃⑭请战，曰："请与君之士戏，君冯轼而观之，⑮得臣与寓目焉。⑯"晋侯使栾枝对曰："寡君闻命矣。楚君之惠，未之敢忘，是以在此。为大夫退，其敢当君乎？⑰既不获命矣，敢烦大夫谓二三子，⑱戒尔车乘，敬尔君事，诘朝将见。⑲"

---

① 宋公，宋成公。公名王臣，襄公兹父之子，在位十七年，为宋第二十君。其元年当周襄王十六年乙酉岁，西历纪元前636年。

② 国归父，亦称国庄子，与崔夭俱齐大夫。

③ 小子憖，秦穆公子也。憖读如"胤"。

④ 城濮，卫地，在今河南陈留县境。一云即今山东濮县南临濮城，按诸当时围宋之事，似未谛。

⑤ 背酅而舍，背险立营，示死战也。酅读如"巇"，丘陵险阻之地也。

⑥ 原田每每，舍其旧而新是谋，杜《注》："高平曰原，喻晋君美盛若原田之草每每然，可以谋立新功，不足念旧恶。"每每，草盛貌。

⑦ 公疑焉，文公疑众谓己背旧而谋反也。

⑧ 表里山河，谓晋国外河而内山，足以固守也。

⑨ 若楚惠何，犹言何以对昔日之惠也。

⑩ 汉阳诸姬，楚实尽之，言汉水以北之姬姓诸国楚尽灭之也。水北曰阳。

⑪ 搏，以手相搏战也。

⑫ 楚子伏己而盬其脑，晋侯梦楚子伏己之上吸取己之脑髓也。盬读如"古"，吮也；嗽也。

⑬ 吉……吾且柔之矣，杜《注》："晋侯上向，故得天。楚子下向地，故伏其罪。脑所以柔物。子犯审见事宜，故权言以答梦。"柔，服也。

⑭ 斗勃字子上，楚大夫。后为令尹。亦称楚子上，亦称令尹子上。

⑮ 以战为戏，可见子玉之慢。请君冯轼而观之，请晋侯依车轼临观战争也。

⑯ 与寓目焉，谓一同纵览之。寓，寄也。寓目犹言"过目"。

⑰ 为大夫退，其敢当君乎，大夫谓子玉，言为子玉退三舍，其何敢辄与君敌乎。

⑱ 敢烦大夫谓二三子，烦斗勃转告子玉、子西之属也。

⑲ 诘朝将见，即应战，言平旦将以军礼相见也。

晋车七百乘，韅靷鞅靽。① 晋侯登有莘之虚② 以观师，曰："少长有礼，其可用也。"遂伐其木，以益其兵。己巳，晋师陈于莘北，胥臣以下军之佐当陈、蔡。子玉以若敖之六卒将中军，曰："今日必无晋矣。"子西③ 将左，子上④ 将右。胥臣蒙马以虎皮，先犯陈、蔡。陈、蔡奔。楚右师溃。狐毛设二旆而退之，⑤ 栾枝使舆曳柴而伪遁。⑥ 楚师驰之。⑦ 原轸、郤溱以中军公族⑧ 横击之。狐毛、狐偃以上军夹攻子西。楚左师溃。楚师败绩。子玉收其卒而止，故不败。⑨

晋师三日馆谷，⑩ 及癸酉而还。甲午，至于衡雍，⑪ 作王宫于践土。⑫ 乡役之三月，⑬ 郑伯如楚致其师。⑭ 为楚师既败而惧，使子人九行成于晋。⑮ 晋栾枝入盟郑伯。五月丙午，晋侯及郑伯盟于衡雍。丁未，献楚俘于王，驷介百乘，⑯ 徒兵千。⑰ 郑伯傅王，用平礼也。⑱ 己酉，王享醴，命晋侯宥。王命尹氏及王子虎、内史叔兴父⑲ 策

---

① 七百乘，五万二千五百人也。在背曰韅，读如"显"。在胸曰靷，读如"引"。在腹曰鞅，读如"央"。在后曰靽，读如"半"。四者，人马所被之皮甲，一一列举，言驾乘修备也。
② 有莘之虚，莘国之故墟也，在今河南陈留县东北。
③ 子西，斗宜申字，时将左军。
④ 子上，斗勃字，时将右军。
⑤ 设二旆而退之，建二大旗而退，伪为大将稍却者。
⑥ 曳柴而伪遁，曳柴起尘，诈为众走也。
⑦ 楚师驰之，楚师见二旆先退，曳柴尘起，以为晋师已走，故驰而逐之也。
⑧ 公族，公所率之军。
⑨ 楚三军唯中军完，是不大崩。故云"不败"。
⑩ 馆，舍也。馆谷，食敌人所聚之军谷也。
⑪ 衡雍，郑地，在今河南原武县西北五里。
⑫ 践土，郑地，今河南荥泽县西北有践土台。襄王闻晋战胜自往劳之，故文公为作宫于践土。
⑬ 乡役之三月，杜《注》："乡犹属也。城濮役之前三月。"
⑭ 郑伯如楚致其师，郑文公以兵往会楚，济师也。
⑮ 子人，氏；九，名。行成，求服也。
⑯ 驷介百乘，驾四马被甲之车百乘也。
⑰ 徒兵千，步卒千人也。
⑱ 郑伯傅王，用平礼也，郑文公相襄王享晋文公，用昔平王享晋文侯仇之礼也。
⑲ 尹氏、王子虎皆王卿士。叔兴父，大夫也。

命①晋侯为侯伯。②赐之大辂之服，戎辂之服，③彤弓一，彤矢百，玈弓矢千，④秬鬯一卣，⑤虎贲三百人。⑥曰："王谓叔父，敬服王命，以绥四国，纠逖王慝。"⑦晋侯三辞，从命。曰："重耳敢再拜稽首，奉扬天子之丕显休命。⑧"受策以出，出入三觐。⑨卫侯闻楚师败，惧，出奔楚，遂适陈，使元咺⑩奉叔武⑪以受盟。癸亥，王子虎盟诸侯于王庭，⑫要言⑬曰："皆奖⑭王室，无相害也。有渝此盟，明神殛之。俾队⑮其师，无克祚国。及其玄孙，无有老幼。⑯"君子谓是盟也信，⑰谓晋于是役也，能以德攻。⑱

城濮之战，晋中军风于泽，⑲亡大旆之左旃。⑳祁瞒奸命，㉑司马杀

---

① 策命，以策书命词与晋侯也。以三官命之，所以示宠异也。
② 为侯伯，命为诸侯之长也。
③ 大辂，金辂也，祭祀所乘，其服鷩冕。戎辂，戎车也，兵事所乘，其服韦弁。辂读如"路"，大车也。
④ 彤弓，赤色之弓。玈弓，黑色之弓。玈读如"卢"。诸侯赐弓矢，然后专征伐。
⑤ 秬，读如"巨"，黑黍。鬯，香酒，所以降神，读如"畅"。卣读如"酉"，器名，中尊也。
⑥ 《周礼》，虎贲氏以虎士三百人先后王而趋。盖王之近卫也。侯伯始受此赐。
⑦ 王谓叔父……纠逖王慝，林《释》："晋与周同姓，故称曰叔父。敬谨佩服王室之休命，以抚绥四方诸侯之国。"杜《注》："逖，远也。有恶于王者纠而远之。"
⑧ 丕显休命，伟大明达之美命也。丕，大也。休，美也。
⑨ 出入三觐，从来去凡三见也。出入犹去来也。
⑩ 元咺，卫大夫。咺读如"烜"。
⑪ 叔武，卫成公弟。使元咺奉以受盟，是使摄君事也。
⑫ 王庭，践土宫之庭也。
⑬ 要言，载书所记要约之言也。
⑭ 奖，助也。
⑮ 队通"坠"，颠陨也。
⑯ 及其玄孙，无有老幼，言自子孙曾玄而下，不问老幼俱当受变盟之祸也。
⑰ 是盟也信，谓是盟能合义信也。
⑱ 能以德攻，言以文德教民而后用之也。
⑲ 风于泽，军中牛马在林薮中因牝牡相诱而走失也。
⑳ 亡大旆之左旃，失去大旗左边之长旒也。旃，通帛为之，取其彰明也。
㉑ 祁瞒，掌军马及旗章之官。掌此二事而不修，是干犯军令也，故曰"奸命"。

之以徇于诸侯，使茅茷①代之。师还，壬午济河，舟之侨先归，士会②摄右。③秋七月丙申，振旅恺以入于晋。④献俘，授馘，饮至，大赏，征会，讨贰。⑤杀舟之侨以徇于国。民于是大服。君子谓文公其能刑矣，三罪⑥而民服。《诗》云，惠此中国，以绥四方，⑦不失赏刑之谓也。……

晋侯作三行⑧以御狄。荀林父将中行，屠击⑨将右行，先蔑⑩将左行。

三十年⑪

九月甲午，晋侯、秦伯⑫围郑，以其无礼于晋，⑬且贰于楚⑭也。

---

① 茅茷，人名，代祁瞒之职者。
② 士会，字季，是士艻之孙。先食采于随，后改封范，故亦称士季，亦称随季，亦称随会，亦称随武子，亦称范武子，亦称范会。
③ 摄右，权代舟之侨为戎右也。
④ 振旅恺以入于晋，林《释》："入曰振旅，整行列也。长者在前，少者在后，殿师之义也。军乐曰恺，师出有功恺歌入国以戏于社。"
⑤ 献俘，生致敌俘以戏于宗庙也。授馘，计数所截敌人之耳也。授，数也。馘读如"虢"，截敌首之耳以报功也。饮至，战胜班师，食饮于宗庙以庆功也。大赏，普行颁赐也。征会，征召诸侯合会也。讨贰，伐叛也。
⑥ 三罪，颠颉、祁瞒、舟之侨三人伏罪也。
⑦ 惠此中国，以绥四方，见《诗·大雅·生民之什·民劳》篇，言赏刑不失，则中国受惠，四方安靖也。
⑧ 晋文公霸业既成，遂假御狄为由，增作三行。晋已有三军，至此又置三军，拟天子矣，以避天子六军之名，乃称三行。三行有将帅而无佐，微与三军之制不同。
⑨ 屠击，晋大夫。
⑩ 先蔑，一称士伯，晋大夫。
⑪ 僖公三十年当周襄王二十二年辛卯岁，晋文公六年，秦穆公三十年，郑文公四十三年，西历纪元前630年。
⑫ 晋侯，晋文公。秦伯，秦穆公。
⑬ 无礼于晋，谓文公出亡时过郑，郑文公不加礼待之前隙也。
⑭ 贰于楚，郑违践土王宫之盟，私近于楚也。

晋军函陵，①秦军氾南。②佚之狐③言于郑伯④曰："国危矣，若使烛之武⑤见秦君，师必退。"公从之。辞曰："臣之壮也，犹不如人。今老矣，无能为也已。"公曰："吾不能早用子，今急而求子，是寡人之过也。然郑亡，子亦有不利焉。"许之。夜缒⑥而出，见秦伯曰："秦、晋围郑，郑既知亡矣。若亡郑而有益于君，敢以烦执事。⑦越国以鄙远，君知其难也。⑧焉用亡郑以陪邻？⑨邻之厚，君之薄也。若舍郑以为东道主，⑩行李⑪之往来，共其乏困，⑫君亦无所害。且君尝为晋君赐矣，许君焦、瑕，朝济而夕设版焉，⑬君之所知也。夫晋何厌之有？既东封郑，⑭又欲肆其西封。⑮若不阙⑯秦，将焉取之？阙秦以利晋，唯君图之。"秦伯说，与郑人盟，使杞子、逢孙、扬孙戍之。⑰乃还。

　　子犯请击之，⑱公⑲曰："不可。微夫人⑳之力不及此。因人之力而

---

① 函陵，郑地，在今河南新郑县北十三里。
② 氾南，东氾水之南，在今河南中牟县南。
③ 佚之狐，郑大夫。
④ 郑伯，郑文公。
⑤ 烛之武，郑大夫。
⑥ 缒读如"坠"，悬城而下。
⑦ 若亡郑而有益于君，敢以烦执事，反逼之词，犹言亡郑而果有益于秦，则烦劳执事之臣亦尚值得也。
⑧ 越国以鄙远，君知其难也，言郑在东，秦在西，晋居其间，设得郑以为秦边邑则越晋而难保。
⑨ 如秦灭郑而以土地资益晋，是亡郑以陪邻也。陪，益也。
⑩ 东道主，东出行道之居停也。郑在秦东，故云。然后世引申以为主客之主，实未安。
⑪ 行李，往来使人也。后世用作行装解，亦引申之谊。
⑫ 共其乏困，言供其馆舍资粮之缺乏也。
⑬ 且君……朝济而夕设版焉，谓晋惠公背秦事。焦与瑕俱晋许赂秦"河外五城"之邑，惠公朝济河入晋，夕即设版筑以距秦，言背秦之速也。
⑭ 封，疆也。既东封郑，言晋既得郑以为东疆也。
⑮ 肆，申也。又欲肆其西封，言晋既展其东疆，又欲申广其西界也。
⑯ 阙，犹削小也。
⑰ 杞子、逢孙、扬孙皆秦大夫。戍之，以兵为郑守也。
⑱ 子犯请击之，狐偃请以秦与郑盟之故，出兵击秦也。
⑲ 公，晋文公也。
⑳ 夫读"扶"，夫人指秦穆公。

敝之，不仁。① 失其所与，不知。② 以乱易整，不武。③ 吾其还也。"亦去之。……

三十二年④

冬，晋文公卒。庚辰，将殡于曲沃，出绛，柩有声，如牛。⑤ 卜偃使大夫拜曰："君命大事，将有西师过轶，我击之，必大捷焉。"⑥

杞子自郑使告于秦，曰："郑人使我掌其北门之管。⑦ 若潜师⑧以来，国可得也。"穆公访诸蹇叔。⑨ 蹇叔曰："劳师以袭远，⑩ 非所闻也。师劳力竭，远主备之，⑪ 无乃不可乎？师知所为，郑必知之。⑫ 勤而无所，必有悖心。⑬ 且行千里，其谁不知？"公辞焉。召孟明、西乞、白乙，⑭ 使出师于东门之外。蹇叔哭之，曰："孟子，⑮ 吾见师之出而不见其入也。"公使谓之曰："尔何知？中寿，尔墓之木拱矣。"⑯ 蹇叔之

---

① 此言因秦穆之力以有今日，乃从而敝之，是不仁也。
② 此言秦既不与晋同心，而与之共事，其为失察甚明，是不智也。
③ 此言秦、晋本和整，而还以相攻，是"以乱易整"也。虽胜，何武之有，故云"不武"。
④ 僖公三十二年当周襄王二十四年癸巳岁，晋文公八年，郑文公四十五年，秦穆公三十二年，西历纪元前 628 年。
⑤ 柩有声，如牛，文公柩中出声如牛吼也。
⑥ 君命大事……必大捷焉，杜《注》："声自柩出，故曰君命。大事，戎事也。卜偃闻秦密谋，故因柩声以正众心。"西师谓秦师。过轶，有车突过也。
⑦ 管，钥也。掌其北门之管，言司郑北疆之门户也。
⑧ 潜师，暗中运兵，不使敌人知之也。
⑨ 蹇叔，秦大夫。
⑩ 劳师以袭远，劳顿师徒以袭击远方之国也。
⑪ 远主备之，言远方之国主必知而预为之备也。
⑫ 师知所为，郑必知之，言出师必有所向，师徒既众，安能保无漏言，故曰"郑必知之"也。
⑬ 勤而无所，必有悖心，言劳师而无所获，其众必生悖慢之心也。
⑭ 孟明，百里孟明视。西乞，西乞术。白乙，白乙丙。皆秦之大夫，帅师以袭郑者也。
⑮ 孟子，即孟明，蹇叔哭而告之，故呼其字以提警之也。
⑯ 尔何知……尔墓之木拱矣，杜《注》："合手曰拱，言其过老悖不可用。"林《释》："人生上寿百二十年，中寿百年，下寿八十年。毁之以为汝但中寿，汝墓之木已拱，死将至矣。"

子与师,^①哭而送之,曰:"晋人御师必于殽,^②殽有二陵焉。^③其南陵,夏后皋^④之墓也。其北陵,文王之所辟风雨^⑤也。必死是间,余收尔骨焉。"秦师遂东。

三十三年^⑥

三十三年春,秦师过周北门,左右免胄而下,^⑦超乘^⑧者三百乘。王孙满^⑨尚幼,观之,言于王曰:"秦师轻而无礼,^⑩必败。轻则寡谋,无礼则脱。^⑪入险而脱,又不能谋,能无败乎?"及滑,^⑫郑商人弦高将市于周,^⑬遇之,以乘韦先牛十二犒师,^⑭曰:"寡君闻吾子将步师出于敝邑,^⑮敢犒从者。^⑯不腆敝邑,为从者之淹,居则具一日之积,行

---

① 与师,预于兵役也。
② 殽即崤山,在今河南洛宁县西北六十里,西接陕县界,东接渑池县界。
③ 殽有二陵,陵,大阜也,故称"二崤"。二崤之间,尚有隘道,故亦称"三崤"。自东崤至西崤三十五里。东崤长坂数里,峻阜绝涧,车不得方轨。西崤全是石坂十二里,险绝不异东崤。
④ 夏后皋,桀之祖父,为夏朝第十五王。在位十一年,其元年癸酉岁,当西历纪元前1848年。
⑤ 此道深谷委曲,两山相嵌,故可以避风雨。相嵌之山亦名嵚釜山,其深谷即古之所谓函谷也。
⑥ 僖公三十三年当周襄王二十五年甲午岁,晋襄公元年,蔡庄侯十九年,楚成王四十五年,西历纪元前627年。
⑦ 左右免胄而下,杜《注》:"胄,兜鍪。兵车非大将,御者在中,故左右下,御不下。"
⑧ 超乘,林《释》:"超乘谓超上车而乘之。盖左右免胄而下,超乘而上,欲其速也。"
⑨ 王孙满,周定王时为大夫,对楚问,甚有声称。此时犹未登仕,故下云"尚幼"。
⑩ 过天子之门,不卷甲束兵,反超乘示勇,是轻而无礼也。
⑪ 脱,忽也;疏也;易也。
⑫ 滑已见前,时尚为伯爵国,即以此役灭于秦。
⑬ 商人,行贾也。弦高,姓弦名高。将市于周,将西行赴周,有所市易也。
⑭ 以乘韦先牛十二犒师,乘,四也。韦,熟革也。古者将献遗于人必有以先之,皆以轻先重。弦高将献牛于秦,故先献四熟革也。
⑮ 吾子,弦高称孟明之辞。步师出于敝邑,言行军道出于郑也。
⑯ 敢犒从者,言敢以微物劳孟明等三子之左右也。

则备一夕之卫。"①且使遽告于郑。郑穆公使视客馆,②则束载厉兵秣马矣。③使皇武子辞焉,④曰:"吾子淹久于敝邑,唯是脯资饩牵竭矣。⑤为吾子之将行也,⑥郑之有原圃,犹秦之有具囿也,⑦吾子取其麋鹿以闲敝邑,若何?⑧"杞子奔齐。逢孙、扬孙奔宋。孟明曰:"郑有备矣,不可冀也。⑨攻之不克,围之不继,⑩吾其还也。"灭滑而还。……

晋原轸曰:"秦违蹇叔而以贪勤民,⑪天奉⑫我也。奉不可失,敌不可纵。纵敌患生,违天不祥。必伐秦师!"栾枝曰:"未报秦施而伐其师,其为死君乎?"⑬先轸曰:"秦不哀吾丧而伐吾同姓,秦则无礼,何施之为?吾闻之,一日纵敌数世之患也。谋及子孙,可谓死君乎!⑭"

---

① 不腆敝邑……则备一夕之卫,言敝邑虽不甚富厚,但为秦从者淹久在外之故,若秦师尚留居郑,则为秦具一日饩米薪菜之积;若秦师径行过郑,则为秦备一夕捍御外侮之卫。盖弦高知事势严重,特矫君命犒师,以示郑之有备。一面即遣人乘传告急,以促政府戒严,故下云"且使遽告于郑"。

② 郑穆公名兰,文公捷之子,为郑第九君,在位二十二年。其元年当周襄王二十五年甲午岁,西历纪元前 628 年。穆公既得弦高之报,乃使人视秦杞子等三大夫戍郑之馆舍,以侦察动静。

③ 束载,约整车乘。厉兵,磨治武器。秣马,以饩秣饱饲马匹。盖严兵以待秦师之来,为之内应矣。

④ 皇武子,郑大夫。穆公使辞谢秦大夫之戍郑者使去,盖觉其将为内应,遂有逐客之命也。

⑤ 吾子,称杞子等三大夫。脯资饩牵,谓资粮牛羊之属。竭矣,已告罄尽也。

⑥ 为吾子之将行也,故作此语,以示我已知情也。

⑦ 原圃、具囿皆囿名。原圃即圃田泽,亦作甫田,在今河南中牟县西,东西四十余里,南北二百里许,中有沙冈,上下二十四浦,津流径通,渊潭相接。今中牟西南之丈八沟及附近诸陂湖皆其遗迹也。具囿即具圃,亦称阳纡泽,一作杨纡,在今陕西华阴县东,南至潼关。亦古之泽薮也。

⑧ 吾子……若何,使秦戍自取麋鹿以为行资。令我得闲暇自宽也。若何犹如何,商量之辞。

⑨ 不可冀也,不可希冀袭有郑土也。

⑩ 攻之不克,言攻伐有备之郑,未必获胜,围之不继,言轻兵远袭,兵少无后继,竟无法围困郑人也。

⑪ 违蹇叔而以贪勤民,言秦违蹇叔之忠谏,而以贪得于郑劳其民人也。

⑫ 奉,与也。

⑬ 未报秦施而伐其师,其为死君乎,言以君死而忘秦之前惠,似有背君之嫌也。

⑭ 谋及子孙,可谓死君乎,言伐秦师实为后世子孙计,不可谓背君也。

遂发命，遽兴姜戎，①子墨衰绖。②梁弘③御戎，莱驹④为右。夏四月辛巳，败秦师于殽，获百里孟明视、西乞术、白乙丙以归。遂墨以葬文公。晋于是始墨。⑤

文嬴⑥请三帅，⑦曰："彼实构吾二君，寡君若得而食之，不厌，君何辱讨焉？使归就戮于秦，以逞寡君之志，若何？⑧"公许之。⑨先轸朝，问秦囚。⑩公曰："夫人请之，吾舍之矣。"先轸怒，曰："武夫力而拘诸原，妇人暂而免诸国，⑪堕军实而长寇雠，⑫亡无日矣！"不顾而唾。⑬公使阳处父追之，⑭及诸河，则在舟中矣。释左骖，⑮以公命赠孟明。⑯孟明稽首⑰曰："君之惠，不以累臣衅鼓，⑱使归就戮于秦。寡

---

① 遽兴姜戎，言以传车起姜戎之兵，欲速发也。姜戎即姜戎氏，本姜姓之戎，在晋南鄙，戎子支驹之先也。

② 子谓文公子襄公，时文公未葬，故称"子"。襄公名骧（《史记》作"欢"），为晋第二十五君，在位七年。其元年当周襄王二十五年甲午岁，西历纪元前627年。时以凶服从戎，故墨染其衰而加绖焉。

③ 梁弘，晋大夫。与仕曲沃武公为戎右，逐翼侯于汾隰之梁弘为别一人。

④ 莱驹，晋大夫。

⑤ 晋于是始墨，言晋以此役之故，后遂以墨衰加绖为常俗也。

⑥ 文嬴，秦穆公所妻晋文公之夫人，襄公之嫡母也。

⑦ 请三帅，请以孟明等三帅囚送于秦也。

⑧ 彼实构吾二君……若何，犹言彼三帅实交构我秦、晋二君，以致有今日之事，秦君怨此三人，若生得而食其肉，犹未厌足，何辱晋君执而戮之。倘使三帅归秦，以就刑戮，俾秦君得快意戮之，如何。

⑨ 公许之，谓襄公听许文嬴之请也。

⑩ 先轸朝见襄公，问如何处置秦囚。秦囚，三帅也。

⑪ 武夫力而拘诸原，妇人暂而免诸国，言晋竭战士之力始得拘执敌帅于原野，而襄公以文嬴一言卒然纵敌于国外也。

⑫ 堕军实而长寇雠，言堕毁晋国之军实，崇长秦人之寇雠也。

⑬ 不顾而唾，不顾襄公在前而唾沫于地也。

⑭ 阳处父，晋大夫。追之，追回三帅也。

⑮ 释左骖，解乘车左辕之副马也。

⑯ 以公命赠孟明，称襄公之命，解骖赠孟明，欲使还岸拜谢，因而执之也。

⑰ 孟明稽首，盖知其诈，乃遥于舟中稽首拜命也。

⑱ 累，囚系也。累臣，被俘之臣。杀人以血涂鼓，谓之衅鼓。不以累臣衅鼓，言不以俘虏见杀也。

君之以为戮，死且不朽。① 若从君惠而免之，三年将拜君赐。②"

秦伯素服郊次，③ 乡师而哭④ 曰："孤违蹇叔，以辱二三子，孤之罪也。不替孟明，⑤ 孤之过也。大夫何罪？⑥ 且吾不以一眚掩大德。⑦"

狄伐晋，⑧ 及箕。⑨ 八月戊子，晋侯⑩ 败狄于箕，郤缺⑪ 获白狄子。⑫ 先轸曰："匹夫逞志于君⑬ 而无讨，敢不自讨乎？" 免胄入狄师，死焉。⑭ 狄人归其元，⑮ 面如生。

初，臼季使过冀，⑯ 见冀缺耨，⑰ 其妻馌之。⑱ 敬，相待如宾。与之归，⑲ 言诸文公曰："敬，德之聚也。能敬必有德。德以治民，⑳ 君请用之。臣闻之，出门如宾，㉑ 承事如祭，㉒ 仁之则也。" 公曰："其父有罪，㉓

---

① 寡君之以为戮，死且不朽，言秦君若治亡师之罪，加之以刑戮，则此身虽死，此心感恩终不朽腐也。
② 三年将拜君赐，言若免于刑戮，则三年之后将有以报伐也。
③ 素服郊次，衣素待于郊外，示重有忧也。
④ 乡师而哭，迎归人而哭之也。
⑤ 不替孟明，不废止孟明之出师也。
⑥ 大夫何罪，谓上帅无罪，与上"以辱二三子"呼应。
⑦ 一眚谓小过，犹人之偶有目疾也。掩大德，抹煞大功也。
⑧ 狄伐晋，乘晋丧也。
⑨ 箕，晋地，在今山西太谷县东三十五里。
⑩ 晋侯，襄公也。
⑪ 郤缺，郤芮之子，以胥臣荐，积功为卿，还食冀，故亦称冀缺。谥"成"，故亦称郤成子。
⑫ 白狄子，白狄之君，子爵也。
⑬ 匹夫逞志于君，谓前对襄公不顾而唾事。
⑭ 免胄入狄师死焉，脱兜鍪冲入狄阵，力战而死也。
⑮ 元，首也。归其元，狄以先轸之首送还于晋也。
⑯ 臼季，即司马季子胥臣也。使过冀，奉使道出于冀邑也。
⑰ 耨，耘苗也，读如肉好之"肉"。
⑱ 馌读如"烨"，野馈也。馌之，送食于田野以享郤缺也。
⑲ 与之归，胥臣知郤缺之贤，与俱归晋也。
⑳ 德以治民，言唯有德者可以治民也。
㉑ 出门如宾，言遇人庄敬，如见大宾也。
㉒ 承事如祭，言临事执恭，如祭祀之谨敬也。
㉓ 其父有罪，指郤缺之父郤芮于僖公二十四年时与吕甥欲杀文公事。已详前。

可乎？"对曰："舜之罪也，殛鲧。其举也，兴禹。①管敬仲，桓之贼也，实相以济。②《康诰》③曰，父不慈，子不祗，④兄不友，弟不共，不相及也。⑤《诗》曰，采葑采菲，无以下体。⑥君取节焉可也。⑦"文公以为下军大夫。

反自箕，襄公以三命命先且居将中军。⑧以再命命先茅之县赏胥臣，⑨曰："举郤缺，子之功也。"以一命命郤缺为卿，⑩复与之冀，⑪亦未有军行。⑫

晋阳处父侵蔡，⑬楚子上救之，与晋师夹泜⑭而军。阳子患之，⑮使谓子上曰："吾闻之，文不犯顺，武不违敌。⑯子若欲战，则吾退舍，

---

① 尧时洪水滔天，使鲧治之。湮不能平，舜加之罪殛鲧于羽山。鲧之子禹，能治水，舜举而用之，卒平水土，故云。舜之罪也，舜加罪于人。殛，诛戮也。兴，使展其能以自拔也。

② 管敬仲尝射齐桓公中钩，故曰"桓之贼也"。然齐桓之霸业，管仲实相之，始克有济，故曰"实相以济"。

③ 《康诰》，《周书》篇名。成王既伐管叔、蔡叔，以殷余民封康叔，作《康诰》。

④ 祗，敬也。

⑤ 不相及也，言不以父罪而及其子，弟罪而及其兄也。

⑥ 采葑采菲，无以下体，见《诗·邶风·谷风》篇。言葑菲之菜上善下恶，食之者不以其恶而弃其善也。

⑦ 取节焉可也，言可节取其善也。

⑧ 先且居，先轸之子，后食采于霍，亦称霍伯。周制，任官自一命至于九命，盖官等也。初任一命，渐升乃渐增，与后世官品之数适相反。《周礼》，三命受位，大国之卿不过三命。晋以且居之父死敌，故以三命命之为卿，使将中军也。

⑨ 先茅，先轸之族，绝后，故取其县以赏胥臣。再命，二命也。《周礼》，再命受服。

⑩ 一命，初命也。《周礼》，一命受职。命郤缺为卿，任郤缺登卿位也。

⑪ 复与之冀，还其父邑也。

⑫ 未有军行，既不在三军，亦不在三行，言虽登卿位，未有军列也。

⑬ 晋侵蔡，以蔡即楚故。

⑭ 泜水出河南鲁山县，东经襄城、舞阳县北，入汝水。非即今河北省之南泜水、北泜水也。

⑮ 两军夹水对峙，进既不可，退又不能，故患之也。

⑯ 文不犯顺，武不违敌，林《释》："有文德者不肯犯顺，意谓相约涉水而伐其师，是犯顺也，文者必不肯为。有武德者不肯弃敌，意谓相约退舍而自弃去，是违敌也，武者必不肯为。"

子济而陈,^①迟速唯命。不然,纾我。^②老师费财,^③亦无益也。"乃驾以待。^④子上欲涉,^⑤大孙伯^⑥曰:"不可。晋人无信,半涉而薄我,悔败何及?不如纾之。"乃退舍。阳子宣言曰:"楚师遁矣。"遂归。楚师亦归。太子商臣^⑦谮子上^⑧曰:"受晋赂而辟之,楚之耻也,罪莫大焉。"王杀子上。……

---

① 子济而陈,使楚渡水成列而后战也。
② 纾我,松放不急持,意谓楚退舍,我则济水一战也。
③ 老师费财,言双方顿兵徒老,耗费军资也。
④ 驾以待,驾马于车待楚之命,而定进退也。
⑤ 涉,渡水也。所谓"济而陈"也。
⑥ 大孙伯,子玉之子,即成大心。
⑦ 太子商臣,楚成王頵之子,弑父自立,是为楚穆王,楚国第二十一君也。在位十二年。其元年当周襄王二十七年丙申岁,西历纪元前 625 年。
⑧ 谮子上,以子上曾止王立商臣为太子,故怨而进谗也。

文　公

　　名兴，僖公申之子，鲁国第二十君也。在位十八年。其元年当周襄王二十六年乙未岁，西历纪元前626年。

元　年①

　　初，楚子②将以商臣为太子，访诸令尹子上。子上曰："君之齿未也，③而又多爱，黜乃乱也。④楚国之举，恒在少者。⑤且是人也，蠭目而豺声，忍人也，⑥不可立也。"弗听。

　　既又欲立王子职⑦而黜太子商臣。商臣闻之而未察，⑧告其师潘崇⑨曰："若之何而察之？"潘崇曰："享江芈⑩而勿敬也。"从之。江

---

　　①　文公元年当周襄王二十六年乙未岁，秦穆公三十四年，晋襄公二年，西历纪元前626年。
　　②　楚子，谓楚成王也。
　　③　齿，年也。君之齿未也，言君年方富，尚未及议立嗣君之时也。
　　④　言君又多所爱宠，若已立商臣为太子而又黜之，别立所爱，乃取乱之道也。
　　⑤　举，立也。言楚国立君，常立少子也。
　　⑥　蠭，"蜂"本字。豺，狼属。忍人，能忍行不义之人也。
　　⑦　王子职，商臣庶弟。
　　⑧　闻之而未察，得闻其事而未辨其信否也。
　　⑨　潘崇，楚臣，成王使傅太子商臣。
　　⑩　江芈，成王妹，嫁于江。《史记》以为成王妾，未谛。

芈怒曰："呼！① 役夫！② 宜君王之欲杀女而立职也。"告潘崇曰："信矣。"潘崇曰："能事诸乎？"③ 曰："不能。""能行乎？"④ 曰："不能。""能行大事乎？"⑤ 曰："能。"冬十月，以宫甲⑥围成王。王请食熊蹯而死，⑦弗听。丁未，王缢。谥之曰灵，⑧不瞑；⑨曰成，⑩乃瞑。穆王立，以其为大子之室与潘崇，⑪使为大师，且掌环列之尹。⑫

殽之役，晋人既归秦帅。秦大夫及左右皆言于秦伯曰："是败也，孟明之罪也，必杀之。"秦伯曰："是孤之辜⑬也。周芮良夫之诗⑭曰，大风有隧，贪人败类，⑮听言则对，诵言如醉，⑯匪用其良，覆俾我悖。⑰是贪故也，孤之谓矣。孤实贪以祸夫子，⑱夫子何罪？"复使为政。

---

① 呼，怒叱之声。
② 役夫，贱者之称。
③ 能事诸乎，问能事职否。
④ 能行乎，问能逃亡出行否。
⑤ 能行大事乎，问能甘冒不韪，敢于弑君否。
⑥ 宫甲，太子之卫卒。
⑦ 熊蹯，熊掌也。其物难熟，楚成请食熊蹯而后死，冀延时久，或有外救也。
⑧ 《谥法》："乱而不损曰灵。"谥之以"灵"，是恶谥也。
⑨ 不瞑，成王之尸不瞑目也。古者，既葬而后加谥。今商臣弑父未及敛，即加恶谥，见其忍之甚也。
⑩ 《谥法》："安民立政曰成。"是美谥也。
⑪ 以其为大子之室与潘崇，商臣既得立，乃以其为太子时所居室内财物、仆妾尽以与潘崇也。
⑫ 环列之尹，宫卫之官，列兵而环王宫者。
⑬ 辜，"罪"之本字。
⑭ 周芮良夫之诗，谓《大雅·荡之什·桑柔》篇，周大夫芮伯刺厉王之诗。"大风有隧"至"覆俾我悖"，此诗之第十三章也。
⑮ 大风有隧，贪人败类，杜《注》："隧，蹊径也。周大夫芮伯刺厉王，言贪人之败善类，若大风之行，毁坏众物，所在成蹊径。"
⑯ 听言则对，诵言如醉，杜《注》："言昏乱之君不好典诵之言，闻之若醉，得道听涂说之言则喜而答对。"
⑰ 匪用其良，覆俾我悖，杜《注》："覆，反也。俾，使也。不用良臣之言，反俾我为悖乱。"
⑱ 夫子，见前注，此人也。夫读如"扶"，下同。

二　年①

二年春，秦孟明视帅师伐晋，以报殽之役。二月，晋侯御之。先且居将中军，赵衰佐之。②王官无地御戎，③狐鞫居④为右。甲子，及秦师战于彭衙。⑤秦师败绩。晋人谓"秦拜赐之师"。⑥

战于殽也，晋梁弘御戎，莱驹为右。战之明日，晋襄公缚秦囚，使莱驹以戈斩之。囚呼，莱驹失戈。狼瞫⑦取戈以斩囚，禽之以从公乘。遂以为右。箕之役，先轸黜之，⑧而立续简伯。狼瞫怒。其友曰："盍死？"瞫曰："吾未获死所。"其友曰："吾与汝为难。"⑨瞫曰："《周志》⑩有之，勇则害上，不登于明堂。⑪死而不义，非勇也。共用⑫之谓勇。吾以勇求右，无勇而黜，亦其所也。谓上不我知，黜而宜，乃知我矣。⑬子姑待之。"及彭衙，既陈，以其属驰秦师死焉。晋师从之，大败秦师。君子谓狼瞫于是乎君子。⑭《诗》曰，君子如怒，乱庶遄沮。⑮

----

① 文公二年当为周襄王二十七年乙未（按，此当为丙申，底本误）岁，晋襄公三年，秦穆公三十五年，西历纪元前625年。
② 赵衰佐之，以衰代郤溱佐中军也。
③ 王官无地，以地为氏，无地其名也。时代梁弘御戎。
④ 狐鞫居，一称续鞫居，亦称续简伯。
⑤ 彭衙，秦邑，即陕西白水县东北之衙县故城，今为彭衙堡。
⑥ 秦拜赐之师，嗤孟明之前言也。孟明放归时曾有"三年将拜君赐"之语。见前。
⑦ 狼瞫，晋之勇士。彭衙之役，以身率先殉战，秦遂败绩。
⑧ 黜之，黜免狼瞫也。
⑨ 吾与汝为难，言共同发难，将杀害先轸也。
⑩ 《周志》，《周书》也。
⑪ 勇则害上，不登于明堂，明堂，祖庙也，所以策功序德。故不义之士不得升。
⑫ 共用，以死供国之用也。
⑬ 谓上不我知……乃知我矣，言今见黜而合宜，则吾不得复言上不知我矣。
⑭ 狼瞫于是乎君子，赞美之辞，以其率先驰敌而死，是诚共用之谓勇，不失为君子也。
⑮ 君子如怒，乱庶遄沮，见《诗·小雅·节南山之什·巧言》篇。言君子而有所怒，祸乱庶几其疾止也。遄，疾也。沮，止也。

又曰，王赫斯怒，爰整其旅。① 怒不作乱，而以从师，② 可谓君子矣。

三　年③

秦伯伐晋，济河焚舟④，取王官及郊。⑤ 晋人不出，遂自茅津⑥济，封殽尸⑦而还。遂霸西戎，⑧ 用孟明也。

君子是以知秦穆公之为君也，举人之周⑨也，与人之壹⑩也。孟明之臣也，其不解⑪也，能惧思⑫也。子桑之忠⑬也，其知人也，能举善也。《诗》曰，于以采蘩，于沼于沚，于以用之，公侯之事。⑭ 秦穆有焉。夙夜匪解，以事一人，⑮ 孟明有焉。诒厥孙谋，以燕翼子，⑯ 子桑有焉。

---

① 王赫斯怒，爰整其旅，见《诗·大雅·文王之什·皇矣》篇。言文王赫然愤怒则整师旅以讨乱也。
② 怒不作乱，而以从师，美狼瞫之不以怒而称乱，乃贾其勇以死国也。
③ 文公三年当周襄王二十八年丁酉岁，秦穆公三十六年，晋襄公四年，西历纪元前624年。
④ 秦穆于彭衙败后，再伐晋，济河焚舟，示士卒以必死，无望生还也。
⑤ 王官，晋地，在今山西闻喜县西十五里。郊亦晋地，今地不详。
⑥ 茅津，在今山西平陆县西南二里，即今之大阳渡。对岸即河南陕县。与今平陆东二十五里傅岩前之茅津渡为别一地。
⑦ 封殽尸，埋藏殽役死事者之尸骸也。
⑧ 霸西戎，为西方戎狄旧壤之霸主也。
⑨ 举人之周，谓遍察不偏，弗以一恶弃他善也。
⑩ 与人之壹，谓任人不贰，专信弗摇也。
⑪ 不解，谓不以军败而生懈怠之心也。
⑫ 能惧思，谓能知惧而思改行也。
⑬ 子桑即公孙枝，孟明即为所举，以其知人而举善也，故称之曰忠。
⑭ 于以采蘩……公侯之事，《诗·召南·采蘩》篇之首章也。言沼沚之蘩至薄，犹采以供公侯，以喻秦穆不遗小善也。
⑮ 夙夜匪解，以事一人，《诗·大雅·荡之什·烝民》篇第四章之卒句也。美仲山甫之佐宣王中兴，以况孟明。一人，天子也。
⑯ 诒厥孙谋，以燕翼子，见《诗·大雅·文王之什·文王有声》篇。美武王能遗其子孙善谋，以安成子孙，即以况子桑有举善之谋。诒，遗也。燕，安也。翼，成也。

七　年①

　　秦康公②送公子雍于晋，③曰："文公之入也，无卫。故有吕、郤之难。"乃多与之徒卫。④穆嬴⑤日抱太子⑥以啼于朝，曰："先君何罪？其嗣亦何罪？舍適嗣不立而外求君，将焉置此？⑦"出朝，则抱以适赵氏，顿首于宣子⑧曰："先君奉此子也而属诸子，⑨曰：此子也才，吾受子之赐；不才，吾唯子之怨。⑩今君虽终，言犹在耳，而弃之，若何？"宣子与诸大夫皆患穆嬴，且畏逼，⑪乃背先蔑而立灵公，⑫以御秦师。

　　箕郑居守。⑬赵盾将中军，先克⑭佐之。荀林父佐上军。⑮先蔑将下军，先都⑯佐之。步招御戎，戎津为右。⑰及堇阴，⑱宣子曰："我若

---

① 文公七年当周襄王三十二年辛丑岁，晋灵公元年，秦康公元年，西历纪元前620年。
② 秦康公，名罃，穆公任好之子，为秦国第十五君，在位十二年。其元年当周襄王三十二年辛丑岁，西历纪元前620年。
③ 公子雍，晋文公子，襄公之庶弟也。仕秦为亚卿。上年八月襄公卒，太子幼，晋人以立少君恐有难，欲立长君。赵盾主立公子雍，使先蔑、士会如秦迎之。至是，秦康公乃以兵送之于晋也。
④ 多与之徒卫，以多兵拥护之也。
⑤ 穆嬴，襄公之夫人，灵公之母也。
⑥ 太子即晋灵公，名夷皋，襄公骤之子，在位十四年，为晋国第二十六君，赵穿弒之。其元年当周襄王三十二年辛丑岁，西历纪元前620年。
⑦ 将焉置此，谓何以处此少君也。
⑧ 宣子即赵盾。
⑨ 先君奉此子而属诸子，述襄公属托之辞，明赵盾不当舍弃遗命也。
⑩ 此子也才……吾唯子之怨，襄公之辞，欲使宣子教训之，俾成材也。
⑪ 皆患穆嬴且畏逼，俱患苦穆嬴之言有理，而畏国人以大义来逼己也。
⑫ 先蔑，一称士伯晋卿。使如秦逆公子雍。赵盾以穆嬴故，径立灵公，故云"背先蔑"。
⑬ 箕郑，晋卿，时将上军。居守，留守也。
⑭ 先克，先且居之子，时代狐射姑为中军佐。
⑮ 荀林父佐上军，以箕郑将上军居守，故佐独行也。
⑯ 先都，当系先蔑族人。
⑰ 先蔑、士会使秦前还晋人始以逆雍出军，卒然变计立灵公，故军右戎御犹在职。步招、戎津，即旧在军中之御、右也。
⑱ 堇阴，晋地，今地不详。

受秦，秦则宾也。不受寇也。① 既不受矣，而复缓师，秦将生心。② 先人有夺人之心，③ 军之善谋也。逐寇如追逃，④ 军之善政也。"训卒，利兵，秣马，蓐食，潜师而起。⑤ 戊子，败秦师于令狐，⑥ 至于刳首。⑦ 己丑，先蔑奔秦，士会⑧从之。

先蔑之使也，荀林父止之，⑨ 曰："夫人、太子犹在，⑩ 而外求君，此必不行。⑪ 子以疾辞若何？不然将及。⑫ 摄卿以往可也，何必子？⑬ 同官为寮，吾尝同寮，⑭ 敢不尽心乎？"弗听。为赋《板》之三章。⑮ 又弗听。及亡，⑯ 荀伯尽送其帑⑰及其器用财贿于秦，曰："为同寮故也。"

士会在秦三年，不见士伯。其人⑱曰："能亡人于国，不能见于此，焉用之？"⑲ 士季曰："吾与之同罪，非义之也，将何见焉？"⑳ 及

---

① 我若受秦……寇也，言我若接受秦送子雍，则当以治宾客之礼待秦。若拒绝秦送，则当以治寇敌之法对秦也。

② 既不受矣……秦将生心，言既拒秦送，又自缓其师行，秦将知晋变计，必生心谋害晋国也。

③ 先人有夺人之心，言先发制人，可以夺敌人之战心，掩其不备也。

④ 逐寇如追逃，言驱逐逐敌当如追捕逋逃之人，不容或缓也。

⑤ 训卒，告诫士卒。利兵，淬厉武器使犀利。秣马，喂饱马匹。蓐食，早食于寝蓐也。潜师而起，使士卒衔枚无声，夜起掩秦之不备也。

⑥ 令狐，晋地，在今山西猗氏县西。

⑦ 刳首亦晋地，与令狐相接，在猗氏西三十里。

⑧ 士会，士蒍之孙，字季，亦称士季，亦称季氏。食采于随，亦称随会、随武子。后改封范，亦称范武子、范会。

⑨ 止之，荀林父尝劝止先蔑之奉使也。

⑩ 夫人、太子犹在，言君夫人及太子见在，如何可以无视之。

⑪ 此必不行，此事必不可行也。

⑫ 不然将及，不托疾辞使祸将及身也。

⑬ 摄卿以往，遣员代卿如秦也。何必子，谓先蔑何必以正卿自行也。

⑭ 僖公二十八年，林父将中行，先蔑将左行，已见前，故云同寮。

⑮ 《板》，《诗·大雅·生民之什》之末篇。其第三章曰："我虽异事，及尔同寮。我即尔谋，听我嚣嚣。我言维服，勿以为笑。先民有言，询于刍荛。"义取刍荛之言犹不可忽，况同寮乎。

⑯ 及亡，及先蔑奔秦也。

⑰ 帑亦作"孥"，妻子也。读如"奴"。与帑藏之"帑"读如"倘"者不同。

⑱ 其人，士会左右之人也。

⑲ 能亡人于国……焉用之，言能与人偕亡于晋而不能相见于秦，何用如此。

⑳ 吾与之同罪……将何见焉，言士季与先蔑俱有迎公子雍之罪，同罪故同奔，非慕其义而从之，何以见为。

归,①遂不见。②

十二年③

秦为令狐之役故,冬,秦伯④伐晋,取羁马。⑤晋人御之。赵盾将中军,荀林父佐之。⑥郤缺将上军,⑦臾骈佐之。⑧栾盾将下军,⑨胥甲佐之。⑩范无恤御戎,⑪以从秦师于河曲。⑫臾骈曰:"秦不能久,请深垒固军以待之。⑬"从之。

秦人欲战,秦伯谓士会曰:"若何而战?"对曰:"赵氏新出其属曰臾骈,必实为此谋,将以老我师也。赵有侧室曰穿,⑭晋君之婿也,有宠而弱,不在军事,⑮好勇而狂,且恶臾骈之佐上军也,若使轻者肆焉,其可。⑯"秦伯以璧祈战于河。⑰十二月戊午,秦军掩晋上军,⑱赵

---

① 及归,及士会归晋。此后事,在文公十三年。
② 士会责先蔑为正卿而不匡谏,且俱出奔,恶有党也,遂不见。
③ 文公十二年当周顷王四年丙午岁,晋灵公六年,秦康公六年,西历纪元前615年。
④ 秦伯,秦康公。
⑤ 羁马,晋邑,在今山西永济县南三十六里。
⑥ 时荀林父代先克佐中军。
⑦ 时郤缺代箕郑将上军。
⑧ 臾骈,赵盾属大夫,时代林父佐上军。
⑨ 栾盾,栾枝之子,时代先蔑将下军。
⑩ 胥甲,胥臣之子,时代先都佐下军。
⑪ 范无恤,代步招御戎者。
⑫ 河曲,晋地,在蒲坂故城南。此故城在今山西永济县境。黄河自永济折而东,入芮城县,谓之河曲。从秦师,迎敌驻军也。
⑬ 深垒固军以待之,言深沟高垒,坚固军屯,待秦自退而击之,勿与战也。
⑭ 赵穿,赵夙庶孙。侧室,支子也。
⑮ 不在军事,未当涉知军旅之事也。
⑯ 若使轻者肆焉,其可,言若使轻兵暂往攻之而速退,则激怒赵穿,可得一战也。
⑰ 以璧祈战于河,沈璧于河以祷神求胜也。
⑱ 秦军掩晋上军,从士会之计也。掩,袭也。

穿追之,①不及。反,怒曰:"裹粮坐甲,固敌是求,②敌至不击,将何俟焉?"军吏曰:"将有待也。"③穿曰:"我不知谋,将独出。"乃以其属出。宣子曰:"秦获穿也,获一卿矣。④秦以胜归,我何以报?"乃皆出战,交绥。⑤秦行人夜戒晋师⑥曰:"两君之士,皆未慭⑦也,明日请相见也。"臾骈曰:"使者目动而言肆,⑧惧我也。将遁矣。薄⑨诸河,必败之。"胥甲、赵穿当军门呼曰:"死伤未收而弃之,不惠也。⑩不待期而薄人于险,无勇也。⑪"乃止。⑫秦师夜遁。复侵晋,入瑕。⑬

十三年⑭

十三年春,晋侯⑮使詹嘉⑯处瑕以守桃林之塞。⑰

---

① 赵穿追之,晋上军以臾骈之谋,按兵不动,赵穿果受激,独追之也。
② 裹粮,携粮自随。坐甲,被甲坐待,不复得卧也。固敌是求,言携粮被甲,固惟敌是求,以冀一战也。
③ 将有待也,言待有可击之机然后出击也。
④ 秦获穿也,获一卿矣,言秦如获穿,不啻俘一晋卿,辱之甚矣。
⑤ 交绥,杜《注》:"《司马法》曰,逐奔不远则难诱,从绥不及则难陷。然则古名退军为绥。秦、晋志未能坚战,短兵未至,争而两退,故曰交绥。"
⑥ 行人,兵间往来之使者。夜戒晋师,乘夜警告晋军也。
⑦ 慭,缺也。
⑧ 目动,心不安。言肆,声放,失常节也。
⑨ 薄,迫也;促也。读如"搏"。
⑩ 此言两方死伤未及收而骤委弃之,是不惠也。
⑪ 此言不待敌人约战之期而迫之于险,虽胜,亦无勇也。
⑫ 乃止,晋师以是止兵,不复迫秦师也。
⑬ 瑕,晋邑,在今河南陕县西南三十二里。
⑭ 文公十三年当周顷王五年丁未岁,晋灵公七年,秦康公七年,西历纪元前614年。
⑮ 晋侯,晋灵公也。
⑯ 詹嘉,晋大夫,赐其瑕邑,令帅众守桃林以备秦。
⑰ 桃林之塞,即桃林塞,在今河南阌乡县西,接陕西潼关县界。盖自函谷以至潼关,皆桃林塞也。

晋人患秦之用士会也，夏，六卿①相见于诸浮。②赵宣子曰："随会在秦，贾季在狄，③难日至矣，若之何？"中行桓子④曰："请复⑤贾季，能外事，⑥且由旧勋。⑦"郤成子曰："贾季乱，且罪大。⑧不如随会，能贱而有耻，柔而不犯，⑨其知足使⑩也，且无罪。⑪"乃使魏寿馀⑫伪以魏叛者以诱士会，执其帑⑬于晋，使夜逸。请自归于秦。⑭秦伯许之。

履士会之足于朝。⑮秦伯师于河西，⑯魏人在东，⑰寿馀曰："请东人之能与夫二三有司言者，吾与之先。"⑱使士会。⑲士会辞曰："晋人，

---

① 六卿，三军、三行之将，共执晋政者，如赵盾、荀林父、郤缺等。
② 诸浮，晋都郊外附近之地。六卿在朝，旦夕聚集，而特云"相见于诸浮"者，将欲密谋，虑其漏泄，故出就外野，屏人私议耳。
③ 贾季，即狐偃之子狐射姑，字季，食采于贾，故称。文公六年春，晋蒐于夷，舍二军，使狐射姑将中军，赵盾佐之。阳处父至自温，改蒐于董，以党于赵氏，易中军。以盾为将，射姑佐之，盾于是乎始为国政。秋八月乙亥，晋襄公卒，议立长君，赵盾主立杜祁之子公子雍，使先蔑、士会如秦迎之。射姑主立辰嬴之子公子乐，亦使人召子乐于陈。赵盾使人杀诸郪。射姑怨阳处父之易其班，而自知无援于晋，乃使续鞫居杀处父。冬十一月丙寅，晋杀鞫居，射姑遂奔狄。故云"贾季在狄"。
④ 中行桓子，即荀林父，以僖公二十八年始将中行，故以为氏。
⑤ 复，召之使复返晋国也。
⑥ 能外事，谓如用贾季能任在外之事也。
⑦ 由旧勋，言有狐偃之旧勋，亦可为复召射姑之缘由也。
⑧ 贾季乱，且罪大，谓射姑违议召公子乐，且擅杀阳处父也。
⑨ 能贱而有耻，柔而不犯，言士会能处卑贱而有廉耻之心，虽善柔顺而不可犯以不义也。
⑩ 其知足使，其知能足以承认使命也。
⑪ 无罪，言士会奔秦为奉使迎子雍之故，非其罪也。
⑫ 魏寿馀，毕万之后，时袭为魏邑大夫。
⑬ 执其帑，拘寿馀之妻子阳示获罪于晋以释秦疑。下云"使夜逸"，之所以故作脱逃之状也。
⑭ 请自归于秦，寿馀请以私邑自降秦国也。
⑮ 寿馀既入秦，见士会于朝，示无私会，乃潜以己足蹑其足，授意促之归。故云"履士会之足于朝"。
⑯ 师于河西，驻兵于黄河西岸，是将取魏也。
⑰ 魏邑在黄河之东，故云"魏人在东"。
⑱ 请东人之能与夫二三有司言者，吾与之先，寿馀说秦伯之辞。意欲与晋人之在秦者共先告喻魏有司，俾可收地也。
⑲ 使士会，秦伯使士会共寿馀往喻魏有司也。

虎狼也。若背其言，臣死，妻子为戮，无益于君，不可悔也。"① 秦伯曰："若背其言，所不归尔帑者，有如河！"② 乃行。绕朝③ 赠之以策，④ 曰："子无谓秦无人，吾谋适不用也。"⑤ 既济，魏人噪而还。⑥ 秦人归其帑。⑦ 其处者为刘氏。⑧

十六年⑨

楚大饥，戎⑩伐其西南，至于阜山，⑪师于大林。⑫又伐其东南，至于阳丘，⑬以侵訾枝。⑭庸⑮人帅群蛮以叛楚。麇⑯人率百濮⑰聚于选，⑱

---

① 晋人……不可悔也，言晋人虎狼之性，暴不可测，若反背其言，不以魏降，则士会往魏必为晋人所杀，妻子留秦，必被诛戮，是无所补益于秦君，即追悔亦不可及矣。此士会辞谢之辞，示己无去秦之心也。

② 若背其言……有如河，此盖秦康公指河与士会为誓也。言即使寿馀背言而留士会不遣，亦必送还士会之妻子，其事明白如河也。

③ 绕朝，秦大夫。

④ 策，马棰也。赠策所以展情，加鞭速行之意。

⑤ 此言吾已觉其情，勿谓秦国上下无人察汝之诈也。

⑥ 士会与魏寿馀既济河东归，魏人喜得士会，乃欢噪而还。

⑦ 秦人归其帑，秦康公不背指河之誓，送士会之妻子归于晋也。

⑧ 其处者为刘氏，言士会余子之留秦不归者，别为刘氏。盖士会本尧后刘累之胤，故其别族复累之姓也。

⑨ 文公十六年，当周匡王二年庚戌岁，楚庄王三年，秦康公十年，西历纪元前611年。

⑩ 戎，楚西、楚南一带之山夷。后汉、三国时之山越，其后也。

⑪ 阜山，在今湖北房县南一百五十里。

⑫ 大林，楚邑，不详，或即今湖北当阳市产煤之大林堡。

⑬ 阳丘，楚邑，今地不详。

⑭ 訾枝，亦楚邑，当在阳丘之西北。

⑮ 庸，古国，始见于《书·牧誓》。在今湖北竹山县东南，为楚附庸。后秦其地设上庸县。此时帅群蛮叛楚，群蛮即前所举之山夷。旋为楚所灭。

⑯ 麇，祁姓国，一作嬴姓，子爵。今湖北郧县治即其国。亦灭于楚。

⑰ 百濮，即《牧誓》所言彭濮。散处江、汉之间，无君长，各以邑落自聚。麇人所率者当在今湖北石首县之南。

⑱ 选，楚地，不详，当在今石首县附近。

将伐楚。于是申、息①之北门不启，②楚人谋徙于阪高。③蒍贾曰："不可。我能往，寇亦能往。不如伐庸。夫麇与百濮谓我饥不能师，故伐我也。若我出师，必惧而归。百濮离居，将各走其邑，谁暇谋人？"乃出师。旬有五日，④百濮乃罢。⑤自庐以往，⑥振廪同食。⑦次于句澨。⑧使庐戢黎⑨侵庸，及庸方城。⑩庸人逐之，囚子扬窗，⑪三宿而逸，⑫曰："庸师众，群蛮聚焉，不如复大师，⑬且起王卒，合而后进。"师叔⑭曰："不可。姑又与之遇⑮以骄之，彼骄我怒，⑯而后可克。先君蚡冒⑰所以服陉隰⑱也。"又与之遇，七遇皆北。⑲唯裨、鯈、鱼人实逐之。⑳庸人曰："楚不足与战矣。"遂不设备。楚子乘驲㉑会师于临品，㉒分为二队。

---

① 申、息，俱楚灭之国，在今河南南阳、信阳一带。为楚国之北屏。
② 北门不启，言申、息之戍须备中原，不能撤调以御山夷、庸、麇、百濮也。
③ 阪高，险要之高地。
④ 十日为旬，旬有五日是十五日也。
⑤ 百濮乃罢，言濮夷无屯聚，见难则罢兵散归也。
⑥ 庐读如"闾"，楚邑，当在今湖北当阳远安之境。自庐以往，自庐邑往伐庸也。
⑦ 振，发也。廪，仓也。同食，上下无异馔也。
⑧ 句澨，楚之西界也，在今湖北均县西。句读如"钩"。
⑨ 戢黎，庐邑之大夫。
⑩ 方城，在庸国之东，一称方城亭。
⑪ 子扬窗，戢黎之官属。
⑫ 三宿而逸，被囚三宿而脱走以归也。
⑬ 复大师，还与句澨之大队合势也。
⑭ 师叔，楚大夫潘尪之字。
⑮ 姑又与之遇，且再与庸人周旋也。遇，逢也；逗也，有沾惹之意。
⑯ 彼骄我怒，谓如姑与庸人周旋以骄之，则彼将以屡胜而愈骄，我将以屡败而愈怒也。
⑰ 蚡冒，名熊眴，《史记·楚世家》谓系楚武王之兄。杜《注》谓系武王之父。
⑱ 陉隰，指郢楚，今湖北江陵县东多溪山之险，故名。
⑲ 北，败走也。七遇皆北，楚师七次尝庸，皆败走以骄之也。
⑳ 裨、鯈、鱼皆庸邑。鱼即古鱼复县，今四川奉节县是。裨、鯈俱其近地。庸人轻楚，故七遇楚师唯使此三邑人逐之。
㉑ 楚子，楚庄王，名旅，《史记》作"侣"，穆王商臣之子。为楚第二十二君，春秋五伯之殿也。在位二十三年。其元年当周顷王六年戊申岁，西历纪元前 613 年。驲读如"日"，传车也；驿马也。俗假作"驿"，实未妥。乘驲，乘传车迅速以赴前敌也。
㉒ 临品，楚地，在今湖北均县境。

子越①自石溪,②子贝③自仞④以伐庸。秦人、巴⑤人从楚师,群蛮从楚子盟。⑥遂灭庸。

十七年⑦

晋侯蒐于黄父,⑧遂复合诸侯于扈,⑨平宋也。⑩公不与会,齐难故也。⑪书曰诸侯,无功也。⑫

于是晋侯不见郑伯,⑬以为贰于楚也。郑子家⑭使执讯而与之书,⑮以告赵宣子,曰:"寡君即位三年,召蔡侯而与之事君。⑯九月,蔡侯

---

① 子越,司马子良之子斗椒也。一称子越椒,亦称伯棼,一作伯贲。
② 石溪,入庸要道,当在今均县、竹山之交。
③ 子贝,当亦楚宗。杜《注》:"今俗本多作'员'。"
④ 仞,亦入庸要道,今地不详。
⑤ 巴,姬姓国,子爵,即今四川巴县。旧四川夔州府以西、叙州府以北皆巴国地。
⑥ 群蛮从楚子盟,诸山夷见楚强大,遂就庄王受盟也。
⑦ 文公十七年当周匡王三年辛亥岁,晋灵公十一年,郑穆公十八年,宋文公元年,齐懿公三年,楚庄王四年,陈灵公四年,蔡文侯二年,西历纪元前610年。
⑧ 晋侯,晋灵公。黄父,一名黑壤,晋地,即今山西沁水县乌岭。
⑨ 扈,郑邑,今河南原武县西北有扈亭。先是,文公十五年冬十一月,晋侯会宋公、卫侯、蔡侯、陈侯、郑伯、许男、曹伯盟于扈,至是,因黄父之蒐,再会于扈,故云"复合诸侯"。
⑩ 上年冬十一月,宋昭公杵臼为襄夫人王姬使卫伯所攻杀,立公弟鲍,是为宋文公。晋灵公再合诸侯于扈,欲以平宋乱也,文公为宋国第二十二君,在位二十二年。其元年当周匡王三年辛亥岁,西历纪元前610年。
⑪ 公不与会,谓鲁文公未与此会。时齐侯伐鲁北鄙,文公方被胁盟于谷,故云"齐难故也"。
⑫ 书曰诸侯,谓《经》文只书"诸侯会于扈"。无功也,杜《注》:"刺欲平宋而复不能。"
⑬ 郑伯,郑穆公。公名兰,文公捷之子,为郑第九君,在位二十二年,其元年当周襄王二十五年甲午岁,西历纪元前627年。
⑭ 子家,公子归生之字,郑之执政大夫也。
⑮ 执讯,通讯问之官。子家为书与赵盾,使执讯携书如晋,故云"与之书"。
⑯ 寡君即位三年,即郑穆公三年,当鲁文公二年。时蔡未服晋,故郑召蔡庄侯而与之事晋。

入于敝邑以行,^① 敝邑以侯宣多之难,^② 寡君是以不得与蔡侯偕。十一月,克减侯宣多,而随蔡侯以朝于执事。^③ 十二年六月,归生佐寡君之嫡夷,^④ 以请陈侯于楚而朝诸君。^⑤ 十四年七月,寡君又朝,以蒇陈事。^⑥ 十五年五月,陈侯自敝邑往朝于君。往年正月,烛之武往朝夷也。^⑦ 八月,寡君又往朝。以陈、蔡之密迩于楚,而不敢贰焉,则敝邑之故也。^⑧ 虽敝邑之事君,何以不免?^⑨ 在位之中,^⑩ 一朝于襄,而再见于君,^⑪ 夷与孤之二三臣相及于绛,^⑫ 虽我小国,则蔑以过之矣。^⑬ 今大国曰,尔未逞吾志。敝邑有亡,无以加焉。^⑭ 古人有言曰,畏首畏尾,身其余几?^⑮ 又曰,鹿死不择音。^⑯ 小国之事大国也,德则其人也。^⑰ 不德则其鹿也。^⑱ 铤而走

---

① 行,朝晋也。

② 郑穆公为侯宣多所立,遂恃宠专权,故云"侯宣多之难"。

③ 减,损也。克减侯宣多,谓略得减抑宣多。下即云"随蔡侯以朝于执事",明难未尽即行,言汲汲朝晋也。

④ 郑穆十二年即鲁文十一年,寡君之嫡夷,指郑穆之太子,即郑灵公,字子蛮,一字子貉,为郑第十君。在位一年,子家弑之,其在位之岁当周定王二年,西历纪元前605年也。

⑤ 请陈侯于楚而朝诸君,请命于楚,与陈共公俱朝于晋也。

⑥ 郑穆十四年,即鲁文十三年。以蒇陈事,完成陈侯朝晋之事。蒇读如"谄",敕也,敕成前好曰蒇。

⑦ 郑穆十五年即鲁文十四年。往年,去年也,指郑穆十七年,即鲁文十六年。烛之武往朝夷也,谓烛之武将太子夷往朝晋。

⑧ 以陈、蔡之密迩……敝邑之故也,言陈、蔡比近于楚而不敢贰于晋者,皆郑之力也。

⑨ 虽敝邑之事君,何以不免,言郑虽如此事晋之殷,何以仍不能免于罪也。

⑩ 在位之中,郑穆公在君位时也。

⑪ 一朝于襄,而再见于君,谓一度朝晋襄公,两度朝晋灵公也。

⑫ 孤之二三臣,谓烛之武及子家自谓也。相及于绛,时履于晋之都也。

⑬ 虽我小国,则蔑以过之矣,言虽小国,然事大国之礼则无能再加于是矣。

⑭ 敝邑有亡,无以加焉,重言以申不能加礼。言晋苟必欲逞志于郑,郑但有灭亡而已,事晋之礼则不能复加焉。

⑮ 畏首畏尾,身其余几,喻郑北畏晋,南畏楚,实逼处此也。

⑯ 音,假作"荫",声同通假也。鹿死不择音,言鹿死不择庇荫之所,喻郑既见逼濒亡,将不择所从之国也。

⑰ 德则其人也,言以德加己,则以人道相事也。

⑱ 不德则其鹿也,言不加德而乱以激之,则不免以鹿死不择荫自比也。

险,①急何能择?命之罔极,亦知亡矣。②将悉敝赋以待于鯈,③唯执事命之。文公二年六月壬申,朝于齐,④四年二月壬戌,为齐侵蔡,⑤亦获成于楚。⑥居大国之间而从于强令,⑦岂其罪也?大国若弗图,无所逃命。⑧"晋巩朔⑨行成于郑,⑩赵穿公婿池⑪为质焉。

十八年⑫

莒纪公生大子仆,又生季佗。⑬爱季佗而黜仆,且多行无礼于国。仆因国人以弑纪公。以其宝玉来奔,纳诸宣公。⑭公命与之邑,曰:"今日必授。"季文子⑮使司寇出诸竟,⑯曰:"今日必达。"⑰

---

① 鯈,读如"挺",疾走貌。鯈而走险,言急则欲荫庇于楚,如鹿之赴险,故下云"急何能择"。

② 命之罔极,亦知亡矣,言晋责无止境,郑亦自知不免灭亡之祸也。

③ 鯈,晋、郑境上之地。悉敝赋,尽征可供军实之人力与物力也。意即欲以兵拒晋。

④ 郑文公二年六月壬申,鲁庄公二十三年六月二十四日也。是日,郑朝于齐。此追叙前事也,下同。

⑤ 郑文四年,鲁庄二十五年也。二月无壬戌,当为三月二十日。是日,郑为齐使,侵蔡。

⑥ 亦获成于楚,同时郑亦与蔡成也。

⑦ 强令,勉强趋令也。此皆引前事之验以为近世之证,明居大国之间,不得不委蛇求全也。

⑧ 大国若弗图,无所逃命,言晋国若不图恤郑国之社稷,则无所逃于见讨之罪也。一面陈兵待命,一面不避见讨,是明示将叛晋矣。

⑨ 巩朔,晋大夫,亦称巩伯,亦称士庄伯,其后为巩伯氏。

⑩ 行成于郑,如郑议和也。

⑪ 公婿池,晋侯女婿。

⑫ 文公十八年当周匡王四年壬子岁,西历纪元前609年。

⑬ 莒纪公,名庶其。纪,号也。莒夷无谥,故有别号。大子仆,庶其长子。季佗,一名朱,继纪公,号渠丘公。

⑭ 来奔,奔于鲁也。宣公,文公子,详后。是年二月,文公薨,宣公虽以明年正月即位,时已主国,故莒仆以宝玉纳诸宣公。

⑮ 季文子,名行父,庄公母弟季友之子,鲁之宗卿也,亦称季孙行父,后为季孙氏。

⑯ 使司寇出诸竟,季文子乘莒仆未及见公,即使司寇驱之出于鲁境也。司寇,刑官。竟通"境"。

⑰ 必达,必须达到也。与上"必授"对照。

公问其故。季文子使大史克①对曰:"先大夫臧文仲教行父事君之礼,行父奉以周旋,弗敢失队,②曰,见有礼于其君者,事之如孝子之养父母也。见无礼于其君者,诛之如鹰鹯之逐鸟雀③也。先君周公制《周礼》曰,则以观德,德以处事,事以度功,功以食民。④作誓命⑤曰,毁则为贼,掩贼为藏;窃贿为盗,盗器为奸。⑥主藏之名,赖奸之用,⑦为大凶德,有常无赦。⑧在《九刑》,不忘。⑨行父还观⑩莒仆,莫可则也。孝敬忠信为吉德,盗贼藏奸为凶德。夫莒仆,则其孝敬,则弑君父矣;则其忠信,则窃宝玉矣。其人则盗贼也,其器则奸兆也。保而利之则主藏也。以训则昏,民无则焉。不度于善而皆在于凶德,⑪是以去之。昔高阳氏⑫有才子八人,苍舒、隤敳、梼戭、大临、尨降、庭坚、仲容、叔达,⑬齐圣广渊,明允笃诚,天下之民谓

---

① 大史克,鲁之史官。即里革。
② 奉以周旋,奉先训以遵循也。失队即蹉失。队通"坠"。
③ 如鹰鹯之逐鸟雀,喻御奸当尽心力以搏之,弗使遁逃也。
④ 则以观德……功以食民,林《释》:"则者,君臣、父子、兄弟、夫妇、朋友之法则也。合此法则为吉德,违此法则为凶德,故以观德。德之吉凶所以处制事之是非,事之是非所以量度功之成否,功之成否所以食养民之厚薄。"
⑤ 誓命,申命以要信之辞也。
⑥ 毁则为贼……盗器为奸,毁则,坏法也。掩,匿也,即窝藏。贿,财也。器,国用也。贼、藏、盗、奸,罪名也。
⑦ 主藏之名,赖奸之用,言如受莒仆,则是以掩贼为名而用其奸器也。
⑧ 有常无赦,言犯此则国有常刑,无得赦免也。
⑨ 在《九刑》,不忘,言载在刑书,不能弃而忘之也。《誓命》以下所列之罪皆《九刑》之书。今亡。
⑩ 还,犹周旋还观,循察也。
⑪ 不度于善而皆在于凶德,言莒仆不居于孝敬忠信之善,而皆在于盗贼藏奸之凶德也。
⑫ 高阳氏,帝颛顼也。
⑬ 苍舒……叔达,此八人者皆颛顼之苗裔,隤读如"颓"。敳读如"瑰"。梼读如"桃"。戭读如"衍"。杜《注》:"即垂、益、禹、皋陶之伦。庭坚即皋陶字。"《疏》:"六年《传》,臧文仲闻六与蓼灭,云皋陶庭坚不祀忽诸知庭坚皋陶为一人,其余则不知谁为禹,谁为益,故云之伦。"

之八恺。① 高辛氏② 有才子八人，伯奋、仲堪、叔献、季仲、伯虎、仲熊、叔豹、季狸，③ 忠肃共懿，宣慈惠和，天下之民谓之八元。④ 此十六族也，世济其美，不陨其名。⑤ 以至于尧，尧不能举。舜臣尧，⑥ 举八恺，使主后土，⑦ 以揆百事，⑧ 莫不时序，⑨ 地平天成。⑩ 举八元，使布五教⑪ 于四方，父义、母慈、兄友、弟共、子孝，内平外成。⑫ 昔帝鸿氏⑬ 有不才子，掩义隐贼，好行凶德，丑类恶物，顽嚚不友，是与比周。⑭ 天下

---

① 此并序八人，总言其德，或原其心，或据其行，一字为一事，其义亦更相通。齐者，中也，率心由道，举措皆中也。圣者，通也，博达众务，庶事尽通也。广者，宽也，器宇宏大，度量宽宏也。渊者，深也，知能周备，思虑深远也。明者，达也，晓解事务，照见幽微也。允者，信也，终始不忒，言行相副也。笃者，厚也，志性良谨，交游款密也。诚者，实也，秉心纯直，布行贞实也。以其德行如是，天下之民为其美目，谓之八恺。恺，和也，言其和于物也。见孔颖达《疏》。

② 高辛氏，帝喾之号。

③ 伯奋……季狸，杜《注》："此即稷、契、朱虎、熊罴之伦。"《疏》："此言伯奋、仲熊，《尚书》有朱虎、熊罴，二者其字相类，知此即稷、契、朱虎、熊罴之伦也。《尚书》更有夔、龙之徒，亦应有在元恺之内者，但更无明证，名字又殊，不知与谁为一，故不复言之。"

④ 《疏》："此亦总言其德，于义亦得相通。忠者，与人无隐，尽心奉上也。肃者，敬也，应机敏达，临事恪勤也。共者，治身克谨，当官理治也。懿者，美也，保己精粹，立行纯厚也。宣者，遍也，应受多方，知思周遍也。慈者，爱出于心，恩被于物也。惠者，性多哀矜，好拯穷匮也。和者，体度宽简，物无乖争也。以其德行如是，天下之民为之美目，谓之八元。元，善也，言其善于事也。"

⑤ 此十六族也……不陨其名，《疏》："此十六人耳，而谓之族者，以其各有亲属，故称族也。世济其美，后世承前世之美。不陨其名，不坠前世之美名。言世有贤人，积善而至其身也。"

⑥ 舜臣尧，谓舜臣于尧。

⑦ 后土，地官。禹作司空，平水土，即土地之官。

⑧ 揆，度也。揆百事，揆度百工之事，犹言调度庶政也。

⑨ 时序，百事皆得其次序，以时程功无废举也。

⑩ 地平天成，言水土既平，天道亦成也。成亦平也。

⑪ 五教，又谓之五典，即下文父义、母慈、兄友、弟共、子孝也。《尚书》契作司徒，五教在宽，故知契在八元之中。

⑫ 内平外成，言内而诸夏，外而夷狄，俱获平成也。

⑬ 帝鸿氏，黄帝也。

⑭ 掩义隐贼……是与比周，杜《注》："丑，亦恶也。比，近也。周，密也。心不则德义之经为顽。口不道忠信之言为嚚。"林《释》："有义之人则掩蔽而不用。贼盗之人则隐庇而必用。平日所好，惟行凶德。凡恶人之不可亲友者，则不才子是与之比近而周密。"

之民谓之浑敦。① 少皞氏② 有不才子,毁信废忠,崇饰恶言,靖谮庸回,服谗蒐慝,以诬盛德。③ 天下之民谓之穷奇。④ 颛顼氏⑤ 有不才子,不可教训,不知话言,告之则顽,舍之则嚚,傲狠明德,以乱天常。⑥ 天下之民谓之梼杌。⑦ 此三族也,世济其凶,增其恶名。⑧ 以至于尧,尧不能去。缙云氏⑨ 有不才子,贪于饮食,冒于货贿,侵欲崇侈,不可盈厌,聚敛积实,不知纪极,不分孤寡,不恤穷匮。⑩ 天下之民以比三凶,⑪ 谓之饕餮。⑫ 舜臣尧,宾于四门,⑬ 流四凶族浑敦、穷奇、梼杌、饕餮,投诸四裔,以御螭魅。⑭ 是以尧崩而天下如一,同心戴舜以为天子。以其举十六相,去四凶也。故《虞书》⑮ 数⑯ 舜之功,曰

---

① 浑敦,恶目,不开通之貌。杜《注》谓驩兜。
② 少皞氏,即少皞金天氏。
③ 毁信……以诬盛德,杜《注》:"崇,聚也。靖,安也。庸,用也。回,邪也。服,行也。蒐,隐也。慝,恶也。盛德,贤人也。"林《释》:"毁坏诚信之道,废弃忠直之人,崇聚修饰秽恶之言,安于逸谮,用其回邪,行人之谗言,求人之隐慝,以诬蔑盛德之士。"
④ 穷奇,恶目,言其行事则穷困,其所好则奇异也。杜《注》谓共工。
⑤ 颛顼氏,即前举之高阳氏。
⑥ 不可教训……以乱天常,言不受教训,不知善言,告之以德义则不入于心,听其自如则不道忠信之言,傲慢狠暴,不修明德,以悖乱天地之常理也。话,善也。
⑦ 梼杌,恶目,顽凶无俦匹之貌。杌读如"兀"。杜《注》谓鲧。
⑧ 此三族,谓浑敦、穷奇、梼杌之族。世济其凶,憎其恶名,谓世承凶德,积恶加厚也。
⑨ 缙云氏,黄帝时官名,相当于周之夏官。贾逵曰:"缙云氏,姜姓也,炎帝之苗裔,黄帝时在缙云之官也。"今浙江之缙云县,盖其所封也。
⑩ 贪于饮食……不恤穷匮,言专逞己欲,不恤于人也。冒亦贪也。侵欲,谓侵人之欲以自肥。崇侈,谓崇尚奢侈不可盈厌,不见满足也。积实,求足无底止也。不知纪极,意与"不可盈厌"同。不分孤寡,不肯分惠于孤寡之人。不恤穷匮,不哀怜困乏之人。
⑪ 缙云氏后非帝王子孙,故别以比三凶。三凶,浑敦、穷奇、梼杌也。
⑫ 贪财为饕,读如"滔"。贪食为餮,读如"帖"。饕餮,恶目也。
⑬ 宾于四门,《尚书·舜典》之文。所谓辟四门,达四聪,以宾礼众贤也。
⑭ 螭魅读如"蚩昧",山林异气所生,为人害者,实兽物也。亦作魑魅。投诸四裔,放之于四远之区。以御螭魅,使当魑魅之灾也。《尚书·舜典》:"流共工于幽州,放驩兜于崇山,窜三苗于三危,殛鲧于羽山,四罪而天下咸服。"孔安国云:"幽州,北裔。崇山,南裔。三危,西裔。羽山,东裔。"所谓投诸四裔也。
⑮ 《虞书》,《尚书》之首,包《尧典》《舜典》《大禹谟》《皋陶谟》《益稷》等五篇。
⑯ 数,列举而指数之也。

慎徽五典，五典克从，无违教也。① 曰纳于百揆，百揆时序，无废事也。② 曰宾于四门，四门穆穆，无凶人也。③ 舜有大功二十④而为天子。今行父虽未获一吉人，去一凶矣。于舜之功，二十之一也，庶几免于戾⑤乎。"

---

① 慎徽五典，五典克从，见《舜典》。无违教也，大史克释之之辞。典，常也，五典即五教。徽，美也。此言举八元之功。
② 纳于百揆，百揆时序，亦见《舜典》。无废事也，史克之辞。此言举八恺之功。
③ 宾于四门，四门穆穆，亦见《舜典》。穆穆，静美貌。无凶人也，史克之辞。此言去四凶之功。
④ 舜举十六相去四凶，故云"有大功二十"。
⑤ 戾，过恶也。

宣 公

名倭，一名接，又作委，《史记》作俀，文公兴之庶子。倭私事庄公之子公子遂，公子遂为请于齐惠公，于是杀文公嫡子恶及视而立之，为鲁国第二十一君，在位十八年。其元年当周匡王五年癸丑岁，西历纪元前608年。

二 年①

二年春，郑公子归生受命于楚伐宋。宋华元、乐吕②御之。③二月壬子，战于大棘。④宋师败绩，囚华元，获乐吕，⑤及甲车四百六十乘，⑥俘二百五十人，馘百人。狂狡⑦辂郑人，⑧郑人入于井，倒戟而出之，

---

① 宣公二年当周匡王六年甲寅岁，晋灵公十四年，宋文公四年，郑穆公二十一年，楚庄王七年，西历纪元前607年。
② 华元，华督曾孙，为宋右师，执政，历事文公、共公、平公三君，凡四十年。时为御郑之师之元帅。乐吕，宋司寇，华元之佐也。
③ 御之，出师御郑。御通"禦"。
④ 大棘即棘壁，宋地，在今河南柘城县西北。
⑤ 获，生死通名。囚则明其生擒，故后华元得见赎而还。
⑥ 甲车，兵车。一乘配甲士三人，步卒七十二人。此云四百六十乘，是有甲士一千三百八十人，步卒三万三千一百二十人也。
⑦ 狂狡，宋大夫。
⑧ 辂读如"迓"，迎也。辂郑人，迎郑人而逆击之也。

获狂狡。^①君子曰，失礼违命，宜其为禽也。戎，昭果毅以听之之谓礼，杀敌为果，致果为毅，^②易之戮也。^③

将战，华元杀羊食士，^④其御羊斟^⑤不与。^⑥及战，曰："畴昔之羊，子为政。今日之事，我为政。"^⑦与入^⑧郑师。故败。君子谓羊斟非人也，以其私憾，败国殄民，^⑨于是刑孰大焉。《诗》所谓人之无良^⑩者，其羊斟之谓乎！残民以逞。^⑪

宋人以兵车百乘，^⑫文马百驷，^⑬以赎华元于郑。半入，^⑭华元逃归，立于门外，告而入。^⑮见叔牂曰："子之马然也。"^⑯对曰："非马也，其人也。"^⑰既合而来奔。^⑱

---

① 倒戟而出之，获狂狡，狂狡自倒其戟以听郑人之出井，反为郑人所获也。

② 失礼违命……致果为毅，《疏》："军法以杀敌为上，将军临战，必三令五申之。狂狡失即戎之礼，违元帅之命，曲法以拯郑人，宜其为禽也。昭，明也。兵戎之事，明此果毅以听之之谓礼。能杀敌人，是名为果，言能果敢以除贼。致此果敢乃名为毅，言能强毅以立功。"

③ 易之戮也，反易上述之道则合当刑戮也。

④ 杀羊食士，宰羊烹煮以飨士卒也，食读如"饲"，享也。

⑤ 羊斟字子牂，华元之戎御也。牂读如"臧"。

⑥ 不与，未及预此羹也。羊羹缺少，故分不及其御。

⑦ 此羊斟自语之辞。犹言前日分羊，有无之权在子。今日御乘，进退之权在我也。畴昔，往日。为政，作主也。

⑧ 与入，偕入敌阵也，一本作"舆入"，是明明以己帅轻送入敌营矣。

⑨ 以其私憾，败国殄民，因其饮食之私恨，不惜毁败国家且殄害民人也。殄读如"忝"，尽也；贼害也。

⑩ 人之无良，见《诗·鄘风·鹑之奔奔》篇，义取不良之人相怨以亡也。

⑪ 残民以逞，残害民人以快私志也。

⑫ 兵车百乘，甲士三百人，步卒七千二百人也。

⑬ 文马百驷，有狸文之马百匹也。从贾逵说。

⑭ 半入，兵车、文马之赂陆续输入郑国将及半数也。郑人以宋纳赂，宽其防守，故华元得乘乱逃归。

⑮ 立于门外，告而入，言华元立于宋城门之外，告守城者而后入也。见元之不苟。

⑯ 羊斟虽同陷郑，以卑贱，得先归。及华元归见而慰之，故云"子之马然也"，谓陷入郑阵实驾车之马使然，非斟之罪也。

⑰ 叔牂知前言已显露，故不敢让罪，直云"非马也，其人也"。

⑱ 既合而来奔，叔牂言毕，即奔鲁也。合，犹答也。

宋城，华元为植，巡功。① 城者讴②曰："睅其目，皤其腹，弃甲而复。③ 于思于思，弃甲复来。④"使其骖乘谓之⑤曰："牛则有皮，犀兕尚多，弃甲则那？"⑥ 役人⑦曰："从其有皮，丹漆若何？"⑧ 华元曰："去之。夫其口众我寡。⑨"

晋灵公不君，⑩ 厚敛以彫墙，⑪ 从台上弹人而观其辟丸也。⑫ 宰夫胹熊蹯不熟，⑬ 杀之，置诸畚，使妇人载以过朝。⑭ 赵盾、士季见其手，问其故而患之。将谏。士季曰："谏而不入，则莫之继也。会请先，不入，则子继之。"三进，及溜，而后视之，⑮ 曰："吾知所过矣，将改之。"稽首而对⑯曰："人谁无过，过而能改，善莫大焉。《诗》曰，靡不有初，鲜克有终。⑰ 夫如是则能补过者鲜矣。君能有终，则社稷之

---

① 宋城，宋兴工筑城。华元为植，元为将主也。巡功，巡行视察工程也。
② 城者，筑城之役夫也。讴，歌也。此下即其歌辞。
③ 睅其目，突出其双目。皤其腹，高挺其大腹。言神气俨然也。弃甲而复，亡师而还也，讥华元神气俨然，乃一败军之将。
④ 于思于思，多须多鬓之貌。弃甲复来，失军归来也。思读如"腮"。
⑤ 使其骖乘谓之，使其左右从者告语役夫也。骖乘，车乘之旁驾者。
⑥ 此告语之辞，言牛有皮，可用为甲，犀兕之皮尚多，皆可用以为军装之饰，弃甲何害也。那，何也，读如"傩"。
⑦ 役人即城者。
⑧ 从其有皮，丹漆若何，犹言纵使有皮可以为甲，何如丹而漆之使益坚固耶。盖言弃之终可惜也。
⑨ 夫其口众我寡，言人多口杂，我人少不能敌之也。故引去。此见华元不吝其咎，宽而容众。
⑩ 不君，失君道也。下举三事，俱为不君之证。
⑪ 厚敛以彫墙，重敛于民而大事彫饰墙宇也。
⑫ 从台上弹人而观其辟丸也，登高台以弹丸射人，观人之能避弹丸与否以资笑噱也。
⑬ 宰夫，治膳之人。胹读如"而"，过熟也，煮之使极烂之意。熊蹯，熊掌。不熟，未臻过熟之境也。
⑭ 置诸畚，以被杀宰夫之尸置于畚中。畚读如"本"，筥属，以草索为之。使妇人载以过朝，不欲令人知，故不使小臣而使妇人载出弃之也。
⑮ 三进，入门伏请，公知欲谏。故佯不视，起而更进至于三次也。及溜，及于君之檐下，已迫于公之前也。而后视之，灵公无可回避，然后省视士季也。溜本作霤，谓檐下水滴之处。
⑯ 稽首而对，士季闻君言改过，乃稽首而答之也。
⑰ 靡不有初，鲜克有终，《诗·大雅·荡之什·荡》篇首章之卒句也。言人君之道，其初莫不有善而少能终于善者也。

固也，岂唯群臣赖之？① 又曰，衮职有阙，唯仲山甫补之，② 能补过也。君能补过，衮不废矣。"犹不改。宣子骤谏，③ 公患之，使钽麑贼之。④ 晨往，寝门辟矣，⑤ 盛服将朝，⑥ 尚早，坐而假寐。⑦ 麑退，叹而言曰："不忘恭敬，民之主也。贼民之主，不忠。弃君之命，不信。有一于此，不如死也。"触槐而死。⑧

秋九月，晋侯饮赵盾酒，伏甲将攻之。其右提弥明⑨知之，趋登⑩曰："臣侍君宴过三爵，非礼也。"遂扶以下。公嗾夫獒⑪焉，明搏而杀之。盾曰："弃人用犬，虽猛何为？"斗且出，提弥明死之。

初，宣子田于首山，⑫舍于翳桑，⑬见灵辄⑭饿，问其病。曰："不食三日矣。"食之。舍其半。问之。曰："宦⑮三年矣，未知母之存否，今近焉，⑯请以遗之。"使尽之，而为之箪食，与肉，⑰置诸橐以与之。⑱

---

① 君能有终……岂唯群臣赖之，言灵公而能改过迁善，是有终也。然则岂仅晋之群臣有所依赖，而晋之社稷亦得安固之道也。
② 衮职有阙，唯仲山甫补之，《诗·大雅·荡之什·烝民》篇六章之卒句也。衮，君之上服。阙，过也。言服衮者有过则仲山甫能补之。仲山甫，周宣王之相。
③ 宣子骤谏，赵盾急谏，盖切言之也。
④ 钽麑，晋力士。贼之，刺杀赵盾也。
⑤ 晨往，寝门辟矣，钽麑侵晨往窥，赵盾内寝之门已开也。
⑥ 盛服将朝，严摄衣冠，将待时入朝也。
⑦ 尚早，坐而假寐，以入朝尚早，遂坐而寝息也。假寐，即俗云"瞌睡"。
⑧ 触槐而死，以首撞于赵盾庭中之槐树而殒命也。
⑨ 提弥明，赵盾车右之官，故从行。
⑩ 趋登，趋进而登君之堂也。
⑪ 嗾，发声使犬也。獒，猛犬。
⑫ 田，行猎也。首山，在今山西永济县南，亦称雷首山，一称首阳山。
⑬ 翳桑，桑之多荫翳者。
⑭ 灵辄，晋人。
⑮ 宦，游学也。
⑯ 近焉，谓去家近。
⑰ 使尽之，而为之箪食，与肉，使尽食所与，而别为笥盛食，又加与之肉也。箪读如"丹"，笥也。
⑱ 置诸橐以与之，以箪食及肉置于大橐，以授与灵辄携去也。

既而与为公介,①倒戟以御公徒而免之。②问何故。对曰:"翳桑之饿人也。"问其名居。③不告而退,④遂自亡也。⑤

乙丑,赵穿攻⑥灵公于桃园。⑦宣子未出山而复。⑧太史书曰:"赵盾弑其君。"以示于朝,宣子曰:"不然。"对曰:"子为正卿,亡不越竟,反不讨贼,⑨非子而谁?"宣子曰:"呜呼,我之怀矣,自诒伊戚,⑩其我之谓矣。"孔子曰:"董狐,⑪古之良史也,书法不隐。⑫赵宣子,古之良大夫也,为法受恶。⑬惜也,越竟乃免。⑭"

宣子使赵穿逆公子黑臀⑮于周而立之。壬申,朝于武宫。

初,丽姬之乱,诅无畜群公子,⑯自是晋无公族。⑰及成公即位,乃宦⑱卿之適子而为之田,⑲以为公族。又宦其余子亦为余子,⑳其庶子为公行。㉑晋于是有公族、余子、公行。赵盾请以括为公族,曰:"君

---

① 与为公介,预选为公之甲士也。
② 倒戟以御公徒而免之,反刃抵御公之徒而免赵盾于难也。
③ 名居,姓名及居所也。
④ 不告而退,亦如介推之不欲望报也。
⑤ 遂自亡也,从此灵辄即逃隐也。
⑥ 攻,侵入也。一本作"弑"。
⑦ 桃园,灵公园囿名。
⑧ 宣子未出山而复,赵盾既脱难,出奔,未及出境,闻公被弑而还也。山,晋境之山也。复,归也;还也。
⑨ 亡不越竟,反不讨贼,言出亡不越晋国之境,而反国不讨弑君之贼也。
⑩ 我之怀矣,自诒伊戚,出逸《诗》。言人多所怀恋,则自遗忧戚也。
⑪ 董狐,晋太史之名。
⑫ 书法不隐,美董狐不为赵盾隐讳其罪也。
⑬ 为法受恶,美赵盾能为法受屈也。
⑭ 惜也,越竟乃免,谓如越境径奔他国则弑祸在出奔之后,可免弑君之名,惜乎其未能也。
⑮ 公子黑臀,晋文公重耳少子。灵公被弑,迎立为晋国第二十七君,是为晋成公。在位七年。其元年当周定王元年乙卯岁,西历纪元前 606 年。
⑯ 诅无畜群公子,设为盟誓,无得畜养群公子也。
⑰ 无公族,废公族大夫也。既无公子,故无公族之官矣。
⑱ 宦,使之仕也。与前释游学之谊异。
⑲ 为之田,为置田邑也。
⑳ 余子,嫡子之母弟也,治余子之政,亦为官名。
㉑ 庶子,妾子也。 公行,掌率公戎行之官。

姬氏①之爱子也；微君姬氏，则臣狄人也。②"公许之。冬，赵盾为旄车之族。③使屏季以其故族为公族大夫。④

三　年⑤

楚子伐陆浑之戎，⑥遂至于雒，⑦观兵于周疆。⑧定王⑨使王孙满⑩劳楚子。楚子问鼎之大小轻重焉。⑪对曰："在德，不在鼎。昔夏之方有德也，⑫远方图物，⑬贡金九牧，⑭铸鼎象物。⑮百物而为之备，使民知神奸，⑯故民入川泽山林，不逢不若。⑰螭魅罔两，⑱莫能逢之。⑲用能协

---

① 君姬氏，赵姬，文公之女，成公之姊也。
② 微君姬氏，则臣狄人也，言如无赵姬之贤，坚请迎其母子，则盾终为狄之外孙耳。已见前僖公二十四年《传》。
③ 旄车，公行之官。盾本卿適，其子当为公族，避屏季故，更掌旄车。
④ 使屏季以其故族为公族大夫，盾以其故官属与屏季，使为衰之適也。
⑤ 宣公三年当周定王元年乙卯岁，楚庄王八年，西历纪元前606年。
⑥ 楚子，楚庄王也。陆浑之戎，戎之允姓者，本居瓜州，在秦、晋西北，陆浑其别部也。僖公二十二年，秦晋诱迁陆浑之戎于伊川，在今河南嵩县东北。其后于昭公十七年为晋荀吴所灭，汉时于其地置陆浑县。
⑦ 雒即洛水，源出陕西雒南县冢岭山。东南流，合丹水。东经河南卢氏、洛宁至宜阳县，受涧河。又经洛阳县，纳瀍水；偃师县，受伊河。至巩县东北洛口，入于黄河。
⑧ 观兵，耀武也。周都雒阳，故楚至伊、雒而得观兵于周之疆界也。
⑨ 定王，襄王孙，名瑜，为周朝第二十一王，在位二十一年。其元年当西历纪元前606年。
⑩ 王孙满，已见前，时为周大夫。
⑪ 鼎，夏禹所铸之九鼎也。三代相传以为宝器。问鼎之大小轻重，示欲逼周取天下也。
⑫ 夏之方有德也，指大禹之世。
⑬ 远方图物，远方图画山川奇异之物而献之于夏后也。
⑭ 贡金九牧，使九州之牧贡金也。
⑮ 铸鼎象物，即以九牧所贡之金铸为九鼎，各著其方所图之物于其上也。
⑯ 百物而为之备，使民知神奸，使民观鼎象所图鬼神百物之形，而预为之备也。
⑰ 不逢不若，不遇妖怪不顺之物也。若，顺也。
⑱ 螭魅，已见前。罔两，水神，亦兽物。两，本"蛃"。
⑲ 莫能逢之，言民皆知怪异之情状而善避之，故能不遇不顺之物也。

于上下,以承天休。^①桀有昏德,鼎迁于商,载祀六百。^②商纣暴虐,鼎迁于周。^③德之休明,虽小,重也。其奸回昏乱,虽大,轻也。^④天祚明德,有所底止。^⑤成王定鼎于郏鄏,^⑥卜世三十,卜年七百,天所命也。^⑦周德虽衰,天命未改,鼎之轻重,未可问也。"

四 年^⑧

楚人献鼋于郑灵公,^⑨公子宋^⑩与子家将见,子公之食指^⑪动,以示子家曰:"他日我如此,必尝异味。"及入,宰夫将解鼋,相视而笑。^⑫公问之。子家以告。及食大夫鼋,召子公而弗与^⑬也。子公怒,染指于鼎,尝之而出。公怒,欲杀子公。

子公与子家谋先。^⑭子家曰:"畜老犹惮杀之,^⑮而况君乎?"反潜

---

① 民无灾害则上下和而受天佑,故云"用能协于上下,以承天休"。

② 桀有昏德,鼎迁于商,夏末桀无道被放,成汤代夏兴商,故迁夏鼎于亳也。载祀六百谓商祚历六百年。载与祀皆纪年之称,《尔雅》云,商曰"祀",唐、虞曰"载",周曰"年",夏曰"岁"。

③ 商纣暴虐,鼎迁于周,殷末,纣无道失国,商鼎遂迁于雒邑也。

④ 德之休明……轻也,当三代君德休美光明之时,则九鼎虽小,以有德而重,不可迁移,及末世奸懑回邪昏迷暴乱之时,则九鼎虽大,以无德而轻,便可迁移也。

⑤ 天祚明德,有所底止,言天佑明德之君,亦有致止之时也。底,致也。

⑥ 郏鄏,今河南洛阳县西,周之雒邑也。周既代殷,武王遂迁鼎于此,至成王,乃定,故云成王定鼎。

⑦ 成王定鼎时卜传世,得占传三十世,历七百年,故云"卜世三十,卜年七百"。天所命也,所谓天祚明德,有所底止之定命也。

⑧ 宣公四年当周定王二年丙辰岁,楚庄王九年,齐惠公四年,西历纪元前605年。

⑨ 郑灵公,即大子夷,已见前。

⑩ 公子宋,字子公,郑之大夫。

⑪ 食指,第二指,古人每以此指染味尝于口,故云。

⑫ 子公、子家见解鼋意灵公将享大夫,故相视而笑,以为食指动之验。

⑬ 食大夫鼋,以鼋羹享大夫也。召子公而弗与,故靳之,欲使指动无验也。

⑭ 谋先,谋先发以害灵公也。

⑮ 畜,六畜,马、牛、羊、鸡、犬、豕也。读如"蓄"。畜老犹惮杀之,言六畜之老者,犹以久习之故,难于杀之,盖有不忍之心也。

子家。① 子家惧而从之。夏，弑灵公。书曰，"郑公子归生弑其君夷"，权不足也。② 君子曰，人而不武，无能达也。③……

郑人立子良。④ 辞曰："以贤，则去疾不足。以顺，则公子坚⑤长。"乃立襄公。襄公将去穆氏，⑥ 而舍子良。⑦ 子良不可，曰："穆氏宜存，则固愿也。若将亡之，则亦皆亡。去疾何为？⑧"乃舍之，皆为大夫。⑨

初，楚司马子良⑩生子越椒，⑪ 子文⑫曰："必杀之！是子也，熊虎之状，而豺狼之声，弗杀，必灭若敖氏⑬矣。谚曰，狼子野心。⑭ 是乃狼也，其可畜乎？"子良不可。子文以为大戚，及将死，聚其族曰："椒也知政，乃速行⑮矣，无及于难。"且泣曰："鬼犹求食，若敖氏之

---

① 反谮子家，子公将谮于公以胁子家也。
② 书曰云云，《经》文也。权不足也，《传》释之之辞，意谓子家权不足以御乱，惧谮而从弑君，故书以首恶也。
③ 人而不武，无能达也，杜《注》："初称畜老，仁也。不讨子公，是不武也。故不能自通于仁道而陷弑君之罪。"
④ 立子良，推子良为君以继灵公也。子良名去疾，穆公兰之庶子。其后为良氏，"七穆"之始也。
⑤ 公子坚，穆公子灵公弟也。继灵公为郑国第十一君，是为襄公。在位十八年。其元年当周定王三年丁巳岁，西历纪元前604年。
⑥ 穆氏，穆公之诸子。去穆氏，是逐群兄弟也。
⑦ 舍子良，置子良不逐，以其让己为君也。
⑧ 若将亡之……去疾何为，言既逐去穆氏，则凡穆公之子皆当逐，我何为独留也。
⑨ 皆为大夫，使穆公之子皆为大夫也。除良氏外，公子偃字子游，后为游氏。公子发字子国，后为国氏。公子喜字子罕，后为罕氏。公子騑字子驷，后为驷氏。子印之后为印氏。子丰之后为丰氏。公子嘉字子孔，后为孔氏。凡八氏，皆穆公之姓也。其后子罕之子公孙舍之字子展，子驷之子公孙夏字子西，子国之子公孙侨字子产，子良之孙良霄字伯有，子游之孙游吉字子太叔，子印之孙印段字子石，子丰之子公孙段字伯石，俱为郑执政大夫，号为"七穆"，以其皆出穆公之后也。
⑩ 司马子良，令尹子文之弟，时为司马之官。
⑪ 越椒即斗椒，已见前。伯棼、子越俱其别称也。
⑫ 子文即令尹子文，楚之贤执政。
⑬ 若敖氏，若敖之子孙，子文、子良皆若敖之孙也。若敖即楚第十四君熊仪。
⑭ 狼子野心，当时谚语。言豺狼之子心在山野，不可驯服也。
⑮ 速行，急速离楚他适也。

鬼不其馁而。①"及令尹子文卒,斗般②为令尹,子越为司马。蒍贾③为工正,谮子扬而杀之,子越为令尹,己为司马。子越又恶之,④乃以若敖氏之族圉⑤伯嬴于辕阳⑥而杀之。遂处烝野,⑦将攻王。⑧王以三王之子⑨为质焉,弗受,师于漳澨。⑩

秋七月戊戌,楚子与若敖氏战于皋浒。⑪伯棼射王,汰辀,⑫及鼓跗,⑬著于丁宁。⑭又射,汰辀,以贯笠毂。⑮师惧,退。⑯王使巡师⑰曰:"吾先君文王克息,获三矢焉。伯棼窃其二,尽于是矣。"⑱鼓而进之,遂灭若敖氏。

初,若敖娶于䢵,⑲生斗伯比。若敖卒,从其母畜于䢵,淫于䢵子之女,生子文焉。䢵夫人使弃诸梦中,⑳虎乳之。㉑䢵子田,见之,惧

---

① 不其馁而,言不将受饿耶。馁,饥饿也。而,语助辞。
② 斗般,亦作斗班,字子扬,令尹子文子。一称申公斗班,亦称司马子西。
③ 蒍贾字伯嬴,已见前。工正,掌百工之长。谮子扬……己为司马,蒍贾为子越谮杀子扬,而己得子越之位也。
④ 又恶之,言子越既为令尹,又恶蒍贾之逼己也。
⑤ 圉读如"语",囚也。
⑥ 辕阳,楚邑,今地不详,当在湖北旧荆州府境。
⑦ 烝野,楚邑,今地不详,当在湖北旧荆州府境。
⑧ 将攻王,子越将攻楚庄王也。
⑨ 三王之子,楚文王、成王、穆王之子也。
⑩ 漳澨,漳水之滨,当漳水会沮水处,在今湖北当阳县东南,名合溶渡。
⑪ 皋浒,楚地,当距漳澨不远。
⑫ 汰,过也。辀,车辕。汰辀,箭过车辕之上也。
⑬ 跗,所以架鼓。及鼓跗,箭及于鼓架也。
⑭ 丁宁,钲也。著于丁宁,箭着于钲也。
⑮ 以贯笠毂,杜《注》:"兵车无盖尊者则边人执笠依毂而立,以御寒暑,名曰笠毂。"此言子越初射过车辕着于钲,再射又过辕穿及王之盖也。
⑯ 师惧,退,庄王之师见子越之射,惧而后退也。
⑰ 使巡师,使人巡行于师中,有所传谕也。
⑱ 吾先君……尽于是矣,庄王安定人心之辞,所以释楚师之惧心也。
⑲ 䢵,国名,子爵,一作"郧",今湖北安陆县。
⑳ 梦中,云梦泽中也。当时为薮泽。今湖北云梦县是。
㉑ 虎乳之,有母虎以乳哺养子文也。

而归，夫人以告。① 遂使收之。楚人谓乳榖，② 谓虎於菟，③ 故命之曰斗榖於菟，以其女妻伯比，实为令尹子文。④ 其孙箴尹克黄，⑤ 使于齐。还及宋，闻乱，其人⑥曰："不可以入矣。"箴尹曰："弃君之命，独谁受之？⑦ 君，天也，天可逃乎？"遂归复命，而自拘于司败。⑧ 王思子文之治楚国也，曰："子文无后，何以劝善？"使复其所，⑨ 改命曰生。⑩

十一年⑪

冬，楚子为陈夏氏乱故，伐陈。⑫ 谓陈人无动，将讨于少西氏，⑬

---

① 夫人以告，邓夫人明告邓子，此邓女私通伯比所生之子也。
② 楚人谓乳榖，言楚之方言称乳哺为"榖"也。榖，读如"耨"。
③ 谓虎於菟，言楚方言称虎为"於菟"也。於读如"乌"，菟读如"吐"。
④ 故命之曰……实为令尹子文，言邓子收养子文，且正式以女妻伯比；子文后遂为楚令尹也。
⑤ 箴尹克黄，子扬之子，子文之孙。箴尹，其官名也。
⑥ 闻乱，闻子越之乱，王灭若敖氏也。其人，克黄左右之人。
⑦ 弃君之命，独谁受之，言君命使齐，不归复命，是弃君命也。难奔他国，谁肯独收此弃命之人乎。
⑧ 自拘于司败，束身待罪于刑官也。司败即司寇，楚之刑官名。
⑨ 使复其所，使克黄复其所在箴尹之官也。
⑩ 改命曰生，易其旧名也。言越椒之乱，合诛绝其族，今更存立，故命曰生，示应死而重生耳。
⑪ 宣公十一年，当周定王九年癸亥岁楚庄王十六年，郑襄公七年，陈成公元年，西历纪元前598年。
⑫ 初，郑穆公女妻陈大夫夏御叔，曰夏姬，色美。陈灵公及其二卿孔宁、仪行父通之。君臣相狎。鲁宣公十年，即陈灵公十五年，夏姬之子夏徵舒弑灵公，孔宁、仪行父奔楚。至是，楚庄王为陈夏氏乱故，伐陈。陈灵公名平国，共公朔之子，为陈第十九君，在位十五年。其元年当周顷王六年戊申岁，西历纪元前613年。孔宁、仪行父，详后。夏姬于陈灭后，楚取以与连尹襄老。襄老死，姬归郑，楚申公巫臣娶之奔于晋。夏读如"贾"，下同。
⑬ 谓陈人无动，将讨于少西氏，楚使人告陈人，无得轻动拒师，言将讨徵舒弑君之罪也。少西，徵舒祖子夏之字，故称少西氏。

遂入陈，杀夏徵舒，轘诸栗门。^①因县陈。^②陈侯在晋。^③

申叔时^④使于齐，反，复命而退。王使让之^⑤曰："夏徵舒为不道，弑其君，寡人以诸侯讨而戮之。诸侯县公^⑥皆庆寡人，女独不庆寡人，何故？"对曰："犹可辞乎？"^⑦王曰："可哉！"曰："夏徵舒弑其君，其罪大矣，讨而戮之，君之义也。抑人亦有言曰，牵牛以蹊人之田，而夺之牛。^⑧牵牛以蹊者，信有罪矣；而夺之牛，罚已重矣。诸侯之从也，曰讨有罪也。今县陈，贪其富也。以讨召诸侯，而以贪归之，无乃不可乎？"王曰："善哉，吾未之闻也。反之，可乎？"对曰："可哉！吾侪小人，所谓取诸其怀而与之也。^⑨"乃复封陈，乡取一人焉以归，谓之夏州。^⑩

故书曰，楚子入陈，纳公孙宁、仪行父^⑪于陈。书有礼也。^⑫

厉之役，郑伯逃归。自是楚未得志焉。^⑬郑既受盟于辰陵，又徼

---

① 夏徵舒时已为卿，楚师入，车裂之于栗门。轘读如"患"，车裂也。栗门，陈城门名。

② 县陈，灭陈以为楚之县也。

③ 陈侯，灵公子成公午也。为陈第二十君，在位三十年。其元年当周定王九年癸亥岁，西历纪元前598年。时因祸乱，避居晋国，故云在晋。

④ 申叔时，楚大夫。

⑤ 使让之，使人声责申叔时也。

⑥ 时楚之县大夫皆僭称公，故称县公。

⑦ 犹可辞乎，言尚可有辞以自解乎。

⑧ 牵牛以蹊人之田，而夺之牛，当时流行谚语，言有牵牛踏过人之田地者，其人即夺其牛以为罚也。蹊，径也。

⑨ 吾侪小人，所谓取诸其怀而与之也，杜《注》："叔时谦言小人意浅，谓譬如取人物于其怀而反之，为愈于不还。"

⑩ 夏州，州，乡属，示讨夏氏所获也。

⑪ 公孙宁，即孔宁，与仪行父皆为陈卿。以灵公被弑，惧而奔楚。庄王既受申叔时之言，乃入陈，纳此二人。

⑫ 书有礼也，谓《经》文所以如此书之者，盖没其县陈本意，全以讨乱存国为文，善其复礼也。

⑬ 厉之役……楚未得志焉，言厉役以来，郑南北两属，不专心于楚，故楚未得志也。厉之役在宣公六年，楚伐郑，取成于厉，郑伯逃归七年，郑与于晋黑壤之会。九年楚又伐郑，晋救之，败楚师于柳棼。故楚深以厉之役为恨。郑伯，指郑襄公，已见前。厉，不详，疑为郑地。

事于晋。①

十二年②

十二年春，楚子围郑。旬有七日，郑人卜行成，③不吉。卜临于大宫，且巷出车，④吉。国人大临，守陴者皆哭。⑤楚子退师，郑人修城。进，复围之。⑥三月克之，入自皇门，⑦至于逵路。⑧郑伯肉袒牵羊以逆，曰："孤不天，⑨不能事君，使君怀怒，以及敝邑，孤之罪也。敢不唯命是听？其俘诸江南以实海滨，⑩亦唯命。其翦以赐诸侯，使臣妾之，⑪亦唯命。若惠顾前好，⑫徼福于厉、宣、桓、武，⑬不泯其社稷，使

---

① 宣公十一年春，楚又伐郑，及栎。郑襄公乃从子良之言，于其夏与陈成公同受盟于辰陵，以示服楚然未绝晋，故楚庄王以为郑既受盟于辰陵，又徼事于晋，益怒，明年遂兴师围郑。辰陵，陈地，在今河南淮阳县西六十里，即辰亭。徼同"要"，读如"邀"。

② 宣公十二年当周定王十年甲子岁，晋景公三年，楚庄王十七年，郑襄公八年，宋文公十四年，蔡文侯十五年，西历纪元前597年。

③ 卜行成，以求和与否问诸卜人也。

④ 卜临于大宫，且巷出车，以哭于祖庙，出车求迁问诸卜人也。临，哭也。大宫，郑之祖庙。巷出车，出车于巷，示将见迁，不得安居也。

⑤ 国人大临，郑人聚哭于大宫。守陴者皆哭，登城守御之人亦齐声哭也。凡此皆所以告楚人以郑已穷困也。陴，城上蔽身之短墙，即雉堞。

⑥ 楚子退师……进，复围之，言楚庄哀郑穷哭，故为退师，而郑乃修城，犹不服顺，故复围郑。

⑦ 皇门，郑城门名。

⑧ 逵路，大道也。九达谓之"逵"，亦作"馗"，犹今所谓"十字街头"也。

⑨ 不天，不为天所佑也。

⑩ 其，或然之辞，下句同。俘诸江南以实海滨，言俘执郑人迁于大江之南，为楚辟南海之滨以充实之也。

⑪ 翦以赐诸侯，使臣妾之，言翦削郑国以赐从楚之诸侯，使郑人男为臣，女为妾也。翦，裁也；削也。

⑫ 楚、郑世有盟誓之好，故郑哀恳楚怜，而云惠顾前好也。

⑬ 厉王、宣王，郑之所自出。桓公、武公，始封之贤君，郑愿楚徼福于此四君以求全社稷也。

改事君，夷于九县。^①君之惠也，孤之愿也，非所敢望也。敢布腹心，君实图之。"左右曰："不可许也。得国无赦。"王曰："其君能下人，必能信用其民矣，庸可几乎？^②"退三十里而许之平。潘尫入盟，^③子良出质。^④

夏六月，晋师救郑，荀林父将中军，^⑤先縠佐之。^⑥士会将上军，^⑦郤克佐之。^⑧赵朔将下军，^⑨栾书佐之。^⑩赵括、赵婴齐为中军大夫。^⑪巩朔、韩穿为上军大夫。^⑫荀首、赵同为下军大夫。^⑬韩厥为司马。^⑭

及河，闻郑既及楚平。桓子欲还，曰："无及于郑而剿民，^⑮焉用之？楚归而动，不后。^⑯"随武子曰："善。会闻用师，观衅而动。^⑰德

---

① 使改事君，夷于九县，杜《注》："楚灭九国以为县，愿得比之。"楚灭诸国见于传者，庄十四年灭息，十六年灭邓，僖五年灭弦，十二年灭黄，二十六年灭夔，文四年灭江，五年灭六灭蓼，十六年灭庸。又庄十八年传称楚武王克权，使斗缗尹之。僖二十八年传称汉阳诸姬，楚实尽之。哀十七年传称楚文王县申、息。是楚之灭国多矣，言九县者，举其极数以概之也。

② 庸可几乎，犹言岂可几望得其国乎。

③ 潘尫字师叔，楚大夫。入盟，入郑莅盟也。尫读如"汪"。

④ 子良即公子去疾，郑伯之弟，已见前。出质，自郑质于楚也。

⑤ 荀林父已见前，即下文所称之桓子，时代郤缺将中军为元帅。

⑥ 先縠亦称原縠，一称彘季，又称彘子，先轸之后，疑即先克之子。时代荀林父为中军佐。邲之战后，为晋所杀，尽灭其族。

⑦ 士会已见前，即下文所称之随武子。河曲之役，郤缺将上军，宣八年代赵盾为政将中军，士会乃代将上军。

⑧ 郤克，郤缺之子，一称郤子，一称郤伯，亦称郤献子，又称驹伯，时代臾骈为上军佐。

⑨ 赵朔，赵盾之子，亦称赵庄子，时代栾盾将下军。

⑩ 栾书，栾盾之子，一称栾伯，亦称栾武子，时代赵朔为下军佐。

⑪ 赵括即屏括，赵婴齐即楼婴，均已见前。中军大夫，中军将佐以外之官，三军皆有之，盖始于此。

⑫ 巩朔见前。韩穿，韩万之后，系不详，当与韩厥同辈。上军大夫，参看前注。

⑬ 荀首，林父弟，为知氏之先，称知季，亦称知庄子。知氏与中行同祖，自此分族矣。赵同即原同，已见前。下军大夫，参前注。

⑭ 韩厥，韩万玄孙，亦称韩献子，时为中军司马。

⑮ 无及于郑而剿民，言无及于挽救郑之降楚而徒劳民用众也。剿，劳也。

⑯ 楚归而动，不后，言待楚师既归，而动兵以伐郑，未为后时也。

⑰ 观衅而动，俟其有隙可乘而后动兵也。衅，罪也；隙也。

刑政事典礼不易，不可敌也。① 不为是征。② 楚军讨郑，怒其贰而哀其卑。叛而伐之，服而舍之，德刑成矣。伐叛，刑也。柔服，德也。二者立矣。昔岁入陈，今兹入郑，民不罢劳，③ 君无怨讟，④ 政有经⑤矣。荆尸而举，⑥ 商农工贾不败其业，而卒乘辑睦，⑦ 事不奸⑧矣。芬敖为宰，⑨ 择楚国之令典，⑩ 军行，右辕，左追蓐，⑪ 前茅虑无，⑫ 中权后劲，⑬ 百官象物而动，军政不戒而备，⑭ 能用典矣。其君之举也，内姓选于亲，外姓选于旧。⑮ 举不失德，赏不失劳，老有加惠，⑯ 旅有施舍，⑰ 君子小人，物有服章，⑱ 贵有常尊，贱有等威，⑲ 礼不逆⑳矣。德立，刑行，

---

① 德刑政事典礼不易，不可敌也，言此六者无所变易则国必强盛，未可敌之也。此下即列举事实以分证此六者之无易。
② 不为是征，言征伐为有罪，不为此六事不易而行征伐也。
③ 罢通"疲"。劳，苦也。
④ 君无怨讟，言无有怨嗟谤讟于其君者。讟读如"牍"，谤也。
⑤ 政有经，谓其政有常则，故能民不疲劳而君无怨谤也。
⑥ 荆尸而举，杜《注》："荆，楚也。尸，陈也。楚武王始更为此陈法，遂以为名。"陈，通作"阵"。
⑦ 卒乘辑睦，兵众安和也。步曰卒。车曰乘。辑，安集也。睦，和悦也。
⑧ 事不奸，谓其事无相干犯，故能农工安业而兵众辑睦也。
⑨ 芬敖为宰，谓孙叔敖为令尹也。宰，主政之人，以指楚之令尹。芬敖即令尹孙叔敖，详后。
⑩ 令典，法令典则也。择，持也。
⑪ 右辕，在车之右者挟辕为战备也。左追蓐，在左者追求草蓐为宿备也。
⑫ 前茅虑无，杜《注》："虑无，如今军行前有斥候蹋伏，皆持以绛及白为幡，见骑贼，举绛幡，见步贼，举白幡，备虑有无也。茅，明也。或曰，时楚以茅为旌识。"按，杜《注》之"今"自系指晋初之制，其实所谓"前茅"者，即今作战时前方侦察敌情之斥候哨兵也。
⑬ 中权，谓中军制谋决胜后劲，以精兵后殿也。
⑭ 百官象物而动，言楚之百官皆象其物类而后动，无妄动也。军政不戒而备，言楚之军政不待敕令而先备，无不备也。物，犹类也。戒，敕命也。
⑮ 内姓之有才者选于亲戚之中，外姓之有才者选于故旧之中，所谓亲疏并举也。
⑯ 老有加惠，言赐老则不计劳。
⑰ 旅有施舍，言旅客来者施之以惠，免其劳役。旅客，所谓羁旅之臣。舍，免也。
⑱ 物有服章，尊卑有别，无相搀越也。
⑲ 贵有常尊，言处贵者有常尊之势分。贱有等威，言处贱者有威仪之等差。
⑳ 礼不逆，谓其礼无悖逆，故能举，赏不失，尊卑有序也。

政成，事时，典从，礼顺，若之何敌之？① 见可而进，知难而退，军之善政也。兼弱攻昧，② 武之善经③ 也。子姑整军而经武④ 乎！犹有弱而昧者，何必楚？⑤ 仲虺有言曰，取乱侮亡，⑥ 兼弱也。《汋》曰，于铄王师，遵养时晦，⑦ 耆昧⑧ 也。《武》曰，无竞惟烈，⑨ 抚弱耆昧，以务烈所，可也。⑩" 𫇭子曰："不可。晋所以霸，师武臣力也。⑪ 今失诸侯，不可谓力。有敌而不从，不可谓武。由我失霸，不如死。且成师以出，闻敌强而退，非夫也。⑫ 命为军帅而卒以非夫，唯群子能，我弗为也。⑬" 以中军佐济。⑭ 知庄子曰："此师殆哉！⑮《周易》有之，在师䷆之临䷒，曰师出以律，否臧，凶。⑯ 执事顺成为臧，逆为否，众散为弱，⑰ 川壅为泽，⑱

---

① 此综言楚国于德、刑、政、事、典、礼六者均无所佚失，与上文"不易，不可敌也"呼应，故重言以申明之曰"若之何敌之"。

② 兼弱攻昧，谓兼并屠弱之邦，攻取昏乱之国。盖弱不自振则兼之实易，昧而昏乱则伐之有名也。

③ 善经，犹言良法。

④ 姑，且也。整军而经武，整顿军旅而经略武备也。

⑤ 犹有弱而昧者，何必楚，言域内犹有衰弱而昏昧者在，何必独与楚争也。

⑥ 仲虺，汤之左相，奚仲之后，薛之祖也。取乱侮亡，见《商书·仲虺之诰》，次"兼弱攻昧"为文，言可取淫乱而侮失道也。

⑦ 汋通"酌"，《汋》即《诗·周颂·酌》篇。于铄，美之之辞。遵养时晦，美武王能遵天之道以俟暗昧者恶积而后取之也。

⑧ 耆，致也。耆昧，致讨于昏昧，即攻昧也。

⑨ 执竞武王，无竞惟烈，见《周颂·执竞》篇，序云"祀武王也"。故此云"《武》曰"，犹云祀武王之诗如是云云也。竞，疆也。烈，业也。言武王兼弱攻昧，故成无疆之业也。

⑩ 以务烈所，可也，言当务从武王之功业，抚而取之也。

⑪ 师武，谓兵师之武勇。臣力，群臣之勤力也。

⑫ 非夫也，犹云不是大丈夫也。

⑬ 唯群子能，我弗为也，犹云惟诸公能受此非夫之辱，我不能为此事也。

⑭ 以中军佐济，先縠以所帅本部兵渡河而南也。

⑮ 殆哉，危辞，言此师恐将败坏也。

⑯ 师卦坎下坤上，临卦兑下坤上，师卦初爻之"– –"变而为"—"，即成临卦，故云"在师之临"。师出以律，否臧，凶，师卦初六之爻辞也。律，法也。否，不也。臧，善也；顺也。此言以律则吉，不善则凶也。

⑰ 坎为众，今变为兑，兑，柔弱之象，故云"众散为弱"。

⑱ 坎为川，今变为兑，兑为泽，是川见壅也，故云"川壅为泽"。

有律以如己也。^①故曰，律否臧。^②且律竭也，盈而以竭，夭且不整，所以凶也。^③不行之谓临，^④有帅而不从，临孰甚焉？此之谓矣。果遇必败，彘子尸之。^⑤虽免而归，必有大咎。^⑥"韩献子谓桓子曰："彘子以偏师陷，子罪大矣。子为元帅，师不用命，谁之罪也？失属亡师，^⑦为罪已重，不如进也。事之不捷，恶有所分，与其专罪，六人同之，^⑧不犹愈乎？"师遂济。

楚子北，^⑨师次于郔。^⑩沈尹^⑪将中军，子重^⑫将左，子反^⑬将右，将饮马于河而归。闻晋师既济，王欲还，嬖人伍参^⑭欲战。令尹孙叔敖^⑮弗欲，曰："昔岁入陈，今兹入郑，不无事矣。^⑯战而不捷，参之肉其足食乎？^⑰"参曰："若事之捷，孙叔为无谋矣。不捷，参之肉将在晋军，可得食乎？"令尹南辕反旆，^⑱伍参言于王曰："晋之从政者

---

① 有律以如己也，言师之有法，所以从己也。如，从也。法行则人从法，法败则法从人。坎为法象，今为众队散，为川则壅，是失法之用，从人之象矣。
② 法败而法从人，是律失其顺矣，故曰"律否臧"。
③ 且律竭也……所以凶也，此申言律败之为凶。竭，败也。坎变为兑，是法败。盈而以竭，夭且不整，言水以盈为功，遇夭塞则不得整流而涸竭，是凶象也。
④ 水变为泽，乃成临卦，泽不行之物，故云"不行之谓临"。
⑤ 果遇必败，彘子尸之，言彘子违命而行，遇敌必致败衄，其祸自当由彘子当之也。
⑥ 虽免而归，必有大咎，言彘子虽得幸免归国，亦必有大殃及之也。
⑦ 失属亡师，不能行令于部属，致彘子以偏师失陷也。杜《注》谓郑属楚为失属，未安。
⑧ 与其专罪，六人同之，谓三军皆败则六卿同罪，不得独责元帅也。
⑨ 楚子北，言楚庄王移师北进也。
⑩ 郔，郑北境地，即廪延。当濒近黄河。
⑪ 沈尹，沈县之尹，不详其名，时将中军者，非即孙叔敖，盖令尹本不在三军之数也。从梁履绳《左通补释》说。沈县，今河南固始县。
⑫ 子重，庄王弟公子婴齐之字。楚之正卿也。以其将左，亦称左尹子重。后代孙叔敖为令尹，亦称令尹子重。
⑬ 子反，楚正卿公子侧之字。后为大司马，亦称大司马侧。
⑭ 伍参，伍奢之祖父，伍子胥之曾祖，楚伍氏之始也。
⑮ 令尹孙叔敖，即劳贾之子劳敖，亦称劳艾猎，亦称孙叔，楚之贤臣也。
⑯ 不无事矣，言连年入陈入郑，在楚国不可谓无事劳民矣。
⑰ 参之肉其足食乎，言如战而不胜，虽食参之肉不足以雪耻也。
⑱ 南辕反旆，回车南向，示将引还也。旆，车前大旗。

新，未能行令。①其佐先縠，刚愎不仁，②未肯用命。其三帅者，专行不获，③听而无上，众谁适从？④此行也，晋师必败。且君而逃臣，若社稷何？⑤"王病之，告令尹改乘辕而北之，⑥次于管以待之。⑦

晋师在敖、鄗之间。⑧郑皇戌⑨使如晋师，曰："郑之从楚，社稷之故也，未有贰心。楚师骤胜而骄，其师老矣，而不设备，子击之，郑师为承，⑩楚师必败。"郤子曰："败楚服郑，于此在矣，必许之。"栾武子曰："楚自克庸以来，其君无日不讨国人而训之⑪，于民生之不易，祸至之无日，戒惧之不可以怠。⑫在军，无日不讨军实而申儆之，于胜之不可保，纣之百克而卒无后。⑬训之以若敖、蚡冒筚路蓝缕以启山林。⑭箴之曰，民生在勤，勤则不匮，⑮不可谓骄。先大夫子犯有言曰，师直为壮，曲为老。我则不德，而徼怨于楚，我曲楚直，不可

---

① 晋之从政者新，未能行令，言荀林父新将中军执晋政，未能专行其号令也。
② 刚愎不仁，既刚且狠，又无仁心也。愎读如"弼"，狠戾也。
③ 专行不获，言其上中下三军之帅欲专其所行而不得也。
④ 听而无上，众谁适从，言听郤子、赵同、赵括等所为，则军中无上，令众不知所从也。
⑤ 君而逃臣，若社稷何，言楚王以君而逃晋之诸臣，实辱楚国之社稷也。
⑥ 改乘辕而北之，将所乘之车仍转向往北也。
⑦ 次于管以待之，楚师进驻于管，以待晋师之来也。管，管城，管叔故封，时为郑地。隋置县，明初省。故城在今河南郑县北二里。
⑧ 敖、鄗，二山，在今河南荥泽县境。
⑨ 皇戌，郑大夫。时奉使如晋师自解。
⑩ 承，继也。为承，为晋师后继也。
⑪ 讨国人而训之，昭告国人而致其训戒也。讨，治也，下"讨军实"之"讨"同。
⑫ 于民生之不易……不可以怠，即训诫之大要。就斯民生理之艰难及无日不虞祸患之来袭，时加提示，使不生息忽之心。
⑬ 在军……纣之百克而卒无后，是治军之训练大要。言其治兵，无一日不治军资器械而申重儆戒之命，以为战胜不可永保，昔商纣恃其百战百胜之威，卒为周武王所灭，殄其祀也。
⑭ 若敖、蚡冒，皆楚之先君。筚路，柴车。蓝缕，敝衣。筚路蓝缕以启山林者，言此二君辛苦勤俭，悉力经营，始得逐渐开拓疆土以有今日也。
⑮ 箴，诫也。民生在勤，勤则不匮，楚诫军民之辞。言民之生理惟在勤力，勤以治生则自不匮乏也。

谓老。其君之戎,分为二广,^①广有一卒,卒偏之两。^②右广初驾,数及日中。左则受之,以至于昏。^③内官序当其夜,以待不虞,^④不可谓无备。子良,郑之良^⑤也。师叔,楚之崇^⑥也。师叔入盟,子良在楚,楚、郑亲矣。来劝我战,我克则来,不克遂往,以我卜也。^⑦郑不可从。"赵括、赵同曰:"率师以来,唯敌是求,克敌得属,^⑧又何俟?必从彘子!"知季曰:"原、屏,咎之徒也。"^⑨赵庄子曰:"栾伯善哉!实其言,必长晋国。^⑩"

楚少宰^⑪如晋师,曰:"寡君少遭闵凶,不能文。^⑫闻二先君之出入此行也,将郑是训定,^⑬岂敢求罪于晋?二三子无淹久!^⑭"随季对曰:"昔平王命我先君文侯曰,与郑夹辅周室,毋废王命。今郑不率,^⑮寡君使群臣问诸郑,岂敢辱候人?^⑯敢拜君命之辱。^⑰"彘子以为谄,^⑱使赵括

---

① 其君之戎,谓楚君之亲兵。分为二广,分左右二队以更番也。详下注。
② 广有一卒,卒偏之两,杜《注》:"十五乘为一广。《司马法》:百人为卒,二十五人为两车,二十五乘为大偏。今广十五乘,亦用旧偏法,复以二十五人为承副。"承副,替班之预备队也。
③ 右广初驾……以至于昏,此谓日中之戒备。盖右广每日鸡鸣而驾,数其时刻,至日向中而止,左广乃受而代之,至于日久昏黄而止也。
④ 内官序当其夜,此谓夜间之戒备。内官,亲近君王之官。序,次也。当其夜,值宿也。言内官以次宿卫,递相传更,以戒备不虞也。
⑤ 郑之良,郑国之出色人物也。
⑥ 楚之崇,楚国所贵尊之人也。
⑦ 以我卜也,以我之克胜与否卜其去就也。
⑧ 克敌谓胜楚。得属谓服郑。
⑨ 原、屏,咎之徒也,言赵同、赵括为彘子之党也。咎指彘子,盖明知即将获罪之人也。
⑩ 实其言,必长晋国,谓充栾武子之言,其量必当执晋国之政也。
⑪ 少宰,官名,其人不详,亦沈尹之类也。
⑫ 寡君少遭闵凶,不能文,谦辞,言楚庄王立时尚少,遭忧凶之难,不能文饰其辞比。闵,忧也。
⑬ 闻二先君之出入此行也,将郑是训定,言其二先君成王、穆王之出入于此,将取郑而教训安定之,示郑之服楚已积世相仍矣。行,大道也。
⑭ 二三子,称晋之诸帅。无淹久,不必久留于此也。淹,滞也;留也。
⑮ 率,遵也。不率,不遵循旧章也。
⑯ 候人,伺候望敌之人,指楚言。辱候人,辱劳楚之守望者也。
⑰ 敢拜君命之辱,犹云岂敢劳辱楚君之命也。
⑱ 谄读如"阎",媚也。卑乞之辞亦曰"谄"。

从而更之,^①曰:"行人失辞。^②寡君使群臣迁大国之迹于郑,^③曰,无辟敌!群臣无所逃命。^④"

楚子又使求成于晋,晋人许之,盟有日矣,楚许伯御乐伯,^⑤摄叔^⑥为右,以致晋师。^⑦许伯曰:"吾闻致师者,御靡旌摩垒而还。"^⑧乐伯曰:"吾闻致师者,左射以菆,代御执辔,御下两马掉鞅而还。"^⑨摄叔曰:"吾闻致师者,右入垒,折馘执俘而还。"^⑩皆行其所闻而复。^⑪晋人逐之,左右角之。^⑫乐伯左射马而右射人,角不能进。矢一而已,^⑬麋兴于前,射麋丽龟。^⑭晋鲍癸当其后。^⑮使摄叔奉麋献焉,^⑯曰:"以岁之非时,献禽之未至,敢膳诸从者。"^⑰鲍癸止之,曰:"其左善射,其右有辞,^⑱君子

---

① 从而更之,随即更改其辞也。
② 行人,犹今所谓外交人员。失辞,误对也。
③ 迁大国之迹于郑,意即使楚兵撤离郑境也。
④ 无所逃命,无法逃避晋君之命,不能听"无淹久"之言也。
⑤ 许伯、乐伯,当为楚之大夫。
⑥ 摄叔,当亦为楚之大夫。
⑦ 以致晋师,向晋师挑战也。致师即挑战。致,诱也。时行成有日,楚忽以单车挑战又示不欲崇和,是使晋之群帅相疑也。
⑧ 吾闻致师者……摩垒而还,许伯自言御车者诱敌挑战之法。靡旌,偃旗疾驱也。摩垒而还,逼近敌人之军垒而始还也。
⑨ 吾闻致师者……掉鞅而还,乐伯自言乘车者诱敌挑战之法。左,车左也。菆读如"诹",矢之良者。两,饰也。掉,正也。鞅,马颈所加之革,羁勒之具也。言乘车者取良矢从车左射敌,代御车者执辔使下,俾饰马正勒,以示闲暇。
⑩ 吾闻致师者……执俘而还,摄叔自言戎右诱敌挑战之法。言当直入敌人之营垒割取左耳,或生擒其人以为俘虏也。
⑪ 皆行其所闻而复,言三人各如其自述之法以行,而后还也。
⑫ 左右角之,张两翼从旁夹攻此三人也。角,犹翼也。
⑬ 矢一而已,乐伯矢尽,仅存其一也。
⑭ 麋兴于前,适有大鹿突起于乐伯之前也。射麋丽龟,乐伯即以余矢射麋,中麋之背也。丽,着也。龟,背上隆高当心之处,有类龟脊也。
⑮ 鲍癸,当为晋之大夫,时正在角阵逐乐伯,故逼近其后。
⑯ 乐伯见逼,而矢已垂尽,故射麋使摄叔奉献于鲍癸焉。盖欲以善射之技以惧晋师,藉以求免耳。
⑰ 以岁之非时……敢膳诸从者,献麋之辞。言以岁之不时,献兽之人或有未至,敢以此供从者之膳也。
⑱ 止之,却而不受。其左善射指乐伯,其右有辞指摄叔,谓其善为设辞也。

也。"既免。①

晋魏锜求公族未得②而怒，欲败晋师。请致师，③弗许。请使，④许之。遂往请战而还，楚潘党⑤逐之。及荥泽，⑥见六麋，射一麋以顾献⑦，曰："子有军事，兽人无乃不给于鲜？敢献于从者。⑧"叔党命去之。⑨赵旃求卿未得，且怒于失楚之致师者，⑩请挑战，弗许。请召盟，⑪许之。与魏锜皆命而往。郤献子曰："二憾⑫往矣，弗备，必败。"彘子曰："郑人劝战，勿敢从也。楚人求成，弗能好也。师无成命，多备何为？⑬"士季曰："备之善。若二子怒楚，楚人乘我，丧师无日矣。不如备之。楚之无恶，除备而盟，何损于好？⑭若以恶来，有备不败。⑮且虽诸侯相见，军卫不彻，警也。⑯"彘子不可。⑰士季使巩朔、韩穿帅七覆于敖前，⑱故上军不败。赵婴齐使其徒先具舟于河，故败而先济。

潘党既逐魏锜，赵旃夜至于楚军，席⑲于军门之外，使其徒入之。

---

① 既免，止而不追也。
② 魏锜，魏犨之子，亦称厨武子，亦称吕锜，时求为公族大夫而未得，故有憾也。
③ 请致师，请向楚师挑战也。
④ 请使，请往使于楚师也。
⑤ 潘党，潘尪之子，一称叔党。
⑥ 荥泽，在今河南荥泽县治南，时尚为泽薮，至汉平帝以后乃淤塞为平地。
⑦ 魏锜奔还及荥泽，见六麋，乃射其一，顾潘党而献之也。
⑧ 子有军事……敢献于从者，魏锜之辞。言潘党有三军之事，掌禽兽人恐未能供给新杀之鲜，故射麋以献于潘党之从行者耳。杜云："新杀为鲜。"
⑨ 叔党命去之，潘党命舍魏锜勿追也。
⑩ 赵旃，赵穿子。失楚之致师者，谓放走楚乐伯之挑战之徒。
⑪ 请召盟，请如楚召其来盟也。与前"盟有日矣"应。
⑫ 二憾，谓魏锜、赵旃，俱有蓄恨之人也。
⑬ 师无成命，多备何为，言出师而不解决和战之大命，虽多设备究何所为乎。
⑭ 楚之无恶……何损于好，言若楚人果无恶意，则除兵备以相从为盟，何损于二国之好也。
⑮ 若以恶来，有备不败，言楚人若以恶意而来尝试，我早为之备，亦不至于丧败也。
⑯ 且虽诸侯相见，军卫不彻，警也，言诸侯虽以和好相见，而君行师从，亦不撤去军卫警戒之至也。且，推进之辞。彻通"撤"。
⑰ 彘子不可，先縠不肯设备也。
⑱ 帅七覆于敖前，将伏兵七处分布于敖山之前也。帅，将也。覆，伏兵也。
⑲ 席，布席而坐，示无所畏也。

楚子为乘广三十乘，分为左右，右广鸡鸣而驾，日中而说。① 左则受之，日入而说。② 许偃③御右广，养由基④为右。彭名⑤御左广，屈荡⑥为右。乙卯，王乘左广以逐赵旃。赵旃弃车而走林，屈荡搏之，得其甲裳。晋人惧二子之怒楚师也，使軘车逆之。⑦潘党望其尘，使骋而告曰："晋师至矣。"楚人亦惧王之入晋军也，遂出陈。⑧孙叔曰："进之！宁我薄人，无人薄我。⑨《诗》云，元戎十乘，以先启行，⑩先人⑪也。《军志》曰，先人有夺人之心，薄之也。⑫"遂疾进师，车驰，卒奔，乘晋军。⑬桓子不知所为，鼓于军中曰："先济者有赏！"中军、下军争舟，舟中之指可掬也。⑭

晋师右移，上军未动。⑮工尹齐⑯将右拒卒，⑰以逐下军。⑱楚子

---

① 乘广，兵车名。分为左右，盖楚王将更迭载之，故下文各有御右也。右广难鸣而驾，日中而说，已详前注。说通作"税"，舍也；释也。
② 左则受之，日入而说，参前注。
③ 许偃，疑即前御乐伯之许伯。
④ 养由基，亦称养叔，楚大夫，以善射名。
⑤ 彭名，当亦楚之大夫。
⑥ 屈荡，屈瑕之后，屈建之祖父也。与襄十五年为莫敖之屈荡为别一人，姓名同耳。
⑦ 軘车，兵车名。逆之，迎魏锜、赵旃二子也。
⑧ 惧王之入晋军也，恐楚庄王陷入晋军也。遂出陈，因皆出队列阵以待战也。
⑨ 宁我薄人，无人薄我，言宁使我军先进以迫人，无使他人先来迫我也。薄读"搏"，迫也。
⑩ 元戎十乘，以先启行，《诗·小雅·南有嘉鱼之什·六月》篇第四章之卒句也。元戎，戎车在前也。言王者军行，必有戎车十乘在前开道，先人为备也。
⑪ 先人，所谓先发制人也。
⑫ 《军志》曰……薄之也，孙叔敖引兵书之言以申己意也。先人有夺人之心，《军志》之辞，言先发制人，所以夺敌人之战心也。薄之也，申说之辞，言逼迫敌人使不暇为谋也。
⑬ 乘晋军，乘晋师之不备以迫之也。
⑭ 两手曰掬。此言二军争舟先济，斫断手指之在舟中者可以两手掬之，见其争夺之烈，杀害之多也。
⑮ 晋师右移，上军未动，言晋师余军皆移去，惟上军以有备故，未动。
⑯ 工尹齐，楚大夫。
⑰ 右拒，阵名，故下文有"左拒"。右拒卒，右拒阵之兵卒也。
⑱ 以逐下军，逐晋赵朔、栾书、荀首、赵同所在之下军也。

使唐狡与蔡鸠居①告唐惠侯②曰:"不穀不德而贪,以遇大敌,不穀之罪也。然楚不克,君之羞也。敢藉君灵,以济楚师。"使潘党率游阙③四十乘,从唐侯以为左拒,以从上军。④驹伯曰:"待诸乎?"⑤随季曰:"楚师方壮,若萃于我,吾师必尽。⑥不如收而去之。⑦分谤生民,⑧不亦可乎?"殿其卒而退,⑨不败。

王见右广,将从之乘,⑩屈荡尸之,⑪曰:"君以此始,亦必以终。"⑫自是楚之乘广先左。⑬

晋人或以广队不能进,⑭楚人惎之脱扃。⑮少进,马还,⑯又惎之拔旆投衡,⑰乃出。顾曰:"吾不如大国之数奔也。"⑱

赵旃以其良马二,济其兄与叔父,以他马反,遇敌不能去,⑲弃车

——————

① 唐狡、蔡鸠居皆楚大夫。
② 唐惠侯,唐国之君。唐属楚之小国,本侯爵,见灭于楚。其地即今湖北随县西北九十里之唐县镇,亦称上唐乡。
③ 游阙,游车之补阙者,车战之预备队也。
④ 从唐侯以为左拒,以从上军,言潘党以游阙合唐惠侯为左拒阵,以赴晋士会、郤克、巩朔、韩穿所之上军也。
⑤ 待诸乎,上军佐郤克商诸上军将士会之辞,犹言且待楚师来以与之战乎。
⑥ 若萃于我,吾师必尽,言楚若悉锐以聚攻晋上军,则上军必尽为所败也。
⑦ 不如收而去之,言不若收兵撤离之为愈也。
⑧ 同奔为分谤,不战为生民。
⑨ 殿其卒而退,以其所将之卒为断后,徐徐撤退也。
⑩ 楚庄初乘左广,屈荡为右。既见养由基为右之右广,将改从之乘,故下文屈荡止之。
⑪ 尸之,止之也。盖恐中途易乘,将启军人之惑耳。
⑫ 君以此始,亦必以此终,屈荡止之辞,言既乘左广以始出,必乘左广以终归也。
⑬ 楚俗上右,故先右,此役以乘左得胜,自是楚之乘广先左矣。
⑭ 广队不能进,车重故不能速行也。广,兵车也。
⑮ 惎之脱扃,教晋人脱去车上之兵阑也。惎读如"季",教也。扃读如"炯",车上兵阑。一曰,车前横木所以止旗者。
⑯ 马还,马盘旋不进也。还,读与"旋"同。
⑰ 拔旆投衡,拔去车前之大旗,投之于车衡之上,使不张风,可差轻也。
⑱ 顾曰,吾不如大国之数奔也,此晋人既出险地,顾楚人而慢之辞,言我师不熟奔北,不如楚为大国数奔之习熟也。数,频也;屡也。读如"朔"。
⑲ 赵旃……遇敌不能去,此言赵旃以良马二乘授其兄与叔父,而自以他马驾车而归,因马钝车迟,故遇楚师不能疾驱而去也。按,当时在下军者有赵朔、赵同,俱旃之叔父,《传》云"济其兄与叔父",不知何指。

而走林。逢大夫^①与其二子乘，谓其二子无顾。^②顾曰："赵傁在后。"^③怒之，使下，指木曰："尸女于是。"^④授赵旃绥以免。^⑤明日以表尸之，^⑥皆重获在木下。^⑦

楚熊负羁^⑧囚知䓨。^⑨知庄子以其族反之，^⑩厨武子御，下军之士多从之。^⑪每射抽矢菆，^⑫纳诸厨子之房。^⑬厨子怒曰："非子之求而蒲之爱^⑭，董泽之蒲，可胜既乎？^⑮"知季曰："不以人子，吾子其可得乎？吾不可以苟射故也。"^⑯射连尹襄老^⑰获之，遂载其尸。^⑱射公子穀臣，^⑲囚之。以二者还。^⑳及昏，楚师军于邲。^㉑晋之余师不能军，^㉒宵济，

---

① 逢大夫，晋人，当时与其二子俱在军中。
② 谓其二子无顾，逢大夫戒其二子勿回顾，盖不欲见赵旃也。
③ 顾曰，赵傁在后，二子返顾见赵旃，因呼告其父曰"赵傁在后"，意须拯之也。傁与"叟"通，老人之称。
④ 怒之……尸女于是，逢大夫怒其子之违命多事，乃使二子下车，指木而谓之曰"止汝尸于此"，盖示以守死于此木下也。
⑤ 授赵旃绥以免，逢大夫以辔授赵旃，遂拯之免于难也。绥，辔也。
⑥ 以表尸之，按所表记之木以求二子尸也。
⑦ 兄弟累尸而死，故重获在木下。
⑧ 熊负羁，楚大夫。
⑨ 知䓨，荀首之子，亦称知武子，亦称知伯。
⑩ 以其族反之，荀首以其家兵还战也。族，指家兵。反，还战。
⑪ 时荀首为下军大夫，故下军之士多从之。
⑫ 抽矢菆，择取好箭。
⑬ 纳诸厨子之房，荀首择取好箭纳于魏锜之箭袋也。
⑭ 非子之求而蒲之爱，言本为求子而来，反爱杨柳之箭也。蒲，杨柳，可以为箭。
⑮ 董泽，晋泽名，其地多出杨柳，意谓其地之杨柳甚多，可胜取乎？既，尽也。董泽在今山西闻喜县东北四十里，古豢龙氏董父居此，故名董池，亦称董泊，魏、晋之际称董池陂。
⑯ 不以人子……苟射故也，荀首自释择箭之故。言不得他人之子，我子其可得乎我必择其人而以好箭射之，不可随便苟射也。
⑰ 连尹，官名，襄老其名也，为晋旬射杀。
⑱ 载其尸，以车载襄老之尸也。其后十年，晋以其尸与公子穀臣归于楚，易知䓨以归。
⑲ 公子穀臣，楚王子。
⑳ 以二者还，载襄老之尸与公子穀臣俱还于晋也。
㉑ 邲，郑地，在今河南郑县东。
㉒ 不能军，不能成营也。

亦终夜有声。①

丙辰，楚重②至于邲，遂次于衡雍。③潘党曰："君盍筑武军，④而收晋尸以为京观？⑤臣闻克敌必示子孙，以无忘武功。"楚子曰："非尔所知也。夫文，止戈为武，⑥武王克商，作《颂》曰，载戢干戈，载櫜弓矢，我求懿德，肆于时夏，允王保之。⑦又作《武》，其卒章曰，耆定尔功。⑧其三曰，铺时绎思，我徂惟求定。⑨其六曰，绥万邦，屡丰年。⑩夫武，禁暴，戢兵，保大，定功，安民，和众，丰财者也。⑪故使子孙无忘其章。⑫今我使二国暴骨，⑬暴矣。观兵以威诸侯，兵不戢矣。暴而不戢，安能保大？犹有晋在，焉得定功？所违民欲犹多，⑭民何安焉？无德而强争诸侯，⑮何以和众？利人之几而安人之乱，以

---

① 宵济，亦终夜有声，言乘夜渡河，终夜不绝声响也。
② 楚重，楚师之辎重也。
③ 衡雍，已见前，战国时之恒雍城也。
④ 筑武军，筑军营以彰武功也。
⑤ 积尸封土其上谓之京观。
⑥ 夫文止戈为武，言"武"字于文字之构造实"止""戈"二字所合成，六书所谓会意也。
⑦ 载戢干戈……允王保之，见《诗·周颂·清庙之什·时迈》篇。武王克商，周公作颂云而。盖美武王诛纣之后，戢藏其干戈，櫜韬其弓矢，以示天下既定，无所复用，又能求美德之士而任用之，于是功业遂大，故来云信哉唯武王能保之也。戢，藏也。櫜，韬也。俱敛止之意。懿，美也。肆，遂也。夏，大也。允，信也。
⑧ 《武》，《周颂·臣工之什》末篇名。耆，致也。耆定尔功，言武王诛纣，致定其功也。
⑨ 铺时绎思，我徂惟求定，美武王能布政陈教，使天下归往，求安定也。见《周颂·闵予小子之什》第十篇《赍》篇。今本铺作"敷"，布也，义同。绎，陈也。时，是也。思，辞也。《赍》篇，今次《武》篇之后相距十篇，此云其三，显有不同。杜云"盖楚乐歌之次第"，庄王遂据以引用耳。
⑩ 绥万邦，屡丰年，见《周颂·闵予小子之什》第九篇《桓》篇。言武王既安天下，数致丰年也。绥，安也。屡，教也。《桓》篇今次在《赍》篇之前，此云其六，亦楚乐章如此，参前注。
⑪ 此举七德以明武，言必赅此七德始足以称"武"也。以下即分疏七德之备否，以见楚之克武否耳。
⑫ 著之乐章，原使子孙不忘此训，故云"使子孙无忘其章"也。
⑬ 使二国暴骨，言使晋、楚之民暴露其尸骨也。暴通作"曝"，显露也。
⑭ 用兵则四民失业，故所违民欲犹多也。
⑮ 徒恃兵力以争取诸侯之从我，是无德而强争诸侯矣。

为己荣,何以丰财?^①武有七德,我无一焉,何以示子孙?其为先君宫告成事而已,^②武非吾功也。古者,明王伐不敬,取其鲸鲵而封之,以为大戮,于是乎有京观,以惩淫慝。^③今罪无所,而民皆尽忠以死君命,又可以为京观乎?^④"祀于河,作先君宫,告成事而还。

是役也,郑石制实入楚师,将以分郑,而立公子鱼臣。^⑤辛未,郑杀仆叔及子服。^⑥君子曰,史佚所谓毋怙乱者,谓是类也。^⑦《诗》曰,乱离瘼矣,爰其适归。^⑧归于怙乱者也夫。^⑨……

秋,晋师归,桓子请死。晋侯欲许之。士贞子^⑩谏曰:"不可。城濮之役,晋师三日谷,^⑪文公犹有忧色。左右曰,有喜而忧,如有忧而喜乎?^⑫公曰,得臣犹在,忧未歇也。困兽犹斗,况国相乎?^⑬及楚杀子玉,公喜而后可知也。曰,莫余毒也已。^⑭是晋再克而楚再败

---

① 利人之几……何以丰财,言乘人之危以为己利,因人之乱以为己安,虽从而胜之以为荣,则兵动年荒必不能丰足财用也。几,危也。

② 为先君宫告成事而已,谓仅将服郑胜晋之成事告于先君也。古者,出军必载迁庙之主以行,今作先君宫告成事,谓祭告所载主于宫中也。

③ 古者……以惩淫慝,言古之伐罪,只戮巨憝以惩过恶也。鲸鲵,大鱼,以喻不义之人吞食小国。大戮,犹言极刑。淫,过也。慝,恶也。

④ 今罪无所……又可以为京观乎,言晋之死事者非有淫慝可以示戒,又何所取以为京观,示子孙乎。

⑤ 石制,字子服,当系郑之大夫。实入楚师,导楚师以入于郑也。将以分郑而立公子鱼臣,将分郑国之半与楚,取其半立鱼臣为郑君己擅其宠也。鱼臣,字仆叔。

⑥ 郑杀仆叔及子服,知其谋,故杀之以弭祸也。

⑦ 谓是类也,指子服与仆叔。盖此等人正是史佚所谓恃人之乱以要利者也。

⑧ 乱离瘼矣,爰其适归,见《诗·小雅·谷风之什·四月》篇第二章。言时世祸乱,必有忧病者与何所归乎之叹也。

⑨ 归于怙乱者也夫,断之辞,承上何所归祸之言,以为祸必归于恃乱者也。

⑩ 士贞子,士渥浊也,亦称士贞伯,亦称士伯,为士芳之后,士会之族子。

⑪ 城濮之役在僖公二十八年,已详前。晋师三日谷,晋获大胜,楚委辎重遁归,晋得藉其存粮,馆谷三日也。

⑫ 有喜而忧,如有忧而喜乎,犹言战胜当喜而反忧,岂有忧而反将喜乎。

⑬ 困兽犹斗,况国相乎,言兽见围急,犹图奋斗,况子玉一国之相反不如困兽乎?

⑭ 莫余毒也已,言已无能加毒害于余者矣。

也，楚是以再世不竞。① 今天或者大警晋也，② 而又杀林父以重楚胜，③ 其无乃久不竞乎？④ 林父之事君也，进思尽忠，退思补过，社稷之卫⑤也，若之何杀之？夫其败也，如日月之食焉，何损于明？⑥" 晋侯使复其位。⑦

冬，楚子伐萧，⑧ 宋华椒⑨以蔡人救萧。萧人囚熊相宜僚及公子丙。⑩ 王曰："勿杀，吾退。" 萧人杀之，王怒，遂围萧。萧溃。⑪ 申公巫臣⑫曰："师人多寒。" 王巡三军，拊而勉之，⑬ 三军之士，皆如挟纩。⑭ 遂傅于萧。⑮

还无社与司马卯言，号申叔展。⑯ 叔展曰："有麦麴乎？" 曰：

---

① 再世不竞，言累世不能与人竞胜也。再世，指楚成王至穆王之世。
② 大警晋也，言天将示大戒于晋也。
③ 以重楚胜，使楚加胜势也。
④ 无乃久不竞乎，犹言岂非欲使晋国久不能与人竞乎。
⑤ 社稷之卫，犹言扞卫晋国社稷之良臣也。
⑥ 夫其败也……何损于明，言日月虽食，无伤于本体之明，犹林父虽败，无伤于本体之善也。
⑦ 晋侯使复其位，晋景公使荀林父仍复原位也。景公名獳，《史记》作"据"，成公黑臀子，为晋国第二十八君。在位十九年。其元年当周定王八年壬戌岁，西历纪元前599年。
⑧ 萧，宋附庸邑，已见前庄公十二年。
⑨ 华椒，华元之族弟。亦称华阅，字子椒。
⑩ 熊相宜僚，芈姓，熊相氏。楚怀王时之将军熊相祁其后也。公子丙，楚之公子也。
⑪ 萧溃，《疏》云："实未溃，史以实王之意，故言溃。知者，下云明日萧溃是也。" 盖载笔者预以结果提书之耳。
⑫ 申公巫臣，屈荡之子屈巫也，字子灵，为楚申县尹，故称申公巫臣。屈氏出芈姓，巫臣之后别为巫臣氏。
⑬ 师人多寒，谓军人衣单，有寒色也。楚地错处江、汉间，地较暖，时乘冬北侵，及于今江苏之萧县，宜其不习而有寒色耳。王巡三军，拊而勉之，庄王周行军中，抚慰军人而鼓励之也。拊，抚也。勉，励也；劝也。
⑭ 皆如挟纩，言三军之士闻言兴奋，皆如袭绵，自忘其寒冷也。纩，绵也。
⑮ 傅，附也；着也。傅于萧，兵迫萧郊，紧围其城也。
⑯ 还无社，萧大夫。司马卯、申叔展俱楚大夫。无社素识叔展，故因与卯言而呼之。还读如"旋"。号，呼也。

"无。""有山鞠穷乎。"曰："无。"① "河鱼腹疾，奈何。"② 曰："目于眢井而拯之。"③ "若为茅绖哭井，则已。"④ 明日，萧溃，申叔视其井，则矛绖存焉，号而出之。⑤

十四年⑥

楚子使申舟聘于齐，曰："无假道于宋。"⑦ 亦使公子冯聘于晋，不假道于郑。⑧ 申舟以孟诸之役恶宋，⑨ 曰："郑昭宋聋，晋使不害，我则必死。"⑩ 王曰："杀女，我伐之。"见犀而行。⑪ 及宋，宋人止之。华元曰："过我而不假道，鄙我⑫也。鄙我，亡也。杀其使者，必伐我。

---

① 叔展曰……曰无，此叔展与无社问答之语。麦麹即酒药，山鞠穷即山芎䓖，俱御寒及治腹痛之药。叔展欲使无社逃泥水中，而军中不便正言，故以有无此药为问。无社不解，乃连答曰"无"。

② 河鱼腹疾，奈何，叔展再问之辞。谓如无御寒湿之药，将致病如河鱼之腹也。盖言久浸水中将腹膨如河中之鱼耳。后世称腹疾为"河鱼之患"，本此。

③ 无社闻言意解，遂曰，"目于眢井而拯之"，是祈求叔展救之于枯井也。目，视也；察也。眢井，已涸之井，如瞎眼也。眢读如"渊"。拯，出人于溺也。

④ 若为茅绖哭井，则已，叔展教无社之辞。令无社结茅以为表识，须哭于井，乃应以为信也。若，汝也。茅绖，结茅为带也。已，免也。

⑤ 号而出之，叔展呼无社以拯之出井也。《传》写无社之苟免，明著萧人之无守心也。

⑥ 宣公十四年当周定王十二年丙寅岁，楚庄王十九年，齐顷公四年，宋文公十六年，晋景公五年，郑襄公十年，西历纪元前595年。

⑦ 申舟，即楚左司马文之无畏，亦作毋畏，字子舟。时奉楚庄之命，使聘于齐。自楚往齐，必过宋，当时使节越境往还，例须向所过之国请假道，楚不欲使宋知之，故戒申舟"无假道于宋"。

⑧ 公子冯，楚之公子。冯读如"凭"。自楚往晋，必过郑，冯之奉使亦不假道于郑。

⑨ 鲁文公之十年，楚子田于孟诸，宋公违命，无畏抶其仆，是有前嫌也，故申舟自以孟诸之役见恶于宋，禀命而后行也。孟诸，宋泽薮，亦作"孟豬"，亦作"孟诸"，亦作"望诸"，在今河南商丘县之东北，接虞城县界。

⑩ 郑昭宋聋……我则必死，言郑国明于理势，使晋而不假道，无害于事，宋国昧于进退，使齐而不假道，必为宋所杀也。昭，明也。聋，暗也。

⑪ 犀，申舟之子申犀。见犀而行，申舟以子托王，示必死也。

⑫ 鄙我，谓以我比其边鄙之邑也。

伐我，亦亡也。亡一也。"乃杀之。楚子闻之，投袂而起，①屦及于窒皇，②剑及于寝门之外，③车及于蒲胥之市。④秋九月，楚子围宋。

十五年⑤

宋人使乐婴齐告急于晋。⑥晋侯欲救之。伯宗⑦曰："不可。古人有言曰，虽鞭之长，不及马腹。⑧天方授楚，未可与争。虽晋之强，能违天乎？谚曰，高下在心，⑨川泽纳污，⑩山薮藏疾，⑪瑾瑜匿瑕，⑫国君含垢，⑬天之道也。君其待之。⑭"乃止。使解扬⑮如宋，使无降楚，曰："晋师悉起，将至矣。"郑人因而献诸楚。楚子厚赂之，使反其

---

① 投袂而起，拂袖而起也。投，振也；拂也。袂读"妹"，袖也。
② 窒皇，寝门之阙。屦，履也。
③ 寝门之外，比窒皇又差远。
④ 蒲胥之市，楚之市名。楚庄闻宋杀无畏，投袂而起，屦及窒皇，剑及门外，车及市街，见其赴敌之迅速也。
⑤ 宣公十五年当周定王十三年丁卯岁，晋景公六年，宋文公十七年，楚庄王二十年，卫穆公六年，西历纪元前594年。
⑥ 乐婴齐，华督之后，别为乐氏，华元之族弟也。楚自上年秋围宋，至是已历数月，仍不解，故使人告急于晋。
⑦ 伯宗，晋大夫，孙伯纠之子，出自宋襄公母弟敖，为宗氏。
⑧ 虽鞭之长，不及马腹，喻所不当击也。
⑨ 高下在心，犹言屈申如志，因时制宜也。
⑩ 川泽纳污，谓能含容也。下三语均同此意。流水为川，止水为泽，污浊之水无不可以容纳也。
⑪ 山薮藏疾，言山林薮泽之中不免隐藏厉害，所谓深山大泽实生龙蛇也。
⑫ 瑾瑜匿瑕，言美玉之质或亦留存瑕点也。瑾瑜，美玉。匿，亦藏也。瑕，玉病，犹云瘢点。
⑬ 国君含垢，言虽国君亦不免有时含耻忍辱也。凡此敷陈，皆伯宗为说小恶不损大德之喻，以解晋景公耻不救宋之惑也。
⑭ 君其待之，意谓姑俟楚之衰落也。
⑮ 解扬，当系晋大夫。解读如"懈"。

言。① 不许。三，而许之。② 登诸楼车，③ 使呼宋人而告之，遂致其君命。④ 楚子将杀之，使与之言曰："尔既许不穀而反之，何故？非我无信，女则弃之，速即尔刑。"⑤ 对曰："臣闻之，君能制命为义。臣能承命为信。信载义而行之为利。谋不失利，以卫社稷，民之主也。⑥ 义无二信，信无二命，⑦ 君之赂臣，不知命也。受命以出，有死无霣，⑧ 又可赂乎？臣之许君，以成命也。⑨ 死而成命，臣之禄也。⑩ 寡君有信臣，⑪ 下臣获考，⑫ 死又何求？"楚子舍之，以归。⑬

夏五月，楚师将去宋，⑭ 申犀稽首于王之马前，曰："毋畏知死，而不敢废王命，⑮ 王弃言焉。⑯" 王不能答。申叔时仆，⑰ 曰："筑室反耕者，⑱ 宋必听命。"从之。宋人惧，使华元夜入楚师，登子反之床，⑲ 起

---

① 使反其言，令解扬反言晋不救宋也。
② 三，而许之，言解扬初不许楚反言之教，及三度劝诱，乃许之也。
③ 登诸楼车，使解扬登于楼车之上。楼车，车上有望楼者。
④ 致其君命，解扬既见宋人，即将晋君师将至之命告之也。
⑤ 速即尔刑，立就尔所当受之刑戮也。即，就也。
⑥ 君能制命为义……民之主也，林《释》："为人君者能制作命令，是为合宜之义。为人臣者能承顺命令，是为共时之信。以臣之信，载君之义而行之，是为国家无疆之利。人臣谋国而不失以信载义之利，以扞卫其社稷，如此，则可为万民之主。"
⑦ 义无二信，言欲为义者不行两信。信无二命，言欲行信者不受二命。
⑧ 君之赂臣，不知命也，谓楚子赂解扬，实不知制命之义。受命以出，有死无霣，解扬自言受君命出使，有死而已，不敢废坠也。霣通"陨"，零落也；失坠也。
⑨ 臣之许君，以成命也，解扬自言许楚子之教，为求达成晋君之使命也。
⑩ 死而成命，臣之禄也，言不辱君命以死，是能享其天禄也。
⑪ 解扬自谓己不废命，故云"寡君有信臣"。
⑫ 下臣，解扬自称。获考，得完成使命也。考，成也。
⑬ 舍之，以归赦解扬不杀，执以归于楚也。
⑭ 楚自上年秋围宋，至本年夏五月，已积九月不能服宋，故楚师将去宋也。
⑮ 毋畏知死，而不敢废王命，申犀言其父明知必死，而不敢废坠楚王之命也。君前臣名，故申犀直呼父名。
⑯ 楚庄王前许申舟，如宋"杀女，我伐之"，今未服宋而去，故曰"王弃言焉"。
⑰ 仆，御车也。
⑱ 筑室反耕者，言筑室于宋，分兵归田，示无去志。
⑲ 华元夜入楚师，登子反之床，言华元乘夜入楚围城之师，径登统帅公子侧之床也。杜云："兵法，因其乡人而用之，必先知其守将左右谒者门者舍人之姓名，因而利道之。华元盖用此术得以自通。"

之①曰："寡君使元以病告，②曰，敝邑易子而食，析骸以爨，③虽然，④城下之盟，⑤有以国毙，不能从也。⑥去我三十里，唯命是听。"子反惧，⑦与之盟而告王，退三十里，宋及楚平。华元为质。盟曰："我无尔诈，尔无我虞。"⑧

潞子婴儿⑨之夫人，晋景公之姊也，酆舒为政而杀之。⑩又伤潞子之目。晋侯将伐之。诸大夫皆曰："不可。酆舒有三儁才，⑪不如待后之人。⑫"伯宗曰："必伐之。狄有五罪，儁才虽多何补焉？不祀，⑬一也。耆酒，⑭二也。弃仲章而夺黎氏地，⑮三也。虐我伯姬，⑯四也。伤其君目，五也。怙其儁才而不以茂德，兹益罪也。⑰后之人或者将敬奉德义以事神人，而申固其命，⑱若之何待之？不讨有罪，曰将待后。

---

① 起之，促子反起而与华元对语也。
② 以病告，以困苦之情相告也。
③ 易子而食，析骸以爨，极状粮尽觅食之惨。不忍自杀其子，故易子而烹食之。樵采久绝，举火为难，故析枯骸以为炊也。析，分散也。爨读如"窜"，炊也。
④ 虽然，承上之辞，所以引起下文有所陈述者。此处犹云"虽粮尽甚惨，然城下之盟不能从也"。
⑤ 城下之盟，言敌人兵临城下始与结盟，是屈服也，故《春秋》以为大耻。
⑥ 有以国毙，不能从也，言宁以国亡，不从城下之盟也。
⑦ 子反惧，公子侧既为华元所劫制，又闻其辞强，故惧而与之盟也。
⑧ 我无尔诈，尔无我虞，楚不欺宋，宋不备楚也。
⑨ 潞子婴儿，潞国之君。潞，夷国，隗姓，赤狄之别种，灭于晋。故城在今山西潞城县东北四十里。
⑩ 酆舒，潞相。为政而杀之，因执政而杀潞子之夫人也。
⑪ 儁读如"俊"，绝异也。有三儁才，言有才艺胜人者三。
⑫ 待后之人，待后来不如酆舒之人也。
⑬ 不祀，失废祀事也。古者戎事与祀事并举，故失祀为大罪。
⑭ 耆酒，耽于饮酒也。耆通作"嗜"。
⑮ 仲章，潞之贤人也。黎氏，黎侯国，子姓，九黎之后。本作"犁"。其后属晋，已又为潞所并。其地在今山西长治县西三十里。
⑯ 潞子夫人为晋侯之姊，故云伯姬。
⑰ 怙其儁才而不以茂德，兹益罪也，言恃其胜人之才而不务自培其德，是益增罪恶也。茂，荣也；培也。兹通"滋"，多也。益，增也。
⑱ 申固其命，杜《注》："审其政令。"此言后之人或将一更酆舒之所为，修其政令，反使潞国益加巩固也，故下云"若之何待之"。

后有辞而讨焉，毋乃不可乎？夫恃才与众，亡之道也。商纣由之，故灭。天反时为灾，地反物为妖，民反德为乱。乱则妖灾生，故文反正为乏。① 尽在狄矣。②"晋侯从之。

六日癸卯，晋荀林父败赤狄于曲梁。③ 辛亥，灭潞。酆舒奔卫。卫人归诸晋，晋人杀之。

十七年 ④

十七年春，晋侯使郤克征会于齐。⑤ 齐顷公帷妇人使观之。⑥ 郤子登，妇人笑于房。⑦ 献子怒，出而誓曰："所不此报，无能涉河。"⑧ 献子先归，使栾京庐⑨待命于齐，曰："不得齐事，无复命矣。"⑩ 郤子

---

① 乏，篆文作𠣾，从反正会意，故云"文反正为乏"。此言人反正者皆乏绝之道，人反德则妖灾生，妖灾生则国灭亡，是乏绝之道也。

② 尽在狄矣，言乏绝之道悉钟于狄也。

③ 曲梁，潞地，汉为侯国，北齐置广年县，隋避炀帝讳，改永年县。即今河北永年县治。

④ 宣公十七年当周定王十五年己巳岁，晋景公八年，齐顷公七年，西历纪元前592年。

⑤ 晋景公欲为断道之会，使郤克如齐，召齐君赴会。故云征会于齐。征，召也。

⑥ 齐顷公，名无野，桓公之孙，惠公元之子也。为齐第二十君。在位十七年。其元年当周定王九年癸亥岁，西历纪元前598年。帷，幕帘也。帷妇人使观之，下帷接见外使，令妇人在帷后窥视来使也。据《穀梁传》，此妇人乃萧同侄子，顷公之母也。侄子，《左传》作"叔子"，见下。似《穀梁》有误。

⑦ 郤子登，妇人笑于房，郤克跛，妇人见其跛而登阶，故笑之也。见杜《注》。《穀梁传》："季孙行父秃，晋郤克眇，卫孙良夫跛，曹公子手偻，同时而聘于齐。齐使秃者御秃者，使眇者御眇者，使跛者御跛者，使偻者御偻者，萧同侄子处台上而笑之。闻于客，客不悦而去，相与立胥闾而语，移日不解。齐人有知之者曰，齐之患必自此始矣。"孔氏《正义》："沈氏引《穀梁传》云，鲁行父秃，晋郤克眇，卫孙良夫跛，曹公子首偻，故妇人笑之，是以知郤克跛。"与今本《穀梁传》异。

⑧ 所不此报，无能涉河，犹言不报此仇，誓不复渡河而东也。

⑨ 栾京庐，郤克之介使留齐待命。

⑩ 不得齐事，无复命矣，郤克敕属京庐之辞，言必得齐之罪状乃许归晋复命也。

至，①请伐齐。晋侯弗许。请以其私属，②又弗许。齐侯使高固、晏弱、蔡朝、南郭偃会。③及敛盂，④高固逃归。

夏，会于断道，⑤讨贰也。盟于卷楚，⑥辞齐人。⑦晋人执晏弱于野王，⑧执蔡朝于原，执南郭偃于温。

苗贲皇使，⑨见晏桓子，归言于晋侯曰："夫晏子何罪？昔者诸侯事吾先君，皆如不逮。⑩举言群臣不信，诸侯皆有贰志。齐君恐不得礼，⑪故不出，而使四子来。左右或沮之，⑫曰，君不出，必执吾使。故高子及敛盂而逃。夫三子者曰，若绝君好，宁归死焉。⑬为是犯难而来。吾若善逆彼，⑭以怀来者。⑮吾又执之，以信齐沮，⑯吾不既过矣乎？过而不改，而又久之，以成其悔，⑰何利之有焉？使反者得辞，⑱而害来者，以惧诸侯，⑲将焉用之？"晋人缓之，逸。⑳秋八月，

---

① 郤子至，郤克返至晋都也。
② 请以其私属，请以郤氏之家众伐齐也。私属即家众。
③ 齐顷公不出，故使高固、晏弱、蔡朝、南郭偃四大夫往会断道。晏弱亦称晏桓子，晏平仲之父也。
④ 敛盂，卫地，已见前。
⑤ 断道，晋地，即今山西沁县西之断梁城。
⑥ 卷楚，即断道，卷读如"权"。
⑦ 辞齐人，晋以齐侯不至，故辞齐使不令与盟也。
⑧ 野王，晋地，汉置县，隋改河内，即今河南沁阳县治。
⑨ 苗贲皇，楚斗椒之子，楚灭斗氏而奔晋，食邑于苗。使，奉使在外也。故在野王见晏弱。
⑩ 皆如不逮，言诸侯从前事晋先君皆汲汲如恐不及也。逮，及也。
⑪ 恐不得礼，恐不见礼待也。
⑫ 左右或沮之，言齐君之左右或劝止四子，亦令不欲行也。沮，止也。
⑬ 夫三子者……宁归死焉，言高固而外之三子不偕逃归齐者，自有其独特之见解，即以为若晋绝齐君之好，曲乃在晋，故宁来会而归死于晋也。
⑭ 吾若善逆彼，言吾若善待此三子也。
⑮ 以怀来者，谓以善待齐使之故，得绥怀诸侯之来归于我者。
⑯ 吾又执之，以信齐沮，言吾今乃执此三人，是证实齐人沮止三子之言也。
⑰ 以成其悔，久执三子以成三子悔来之心也。
⑱ 使反者得辞，言逃归之高固乃得不当来晋之说辞，亦所以信沮也。
⑲ 而害来者，以惧诸侯，言由此执使之事使诸侯怀疑惧之心，是有害于怀来之道也。
⑳ 缓之，不加拘执。逸，三子乃逸去也。

晋师还。①

范武子将老，②召文子③曰："燮乎！吾闻之，喜怒以类者鲜，易者实多。④《诗》曰，君子如怒，乱庶遄沮。君子如祉，乱庶遄已。⑤君子之喜怒，以已乱也。弗已者，必益之。郤子其或者欲已乱于齐乎？不然，余惧其益之也。⑥余将老，使郤子逞其志，庶有豸乎。⑦尔从二三子唯敬。⑧"乃请老。郤献子为政。

---

① 君行师从，故断道盟归称"晋师还"。

② 范武子即士会。初受随，故称随武子。后更受范，复为范武子。将老，将请致仕也。归政退休曰"致仕"。

③ 文子，即范文子，士会之子士燮也。一称范叔。

④ 喜怒以类者鲜，易者实多，言人喜怒之发适如其分者少，而迁怒者实多也。鲜，少也。易，迁也。

⑤ 君子如怒………乱庶遄已，见《诗·小雅·节南山之什·巧言》篇。如，而也。遄，速也。沮，止也。祉，福也；喜也。言君子而动怒，乱当速止；君子而有喜，乱当速了也。

⑥ 郤子……余惧其益之也，惧郤克畜憾日深，必且增益祸乱于齐也。

⑦ 使郤子逞其志，庶有豸乎，言欲使郤克为政以快其意，庶可止乱也。豸，解也。

⑧ 尔从二三子唯敬，命文子敬事晋诸大夫也。

成　公

名黑肱，宣公倭之子，为鲁国第二十二君。在位十八年。其元年当周定王十七年辛未岁，西历纪元前590年。

二　年①

卫侯使孙良夫、石稷、宁相、向禽②将侵齐，与齐师遇。③石子欲还。孙子曰："不可。以师伐人，遇其师而还，将谓君何？④若知不能则如无出，今既遇矣，不如战也。"〔夏有〕⑤石成子曰："师败矣，子不少须，⑥众惧尽。子丧师徒，何以复命？"皆不对。又曰："子，国

---

①　成公二年当周定王十八年壬申岁，晋景公十一年，齐顷公十年，卫穆公十一年，西历纪元前589年。

②　卫侯，卫穆公也。穆公名速，文公燬之孙，成公郑之子，为卫国第二十一君。在位十一年。其元年当周定王八年壬戌岁，西历纪元前599年。孙良夫，一称孙子，亦称孙桓子，孙昭子之后，孙林父之父也。石稷，石碏四世孙，一称石子，亦称石成子。宁相，宁速之孙，宁武子俞之子也。向禽非卫之世族。四子皆卫大夫。

③　是年春，齐顷公伐鲁，取龙，遂南侵。卫穆公使孙桓子等救鲁，未至齐境，故言"将侵齐"。值齐伐鲁还与孙子等相遇于卫地，故言与"齐师遇"。

④　以师伐人……将谓君何，言本欲以师伐齐，反因遇齐师而归，将何以答君命也。

⑤　"夏有"以下有阙文。盖即《经》文"夏四月丙戌，卫孙良夫帅师及齐师战于新筑，卫师败绩"也。《传》阙新筑战事耳。新筑详后。

⑥　少须，少忍以待救援也。盖卫师已败而孙子复欲战，故石子欲使待援，免尽丧其师也。

卿也，陨子辱矣。① 子以众退，我此乃止。②"且告车来甚众。③ 齐师乃止，次于鞫居。④

新筑人仲叔于奚⑤救孙桓子，桓子是以免。既，⑥卫人赏之以邑，⑦辞。请曲县繁缨以朝，⑧许之。仲尼闻之，曰："惜也，不如多与之邑。唯器与名不可以假人，君之所司也。⑨名以出信，⑩信以守器，⑪器以藏礼，⑫礼以行义，⑬义以生利，⑭利以平民，⑮政之大节也。若以假人，与人政也。政亡，则国家从之，弗可止也已。"

孙桓子还于新筑，不入，⑯遂如晋乞师。臧宣叔⑰亦如晋乞师。皆主郤献子。⑱晋侯许之七百乘。⑲郤子曰："此城濮之赋也。⑳有先君之

---

① 陨子辱矣，言良夫如遭齐擒，实为卫国之大辱也。陨，谓见禽获。
② 子以众退，我此乃止，石稷使良夫自以其众退，稷止守于此，为御齐师也。
③ 新筑人救孙桓子，故石稷告令军中，谓车来甚众也。
④ 齐师知卫救已至，乃止不复追，次于鞫居。鞫居，卫地，在今河南封丘县境，后汉时有鞫亭，即古鞫居也。
⑤ 仲叔于奚，守新筑之大夫。新筑，卫邑，今河北大名县，故魏县南有新筑城。
⑥ 既，卒事也。
⑦ 赏之以邑，卫侯指邑以赏于奚也。
⑧ 请曲县繁缨以朝，于奚请用诸侯之乐与饰以朝于君也。曲县，轩县也。《周礼》：天子乐宫县，四面。诸侯轩县，阙南方。县读如"玄"，通作"悬"。繁缨，马饰，诸侯之服。繁读如"盘"。
⑨ 仲尼，孔子之字。唯器与名不可以假人，君之所司也，言车服爵号乃人君之所主，不可以轻易假借于人也。器谓车服之属，名则爵号也。以下六语皆申说此义。
⑩ 名以出信，言名位不愆，所以示信于民也。
⑪ 信以守器，言动不失信则车服可保，所以守器也。
⑫ 器以藏礼，言车服所以表尊卑，是藏礼也。
⑬ 礼以行义，言尊卑有礼，自各得其宜也。
⑭ 义以生利，言各得其宜则利自生也。
⑮ 利以平民，言财利所以济民生，所谓以财聚人也。
⑯ 还于新筑，不入，言孙良夫自新筑还卫都，不入国门而径过之也。
⑰ 臧宣叔即臧孙许，臧僖伯公子彄之后，臧文仲之子，臧武仲之父也。
⑱ 宣公十七年，郤克至齐，为妇人所笑，遂怒，故鲁、卫因之孙桓子、臧宣叔皆主郤献子。主，居停也。
⑲ 七百乘，合五万二千五百人。
⑳ 此城濮之赋也，言七百乘之数是僖公二十八年与楚战于城濮之旧额也。

明与先大夫之肃，故捷。克于先大夫，无能为役。① 请八百乘。②"许之。郤克将中军，士燮佐上军，栾书将下军，韩厥为司马，③ 以救鲁、卫。臧宣叔逆晋师，且道之。④ 季文子⑤帅师会之。及卫地，韩献子将斩人，郤献子驰，将救之，至则既斩之矣。郤子使速以徇，⑥ 告其仆曰："吾以分谤也。"⑦ 师从齐师于莘。⑧

六月壬申，师至于靡笄⑨之下。齐侯使请战，曰："子以君师，辱于敝邑，不腆敝赋，诘朝请见。⑩"对曰："晋与鲁、卫，兄弟也。来告曰，大国朝夕释憾于敝邑之地，⑪ 寡君不忍，使群臣请于大国，无令舆师淹于君地。⑫ 能进不能退，君无所辱命。⑬"齐侯曰："大夫之许，寡人之愿也。若其不许，亦将见也。"齐高固入晋师，桀石以投人。⑭

---

① 先君之明，谓晋文公之英明。先大夫之肃，谓献子诸父郤縠、郤溱之肃毅。无能为役，盖谦辞，言无力任使也。
② 八百乘，六万人也。
③ 时郤克已将中军，士燮代荀庚佐上军，乐书代赵朔将下军，韩厥仍为司马。
④ 道之，为晋师向导也。
⑤ 季文子，即鲁宗卿季孙行父，季友之孙也。
⑥ 使速以徇，使人速以所斩之人徇于军中也。
⑦ 郤克不欲使韩厥独受杀人之谤，故使速徇，所以分谤也。
⑧ 师从齐师于莘，晋师从齐师之后，进至莘也。莘，齐地，当齐、卫之境，为自卫入齐要道，在今山东莘县北。
⑨ 靡笄，山名，在今山东长清县境。读如"摩鸡"。徐广《史记音义》作"历山"，未谛。
⑩ 不腆敝赋，诘朝请见，谓当以弱劣之车乘，相见于翌朝也。腆，厚也。不腆，是弱劣矣。诘朝，平旦也。言将于翌日平旦以军礼相见。此齐侯请战之辞。
⑪ 对曰……大国朝夕释憾于敝邑之地，晋师复辞之开端，言鲁、卫来告，齐朝夕在彼寻隙也。晋、鲁、卫皆姬姓，故云兄弟。大国，谓齐。敝邑，鲁、卫自称。释憾，求解宿恨也，意即寻仇挑衅。
⑫ 寡君不忍……无令舆师淹于君地，晋师申述奉君命而来之故，言晋君不忍鲁、卫受侵伐之惨，使群将帅为鲁、卫请命于齐，无令晋之众师久留于齐土也。舆，众也。淹，留滞也。
⑬ 能进不能退，君无所辱命，晋将帅自申其见之辞，言既奉命而来能进攻，不能退保，本自欲战，不复须君命也。
⑭ 桀石以投人，担石以投射晋人也。桀，担也。

禽之而乘其车，^①系桑木焉，以徇齐垒，^②曰："欲勇者，贾余馀勇。"^③癸酉，师陈于鞌。^④邴夏^⑤御齐侯，逢丑父^⑥为右。晋解张^⑦御郤克，郑丘缓^⑧为右。齐侯曰："余姑翦灭此而朝食。"^⑨不介马而驰之。^⑩郤克伤于矢，流血及屦。未绝鼓音。^⑪曰："余病矣。"张侯曰："自始合，而矢贯余手及肘，余折以御，^⑫左轮朱殷，^⑬岂敢言病？吾子忍之。"缓曰："自始合，苟有险，余必下推车，子岂识之？^⑭然子病矣。"张侯曰："师之耳目，在吾旗鼓，进退从之。此车一人殿之，可以集事，若之何其以病败君之大事也？^⑮擐甲执兵，固即死也，^⑯病未及死，吾子勉之！"左并辔，右援枹而鼓，^⑰马逸不能止，^⑱师从之。^⑲齐师败绩。

---

① 禽之而乘其车，既获晋人，因释己车而乘所获者之车也。
② 系桑木焉，以徇齐垒，高固系桑木于车以自表异，巡行于齐师之营垒也。
③ 欲勇者，贾余馀勇，鼓励齐师效之之辞，言己勇有馀，欲卖之也。贾，卖也。
④ 师陈于鞌，齐、晋两师列阵鞌地也。鞌，齐地，即古之历下，今山东历城县。
⑤ 邴夏，或云邴歜之子。按，歜于文公十八年与弑齐懿公，出奔。其子必不留齐。疑夏是其族人。
⑥ 逢丑父，齐大夫。逢氏出商之诸侯，封于齐土。至商、周间，有蒲姑氏代之。
⑦ 解张，字张侯，晋大夫。当系解扬之族人。自此晋国世有张氏，盖以张侯之字命氏也。
⑧ 郑丘缓，当亦晋大夫。郑丘，氏；缓，名。故下文单称"缓"。
⑨ 余姑翦此而朝食，犹言我且翦灭此辈而后返营就早餐也，盖轻敌甚矣。
⑩ 不介马而驰之，马不被甲而驰逐晋师也。
⑪ 中军将自执旗鼓，以节士卒之进退，故郤克虽伤而未绝鼓音也。
⑫ 余折以御，张侯自言将贯手及肘之矢，拔而折之，仍勉为御车也。
⑬ 左轮朱殷，言血染左轮，血色由朱转殷，以见血流之多且久也。朱，赤色。殷读如"烟"，赤黑色，今人谓转色失鲜亦曰"殷"。
⑭ 子岂识之，杜《注》："以其不识己推车。"
⑮ 师之耳目……以病败君之大事也，言三军之耳目在吾将军之旗鼓，三军皆视我以为进退，此戎车一人镇之，可以成胜齐之事，何可以一身之病而败晋战齐之大事乎。殿，镇也。集，成也。
⑯ 擐甲执兵，固即死也，言贯著甲冑而执兵器，固将以死敌也。擐读如"患"，贯也。即，就也。
⑰ 左并辔，右援枹而鼓，郤克闻张侯之言，乃左手并执马辔，右手援鼓槌击鼓也。枹读如"夫"，击鼓柄也。
⑱ 马逸不能止，一闻鼓音，戎马奔逸不可复止也。
⑲ 师从之，晋师遂从郤克之军以齐赴齐师也。

逐之，三周华不注。①

韩厥梦子舆②谓己曰："且辟左右。"故中御而从齐侯。③邴夏曰："射其御者，君子也。"④公曰："谓之君子而射之，非礼也。"射其左，越于车下。⑤射其右，毙于车中。⑥綦毋张⑦丧车，从韩厥曰："请寓乘，从左右。"⑧皆肘之，使立于后。⑨韩厥俛，定其右。⑩

逢丑父与公易位，⑪将及华泉，⑫骖䌇于木而止。⑬丑父寝于轏中，⑭蛇出于其下，以肱击之，伤而匿之，⑮故不能推车而及。⑯韩厥执絷马前，⑰再拜稽首，奉觞加璧以进，⑱曰："寡君使群臣为鲁、卫请，曰，无令舆师陷入君地。⑲下臣不幸，属当戎行，无所逃隐。⑳且惧奔辟而忝两君，臣辱戎士。㉑

---

① 华不注，山名，在今山东历城县东北十五里。三周，绕山三匝也。

② 子舆，韩厥父。

③ 中御而从齐侯，居中代御者以逐齐顷公也。时制：自非元帅，御者皆在中，将在左。今居中御，是韩厥以父见梦而与御者易位以辟左右也。

④ 射其御者，君子也，邴夏请齐君射居中之御者也。邴夏以御者居中，故以韩厥为御，欲射之。又以其执辔甚恭，故知其非常人而以"君子"称之。

⑤ 齐君射韩厥之车左，车左坠于车下。越，颠陨也。

⑥ 复射韩厥之车右，车右死于车中。

⑦ 綦毋张，晋大夫。

⑧ 请寓乘，从左右，请得附乘韩厥之车，愿从左右而载焉。

⑨ 韩厥以左右皆死，不欲綦毋张立其处，故以肘触之，使立于己身之后。

⑩ 韩厥俛，定其右，韩厥俯身隐于车，右仆身之处也。俛同"俯"。定，安隐也。

⑪ 逢丑父为齐顷公车右，见事急，乃与公易位而处。

⑫ 华泉，华不注山下泉水也。即华水，北绝听溠二十里，注于济。见《水经注》。

⑬ 骖䌇于木而止，齐侯乘车之骖马萦缠络于木，而车止不复能前进也。

⑭ 丑父寝于轏中，追叙前事，谓为车右之先，尝卧于机车也。轏读如"孱"，不加韦鞿而施漆之栈车也。

⑮ 蛇出于其下……伤而匿之，承叙丑父前卧轏中之事，盖其时有蛇出于轏下，丑父以肱击蛇，为蛇所伤，以欲为车右，故匿其伤也。

⑯ 故不能推车而及，说明当前事。谓丑父匿伤为右，至骖䌇不进时，不能下车力推，致为韩厥所追及也。

⑰ 絷，马绊也。执絷马前，韩厥当齐侯之马前，执绊而立，示修臣仆之职。

⑱ 进觞璧，亦以示敬。

⑲ 寡君使群臣……陷入君地，言本但为鲁、卫二国救请，不欲过入君地，谦辞也。

⑳ 下臣，韩厥自称。谓正当戎车之行列，无所逃避隐遁也。属，适也；会也。

㉑ 且惧奔辟……辱戎士，韩厥自言若奔避则为辱晋君，并为齐侯羞，自己亦有辱于士卒也。故言忝两君，辱戎士。此盖厥自处臣仆，故示谦敬之饰辞也。

敢告不敏，摄官承乏。①"丑父使公下，如华泉取饮。②郑周父御佐车，③宛茷④为右，载齐侯以免。

韩厥献丑父，郤献子将戮之。呼曰："自今无有代其君任患者，有一于此，将为戮乎？"郤子曰："人不难以死免其君，我戮之不祥，赦之以劝事君者。"乃免之。

齐侯免，求丑父，三入三出。⑤每出，齐师以帅退，入于狄卒。⑥狄卒皆抽戈楯冒之，⑦以入于卫师。卫师免之。⑧遂自徐关⑨入。齐侯见保者，⑩曰："勉之。齐师败矣。"辟女子，⑪女子曰："君免乎？"曰："免矣。"曰："锐司徒⑫免乎？"曰："免矣。"曰："苟君与吾父免矣，可若何？"⑬乃奔。齐侯以为有礼，⑭既而问之，辟司徒之妻⑮也。予之石窌。⑯

晋师从齐师入自丘舆，⑰击马陉。⑱齐侯使宾媚人，⑲赂以纪甗玉磬

---

① 敢告不敏，摄官承乏，言欲以己之不敏，摄承空乏，从君俱还也。
② 时丑父与齐侯易位，故得诈代齐侯，使齐侯下车，如华泉取水而饮，欲使公因而走逸也。
③ 郑周父，当系齐大夫。佐车，副车也。
④ 宛茷，当系齐大夫。茷读如"芾"。
⑤ 齐侯重丑父之代，故三入三出于晋军以寻求之也。
⑥ 每出……入于狄卒，杜《注》："齐师大败，皆有退心，故齐侯轻出其众以帅厉退者，遂进入狄卒。狄卒者，狄人从晋讨齐者。"帅退，督励士卒，不许后退。进入狄卒，齐侯无以镇压退卒，遂奔入狄阵也。
⑦ 抽戈楯冒之，抽戈持楯以障齐侯也。
⑧ 卫师免之，卫师护齐侯使免于难也。时狄、卫畏齐强，故不敢害齐侯，皆护而免之。
⑨ 徐关，在今山东淄川县西。
⑩ 保者，保聚城邑之居守者也。
⑪ 辟女子，使女子避道也。时齐侯单还，故女子不避之，致烦申警也。
⑫ 锐司徒，主锐兵之官，问者之父也。
⑬ 苟君与吾父免矣，可若何，问讯女子满意之辞，言君与父既免于难，余人不可复如何也。
⑭ 锐司徒之女先问君，后问父，故齐侯以为有礼。
⑮ 辟司徒之妻，主壁垒之官之妻也。盖锐司徒之女嫁于辟司徒者。辟读作"壁"，与前读作"避"者不同。
⑯ 石窌，邑名，在今山东淄川县西。窌读如"留"。
⑰ 丘舆，齐邑，当在今山东益都县界。
⑱ 马陉，亦齐邑，在今山东益都县西南。
⑲ 宾媚人，即齐上卿国佐，一称国武子，亦称国子。

与地。① 不可，则听客之所为。② 宾媚人致赂。晋人不可，曰："必以萧同叔子为质，③ 而使齐之封内尽东其亩。④" 对曰："萧同叔子非他，寡君之母也，若以匹敌，则亦晋君之母也。⑤ 吾子布大命于诸侯，而曰必质其母以为信，其若王命何？⑥ 且是以不孝令也。⑦《诗》曰，孝子不匮，永锡尔类。⑧ 若以不孝令于诸侯，其毋乃非德类也乎？⑨ 先王疆理天下物土之宜，而布其利。⑩ 故《诗》曰，我疆我理，南东其亩。⑪ 今吾子疆理诸侯，而曰尽东其亩而已。唯吾子戎车是利，无顾土宜，⑫ 其无乃非先王之命也乎？反先王则不义，何以为盟主？其晋实有阙。⑬ 四王之王也，树德而济同欲焉。五伯之霸也，勤而抚之，以役王命。⑭ 今

---

① 赂以纪甗、玉磬与地，以齐灭纪所得之玉甗、玉磬及前获于鲁、卫之侵地赂晋求成也。纪，姜姓国，侯爵，灭于齐。其地在今山东寿光县南。甗，读如"奄"，甑也。一曰甑之无底者。
② 客谓晋。言晋如不纳，则听其所为可也。
③ 同叔，萧君之字，齐顷公之外祖父。子，女也。难斥言其母，故远言之。明欲以顷公之母为质，藉报前此聘齐被笑之怨也。
④ 使齐之封内尽东其亩，使齐国境内之田悉将垄亩改成东西行也。如此，则不但示辱，而晋师西来之途阔，无复限其马足车辙矣。
⑤ 若以匹敌言之，则齐君之母亦犹晋君之母也。因同为君母故。
⑥ 先王以孝治天下，今必质其母，是违王命也，故曰"其若王命何"。
⑦ 果质其母，是以不孝令于诸侯也。
⑧ 孝子不匮，永锡尔类，见《诗·大雅·生民之什·既醉》篇第五章。言孝心不乏者，又能以孝道长赐其族类也。
⑨ 其毋乃非德类也乎，言不以孝德赐其同类也。
⑩ 疆理天下物土之宜，而布其利，言理正疆界必从物土之宜，使播殖之物各从土宜也。
⑪ 我疆我理，南东其亩，《诗·小雅·谷风之什·信南山》篇首章之卒句也。言垄亩之或南北行，或东西行，当各从其土宜也。
⑫ 唯吾子戎车是利，无顾土宜，言郤克唯求伐齐循垄东行之便，不顾齐之土宜也。故下云"非先王之命"。
⑬ 晋实有阙，言在晋实有阙德也。
⑭ 四王之王也……以役王命，言四王、五伯所以成王业、霸业之由。四王谓禹、汤、文、武。言自立明德而成诸侯之所同欲，故云"树德而济同欲焉"。树，立也。济，成也。五伯谓夏伯昆吾，商伯大彭、豕韦，周伯齐桓、晋文。一说，齐桓、晋文、宋襄、秦穆、楚庄也。勤而抚之，以役王命，言虽不能立德以成同欲，然皆勤力以抚绥诸侯，以奔走服役于王命，不敢改先王之制度也。役，事也。

吾子求合诸侯，以逞无疆之欲。①《诗》曰，布政优优，百禄是遒。子实不优，而弃百禄，诸侯何害焉？②不然，寡君之命使臣则有辞矣。③曰，子以君师辱于敝邑，不腆敝赋，以犒从者。④畏君之震，师徒挠败，⑤吾子惠徼齐国之福，不泯其社稷，使继旧好，唯是先君之敝器土地不敢爱。⑥子又不许。请收合余烬，背城借一。⑦敝邑之幸，亦云从也。⑧况其不幸，敢不唯命是听？⑨"鲁、卫谏曰："齐疾我矣，⑩其死亡者皆亲昵也，子若不许，雠我必甚。唯子则又何求？子得其国宝，⑪我亦得地，⑫而纾于难，⑬其荣多矣。齐、晋亦唯天所授，岂必晋？"⑭晋人许之。对曰："群臣帅赋舆⑮以为鲁、卫请，若苟有以藉口，⑯而复于寡君，君之惠也。敢不唯命是听？"

禽郑⑰自师逆公。⑱秋七月，晋师及齐国佐盟于爰娄。⑲使齐人归

---

① 求合诸侯，以逞无疆之欲，是显违四王、五伯之道矣。

② 布政优优，百禄是遒，见《诗·商颂·长发》篇。布，今本作"敷"。盖颂殷汤布政优和，故百禄来聚也。今郤子布政实不优，是自弃其百禄，不能为害于人也。故云"诸侯何害焉"。遒读如"酋"，聚也。

③ 不然，寡君之命使臣则有辞矣，言如不见许，则我君之命我者本别有说辞也。下文即别命之辞。

④ 不腆敝赋，以犒从者，谓以劣弱之卒致犒于左右也。战而曰犒，其为逊辞可知。

⑤ 畏君之震，师徒挠败，言畏晋君震动之威，齐之师徒遂挠曲丧败也。

⑥ 爱，惜也。言不惜以先君之器物与土地赂晋也。

⑦ 收合余烬，背城借一，言当收合残卒，欲于城下复借一战也。烬，火余木，所以喻残卒。

⑧ 敝邑之幸，亦云从也，言若齐军而得胜，亦云从求式和耳。

⑨ 况其不幸，敢不唯命是听，言不幸而又战败，敢不唯晋之命是从乎。

⑩ 齐疾我矣，鲁、卫谏郤克之语，谓齐已深恨鲁、卫矣。

⑪ 子得其国宝，谓晋得齐赂之纪甗、玉磬。

⑫ 我亦得地，谓鲁、卫亦得齐所归之侵地也。

⑬ 齐服则鲁、卫之难自缓，故云"纾于难"。

⑭ 齐、晋亦唯天所授，岂必晋，言齐、晋谁胜，亦唯天意所授，岂晋可永胜哉。

⑮ 赋舆，兵车也。

⑯ 藉口，有辞可借也。即俗所谓"有交代"之意。

⑰ 禽郑，鲁大夫。

⑱ 自师逆公，自军中归迎成公来会晋师也。

⑲ 爰娄，亦作"袁娄"，去齐都五十里，在今山东临淄县西。或曰在淄川境，似较合。

我汶阳之田。① 公会晋师于上鄍,② 赐三帅先路三命之服,③ 司马、司空、舆帅、候正、亚旅,皆受一命之服。④……

晋侯使巩朔献齐捷于周王。⑤ 弗见,使单襄公辞焉,⑥ 曰:"蛮夷戎狄,不式王命,⑦ 淫湎毁常,⑧ 王命伐之,则有献捷,王亲受而劳之,所以惩不敬,劝有功也。⑨ 兄弟甥舅,侵败王略,⑩ 王命伐之,告事而已,不献其功,所以敬亲昵,禁淫慝也。⑪ 今叔父⑫克遂有功于齐,而不使命卿⑬镇抚王室,所使来抚余一人,⑭ 而巩伯实来,未有职司于王室,⑮ 又奸先王之礼,⑯ 余虽欲于巩伯,⑰ 其敢废旧典以忝叔父?⑱ 夫齐,甥舅之国也,而大师之后也,宁不亦淫从其欲,以怒叔父,抑岂

---

① 汶阳之田,本鲁地,为齐所侵,故晋使齐归之于鲁。我,鲁自谓。

② 上鄍,当在阳谷县境,盖齐、卫境上之邑也。

③ 三帅谓郤克、士燮、栾书。先路,路车或以木,或以革,故亦称木路或革路。《周礼·典命》:公之孤四命,其卿三命,其大夫再命,其士一命,侯伯之卿、大夫、士亦如之。三帅皆卿也,本国三命,故鲁赐以三命之服。杜《注》:"三帅已尝受王。先路之赐,今改而易新,并此车所建所服之物。"

④ 司马……皆受一命之服,晋之司马、司空皆大夫。舆帅主兵车,候正主斥候,亚旅次于卿,亦大夫也。本国一命,故受一命之服。皆鲁之赐。

⑤ 献齐捷于周王,晋以鞌战之捷献闻于周定王也。

⑥ 单襄公名朝,单伯之曾孙,天子之卿也。天子弗见,晋使巩朔,使单襄公辞之不受献捷之礼。

⑦ 不式王命,不用王命也。式,用也。

⑧ 淫湎毁常,谓淫于色,湎于酒,毁坏其典常也。淫,过也。湎,沈浸也。

⑨ 王命伐之……劝有功也,言如有上述情事,则王命方伯征之,有献捷于王之礼,天子亲受其捷而劝劳之,所以惩夷狄之不敬,奖劝诸侯之有功也。

⑩ 兄弟谓同姓诸侯,甥舅谓异姓诸侯。侵败王略,言侵败王室之经略法度也。

⑪ 王命伐之……禁淫慝也,言如有上述情事则方伯奉王命而征伐之,告成事于王室而已,不以因获俘馘献功,所以敬重亲戚昵爱,禁止淫乱邪慝也。杜《注》:"淫慝谓虢掠百姓,取因俘也。"

⑫ 天子谓同姓诸侯曰叔父。此指晋景公。

⑬ 大国三卿,其二卿命于天子,故曰"命卿"。

⑭ 余一人,天子自称。

⑮ 巩伯即巩朔,时为晋上军大夫,名位卑微,未达于王室,故云"未有职司于王室"。

⑯ 奸先王之礼,谓献齐捷,言干犯旧典也。

⑰ 虽欲于巩伯,言虽欲受巩朔之献。

⑱ 其敢废旧典以忝叔父,言不敢奸先王之礼以辱晋侯也。

不可谏诲？"①士庄伯不能对。王使委于三吏，②礼之如侯伯克敌使大夫告庆之礼，降于卿礼一等。③

王以巩伯宴而私贿之，④使相告之曰："非礼也，勿籍。"⑤

三　年⑥

晋人归楚公子榖臣与连尹襄老之尸于楚，⑦以求知罃。于是荀首佐中军矣，⑧故楚人许之。王送知罃曰："子其怨我乎？"对曰："二国治戎，臣不才，不胜其任，以为俘馘。执事不以衅鼓，⑨使归即戮，⑩君之惠也。臣实不才，又谁敢怨？"王曰："然则德我乎？"对曰："二国图其社稷，而求纾其民，⑪各惩其忿以相宥⑫也。两释累囚，⑬以成其好，二国有好，臣不与及，其谁敢德？⑭"王曰："子归，

---

① 宁不……不可谏诲，言齐岂以淫乱纵肆其欲以怨晋国，抑岂不可谏止而教诲之，乃至战伐兵争之惨也。从通作"纵"。

② 巩朔，士氏，与士会同辈，故称士庄伯。王使委于三吏，定王属三公接礼巩朔也。委，属也。三吏即三公，以三公为天子之吏也。

③ 巩朔，晋大夫，故降于卿礼一等。

④ 定王畏晋，故私宴巩伯而贿以慰之。

⑤ 相，相礼者。籍，书也。言此宴贿皆非礼之正，勿书此以为典也。

⑥ 成公三年当周定王十九年癸酉岁，晋景公十二年，楚共王三年，郑襄公十七年，齐顷公十一年，西历纪元前588年。

⑦ 宣公十二年，晋楚战于邲，楚获晋知罃，晋亦因楚公子榖臣及载连尹襄老之尸以还。至是，晋人归楚公子榖臣与连尹襄老之尸于楚，以求知罃之归晋。

⑧ 于是，犹言"此时"。荀首即知罃之父知庄子。是时已为晋中军之佐，故晋人为求其子。

⑨ 不以衅鼓，谓未见杀。

⑩ 使归即戮，使归晋就戮也。

⑪ 图其社稷，而求纾其民，言谋安定社稷之事而求舒缓民力也。

⑫ 各惩其忿以相宥，两国各自强释其忿以相赦谅也。惩，禁遏也。宥，赦也；有"谅解"之意。

⑬ 两释累囚，两国各放囚系之俘虏也。累，系也。

⑭ 二国有好……其谁敢德，言两国本不为己而和，不敢归德于谁也。

何以报我？"对曰："臣不任受怨，君亦不任受德，① 无怨无德，不知所报。"王曰："虽然，必告不穀。"对曰："以君之灵，累臣② 得归骨于晋，寡君之以为戮，死且不朽。若从君之惠而免之，以赐君之外臣首，③ 首其请于寡君，而以戮于宗，④ 亦死且不朽。若不获命，而使嗣宗职，⑤ 次及于事，⑥ 而帅偏师以修封疆，⑦ 虽遇执事，⑧ 其弗敢违。⑨ 其竭力致死，无有二心，以尽臣礼，所以报也。"王曰："晋未可与争。"重为之礼而归之。……

荀罃之在楚也，郑贾人有将置诸褚中以出⑩。既谋之，未行，而楚人归之。⑪ 贾人如晋，荀罃善视之，如实出己。⑫ 贾人曰："吾无其功，敢有其实乎？吾小人，不可以厚诬君子。"⑬ 遂适齐。⑭

---

① 臣不任受怨，君亦不任受德，言知罃不当受怨楚之名，楚君亦不当受施德之名也。任，当也。
② 累臣，荀罃自称，言累囚之臣也。
③ 称于异国君曰外臣。君之外臣首，荀罃称父名于楚君也。
④ 请于寡君，而以戮于宗，言得请于晋君而戮荀罃于知氏之宗庙也。
⑤ 若不获命，而使嗣宗职，言如晋君不许戮罃，而反使罃嗣其祖宗之职位也。
⑥ 次及于事，言嗣位后将以次及于当晋国之政事也。
⑦ 帅偏师以修封疆，领兵修治晋之疆场也。意谓执兵外向。
⑧ 执事指楚师。
⑨ 弗敢违，不避一战也。违，避也。
⑩ 郑贾人有将置诸褚中以出，言郑之贾人有贸易于楚者，将藏荀罃于絮中，以出楚归晋也。置，藏也。褚，絮也。
⑪ 既谋之未行，而楚人归之，言既有成谋，未及施行，而楚人已受晋之请，归知罃于晋也。
⑫ 善视之，如实出己，言知罃厚待此贾人，一若实由其谋以救己出险者然。
⑬ 吾无其功……不可以厚诬君子，贾人谦让之辞，言无功而受厚礼，是重诬于人也。小人，贾人自逊之称。君子谓知罃。
⑭ 遂适齐，郑贾人遂去晋往齐也。

四　年①

秋，公至自晋，欲求成于楚而叛晋。②季文子③曰："不可。晋虽无道，未可叛也。国大臣睦，④而迩于我，诸侯听⑤焉，未可以贰。史佚之志⑥有之，曰：非我族类，其心必异。楚虽大，非吾族也，其肯字⑦我乎？"公乃止。

六　年⑧

晋人谋去故绛。⑨诸大夫皆曰："必居郇瑕氏之地，⑩沃饶而近盐，⑪国利君乐，不可失也。"韩献子将新中军，⑫且为仆大夫，⑬公揖而入。⑭献子从公立于寝庭。⑮谓献子曰："何如？"⑯对曰："不可。郇瑕氏土

---

① 成公四年当周定王二十年甲戌岁，晋景公十三年，楚共王四年，西历纪元前587年。
② 是年夏，成公如晋，晋景公见公不敬。秋，成公归鲁，因欲叛晋而求成于楚。
③ 季文子，即季孙行父，已见前。
④ 国大臣睦，谓晋之国土大而群臣又辑睦也。
⑤ 听，服也。
⑥ 史佚之志，周文王大史佚之遗训也。
⑦ 字，爱也；抚也。
⑧ 成公六年当周简王元年丙子岁，晋景公十五年，郑悼公二年，蔡景侯七年，楚共王六年，西历纪元前585年。周简王名夷，定王瑜之子，为周朝第二十二王，在位十四年。
⑨ 时晋人谋迁都，定议徙于新田，仍命新田为绛，故称绛为故绛。
⑩ 郇瑕，古国名，姬姓，侯爵，一称郇，灭于晋，遂称"郇瑕氏之地"。在今山西猗氏县西南。
⑪ 盐读如"古"，盐也。沃饶而近盐，言其地衍沃而富饶，且近盐池也。
⑫ 成公三年十二月，晋作六军，韩厥、赵括、巩朔、韩穿、荀骓、赵旃皆为卿，当鞌之功也。韩厥实为新建中军之将，故云"韩献子将新中军"。
⑬ 仆大夫，即后世之太仆，其职，君视燕朝，则正位掌摈相。且为仆大夫，言韩厥兼任太仆之职也。
⑭ 公揖而入，晋景公揖韩厥使入路寝也。路寝，君之正寝。
⑮ 献子欲进计，乃从公而入，立于路寝之庭。
⑯ 何如，景公询韩厥之辞，意即问诸大夫之言是非何如也。

薄水浅，其恶易觏。① 易觏则民愁，民愁则垫隘，② 于是乎有沈溺重膇之疾。③ 不如新田④ 土厚水深，居之不疾，有汾、浍以流其恶。⑤ 且民从教，⑥ 十世之利⑦ 也。夫山泽林盬，国之宝也，⑧ 国饶则民骄佚，⑨ 近宝，公室乃贫，⑩ 不可谓乐。"公说，从之。夏四月丁丑，晋迁于新田。

晋栾书救郑，与楚师遇于绕角。⑪ 楚师还，晋师遂侵蔡。楚公子申、公子成⑫ 以申、息⑬ 之师救蔡，御诸桑隧。⑭ 赵同、赵括欲战，请于武子。⑮ 武子将许之。知庄子、范文子、韩献子⑯ 谏曰："不可。吾来救郑，楚师去我，吾遂至于此，是迁戮⑰ 也。戮而不已，又怒楚师，

---

① 其恶易觏，其地易成疾病也。恶，疾疢。觏，成也。
② 垫隘，羸困也。
③ 沈溺重膇之疾，即今之所谓"脚气病"。沈溺，湿疾。重膇，足肿也。膇读如"坠"。
④ 新田，在今山西曲沃县西南，当浍、汾之交。
⑤ 有汾、浍以流其恶，言有汾水、浍水交涤垢秽，可以去疾也。汾水源出山西宁武县西南管涔山，曲折西南流，至河津县西南入于黄河。浍水源出山西翼城县东南浍山下，西流经绛县、曲沃二县南，又西入新绛县界注于汾，与河南之溰水亦称浍河者异。
⑥ 无灾患，故其民醇厚，从上之教令。
⑦ 十世之利，举成数言，犹云百年大利也。
⑧ 高阜为山，止水为泽，草木为林，盐卤为盬，四者乃利源所出，故为有国之宝也。
⑨ 国饶则民骄佚，言财易致则民骄侈，自流于放佚也。
⑩ 近宝，公室乃贫，林《释》："近宝则民皆逐末而不务本，贫富不等，富者不可增税，贫者易致流亡，此公室所由以贫困也。"
⑪ 成公五年十二月，郑悼公从齐、鲁、宋、卫、曹、邾、杞会晋盟于虫牢。翌年秋，楚子重伐郑，故晋栾书帅师救之，与楚师遇于绕角。郑悼公名费，《史记》作"沸"，襄公坚之子，灵公夷之从子也。在位二年，为郑第十三君。其元年当周定王二十一年乙亥岁，西历纪元前586年。虫牢，郑地，亦曰桐牢，在今河南封丘县北。绕角，亦郑地，在今河南鲁山县东南。
⑫ 公子申、公子成俱当时楚之诸公子。其后定公四年及哀公六年所见之公子申系昭王之弟，与此非一人。
⑬ 申、息本为二国，时已夷为楚之二县矣。
⑭ 御诸桑隧，楚救蔡之师御晋师于桑隧也。桑隧，蔡地，在今河南确山县东。
⑮ 栾武子栾书时为中军将，故赵同、赵括欲战，必请命于武子也。
⑯ 时知庄子荀首为中军佐，范文子士燮为上军佐，韩献子韩厥为新中军将，不欲战，故皆谏栾武子，以为不可也。
⑰ 迁戮，犹迁怒，盖晋师之出，本为救郑，以楚师不与校而还，遂以侵蔡，是迁怒以戮蔡矣。

战必不克。^①虽克,不令。^②成师以出,而败楚之二县,何荣之有焉?^③若不能败,^④为辱已甚,不如还也。"乃遂还。

于是^⑤军帅之欲战者众,或谓乐武子曰:"圣人与众同欲,是以济事。子盍从众?子为大政,^⑥将酌于民^⑦者也。子之佐十一人,^⑧其不欲战者,三人而已。^⑨欲战者可谓众矣。《商书》曰,三人占,从二人,^⑩众故也。"武子曰:"善钧,从众。^⑪夫善,众之主也。^⑫三卿为主,可谓众矣。^⑬从之,不亦可乎?^⑭"

七 年^⑮

楚围宋之役,师还,子重请取于申、吕以为赏田。^⑯王许之。申

---

① 戮而不已……战必不克,杜《注》:"迁戮不义,怒敌难当,故不克。"
② 虽克,不令,言虽幸而胜,亦不足为训,未可令于有众也。
③ 成师以出……何荣之有焉,杜《注》:"六军悉出,故曰成师。以大胜小,不足为荣。"
④ 若不能败,言若不能"败楚之二县"。败,击破也,攻克也。
⑤ 于是,当此之时。
⑥ 乐书将中军,实为元帅,故曰"子为大政"。
⑦ 酌于民,酌取民心以为政也。
⑧ 六军将佐凡十二人,中军将为元帅外,其余各军将佐俱元帅之佐也,故曰"子之佐十一人"。
⑨ 当时不欲战者止荀首、士燮、韩厥三人,故曰"三人而已"。
⑩ 《尚书·周书·洪范》篇有云:"三人占,则从二人之言。"序云:"武王胜殷,杀受,立武庚,以箕子归,作《洪范》。"箕子,商王受之庶兄,故此云"《商书》曰"。
⑪ 善钧,从众,言所见皆善钧等如一,则以其众而从之。钧,等也。
⑫ 人心所同然者善,故曰"众之主也"。
⑬ 三卿指荀首、士燮、韩厥,皆晋之贤人,有此三人为主,自得称之为众矣。
⑭ 从之,不亦可乎,栾书善为之辞也。
⑮ 成公七年当周简王二年丁丑岁,晋景公十六年,齐顷公二十五年,卫定公五年,郑成公元年,曹宣公十一年,宋共公五年,楚共王七年,吴寿梦二年,杞桓公五十三年,邾定公三十年,莒渠邱公二十六年,西历纪元前584年。
⑯ 楚围宋之役,详见前宣公十四年《传》,子重请取于申、吕以为赏田,子重请分申、吕二邑之田以自赏功也。申已见前。吕,虞、夏时姜姓国,后并于楚,今河南南阳县西三十里有吕城,俗名董吕村是也。

公巫臣①曰："不可。此申、吕所以邑也，是以为赋，以御北方。②若取之，是无申、吕也。晋、郑必至于汉。"王乃止。子重是以怨巫臣。子反欲取夏姬，巫臣止之，遂取以行。③子反亦怨之。

及共王④即位，子重、子反杀巫臣之族子阎、子荡及清尹弗忌及襄老之子黑要，⑤而分其室。⑥子重取子阎之室，使沈尹与王子罢⑦分子荡之室，子反取黑要与清尹之室。巫臣自晋遗二子书曰："尔以谗慝贪惏⑧事君，而多杀不辜，余必使尔罢于奔命⑨以死。"

巫臣请使于吴，晋侯许之。⑩吴子寿梦说之，⑪乃通吴于晋。⑫以两之一卒适吴，舍偏两之一焉。⑬与其射御，教吴乘车，教之战陈，

---

① 申公巫臣即屈巫，已见前。时已奔晋为邢大夫。此处追述往事也。
② 此申、吕所以邑也……以御北方，言申、吕赖此田以成邑，不得此田，即无以出兵赋而御北方之外患也。
③ 此亦追述往事。成公二年《传》："楚之讨陈夏氏也，庄王欲纳夏姬。申公巫臣曰：'不可。……'王乃止。子反欲取之，巫臣曰：'是不祥人也……天下多美妇人，何必是。'子反乃止王以予连尹襄老。襄老死于邲……其子黑要烝焉，巫臣使道焉，曰：'归吾聘女。'又使自郑召之。……姬以告王……王遣夏姬归，……巫臣聘诸郑，郑伯许之。及共王即位，……巫臣尽室以行。……及郑，以夏姬行。……遂奔晋。……晋人以为邢大夫。……"此云遂取以行，即指是事。
④ 共王名审，庄王旅之子，楚国第二十三君也。在位三十一年。其元年当周定王十七年辛未岁，西历纪元前590年。
⑤ 子阎、子荡、弗忌俱巫之族。惟弗忌为清尹，余不详其官。黑要，连尹襄老之子，以夏姬故，并及于难。要，"腰"之本字。
⑥ 分其室，分取其妻妾及室中之所有也。
⑦ 沈尹不详谁氏。王子罢，楚之公室也。罢读如"皮"。
⑧ 巫臣自晋遗二子书，屈巫由晋投书于子重、子反也。谗慝指其潜善。贪惏指其分室。
⑨ 罢于奔命，言为奔波而疲竭也。罢通"疲"。奔命闻命奔赴之意，言奔走极急也。
⑩ 巫臣自请使于吴以招徕之，晋景公许其所请。吴，姬姓国，子爵。周太王长子泰伯奔荆蛮以避季历，居于梅里，在今江苏无锡县东南四十里。泰伯卒，其弟仲雍嗣位，后十七世至寿梦，始称王。其后阖闾筑太城而都之，即今江苏吴县治也。有今淮、泗以南及浙江嘉、湖等地。鲁哀公时，为越句践所灭。
⑪ 吴子寿梦说之，吴王悦巫臣之辞也。寿梦名乘，为吴国第十九君，始通中原诸国，僭称王。在位二十五年。其元年当周简王元年丙子岁，西历纪元前585年。
⑫ 先是吴人自安僻陋未尝与中国相通。至是，巫臣欲困楚，乃导吴以通于晋。
⑬ 以两之一卒适吴，舍偏两之一焉，言巫臣将一百二十五人往吴，留九乘车及二十五人在吴，令吴人习之也。"两之一卒"之"之"，及也。"偏两之一"之"之"，各也。舍，留止也。按《司马法》云："百人为卒，二十五人为两。车九乘为小偏，十五乘为大偏。"是以知两之一卒为百二十五人，偏两各一为车九乘，人二十五也。

教之叛楚。① 置其子狐庸焉，使为行人于吴。② 吴始伐楚，伐巢，伐徐。③ 子重奔命。④ 马陵之会，⑤ 吴入州来，⑥ 子重自郑奔命。⑦ 子重、子反于是乎一岁七奔命。⑧ 蛮夷属于楚者，吴尽取之。是以始大，通吴于上国。⑨

八　年⑩

八年春，晋侯使韩穿来言，汶阳之田归之于齐。⑪ 季文子饯之，⑫ 私焉，⑬ 曰："大国制义以为盟主，是以诸侯怀德畏讨，无有贰心。谓汶阳之田，敝邑之旧⑭也，而用师于齐，⑮ 使归诸敝邑。今有二命，曰

---

① 与其射御……教之叛楚，林《释》："先是，吴未尝射御，故巫臣与其射御；未尝乘车，故巫臣教吴乘车；未识战阵之法，故巫臣教之战阵；吴尝属楚，故巫臣教之叛楚。"
② 置其子狐庸焉，使为行人于吴，巫臣以子狐庸属于吴，使为吴行人之官以为之往返奉使而通消息也。
③ 巢、徐皆楚属国。徐已见前。巢，伯爵，先为楚属，后灭于吴。今安徽巢县东北五里有居巢城，即其国。
④ 子重奔命，为救徐、巢也。此指本年事。
⑤ 本年秋，楚子重伐郑，师于氾。晋侯会齐侯、鲁侯、宋公、卫侯、曹伯、莒子、邾子、杞伯之师以救郑，郑共仲、侯羽攻楚师，囚郧公钟仪献诸晋。八月，同盟于马陵。马陵之会指此。马陵，卫地。在今河北大名县南。
⑥ 州来，楚邑，今安徽凤台县治。吴入州来，吴乘马陵之会，以兵入州来也。
⑦ 子重伐郑在外，闻吴入州来不得不奔命还救，故曰"自郑奔命"。
⑧ 吴人得晋教，一岁之间七为楚害，故子重、子反凡七度奔命也。
⑨ 上国，谓中原诸夏之国。
⑩ 成公八年当周简王三年戊寅岁，晋景公十七年，齐顷公十六年，莒子朱二十七年，西历纪元前583年。
⑪ 晋侯使韩穿来言，汶阳之田归之于齐，晋景公使韩穿如鲁，言将以成二年齐返鲁之侵地仍归于齐也。
⑫ 饯，送行饮酒也。韩穿将归晋，季文子送其行，故曰"饯之"。
⑬ 私焉，私与之言也。
⑭ 敝邑之旧，谓鲁旧有之地也。
⑮ 用师于齐，谓成二年晋、齐战于鞌之役。

归诸齐。信以行义，义以成命，① 小国所望而怀也。信不可知，义无所立，② 四方诸侯，其谁不解体？③《诗》曰，女也不爽，士贰其行，士也罔极，二三其德。④ 七年之中，一与一夺，⑤ 二三孰甚焉？士之二三，犹丧妃耦，⑥ 而况霸主？霸主将德是以，⑦ 而二三之，其何以长有诸侯乎？《诗》曰，犹之未远，是用大简。⑧ 行父惧晋之不远犹⑨ 而失诸侯也，是以敢私言之。"

晋赵庄姬为赵婴之亡故，⑩ 谮之于晋侯⑪ 曰："原屏将为乱，乐、郤为征。"⑫ 六月，晋讨赵同、赵括。⑬ 武从姬氏畜于公宫。⑭ 以其田与祁奚。⑮

韩厥言于晋侯曰："成季之勋，⑯ 宣孟之忠，⑰ 而无后，为善者其

---

① 人之守信，所以行其合宜之义，故曰"信以行义"。人之守义，所以成其惟行不惟反之命令，故曰"义以成命"。
② 以言守一之信，则或予或夺而信不可知。以言合宜之义，则夺鲁予齐而义无所立。
③ 四方诸侯，其谁不解体，言诸侯不复肃敬于晋矣。
④ 女也不爽……二三其德，见《诗·卫风·氓》第四章。爽，差也。极，中也。诗意本妇人怨丈夫不一其行，以喻鲁之事晋犹女之事夫，不敢过差而晋有罔极之心，反二三其德也。
⑤ 七年之中，一与一夺，言成二年使齐以所侵汶阳之田返鲁，至是适及七年，又使鲁以汶阳之田归齐也。
⑥ 士之二三，犹丧妃耦，言夫若二三其德，妇必有怨心，犹将丧失其配耦也。妃通"配"。
⑦ 以，用也。
⑧ 犹之未远，是用大简，见《诗·大雅·生民之什·板》篇。犹，今多作"猷"，谋也；图也。简，谏也。今本直作"谏"。言王者图事不远，不远，故用大道谏之也。
⑨ 不远犹，不远图也。
⑩ 赵庄姬，晋成公之女，赵盾子赵朔之妻也。鲁成公四年，赵婴通于庄姬。五年春，赵同、赵括逐婴，婴遂出亡。为赵婴之亡故，即指此，盖云为婴亡之故也。
⑪ 谮之于晋侯，毁同、括于晋景公也。
⑫ 原屏将为乱，乐、郤为征，言原同、屏括将作乱，乐氏、郤氏亦征实之，可为证也。
⑬ 讨赵同、赵括，景公讨原、屏之罪而杀之，故《经》云"晋杀其大夫赵同、赵括"。
⑭ 武即赵武，赵朔之子，庄姬所出。姬氏即庄姬。赵氏既见讨，武遂从母畜养于公宫。
⑮ 以其田与祁奚，以赵氏之田赏与大夫祁奚也。
⑯ 成季即赵衰，言有从晋文公出亡之勋也。
⑰ 宣孟即赵盾，言有相晋拥立灵公、成公之忠也。

惧矣。三代之令王，皆数百年保天之禄，夫岂无辟王？① 赖前哲以免② 也。《周书》曰，不敢侮鳏寡。所以明德也。③" 乃立武④ 而反其田⑤ 焉。

晋侯使申公巫臣如吴，假道于莒，与渠丘公立于池上，⑥ 曰："城已恶。⑦" 莒子曰："辟陋在夷，其孰以我为虞？⑧" 对曰："夫狡焉思启封疆⑨ 以利社稷者，何国蔑有？唯然，故多大国矣。⑩ 唯或思或纵也。⑪ 勇夫重闭，况国乎？⑫"

九　年⑬

为归汶阳之田，故诸侯贰于晋。晋人惧，会于蒲⑭ 以寻马陵之盟。季文子谓范文子曰："德则不竞，⑮ 寻盟何为？" 范文子曰："勤以抚之，宽以待之，坚强以御之，明神以要之，柔服而伐贰，德之次也。⑯" 是

---

① 辟王，邪辟之君也。
② 赖前哲以免，托赖先人之荫以免祸也。
③ 《尚书·周书·康诰》有云："惟乃丕显考文王，克明德慎罚，不敢侮鳏寡。" 所以明德也，欲使晋侯法文王以明德慎罚耳。
④ 立武，立赵武以嗣赵氏也。
⑤ 反其田，以赐与祁奚之田复归于赵氏也。
⑥ 渠丘公即莒子朱。池上，城池之上也。
⑦ 城已恶，谓此城池太弱劣也。
⑧ 辟陋在夷，其孰以我为虞，言莒国僻陋，介在蛮夷，谁其计度并我国乎。虞，度也。
⑨ 狡焉思启封疆，言有狡猾之人日思开拓己之封疆也。
⑩ 唯然，故多大国矣，言唯其如此，所以强凌弱众暴寡，兼并他人之大国日多也。
⑪ 唯或思或纵也，杜《注》："世有思开封疆者，有纵其暴掠者，莒人当唯此为命。"
⑫ 勇夫重闭，况国乎，言匹夫之勇尚且设关以待暴客，况有国有家者反可不设备乎。闭，关也。
⑬ 成公九年当周简王四年己卯岁，晋景公十八年，齐顷公二十七年，宋共公七年，卫定公七年，郑成公三年，曹宣公十三年，莒渠丘公二十八年，杞桓公五十五年，楚共王九年，西历纪元前582年。
⑭ 蒲，卫地，今河北长垣县治。
⑮ 德则不竞，言晋不自强于修德也。竞，强也。
⑯ 德之次也，犹言虽不可比于修德，抑亦德之次也。

行也,将始会吴。① 吴人不至。

晋侯观于军府,见锺仪,② 问之曰:"南冠而絷③者,谁也?"有司对曰:"郑人所献楚囚也。"使税之,④ 召而吊之。⑤ 再拜稽首。问其族。⑥ 对曰:"泠人⑦也。"公曰:"能乐乎?"对曰:"先父之职官也,敢有二事?⑧"使与之琴。操南音。⑨ 公曰:"君王何如?"⑩ 对曰:"非小人之所得知也。"固问之。对曰:"其为大子也,师保奉之,以朝于婴齐而夕于侧也。⑪ 不知其他。"

公语范文子。文子曰:"楚囚,君子也。言称先职,不背本也。乐操土风,不忘旧也。称大子,抑无私也。⑫ 名其二卿,尊君也。⑬ 不背本,仁也。不忘旧,信也。无私,忠也。尊君,敏也。仁以接事,信以守之,忠以成之,敏以行之,事虽大,必济。⑭ 君盍归之,使合晋、楚之成。⑮"公从之,重为之礼,⑯ 使归求成。

冬十一月,楚子重自陈伐莒,围渠丘。⑰ 渠丘城恶,众溃,奔莒。

---

① 是行也,将始会吴,言蒲之会,晋意实欲招吴使来,初与于晋国主持之盟会也。
② 马陵之会,晋人执楚锺仪归,囚诸军府。至是,晋景公观于军府,遂见锺仪。军府,藏军器之所。
③ 南冠,楚冠。絷,拘执也。
④ 税通"脱"。使税之,使脱去锺仪之拘絷也。
⑤ 召而吊之,召锺仪而吊其被囚也。
⑥ 问其族,景公问锺仪之宗族所自出也。
⑦ 泠人,乐官也。泠一作"伶"。
⑧ 敢有二事,言不敢学他事也。
⑨ 操南音,以楚声操琴也。
⑩ 君王何如,景公问楚共王之为人也。
⑪ 其为大子也……以朝于婴齐而夕于侧也,言共王为大子时,虽有师保侍奉,仍朝夕亲于令尹子重及司马子反也。见大子之尊卿敬老。
⑫ 称大子,抑无私也,言锺仪舍其近事而远称少小,以示性所自然,明至诚无私也。
⑬ 当景公之前直称其二卿子重、子反之名,是尊晋君也。
⑭ 事虽大,必济,言锺仪有此仁信忠敏之四德,必能成大事也。
⑮ 晋、楚久以争郑相攻,彼此实皆有倦意,故士燮劝景公归锺仪于楚,使合晋、楚之成。是年十二月,楚子使公子辰如晋,报锺仪之使,请修好结成。
⑯ 重为之礼,以礼厚待之也。
⑰ 本年秋,晋人讨郑之贰于楚,郑伯如晋,晋人执诸铜鞮。楚子重救郑,遂侵陈。至是,自陈伐莒,围渠丘。渠丘,莒邑,即今山东莒县之蓬里。与齐之渠丘异地。

戊申，楚入渠丘。莒人囚楚公子平，①楚人曰："勿杀，吾归而俘。②"莒人杀之。楚师围莒。③莒城亦恶，庚申，莒溃。楚遂入郓。④莒无备故也。

君子曰，恃陋而不备，罪之大者也。备豫不虞，⑤善之大者也。莒恃其陋而不修城郭，浃辰⑥之间而楚克其三都，⑦无备也夫。《诗》曰，虽有丝麻，无弃菅蒯。虽有姬、姜，无弃蕉萃。凡百君子，莫不代匮。⑧言备之不可以已也。

十 年⑨

晋侯梦大厉，⑩被发及地。⑪搏膺而踊⑫曰："杀余孙，不义，余得请于帝矣。⑬"坏大门及寝门⑭而入。公惧，入于室。又坏户。公

---

① 公子平，楚之公室。
② 吾归而俘，楚许归莒之俘虏以赎公子平也。而，汝也。
③ 莒，莒国之都，已见前。
④ 郓，莒之别邑，在今山东沂水县北。地亦属鲁，故鲁、莒时为郓起争。
⑤ 备豫不虞，言居安虑危，自无意外之虞，所谓有备无患也。
⑥ 浃，周匝也。辰，日辰也。浃辰谓自子日至亥日周匝十二日也。上云戊申入渠丘，庚申入郓，适周十二辰。
⑦ 三都，犹言三大邑，指渠丘、莒、郓。
⑧ 虽有丝麻……莫不代匮，杜《注》谓逸《诗》也。丝可为帛，麻可为布。菅读如"肩"，蒯读"冘"（kuǎi），皆草之可为杂用者。此言虽有精细之物，粗物亦不可弃也。姬、姜，大国之女。蕉萃，贱陋之人。此言虽有大国之女，贱陋之人亦不可弃也。凡百君子，在位之人。莫不代匮，言在位之人亦有匮乏之时，须得人承代也。
⑨ 成公十年当周简王五年庚辰岁，晋景公十九年，秦桓公二十四年，西历纪元前581年。
⑩ 晋侯梦大厉，谓晋景公梦见厉鬼也。杜《注》："赵氏之先祖也。八年，晋侯杀赵同、赵括，故怒。"
⑪ 被发及地，发散下披，委ау于地也。被通"披"。
⑫ 搏膺而踊，以手拊胸而跳跃也。膺，胸也。
⑬ 余得请于帝矣，谓已得请上帝之许可，令我报复矣。
⑭ 大门，公宫之大门。寝门，燕寝之门。

觉，召桑田巫。① 巫言如梦。② 公曰："何如？"曰："不食新矣。"③ 公疾病，求医于秦。秦伯使医缓为之。④ 未至，公梦疾为二竖子，⑤ 曰："彼良医也，惧伤我。焉逃之？⑥"其一曰："居肓之上，膏之下，⑦ 若我何？"医至，曰："疾不可为也。在肓之上，膏之下，攻之不可，达之不及，药不至焉，不可为也。"公曰："良医也。"厚为之礼而归之。

六月丙午，晋侯欲麦，⑧ 使甸人⑨献麦。馈人为之召桑田巫，示而杀之。⑩ 将食，张，⑪ 如厕，⑫ 陷而卒。⑬ 小臣有晨梦负公以登天，⑭ 及日中，负晋侯出诸厕。⑮ 遂以为殉。⑯

---

① 桑田巫，桑田邑之巫者。桑田本虢地，入晋为邑，即今河南阌乡县东三十里之稠桑驿。
② 巫言如梦，巫云鬼怒之状与公所梦正同。
③ 不食新矣，言景公之寿命不及食新麦也。
④ 秦伯使医缓为之，秦桓公使医人名缓者为景公治疾也。秦桓公名荣，康公罃之孙，共公稻之子，在位二十七年，为秦国第十七君。其元年当周定王三年丁巳岁，西历纪元前604年。
⑤ 公梦疾为二竖子，景公梦见疾病化为二童子也。竖子即童子。后世称疾病为"二竖"，本此。
⑥ 焉逃之，何所逃避医药之攻伤也。
⑦ 肓读如"荒"，膈也。心下为膏。
⑧ 周六月，今四月，麦始熟。故晋侯欲尝新麦。
⑨ 甸人，主为公田者。
⑩ 馈人为之召桑田巫，示而杀之，林《释》："馈麦之人为景公召桑田之巫，以其言不食新，故示以新麦而杀之。"
⑪ 张，腹满也。
⑫ 如厕，往厕所便解也。厕，圊溷。
⑬ 陷而卒，景公如厕，坠入圊溷，陷溺而死也。
⑭ 小臣，左右近使之臣。有晨梦负公以登天，小臣中有晨间梦已负景公登天者，自宣于众也。
⑮ 及日中，日当午也。小臣自言有此梦，遂令负晋侯出诸厕也。
⑯ 殉，活埋陪葬也。

十二年①

宋华元克合晋、楚之成。②夏五月,晋士燮会楚公子罢、许偃。③癸亥,盟于宋西门之外,曰:"凡晋、楚无相加戎,④好恶同之。同恤菑危,⑤备救凶患。⑥若有害楚,则晋伐之。在晋,楚亦如之。交贽往来,道路无壅。⑦谋其不协,而讨不庭。⑧有渝⑨此盟,明神殛⑩之。俾队其师,无克胙国。⑪"

郑伯如晋听成,⑫会于琐泽,⑬成故也。……

晋郤至⑭如楚聘,⑮且莅盟。⑯楚子享之,⑰子反相,⑱为地室而县焉。⑲

---

① 成公十二年当周简王七年壬午岁,晋厉公二年,宋共公十年,楚共王十二年,西历纪元前579年。

② 成公十年之春,晋景公使大夫籴茷如楚,报上年公子辰之使。宋华元善于楚令尹子重,又善于晋栾武子,既闻楚人许籴茷成而使归复命矣,遂于十一年之冬如楚如晋,合晋、楚之成。至本年春,华元克合晋、楚之成。

③ 公子罢、许偃,皆楚之大夫。

④ 无相加戎,彼此不复以兵戎相加也。

⑤ 同恤菑危,言二国若有灾祸危难,则同心以拯恤之也。菑通"灾"。

⑥ 备救凶患,言二国若有凶荒患害,则备力以救援之也。

⑦ 交贽往来,道路无壅,言二国交执贽币以通往来,道路之间无得壅塞也。

⑧ 谋其不协,而讨不庭,言相互谋洽其不和,而讨背叛不来在王庭者。

⑨ 渝,违也。

⑩ 殛,诛也。

⑪ 俾队其师,无克胙国,言明神将使渝盟之国坠失其师众,无能享国家之报。胙,报也。"凡晋、楚无相加戎"至此,皆当时载书之盟辞。

⑫ 郑伯谓郑成公。成公名睔,襄公坚之子,悼公费之弟,为郑国第十四君,在位十四年。其元年当周简王二年丁丑岁,西历纪元前584年。如晋听成,晋、楚既成,郑往受命也。听,犹受也。

⑬ 琐泽即沙,《公羊》作沙泽,晋地。在今河北大名县。

⑭ 郤至,郤克族子,字季子,食采于温,亦称温季,晋之卿也。

⑮ 如楚聘,往楚修聘也。晋、楚既成,故晋使郤至修聘于楚。

⑯ 凡两国修好,则择地或临某国为会盟,谓之莅盟。

⑰ 楚子享之,楚共王享宴郤至也。

⑱ 子反相,公子侧为赞馔也。

⑲ 为地室而县焉,为乐室于地之下,而悬钟鼓也。

成　公　　187

郤至将登，金奏作于下，^①惊而走出。子反曰："日云莫矣，^②寡君须^③矣，吾子其入也。"宾^④曰："君不忘先君之好，施及下臣，贶之以大礼，^⑤重之以备乐。^⑥如天之福，两君相见，何以代此？^⑦下臣不敢。"子反曰："如天之福，两君相见，无亦唯是一矢以相加遗，焉用乐？^⑧寡君须矣，吾子其入也。"宾曰："若让之以一矢，^⑨祸之大者，其何福之为？世之治也，诸侯间于天子之事，则相朝也，^⑩于是乎有享宴之礼。享以训共俭，^⑪宴以示慈惠，^⑫共俭以行礼，而慈惠以布政，政以礼成，民是以息，^⑬百官承事，朝而不夕，^⑭此公侯之所以扞城^⑮其民也。故《诗》曰，赳赳武夫，公侯干城。^⑯及其乱也，诸侯贪冒，^⑰侵欲不忌，^⑱争寻常以尽其民。^⑲略其武夫，以为己腹心股肱爪牙。^⑳故《诗》曰，

---

① 金奏作于下，在地室击钟而奏乐也。
② 日云莫矣，犹云日将没矣。莫，"暮"之本字，从日从茻，日落茻中，是将昏之候也。
③ 须，待也。
④ 宾指郤至。下同。
⑤ 大礼，谓享宴之大礼。贶，赐也。
⑥ 备乐，即指上轩县之乐。诸侯相见始用备乐，今为郤至用，故曰"重"。上云"惊而走出"亦即不敢当之意也。
⑦ 如天之福……何以代此，言若蒙上天之福泽，使晋、楚二国之君以和好相见，又用何乐代此为两君相见之礼乎。故下云"下臣不敢"。
⑧ 焉用乐，言两君非乃相见，无用此乐。
⑨ 让之以一矢，言若二国有相责让之言而以一矢相加遗也。
⑩ 诸侯间于天子之事，则相朝也，言王事间缺，则修私好。
⑪ 享有体荐，设几而不倚，爵盈而不饮，肴干而不食，所以训恭俭也。共通作"恭"。
⑫ 宴则折俎，谓节折其肉升之于俎，相与共啖食，之所以示慈惠也。
⑬ 民是以息，言各安其分而得以休息也。
⑭ 百官承事，朝而不夕，言国家安静无事，故朝治其事而不夕见也。
⑮ 扞城，保卫也。扞，蔽也。城，护也。言享宴结好邻国，即所以蔽护其民耳。
⑯ 赳赳武夫，公侯干城，见《诗·周南·兔罝》篇。言公侯之与武夫止于扞难而已。
⑰ 好财曰贪，尽利曰冒。
⑱ 侵欲不忌，言侵夺嗜欲无所顾忌也。
⑲ 争寻常以尽其民，言争夺丈尺之地以相攻伐而不惜尽没其民人也。八尺曰寻。倍寻曰常。
⑳ 略其武夫，以为己腹心股肱爪牙，言世乱则公侯制御武夫以从己志，使侵害邻国，为搏噬之用也。略，取也。

赳赳武夫，公侯腹心。① 天下有道，则公侯能为民干城，而制其腹心。② 乱则反之。③ 今吾子之言，乱之道也，不可以为法。然吾子，主也，④ 至敢不从？"⑤ 遂入，卒事。⑥ 归以语范文子。文子曰："无礼必食言，⑦ 吾死无日矣夫！⑧"

冬，楚公子罢如晋聘，且莅盟。十二月，晋侯及楚公子罢盟于赤棘。⑨

十三年⑩

夏四月戊午，晋侯使吕相绝秦，⑪ 曰："昔逮我献公及穆公相好，⑫ 戮力同心，申之以盟誓，重之以昏姻。⑬ 天祸晋国，文公如齐，⑭ 惠公

---

① 赳赳武夫，公侯腹心，亦见《兔罝》篇。此断章取义，举诗之正以驳乱义也。
② 天下有道……而制其腹心，承上文治世之事言，重言公侯能蔽护人民而自制其腹心之欲也。
③ 乱则反之，即云略其武夫以为己腹心爪牙耳。
④ 吾子谓子反。主也，谓此享宴之礼之主人。
⑤ 至敢不从，郤至自称其名，谓不敢不从也。
⑥ 卒事，完毕享宴之事，所谓成礼也。
⑦ 食言，不实践其所言之谓，盖谓言而不信，如食之消尽也。
⑧ 楚既食言，晋、楚必不能久和，将复见相伐，晋无日不虞敌患之至矣。故士燮有"吾死无日矣夫"之叹也。
⑨ 晋侯谓晋厉公。厉公名州蒲，《史记》作寿曼，景公獳之子，为晋国第二十九君。在位八年，栾书弑之。其元年当周简王六年辛巳岁，西历纪元前580年。赤棘，晋地，今地不详。
⑩ 成公十三年当周简王八年癸未岁，晋厉公三年，齐灵公四年，宋共公十一年，卫定公十一年，郑成公七年，曹宣公十七年，邾定公三十六年，滕文公二十二年，秦桓公二十七年，楚共王十三年，西历纪元前578年。
⑪ 晋侯，晋厉公。吕相，厨武子魏锜之子魏相也，以食采于吕，亦称吕相，一称吕宣子，后为晋卿。使绝秦，厉公口宣己命，使吕相往秦绝交也。以下皆绝秦之辞。
⑫ 我献公及穆公相好，谓晋献公与秦穆公交好。以追溯上世之事，故曰"昔逮"。昔，往昔。逮，及也。
⑬ 秦穆夫人乃晋献之女，故云"重之以昏姻"。
⑭ 天祸晋国，谓骊姬之乱。晋文公以僖五年奔狄，处狄十二年而行。及齐，齐桓妻之。故云"文公如齐"。不言"奔狄"而云"如齐"者，举所恃之大国也。

如秦。① 无禄，② 献公即世，③ 穆公不忘旧德，俾我惠公，用能奉祀于晋。④ 又不能成大勋，⑤ 而为韩之师。⑥ 亦悔于厥心，⑦ 用集我文公。⑧ 是穆之成也。⑨ 文公躬擐甲胄，⑩ 跋履山川，⑪ 逾越险阻，⑫ 征东之诸侯，虞、夏、商、周之胤，⑬ 而朝诸秦。则亦既报旧德矣。郑人怒君之疆场，我文公帅诸侯及秦围郑。⑭ 秦大夫不询于我寡君，擅及郑盟。⑮ 诸侯疾之，将致命于秦。⑯ 文公恐惧，绥静诸侯，⑰ 秦师克还，⑱ 无害，⑲ 则是我有大造于西也。⑳ 无禄，文公即世，㉑ 穆为不吊，㉒ 蔑死我君，寡我襄公。㉓ 迭我

① 晋惠公以僖六年奔梁，至僖九年，秦纳惠公。不言"奔梁"而云"如秦"者，亦举所恃大国也。
② 无禄，死亡之别称，与"不禄"同意。盖云命尽无从享禄也。此处作"不幸"解，下同。
③ 即世，卒也。献公之卒在僖九年。
④ 俾我惠公，用能奉祀于晋，即指秦纳夷吾为晋君事。
⑤ 不能成大勋，言秦不能始终其事，成就立惠之大功也。
⑥ 韩之师，即僖十五年秦、晋战于韩，获惠公入秦事。
⑦ 亦悔于厥心，言秦亦自悔，故放还惠公，兼纳文公。
⑧ 用集我文公，指僖二十四年秦纳文公事。集，成也。
⑨ 是穆之成也，言秦纳文公，是秦穆公成功于晋国也。
⑩ 躬擐甲胄，亲御戎衣也。躬，亲也。擐，贯也。戎衣之在身者曰甲，在首者曰胄。
⑪ 跋履山川，登山涉水之谓，言仆仆于道路，不遑宁处也。草行为跋。履，行也；步也。
⑫ 难下曰险。难上曰阻。逾越险阻，言不辞艰难跋涉，以有事于远方也。
⑬ 虞、夏、商、周之胤，谓陈、杞、宋、鲁诸国，即"东之诸侯"之注脚。秦在西，故称"东"。胤，后裔子姓也。
⑭ 郑人怒君之疆场，谓郑人挑衅于秦之边境也。场从易，读如"易"，境界也。我文公帅诸侯及秦围郑，杜《注》："晋自以郑贰于楚，故围之。郑非侵秦也，晋以此诬秦。事在僖三十年。"
⑮ 秦大夫不询于我寡君，擅及郑盟，杜《注》："询，谋也。盟者秦伯谦言大夫。"盖不便直斥秦伯，故托言秦大夫擅作主张耳。
⑯ 疾，恨也。将致命于秦，言将致死命以讨秦也。
⑰ 绥静诸侯，谓安定诸侯，盖示文公劝止之意。
⑱ 克还，能全师而还也。
⑲ 无害，秦师未蒙损害也。
⑳ 造，成也。有大造于西，言晋有成功于秦也。
㉑ 文公即世，在僖三十二年。
㉒ 穆为不吊，言秦穆公不见吊伤文公也。
㉓ 蔑我死君，谓秦轻蔑文公以已死。寡我襄公，言秦以襄公新立，欺以为寡弱也。

殽地，奸绝我好，① 伐我保城，殄灭我费滑。② 散离我兄弟，挠乱我同盟，③ 倾覆我国家。④ 我襄公未忘君之旧勋，⑤ 而惧社稷之陨，是以有殽之师。⑥ 犹愿赦罪于穆公。⑦ 穆公弗听，而即楚谋我。⑧ 天诱其衷，⑨ 成王陨命，⑩ 穆公是以不克逞志于我。穆、襄即世，康、灵即位。⑪ 康公，我之自出，⑫ 又欲阙翦我公室，倾覆我社稷，帅我蟊贼，以来荡摇我边疆。⑬ 我是以有令狐之役。⑭ 康犹不悛，⑮ 入我河曲，⑯ 伐我涑川，⑰ 俘我王官，⑱ 翦我羁马。⑲ 我是以有河曲之战。⑳ 东道之不通，则是康公绝我好也。㉑ 及君之嗣㉒ 也，我君景公，引领西望㉓ 曰：'庶抚我

---

① 迭我殽地，奸绝我好，言秦侵伐晋之殽地，以破坏秦、晋之旧好也。迭，侵突也。奸绝，干犯旧盟，藉以绝交也。
② 伐我保城，杜以为诬秦之辞。保城，不详何地。殄灭我费滑，指僖三十三年秦袭郑灭滑事。滑国都于费，今河南缑氏县，故称费滑。
③ 滑，晋同姓国，故言"离散我兄弟"。滑、郑皆从晋，故云"挠乱我同盟"。
④ 此言秦之伐滑图郑，为欲倾危覆灭晋之国家也。
⑤ 旧勋谓纳文公之勋。
⑥ 殽之师在僖三十三年。
⑦ 犹愿赦罪于穆公，言晋虽胜，尚欲求解于秦也。
⑧ 即楚谋我，指秦穆于殽战败后使斗克归楚求成事。见文十四年传追叙语。
⑨ 天诱其衷，言上帝使其暴露私衷也。有自然破败之意。
⑩ 成王陨命，指文元年楚成王被弑事。斗克归时适逢其会，故秦之谋未成。所谓"天诱其衷"者，即幸此谋之未遂耳。
⑪ 文六年，秦穆、晋襄皆卒，秦康、晋灵嗣立，故云"穆、襄即世，康、灵即位"。
⑫ 秦康为穆姬之子，晋之外甥，故云"康公，我之自出"。
⑬ 阙翦我公室……荡摇我边疆，亦晋文致秦罪之辞。阙，犹掘也。翦，截断也。蟊贼，食禾稼之害虫名，喻秦所纳之公子雍。
⑭ 令狐之役见文七年。
⑮ 悛读如"圈"，改也。
⑯ 入河曲在文十二年。
⑰ 涑川，即源出山西绛县陈村峪之涑水。初伏流，至柳庄复出，西经闻喜县南，又经夏县、安邑、猗氏、临晋，至永济县西南入五姓湖，又西南，入黄河。
⑱ 俘王官在文三年。
⑲ 翦羁马即在入河曲之年。
⑳ 河曲之战见文十二年。
㉑ 东道之不通，则是康公绝我好也，言康公自绝，故不复东通晋也。
㉒ 及君之嗣，谓宣五年秦桓公即位。
㉓ 引领西望，延颈西向秦国而遥望之也。

乎！'①君亦不惠称盟,②利吾有狄难,③入我河县,焚我箕郜,芟夷我农功,④虔刘我边垂。⑤我是以有辅氏之聚。⑥君亦悔祸之延,⑦而欲徼福于先君献、穆,⑧使伯车⑨来,命我景公曰,吾与女同好弃恶,复修旧德,以追念前勋。言誓未就,景公即世。⑩我寡君是以有令狐之会。⑪君又不祥,⑫背弃盟誓。⑬白狄及君同州,⑭君之仇雠,而我之昏姻⑮也。君来赐命曰,吾与女伐狄,寡君不敢顾昏姻,畏君之威,而受命于吏。⑯君有二心于狄⑰曰,晋将伐女。狄应且憎,⑱是用告我。楚人恶君之二三其德也,亦来告我曰,秦背令狐之盟而来求盟于我,昭告昊天上帝、⑲秦三公、⑳楚三王㉑曰,余虽与晋出入,余

---

① 庶抚我乎,希望之辞。言秦或自此可以抚恤晋国也。
② 君亦不惠称盟,言秦桓公不肯称副晋望而共盟也。
③ 有狄难,谓宣十五年晋灭赤狄潞氏。
④ 入我河县……芟夷我农功,言秦师阑入河东,焚烧近河之箕、郜二邑,妨害晋之农作也。
⑤ 虔刘,杀也。边垂即边疆。垂通作"陲"。
⑥ 辅氏之聚,指宣十五年晋抗秦师,败之于辅氏。辅氏,晋地,在今陕西朝邑县西北。聚,聚众抵抗也。
⑦ 延,长也。
⑧ 献穆,谓晋献、秦穆。
⑨ 伯车,秦桓公子。
⑩ 景公即世,见成十年。
⑪ 成十一年《传》:"秦、晋为成,将会于令狐,晋侯先至焉。秦伯不肯涉河,次于王城,使史颗盟晋侯于河东。晋郤犨盟秦伯于河西。范文子曰,是盟也何益。齐盟,所以质信也。会所信之始也。始之不从,其可质乎。秦伯归而背晋成。"令狐之会指此。
⑫ 不祥,不善也。
⑬ 背弃盟誓,详见前。
⑭ 秦与白狄同处西方,当周雍州之域,故曰"及君同州"。
⑮ 季隗,廧咎如赤狄之女也,白狄伐而获之,纳诸文公,故晋称"我之昏姻"。
⑯ 受命于吏,言晋受命于秦之执事也。
⑰ 君有二心于狄,言秦阴施挑拨于晋、狄之间也。
⑱ 狄应且憎,言狄虽应秦,而心实憎秦之无信也。
⑲ 昊天上帝,天帝也。礼,诸侯不得祭天。其盟不主天神。此辞多诬,未必是实,盖欲示楚人恨秦之深,言其所告处重耳。
⑳ 秦三公,谓穆公、康公、共公。
㉑ 楚三王,谓成王、穆王、庄王。

唯利是视。① 不穀② 恶其无诚德，是用宣之以惩不壹。③ 诸侯备闻此言，④ 斯是用痛心疾首，⑤ 昵就寡人。⑥ 寡人帅以听命，唯好是求。⑦ 君若惠顾诸侯，矜哀寡人，而赐之盟，则寡人之愿也。其承宁诸侯以退，⑧ 岂敢徼乱？⑨ 君若不施大惠，寡人不佞，⑩ 其不能以诸侯退矣。⑪ 敢尽布之执事，⑫ 俾执事实图利之。⑬"

秦桓公既与晋厉公为令狐之盟，而又召狄与楚欲道以伐晋。诸侯是以睦于晋。⑭ 晋栾书将中军，荀庚佐之。⑮ 士燮将上军，⑯ 郤锜佐之。⑰ 韩厥将下军，⑱ 荀罃佐之。⑲ 赵旃将新军，⑳ 郤至佐之。㉑ 郤毅㉒ 御戎，栾鍼㉓ 为右。孟献子㉔ 曰："晋帅乘和，㉕ 师必有大功。"五月丁

---

① 余虽与晋出入，余唯利是视，秦与楚昭告设誓之辞也。出入，犹往来。言秦虽与晋相往来，秦实惟视其利而从之，不以诚心与晋也。所谓二三其德也。
② 不穀，楚共王告晋自称也。
③ 宣之以惩不壹，宣示此不诚之辞于诸侯，以惩创不专一其心之人也。不壹，犹云不诚。
④ 备闻此言，悉听楚告之言也。
⑤ 疾亦痛也。疾首，犹言头痛。
⑥ 昵就寡人，言诸侯皆亲近晋君也。
⑦ 帅以听命，唯好是求，言晋帅亲近诸侯以听秦命，其意固在求修好也。
⑧ 承宁诸侯以退，承秦君之意，宁静诸侯以共退也。
⑨ 岂敢徼乱，本不敢徼幸为战乱也。
⑩ 不佞，自称谦辞，犹云不才。
⑪ 其不能以诸侯退矣，谓当以诸侯之兵，与秦大战也。
⑫ 尽布之执事，尽情布陈于秦君执事者之前也。
⑬ 实图利之，图度其利害而行之也。
⑭ 秦桓公……诸侯是以睦于晋，杜《注》："晋辞多诬秦，故《传》据此三事以正秦罪。"
⑮ 荀庚，荀林父之子，袭将中行，故亦称中行伯。时代荀首为中军佐。
⑯ 时士燮代荀庚将上军。
⑰ 郤锜，郤克子，亦称驹伯。时代士燮为上军佐。
⑱ 时韩厥代郤锜将下军。
⑲ 荀罃，时代赵同为下军佐。
⑳ 赵旃，时代赵厥将新军。
㉑ 郤至，时代赵括为新军佐。
㉒ 郤毅，郤至弟，亦称步毅。
㉓ 栾鍼，栾书子。
㉔ 孟献子，鲁卿仲孙蔑也。
㉕ 帅，军帅。乘，车士。帅乘和，言将士和协也。

亥,晋师以诸侯之师及秦师战于麻隧。①秦师败绩,获秦成差及不更女父。②曹宣公③卒于师,师遂济泾,④及侯丽⑤而还。迓晋侯于新楚。⑥

十五年⑦

晋三郤害伯宗,⑧谮而杀之,及栾弗忌。⑨伯州犂奔楚。⑩韩献子曰:"郤氏不免⑪乎?善人,天地之纪⑫也,而骤绝之,⑬不亡何待?"

初,伯宗每朝,⑭其妻必戒之曰:"盗憎主人,民恶其上,子好直言,必及于难。"⑮

---

① 麻隧,秦地,在今陕西泾阳县北。
② 成差、女父皆秦大夫。不更,秦爵名,自下溯上为第四级。
③ 曹宣公名庐,《史记》作"强",文公寿之子,在位十七年,为曹第十八君。其元年当周定王十三年丁卯岁,西历纪元前594年。
④ 泾水源出甘肃固原县南牛营,南流折东,经隆德、平凉会别源。别源出化平县西南大关山,东北流与本源合。东南流至泾川县,入陕西境。经长武、邠县、淳化、醴泉,至高陵县入于渭。
⑤ 侯丽,秦地,在今陕西泾阳县境。
⑥ 新楚,秦地,当在今陕西朝邑县境。既战晋侯止新楚,故师还过迓之。迓,迎也。
⑦ 成公十五年当周简王十年乙酉岁,晋厉公五年,楚共王十三年,西历纪元前576年。
⑧ 三郤,郤锜、郤至、郤犨也。伯宗,已见前,晋之贤大夫。害,嫉害其贤也。郤犨,郤克从父兄弟,亦晋卿士,食采于苦,亦称苦成叔,一称苦成。
⑨ 谮而杀之,三郤进谗于晋君而杀伯宗也。及栾弗忌,并及弗忌而杀之。弗忌,亦晋贤大夫,栾鍼之族人也。
⑩ 伯州犂,伯宗之子。以父见杀,奔楚,后为楚太宰。
⑪ 不免,谓不能免于覆亡也。
⑫ 纪,维系之具。善人,天地之纪,谓善人乃维系天下正气者也。
⑬ 绝之,断此维系之具也。三郤既杀伯宗,又及弗忌,故曰"骤"。
⑭ 每朝,每入朝莅事也。
⑮ 盗憎主人……必及于难,言主人非得罪于盗贼,而盗贼每憎嫉之;上人非得罪于下民,而下民每毁恶之;直言非有约于祸难,而祸难每随及之也。

十六年①

晋侯将伐郑,②范文子曰:"若逞吾愿,诸侯皆叛,晋可以逞。③若唯郑叛,晋国之忧可立俟也。"栾武子曰:"不可以当吾世而失诸侯,④必伐郑。"乃兴师。栾书将中军,士燮佐之。⑤郤锜将上军,⑥荀偃佐之。⑦韩厥将下军,郤至佐新军。荀䓨居守。⑧郤犨如卫,遂如齐,皆乞师⑨焉。栾黡来乞师,⑩孟献子曰:"有胜矣。"⑪戊寅,晋师起。

郑人闻有晋师,使告于楚,姚句耳与往。⑫楚子救郑,⑬司马将中军,⑭令尹将左,⑮右尹子辛将右。⑯过申,子反入见申叔时,⑰曰:"师其何如?"对曰:"德、刑、详、义、礼、信,战之器也。德以施

---

① 成公十六年当周简王十一年丙戌岁,晋厉公六年,齐灵公七年,卫献公二年,郑成公十年,楚共王十六年,西历纪元前 575 年。
② 本年春,楚子自武城使公子成以汝阴之田求成于郑。郑叛晋,子驷从楚子盟于武城。故晋厉公将伐郑。
③ 范文子以厉公无道而三郤骄欲使晋人戒慎恐惧,故有激而言之,以为若逞吾愿,必诸侯皆叛,晋始可以得逞耳。
④ 栾书时执晋政,故云"不可以当吾世失诸侯"也。
⑤ 范文子时代荀庚为中军佐,故言士燮佐之。
⑥ 郤锜代士燮将上军。
⑦ 荀偃,荀庚子,字伯游。一称中行偃,一称中行献子。时代郤锜为上军佐。
⑧ 荀䓨居守,荀䓨时以下军佐留守也。
⑨ 郤至代赵旃将新军,如卫如齐乞师。是时晋新上下军皆罢矣。
⑩ 栾黡,栾书之子,一称栾桓子,亦称桓主。时如鲁乞师,《传》文内鲁,故称来。
⑪ 有胜矣,言有胜楚之望也。以其卑让有礼,故知其将胜楚。
⑫ 姚句耳,郑大夫。与往,与使臣偕往,明己非专使也,故下文著其"先归"。
⑬ 郑既叛晋即楚,今见伐,故楚共王出师救郑。
⑭ 司马将中军,子反将中军也。
⑮ 令尹子重将左军。
⑯ 子辛,公子壬夫之字,时为右尹,将右军。
⑰ 申叔时请老居申,故子反过申入见之。

惠，刑以正邪，详以事神，义以建利，礼以顺时，信以守物。① 民生厚而德正，② 用利而事节，③ 时顺而物成，④ 上下和睦，周旋不逆，⑤ 求无不具，⑥ 各知其极。⑦ 故《诗》曰，立我烝民，莫匪尔极。⑧ 是以神降之福，时无灾害，民生敦庬，⑨ 和同以听。⑩ 莫不尽力以从上命，致死以补其阙。⑪ 此战之所由克也。今楚内弃其民，⑫ 而外绝其好。⑬ 渎齐盟，⑭ 而食话言。⑮ 奸时以动，⑯ 而疲民以逞。⑰ 民不知信，进退罪也。⑱ 人恤所底，其谁致死？⑲ 子其勉之。吾不复见子矣。"姚句耳先归，子驷问焉。⑳ 对曰："其行速，过险而不整。㉑ 速则失志，㉒ 不整丧列。㉓ 志失列丧，将何以战？楚惧不可用也。"

五月，晋师济河。闻楚师将至，范文子欲反，㉔ 曰："我伪逃楚，

---

① 器犹用也。战之器，谓德、刑、详、义、礼、信六者之于战，如器用之不可阙也。
② 德以施惠，故民生富厚。刑以正邪，故民德归正。
③ 义以建利，故民用自利。详以事神，故祀事有节。
④ 礼以顺时，故民时皆顺。信以守物，故百物用成。
⑤ 动而皆顺理，故能"上下和睦，周旋不逆"。
⑥ 下能应其上，故求无不具。具，足也。
⑦ 极，中也。各知其极，各守中道，无有二心也。
⑧ 立我烝民，莫匪尔极。见《诗·周颂·清庙之什·思文》篇。言先王立其众民，无不得中正也。烝，众也。
⑨ 敦，厚也。庬读如"旁"，大也。
⑩ 和同以听，上下和睦，同心以听于上也。
⑪ 阙，谓战死者。
⑫ 楚不施惠，是弃其民也。
⑬ 义不建利，故外绝其好。
⑭ 不详事神，故渎齐盟。渎，乱也。齐盟，犹言同盟。
⑮ 信不守物，故食话言自肥。
⑯ 妨晨功而出兵，是奸时以动，所谓礼不顺时也。
⑰ 疲民以逞，谓刑不正邪而苟快己意也。
⑱ 民不知信，进退罪也，言人民不知君信所在，是进退皆罪而无所适从也。
⑲ 人恤所底，其谁致死，言人各自忧恤其退步立脚之处，谁肯致死力敌晋也。
⑳ 子驷，郑执政公子䭣之字。问焉，问句耳以楚国之状也。
㉑ 其行速，谓行军过迅。过险而不整，经由险隘之处不及整饬行列以行进也。
㉒ 过迅则不及思虑，故云速则失志。
㉓ 不能整饬队伍以前进则行列必乱，故云"不整丧列"。
㉔ 范文子欲反，士燮欲班师还晋也。

可以纾忧。① 夫合诸侯，非吾所能也，以遗能者。② 我若群臣辑睦以事君，多矣。③" 武子曰："不可。" 六月，晋、楚遇于鄢陵。④ 范文子不欲战。郤至曰："韩之战，惠公不振旅。⑤ 箕之役，先轸不反命。⑥ 邲之师，荀伯不复从。⑦ 皆晋之耻也。子亦见先君之事矣。今我避楚，又益耻也。" 文子曰："吾先君之亟⑧战也，有故。秦、狄、齐、楚皆强，不尽力，子孙将弱。今三强服矣，敌楚而已。唯圣人能外内无患，自非圣人，外宁必有内忧。盍释楚以为外惧⑨乎？"

甲午，晦，楚晨压晋军而陈。⑩ 军吏患之。范匄趋进，⑪ 曰："塞井夷灶，陈于军中，而疏行首。⑫ 晋、楚唯天所授，何患焉？" 文子执戈逐之，曰："国之存亡，天也。童子何知焉？" 栾书曰："楚师轻窕，⑬ 固垒而待之，三日必退。退而击之，必获胜焉。" 郤至曰："楚有六间，⑭ 不可失也。其二卿相恶。⑮ 王卒以旧。⑯ 郑陈而不整。⑰ 蛮军而

---

① 我伪逃楚，可以纾忧，言我诈为畏怯，逃避楚兵，君臣修省，可以缓晋国之忧也。
② 夫合诸侯……以遗能者，言晋合诸侯，非现在力量所能及，不如以此大任姑待将来能者肩负之也。
③ 多矣，较胜之辞。言晋若群臣辑睦以事君，当较强合诸侯为佳胜也。
④ 鄢陵，郑地，即鄢国，为郑武公所灭，初仍其故名，后遂改为鄢陵耳。今河南鄢陵县。
⑤ 韩之战见僖十五年。惠公不振旅，言惠公不能振其师旅，致众散败也。
⑥ 箕之役见僖三十三年。先轸不反命，言先轸陷死狄中，不得返命于晋也。
⑦ 邲之师见宣十二年。荀伯不复从，言荀林父奔走不复由故道也。
⑧ 亟读如"器"，频数也。
⑨ 释楚以为外惧，言姑置楚以为晋君之外患，俾修省忧惧，知所警惕也。
⑩ 晨压晋军而陈，楚军乘侵晨晋军无备，迫其军垒而列阵待战也。
⑪ 范匄，士燮之子，亦称士匄，亦称范宣子。匄，"丐"之本字。趋进，趋入帐中白事也。
⑫ 塞井夷灶……而疏行首，林《释》："军屯必凿井结灶以自给，今为楚压晋军战地迫狭，故自塞其井，自平其灶，以为战地，楚压晋军不可出陈，故结陈于晋之军中。" 杜《注》："疏行首者，当陈前决开营垒为战道。"
⑬ 轻窕，轻忽也。窕一作"佻"，亦轻也。
⑭ 间，隙也。六间，犹言有六项弱点也。
⑮ 二卿相恶，谓子重子反不和。一间也。
⑯ 王卒以旧，言楚王之亲兵已疲老，而不代以生力之新兵。二间也。
⑰ 郑陈而不整，言郑师从楚，虽成阵而不整饬。三间也。

不陈。① 陈不违晦。② 在陈而嚣,合而加嚣,各顾其后,莫有斗心。③ 旧不必良,④ 以犯天忌。我必克之。"

楚子登巢车⑤以望晋军。子重使大宰伯州犁侍于王后。王曰:"骋而左右,何也?"⑥ 曰:"召军吏也。"⑦ "皆聚于中军矣。"⑧ 曰:"合谋也。"⑨ "张幕矣。"⑩ 曰:"虔卜于先君也。"⑪ "彻幕矣。"⑫ 曰:"将发命也。"⑬ "甚嚣,且尘上矣。"⑭ 曰:"将塞井夷灶而为行也。"⑮ "皆乘矣,左右执兵而下矣。"⑯ 曰:"听誓也。"⑰ "战乎。"⑱ 曰:"未可知也。"⑲ "乘而左右皆下矣。"⑳ 曰:"战祷也。"㉑

伯州犁以公卒告王。㉒ 苗贲皇在晋侯之侧,亦以王卒告。㉓ 皆曰:

---

① 蛮军而不陈,言蛮夷从楚,虽成军而不结阵。四间也。
② 陈不违晦,言立阵而不避晦日。五间也。晦日为月终,旧为兵家所忌,故云然。
③ 在陈而嚣,在阵中喧哗。合而加嚣,阵合而益哗有声。各顾其后,莫有斗心,即前所谓"人恤所底",各怀后顾之心,莫有战斗之志。是六间也。
④ 旧不必良,言王卒以旧,必非精兵也。
⑤ 巢车,楼车,车上有楼橹防御之具者。
⑥ 此下为楚共王与伯州犁瞭望晋军时随口问答之辞。骋而左右何也,王问晋军有骋而走者何以或左或右也。
⑦ 召军吏也,州犁答分召散居军中之军吏也。
⑧ 皆聚于军中矣,王问晋军吏皆聚于军中,何也。
⑨ 合谋也,州犁答晋军吏集合咨谋也。
⑩ 张幕矣,王问晋军张幕何也。
⑪ 虔卜于先君也,州犁答晋人敬向先君占卜也。
⑫ 彻幕矣,王问晋军撤去所张之幕何也。彻,通"撤"。
⑬ 将发命也,州犁答晋卜已定,将发号布命也。
⑭ 甚嚣,且尘上矣,王问晋军甚喧哗,而地尘上扬何也。
⑮ 将塞井夷灶而为行也,州犁答晋军将填井平灶布阵于军中也。
⑯ 皆乘矣,左右执兵而下矣,王问晋军既皆乘车,何以车左之将帅与车右之戎右皆执兵器而下也。
⑰ 听誓也,州犁答执兵而下为听誓约也。
⑱ 战乎,王问晋军是否求战也。
⑲ 未可知也,州犁答战否皆不可知也。
⑳ 乘而左右皆下矣,王问既乘而左右复下何也。
㉑ 战祷也,州犁答为战而祷请于鬼神也。
㉒ 伯州犁本晋逃人,知晋之情,故以晋厉公之卒情告楚共王。
㉓ 苗贲皇,楚斗椒子,于宣四年奔晋,时在晋侯之侧,知楚之情,故亦以楚王之卒情告晋侯也。

"国士在,且厚,不可当也。"① 苗贲皇言于晋侯曰:"楚之良,在其中军王族而已,② 请分良以击其左右,③ 而三军萃于王卒。④ 必大败矣。"公筮之。史曰:"吉。其卦遇复☷☳,曰,南国蹙,射其元,王中厥目。⑤ 国蹙王伤,不败何待?"公从之。有淖⑥于前,乃皆左右,相违于淖。⑦ 步毅御晋厉公,栾鍼为右。彭名⑧御楚共王,潘党为右。石首⑨御郑成公,⑩ 唐苟⑪为右。栾范以其族夹公行,⑫ 陷于淖。栾书将载晋侯,⑬ 鍼曰:"书退,⑭ 国有大任,焉得专之?⑮ 且侵官,冒也。⑯ 失官,慢也。⑰ 离局,奸也。⑱ 有三罪焉,不可犯也。"乃掀公以出于淖。⑲

癸巳,潘尪之党⑳与养由基㉑蹲甲而射之,彻七札焉,㉒以示王,

---

① 皆曰……不可当也,晋侯之左右皆谓州犁在楚,知晋之情且楚兵众多,难以敌当也。
② 楚之良,在其中军王族而已,言楚之精兵仅在中军之王卒而已耳。
③ 请分良以击其左右,请分晋之精兵以击楚之左右二军也。
④ 三军萃于王卒,集合晋三军之力以击楚中军之王卒也。
⑤ 吉……王中厥目,筮史以卦兆复晋侯之辞。复,阳长之卦,阳气起子,南行推阴,故曰"南国蹙"也。南国势蹙则离受其咎。离为诸侯,又为目。阳气激南,飞矢之象,故曰"射其元,王中厥目"。见杜《注》。
⑥ 淖渎如"闹",泥泞之湿潭也。
⑦ 违,避也。言晋军皆左右行,以避去此湿潭也。
⑧ 彭名,当系楚大夫。已见前。
⑨ 石首,当系郑大夫。
⑩ 郑成公,已见前。时从楚王在军。
⑪ 唐苟,当亦郑大夫。
⑫ 栾、范以其族夹公行,栾氏、范氏二族之卒夹护晋厉公以行也。栾、范二族强,故在公左右。
⑬ 栾书将载晋侯,栾书见公车陷于淖,将欲以己车载公以行也。
⑭ 书退,栾鍼使其父退后。以在君前,故子得名其父。
⑮ 大任谓元帅之职。言栾书既当大任,又安得专命复为戎御也。
⑯ 若载公即为侵官。侵官是干乱也,故曰"冒"。
⑰ 去将帅而为戎御,是为失官。失官不敬故曰"慢"。
⑱ 远其部曲为离局。离局是失律矣,其为奸罪甚大。
⑲ 掀读如"袄",举也。掀公以出于淖,栾鍼力掀厉公之车以出于湿潭也。
⑳ 潘尪之党,即潘尪之子潘党,已见前。一本"之"字下本有"子"字。
㉑ 养由基,楚大夫,古之善射者也。一称养叔。
㉒ 蹲甲而射之,彻七札焉,言二子聚甲而射之,洞穿七重也。蹲,聚也;叠也。彻,贯也;通也。札,一重之甲也。

曰："君有二臣如此，何忧于战？"① 王怒曰："大辱国！② 诘朝尔射死艺。③" 吕锜④ 梦射月，中之，退入于泥。⑤ 占之，曰："姬姓，日也。⑥ 异姓，月也。⑦ 必楚王也。射而中之，退入于泥，亦必死矣。⑧" 及战，射共王中目。王召养由基，与之两矢，使射吕锜，中项，伏弢。⑨ 以一矢复命。⑩

郤至三遇楚子之卒，见楚子必下，免胄而趋风。⑪ 楚子使工尹襄⑫ 问之以弓，⑬ 曰："方事之殷也，有韎韦之跗注，⑭ 君子也。识见不穀而趋，无乃伤乎？⑮" 郤至见客，⑯ 免胄承命，⑰ 曰："君之外臣至⑱ 从寡君之戎事，以君之灵，间蒙甲胄，⑲ 不敢拜命。⑳ 敢告不宁，君命之辱。㉑ 为事之故，敢肃使者。㉒" 三肃使者而退。

---

① 君有二臣如此，何忧于战，二子以射夸示共王之语。
② 大辱国，共王贱二子不尚智谋而徒夸射，斥之为大辱国也。
③ 尔射死艺，言汝以射自多必当以艺死也。
④ 吕锜即吕相之父厨武子魏锜也。
⑤ 退入于泥，言吕锜梦中射月，己退，陷于泥淖也。
⑥ 周世姬姓，尊，故以日况之。
⑦ 异姓较卑，故以月况之。
⑧ 射而中之，言射月而中，谓楚王也退入于泥，亦必死矣，言锜退入于泥，亦死象也。
⑨ 中项，伏弢，养由基射吕锜，中其项，锜遂伏于弓衣而死也。弢，"韬"本字，弓衣也。
⑩ 以一矢复命，养由基所以示一发而中也。
⑪ 免胄而趋风，免其首胄趋走如风，所以致恭也。
⑫ 工尹襄，楚之工官，工尹官名，襄其名也。
⑬ 问之以弓，楚共王使襄以弓遗郤至，答其免胄趋风之意也。问，遗也。
⑭ 有韎韦之跗注，杜《注》："韎，赤色。跗注，戎服若袴而属于跗，与袴连。"
⑮ 无乃伤乎，犹云不虞伤害乎。
⑯ 见客，见工尹襄也。
⑰ 免胄承命，免胄以承楚王之命也。
⑱ 外臣至，郤至对楚王之谦称。
⑲ 间蒙甲胄，言近以从戎而服甲胄也。间犹近也。
⑳ 礼，介者不拜。介，甲也。郤至既蒙甲胄，故不敢拜楚王之命。
㉑ 敢告不宁，君命之辱，言以君辱赐命，故不敢自安。宁，安也。
㉒ 为事之故，敢肃使者，杜《注》："言君辱命来问，以有军事，不得答，故肃使者。肃，手至地，若今揖。"擅，拜揖之"揖"本字。揖，推也。

晋韩厥从郑伯,①其御杜溷罗②曰:"速从之,其御屡顾,不在马,③可及也。"韩厥曰:"不可以再辱国君。"④乃止。郤至从郑伯,其右茀翰胡⑤曰:"谍辂之,⑥余从之乘而俘以下。"⑦郤至曰:"伤国君有刑。"⑧亦止。石首曰:"卫懿公唯不去其旗,是以败于荧。⑨"乃内旌于弢中。⑩唐苟谓石首曰:"子在君侧,败者壹大。⑪我不如子。⑫子以君免,我请止。⑬"乃死。

楚师薄于险,⑭叔山冉⑮谓养由基曰:"虽君有命,为国故,子必射。"⑯乃射。再发,尽殪。⑰叔山冉搏人以投,中车折轼。⑱晋师乃止。囚楚公子茷。⑲

栾鍼见子重之旌,请曰:"楚人谓夫旌子重之麾也,⑳彼其子重也。㉑日㉒臣之使于楚也,子重问晋国之勇。臣对曰,好以众整。㉓曰,

---

① 韩厥从郑伯,韩厥逐郑成公也。
② 杜溷罗,韩厥之御也。
③ 其御,指郑伯之御者,谓石首也。屡顾不在马,言屡屡回顾,其心不在御马也。
④ 成二年鞌之战,韩厥已辱齐侯,故曰"不可以再辱国君"。
⑤ 茀翰胡,郤至之戎右也。
⑥ 谍辂之,遣间谍绕出郑伯之前由以邀击之也。辂通"迓",迎也。
⑦ 余从之乘而俘以下,茀翰胡自言,乘谍辂之顷,我自后登车执郑伯以下也。
⑧ 伤国君有刑,言伤残国君自有常刑也。想当时公法使然耳。
⑨ 卫懿公败于荧,见闵二年。
⑩ 内旌于弢中,以旌纳诸弓衣之中也。内通作"纳"。
⑪ 子在君侧,败者壹大,言石首在君侧执辔,如遭败军将大崩也。
⑫ 我不如子,唐苟自谓车右与执御不同,我不能与子比也。
⑬ 子以君免,我请止,唐苟属石首御君以退,己当留此死战也。
⑭ 薄于险,迫近险地也。
⑮ 叔山冉,楚人,其后为叔山氏。
⑯ 虽君有命,为国故,子必射,言楚王虽有死艺之命,然为国家故,必当尽力射敌也。
⑰ 再发,尽殪,言所射尽死,矢无虚发也。殪,死也;毙也。
⑱ 搏人以投,中车折轼,山叔冉以手搏晋人而投晋车,中其车而折其轼也。
⑲ 公子茷,王子发钩也。
⑳ 夫旌,子重之麾也,言楚人指告所见之旌旗乃令尹子重之麾节也。
㉑ 彼其子重也,谓麾节所在,必子重之所在也。
㉒ 日,往日。此追述前事也。
㉓ 好以众整,言晋好以整齐军旅为勇也。

又何如？① 臣对曰，好以暇。② 今两国治戎，行人不使，不可谓整。③ 临事而食言，不可谓暇。④ 请摄饮焉。⑤"公许之。使行人执榼承饮，⑥ 造于子重，⑦ 曰："寡君乏使，⑧ 使锧御持矛。⑨ 是以不得犒从者，使某摄饮。⑩"子重曰："夫子尝与吾言于楚，必是故也，不亦识乎？"⑪ 受而饮之。免使者而复鼓。⑫

旦而战，见星未已。⑬ 子反命军吏察夷伤，⑭ 补卒乘，⑮ 缮甲兵，⑯ 展车马，⑰ 鸡鸣而食，唯命是听。⑱ 晋人患之。苗贲皇徇⑲曰："蒐乘补卒，⑳ 秣马利兵，㉑ 修陈固列，㉒ 蓐食申祷，㉓ 明日复战。"乃逸楚

---

① 又何如，又问其余也。
② 好以暇，言虽急遽之中，好以闲暇为勇。
③ 今两国治戎……不可谓整，言两国交兵，使在其间，今不使行人使于楚，不可谓之整齐如一也。
④ 临事而食言，不可谓暇，言临事而自食其好整之言，不可谓之闲暇不迫也。
⑤ 请摄饮焉，请持饮往饮子重也。摄，持也。
⑥ 执榼承饮，执器盛酒也。
⑦ 造于子重，往子重之军次也。
⑧ 乏使，言乏人奉使也。
⑨ 使锧御持矛，言使栾锧侍君而持矛。车右本主击刺，持矛其职也，故云。
⑩ 是以不得犒从者，使某摄饮，言锧不得奉使犒子重之从者，故使行人摄饮也。某，行人自称。
⑪ 夫子尝与吾言于楚……不亦识乎，子重答行人之语。夫子指栾锧，言锧尝在楚与言晋之好暇，必因此故而来致饮也，盖知以往言而来，特说破之，故曰"不亦识乎"。识读如"志"，记也。言其仍记前言耳。
⑫ 免使者而复鼓，辞免来使而重复鸣鼓，备进战也。
⑬ 旦而战，见星未已，言拂晓作战，至星光显现尚未休止也。
⑭ 察夷伤，抚视受伤之卒也。
⑮ 补卒乘，补充死亡缺失也。
⑯ 缮甲兵，修治甲胄与兵器也。
⑰ 展车马，陈列车马以为战备也。
⑱ 鸡鸣而食，唯命是听，当晚更鸡初鸣即进食待命，是欲复战也。下云"晋人患之"，言晋人以楚人竟日作战犹未戢其复战之心，故引为忧患也。
⑲ 徇，宣示于军中也。
⑳ 蒐乘补卒，检阅车乘，补充士卒也。
㉑ 秣马利兵，喂饱马匹，磨利兵器也。
㉒ 修陈固列，整饬队伍，巩固阵地也。
㉓ 蓐食申祷，进食于寝蓐，重申誓约也。

囚。① 王闻之，召子反谋。榖阳竖献饮于子反，② 子反醉而不能见。王曰："天败楚也夫，余不可以待。"乃宵遁。晋入楚军，三日谷。③ 范文子立于戎马之前，曰："君幼，诸臣不佞，何以及此？君其戒之。《周书》曰，惟命不于常，有德之谓。④"

楚师还，及瑕，⑤ 王使谓子反曰："先大夫之覆师徒者，君不在。⑥ 子无以为过，不榖之罪也。⑦" 子反再拜稽首曰："君赐臣死，死且不朽。臣之卒实奔，臣之罪也。" 子重使谓子反曰："初陨师徒者，而亦闻之矣，盍图之。⑧" 对曰："虽微先大夫有之，⑨ 大夫命侧，⑩ 侧敢不义。⑪ 侧亡君师，敢忘其死。" 王使止之，弗及而卒。

战之日，齐国佐、高无咎至于师。⑫ 卫侯出于卫。⑬ 公出于坏隤。⑭……

---

① 逸楚囚，故纵楚俘，俾归传语也。
② 榖阳竖，子反之内竖，亦称竖阳榖。《吕氏春秋》："荆共王与晋厉公战于鄢陵。荆师败，共王伤。临战，司马子反渴而求饮，竖阳榖操酒而进之。子反曰，却，酒也。竖阳榖曰，非酒也。子反曰，却，酒也。竖阳榖又曰，非酒也。子反受而饮之。子反之为人也嗜酒甘而不能绝于口醉。战既罢，共王欲复战而谋使召司马子反。子反辞以心疾。共王驾往视之，入幄中，闻酒臭而还，曰，今日之战，不榖伤焉，所恃者司马也，而司马又若此，不榖无与复战矣。于是遂罢师去之，斩司马子反以为戮。"此虽与《传》异文，而榖阳竖献饮于子反以致败退则一也。
③ 三日谷，食楚粟三日也。
④ 惟命不于常，见《尚书·周书·康诰》。言胜无常命，惟德是与，故下云"有德之谓"也。
⑤ 瑕，楚地，当在安徽蒙城县北。
⑥ 先大夫之覆师徒者，君不在，谓子玉败城濮时王不在军也。
⑦ 子无以为过，不榖之罪也，言今共王自在军中，子反可无以己之过也。
⑧ 此子重使子反自裁之辞。而，汝也。言初时子玉陨丧师徒，汝亦闻子玉自杀之事矣，何不图谋其事耶。
⑨ 虽微先大夫有之，言虽无子玉自杀之事。
⑩ 大夫命侧，言子重以义责子反。大夫谓子重。侧，子反自称己名。
⑪ 侧敢不义，子反自言敢不引义自裁也。
⑫ 国佐即国武子，齐上卿，宾媚人也。已见前。高无咎，高固之子。至于师，实至于鄢陵军中也。
⑬ 卫侯，卫献公，名衎，成公郑之曾孙，定公臧之子，立十八年，孙林父、宁殖攻公，公出奔齐。林父等共立成公孙剽为君，越十二年，宁喜弑之，是为殇公。献公复入三年而卒。起迄凡三十三年，前后在位凡二十一年。为卫第二十三君。其元年当周简王十年乙酉岁，西历纪元前576年。出于卫，以战鄢陵日出师于卫也。
⑭ 公，成公。坏隤，鲁地，当去公宫不远，在今曲阜县境。

十七年①

　　晋厉公侈，多外嬖，②反自鄢陵，欲尽去群大夫而立其左右。胥童以胥克之废也，怨郤氏。③而嬖于厉公。郤锜夺夷阳五④田，五亦嬖于厉公。郤犨与长鱼矫⑤争田，执而梏之，⑥与其父母妻子同一辕。⑦既，⑧矫亦嬖于厉公。栾书怨郤至，以其不从己而败楚师也，⑨欲废之。使楚公子茷告公曰："此战也，郤至实召寡君。⑩以东师之未至⑪也，与军帅之不具⑫也，曰，此必败。吾因奉孙周以事君。⑬"公告栾书。书曰："其有焉。不然，岂其死之不恤，而受敌使⑭乎？君盍尝使诸周而察之。⑮"郤至聘于周，栾书使孙周见之。公使觇之，信。⑯遂怨郤至。厉公田，

---

① 成公十七年当周简王十二年丁亥岁，晋厉公七年，西历纪元前574年。
② 外嬖，爱幸之大夫也。
③ 胥童，胥克之子，曰季之曾孙也。宣八年，郤缺废胥克。故胥童怨郤氏。
④ 夷阳五，亦作"夷羊五"，一作"夷阳午"，晋厉公之外嬖。
⑤ 长鱼矫，出自秦之修鱼氏，嬴姓，矫其名也，亦厉公之外嬖。
⑥ 执而梏之，执矫加械以系之也。梏，足械也。
⑦ 同一辕，同系于一车之辕也。
⑧ 既，卒事也，犹言"事后"。
⑨ 鄢陵之战，栾书欲固垒待楚之敝，而郤至言楚有六间，主战，竟取胜。故栾书怨郤至，以其不从己而败楚师也。
⑩ 郤至尝使楚，而鄢陵之役囚楚公子茷以归，故栾书得使茷诬郤至。实召寡君，谓此战实由郤至召楚君使来也。
⑪ 东师之未至，言齐、鲁、卫之师尚未集。
⑫ 当时荀䓨佐下军居守，郤犨将新军乞师，故言军帅之不具。
⑬ 吾因奉孙周以事君，诬言郤之将奉孙周为晋君以服事楚君也。孙周，一称周子，襄公骓之曾孙，名周，以其出于公孙，故称孙周也。嗣厉公州蒲立，是为悼公。晋之第三十君。在位十五年。其元年当周简王十四年己丑岁，西历纪元前572年。
⑭ 受敌使，谓鄢陵战时楚子使问郤至以弓事。
⑮ 君盍尝使诸周而察之，言晋君何不试使郤至奉使于周室，而察其有无欲奉孙周之意也。时孙周在周，故为此言。
⑯ 公使觇之，信，厉公使人伺之，果见郤至、孙周交通之迹也。

与妇人先杀①而饮酒。后使大夫杀。郤至奉豕，②寺人孟张③夺之，郤至射而杀之。公曰："季子欺余。"④

厉公将作难，⑤胥童曰："必先三郤，⑥族大多怨。⑦去大族，不逼。⑧敌多怨，有庸。⑨"公曰："然。"

郤氏闻之，郤锜欲攻公，曰："虽死，君必危。"郤至曰："人所以立，信、知、勇也。信不叛君，知不害民，勇不作乱。失兹三者，其谁与我？死而多怨，将安用之？君实有臣而杀之，其谓君何？⑩我之有罪，吾死后矣。⑪若杀不辜，将失其民，欲安得乎？⑫待命而已。受君之禄，是以聚党。⑬有党而争命，⑭罪孰大焉？"

壬午，胥童、夷羊五帅甲八百，将攻郤氏。长鱼矫请无用众。公使清沸魋⑮助之，抽戈结衽，⑯而伪讼者。⑰三郤将谋于榭。⑱矫以戈杀

---

① 杀，行猎时杀围也。出猎之礼，尊者先杀。厉公无道，先妇人而后卿佐。
② 奉豕，获豕进之于公也。
③ 寺人，阉官。孟张，其名也。
④ 厉公反以为郤至夺孟张豕，故曰"季子欺余"。
⑤ 将作难，言将发作祸难，藉以去诸大夫也。
⑥ 必先三郤，言必当先除郤锜、郤犨、郤至也。
⑦ 族大多怨，言郤氏族大，又且多怨也。
⑧ 去大族，不逼，言大族既除，公室自不畏逼也。
⑨ 敌多怨，有庸，讨多怨之敌易有功也。
⑩ 君实有臣而杀之，其谓君何，言臣实属君，君而杀臣，无如君何也。
⑪ 我之有罪，吾死后矣，言我若有罪而见杀，则吾之死已晚矣。
⑫ 若杀不辜……欲安得乎，言君若杀无罪之人，则民心不服，君将自失其民，而己亦不得安于君位也。不辜，犹云无罪。
⑬ 受君之禄，是以聚党，言人臣受其君之爵禄，故以余禄聚养其宗党也。
⑭ 有党而争命，言既聚有宗党，反与其君争一旦之死命也。
⑮ 清沸魋亦厉公嬖人。魋读如"颓"。
⑯ 抽戈结衽，抽戈矛之锐端，结藏于腰间也。衽，裳际也。
⑰ 伪讼者，伪饰为争讼之人，言长鱼矫与清沸魋伪若将讼曲直于郤氏者。
⑱ 榭，讲武堂也。

驹伯、苦成叔于其位。①温季曰："逃威也。②"遂趋。③矫及诸其车，以戈杀之。皆尸诸朝。④

胥童以甲劫栾书、中行偃于朝。矫曰："不杀二子，忧必及君。"公曰："一朝而尸三卿，余不忍益⑤也。"对曰："人将忍君，⑥臣闻乱在外为奸，在内为轨，⑦御奸以德，⑧御轨以刑。⑨不施而杀，不可谓德。臣逼而不讨，不可谓刑。德刑不立，奸轨并至。臣请行。⑩"遂出奔狄。公使辞于二子，⑪曰："寡人有讨于郤氏，郤氏既伏其辜⑫矣。大夫无辱，⑬其复职位。"皆再拜稽首曰："君讨有罪，而免臣于死，君之惠也。二臣虽死，敢忘君德？"乃皆归。公使胥童为卿。

公游于匠丽氏，⑭栾书、中行偃遂执公焉。召士匄，士匄辞。⑮召韩厥，韩厥辞，曰："昔吾畜于赵氏，孟姬之谗，吾能违兵。⑯古人有言曰，杀老牛，莫之敢尸，⑰而况君乎？二三子不能事君，焉用

---

① 杀驹伯、苦成叔于其位，杀郤锜、郤犨于其所坐之处也。
② 温季即郤至。郤至本意欲禀君命而死，今矫等不以君命而来，故欲逃凶贼为害，故曰"威"，言可畏也。或曰，"威"当为"藏"。见杜《注》。
③ 趋，奔也。
④ 尸诸朝，陈尸于朝也。
⑤ 不忍益，不忍再加杀戮也。
⑥ 人将忍君，言他人将忍心于君也。
⑦ 外乱为"奸"，内乱为"轨"，故云"乱在外为奸，在内为轨"。轨亦作"宄"。
⑧ 德以绥远，故绥外乱用德。此遂云御奸以德。
⑨ 刑以治近，故治内乱用刑。此遂云御轨以刑。
⑩ 行，去也。
⑪ 辞于二子，以书谢栾书与中行偃也。
⑫ 既伏其辜，谓已伏罪。
⑬ 胥童劫执二子，故云辱，大夫无辱，言二子勿以此为被辱也。
⑭ 匠丽氏，嬖大夫家。
⑮ 士匄辞，范匄谢不往也。
⑯ 昔吾……吾能违兵，杜《注》："畜，养也。违，去也。韩厥少为赵盾所待养，及孟姬之乱，晋将讨赵氏，而厥去其兵，示不与党。言此者明己无所偏助。"孟姬即赵庄姬，谗杀赵同、赵括，已见成八年。
⑰ 杀老牛，莫之敢尸，言牛老而杀之，犹惮人言，莫敢当其名也。尸，主也；当也。

厥也？①"……

十八年②

十八年春王正月庚申，晋栾书、中行偃使程滑③弑厉公，葬之于翼东门之外，以车一乘。④使荀罃、士鲂⑤逆周子于京师而立之，⑥生十四年矣。⑦大夫逆于清原。⑧周子曰："孤始愿不及此。虽及此，岂非天乎？抑人之求君，使出命也，立而不从，将安用君？二三子用我今日，否亦今日，共而从君，神之所福也。"⑨对曰："群臣之愿也，敢不惟命是听？"庚午，盟而入，馆于伯子同氏。⑩辛巳，朝于武宫。⑪逐不臣者七人。⑫周子有兄而无慧，不能辨菽麦，⑬故不可立。……

二月乙酉，朔，晋悼公即位于朝。始命百官，施舍已责。⑭逮

---

① 二三子，谓栾书、中行偃等。不能事君，谓不能事其君而欲杀之。焉用厥也，言安用召我也。
② 成公十八年当周简王十三年戊子岁，晋厉公八年，西历纪元前573年。
③ 程滑，晋大夫。
④ 翼，晋之故都。诸侯葬，车七乘。今以车一乘，言不以君礼葬也。
⑤ 荀罃即知罃，已见前。士鲂，士会支子，别食采于彘邑，故亦称彘季，亦称彘共子。
⑥ 逆周子于京师而立之，往周京迎立孙周也。
⑦ 生十四年矣，时周已十四岁也。
⑧ 清原，晋地，在今山西稷山县北二十里。大夫逆于清原，晋诸大夫迎悼公于清原也。
⑨ 孤始顾不及此……神之所福也，皆悼公之辞令，见其年少而有才，所以能自固也。
⑩ 伯子同氏，晋大夫大家。
⑪ 朝于武宫，朝曲沃武公之庙，尊始命之君也。
⑫ 逐不臣者七人，放逐夷羊五之属七人也。胥童先于上年闰十二月为栾书、中行偃所杀矣。
⑬ 不能辨菽麦，所以见不慧也。菽，大豆也。豆麦殊形易别，今不能辨，是痴矣。
⑭ 施舍已责，言施恩惠，舍劳役，止逋责也。已，止也。

鳏寡，①振废滞，②匡乏困，③救灾患，④禁淫慝，⑤薄赋敛，⑥宥罪戾，⑦节器用，⑧时用民，⑨欲无犯时。⑩使魏相、士鲂、魏颉、赵武为卿。⑪荀家、荀会、栾黡、韩无忌为公族大夫，使训卿之子弟，共俭孝弟。⑫使士渥浊为大傅，使修范武子之法。⑬右行辛为司空，使修士蔿之法。⑭弁纠御戎，校正属焉，使训诸御知义。⑮荀宾为右，司士属焉，使训勇力之士时使。⑯卿无共御，立军尉以摄之。⑰祁奚为中军尉，羊舌职佐

---

① 逮鳏寡，惠及穷无所告之人也。逮，及也。无妻曰鳏，无夫曰寡，均穷而无告之人。
② 振废滞，起废员，拔滞选也。即推重旧德，量材拔擢之意。
③ 匡乏困，救贫乏困苦之人。
④ 救灾患，恤被灾罹患之地。
⑤ 禁淫慝，劾治邪恶也。
⑥ 薄赋敛，减轻税收也。
⑦ 宥罪戾，原过失犯罪之由而宽恕之也。
⑧ 节器用，省器物服用之浮费也。
⑨ 时用民，使民以时也。
⑩ 欲无犯时，不纵私欲以夺晨时也。凡此诸条，皆晋悼公为政之教令。
⑪ 魏相即吕相，魏锜之子。士鲂，士会之子。魏颉，魏颗之子，食邑于令狐，亦称令孤文子。赵武，赵朔之子，此四人之父祖皆有劳于晋国，故使为卿。
⑫ 荀家、荀会俱荀偃之族。栾黡已见前。韩无忌，韩厥之子，一称韩穆子，亦称公族穆子。《国语·晋语七》："栾伯请公族大夫，公曰，荀家惇惠，荀会文敏，黡也果敢，无忌镇静，使兹四人者为之。夫膏粱之性难正也，故使惇惠者教之，使文敏者导之，使果敢者谂之，使镇静者修之。惇惠者教之则遍而不倦，文敏者导之则婉而入，果敢者谂之则过不隐，镇静者修之则壹，使兹四人者为公族大夫。"
⑬ 士渥浊即士贞子，已见前。《晋语七》："君知士贞子之帅志博闻而宣惠于教也，使为太傅。"范武子即士会，为景公大傅，作执秩之法，故悼公使士贞子修之。
⑭ 右行辛，晋大夫贾辛也。将右行，因以为氏。《晋语七》："知右行辛之能以数宣物定功也，使为元司空。"士蔿为献公司空，大修建都邑，起宫室，经沟洫之法。故悼公使辛为司空，重修士蔿之法。元司空，中军司空也。
⑮ 弁纠亦作卞纠，栾针之族栾纠也。《晋语七》："知栾纠之能御以和于政也，使为戎御。"戎御即御戎。校正，主马之官。戎士当尚节义，故使纠训诸御知义。
⑯ 荀宾，荀家、荀会之族。《晋语七》："知荀宾之有力而不暴也，使为戎右。"司士，车右之官。车右皆勇力之士，多不顺命，故训之以时使。
⑰ 卿无共御，立军尉以摄之，言省卿之戎御，令军尉摄御而已。摄，代也。

之。① 魏绛为司马，② 张老为候奄，③ 铎遏寇为上军尉，籍偃为之司马，④ 使训卒乘，亲以听命。⑤ 程郑为乘马御，六驺属焉，使训群驺知礼。⑥ 凡六官之长，皆民誉也。⑦ 举不失职，⑧ 官不易方，⑨ 爵不逾德，⑩ 师不陵正，⑪ 旅不逼师，⑫ 民无谤言，⑬ 所以复霸也。

---

① 《晋语七》："知祁奚之果而不淫也，使为元尉。知羊舌职之聪敏肃给也，使佐之。" 祁奚见前。元尉即中军尉羊舌职，晋羊舌大夫之子也。

② 《晋语七》："知魏绛之勇而不乱也，使为元司马。" 魏绛，魏犨子，一称魏庄子。元司马即中军司马。

③ 《晋语七》："知张老之智而不诈也，使为元候。" 张老，晋大夫张孟也。元候即中军候奄，主斥候之官。元，大也。奄亦大义。

④ 《晋语七》："知铎遏寇之恭敬而信强也，使为舆尉。知籍偃之惇帅旧职而恭给也，使为舆司马。" 铎遏寇，晋大夫。铎遏氏。寇，名。籍偃，晋大夫籍季之子籍游也。舆尉即上军尉。舆司马，上军司马也。

⑤ 使训卒乘，亲以听命，使铎遏寇、籍偃训步马之伍，相亲以听上命也。

⑥ 程郑，荀氏之别族，晋大夫荀骓之曾孙，程季之子也。《晋语七》："知程郑端而不淫，且好谏而不隐也，使为赞仆。" 赞仆，乘马御，乘车之仆也。六驺，六闲之驺。周礼，诸侯有六闲马，乘车尚礼，故训群驺使知礼。

⑦ 大国三卿，晋时置六卿为军帅，故称六官。此云"凡六官之长皆民誉也"，是总举六官，则知群官无非其人矣。民誉，民之誉望所归者也。

⑧ 举不失职，言所举任之人皆能称其职也。

⑨ 官不易方，言官守其业，无相逾易也。

⑩ 爵不逾德，量德而授爵也。

⑪ 师不陵正，言师帅不敢陵军将。正，军将，命卿也。师，二千五百人。

⑫ 旅不逼师，言旅帅不敢逼师帅。见上下有礼，不相陵逼也。旅，五百人。

⑬ 民无谤言，政正则人民有自无怨谤之言也。凡此，皆通言悼公之所行，未必皆在即位之年。

襄　公

名午，成公黑肱子，在位三十一年，为鲁国第二十三君。其元年当周简王十四年己丑岁，西历纪元前572年。

二　年①

郑成公疾，子驷请息肩于晋。②公曰："楚君以郑故，亲集矢于其目，③非异人任，寡人也。④若背之，是弃力与言，⑤其谁昵我？⑥免寡人，唯二三子。"⑦

秋七月庚辰，郑伯睔卒，于是子罕当国，⑧子驷为政，⑨子国⑩为司

---

① 襄公二年当周灵王元年庚寅岁，晋悼公二年，齐灵公十一年，郑成公十四年，楚共王二十年，滕成公四年，薛献公八年，西历纪元前571年。周灵王名泄心，简王夷之子，为周朝第二十三王，在位二十七年。

② 子驷即郑公子騑，已见前。请息肩于晋，谓从晋以求休息也。郑欲避楚役，故以负担息肩为喻。

③ 楚君以郑故，亲集矢于其目，言鄢陵之战晋吕锜射楚共王中目，实为郑故。

④ 非异人任，寡人也，言楚君受此伤害，不为他人，盖为郑伯也。

⑤ 弃力与言，谓弃楚救之力与盟誓之言。

⑥ 其谁昵我，言弃力背言，又谁肯与我亲昵乎？

⑦ 免寡人，唯二三子，言唯诸大夫之力，幸免郑伯弃力背言之过也。盖郑成公不以子驷息肩于晋之请为然。

⑧ 当国，摄君事也。子罕，郑公子喜之字，七穆之一，其后为罕氏。已见前。

⑨ 为政，为正卿也。

⑩ 子国，郑公子发之字，七穆之一，其后为国氏。亦见前。

马。晋师侵郑,诸大夫欲从晋。子驷曰:"官命未改。"①

会于戚,谋郑故也。②孟献子曰:"请城虎牢③以逼郑。"知武子④曰:"善,鄬之会,吾子闻崔子之言,今不来矣。⑤滕、薛、小邾之不至,皆齐故也。⑥寡君之忧不唯郑。⑦罃将复于寡君而请于齐。⑧得请而告,⑨吾子之功也。若不得请,事将在齐。⑩吾子之请,诸侯之福也,⑪岂唯寡君赖之。"……

冬,复会于戚,齐崔武子⑫及滕、薛、小邾之大夫皆会。知武子之言故也。⑬遂城虎牢,郑人乃成。

---

① 子驷以成公未葬,嗣君未免丧,不欲改先君之意,故言"官命未改"。
② 郑叛晋未服,故是冬晋荀罃会鲁仲孙蔑、齐崔杼、宋华元、卫孙林父、曹人、邾人、滕人、薛人、小邾人于戚,遂城虎牢以逼郑,故云谋郑故也。戚,卫邑,在今河北濮阳县北。
③ 虎牢,旧郑邑,时已属晋,故仲孙蔑请晋筑大其城以威临郑。
④ 知武子即荀罃。已见前。
⑤ 襄元年,仲孙蔑与齐崔杼次于鄬,崔杼有不服晋之言,蔑以告荀罃。鄬之会指此。荀罃料齐未必肯来会筑,故引前言云"吾子闻崔子之言,今不来矣"。鄬,郑地,在今河南柘城县北。
⑥ 滕、薛、小邾之不至,皆齐故也,言此三国皆齐之属,亦必不来也。滕、薛俱已见前。小邾,曹姓国,子爵,出自邾挟之后。初,夷父颜有功于周,周封其子友于郳,为附庸。鲁庄五年,友曾孙郳犁来来朝。齐桓公霸,郳君附从,进爵为子,始列诸侯,谓之小邾子。战国时,为楚所灭。
⑦ 寡君之忧不唯郑,言复忧齐叛也。
⑧ 罃将复于寡君而请于齐,言将以城虎牢之事白晋君而请齐会之,欲以观齐之志也。
⑨ 得请而告,谓如得齐人应命,告诸侯会筑虎牢也。
⑩ 若不得请,事将在齐,言不得齐人之应,晋将伐齐也。
⑪ 城虎牢,足以服郑而息征伐,故云"吾子之请,诸侯之福也"。
⑫ 崔武子即崔杼,亦称崔子,齐大夫。弑齐庄公而立景公。后为庆封所杀。
⑬ 知罃言事将在齐,齐人惧,乃帅三国皆会,故曰"知武子之言故也"。

三 年①

祁奚请老，晋侯问嗣焉。②称解狐，其雠也。③将立之而卒。④又问焉。⑤对曰"午也可。"⑥于是⑦羊舌职死矣，晋侯曰："孰可以代之。"⑧对曰："赤也可。"⑨于是⑩使祁午为中军尉，羊舌赤佐之。⑪君子谓祁奚于是能举善矣。称其雠，不为谄。⑫立其子，不为比。⑬举其偏，不为党。⑭《商书》曰，无偏无党，王道荡荡，⑮其祁奚之谓矣。解狐得举，⑯祁午得位，伯华得官，建一官而三物成，⑰能举善也夫。唯善，故能举其类。⑱《诗》云，惟其有之，是以似之，⑲祁奚有焉。

---

① 襄公三年当周灵王二年辛卯岁，晋悼公三年，宋平公六年，卫献公七年，郑僖公元年，齐灵公十二年，莒黎比公七年，邾宣公四年，西历纪元前570年。郑僖公名髡顽，《史记》作恽，成公睔之子，为郑国第十四君。在位五年，为子驷所弑。

② 祁奚时为中军尉，请致仕，晋悼公问以谁可嗣绩其职者。请老，求致仕也。问嗣，问后继之人也。

③ 祁奚举解狐以对，谓解狐能嗣其职也。举其能，故曰"称"。

④ 将立之而卒，谓晋侯将依祁奚之言，立解狐为中军尉，而解狐适死也。

⑤ 又问焉，晋侯以解狐死，再问祁奚以嗣职之人也。

⑥ 午，祁奚子祁午。午也可，祁奚自举其子，谓祁午可以嗣职也。

⑦ 于是，当此时也。

⑧ 孰可以代之，晋侯问祁奚谁可代中军佐羊舌职之位也。

⑨ 赤，羊舌职之子，字伯华，亦称铜鞮伯华，叔向之兄也。赤也可，谓羊舌赤可以代其父职也。

⑩ 于是与上不同，即俗云"于是乎"，与"遂""乃"之谊相当。两处用法不同，前亦屡言之，不可不辨也。

⑪ 使祁午为中军尉，羊舌赤佐之，各代其父之任也。

⑫ 谄，媚也；佞也。不为谄，言称解狐不得谓为谄佞以媚其雠也。

⑬ 比，近也；私也。不为比，言立祁午不得谓为亲比以私其子也。

⑭ 偏，属也。党，阿好也。不为党，言举羊舌赤不得谓为阿党以与其属也。

⑮ 无偏无党，王道荡荡，见《尚书·周书·洪范》篇，《洪范》为商微子启所作，故云《商书》。荡荡，平正无私貌。

⑯ 解狐被称，未得位而卒，故云得举。

⑰ 一官谓军尉。物，事也。建一官而三物成，谓立一军尉之官而得举、得位、得官三事皆成也。

⑱ 能举其类，谓能举其类己之善人也。

⑲ 惟其有之，是以似之，见《诗·小雅·甫田之什·裳裳者华》篇。言唯有德之人能举似己者。

晋侯之弟扬干，①乱行于曲梁，②魏绛③戮其仆。④晋侯怒，谓羊舌赤曰："合诸侯以为荣也，扬干为戮，何辱如之？必杀魏绛，无失也！⑤"对曰："绛无二志，事君不辟难，有罪不逃刑，其将来辞，何辱命焉？⑥"

言终，魏绛至，授仆人书，⑦将伏剑。⑧士鲂、张老止之。⑨公读其书曰："日君乏使，⑩使臣斯司马。⑪臣闻师众以顺为武，⑫军事有死无犯为敬，⑬君合诸侯，臣敢不敬。君师不武，⑭执事不敬，⑮罪莫大焉。臣惧其死，以及扬干，无所逃罪。⑯不能致训，至于用钺，⑰臣之罪重，敢有不从，以怒君心。⑱请归死于司寇。⑲"公跣而出，⑳曰："寡人之言，

---

① 扬干，晋悼公之弟，时从悼公与于鸡泽之会。是年六月，晋悼公会周灵王卿士单顷公及鲁襄公、宋平公、卫献公、郑僖公、莒黎比公、邾宣公、齐世子光同盟于鸡泽。晋悼复霸假宠于周，故单子会焉。鸡泽，《国语》作"鸡丘"，晋邑，在今河北永年县西南。
② 乱行，谓陵乱陈次。曲梁，晋地，在今河北永年县东北。
③ 魏绛见前。时为司马，故执法以绳扬干。
④ 戮其仆，戮扬干之御也。
⑤ 必杀魏绛，无失也，晋悼命军尉佐羊舌赤执杀魏绛之语。
⑥ 绛无二志……何辱命焉，羊舌赤复晋悼之语，言魏绛无携贰之志，其事君也患难有所不避，必不苟生；其有罪也刑罚有所不逃，必不苟免。其将自来陈状，何劳辱君命使人执之耶。
⑦ 授仆人书，以书状授晋侯之御仆也。
⑧ 伏剑，以项伏剑，是自刎也。
⑨ 士鲂、张老均见前。止之，劝止魏绛勿伏剑。
⑩ 日君乏使，言日者晋君乏人承使也。
⑪ 使臣斯司马，承上语而言，谓晋君以魏绛承乏，为此司马之官也。
⑫ 师众以顺为武，言行师御众，以顺承上命，莫敢违拒为威武也。
⑬ 军事有死无犯为敬，言守官行法，虽死不敢有违，所谓敬事也。
⑭ 君师不武指扬干，言君之师众违命乱行，是不武也。
⑮ 执事不敬，魏绛自谓，言治军事而畏死废法，是不敬也。
⑯ 臣惧其死，以及扬干，无所逃罪，言绛惧自犯不武不敬之罪以累及扬干，是罪重将无所逃也。
⑰ 不能致训，至于用钺，魏绛引咎之言，谓不能事先训正师旅，竟用刑戮纠之也。
⑱ 敢有不从，以怒君心，言不敢不从戮，以干君之怒也。
⑲ 归死于司寇，致尸于刑官，使戮之也。
⑳ 悼公读书感悟，乃匆遽不暇蹑履，跣足走出以谢魏绛。

亲爱也。吾子之讨，军礼也。寡人有弟，弗能教训，使干大命①，寡人之过也。子无寡人之过，敢以为请。②"

晋侯以魏绛为能以刑佐民③矣。反役，④与之礼食，⑤使佐新军。⑥张老为中军司马。⑦士富为候奄。⑧

四　年⑨

无终子嘉父⑩使孟乐⑪如晋，因魏庄子纳虎豹之皮，以请和诸戎。⑫

晋侯曰："戎狄无亲而贪，⑬不如伐之。"魏绛曰："诸侯新服，陈新来和，⑭将观于我。我德则睦，否则携贰。劳师于戎而楚伐陈，必弗能救，是弃陈也，诸华⑮必叛。戎，禽兽也，获戎失华⑯，无乃不可乎！

---

① 干大命，干犯军旅之大命也。
② 敢以为请，使魏绛无死，勿重君之过也。
③ 魏绛刑当其罪，能以刑戮佐治民之事，故云"能以刑佐民"。
④ 反役，反自鸡泽之役也。
⑤ 与之礼食，杜《注》："群臣旅会，今欲显绛，故特为设礼食。"《正义》："与之礼食者，若公食大夫礼，以大夫为宾，公亲之特设礼食。"食读如"嗣"。
⑥ 时新军将魏颉已卒，使赵武将新军以代颉。升魏绛佐新军以代武。
⑦ 魏绛既升佐新军，即以张老代为中军司马。
⑧ 士富，士会别族。时代张老为候奄。
⑨ 襄公四年当周灵王三年壬辰岁，晋悼公四年，西历纪元前569年。
⑩ 无终，山戎国，子爵，在今河北玉田县。或云无终本在太原东境，后为晋所败灭，徙于燕、蓟之东。嘉父，其君之名也。
⑪ 孟乐，无终使臣。
⑫ 因魏庄子纳虎豹之皮，以请和诸戎，托魏绛献虎豹之皮于晋侯以求晋与诸戎和好也。因，属也；托也。
⑬ 无亲而贪，言戎狄之性，惟利是视，不辨亲疏，不可以昵近也。故晋悼以为"不如伐之"。
⑭ 鸡泽之盟，陈成公使袁侨如会求成，晋侯使和组父告于诸侯。故云"陈新来和"。
⑮ 诸华，中国诸侯也。与"诸戎"对举，所以别于蛮夷戎狄也。
⑯ 获戎失华，言果能逞志于戎而诸华交叛，是自失于诸侯也。

《夏训》有之曰，有穷后羿①。"公曰："后羿何如②？"对曰："昔有夏之方衰也，后羿自鉏迁于穷石，因夏民以代夏政。③恃其射④也，不修民事，而淫于原兽。⑤弃武罗、伯因、熊髡、尨圉，⑥而用寒浞。寒浞，伯明氏之谗子弟⑦也。伯明后寒⑧弃之，夷羿收之，信而使之，以为己相。浞行媚于内而施赂于外，⑨愚弄其民而虞羿于田，⑩树之诈慝，以取其国家。⑪外内咸服。⑫羿犹不悛。⑬将归自田，⑭家众杀而烹之，以食其子。⑮其子不忍食诸，死于穷门。⑯靡奔有鬲氏。⑰浞因羿室，⑱生浇及豷，恃其谗慝诈伪，而不德于民。使浇用师，灭斟灌及斟寻氏。⑲

① 《夏训》，《夏书》。有穷，国名。后，君也。羿，有穷君之号。见杜《注》。羿读如"乂"。参见后。
② 魏绛方论华、戎之得失，忽搀言后羿，悼公怪其言之不次，故问之曰"后羿何如"。
③ 昔有夏之方衰也……因夏民以代夏政，杜《注》："禹孙太康，淫放失国。夏人立其弟仲康，仲康亦微弱。仲康卒，子相立，羿遂代相，号曰有穷。鉏，羿本国名。《夏书·五子之歌》："太康尸位以逸豫，畋于有洛之表，十旬弗反。有穷后羿因民弗忍，距于河。"鉏，今河南滑县。穷石在河之南，即穷谷，究当今何地，说者纷纭，要距滑县南不远也。羿居于穷石，故以穷为国号，有，语助辞，古多配于国号之上，故称"有穷"，犹"有唐、有虞、有夏、有周"云云也。
④ 羿善射，自谓无敌，故恃其射。
⑤ 淫，放也；过也。淫于原兽，淫放于原野，纵猎兽之欲也。
⑥ 武罗、伯因、熊髡、尨圉，皆羿之贤臣。
⑦ 寒浞，寒国之君名浞者。寒，古国名，即今山东潍县东北三十里之寒亭店。浞事寒后伯明氏，伯明憎其善谗，弃之。故云"伯明氏之谗子弟"。
⑧ 后寒，君临寒国也。
⑨ 行媚于内而施赂于外，内取媚于羿之宫妾，外赂结于羿之左右也。
⑩ 愚弄其民，欺罔民众。虞羿于田，以游猎之事乐羿也。虞通作"娱"。
⑪ 树之诈慝，以取其国家，广施奸诈之术以谋取羿之国土君位也。树，立也。
⑫ 羿之内外左右皆信浞之诈术以为真，故得外内咸服。
⑬ 悛读如"痊"，改也。
⑭ 将归自田，言羿猎罢将还也。
⑮ 羿之家众为浞杀羿而烹煮之，以羿之肉食羿之子。
⑯ 羿子不忍食羿之肉，家众遂杀之于国门，故云"死于穷门"。
⑰ 时夏之遗臣靡，事羿，羿见杀，遂奔于有鬲氏。鬲，古国名，故城在今山东德平县东十里。
⑱ 浞因羿室，寒浞占羿之妃妾以为己室也。
⑲ 斟灌、斟寻二国，夏同姓诸侯，仲康之子后相所依存者。浞使其子浇灭之。斟灌故城在今山东寿光县东北。斟寻故城在今山东潍县西南。

处浇于过，①处豷于戈。②靡自有鬲氏收二国之烬③，以灭浞而立少康。④少康灭浇于过。后杼⑤灭豷于戈。有穷由是遂亡，夫人故也。⑥昔周辛甲⑦之为大史也，命百官，官箴王阙。⑧于《虞人之箴》曰，⑨芒芒禹迹，画为九州，经启九道。⑩民有寝庙，兽有茂草，各有攸处，德用不扰。⑪在帝夷羿，冒于原兽，亡其国恤，而思其麀牡。⑫武不可重，⑬用不恢于夏家。⑭兽臣司原，敢告仆夫。⑮《虞箴》如是，可不惩乎？⑯"于是晋侯好田，故魏绛及之。⑰

公曰："然则莫如和戎乎？"对曰："和戎有五利焉。戎狄荐居，

---

① 过，古国名，即有过氏，在今山东掖县北。
② 戈，亦古国名，即有戈氏，在宋、郑之间，今地不详。浞使浇居过，使豷居戈，所以监夏之遗民。
③ 二国之烬，斟灌、斟寻之遗民也。
④ 少康，夏后相之子。
⑤ 后杼，少康子。
⑥ 有穷由是遂亡，夫人故也，言有穷氏至是而亡，由浞父子之故也。夫人指浞父子。浞因羿室故不改有穷之号。
⑦ 辛甲，周武王太史。
⑧ 命百官，官箴王阙，使百官各为箴辞戒王过也。箴，规也；戒也。阙，过也；失也。
⑨ 虞人，掌田猎之官。于《虞人之箴》曰，引虞人箴辞之文也。"曰"字以下至"敢告仆夫"，皆箴辞。
⑩ 芒芒，远貌。禹迹，犹云神州，谓中华国土，言神禹平治水土之遗迹也。画读如"划"，分也。九州，古代分画政区之制而代各不同。《禹贡》九州为兖、冀、青、徐、豫、荆、扬、雍、梁，夏制也。《尔雅》九州为冀、豫、雍、荆、扬、幽、兖、营，商制也。《周礼》九州为扬、荆、豫、青、兖、雍、幽、冀、并，周制也。此处当指夏制。经启九道，经画九州之远近，以开交通之道路也。
⑪ 民有寝庙……德用不扰，言民之人属则有寝以安其生，有庙以祀其死，禽兽之属有茂草以栖其形，是人神各有所归，故德不乱也。攸，所也。处，居也。用，因也。扰，乱也。
⑫ 在帝夷羿……而思其麀牡，言羿不恤国家之忧，但念念于田猎也。帝夷羿犹言后羿。夷，大也。冒，贪也。原兽，散处原野之禽兽。亡其国恤，忘其国家之忧恤，亡同"无"，无恤是忘也。麀读如"攸"，鹿之牝者，引申为凡牝之谊。麀牡，牝牡也。
⑬ 重读如"虫"，复也；数也；频也。
⑭ 用不恢于夏家，言羿以好武虽有夏家而不能恢大之也。
⑮ 默臣即虞人。司原，谓职司原野之事。告君而不敢斥尊，故云敢告仆夫。
⑯ 《虞箴》如是，可不惩乎，言周《虞人之箴》如此，可不资为鉴戒乎。
⑰ 其时晋悼公好田猎，故魏绛特引及后羿之事以为讽谏。

贵货易土，土可买焉，一也。① 边鄙不耸，民狎其野，穑人成功，二也。② 戎狄事晋，四邻振动，诸侯威怀，三也。③ 以德绥戎，师徒不动，甲兵不顿，四也。④ 鉴于后羿，而用德度，远至迩安，五也。⑤ 君其图之。"

公说，使魏绛盟诸戎，⑥ 修民事，田以时。⑦

八　年⑧

郑群公子以僖公之死也，谋子驷⑨。子驷先之，⑩ 夏四月庚辰，辟杀子狐、子熙、子侯、子丁。⑪ 孙击、孙恶⑫ 出奔卫。

---

① 戎狄荐居……一也，言戎狄聚处，重财货而轻土地，故其土地可用财货购买之，其利一也。荐，聚也。易读如"意"，犹轻也。

② 边鄙不耸……二也，言晋之边境，和戎而后，更不恐惧，民皆狎习于其田野，农人收获，可以成其岁功，其利二也。耸，惧也。狎，习也。耕曰农，敛曰穑，穑人是收获之农人也。

③ 戎狄事晋……三也，言戎狄服晋，四方诸侯闻之必耸动，宜其畏威而怀德，其利三也。

④ 以德绥戎……四也，言安戎以德，自可不劳师众，不费甲兵，其利四也。顿，坏也。

⑤ 鉴于后羿……五也，言晋如以后羿为鉴戒，用明德示诸侯，则远者自来，近者自安，其利五也。

⑥ 盟诸戎，与诸戎结盟为好也。

⑦ 修民事，田以时，言和戎后晋乃修农民三时之事，其四时田猎皆于农隙行之，不夺民时也。

⑧ 襄公八年当周灵王七年丙申岁，晋悼公八年，郑简公元年，楚共王二十六年，西历纪元前565年。

⑨ 襄公七年冬，楚公子贞帅师围陈，晋悼公会诸侯于鄬以救之，郑僖公如会，及鄬，未见诸侯，为公子䮕所弑，以疟疾致卒赴告于诸侯。以此，郑群公子恨子驷，谋讨子驷之罪而杀之。

⑩ 子驷先之，公子䮕乃先群公子作难也。

⑪ 辟，罪也。辟杀，诬加罪名以戮之也。子狐、子熙、子侯、子丁，即所谓郑之群公子也。

⑫ 孙击、孙恶皆子狐之子。

庚寅，郑子国、子耳①侵蔡，获蔡司马公子燮②。郑人皆喜，唯子产不顺，③曰："小国无文德而有武功，祸莫大焉。楚人来讨，能勿从乎？从之，晋师必至。晋、楚伐郑，自今，郑国不四五年，弗得宁矣。"子国怒之，曰："尔何知！国有大命而有正卿，④童子言焉，将为戮⑤矣。"……

　　冬，楚子囊⑥伐郑，讨其侵蔡也。子驷、子国、子耳欲从楚。子孔、子蟜、子展⑦欲待晋。⑧子驷曰："《周诗》有之⑨，曰，俟河之清，人寿几何？⑩兆云询多，职竞作罗。⑪谋之多族，民之多违，事滋无成。⑫民急矣，姑从楚以纾吾民。晋师至，吾又从之，敬共币帛，以待来者，小国之道也。牺牲玉帛，待于二竟，⑬以待强者而庇民焉。寇不为害，民不罢病，不亦可乎？"子展曰："小所以事大，信也。小国无信，兵乱日至，亡无日矣。五会⑭之信，今将背之，虽楚救我，

---

① 子国即郑穆公之子公子发，已见前。子耳，公子叔疾之子公孙辄也。
② 公子燮，蔡大夫，以其官司马，故亦称司马燮。
③ 子产，子国之子公孙侨，一称子美，亦称郑侨，曾官少正，后为执政上卿，郑之柱石也。不顺，不随和众人而喜也。
④ 国有大命而有正卿，言国家有起师行军之命，自有正卿尸之也。
⑤ 《荀子·臣道篇》引《诗》云，国有大命，不可以告人妨其躬身。故此云"童子言焉，将为戮矣"。
⑥ 子囊，楚庄王子公子贞之字，其后为囊氏。时为楚令尹。
⑦ 子孔，穆公子公子嘉之字，已见前。子蟜，公子偃子公孙虿之字。子展，公子喜子公孙舍之之字。虿读如"瘥"。
⑧ 待晋，待晋来救也。
⑨ 周《诗》有之，杜《注》："逸《诗》也。""曰"字以下至"职竞作罗"，皆逸《诗》之文。
⑩ 黄河水浊难清，故云"俟河之清"。人寿几何，言人寿促而河清迟，喻晋之不可待也。
⑪ 兆云询多，职竞作罗，言既卜且谋多，则竞作罗网，难成功也。兆，卜也。询，谋也。职，主也。
⑫ 谋之多族……事滋无成，言谋之于众人，人各有心，必多违戾，事益无成也。族，家也；众也。滋，益也。
⑬ 牺牲所以为盟，玉帛所以讲会。待于二竟，待于晋、楚界上也。竟通作"境"。
⑭ 五会，谓襄三年会鸡泽，五年会戚，又会城棣，七年会鄬，八年会邢丘也。

将安用之？亲我无成，①鄙我是欲，②不可从也。③不如待晋。晋君方明，四军无阙，八卿和睦，④必不弃郑。楚师辽远，粮食将尽，必将速归，何患焉？舍之闻之，杖莫如信，⑤完守以老楚，⑥杖言以待晋，⑦不亦可乎？"子䮭曰："《诗》云，谋夫孔多，是用不集。⑧发言盈庭，谁敢执其咎？⑨如匪行迈谋，是用不得于道。⑩请从楚，䮭也受其咎。"乃及楚平。

使王子伯骈告于晋，曰："君命敝邑，修而车赋，儆而师徒，以讨乱略。⑪蔡人不从，⑫敝邑之人，不敢宁处，悉索敝赋，以讨于蔡，获司马燮，献于邢丘。⑬今楚来讨，⑭曰，女何故称兵⑮于蔡？焚我郊保，⑯冯陵我城郭，⑰敝邑之众，夫妇男女，不遑启处，⑱以相救也。翦

---

① 郑与晋同姓之亲，反不与成，故云"亲我无成"。
② 楚欲以郑为边鄙之邑，乃反欲与成，故云"鄙我是欲"。
③ 不可从也，言子䮭之言实不可从也。
④ 四军，谓上、中、下、新四军。无阙，将佐称职，无旷官守也。军有将佐，均为卿，是四军有八卿也。和睦，和衷辑睦也。
⑤ 杖，"仗"之本字。杖莫如信，言人之可倚仗者莫如诚信也。
⑥ 完守以老楚，言完缮守备以老楚师也。
⑦ 杖信以待晋，言倚仗诚信以待晋救也。
⑧ 《诗》云，谓《诗·小雅·节南山之什·小旻》篇。"谋夫孔多"至"是用不得于道"，《小旻》第三章后六句也。谋夫孔多，是用不集，言人欲为政，是非相乱而不成也。孔，甚也。集，就也。
⑨ 发言盈庭，谁敢执其咎，谋者既多，若有不善，谁肯受其咎也。
⑩ 如匪行迈谋，是用不得于道，杜《注》："匪，彼也。行迈谋，谋于路人也。不得于道，众无适从。"
⑪ 王子伯骈，郑大夫。君命敝邑……以讨乱略，言晋君尝命郑国修治车兵，戒饬徒众，以讨治作乱而侵略之人也。而，汝也。儆，戒饬也。
⑫ 蔡人不从，言蔡人不听晋命，自居于乱略也。
⑬ 邢丘，晋邑，即今河南温县平皋故城。本年五月，会于邢丘，郑伯献捷于会，故云"获司马燮，献于邢丘"。
⑭ 来讨，以兵前来声讨也。讨，诘责也。
⑮ 称兵，举兵也。
⑯ 焚我郊保，言楚焚烧郑郊外保守之屯聚也。
⑰ 冯陵我城郭，言楚师追逐郑守，已陵逼郑国之城厢也。冯读如"平"，追也。外城曰郭。
⑱ 不遑启处，居处不宁也。遑，暇也。启，跪也。古者席地而坐，以膝着地，着尻于踵。故云启。

焉倾覆，无所控告。^①民葬亡者，非其父兄，即其子弟。^②夫人^③愁痛，不知所庇。民知穷困，而受盟于楚。孤也^④与其二三臣不能禁止。不敢不告。"知武子使行人子员^⑤对之曰："君有楚命，^⑥亦不使一介行李，^⑦告于寡君，而即安于楚。^⑧君之所欲也，谁敢违君？寡君将帅诸侯以见于城下，^⑨唯君图之。"……

九　年^⑩

秦景公使士雃^⑪乞师于楚，将以伐晋。楚子^⑫许之。子囊曰："不可。当今吾不能与晋争。晋君^⑬类能而使之，^⑭举不失选，^⑮官不易方。^⑯

---

① 翦焉倾覆，无所控告，言尽有倾危覆灭之忧，无所攀援而告诉也。翦，尽也。控，引也，有攀引谊。
② 民葬亡者，非其父兄，即其子弟，言凡民之掩葬其死亡于敌者，非其家之父兄长上，即其家之子弟卑幼，惨伤之甚也。
③ 夫人，犹言"人人"。夫读如"扶"。
④ 孤也，郑伯自谓。时郑伯为简公，名嘉，僖公髡顽子。子驷杀僖公，嘉年五岁，子驷立。在位三十六年，为郑第十五君。其元年当周灵王七年丙申岁，西历纪元前565年。
⑤ 行人，外交之官。子员，名。
⑥ 有楚命，谓有见讨之命也。
⑦ 一介行李，杜《注》："一介，独使也。行李，行人也。"
⑧ 即安于楚，言受盟于楚以就便安也。
⑨ 帅诸侯以见于城下，明示将出兵以伐之也。
⑩ 襄公九年当周灵王八年丁酉岁，晋悼公九年，宋平公十二年，卫献公十三年，曹成公十四年，齐灵公十八年，郑简公二年，莒黎比公十三年，邾宣公十年，滕成公十一年，薛献公十五年，杞孝公三年，秦景公十三年，楚共王二十七年，西历纪元前564年。
⑪ 秦景公名后伯车，桓公荣之子，在位四十年，为秦第十八君。其元年当周简王十年乙酉岁，西历纪元前576年。士雃，秦大夫。雃读如"牵"。
⑫ 楚子谓共王。
⑬ 晋君谓悼公。
⑭ 类能而使之，随人所能，各以其类而任使之也。
⑮ 举不失选，言所举任之人皆选získ得其当也。
⑯ 官不易方，言当官之人皆不失宜也。方犹宜也。

其卿让于善。① 其大夫不失守。② 其士竞于教。③ 其庶人力于农穑。④ 商工皂隶，不知迁业。⑤ 韩厥老矣，知罃禀焉以为政。⑥ 范匄少于中行偃而上之，使佐中军。⑦ 韩起少于栾黡，而栾黡、士鲂上之，使佐上军。⑧ 魏绛多功，以赵武为贤而为之佐。⑨ 君明臣忠，上让下竞，⑩ 当是时也，晋不可敌，事之而后可。君其图之。"王曰："吾既许之矣。虽不及晋，必将出师。⑪"

秋，楚子师于武城，⑫ 以为秦援。⑬ 秦人侵晋，晋饥，弗能报也。

冬十月，诸侯伐郑。庚午，季武子、齐崔杼、宋皇郧从荀罃、士匄门于鄟门。⑭ 卫北宫括、曹人、邾人从荀偃、韩起门于师之梁。⑮ 滕人、薛人从栾黡、士鲂门于北门。⑯ 杞人、郳人从赵武、魏绛斩行栗。⑰

---

① 让于善，让胜己之人。
② 不失守，各任其职，不废所事也。
③ 竞于教，勉奉上之教令也。
④ 种曰农，收曰穑。力于农穑，致力于农田也。
⑤ 不知迁业，言有恒于己之所业，不相杂厕也。皂隶，为仆隶厮役者。
⑥ 知罃代韩厥将中军，一切咨禀而后行。故云"禀焉以为政"。
⑦ 荀偃逊让范匄，令居己上，乃使匄佐中军，自将上军。
⑧ 栾黡、士鲂让韩起居己上，使起佐上军，黡将下军，鲂佐之。韩起，韩厥之子，韩无忌之弟，一称士起，一称韩宣子。
⑨ 魏绛以赵武为贤，乃让武将新军而已佐之。
⑩ 尊官相让，劳职力竞，故云"上让下竞"。
⑪ 虽不及晋，必将出师，欲自践其许秦之言也。
⑫ 武城，楚地，在今河南南阳县北。
⑬ 以为秦援，遥为秦之声援，明其不及晋也。
⑭ 季武子，鲁季孙行父之子季孙宿也。崔杼已见前。皇郧，宋皇父充石之后。时鲁、齐、宋三国之师从晋中军，故从荀罃、士匄门于鄟门。鄟门，郑国东门也。门于之"门"，屯聚于其门外也。
⑮ 北宫括，一称北宫懿子，卫成公之曾孙，其后为北宫氏。时卫、曹、邾三国之师从晋上军，故从荀偃、韩起门于师之梁。师之梁，郑国西门也。
⑯ 时滕、薛二国之师从晋下军，故从栾黡、士鲂门于郑国之北门。
⑰ 时杞、小邾二国之师从晋新军，故从赵武、魏绛斩行栗。行栗，麦道之栗树也。斩，伐也。

甲戌，师于氾，① 令于诸侯曰："修器备，② 盛糇粮，③ 归老幼。④ 居疾于虎牢，⑤ 肆眚围郑。"⑥ 郑人恐，乃行成。中行献子曰："遂⑦ 围之，以待楚人之救也而与之战。不然，无成。⑧"知武子曰："许之盟而还师，以敝楚人，吾三分四军，⑨ 与诸侯之锐⑩以逆来者。⑪ 于我未病，楚不能矣。⑫ 犹愈于战。暴骨以逞，不可以争。⑬ 大劳未艾，⑭ 君子劳心，小人劳力，先王之制也。⑮" 诸侯皆不欲战。乃许郑成。

十一月己亥，同盟于戏，⑯ 郑服也。将盟，郑六卿公子騑、公子发、公子嘉、公孙辄、公孙虿、公孙舍之及其大夫、门子⑰皆从郑伯。⑱ 晋士庄子⑲为载书，曰："自今日既盟之后，郑国而不唯晋命是听，而或有异志者，有如此盟。"⑳ 公子騑趋进，曰："天祸郑国，使介㉑居二大国

---

① 师于氾，众军还聚于氾也。氾，谓东氾，郑地在今河南中牟县。
② 修器备，修饬兵器战备也。
③ 盛糇粮，预备干粮也。
④ 归老幼，遣老弱归国也。
⑤ 居疾于虎牢，使军中疾病者将息于虎牢也。时诸侯已取郑虎牢，故得居疾其中。凡此诸条，皆所以示久师无暂还也。
⑥ 肆，缓也。眚，过也。肆眚围郑，肆赦军中之有过失者，而后围郑也。一说，纵郑俘使归宣传也。
⑦ 遂，因也；即也。
⑧ 不然，无成，犹言否则无由立成也。盖恐楚救郑，郑复属之耳。
⑨ 三分四军，分晋之中、上、下、新四军为三部也。
⑩ 锐，精兵也。
⑪ 以逆来者，言三分晋军及诸侯之精兵，以其一分待楚军之来而逆击之也。
⑫ 是楚军发动三次，仅抵晋军发动之一次也，故曰"于我未病，楚不能矣"。
⑬ 暴骨以逞，不可以争，言争当以谋，不可暴骨以求逞志也。
⑭ 艾，息也；止也。
⑮ 君子劳心……先王之制也，引古语以证，当务劳心之劳也。《国语·鲁语》："公父文伯之母曰，君子劳心，小人劳力，先王之训也。"孟子亦引之曰："或劳心，或劳力……。"朱熹以为皆古语，是已。
⑯ 戏亦称戏童，郑地。在今河南旧洧川县南。
⑰ 门子，卿之適子也。
⑱ 郑伯谓郑简公，已详前。
⑲ 士庄子，士渥浊之子士弱也。亦称士庄伯。
⑳ 有如此盟，言甘愿如违盟之誓受罚也。
㉑ 介，间也。介居二大国之间，夹处于二大国之间也。

之间。大国不加德音，而乱以要之，①使其鬼神不获歆其禋祀，②其民人不获享其土利，③夫妇辛苦垫隘，④无所底告。⑤自今日既盟之后，郑国而不唯有礼与强可以庇民者是从，而敢有异志者，亦如之。⑥"荀偃曰："改载书。⑦"公孙舍之曰："昭大神要言⑧焉，若可改也，大国亦可叛也。"知武子谓献子曰："我实不德，而要人以盟，岂礼也哉？非礼何以主盟？姑盟而退，修德息师而来，终必获郑，何必今日？我之不德，民将弃我，岂唯郑？若能休和，远人将至，何恃于郑？"乃盟而还。⑨

　　晋人不得志于郑，以诸侯复伐之。十二月癸亥，门其三门⑩。闰月戊寅，济于阴阪⑪，侵郑。次于阴口⑫而还。子孔曰："晋师可击也。师老而劳，且有归志，必大克之。"子展曰："不可。"……

　　楚子伐郑⑬。子驷将及楚平。子孔、子蟜曰："与大国盟，口血未干而背之，可乎？"子驷、子展曰："吾盟固云唯强是从，今楚师至，晋不我救，则楚强矣。盟誓之言，岂敢背之？且要盟无质⑭，神弗临也。所临唯信。信者，言之瑞⑮也，善之主⑯也，是故临之。明神不蠲要盟，背之可也⑰？"乃及楚平。

---

① 乱以要之，谓以兵乱之力强要郑国也。
② 歆其禋祀，受祭享也。
③ 享其土利，食农功也。
④ 垫隘，犹委顿也。
⑤ 底，至也。无所底告，无地可以往诉也。
⑥ 亦如之，亦如此盟誓之罚也。
⑦ 子驷既申其言，亦以所言者载于策，故荀偃欲改载书刊去之也。
⑧ 要言，谓要誓以告神。
⑨ 乃盟而还，遂两用载书成盟以还也。
⑩ 门其三门，屯聚于郑国之鄟门、师之梁、北门。晋果三分其军各攻一门。
⑪ 阴阪即洧津，在今河南旧洧川县西。
⑫ 阴口，郑地，即阴阪附近之参辰口。
⑬ 楚子伐郑，为郑与晋盟故也。
⑭ 要盟无质，言强要之盟无信可主也。质，主也；信也。
⑮ 言之瑞，谓信乃言之符瑞，可以取质者也。
⑯ 善之主，谓信乃善之所主，可以行远不渝者也。
⑰ 此言明神不以要盟为蠲洁而临之，可以背盟也。蠲，洁也。

公子罢戎入盟①，同盟于中分②。楚庄夫人③卒，王未能定郑而归。

晋侯归，谋所以息民。魏绛请施舍④，输积聚以贷⑤。自公以下，苟有积者，尽出之。国无滞积⑥，亦无困人⑦。公无禁利⑧，亦无贪民⑨。祈以币更⑩，宾以特牲⑪，器用不作⑫，车服从给⑬。行之期年，国乃有节⑭。三驾而楚不能与争⑮。

十　年⑯

夏四月戊午，会于柤⑰。晋荀偃、士匄请伐偪阳⑱，而封宋向戌

---

① 公子罢戎，楚大夫。入盟，入郑莅盟也。
② 中分，郑国城中里名。在今河南新郑县。
③ 楚庄夫人，共王之母也。
④ 施舍，施恩惠舍劳役也。
⑤ 输积聚以贷，尽输所有之聚以贷借于民间也。
⑥ 国无滞积，言既散在民，公家便无滞积之病也。
⑦ 无困人，民既得贷公家之积，自无匮乏困苦之患也。
⑧ 公无禁利，言公家既以积聚贷民，更无与民争利之事也。
⑨ 无贪民，民既给足，礼让自行也。
⑩ 祈以币更，祈祷于神以币易牲也。
⑪ 宾以特牲，宴享宾客，止用独牲，示无兼味也。特，独也。
⑫ 器用不作，言但求旧器之周用，不更作新器也。
⑬ 车服从给，言车服威仪，仅取给事而已。给，足也。
⑭ 行之期年，言魏绛所请诸事，推行及于一周年也。国乃有节，晋国上下皆俭约中节度也。
⑮ 三驾谓三度兴师，指此后襄十年师于牛首，十一年师于向，其秋观兵于郑东门事。自是郑遂服晋，楚不能与争矣。
⑯ 襄公十年当周灵王九年戊戌岁，晋悼公十年，楚共王二十八年，齐灵公十九年，郑简公三年，宋平公十三年，卫献公十四年，曹成公十五年，杞孝公三年，莒黎比二十四年，邾宣公十一年，滕成公十二年，薛献公十六年，西历纪元前563年。
⑰ 柤，楚地，在今山东峄县东南，即泇河入丞水之泇口，亦称渣口戍。时楚氛正烈，晋悼公乃约鲁、齐、宋、卫、曹、莒、邾、滕、薛、杞、郳及吴会于柤，谋通吴为掎角之势，以攘楚也。
⑱ 偪阳，一作傅阳。妘姓国，子爵。为晋所灭，其故城在今山东峄县东南五十里，盖与柤地相近，同为吴通北方之要卫。

焉①。荀䓪曰："城小而固，胜之不武。弗胜为笑②。"固请③。丙寅，围之，弗克。

孟氏之臣秦堇父④辇重如役⑤。偪阳人启门，诸侯之士门焉⑥。县门发⑦，郰人纥抉之，以出门者⑧。狄虒弥⑨建大车之输，而蒙之以甲，以为橹⑩。左执之，右拔戟以成一队⑪。孟献子曰："《诗》所谓有力如虎⑫者也。"主人县布⑬，堇父登之，及堞而绝之⑭。队则又县之，苏而复上者三⑮。主人辞焉，乃退⑯，带其断以徇于军⑰三日。

诸侯之师久于偪阳，荀偃、士匄请于荀䓪曰："水潦将降⑱，惧不能归。请班师。"知伯怒⑲，投之以机⑳，出于其间㉑，曰："女成二事而

---

① 向戌，宋桓公子向父肸之孙。时为宋左师。晋以宋常事晋而向戌有贤行，故欲取偪阳以封戌为附庸焉。
② 知䓪之意，盖谓偪阳城虽小而守御固，胜之不足以耀武，而弗胜将为人所笑也。
③ 固请，荀偃、士匄坚请伐偪阳也。
④ 秦堇父，鲁孟献子之家臣。孟献子详后。时献子从襄公在会。
⑤ 辇重如役，步挽重车以从师也。
⑥ 偪阳人启门，诸侯之士门焉，言诸侯之士见偪阳门开，故迎门急攻之也。
⑦ 县门发，急放城洞中之闸门也。县门，城洞中高悬之闸门。发，放也。
⑧ 郰读如"邹"，鲁邑，亦作"鄹"，在今山东邹县境。郰人纥，郰邑大夫叔梁纥也，孔子之父，有勇力，故能抉举县门以出诸侯之士之在偪阳门内者。
⑨ 狄虒弥，鲁人。
⑩ 建，立也；秉也。蒙，覆也。橹，大楯也。
⑪ 左执之，虒弥左手执车轮蒙甲之楯也。右拔戟以成一队，右手自拔一戟，自当一队也。队，百人。
⑫ 有力如虎，出《诗·邶风·简兮》篇。
⑬ 主人县布，偪阳之人悬布于城外以试城外之人是否有勇也。
⑭ 堇父登之，秦堇父缘布以登城也。及堞而绝之，偪阳人伺堇父将及女墙则绝断其布，使之下坠也。
⑮ 队则又县之，苏而复上者三，言堇父既下坠，城上复悬其布以试之，堇父苏醒，仍缘布而上者凡三次。
⑯ 主人辞焉，乃退，偪阳人嘉堇父之勇，故辞谢不复悬布，堇父乃退也。
⑰ 带其断以徇于军，堇父携其断布以巡行于军中，所以示勇也。
⑱ 自丙寅围城至此，已历二十余日，故云"久于偪阳"。时向夏，恐有久雨，故云"水潦将降"。
⑲ 知伯怒，荀䓪怒二子之坚请围攻于前而中途无功而还也。
⑳ 投之以机，荀䓪取坐前之机投掷二子也。机本作"几"，时制，几长三尺，高二尺。
㉑ 出于其间，当投机时，二子左右引避，机乃出于二子之间也。

后告余①。余恐乱命,以不女违②。女既勤君而兴诸侯③,牵帅老夫④,以至于此,既无武守⑤,而又欲易余罪曰,是实班师,不然克矣⑥。余羸老也,可重任乎⑦?七日不克,必尔乎取之⑧。"

五日,庚寅,荀偃、士匄帅卒攻偪阳,亲受矢石⑨。甲午,灭之。书曰遂灭偪阳,言自会也⑩。以与向戌。向戌辞曰:"君若犹辱镇抚宋国,而以偪阳光启寡君⑪,群臣安矣。其何贶如之⑫!若专赐臣,是臣兴诸侯以自封也,其何罪大焉!敢以死请。"乃予宋公⑬。

宋公享晋侯于楚丘,请以桑林⑭。荀罃辞⑮。荀偃、士匄曰:"诸侯宋、鲁,于是观礼⑯。鲁有禘乐,宾祭用之⑰。宋以桑林享君,不亦可乎⑱?"

---

① 女成二事而后告余,言汝既有伐偪阳、封向戌之成谋,然后告我也。
② 余恐乱命,以不女违,言我恐改既成之局,是以不强违汝意也。杜《注》:"既成改之为乱命。"
③ 勤君而兴诸侯,言勤君事而兴诸侯之师也。
④ 牵帅老夫,谓以此围城之役牵累及于荀罃也。老夫,荀罃自谓。
⑤ 既无武守,既无武功可以执守也。
⑥ 而又……不然克矣,承上"无武守"言,谓二子既无功而还,反将变易其辞以归罪于我,以为是实班师之故,不然,克偪阳矣。
⑦ 余羸老也,可重任乎,荀罃自言己已衰老,不能任受此重责也。
⑧ 七日不克,必尔乎取之,言七日之内不克偪阳,当取汝以谢误师之罪也。
⑨ 亲受矢石,言躬在行间,亲冒矢石也。
⑩ 《经》文载遂灭偪阳,故云"书曰"。言自会也,言其因会以灭国,非之也。
⑪ 以偪阳光启寡君,谓以偪阳赐宋君,俾宋君承此光宠而启其土宇也。
⑫ 何贶如之,言见赐之厚,无过此也。
⑬ 宋公指平公,名成,文公鲍之孙,共公固之子,为宋国第二十四君。在位四十四年,其元年当周简王十一年丙戌岁,西历纪元前575年。
⑭ 楚丘,卫地,即今山东曹县东南之楚丘亭。请以桑林,宋公请以桑林之乐宴享晋侯也。桑林,殷天子之乐名。
⑮ 荀罃辞,荀罃以其为天子之乐而辞让之也。
⑯ 诸侯宋、鲁,于是观礼,言诸侯之有宋、鲁,可于此观礼焉。宋出于商,为王者后,鲁以周公故,皆得用天子礼乐,故云可焉观礼。
⑰ 鲁有禘乐,宾祭用之,杜《注》:"禘,三年大祭,则作四代之乐。别祭群公,则用诸侯乐。"是禘乐,天子之乐也。宾祭用之,谓鲁享宾亦用禘乐也。
⑱ 宋以桑林享君,不亦可乎,言鲁得以禘乐待宾客,宋自得以桑林享晋君也。

舞师题以旌夏①，晋侯惧而退入于房②。去旌，卒享而还。及著雍③，疾。卜桑林见④。荀偃、士匄欲奔请祷⑤焉。荀䓨不可，曰："我辞礼矣，彼则以之。犹有鬼神，于彼加之。"⑥晋侯有间⑦，以偪阳子⑧归，献于武宫，谓之夷俘⑨。偪阳，妘姓也，使周内史选其族嗣，纳诸霍人，礼也⑩。

师归，孟献子以秦堇父为右。生秦丕兹，事仲尼⑪。

六月，楚子囊、郑子耳伐宋⑫，师于訾毋⑬。庚午，围宋，门于桐门⑭。……卫侯救宋⑮，师于襄牛⑯。

郑子展⑰曰："必伐卫，不然，是不与楚也。得罪于晋，又得罪于楚，国将若之何？"子驷曰："国病矣。"⑱子展曰："得罪于二大国，

---

① 舞师，乐师也。题，识也。夏，大也。旌夏，旌之大者，是大旌也。题以旌夏，大书表识，所以显乐舞之行列也。
② 旌夏非常之征，猝见之，人心或有所畏，晋侯是以惧而退入于房也。房，更衣之舍。
③ 著雍，晋地，当在今河北旧河间府境。
④ 卜桑林见，谓晋侯因病而卜，卜兆见用桑林之祟也。
⑤ 奔请祷，奔还宋国祷谢也。
⑥ 我辞礼矣……于彼加之，言我辞桑林之礼矣，宋则用之。若犹有鬼神，自当加祸于宋也。
⑦ 有间，疾稍瘥也。
⑧ 偪阳子，所俘偪阳之君也。
⑨ 夷俘，杜《注》："讳俘中国，故谓之夷。"
⑩ 偪阳……礼也，杜《注》："霍，晋邑。内史，掌爵禄废置者，使选偪阳宗族贤者令居霍，奉妘姓之祀。善不灭姓，故曰礼也。使周史者，示有王命。"《正义》："霍是旧国，……晋献公灭之以为晋邑也。……礼，天子不灭国，诸侯不灭姓，其身有罪宜废者，选其亲而贤者绍立之。《论语》所云兴灭国，继绝世者，谓此也。晋侯以偪阳之罪不合绝祀故归诸天子，使周内史选偪阳宗族贤者继嗣偪阳之后，令居晋之霍邑，以奉妘姓之祀。……"妘姓，祝融之后。
⑪ 孟献子，鲁仲孙氏，文伯之子仲孙蔑也。时执鲁政。秦丕兹事仲尼，言秦堇父与叔梁纥以力相尚，堇父子丕兹事仲尼，是以德相高也。
⑫ 时宋屡应晋召伐郑，而郑新与楚成，故楚公子贞、郑公孙辄伐宋。
⑬ 訾毋，宋地，当在今河南鹿邑县境。
⑭ 桐门，宋之北门也。门于桐门，不成围而攻其城门也。
⑮ 卫献公从晋，故救宋。
⑯ 襄牛，宋地，当在今山东濮县境。
⑰ 子展即公孙舍之，已见前。
⑱ 公子䪷以郑数出师，已感疲乏，故曰"国病矣"。

必亡，病不犹愈于亡乎？"诸大夫皆以为然。故郑皇耳[1]帅师侵卫。楚令也[2]。孙文子[3]卜追之[4]，献兆于定姜[5]。姜氏问繇[6]。曰："兆如山陵，有夫出征，而丧其雄[7]。"姜氏曰："征者丧雄，御寇之利也[8]。大夫图之。"行人追之[9]，孙蒯[10]获郑皇耳于犬丘[11]……

初，子驷与尉止[12]有争，将御诸侯之师而黜其车[13]。尉止获[14]，又与之争，子驷抑尉止曰："尔车，非礼也。"[15]遂弗使献[16]。初，子驷为田洫[17]，司氏、堵氏、侯氏、子师氏皆丧田焉[18]，故五族聚群不逞之人，因公子之徒以作乱[19]。于是子驷当国[20]，子国为司马，子耳为司空，子孔为司徒。冬十月，戊辰，尉止、司臣、侯晋、堵女父、子师仆帅贼以

---

[1] 皇耳，皇武之子。
[2] 郑师侵卫，固出于子展及诸大夫之议，然亦兼受楚之敕命，故曰"楚令也"。
[3] 孙文子，名林父，卫宗卿孙桓子良夫之子也。成七年，见恶于卫定公，出奔晋，十四年返卫。时为大夫。
[4] 卜追之，卜追侵卫而返之郑皇耳也。
[5] 献兆于定姜，以卜兆献告于定公夫人定姜也。
[6] 姜氏问繇，定姜问卜兆之繇辞如何也。
[7] 兆如山陵……而丧其雄，言其兆如山陵之多，有大夫出往征讨之事，而丧失其大夫也。雄，大夫之象。
[8] 征者丧雄，御寇之利也，言出征之夫而丧失其雄，此御寇者之所利也。
[9] 行人追之，使行人之官追郑皇耳也。
[10] 孙蒯，林父之子，时当为行人。
[11] 犬丘，本宋地，时已属郑，在今河南永城县境。
[12] 尉止，尉氏，名止。顾栋高云，郑杂姓最多，如堵氏、石氏、侯氏、尉氏、司氏、子师氏皆不知其族姓所出。
[13] 本年秋，晋侯会诸侯之师伐郑师于牛首。子驷有私憾于尉止，黜减尉止之车。故云"将御诸侯之师而黜其车"。牛首，郑邑，今河南陈留县西南十一里有牛首城。
[14] 尉止获，尉止获有囚俘之敌也。
[15] 抑，勒之使弗扬也。子驷谓尉止之车犹多过制，故曰"尔车，非礼也"。
[16] 弗使献，不令献所获之俘虏也。
[17] 洫，田畔沟也。为田洫，厘订沟洫以正封疆也。
[18] 司氏……皆丧田焉，言因子驷之正封疆而侵及四族之田也。
[19] 五族谓尉氏、司氏、堵氏、侯氏、子师氏。因公子之徒以作乱，言五氏利用襄八年子驷所杀群公子之党以谋乱也。
[20] 于是，其时。子驷当国，谓摄君事。

入，晨攻执政于西宫之朝①。杀子驷、子国、子耳，劫郑伯以如北宫②。子孔知之，故不死③。书曰盗，言无大夫焉④。

子西⑤闻盗，不儆⑥而出，尸而追盗⑦。盗入于北宫。乃归授甲，臣妾多逃，器用多丧。子产闻盗，为门者⑧，庀群司⑨，闭府库⑩，慎闭藏⑪，完守备⑫，成列而后出兵，车十七乘⑬。尸而攻盗于北宫⑭。子蟜⑮帅国人助之，杀尉止、子师仆。盗众尽死。侯晋奔晋。堵女父、司臣、尉翩、司齐⑯奔宋。

子孔当国⑰，为载书，以位序，听政辟⑱。大夫诸司门子弗顺⑲，将诛之。子产止之，请为之焚书⑳。子孔不可，曰："为书以定国，众怒而焚之，是众为政也，国不亦难乎？"㉑子产曰："众怒难犯，专欲难

---

① 西宫之朝，公宫听政之所。执政，谓摄君之当国者及司马、司空、司徒也。
② 劫郑伯以如北宫，强制郑简公迁于别宫，将以号召国人也。
③ 子孔知之，故不死，公子嘉知难不告利得其处也。故卒见杀于襄十九年。
④ 是年《经》文："冬，盗杀郑公子𫖮、公子发、公孙辄。"故《传》云"书曰盗，言无大夫焉"，谓尉止等五人皆士也。大夫谓卿。
⑤ 子西，子驷子公孙夏之字，郑之次卿。
⑥ 不儆，不加戒备也。
⑦ 尸而追盗，先临尸而后追贼也。故盗得尽入于北宫。
⑧ 为门者，置守门之人。
⑨ 庀群司，聚集众官。
⑩ 闭府库，封闭庋藏财帛之所。
⑪ 慎闭藏，谨守宗盟典策所聚之府。
⑫ 完守备，齐备防御守护之具。
⑬ 成列而后出兵，一切完备，整队出兵也。车十七乘，千二百七十五人也。
⑭ 尸而攻盗于北宫，亦先临尸，然后悉锐以攻蟠踞北宫之盗也。
⑮ 子蟜即公孙虿，已见前。
⑯ 尉翩，尉止之子。司齐，司臣之子。
⑰ 时子驷既死，子孔遂代之当国。
⑱ 为载书，立盟约也。以位序，自群卿诸司各守其职位勿渝也。听政辟，胥受执政之法，不得与朝政也。辟，法也。
⑲ 弗顺，不能顺从子孔之意也。
⑳ 请为之焚书，既止子孔勿诛不顺者，又勤令烧除载书也。
㉑ 为书以定国……国不亦难乎，言立载书本以定国，今因众怒而焚弃之，是以众人为政，难以至治也。

成①,合二难以安国,危之道也。不如焚书以安众,子得所欲,众亦得安②,不亦可乎?专欲无成,犯众兴祸,子必从之③。"乃焚书于仓门之外④,众而后定⑤。

诸侯之师城虎牢而戍之。晋师城梧及制⑥,士鲂魏绛戍之。书曰戍郑虎牢,非郑地也,言将归焉⑦。郑及晋平。

楚子囊救郑。十一月,诸侯之师还⑧郑而南,至于阳陵⑨,楚师不退。知武子欲退,曰:"今我逃楚,楚必骄。骄则可与战矣。"栾黡曰:"逃楚,晋之耻也,合诸侯以益耻,不如死。我将独进。"师遂进。己亥,与楚师夹颍而军⑩。子蟜曰:"诸侯既有成行⑪,必不战矣。从之将退,不从亦退。退,楚必围我。犹将退也⑫。不如从楚,亦以退之⑬。"宵涉⑭颍,与楚人盟。栾黡欲伐郑师,荀罃不可,曰:"我实不能御楚,又不能庇郑,郑何罪?不如致怨焉而还⑮。今伐其师,楚必救之,战而不克,为诸侯笑。克不可命⑯,不如还也。"

---

① 众怒难犯,谓众人之怒难以干犯也。专欲难成,谓专一己之私欲难以成功也。
② 子得所欲,谓子孔得以当国。众亦得安,众人亦得自释疑虑,安心从政也。
③ 子必从之,谓欲免祸难必从众以焚载书也。
④ 焚书于仓门之外,欲使远近闻见,故不在朝内焚烧,而烧于仓门之外也。仓门,郑国之东南门,以面石仓城得名。
⑤ 众而后定,犹言众然后定也。
⑥ 梧与制皆虎牢之旁邑,城之所以翼虎牢者也。
⑦ 书曰……言将归焉,杜《注》:"二年,晋城虎牢而居之,今郑复叛,故修其城而置戍。郑服则欲以还郑,故夫子追书,系之于郑,以见晋志。"
⑧ 还,读与"环"同,绕也。
⑨ 阳陵,郑地,在今河南许昌县西北。
⑩ 夹颍而军,谓晋师与楚师夹颍水而屯营也。颍水源出河南登封县西境之颍谷,东南流入安徽,至正阳关注于淮。
⑪ 既有成行,言既有成约,自有去志也。
⑫ 犹将退也,言楚见晋退,必来围郑,晋虽见之,犹将退师而去也。
⑬ 不如从楚,亦以退之,言何如姑从楚,楚见郑服,亦必自退去也。
⑭ 宵涉,夜渡也。郑畏晋知,故夜渡。
⑮ 致怨焉而还,致怨于郑,以为后伐之资也。
⑯ 克不可命,言胜负难要,不可命以必克,所谓漫无把握也。

丁未,诸侯之师还,侵郑北鄙而归①。楚人亦还②。

十一年③

郑人患晋、楚之故。④诸大夫曰:"不从晋,国几亡。楚弱于晋,晋不吾疾⑤也。晋疾,楚将辟之。⑥何为而使晋师致死于我。⑦楚弗敢敌,而后可固与也。⑧"子展曰:"与宋为恶,诸侯必至,吾从之盟。楚师至,吾又从之,则晋怒甚矣。晋能骤来,楚将不能,吾乃固与晋。"大夫说之,使疆场之司恶于宋。⑨宋向戌侵郑,大获。子展曰:"师而伐宋,可矣。若我伐宋,诸侯之伐我必疾,吾乃听命焉,且告于楚。楚师至,吾又与之盟,而重赂晋师,乃免⑩矣。"夏,郑子展侵宋。⑪

四月,诸侯伐郑。己亥,齐太子光、⑫宋向戌先至于郑,门于东

---

① 侵郑北鄙而归,即所以致怨于郑也。
② 楚人亦还,郑服故也。
③ 襄公十一年当周灵王十年己亥岁,晋悼公十一年,郑简公四年,宋平公十四年,卫献公十五年,曹成公十六年,齐灵公二十年,莒黎比公十五年,邾宣公十二年,滕成公十三年,薛献公十七年,杞孝公五年,西历纪元前562年。
④ 郑自襄八年侵蔡获燮以来,晋、楚交伐郑国,至是未已。故郑人患晋、楚之多故。
⑤ 晋不我疾,言晋不急于争郑也。疾,急也。
⑥ 晋疾,楚将辟之,言晋若急来争郑,楚将逃避不敢与争也。
⑦ 何为而使晋师致死于我,犹言当作何计而使晋师致死力以争郑也。
⑧ 楚弗敢敌,而后可固与也,言晋如致死力争郑,楚畏晋强不敢与之为敌,而后郑可与晋固结也。
⑨ 大夫说之,晋之诸大夫悦从子展之言也。使疆场之司恶于宋,使边疆之守吏侵犯宋国也。
⑩ 乃免,言必如此,乃得免于晋、楚之难也。
⑪ 郑之国策既定,子展侵宋,即欲以此致诸侯也。
⑫ 太子光,齐灵公环之子,后嗣位为齐国第二十二君,是为庄公。在位六年,为崔杼所弑,其元年当周灵王十九年戊申岁,西历纪元前553年。

门。其莫，^①晋荀䓥至于西郊，东侵旧许。^②卫孙林父侵其北鄙。六月，诸侯会于北林，^③师于向。^④右还，^⑤次于琐。^⑥围郑，观兵^⑦于西门，西济于济隧。^⑧郑人惧，乃行成。

秋七月，同盟于亳。^⑨范宣子^⑩曰："不慎，^⑪必失诸侯。诸侯道敝而无成，^⑫能无贰乎？"乃盟。载书曰："凡我同盟，毋蕰年，^⑬毋雍利，^⑭毋保奸，^⑮毋留慝，^⑯救灾患，恤祸乱，同好恶，奖王室。^⑰或间兹命，^⑱司慎司盟，^⑲名山名川，^⑳群神群祀，^㉑先王先公，^㉒七姓十二国之

---

① 其莫，其日之暮。
② 旧许，许之旧国，郑之新邑。成十五年许迁于叶，则许之旧国为郑所有，故谓之旧许，即今河南许昌县。
③ 北林，郑地，在今河南郑县东南。
④ 向，郑地，在今河南尉氏县西南四十里。
⑤ 右还，晋人还师向右也。故杜云"北行而西为右还"。
⑥ 琐，郑地，一名琐泽，在今河南新郑县北。
⑦ 观，示也。观兵，耀兵示威也。
⑧ 济隧，京相璠曰，郑地也。言济水荥泽中北流，至衡雍西，与出河之济会，南去新郑百里。斯盖荥、播、河、济往复径通矣。出河之济即阴沟之上源也。济隧绝焉，故世亦或谓其故道为十字沟，见《水经》济水注。
⑨ 亳，郑地，当在今河南偃师县西二十里。
⑩ 范宣子即士匄，已见前。
⑪ 慎，敬威仪，谨辞令之谓不慎是失仪失辞也。
⑫ 道敝而无成，谓诸侯数伐郑，疲敝于道路而无功也。
⑬ 毋蕰年，不得蕰积年谷而不以分灾也。
⑭ 毋雍利，不得专擅山川之利而雍遏邻国也。
⑮ 毋保奸，不得藏匿获罪于他国之人也。
⑯ 毋留慝，不得枯恶文过，须速悛改也。以上为消极的禁约。
⑰ 救灾患……奖王室，则同盟诸国所当守之积极的义务也。奖，助也。
⑱ 或间兹命，犹言或渝此盟也。间，违戾也。
⑲ 司慎，察不敬之神。司盟，察盟者之神。故杜云"二司，天神"。
⑳ 诸侯之盟，其神主山川，故云名山、名川。名山谓五岳四镇之神，名川谓四渎之神。
㉑ 群神，司慎、司盟、名山、名川之神以外之诸神也。群祀，载在祀典之诸神。
㉒ 先王，诸侯之太祖，如宋祖帝乙，郑祖厉王之类。先公，诸侯始封之君，如鲁公伯禽、曹叔振铎之类。

祖，① 明神殛之。② 俾失其民，③ 队命亡氏，④ 踣其国家。⑤"

郑人赂晋侯以师悝、师触、师蠲，⑥ 广车、軘车淳十五乘，⑦ 甲兵备。⑧ 凡兵车百乘，⑨ 歌钟二肆，⑩ 及其鎛磬，⑪ 女乐二八。⑫

晋侯以乐之半赐魏绛，曰："子教寡人和诸戎狄，以正诸华，⑬ 八年之中，九合诸侯。⑭ 如乐之和，无所不谐，⑮ 请与子乐之。⑯" 辞⑰ 曰："夫和戎狄，国之福也。八年之中，九合诸侯，诸侯无慝，君之灵也。二三子之劳⑱ 也。臣何力之有焉？抑臣愿君安其乐而思其终⑲ 也。《诗》曰，乐只君子，殿天子之邦。⑳ 乐只君子，福禄攸同。㉑ 便蕃左右，亦

---

① 七姓十二国之祖，杜《注》："七姓：晋、鲁、卫、郑、曹、滕，姬姓。邾、小邾，曹姓。宋，子姓。齐，姜姓。莒，己姓。杞，姒姓。薛，任姓。实十三国，言十二，误也。"
② 明神，总上述诸神之谓。殛，诛也；罚也。殛之，言明神将降罚于间命渝盟之国也。
③ 俾，使也，综领下三语。失其民，亡失其民人也。
④ 队命亡氏，失坠其先代之成命而毁亡其氏族也。
⑤ 踣，毙也。踣其国家，颠覆其国也。
⑥ 师悝、师触、师蠲，皆乐师名。悝读如"盔"。
⑦ 广车、軘车，皆兵车名。淳，耦也。淳十五乘，广车、軘车相耦共十五乘也。軘读如"顿"。
⑧ 甲兵备，十五乘兵车皆配齐甲兵也。
⑨ 凡兵车百乘，谓广车、軘车及其他兵车共为百乘也。
⑩ 歌钟二肆，用于乐歌之编钟二列也。肆，列也。悬钟十六为一肆，即所谓编钟。二肆凡有编镈三十二枚也。
⑪ 鎛读如"博"。钟之大者，独悬一簴，亦谓之特钟，所以与编镈对举也。磬，乐石也。形如曲尺，以石为之，亦有编磬、特磬之分。故古乐每以钟磬并称。及其鎛磬，明编钟、特钟、编磬、特磬皆备也。
⑫ 女乐二八，司乐之女子十六人也。
⑬ 魏绛和戎，已见前襄四年《传》。
⑭ 八年之中，谓从襄四年和戎以来至襄十一年也。九合诸侯者，五年会于戚，一也。其年又会于城棣救陈，二也。七年会于鄢，三也。八年会于邢丘，四也。九年会于戏，五也。十年会于柤，六也。又戍郑虎牢，七也。十一年同盟于亳城北，八也。又会于萧鱼，九也。
⑮ 谐，亦和也。无所不谐，言魏绛之建树如乐之谐和无间也。
⑯ 与子乐之，与魏绛共此乐也。
⑰ 辞，魏绛辞让不受也。下皆辞让之辞。
⑱ 二三子之劳，犹言同朝僚友之力也。
⑲ 安其乐而思其终，言安此乐利，当思有以克终享之，所谓安不忘危者此也。
⑳ 乐只君子，殿天子之邦，《诗·小雅·鱼藻之什·采菽》篇第四章第三、第四句也。殿，镇也。言诸侯有乐美之德可以镇抚天子之邦也。
㉑ 乐只君子，福禄攸同，《采菽》篇第四章第五、第六句也。此承上言，以有乐美之德政，故为福禄之所同归也。

是帅从。① 夫乐以安德，义以处之，礼以行之，信以守之，仁以厉之，而后可以殿邦国，同福禄，来远人，所谓乐也。《书》曰，居安思危，② 思则有备，有备无患。③ 敢以此规。④" 公曰："子之教，敢不承命？抑微子，寡人无以待戎，⑤ 不能济河。⑥ 夫赏，国之典也，藏在盟府，⑦ 不可废也。子其受之。"

魏绛于是乎始有金石之乐，礼也。⑧

十三年⑨

荀罃、士鲂卒，⑩ 晋侯蒐于绵上⑪ 以治兵。使士匄将中军。辞曰："伯游长。⑫ 昔臣习于知伯，是以佐之，非能贤也。⑬ 请从伯游。"荀

---

① 便蕃左右，亦是帅从，《采菽》篇第四章第七、第八句也。今本作"平平左右，亦是率从"。此亦承上而言，谓既能镇邦国，受福禄，则虽复疏远之人亦数来在其左右，相率服从也。便蕃，数也。
② 居安思危，杜《注》："逸《书》。"
③ 思则有备，有备无患，言先事而思，则事事有备。先事而备，则忧患自无也。
④ 规，劝之使正也。
⑤ 微子，寡人无以待戎，言无魏绛则晋君不能接纳诸戎也。
⑥ 不能济河，言晋如有戎患，则日虞四境之侵逼，不能渡河而南服郑也。
⑦ 夫赏……藏在盟府，言司盟之府有赏功之制也。
⑧ 礼，大夫有功则赐乐，魏绛于是乎始有金石之乐，故云礼也。
⑨ 襄公十三年当周灵王十二年辛丑岁，晋悼公十三年，楚共王三十一年，西历纪元前560年。
⑩ 荀罃时为中军将，士鲂时为下军佐，皆卒。
⑪ 绵上，晋地，已见前。今山西沁源县北八十里有绵上城。
⑫ 士匄让将中军之命于荀偃，故称之曰伯游长。
⑬ 昔臣习于知伯，是以佐之，非能贤也，言前佐荀罃徒以习服耳，非己之贤能也。襄七年，韩厥请老，荀罃代将中军，士匄佐之。匄今将让，故谓尔时之举不以己贤，事见襄九年。

偃将中军,① 士匄佐之。② 使韩起将上军。辞以赵武。③ 又使栾黡。④ 辞曰:"臣不如韩起。韩起愿上赵武,君其听之。"使赵武将上军,⑤ 韩起佐之。⑥ 栾黡将下军,⑦ 魏绛佐之。⑧ 新军无帅,⑨ 晋侯难其人,⑩ 使其什吏,⑪ 率其卒乘官属以从于下军,⑫ 礼也。⑬ 晋国之民,是以大和。诸侯遂睦。

君子曰,让,礼之主也。范宣子让,其下皆让。栾黡为汰,弗敢违也。⑭ 晋国以平,数世赖之。刑善也夫。⑮ 一人刑善,百姓休和,⑯ 可不务乎?《书》曰,一人有庆,兆民赖之,其宁惟永,⑰ 其是之谓乎! 周之兴也,其诗曰,仪刑文王,万邦作孚,⑱ 言刑善也。及其衰也,其《诗》曰,大夫不均,我从事独贤,⑲ 言不让也。世之治也,君子尚能⑳

---

① 晋侯从士匄之让,遂以荀偃代荀罃将中军。
② 士匄佐之,其位如故也。
③ 荀偃既自上军将超迁中军将,晋侯乃使上军佐韩起承其乏,起辞让推举赵武。
④ 晋侯以赵武位次卑,故不听韩起,更命栾黡。
⑤ 栾黡亦辞,仍上赵武,故晋侯使赵武自新军将超四等代荀偃将上军。
⑥ 韩起佐之,其位亦如故也。
⑦ 栾黡将下军,位亦如故。
⑧ 魏绛佐之,绛自新军佐超一等代士鲂为下军佐也。
⑨ 新军将赵武、新军佐魏绛皆迁官,故云"新军无帅"。
⑩ 难其人,难得新军将佐之人选也。
⑪ 什吏,十人之长,将佐以下之军官也。
⑫ 率其卒乘官属以从于下军,言使新军之什吏,率其步卒车士与其新军官属军尉、司马之类以听命于下军,盖令下军将佐兼领之也。
⑬ 礼也,美其得慎举之礼也。
⑭ 栾黡为汰,弗敢违也,言范宣子始以中军让,其下诸卿皆从而让,虽以栾黡之侈汰,亦从韩起让赵武,弗敢违戾也。
⑮ 刑,法也。刑善,犹言表率之正。刑善也夫,美士匄能以善法正下,且垂后也。
⑯ 一人刑善,百姓休和,言一人以善而示法于众,百姓化于善,皆休美而和平也。
⑰ 一人有庆,兆民赖之,其宁惟永,见《尚书·周书·吕刑》篇。一人,天子也。宁,安也。永,长也。义取上有好善之庆则下赖其福。
⑱ 仪刑文王,万邦作孚,《诗·大雅·文王之什·文王》篇末章之卒句也。言文王善用法,故能为万国所信。孚,信也。
⑲ 大夫不均,我从事独贤,《诗·小雅·谷风之什·北山》篇二章之卒句也。刺幽王役使不均,故从事者怨恨,称己之劳,以为独贤,无让心也。
⑳ 尚能,崇贵能者。君子,谓当官在位之人。

而让其下，小人农力①以事其上，是以上下有礼而谗慝黜远，由不争也。谓之懿德。及其乱也，君子称其功以加②小人，小人伐其技以冯③君子，是以上下无礼，乱虐益生，由争善也。谓之昏德。国家之敝，恒必由之。

楚子④疾，告大夫曰："不穀不德，少主社稷，⑤生十年而丧先君，未及习师保之教训，⑥而应受多福。⑦是以不德，而亡师于鄢，⑧以辱社稷，为大夫忧，其弘多矣。⑨若以大夫之灵，获保首领以殁于地，唯是春秋窀穸之事，⑩所以从先君于祢庙⑪者，请为灵若厉。⑫大夫择焉。⑬"莫对。及五命乃许。

秋，楚共王卒。子囊谋谥。⑭大夫曰："君有命矣。⑮"子囊曰："君命以共，若之何毁之？⑯赫赫楚国而君临之，抚有蛮夷，奄征南海，

---

① 农力，尽力于农作。小人，谓无位之庶民。
② 称其功，自称其功绩。加，陵也。
③ 伐其技，自夸其技能。冯同"凭"，亦陵也。自夸为伐。
④ 楚子，楚共王也。
⑤ 少主社稷，言自幼即主国为君也。
⑥ 师保皆教太子之官。未及习师保之教训，言少小主国，未及熟习教训也。
⑦ 应受多福，谓嗣位主国也。
⑧ 亡师于鄢，谓鄢陵之战败于晋，事详成十六年。
⑨ 弘，大也。其弘多矣，承上二语言，谓既辱且忧，为累大矣。
⑩ 春秋窀穸之事，谓祭祀及葬埋也。窀，厚也，读如"肫"。穸，夜也，读如"夕"。厚夜犹长夜，故训葬埋。
⑪ 从先君于祢庙，杜《注》："从先君代为祢庙。"《正义》："《祭法》云，诸侯立五庙，曰考庙，王考庙，皇考庙，显考庙，祖考庙，此云祢庙，即彼考庙也。《曲礼》云，生曰父，死曰考。考，成也，言有成德也。祢，近也，于诸庙，父最为近也。礼，三年之丧毕，则以迁新主入庙，是从先君代为祢庙也。"
⑫ 共王自谓不德，欲受恶谥以归先君，故请为灵若厉。《谥法》：乱而不损曰"灵"，戮杀不辜曰"厉"。若，犹或也。
⑬ 大夫择焉，谓或谥为灵，或谥为厉，唯大夫择之。
⑭ 子囊谋谥，公子贞谋所以谥死君也。时为令尹，执楚政，故主谥议。
⑮ 君有命矣，谓君有遗命，可就灵厉二谥择一取用也。
⑯ 君命以共，若之何毁之，言君临终之命，其辞甚恭，若之何以恶谥而毁灭之也。

以属诸夏,^①而知其过,可不谓共^②乎?请谥之共。^③"大夫从之。

十四年^④

十四年春,吴告败于晋,^⑤会于向,^⑥为吴谋楚^⑦故也。范宣子数吴之不德也,以退吴人。^⑧执莒公子务娄,^⑨以其通楚使^⑩也。

将执戎子驹支,^⑪范宣子亲数诸朝,^⑫曰:"来!姜戎氏!昔秦人迫逐乃祖吾离于瓜州,^⑬乃祖吾离被苫盖,^⑭蒙荆棘,^⑮以来归我先君。我

---

① 赫赫楚国……以属诸夏,言楚国疆域之大与功烈之盛也。赫赫,盛貌。奄征南海,犹言包举南海之地。以属诸夏,接壤于中国也。诸夏,犹云诸华。
② 而知其过,可不谓共乎,言以楚之大而能自知其过,其为恭敬可知矣。
③ 请谥之共,请以"共"谥楚君也。
④ 襄公十四年当周灵王十三年壬寅岁,晋悼公十四年,齐灵公二十三年,宋平公二十七年,卫献公十八年,郑简公七年,曹成公十九年,莒黎比十八年,邾宣公十五年,滕成公十六年,薛献公二十年,杞孝公八年,秦景公十八年,西历纪元前559年。
⑤ 襄公十三年秋,楚共王卒,吴侵楚。养由基奔命,子庚以师继之。养叔曰:"吴乘我丧,谓我不能师也,必易我而不戒。子为三覆以待我,我请诱之。"子庚从之。战于庸浦,大败吴师,获公子党。至是,吴乃告败于晋。
⑥ 向,吴地,在今安徽怀远县西四十里。会于向,晋承吴之请而有此会也。故《经》文云:"十有四年春王正月,季孙宿叔老会晋士匄、齐人、宋人、卫人、郑公孙虿、曹人、莒人、邾人、滕人、薛人、杞人、小邾人会吴于向。"
⑦ 为吴谋楚,谋为吴伐楚也。
⑧ 范宣子数吴之不德也,以退吴人,士匄以吴伐楚丧为不德,举数其失而遣之,卒不为伐楚也。
⑨ 公子务娄,莒之公子,以非卿,故虽与会,而《经》不书其名。执,晋士匄执之也。
⑩ 莒贰于楚,故比年伐鲁。晋以其通楚使,故执其与会之使。
⑪ 戎子驹支,即姜戎氏之君,驹支,其名也。姜戎早避秦逼,归晋为附庸。故从士匄赴会。将执,谓将从会所执之也。
⑫ 行之所在亦设朝位,故士匄得亲数戎子驹支之罪于朝。
⑬ 吾离,始奔于晋之戎君。以其为四岳之后,虽别为允姓,仍称姜戎氏。瓜州,今甘肃敦煌县。
⑭ 被读若"披"。被苫盖,言汝祖无毡裘可衣,所被服者苫盖而已。苫即草荐。《尔雅·释器》:"白盖谓之苫。"孙炎注:"白盖,茅苫也。"郭璞注:"白茅苫也,今江东呼为盖。"是盖亦苫也。
⑮ 蒙,冒也。蒙荆棘,言无道路可从,冒榛薮也。此二语无非状其穷困之极耳。

先君惠公，有不腆之田，与女剖分而食之。① 今诸侯之事我寡君，不如昔者，盖言语漏泄，则职女之由。② 诘朝之事，尔无与焉。③ 与，将执女。④"对曰："昔秦人负恃其众，贪于土地，逐我诸戎。惠公蠲其大德，⑤ 谓我诸戎是四岳之裔胄⑥也，毋是翦弃。⑦ 赐我南鄙之田，狐狸所居，豺狼所嗥，⑧ 我诸戎除翦其荆棘，驱其狐狸豺狼，以为先君不侵不叛之臣，⑨ 至于今不贰。昔文公与秦伐郑，秦人窃与郑盟而合成⑩焉，于是乎有殽之师。⑪ 晋御其上，戎亢⑫其下，秦师不复，⑬ 我诸戎实然。⑭ 譬如捕鹿，晋人角之，诸戎掎之，与晋踣之，⑮ 戎何以不免？⑯ 自是以来，晋之百役，与我诸戎相继于时，⑰ 以从执政，犹殽志也。岂敢离逷？⑱ 今官⑲之师旅，无乃实有所阙，以携诸侯，⑳ 而罪我诸戎。我诸

---

① 中分为剖。与女剖分而食之，言有田授与吾离，平分其所出而食之也。
② 职，主也。职女之由，言由汝诸戎，实主漏泄也。
③ 诘朝之事，尔无与焉，言明旦不使复得与于会事也。
④ 与，将执女，言汝如于会，吾将执汝也。
⑤ 蠲，明也。蠲其大德，明其存亡继绝之大德也。
⑥ 四岳，尧时方伯，姜姓也。裔，远也。胄，后嗣也。
⑦ 毋是翦弃，言不当削弱诸戎而轻弃之也。
⑧ 狐狸所居，豺狼所嗥，皆所以见所受晋南鄙之田之荒秽僻野也。惟其荒秽僻野，故为狐狸之所居处，豺狼之所嗥嗥，显其罕人迹也。
⑨ 不侵不叛之臣，言诸戎臣事晋之先君，不内侵亦不外叛也。
⑩ 晋文公与秦伐郑，秦人窃与郑盟而合成，已见前僖三十年《传》。
⑪ 殽之师，已见前僖三十三年《传》。晋与姜戎实败秦师。
⑫ 亢犹当也。
⑬ 秦师不复，言秦师于殽之役匹马只轮不返也。
⑭ 秦师之败，姜戎效力使然，故云"我诸戎实然"。
⑮ 角者，当其头。掎者，掣其足。踣，僵仆也。三"之"字俱代鹿。
⑯ 戎何以不免，言戎于晋有功，何以不免于罪也。
⑰ 相继于时，言以时供给晋之役使，从未旷废也。
⑱ 逷，古"逖"字，远也。
⑲ 官犹公也。官家即公家，谓晋。
⑳ 无乃犹云"岂是"。实有所阙，以携诸侯，言本身自有阙失，以致诸侯携贰也。

戎饮食衣服不与华同，贽币不通，言语不达，①何恶之能为？②不与于会，亦无瞢③焉。"赋《青蝇》④而退。宣子辞焉。⑤使即事于会，成恺悌也。⑥

于是子叔齐子⑦为季武子介以会，⑧自是晋人轻鲁币，⑨而益敬其使。

吴子诸樊⑩既除丧，⑪将立季札。⑫季札辞曰："曹宣公⑬之卒也，诸侯与曹人不义曹君，⑭将立子臧。⑮子臧去之，遂弗为也，以成曹君。⑯

---

① 诸戎饮食腥膻之味，被服毡毲之衣，不与中国同其嗜好，故云"饮食衣服不与华同"。贽币不通，谓不悉中国执贽奠币之礼。言语不达，谓不谙中国言辞语音之情。
② 何恶之能为，言诸戎不与中国通，何能漏泄言语，为恶于晋也。
③ 瞢读如"蒙"，闷也。
④ 《青蝇》，《诗·小雅·甫田之什》之一篇。诗凡三章，章四句。其首章："营营青蝇，止于樊，岂弟君子，无信谗言。"戎子驹支之赋《青蝇》，盖取此章之末二句耳。
⑤ 宣子辞焉，士匄闻驹支之对及其赋诗，心已释然，故谢罪也。
⑥ 士匄表示不信谗言，故使驹支即事于会，所以自成恺悌之道也。
⑦ 子叔齐子即叔老，齐子其字也。鲁宣公弟叔肸之孙，子叔声伯公孙婴齐之子。在鲁为叔氏。于是，于时也。盖时与季孙宿同赴会。
⑧ 为季武子介以会，叔老相季孙宿以与于会也。介，相也。
⑨ 叔老与季孙宿俱有贤称，为晋人所敬，故减轻鲁国奠币之数。后遂以为例，故以自是二字冒之。
⑩ 吴子诸樊，名遏，吴王寿梦之长子，为吴国第二十君。在位十三年，巢牛臣射杀之。其元年当周灵王十二年辛丑岁，西历纪元前560年。
⑪ 寿梦之卒，至是春已十七月，既葬而除丧，故云"既除丧"。
⑫ 季札，诸樊少弟，为吴之贤公子，故称公子札。寿梦欲立之，辞不受。故诸樊于除丧后将立季札。终不受。后封于延州来，亦称延州来季子。《礼记》谓之延陵季子。
⑬ 曹宣公名卢，《史记》作"强"，文公寿之子，在位十七年，为曹第十八君。其元年当周定王十二年丙寅岁，西历纪元前595年。
⑭ 成十三年夏，晋侯会诸侯伐秦，曹宣公卒于师。曹人使公子负刍守，使公子欣时逆丧。秋，负刍杀大子而自立，诸侯乃请讨之。故云"诸侯与曹人不义曹君"。
⑮ 子臧，公子欣时之名。成十五年春，会于戚，晋侯执曹伯负刍归诸京师。诸侯将见子臧于王而立之。故云"将立子臧"。
⑯ 子臧辞立，曰："前志有之，圣达节，次守节，下失节。为君，非吾节也，虽不能圣，敢失守乎。"遂逃奔宋。成十六年，晋归曹伯。故云"以成曹君"，谓玉成公子负刍也。负刍在位二十三年，为曹第十九君，是为成公。其元年当周简王九年甲申岁，西历纪元前577年。

君子曰，能守节。① 君，义嗣也，② 谁敢奸君？有国，③ 非吾节也。札虽不才，愿附于子臧以无失节。"

固立之。④ 弃其室而耕。⑤ 乃舍之。⑥

夏，诸侯之大夫从晋侯伐秦，⑦ 以报栎之役⑧也。晋侯待于竟，⑨ 使六卿帅诸侯之师以进。及泾，不济。⑩ 叔向见叔孙穆子，⑪ 穆子赋《匏有苦叶》。⑫ 叔向退而具舟，鲁人、莒人先济。郑子蟜见卫北宫懿子⑬曰："与人而不固，取恶莫甚焉，⑭ 若社稷何？"懿子说。二子⑮见诸侯之师而劝之济，济泾而次。⑯ 秦人毒泾上流，师人多死。⑰ 郑司马子

---

① 君子曰，能守节，嘉子臧之能让也，故季札引之。
② 诸樊为寿梦嫡子，义当嗣位，故曰"君，义嗣也"。
③ 奸君，希冀君位也。
④ 固立之，诸樊固欲让位于季札也。
⑤ 弃其室而耕，季札乃弃其室家，适野躬耕，以示不返也。
⑥ 舍之，听季札之让也。
⑦ 是年《经》文："夏四月，叔孙豹会晋荀偃、齐人、宋人、卫北宫括、郑公孙虿、曹人、莒人、邾人、滕人、薛人、杞人、小邾人伐秦。"是役，晋悼公实召之，故云"诸侯之大夫从晋侯伐秦"。
⑧ 襄十一年秋九月，晋以诸侯之师复伐郑，观兵于郑东门，郑人使王子伯骈行成。甲戌，晋赵武入盟郑伯。冬十月丁亥，郑子展出盟晋侯。十二月戊寅，会于萧鱼。遂服郑，秦庶长鲍、庶长武帅师伐晋，以救郑。鲍先入晋，士鲂御之，少秦师而弗设备。壬午，武济自辅氏，与鲍交伐晋师，己丑战于栎，晋师败绩。是即所谓栎之役也。栎，晋地，乃河上之邑，当在今山西境。萧鱼即修鱼，古嬴姓国，时已夷为郑地，在今河南原武县东。辅氏，晋地，已见前。
⑨ 晋侯待于竟，悼公自驻境上以待军息也，故《经》文不称晋侯而仅称其中军将荀偃。
⑩ 泾水已见前。不济，诸侯之师不肯渡泾攻秦也。
⑪ 叔向，即羊舌肸，晋大夫，羊舌职之子，羊舌赤之弟也，一称叔肸，亦称叔誉。叔孙穆子即叔孙豹，鲁卿，叔孙得臣之子，叔孙侨如之弟也，一称穆叔。
⑫ 晋叔向往见鲁叔孙豹探意旨，豹赋诗以见志。《匏有苦叶》，《诗·邶风》篇名。其首章云："匏有苦叶，济有深涉。深则厉，浅则揭。"叔孙豹赋之，言己志在于必济也。
⑬ 子蟜即公孙虿，已见前。北宫懿子即北宫括，卫成公曾孙，后为北宫氏。
⑭ 与人而不固，取恶莫甚焉，言与人同伐而持心不固，不肯济水，取恶于人，莫甚于此矣。
⑮ 二子谓公孙虿、北宫括。
⑯ 济泾而次，言诸侯之师听劝，渡泾而驻营也。
⑰ 毒泾上流，师人多死，言秦人置毒于泾水之上流，诸侯之师人不之察，取饮中毒，故多死也。

蟜帅郑师以进，师皆从之，至于棫林，①不获成焉。②荀偃令曰："鸡鸣而驾，塞井夷灶，③唯余马首是瞻。④"栾黡曰："晋国之命，未是有也，余马首欲东。"乃归。下军从之。⑤左史谓魏庄子曰："不待中行伯乎？⑥"庄子曰："夫子命从帅。⑦栾伯，吾帅也，吾将从之。从帅，所以待夫子也。"伯游曰："吾令实过，悔之何及。多遗秦禽。⑧"乃命大还。⑨晋人谓之迁延之役。⑩

栾鍼曰："此役也，报栎之败也。役又无功，晋之耻也。吾有二位于戎路，⑪敢不耻乎？"与士鞅驰秦师死焉。⑫士鞅反，⑬栾黡谓士匄曰："余弟不欲往，而子⑭召之，余弟死，而子来，是而子杀余之弟也。弗逐，余亦将杀之。"士鞅奔秦。

于是齐崔杼、宋华阅、仲江⑮会伐秦，不书，惰也。⑯向之会亦如

---

① 棫林，秦地，即旧郑咸林，宣王母弟友所封，今陕西华县是。
② 诸侯之师虽抵棫林，秦人不服，故云"不获成焉"。
③ 塞井夷灶，与破釜沉舟谊略同，所以示锐进不返也。
④ 唯余马首是瞻，言进止当视荀偃之令也。
⑤ 栾黡时将下军，黡既弃师东归，故下军从之归。
⑥ 左史，晋大夫之为左史者。古者，左史记事，右史记言。魏庄子即下军佐魏绛。中行伯谓荀偃。从命为待，不待中行伯乎，言不从荀偃之命乎。
⑦ 夫子谓荀偃。命从帅，言偃命马首是瞻，是使人各从其帅也。
⑧ 多遗秦禽，言军帅不和，恐多为秦所擒获也。
⑨ 大还，不战而引还也。
⑩ 迁延之役，讥其却退也。
⑪ 栾鍼时为戎右，其兄黡为下军将，故云"吾有二位于戎路"。戎路，犹言军行也。
⑫ 士鞅，士匄之子，一称范鞅，一称范叔，亦称范献子，后为中军将。与士鞅驰秦师死焉，言栾鍼约士鞅同驰入秦师，以身殉耻也。
⑬ 士鞅反，士鞅未及于死而还也。
⑭ 而子，犹云"汝子"，下同。
⑮ 华阅，华元之子，代为右师。仲江，宋庄公子公子成之孙，公孙师之子，其后为仲氏。
⑯ 不书，言《经》文仅书"齐人、宋人"而不载崔杼、华阅、仲江之名也。以其临事惰慢不修，故云"惰也"。

之。① 卫北宫括不书于向，② 书于伐秦，摄也。③

秦伯④问于士鞅曰："晋大夫其谁先亡？"对曰："其栾氏乎！"秦伯曰："以其汰⑤乎？"对曰："然。栾黡汰虐已甚，犹可以免，其在盈⑥乎！"秦伯曰："何故？"对曰："武子之德在民，如周人之思召公焉，爱其甘棠，况其子乎？⑦栾黡死，盈之善未能及人，武子所施没矣，而黡之怨实章，将于是乎在。⑧"秦伯以为知言，为之请于晋而复之。⑨

卫献公戒孙文子、宁惠子食，⑩皆服而朝。⑪日旰⑫不召，而射鸿于囿。二子从之，⑬不释皮冠而与之言。⑭二子怒。

孙文子如戚，⑮孙蒯入使。⑯公饮之酒，使大师⑰歌《巧言》之卒

---

① 向之会亦如之，言本年会于向，《经》亦仅书"齐人、宋人"者，正因同为惰慢不修之故耳。
② 向之会，《经》于卫北宫括之与会，亦仅书"卫人"。故云"不书于向"。杜《注》云"亦惰"，良然。
③ 摄也，言北宫括于是役能自摄整，从郑子蟜俱济泾也。
④ 秦伯谓景公。
⑤ 汰，侈也；佚也。
⑥ 盈，栾黡之子栾盈也。亦称栾怀子。其在盈乎，言祸发当在栾盈耳。
⑦ 武子之德在民……况其子乎，言栾书之德在晋，犹召公奭之德在周，故晋人之思栾书，如周人之思召公。周人犹爱召公听讼其下之甘棠树而不忍斩伐，岂晋人遂不爱栾书之子而遽加戕害乎。
⑧ 栾黡死……将于是乎在，言栾黡既死，栾盈之善未及施于人，而栾书之德已为人所忘；顾栾黡之怨毒独显，是将钟祸于其子栾盈也。
⑨ 请于晋而复之，秦伯为启请于晋侯而召还士鞅也。
⑩ 卫献公已见前。孙文子即孙良夫之子孙林父，亦见前。宁惠子名殖，宁相之子，一称宁子。戒食，敕戒二子，欲共宴食也。
⑪ 服而朝，服朝服待命于朝也。
⑫ 旰，晏也。日旰，向晚也。
⑬ 二子从之，孙林父、宁殖就见献公于囿也。
⑭ 不释皮冠而与之言，既不释去猎服，又不与二子食，惟与之话言也。皮冠，田猎之冠也。
⑮ 戚，孙氏食邑，在今河北濮阳县北。
⑯ 孙蒯，林父之子。入使，自戚奉使于献公也。
⑰ 大师，掌乐大夫。

章①。大师辞，师曹请为之。②初，公有嬖妾，③使师曹诲之琴。④师曹鞭之。公怒，鞭师曹三百。故师曹欲歌之，以怒孙子以报公。⑤公使歌之，遂诵之。⑥

蒯惧，告文子。文子曰："君忌我矣，弗先，⑦必死。"并帑于戚，⑧而入见蘧伯玉⑨曰："君之暴虐，子所知也。大惧社稷之倾覆，将若之何？"对曰："君制其国，臣敢奸之。⑩虽奸之，庸知愈乎？⑪"遂行，从近关出。⑫

公使子蟜、子伯、子皮⑬与孙子盟于丘宫。⑭孙子皆杀之。四月己未，子展⑮奔齐。公如鄄，⑯使子行于孙子，⑰孙子又杀之。公出奔齐，孙氏追之，败公徒于阿泽。⑱鄄人执之。⑲

---

① 《巧言》，《诗·小雅·节南山之什》篇名，凡六章，章八句。其卒章云："彼何人斯，居河之麋。无拳无勇，职为乱阶。既微且尰，尔勇伊何。为犹将多，尔居徒几何。"戚，卫之河上邑献公使大师歌此章，欲以喻林父居河上而为乱也。

② 师曹，乐人也。请为之，自请歌《巧言》之卒章也。因大师辞谢以为不可，此师曹乃请为之。

③ 嬖妾，宠妾也。

④ 使师曹诲之琴，献公使此师曹教宠妾弹琴也。

⑤ 此师曹既因宠妾受鞭，故欲歌《巧言》以激怒孙子，藉手以报献公之怨也。

⑥ 献公允此师曹之请，即使歌《巧言》。此师曹既歌之，又恐孙蒯不解，遂诵言之，俾更明白。

⑦ 先，谓先发难。

⑧ 并帑于戚，并妻子居于己之封邑也。帑读如"奴"，通作"孥"。

⑨ 蘧伯玉名瑗，卫之贤大夫。蘧庄子无咎之子。谥曰"成"。

⑩ 奸之，犯君也。

⑪ 虽奸之，庸知愈乎，言虽逐君更立，岂遂差胜于前乎。

⑫ 关，界上之门也。卫都不当境中，其界有远有近，伯玉惧难作，欲速出境，故从近关出。

⑬ 子蟜、子伯、子皮，卫之群公子。献公疑孙子，故使三子与之盟。

⑭ 丘宫，近戚之地。

⑮ 子展，卫献公弟。

⑯ 鄄，读如"绢"，卫邑，今山东鄄城县。

⑰ 使子行于孙子，献公使群公子子行往孙林父邑请和也。

⑱ 阿泽在今山东阳谷县东，即东阿县西南之东平湖。

⑲ 公徒因败散还鄄，故鄄人为公执之。

初，尹公佗学射于庾公差，庾公差学射于公孙丁。① 二子② 追公，公孙丁御公。子鱼曰："射为背师，不射为戮，射为礼乎？③"射两鞅④ 而还。尹公佗曰："子为师，我则远矣。"乃反之。⑤ 公孙丁授公辔而射之，⑥ 贯臂。⑦ 子鲜从公。⑧

及竟，公使祝宗告亡，且告无罪。⑨ 定姜⑩ 曰："无神，何告？若有，不可诬也。有罪若何告无？舍大臣而与小臣谋，一罪也。先君有冢卿以为师保而蔑之，⑪ 二罪也。余以巾栉事先君，而暴妾使余，⑫ 三罪也。告亡而已，无告无罪。"

公使厚成叔吊于卫，⑬ 曰："寡君使瘠，闻君不抚社稷而越在他竟，⑭ 若之何不吊？以同盟之故，使瘠敢私于执事，⑮ 曰，有君不吊，有臣不敏，君不赦宥，臣亦不帅职，增淫发泄，其若之何？⑯"卫人使大

---

① 尹公佗、庾公差、公孙丁俱卫人。庾公差字子鱼。
② 二子谓尹公佗、庾公差。
③ 庾公差自思，如射公御，是背师也。如不射，则奉命追公而不一引号，是将为戮也。故仅为礼射，不求中也。
④ 鞅，《说文》："车軶下曲者。"服虔云："车軶两边叉马颈者。"读如"拘"，亦读如"钩"。
⑤ 尹公佗曰……乃反之，杜《注》："佗不从丁学，故言远。始与公差俱退，悔而独还射丁。"
⑥ 丁被佗射，乃授献公以辔而还射之。
⑦ 贯臂，射贯佗之臂也。
⑧ 子鲜名鱄，献公之母弟也。时从公出亡。
⑨ 公使祝宗告亡，且告无罪，献公使祝之官告于宗庙谓己出亡他国，且云己实无罪也。
⑩ 定姜，献公之嫡母。
⑪ 先君有冢卿以为师保而蔑之，言孙林父、宁殖皆先君所遗之卿以为君之师保者，君皆轻视之也。即指不释皮冠之类。冢，大也。冢卿即孤卿、少师、少傅、少保也。
⑫ 余以巾栉事先君，而暴妾使余，言我事定公为夫人，而暴虐使我，如遇婢妾也。巾，拂拭之具。栉，理发之器。古者夫妻相处，妻奉巾栉，故后世以巾栉为妻之代称。
⑬ 公使厚成叔吊于卫，鲁襄公使厚成叔往卫国恤也。厚成叔名瘠，孝公子惠伯巩之后，亦称厚孙。后改郈氏。
⑭ 不抚社稷而越在他竟，言不能安抚国家而远适他邦也。不便直说出亡，故宛转言之如此。
⑮ 敢私于执事，谓敢以衷曲私达之于卫之诸大夫也。
⑯ 有君不吊……其若之何，言为人君者不吊恤为臣之难，为人臣者不敏达为君之难，君既不赦宥其臣之过失，臣亦不帅循为臣之职分，君臣如此，增其淫慝，发泄而为逐君之事，其将如之何哉。

叔仪^①对曰："群臣不佞，得罪于寡君。寡君不以即刑而悼弃之，^②以为君^③忧。君不忘先君之好，辱吊群臣，又重恤之。^④敢拜君命之辱，重拜大贶。^⑤"

厚孙归，复命，语臧武仲^⑥曰："卫君其必归乎！有大叔仪以守，^⑦有母弟鱄以出，^⑧或抚其内，^⑨或营其外，^⑩能无归乎！"

齐人以郏寄卫侯。^⑪及其复也，以郏粮归。^⑫

右宰谷^⑬从而逃归。^⑭卫人将杀之。辞曰："余不说初矣。^⑮余狐裘而羔袖。^⑯"乃赦之。

卫人立公孙剽，^⑰孙林父、宁殖相之，以听命于诸侯。^⑱

卫侯在郏，臧纥如齐唁^⑲卫侯。卫侯与之言，虐。^⑳退而告其人^㉑

---

① 大叔仪，卫僖公八世孙，亦称大叔文子，其后为世叔氏。
② 不以即刑而悼弃之，言不以群臣就于刑戮，而君自伤悼，违弃群臣而去也。
③ 君谓鲁君，下"敢拜君命之辱"之"君"与此同。
④ 重恤之，谓鲁君愍卫群臣之不敏也。
⑤ 拜大贶，谢重恤之赐也。
⑥ 臧武仲，臧孙氏，名纥，臧文仲辰之孙，臧宣叔许之子。
⑦ 守谓居守。
⑧ 出谓从君出亡。
⑨ 或抚其内，谓大叔仪镇抚于国内。
⑩ 或营其外，谓母弟鱄经营于国外。
⑪ 郏，齐所灭郏国。姜姓，子爵，一作"莱"。襄公六年，齐灭之。今山东黄县东南有莱子城，即其地。寄卫侯，齐处卫献公于郏也。
⑫ 及其复也，以郏粮归，此述后日之事，言其后献公复国，竟取郏粮以归，着其贪也。
⑬ 右宰谷，卫大夫。
⑭ 从而逃归，先从献公出亡，既而逃归卫国也。
⑮ 不说初矣，言初从君出，非乐为之，不得已耳。
⑯ 以狐为裘，至美也。以羔为袖则有少恶。狐裘而羔袖，喻己一身尽美，虽从君以出，其恶不多也。
⑰ 公孙剽，卫穆公之孙，字子叔，《史记》作"秋"，在位十二年，宁喜弑之，是为殇公。殇公为卫国第二十四君。其元年当周灵王十四年癸卯岁，西历纪元前558年。
⑱ 听命于诸侯，听盟会之命令也。
⑲ 唁，吊失国也。
⑳ 卫侯与之言，虐，言卫献公语臧武仲之辞多刻虐也。
㉑ 其人，臧武仲之左右也。下同。

曰："卫侯其不得入矣。其言粪土也,①亡而不变,何以复国?②"子展、子鲜闻之,见臧纥,与之言,道。③臧孙说,谓其人曰:"卫君必入。夫二子④者,或挽之,或推之,欲无入,得乎?⑤"

十五年⑥

郑尉氏、司氏之乱,其余盗在宋。⑦郑人以子西、伯有、子产之故,纳赂于宋,⑧以马四十乘,⑨与师筏、师慧。⑩三月,公孙黑为质⑪焉。司城子罕⑫以堵女父、尉翩、司齐与之。⑬良司臣而逸之,⑭托诸季武子。⑮武子寘诸卞。⑯郑人醢之,三人也。⑰

---

① 其言粪土也,言卫献公之言皆践踏群臣如土芥者也。
② 亡而不变,何以复国,言既出亡而不能改变其志,何以为返国之本乎。
③ 与之言,道,言子展、子鲜见臧武仲之所言皆顺道理也。
④ 二子谓子展、子鲜。
⑤ 前牵为挽,后送为推。欲无入得乎,言卫献公有此二子以推挽之,虽欲不返亦不可得也。
⑥ 襄公十五年,当周灵王十四年癸卯岁,宋平公十八年,郑简公八年,西历纪元前558年。
⑦ 郑尉氏、司氏之乱,杀公子骈、公子发、公孙辄。及乱平,堵女父、尉翩、司臣、司齐奔于宋,事见襄十年。故云"余盗在宋"。
⑧ 子西、子产皆已见前。伯有,公孙辄之子良霄也。郑人以三子之父皆为尉氏所杀故,纳赂于宋以请余盗。
⑨ 马四十乘,百六十匹也。此致宋之赂。
⑩ 师筏、师慧俱乐师。此亦致宋之赂。
⑪ 公孙黑,子西之弟,字子晳。为质,入质于宋以易余盗也。
⑫ 司城子罕,乐氏,名喜,宋戴公子乐父术之后。时为司城之官,执宋政。司城即司寇,以避武公之名改。
⑬ 以堵女父、尉翩、司齐与之,执此三人还付于郑国也。
⑭ 良,贤也。良司臣而逸之,以司臣为贤而纵之使逸去也。
⑮ 托诸季武子,以司臣托庇于鲁季孙宿也。
⑯ 卞,鲁地,在今山东泗水县东五十里。
⑰ 醢读如"海",肉酱也。醢之,剁为肉酱也。三人也,明见司臣独存。

师慧过宋朝，① 将私焉。② 其相③曰："朝也。"慧曰："无人焉。"相曰："朝也，何故无人？"慧曰："必无人焉，若犹有人，岂其以千乘之相易淫乐之矇？④ 必无人焉故也。"子罕闻之，固请而归之。⑤……

宋人或得玉，献诸子罕。子罕弗受。献玉者曰："以示玉人，⑥ 玉人以为宝也，故敢献之。"子罕曰："我以不贪为宝，尔以玉为宝，若以与我，皆丧宝也。⑦ 不若人有其宝。⑧"稽首而告曰："小人怀璧，不可以越乡。⑨ 纳此以请死⑩也。"子罕置诸其里，⑪ 使玉人为之攻之，⑫ 富而后使复其所。⑬……

十七年⑭

宋皇国父为大宰，⑮ 为平公筑台，妨于农收。⑯ 子罕请俟农功之毕。

---

① 过宋朝，行过宋国之朝堂也。
② 私，小便。将私焉，将就地遗矢也。
③ 其相，谓师慧之相者。古者乐师皆瞽者为之，故多用相者以导引之。
④ 千乘相，谓子产等。言不为子产杀三盗，得赂而归之，是重淫乐而轻相国也。矇，瞽也。淫乐之矇即指乐师。
⑤ 固请而归之，子罕固请于宋君，以乐师还郑也。以见子罕之能改过。
⑥ 玉人，琢玉之人。
⑦ 我以不贪为宝……皆丧宝也，言我本以不贪为宝，尔则以得玉为宝，若以玉与我，是我破不贪之操，尔则失玉，皆丧失己之所宝也。
⑧ 不若人有其宝，不如各有其所宝，谓我守不贪，尔得宝玉也。
⑨ 小人怀璧，不可以越乡，言携宝越乡，必为盗所害也。
⑩ 纳此以请死，纳玉，所以请免于死也。
⑪ 子罕置诸其里，子罕将献玉之人置于己之里中也。
⑫ 使玉人为之攻之，使琢玉者为此献玉之人攻治此宝玉也。
⑬ 富而后使复其所，俟此献玉之人卖玉得富，而后使之归其所居也。
⑭ 襄公十七年当周灵王十六年乙巳岁，宋平公二十年，西历纪元前556年。
⑮ 皇国父，皇氏，宋戴公子皇父充石之后。大宰，本为执政之官，而宋政实在司城。
⑯ 为平公筑台，时为周历十一月，当今历九月，正农作收敛之候，故云"妨于农收"。

公弗许。筑者讴曰:"泽门之皙,实兴我役。^①邑中之黔,实慰我心。^②"子罕闻之,亲执扑以行筑者,^③而抶其不勉者,^④曰:"吾侪小人,^⑤皆有阖庐^⑥以辟燥湿寒暑。今君为一台而不速成,何以为役?^⑦"讴者乃止。或问其故。子罕曰:"宋国区区,而有诅有祝,祸之本也。^⑧"

十八年^⑨

秋,齐侯伐我北鄙。^⑩中行献子将伐齐,^⑪梦与厉公讼,^⑫弗胜。公以戈击之,首队于前,跪而戴之,奉之以走,^⑬见梗阳之巫皋。^⑭他日见诸道,与之言,同。^⑮巫曰:"今兹主必死,若有事于东方,则可以逞。"^⑯献子许诺。

---

① 泽门,宋东城南门也。皇国父白皙而居近泽门,故讴者云"泽门之皙,实兴我役"。
② 子罕黑色而居邑中,故讴者云"邑中之黔,实慰我心"。
③ 子罕闻此讴,乃亲执扑杖以巡行于筑者之间。
④ 抶读如"佾",决罚也。不勉者,不肯勉赴筑台之役之人也。
⑤ 吾侪小人,犹言吾辈无位之人。
⑥ 阖庐,有门户辟阖之室庐也。
⑦ 何以为役,何以立事也。
⑧ 诅,詈也;有诅谓讥詈皇国父。祝,颂也;有祝谓颂扬子罕。一国之中,下之视上,显有彼此,是祸之本也。
⑨ 襄公十八年当周灵王十七年丙午岁,晋平公三年,宋平公二十一年,卫殇公四年,郑简公十一年,曹成公二十三年,莒黎比公二十二年,邾悼公元年,滕成公二十年,薛献公二十四年,杞孝公十二年,楚康王五年,西历纪元前555年。
⑩ 齐侯伐我北鄙,齐灵公侵伐鲁之北边也。
⑪ 中行献子将伐齐,晋荀偃将起诸侯之师伐齐也。齐自襄十五年以来,至此役,凡六次伐鲁鄙,四次围鲁邑,又纵邾、莒扰鲁,陵暴甚矣,故晋兴师伐之。
⑫ 成十八年,栾书、中行偃使程滑弑厉公。故偃梦与厉公讼。
⑬ 公以戈击之……奉之以走,荀偃梦厉公以戈击己,己首坠于前,乃跪而戴头,双手捧头而奔也。
⑭ 偃梦中并见及梗阳之巫皋。皋,巫者名。梗阳,晋邑,即今山西清源县治。
⑮ 见诸道,他日荀偃见巫皋于道路也。与之言,同,偃与皋言梦,皋亦梦见偃与厉公讼也。
⑯ 今兹主必死……则可以逞,巫劝偃伐齐之辞。盖皋知偃有死征,故劝使决意伐齐也。今兹,犹云"现在"。主,大夫之尊称,下同。齐居晋东,有事于东方谓伐齐也。

晋侯①伐齐,将济河,献子以朱丝系玉二瑴②而祷曰:"齐环③怙恃其险,负其众庶,④弃好背盟,陵虐神主。⑤曾臣彪⑥将率诸侯以讨焉,其官臣偃⑦实先后之。⑧苟捷有功,无作神羞,⑨官臣偃无敢复济。⑩唯尔有神裁之。⑪"沈玉⑫而济。

冬十月,会于鲁济,⑬寻溴梁之言,⑭同伐齐。齐侯御诸平阴,⑮堑防门而守之,广里。⑯夙沙卫⑰曰:"不能战,莫如守险。⑱"弗听。诸

---

① 晋侯,晋平公也。平公名彪,悼公周之子,在位二十六年,为晋国第三十一君。其元年当周灵王十五年甲辰岁,西历纪元前557年。
② 双玉曰瑴,本作"珏",读如"觉"。以朱丝系玉二瑴,用玉璧二双,以朱丝系之也。
③ 齐环,斥呼齐灵公之名。
④ 怙恃其险,凭借山河之险。负其众庶,依仗民众物庶。
⑤ 弃好背盟,陵虐神主,举数齐屡残鲁民之罪也。神主,民也。
⑥ 彪,晋平公名。称臣者,明上有天子,以谦告神也。曾臣,犹末臣。
⑦ 官臣偃,中行伯自称。官臣,守官之臣也。
⑧ 先后之,犹言左右之,谓实相平公也。
⑨ 无作神羞,不以耻贻神也。
⑩ 偃信巫言,以死自誓,故云无敢复济而还也。
⑪ 唯尔有神裁之,祈神灵鉴察也。
⑫ 沈玉于河,所以质信于神也。
⑬ 鲁济,鲁境济水之上也。济水古为四渎之一,亦称沇水。春秋时,济水经曹、卫、齐、鲁之界,在齐界为齐济,在鲁界为鲁济。其源出河南济源县西王屋山,东南流,为猪龙河,入黄河。故道本过黄河而南,东流至山东,与黄河平行入海。今下游为黄河所占,惟发源处尚存。
⑭ 溴梁,溴水之堤也。《公羊传疏》以为水桥。溴水俗呼白涧水,源出河南济源县西,东流经孟县北,又东南,入河。溴读如"洫"。襄十六年春,晋平公即位。三月,会鲁侯、宋公、卫侯、郑伯、曹伯、莒子、邾子、薛伯、杞伯、小邾子于溴梁,命归侵田。晋侯与诸侯宴于温,使诸大夫盟高厚。高厚逃归。于是晋荀偃、鲁叔孙豹、宋向戌、卫宁殖、郑公孙虿、小邾子之大夫盟,曰"同讨不庭"。晋以莒、邾通齐、楚之使侵扰鲁,遂执邾子、莒子以归。寻溴梁之言,盖即指"同讨不庭",故下云"同伐齐"。
⑮ 平阴,齐邑,在今山东平阴县东北三十五里。
⑯ 堑防门而守之,广里,杜《注》:"平阴城南有防,防有门,于门外作堑,横行广一里。"顾栋高云:"此即齐筑长城之始。战国时,七国皆有长城,齐城即托始于此。《郡县志》,故长城首起平阴县二十九里。"
⑰ 夙沙卫,夙沙氏之后,齐之奄人,有宠于灵公,后为公子牙少傅。公子光立,卫奔高唐以叛。未几,醢于军。
⑱ 莫如守险,谓防门不足为险也。

侯之士门焉，齐人多死。范宣子告析文子①曰："吾知子，敢匿情乎？②鲁人、莒人皆请以车千乘，自其乡入，③既许之矣。若入，君必失国。子盍图之！"子家以告公。公恐。晏婴④闻之曰："君固无勇，而又闻是，弗能久矣。"齐侯登巫山⑤以望晋师。晋人使司马斥山泽之险，⑥虽所不至，必斾而疏陈之。⑦使乘车者，左实，右伪，以斾先，⑧舆曳柴而从之。⑨齐侯见之，畏其众也，乃脱归。⑩

丙寅，晦，齐师夜遁。师旷⑪告晋侯曰："鸟乌之声乐，齐师其遁。"⑫邢伯⑬告中行伯曰："有班马之声，⑭齐师其遁。"叔向告晋侯曰："城上有乌，⑮齐师其遁。"十一月丁卯，朔，入平阴，遂从⑯齐师。

夙沙卫连大车以塞隧而殿。⑰殖绰、郭最⑱曰："子殿国师，齐之

---

① 析文子字子家，一称析归父，齐大夫。
② 吾知子，敢匿情乎，士匄告析归父之语，言我与子相知，不敢隐匿其实情也。以下三语皆士匄告语之辞。
③ 以车千乘，自其乡入，言鲁、莒各请以十万五千人入齐也。鲁、莒在齐东，言自其乡入者，盖自东道伐齐。
④ 晏婴字平仲，晏桓子之子，亦称晏子婴，齐之贤大夫。
⑤ 巫山即今山东肥城县西北七十五里之孝堂山。地近平阴。
⑥ 斥山泽之险，测候齐境山泽险要之所在也。斥，候也。
⑦ 斾而疏陈之，疏建旌旗以为阵，藉以威众也。
⑧ 右伪，谓车右之位，伪以衣服为人形也。以斾先，建大斾以先驱也。
⑨ 舆，众也。舆曳柴而从之，令众曳柴，从车后扬尘也。
⑩ 脱归，不张旗帜逃还也。
⑪ 师旷字子野，晋乐师，有贤声。
⑫ 师旷瞽，听觉神，闻鸟乌之声和乐，知得空营可以栖止，故断为齐师遁去也。
⑬ 邢伯，晋大夫邢侯也。
⑭ 班马之声，营马别离之悲声也。班，别也。夜遁，马不相见，故作离别之声。
⑮ 兵众守城，乌自不敢栖止。今齐城上有乌，是空城矣。
⑯ 从，追也。
⑰ 连大车以塞隧而殿，以大车相连，堵塞山径隘道，而殿军后退也。
⑱ 殖绰、郭最，齐之勇士。

辱也。① 子姑先乎！②" 乃代之殿。卫杀马于隘以塞道。③ 晋州绰④ 及之，⑤ 射殖绰中肩，两矢夹脰，⑥ 曰："止，将为三军获。⑦ 不止，将取其衷。⑧" 顾曰："为私誓。"⑨ 州绰曰："有如日！"⑩ 乃弛弓而自后缚之。⑪ 其右具丙亦舍兵而缚郭最。⑫ 皆衿甲面缚，⑬ 坐于中军之鼓下。

晋人欲逐归者，鲁、卫请攻险。⑭ 己卯，荀偃、士匄以中军克京兹。⑮ 乙酉，魏绛、栾盈以下军克邿。⑯ 赵武、韩起以上军围卢，⑰ 弗克。十二月戊戌，及秦周⑱ 伐雍门之萩。⑲ 范鞅门于雍门，其御追喜以戈杀犬于门中。⑳ 孟庄子斩其橁，以为公琴。㉑ 己亥，焚雍门及西郭、南郭。刘难、士弱㉒ 率诸侯之师焚申池之竹木。㉓ 壬寅，焚东郭、北郭。范鞅

---

① 夙沙卫，奄人，今以奄人而殿国家之师，故云"齐之辱也"。
② 子姑先乎，殖绰、郭最令夙沙卫且先行也。
③ 卫受辱，恨二子，乃杀马于隘口以塞其道，欲使晋追获之也。
④ 州绰，晋大夫。后奔齐，事庄公，死于崔氏之难。
⑤ 及之，州绰追及二子也。
⑥ 脰，颈也。两矢夹脰，射两矢，夹颈之左右而过也。
⑦ 州绰喝殖绰令止，谓如止于此，此将生为晋三军所俘获也。
⑧ 不止，将取其衷，言如不停止，将复射两矢之中央，意谓射其颈也。衷，中央。
⑨ 为私誓，殖绰顾谓州绰，求私许之誓，以坚己之信也。
⑩ 有如日，州绰立誓许诺，言必不杀汝，其明如日也。
⑪ 弛弓而自后缚之，州绰弛其弓不射，然后反缚殖绰也。
⑫ 州绰之右具丙，本持戈主击刺者，以有州绰之誓，遂亦舍兵戈而缚郭最。
⑬ 衿甲面缚，不解甲而反缚，惟露其面也。
⑭ 攻险，攻固守城池者。
⑮ 京兹，齐邑，在今平阴县东南。
⑯ 邿读如"诗"，平阴西之邿山也。时栾黡已死，魏绛升下军将，黡子栾盈为下军佐。
⑰ 卢，齐邑，在今山东长清县西南二十五里。
⑱ 秦周，鲁大夫。
⑲ 雍门，齐都之西门也。萩，蒿类，茎高丈余，叶白似艾而多歧，或谓之牛尾蒿。
⑳ 范鞅攻雍门，其御追喜以戈杀犬于门中，示闲暇也。
㉑ 孟庄子，鲁公族大夫，仲孙蔑之子也。橁读如"荀"，木名，字亦作"栒"，理坚可以为杖。以为公琴，断橁为琴，以献诸鲁襄公也。
㉒ 刘难、士弱皆晋大夫。士弱，士渥浊之子，亦称士庄子，亦称士庄伯。
㉓ 申池，齐都西南门申门外之池也。齐都无池，惟申门外左右有池，门因以池名，其地多竹木。

门于扬门,①州绰门于东闾,②左骖迫还于东门中,③以枚数阖。④

齐侯驾,⑤将走邮棠。⑥大子与郭荣⑦扣马⑧曰:"师速而疾,略也。⑨将退矣,君何惧焉?且社稷之主,不可以轻。轻则失众。君必待之。"将犯之,⑩大子抽剑斩鞅。⑪乃止。甲辰,东侵及潍,南及沂。⑫

郑子孔⑬欲去诸大夫,⑭将叛晋而起楚师以之。⑮使告子庚。⑯子庚弗许。楚子⑰闻之,使扬豚尹宜⑱告子庚曰:"国人谓不穀主社稷而不出师,死不从礼。⑲不穀即位于今五年,⑳师徒不出,㉑人其以不穀为

---

① 扬门,齐都之西北门。
② 东闾,齐都之东门。
③ 州绰之左骖盘旋于齐东门之中。迫,局迫也。还读若"旋"。
④ 枚,挝马之策。阖,门扇也。以枚数阖,以马策点数门扇之板,示毫不惊恐也。
⑤ 齐侯驾,灵公恐城破被执,命驾马乘坐其上,以备驰去也。
⑥ 邮棠,齐邑,即今山东即墨县南八十里之甘棠社。
⑦ 大子即灵公之子公子光,后嗣位为齐第二十二君,是为庄公。在位六年,为崔杼所弑。其元年当周灵王十九年戊申岁,西历纪元前553年。郭荣,齐大夫。
⑧ 扣马,控勒马缰,遮使勿进也。
⑨ 言晋及诸侯之师欲略行齐地,无久攻意,故云"师速而疾,略也"。
⑩ 将犯之,灵公不纳大子及郭荣之言,将犯之而行也。
⑪ 鞅,束勒马腹之革带。大子恐灵公直前不止,乃抽剑断乘马之鞅,遂止不奔。故下云"乃止"。
⑫ 东侵及潍,南及沂,言晋及诸侯之师果不久攻齐都,略行而东及于潍水,略行而南及于沂水也。潍水出山东莒县西北九十里之潍山,伏流至箕屋山复见,经县东北,东流至诸城县东北,折北流,经高密、安丘、潍县、昌邑入于海。沂水出山东沂水县西北一百七十里蒙阴界上之雕崖山,即大沂河。南流经临沂、郯城而入江苏境。至邳县,分为二支。一支西南流,由徐塘、沙家等口入运河。一支南流,汇于骆马湖,其自湖吐出者为六塘河。今骆马湖已湮废成田,其自湖泄入六塘河处亦淤垫高仰,水止不流,沂之南流者遂自姚湾入于运河。当时水道,本自今邳县境入泗,今已不可辨认矣。
⑬ 子孔即公子嘉,已见前。尉氏乱后郑之当国执政者也。
⑭ 欲去诸大夫,子孔以其害己之专权也。
⑮ 子孔知晋不与己,故将叛晋而起楚师伐郑,藉其力以去诸大夫。
⑯ 子庚,楚庄王子公子午之字。先为司马,亦称司马子庚,时为令尹。
⑰ 楚子,楚康王也。康王名昭,《史记》作"名招",共王审之子,在位十五年,为楚国第二十四君。其元年当周灵王十三年壬寅岁,西历纪元前559年。
⑱ 扬豚尹宜,林尧叟以为扬豚邑之大夫,名宜。梁履绳以为豚尹如《周官》豕人,羊人之属,扬其氏,宜其名也。梁说较胜。
⑲ 死不从礼,言不能承先君之业,死不得从乎先君之礼也。
⑳ 楚康王元年当襄十四年,至本年恰为五年,故云"即位于今五年"。
㉑ 师徒不出,谓己未尝统师自出也。

自逸，而忘先君之业矣。大夫图之，其若之何？"子庚叹曰："君王其谓午怀安①乎？吾以利社稷②也。"见使者稽首而对③曰："诸侯方睦于晋，臣请尝之。④若可，君而继之。不可，收师而退，可以无害，君亦无辱。⑤"子庚帅师治兵于汾。⑥于是子蟜、伯有、子张⑦从郑伯伐齐。⑧子孔、子展、子西守。⑨二子知子孔之谋，⑩完守入保。⑪子孔不敢会楚师。⑫

楚师伐郑，次于鱼陵。⑬右师城上棘，遂涉颍，次于旃然。⑭芳子冯、公子格⑮率锐师侵费滑、胥靡、献于、雍梁。⑯右回梅山，侵郑东北，⑰至于虫牢⑱而反。子庚门于纯门，⑲信⑳于城下而还，涉于鱼齿之

---

① 怀安，谓怀土而安逸，犹云苟安。
② 以利社稷，言所以不许郑人之请者，正以休息楚国而利社稷也。
③ 见使者谓见扬豚尹宜。稽首而对，尊君之命也。
④ 请尝之，请试其难易也。
⑤ 若可……君亦无辱，言郑若可攻，则楚君以师继其后，若不可攻，臣请收兵而归，可以不为楚患，而楚君亦不至亲出以受耻辱也。
⑥ 汾即汾丘城，亦称汾陉，楚北之要隘也。在今河南襄阳县东北。
⑦ 子张，印氏，郑穆公子公子班之子公孙黑肱也。
⑧ 于是……从郑伯伐齐，其时子蟜、伯有、子张俱从郑简公应晋召伐齐也。
⑨ 子孔、子展、子西守，言三子居郑留守也。
⑩ 二子知子孔之谋，子展、子西诇知子孔之潜召楚师也。
⑪ 完守入保，缮完城郭，入内保守也。
⑫ 子孔见二子有备，故不敢出会楚师。
⑬ 鱼陵即鱼齿山，郑地，在今河南宝丰县东南四十余里。
⑭ 上棘城在今河南禹县西北。上棘本郑地，时为楚右师所城。楚师将涉颍，故于水边权筑小城以为进退之备。旃然，水名，即今河南荥阳县之索河。
⑮ 芳子冯，芳艾猎之子，时为楚司马，后为令尹。芳本又作"䓕"，读如"委"。冯同"凭"。公子格，楚之诸公子。
⑯ 费滑已见前注。胥靡、献于、雍梁皆郑邑。胥靡在今河南偃师县东南四十里。献于，今地不详。雍梁在今河南禹县东北。
⑰ 右回梅山，侵郑东北，楚师右进，绕越梅山以侵扰郑东北之境也。梅山在今河南郑县西南三十里。
⑱ 虫牢，郑地，即今河南封丘县北三里之桐牢亭。
⑲ 纯门，郑都外郭之南门也。
⑳ 信，再宿也。

下,① 甚雨及之,② 楚师多涷,③ 役徒几尽。

晋人闻有楚师,师旷曰:"不害。吾骤歌北风,又歌南风。南风不竞,④ 多死声。⑤ 楚必无功。"董叔⑥ 曰:"天道多在西北,⑦ 南师不时,⑧ 必无功。"叔向曰:"在其君之德也。"⑨

十九年⑩

十九年春,诸侯还自沂上,盟于督扬,⑪ 曰:"大毋侵小。"执邾悼公,以其伐我故。⑫ 遂次于泗上,⑬ 疆我田,⑭ 取邾田自漷水⑮ 归之于我。⑯

---

① 鱼齿山之下有滍水经流,故云涉。滍水即入汝之洓水也。
② 甚雨及之,大雨及于方涉之楚师也。
③ 涷,暴雨也,读如"冻"。楚师多涷,楚师多为暴雨所濡也。
④ 吾骤歌北风……南风不竞,杜《注》:"吹律以咏八风。南风音微,故曰不竞也。师旷唯歌南北风者,听晋、楚之强弱。"
⑤ 多死声,服虔云,南风律气不至,故声多死。
⑥ 董叔,晋大夫。
⑦ 天道多在西北,杜《注》:"岁在豕韦,月又建亥,故曰多在西北。"
⑧ 南师不时,言楚师正触岁月之忌也。
⑨ 在其君之德也,言天时地利不如人和耳。
⑩ 襄公十九年当周灵王十八年丁未岁,晋平公四年,齐灵公二十八年,郑简公十二年,邾悼公二年,西历纪元前554年。
⑪ 督杨即齐祝柯邑,今山东长清县丰齐镇北二里有祝柯城。
⑫ 邾悼公名华,宣公牼之子,在位十五年,为邾第六君。其元年即鲁襄公十八年。上年邾伐鲁,故云"以其伐我故"。
⑬ 泗上,鲁都曲阜城北之泗水也。泗水出山东泗水县陪尾山,四源并发,故名。今泗河自泗水历曲阜、滋阳、济宁流入运河,即古泗水之上源。其故道本由邹县、鱼台、滕县入江苏境,又经沛县、铜山、邳县、宿迁、泗阳至淮阴入于淮。金、元以来,下游尝为黄河所占,今山东旧兖州府及江苏旧徐州府属之旧漕河与江苏旧徐州府及旧淮安府间之淤黄河,皆其故迹也。
⑭ 疆我田,正鲁、邾之界也。
⑮ 漷水,一名南沙河,源出山东北滕县东北一百里述山西南麓,西流,会黄约山诸泉水,迳县南,又西南流,至江苏沛县境入运河。
⑯ 漷水本流于鲁、邾之间,时邾在漷南,田在漷北,督扬之盟,更以漷为界,故曰"取邾田自漷水归之于我"。

晋侯先归。公享晋六卿于蒲圃，①赐之三命之服。军尉、司马、司空、舆尉、候奄，皆受一命之服。②贿荀偃束锦，加璧，乘马，先吴寿梦之鼎。③

荀偃瘅疽，④生疡于头。⑤济河，及着雍，病，目出。⑥大夫先归者皆反。⑦士匄请见，弗内。⑧请后，⑨曰："郑甥⑩可。"二月甲寅，卒而视，不可含。⑪宣子盥而抚之⑫曰："事吴，敢不如事主。"⑬犹视。⑭栾怀子曰："其为未卒事于齐故也乎？"⑮乃复抚之，⑯曰："主苟终，所不嗣事于齐者，有如河！"⑰乃瞑，受含。⑱宣子出，曰："吾浅之为丈夫也。"⑲

---

① 蒲圃，鲁东门外之场圃。时晋侯先归，晋六卿俱过鲁，故襄公享之于蒲圃。
② 赐之三命之服……皆受一命之服，一如成二年鞌战还时之赐，惟无先辂耳。参看前。
③ 贿荀偃束锦，加璧，乘马，先吴寿梦之鼎，杜《注》："荀偃，中军元帅，故特贿之。五匹为束。四马为乘。寿梦，吴子乘也，献鼎于鲁，因以为名。古之献物，必有以先。今以璧马为鼎之先。"
④ 瘅读如"旦"，疽读如"沮"，俱恶疮之称。瘅疽，按即玉枕疽，俗名对口疮。
⑤ 疡读如"阳"，痈疽也。生疡于头，说明前文"瘅疽"实为头疮也。
⑥ 病，目出，病剧，因痛而目睛努出也。
⑦ 大夫先归者皆反，诸大夫之先已归晋者闻荀偃病剧，皆还视其疾也。
⑧ 士匄请见，弗内，言弗纳士匄入省之请也。内，"纳"之本字，入也。
⑨ 请后，请问谁可为后继之人也。士匄时为中军佐，故问后。
⑩ 郑甥谓荀吴。吴，荀林父之孙，荀庚之子，亦称中行穆子，亦称中行吴。自林父至吴三世袭将中行，故俱有中行伯之号。吴之母，郑女也，故云郑甥。
⑪ 以珠玉实死者之口曰含。卒而视，不可含，言荀偃病卒，目开口噤，不能纳含于其口也。
⑫ 宣子盥而抚之，士匄洁手而抚荀偃之首也。洗手曰盥。
⑬ 事吴，敢不如事主，士匄祝言，事荀吴不敢不如事荀偃也。
⑭ 犹视，荀偃之尸仍不瞑目也。
⑮ 其为未卒事于齐故也乎，栾盈讶疑之辞，言偃目不瞑，或者为未能竟功于齐之故乎。
⑯ 乃复抚之，士匄闻栾盈言，乃复抚荀偃之首而祝之也。
⑰ 主苟终，所不嗣事于齐者，有如河，言荀偃死后，必当继承其志以续有事于齐国，其事明白如河也。
⑱ 乃瞑，受含，荀偃之尸乃瞑目，口亦受含玉也。汉桓谭以为荀偃病而目出，初死，其目未合，尸冷乃合，非其有所知也，《传》因其异以记之耳。甚合。
⑲ 吾浅之为丈夫也，士匄自愧以私待人，故叹己浅之乎为丈夫耳。

襄　公　255

季武子以所得于齐之兵作林钟而铭鲁功焉。① 臧武仲谓季孙曰："非礼也。夫铭，天子令德，② 诸侯言时计功，③ 大夫称伐。④ 今称伐则下等也，⑤ 计功则借人也，⑥ 言时则妨民多矣，⑦ 何以为铭？且夫大伐小，取其所得以作彝器，⑧ 铭其功烈以示子孙，昭明德而惩无礼⑨ 也。今将借人之力以救其死，若之何铭之？小国幸于大国，而昭所获焉以怒之，亡之道也。⑩"

郑子孔之为政也专，国人患之，乃讨西宫之难与纯门之师。⑪ 子孔当罪，⑫ 以其甲及子革、子良氏之甲守。⑬ 甲辰，子展、子西率国人伐之，杀子孔而分其室。⑭ 书曰郑杀其大夫，专也。⑮

子然、子孔，宋子之子也。⑯ 士子孔，圭妫之子也。⑰ 圭妫之班，

---

① 季武子以所得于齐之兵作林钟而铭鲁功焉，言季孙宿以所获齐国之兵器，融而铸钟，铭刻鲁之功烈于其上也。林钟，钟律名。鲁公铸钟，声应林钟之律，遂因以为名。
② 天子令德，言天子铭德不铭功。
③ 诸侯言时计功，言举得时，动有功，则可铭也。
④ 大夫称伐，言铭其功伐之劳。
⑤ 林钟铭功，若从称伐之例，则三等之中，斯为最下，故云"称伐则下等也"。
⑥ 若欲计伐齐返田之劳，则明借晋人之力，实非己之功，故云"计功则借人也"。
⑦ 若欲言举得其时，则屡妨农功，故云"言时则妨民多矣"。
⑧ 彝，常也。彝器谓钟鼎，宗庙之常器也。
⑨ 昭明德而惩无礼，昭己之明德而惩他人之无礼也。
⑩ 小国幸于大国，而昭所获焉以怒之，亡之道也，言小国幸胜于大国，乃竟显其所获之兵器以炫示而取怒，实自濒危亡之道也。
⑪ 讨西宫之难与纯门之师，追究襄十年尉止之乱与前年楚师至纯门之事由也。
⑫ 尉止之乱，子孔知而不言。纯门之师，子孔实召之。故子孔自知当膺其罪。
⑬ 以其甲及子革、子良氏之甲守，子孔以其私甲及其从子子革、子良两氏之私甲以自守。子革，子孔同母兄子然之子。子良，子孔异母弟士子孔之子。
⑭ 分其室，分三室之所有也。
⑮ 是年，《经》文："郑杀其大夫公子嘉。"故云"书曰"。《传》释以国讨为文，故谓因嘉之专也。
⑯ 子然，子革之父，与公子嘉同为宋子所出。故云宋子之子也。宋子，宋女，郑穆公之妾。
⑰ 士子孔，子良之父公子志，郑穆公妾圭妫所出之子也。其后为大季氏。圭妫，圭国之女，妫姓。圭亦作"邽"。

亚宋子而相亲也，① 士子孔亦相亲也。② 僖之四年，③ 子然卒。简之元年，④ 士子孔卒。司徒孔实相子革、子良之室。⑤ 三室如一，故及于难。⑥ 子革、子良出奔楚，子革为右尹。⑦ 郑人使子展当国，子西听政，立子产为卿。⑧

二十年⑨

蔡公子燮欲以蔡之晋。⑩ 蔡人杀之。公子履，其母弟也，故出奔楚。⑪ 陈庆虎、庆寅⑫ 畏公子黄⑬ 之逼，愬⑭ 诸楚曰："与蔡司马同谋。"⑮ 楚人以为讨。⑯ 公子黄出奔楚。⑰

---

① 亚，次也。圭妫之位次于宋子，而极相亲。
② 二母相亲，故士子孔与子然、子孔亦甚相亲也。
③ 僖之四年谓郑僖公四年，当鲁襄公六年。
④ 简之元年谓郑简公元年，当鲁襄公八年。
⑤ 司徒孔即公子嘉。相，助也。公子嘉与子然、士子孔相亲，故助其子以立家。
⑥ 三室如一，故及于难，因三家如一，故二子之家并及于难也。
⑦ 子革仕楚为右尹，故称右尹子革。子革名丹，以子然之子，亦称然丹，奔楚后以其出自郑也，或又谓之郑丹。
⑧ 时郑简公犹幼，故仍由大夫当国。
⑨ 襄公二十年当周灵王十九年戊申岁，晋平公五年，蔡景侯三十九年，陈哀公十六年，卫殇公六年，楚康王七年，西历纪元前553年。
⑩ 公子燮即司马燮，已见前。燮为蔡庄侯甲午之子，事景侯为司马，故称。时欲背楚以服事晋，故云"欲以蔡之晋"。
⑪ 燮既见杀，其同母弟公子履以与兄同谋之嫌，故出奔楚。
⑫ 庆虎、庆寅并陈之执政大夫。
⑬ 公子黄，陈哀公之弟。
⑭ 愬，潜告也。
⑮ 蔡司马指公子燮，同谋谓同欲背楚服晋也。
⑯ 楚人以为讨，楚即以上事责陈也。
⑰ 公子黄出奔楚，欲自行伸理也。

初，蔡文侯①欲事晋，曰："先君与于践土之盟，②晋不可弃，且兄弟也。"畏楚不能行而卒。③楚人使蔡无常，④公子燮求从先君以利蔡，不能而死。⑤

书曰：蔡杀其大夫公子燮。言不与民同欲也。⑥陈侯之弟黄出奔楚，言非其罪也。⑦

公子黄将出奔，呼于国⑧曰："庆氏无道，求专陈国，暴蔑其君，而去其亲，⑨五年不灭，是无天也。"

卫宁惠子疾，召悼子⑩曰："吾得罪于君，悔而无及也。名藏在诸侯之策，曰孙林父、宁殖出其君。⑪君入则掩之。⑫若能掩之，则吾子也。⑬若不能，犹有鬼神，吾有馁而已，不来食矣。⑭"悼子许诺，惠子遂卒。

---

① 蔡文侯名申，庄侯子，在位二十年，为蔡第十六君。其元年当周匡王二年庚戌岁，西历纪元前 611 年。
② 先君谓蔡庄侯。践土之盟，已见僖二十八年。
③ 畏楚不能行而卒，文侯畏楚之逼，不能行其志而卒也。
④ 使蔡无常，役使蔡人，征发无准也。
⑤ 公子燮欲从先君与晋之志以为蔡国之利，乃与蔡人不相能而死于祸。
⑥ 《经》文"蔡杀其大夫公子燮"，《传》释《经》意，以为罪其违众，故云"言不与民同欲也"。
⑦ 《经》又书"陈侯之弟黄出奔楚"，《传》释《经》意，以为称弟即所以罪陈侯及二庆，故云"言非其罪也"。
⑧ 呼于国，号呼于国中，暴庆氏之罪于国人也。
⑨ 暴蔑其君，而去其亲，言庆氏恃暴以蔑欺其君，因而逐去君之亲弟也。
⑩ 宁殖病亟，召其子宁喜而嘱咐之。悼子，宁喜之谥。
⑪ 出其君，谓襄十四年逐卫献公事。名藏在诸侯之策，言逐君之恶名载在诸侯之策府也。
⑫ 君入则掩之，言献公如复入为君，则逐君之恶名可以掩盖矣。
⑬ 若能掩之，则吾子也，言若能为我纳君以掩其恶名，则有光其父，可以为我之子也。
⑭ 若不能……不来食矣，言若不能为此，则虽犹有鬼神，吾惟忍饿而已，必不来享汝之祭也。

二十一年①

邾庶其②以漆、闾丘来奔。③季武子以公姑姊妻之，④皆有赐于其从者。⑤

于是鲁多盗。⑥季孙谓臧武仲曰："子盍诘盗？"⑦武仲曰："不可诘也，纥又不能。"⑧季孙曰："我有四封，⑨而诘其盗，何故不可？子为司寇，将盗是务去，若之何不能？"武仲曰："子召外盗而大礼焉，⑩何以止吾盗？⑪子为正卿而来⑫外盗，使纥去之，将何以能？庶其窃邑于邾以来，子以姬氏妻之而与之邑，⑬其从者皆有赐焉。若大盗，礼焉以君之姑姊与其大邑，其次皁牧舆马，⑭其小者衣裳剑带。⑮是赏盗也。赏而去之，其或难焉。⑯纥也闻之，在上位者洒濯其心，壹以待人，轨度其信，可明征也，而后可以治人。⑰夫上之所为，民之归

---

① 襄公二十一年当周灵王二十年己酉岁，晋平公六年，楚康王八年，邾悼公四年，西历纪元前552年。
② 庶其，邾大夫。
③ 以漆、闾丘来奔，庶其盗邾之二邑奔于鲁也。漆在今山东邹县北。闾丘在今邹县南。
④ 季武子以公姑姊妻之，季孙宿以襄公之姑及姊嫁与庶其也。杜《注》："计公年不得有未嫁姑姊，盖寡者二人。"
⑤ 皆有赐于其从者，庶其之从亡者皆得赏赐也。
⑥ 于是鲁多盗，其时鲁国正患盗风之炽也。
⑦ 臧武仲时为司寇，治盗正其职守，故季孙以"子盍诘盗"责之。盍犹"何不"。诘，治也。
⑧ 纥又不能，言盗既不可治，而纥又无能以治之也。
⑨ 四封，四境也。
⑩ 召外盗而大礼焉，指礼遇庶其。言招外来之盗而大加礼待也。
⑪ 止吾盗，戢止己国境内之盗也。
⑫ 来，招徕也。
⑬ 与之邑，谓使食漆、闾丘。
⑭ 其次皁牧舆马，言以舆马给庶其之从者，自皁至牧凡八等，皆遍及之也。皁下曰舆，舆下曰隶，隶下曰僚，僚下曰仆，仆下曰台，台下曰圉，圉下曰牧，所谓从皁至牧八等也。
⑮ 其小者衣裳剑带，言庶其从人之下于圉牧者亦得衣裳剑带之赐也。
⑯ 赏而去之，其或难焉，言既赏外来之大盗，又欲去国内之小盗，或者其难去焉乎。
⑰ 在上位者……而后可以治人，言在上位者必洗涤其利欲之私心，专一以待民人，其法度皆一衷于信，前后皆可明验，夫然后始可以治人也。

也。上所不为而民或为之，是以加刑罚焉，而莫敢不惩。① 若上之所为而民亦为之，乃其所也，② 又可禁乎？《夏书》③ 曰，念兹在兹，④ 释兹在兹，⑤ 名言兹在兹，⑥ 允出兹在兹，⑦ 惟帝念功。⑧ 将谓由己壹也。⑨ 信由己壹，而后功可念也。⑩" ……

夏，楚子庚卒。楚子使蒍子冯⑪ 为令尹，访于申叔豫。⑫ 叔豫曰："国多宠而王弱，⑬ 国不可为也。"遂以疾辞。⑭ 方暑，阙地下冰而床焉。⑮ 重茧衣裘，鲜食而寝。⑯ 楚子使医视之，⑰ 复⑱ 曰："瘠则甚矣，而血气未动。"⑲ 乃使子南⑳ 为令尹。

栾桓子娶于范宣子，生怀子。㉑ 范鞅以其亡也，怨栾氏，㉒ 故与

---

① 惩，戒也。
② 若上之所为而民亦为之，乃其所也，言上之人若赏盗而喜其所为，则下之人亦为盗以肆其所为，是亦所宜然也。
③ 此所引《夏书》，逸《书》也。
④ 念兹在兹，谓行此事当念使可施之于此也。兹，此也。
⑤ 释兹在兹，谓欲有所治除于人，亦当顾己得无亦有之。释，除也。
⑥ 名言兹在兹，名此事，言此事，亦皆当令可施于此也。
⑦ 允出兹在兹，言信出于此，则善亦在此也。允，信也。
⑧ 惟念帝功，言帝念功，则功成也。自"念兹在兹"至此，皆所引逸《书》语。
⑨ 将谓由己壹也，言非但意念而已，当须信己诚至也。
⑩ 信由己壹，而后功可念也，言诚信之道由己专一，而后念功则功庶可成也。
⑪ 蒍子冯即芳子冯，已见前。时为楚大司马。
⑫ 申叔豫，申叔时之孙，申叔跪之子。访于申叔豫，蒍子冯私以令尹之可为与否问于申叔豫也。
⑬ 时楚国政教甚微而贵臣日强，故云"国多宠而王弱"。
⑭ 蒍子冯询知不可为。遂托以疾病，辞让令尹之命。
⑮ 阙地下冰而床焉，掘地下冰其中而安床其上也。时方暑，而伪为寒疾，不得不有此设备耳。
⑯ 重茧衣裘，重绵而袭裘，以示其寒。鲜食而寝，少食而偃卧，以示其弱。茧，绵衣。鲜，少也。
⑰ 使医视之，使医者往诊蒍子冯之疾也。
⑱ 复医者复命于楚君也。
⑲ 瘠则甚矣，而血气未动，言无疾也。
⑳ 子南，楚庄王子公子追舒也。
㉑ 栾桓子娶于范宣子，生怀子，栾黡娶范匄之女，生栾盈也。
㉒ 襄十四年迁延之役，栾黡强逐范匄之子鞅使奔秦国，故云"范鞅以其亡也，怨栾氏"。

栾盈为公族大夫而不相能。①桓子卒,栾祁②与其老州宾③通,几亡室矣。④怀子患之。祁惧其讨⑤也,愬诸宣子曰:"盈将为乱。以范氏为死桓主而专政矣,⑥曰,吾父逐鞅也,不怨而以宠报之,⑦又与吾同官而专之,⑧吾父死而益富,⑨死吾父而专于国,有死而已,吾蔑从之矣。⑩其谋如是,⑪惧害于主,⑫吾不敢不言。"范鞅为之征。⑬怀子好施,士多归之。宣子畏其多士也,信之。⑭怀子为下卿。⑮宣子使城著而遂逐之。⑯

秋,栾盈出奔楚。宣子杀箕遗、黄渊、嘉父、司空靖、邴豫、董叔、邴师、申书、羊舌虎、叔罴,⑰囚伯华、叔向、籍偃。⑱人谓叔向曰:"子离于罪,其为不知乎?"⑲叔向曰:"与其死亡若何?"⑳《诗》

---

① 襄十六年,士鞅与栾盈同为公族大夫。以前隙,积不相能。
② 栾祁,桓子之妻,怀子之母,范宣子之女也。范氏,尧之后,祁姓,故称栾祁。
③ 老,家臣也,即室老。州宾,栾氏之室老也。
④ 淫乱不知顾忌,故云几亡其室矣。
⑤ 祁惧其讨,栾祁恐栾盈治州宾之罪也。
⑥ 愬,谮也,大夫称主,桓主即栾黡以范氏为死桓主而夺政矣,谓栾盈以范氏欺栾黡为已死而专晋国之政也。
⑦ "曰"字以下至"吾蔑从之矣",俱栾祁虚构栾盈之语。吾父逐鞅也,不怨而以宠报之,言栾黡尝逐范鞅,范匄不为黡责怒鞅,而反与鞅宠位也。
⑧ 又与吾同官而专之,言同为公族大夫而范鞅专其权势也。
⑨ 吾父死而益富,言自栾黡死而范氏益见富强也。
⑩ 死吾父而专于国……吾蔑从之矣,言范匄专政,栾盈欲以死作难,不复能从范匄也。
⑪ 其谋如是,谓栾盈之谋如此,栾祁虚述盈言以实之之辞也。
⑫ 惧害于主,言恐有害于宣子也。
⑬ 为之征,证实栾祁之言也。
⑭ 怀子好施……信之,言范匄畏栾盈之多得士心,遂信栾祁、范鞅之谮也。
⑮ 下卿,下军佐也。
⑯ 著,晋邑,今地不详。宣子使城著而遂逐之,范匄使栾盈外出城著,因而逐去之也。
⑰ 箕遗、黄渊、嘉父、司空靖、邴豫、董叔、邴师、申书、羊舌虎、叔罴,皆晋大夫,栾盈之党也。与上"多士"应。羊舌虎即叔虎,叔向之弟,详后。
⑱ 伯华即铜鞮伯华羊舌赤。叔向即羊舌肸。籍偃时为上军司马。俱已见前。
⑲ 子离于罪,其为不知乎,言以叔向之贤亦遭罪囚,岂其不智所致乎。离,丽也;著也;被也。知通作"智"。
⑳ 与其死亡若何,言虽被囚执,何若于死亡也。

曰，优哉游哉，聊以卒岁，①知也。"乐王鲋②见叔向曰："吾为子请。"③叔向弗应，出，不拜。④其人皆咎叔向。⑤叔向曰："必祁大夫。"⑥室老⑦闻之，曰："乐王鲋言于君无不行，⑧求赦吾子，吾子不许。祁大夫所不能也，⑨而曰必由之，何也？"叔向曰："乐王鲋从君者也，何能行？⑩祁大夫外举不弃雠，内举不失亲，其独遗我乎？⑪《诗》曰，有觉德行，四国顺之。⑫夫子觉者也。⑬"

晋侯问叔向之罪于乐王鲋，⑭对曰："不弃其亲，其有焉。"⑮于是祁奚老矣，⑯闻之，乘驲而见宣子，⑰曰："《诗》曰，惠我无疆，子孙保之。⑱《书》曰，圣有谟勋，明征定保。⑲夫谋而鲜过，惠训不倦⑳者，

---

① 优哉游哉，聊以卒岁，今《诗》无此全句，惟《小雅·鱼藻之什·采菽》篇有"优哉游哉，亦是戾矣"句。度亦断章取义，随口足成之语耳。意谓君子优游于衰世，所以避害卒其寿，是亦智也。
② 乐王鲋，乐王氏，亦称乐桓子，晋大夫。
③ 吾为子请，乐王鲋自言将为叔向请于晋君以赦免也。
④ 叔向弗应，不答乐王鲋之问也。出，不拜，及鲋退出，叔向亦不拜谢也。
⑤ 其人皆咎叔向，叔向之左右皆责怪叔向也。
⑥ 祁大夫即祁奚，已见前。必祁大夫，言如可请赦，必祁奚始克办之也。
⑦ 室老，叔向之家臣也。
⑧ 乐王鲋言于君无不行，言鲋嬖于君，其言皆得遂行也。
⑨ 祁大夫所不能也，言祁奚已请老，其言不能动君也。
⑩ 乐王鲋从君者也，何能行，言鲋不能匡正其君，徒以顺从为悦者也，何能必行其言。
⑪ 祁大夫……其独遗我乎，言祁奚之举贤也，举于外，不弃解狐之雠；举于内，不失祁午之亲；其肯独遗弃于我乎。
⑫ 有觉德行，四国顺之，见《诗·大雅·荡之什·抑》篇。言德行正直，则天下顺之。觉，正直也。
⑬ 夫子觉者也，言祁奚实较然正直之人也。
⑭ 晋侯谓晋平公。问叔向之罪于乐王鲋，以叔向之罪应得与否问乐王鲋也。
⑮ 不弃其亲，其有焉，言叔向笃于亲亲，恐必与叔虎同谋。盖乐王鲋恨叔向之不应不拜，故以此对君问也。
⑯ 于是祁奚老矣，其时祁奚已请老，去公族大夫之职久矣。
⑰ 乘驲而见宣子，祁奚乘传车急往见士匄也。
⑱ 惠我无疆，子孙保之，见《诗·周颂·清庙之什·烈文》篇。言文、武有惠训之德加于百姓，故子孙保赖之也。
⑲ 圣有谟勋，明征定保，今《书》无，当系逸《书》。谟，谋也。勋，功也。征，信也。保，安也。言圣哲有谋功者，当明信定安之耳。
⑳ 谋而鲜过谓有谟勋也。惠训不倦意即惠我无疆也。

叔向有焉。社稷之固也，犹将十世宥之，以劝能者。① 今壹不免其身，以弃社稷，② 不亦惑乎？鲧殛而禹兴。③ 伊尹放太甲而相之，卒无怨色。④ 管、蔡为戮，周公右王。⑤ 若之何其以虎也弃社稷？⑥ 子为善，谁敢不勉？多杀何为？⑦" 宣子说，与之乘，以言诸公而免之。⑧ 不见叔向而归。⑨ 叔向亦不告免焉而朝。⑩

初，叔向之母妒叔虎之母美而不使。⑪ 其子皆谏其母。其母曰："深山大泽，实生龙蛇。⑫ 彼美，余惧其生龙蛇以祸女。⑬ 女，敝族⑭ 也，国多大宠，不仁人间之，不亦难乎？⑮ 余何爱焉？"使往视寝。⑯ 生叔虎。美而有勇力，栾怀子嬖之，故羊舌氏之族及于难。

栾盈过于周，周西鄙掠之。⑰ 辞于行人⑱ 曰："天子陪臣盈，⑲ 得罪

---

① 此言叔向谋而鲜过，惠训不倦，实系社稷之重，虽十世之后子孙有罪，犹将加以宽宥，用勉才能之士。故云"犹将十世宥之，以劝能者"。
② 今壹不免其身，以弃社稷，言叔向壹以弟故，及其身不免于罪，是晋国自弃社稷所倚赖之人也。
③ 鲧殛而禹兴，言不以父罪废其子。
④ 太甲，汤孙。荒淫失度，伊尹放之于桐宫，三年改悔而复之，太甲无恨心。故云"卒无怨色"。言不以一怨妨大德也。
⑤ 管、蔡为戮，周公右王，言兄弟罪不相及，故管、蔡虽被戮，周公仍留相成王也。
⑥ 若之何其以虎也弃社稷，犹云如之何仅以叔虎之故而轻弃社稷之臣邪。
⑦ 子为善，谁敢不勉，言子如推行善政，何人敢不自劝也。与上"十世宥之以劝能者"应。多杀何为，即讽其赦免叔向也。
⑧ 与之乘，士匄与祁奚共载以入见平公也。言诸公而免之，士匄、祁奚共向平公陈说而赦免叔向也。
⑨ 不见叔向而归，祁奚既请免叔向，退即径归，不复过叔向，明为国，非私叔向也。
⑩ 叔向亦不告免焉而朝，言叔向既免，亦不告谢而径朝于君，明不为己也。
⑪ 不使，不令叔虎之母见叔向之父也。
⑫ 深山大泽，实生龙蛇，言非常之地多生非常之物也。龙蛇所以喻怪异。
⑬ 生龙蛇以祸女，生怪异以为祸于汝也。
⑭ 敝族，犹言衰宗。
⑮ 国多大宠，不仁人间之，不亦难乎，言晋国六卿专权，多大宠爱，设有奇怪残暴不仁之人厕其间以播弄之，必难免于祸乱也。
⑯ 余何爱焉，言我又何爱于此妾而不使见于汝父哉。使往视寝，遂使此妾往见叔向之父也。
⑰ 周西鄙掠之，栾盈奔楚，道过周，周西鄙之人劫掠盈之财物也。
⑱ 辞于行人，致辞于周王之行人也。
⑲ 诸侯之臣称于天子曰陪臣。栾盈托行人称于王，故自称陪臣盈。

于王之守臣，①将逃罪。罪重于郊甸，②无所伏窜，③敢布其死。④昔陪臣书能输力于王室，⑤王施惠焉。其子黡不能保任其父之劳。⑥大君⑦若不弃书之力，亡臣⑧犹有所逃。若弃书之力，而思黡之罪，臣戮余⑨也，将归死于尉氏，⑩不敢还矣。敢布四体，⑪唯大君命焉。"王曰："尤而效之，其又甚焉。"⑫使司徒禁掠栾氏者，归所取焉。⑬使候出诸辖辕。⑭

二十二年⑮

夏，晋人征朝于郑。⑯郑人使少正公孙侨⑰对曰："在晋先君悼公九年，我寡君于是即位。⑱即位八月，⑲而我先大夫子驷⑳从寡君以朝

---

① 范宣子为王所命，故曰"守臣"。
② 罪重于郊甸，言重得罪于王之郊甸，谓为郊甸之人所侵掠也。郭外曰郊。郊外曰甸。
③ 无所伏窜，言无地可以藏身隐匿也。
④ 布，陈也。敢布其死，敢一陈其垂死之苦衷也。
⑤ 陪臣书能输力于王室，言其祖栾书辅相晋国以翼戴天子也。输力，尽力于事功也。
⑥ 不能保任其父之劳，言其父栾黡不克负荷栾书之勋也。
⑦ 大君谓天王。
⑧ 亡臣，栾盈自称。
⑨ 戮余，罪戮之余，犹云逃死之囚。
⑩ 尉氏，讨奸之官。归死于尉氏，言将就戮于天子讨奸之官也。
⑪ 布四体，言无所隐也。
⑫ 尤晋之逐盈，而自掠之，是效尤矣。故云"尤而效之，其又甚焉"。
⑬ 司徒以刑教民，掌追治盗贼之事，故使禁掠栾氏者，归其所掠取之财物也。
⑭ 候，送迎宾客之官。出诸辖辕，送栾盈出于辖辕之关以赴楚也。辖辕，山名，跨今河南巩县、登封县界，其阪有十二曲道，将去复还，故名。
⑮ 襄公二十二年当周灵王二十一年庚戌岁，晋平公七年，郑简公十五年，楚康王九年，西历纪元前551年。
⑯ 征朝于郑，晋人召郑使往朝也。
⑰ 少正，郑之卿官。襄十九年，郑立子产为卿，即任此官。公孙侨即子产，已见前。
⑱ 寡君谓郑简公。即位在鲁襄公八年，实当晋悼公八年。此云"在晋先君悼公九年，我寡君于是即位"，盖误。
⑲ 即位八月，指郑简公即位之年之八月。
⑳ 子驷即公子𫝀，已见前。子驷于子产为诸父。故称先大夫。下称子蟜亦为先大夫与此同。

于执事。① 执事不礼于寡君，寡君惧，因是行也。我二年六月，朝于楚，② 晋是以有戏之役。③ 楚人犹竞，而申礼于敝邑，敝邑欲从执事，而惧为大尤，④ 曰晋其谓我不共有礼，是以不敢携贰于楚。⑤ 我四年三月，先大夫子蟜又从寡君以观衅于楚，⑥ 晋于是乎有萧鱼之役。⑦ 谓我敝邑，迩在晋国，譬诸草木，吾臭味也，而何敢差池？⑧ 楚亦不竞，⑨ 寡君尽其土实，⑩ 重之以宗器，⑪ 以受齐盟，⑫ 遂帅群臣随于执事以会岁终。⑬ 贰于楚者，子侯、石孟归而讨之。⑭ 溴梁之明年，⑮ 子蟜老矣，公孙夏⑯ 从寡君以朝于君，见于尝酎，⑰ 与执燔⑱ 焉。间二年，闻君将靖东

---

① 言朝于执事，谦不敢斥晋君也。
② 朝于楚，言因朝晋不见礼，致生朝楚之心也。
③ 戏之役已见襄九年。
④ 楚人犹竞……而惧为大尤，林《释》："竞，强也。是年冬，楚伐郑，谓申礼于郑，盖饰词。尤，过也。言郑人虽欲从晋而惧为大过。"
⑤ 曰……不敢携贰于楚，言晋其将责郑不恭顺于有礼之国，是以不敢携离而有二心于楚也。
⑥ 郑简公四年当鲁襄公十一年。其年三月，郑实朝楚，言观衅者，饰词也。观衅谓欲往视楚，察其可去否也。
⑦ 萧鱼之役，已见襄十一年。
⑧ 晋、郑同姓，故云譬之草木，吾臭味也。差池，不齐一之貌。何敢差池，晋责郑既属同姓，何得自贰于楚也。
⑨ 楚亦不竞，言其时楚亦无以加胜于晋也。
⑩ 土实，土地之所有。
⑪ 宗器，宗庙礼乐之器，谓钟磬之属。
⑫ 齐，同也。以受齐盟，听命于同盟也。
⑬ 会岁终，即朝正。言郑往朝晋之正月也。
⑭ 石孟即太宰石㚟，襄十一年介良霄使楚，告将服于晋，楚人执之。此云贰于楚，又云归而讨之，盖皆饰词。
⑮ 溴梁之盟在襄十六年。其明年则十七年也。
⑯ 公孙夏即子西，已见前。
⑰ 酒之新熟，重者为酎。尝新饮酒为尝酎。见于尝酎，盖郑伯见于晋君尝酎之时。酎，读如"宙"。
⑱ 燔又作"膰"，读如"烦"，祭肉也。与执燔，与于执膰肉以助祭之役也。

夏，^①四月，又朝以听事期。^②不朝之间，无岁不聘，无役不从。^③以大国政令之无常，国家罢病，不虞荐至，^④无日不惕，^⑤岂敢忘职？大国若安定之，其朝夕在廷，何辱命^⑥焉？若不恤其患，而以为口实，^⑦其无乃不堪任命，而翦为仇雠？^⑧敝邑是惧，其敢忘君命。委诸执事，^⑨执事实重图之。^⑩"

楚观起有宠于令尹子南，^⑪未益禄，而有马数十乘。^⑫楚人患之，王将讨焉。子南之子弃疾为王御士，^⑬王每见之，必泣。弃疾曰："君三泣臣矣，敢问谁之罪也？"^⑭王曰："令尹之不能，^⑮尔所知也。国将讨焉，尔其居乎？^⑯"对曰："父戮子居，君焉用之？^⑰泄命重刑，臣亦不为。^⑱"王遂杀子南于朝，轘观起于四竟。^⑲子南之臣谓弃疾，请徙子尸于朝。^⑳曰："君臣有礼，唯二三子。"^㉑三日，弃疾请尸，王许之。

---

① 间二年，是襄二十年矣。将靖东夏，谓澶渊之盟，所以绥靖东方诸侯也。
② 澶渊之盟在六月，四月是先澶渊二月也。朝以听事期，往朝以听会期也。
③ 不朝之间，无岁不聘，无役不从，言除去其间不朝于晋之时外，郑每岁必聘于晋，每役必从晋命也。
④ 不虞荐至，不测之患纷至沓来也。荐，仍也。虞，度也。
⑤ 惕，惧也。
⑥ 朝夕在廷，何辱命焉，言旦暮之顷可以自往，不须来召也。
⑦ 口实，但有其言而已。
⑧ 不堪任命，而翦为仇雠，谓见剥削不堪命则成仇雠也。翦，削也。
⑨ 委诸执事，布腹心于晋君也。
⑩ 重图之，再三图谋衡量此情也。
⑪ 令尹子南即公子追舒，已见前。观起，其宠爱之属官也。
⑫ 未益禄，而有马数十乘，言子南偏宠观起欲令富，故禄少而马多也。盖观起恃其宠爱，招权纳贿所致耳。
⑬ 御士，为王御车者。时子南之子弃疾为御士，故康王得时见之。
⑭ 君三泣臣矣，敢问谁之罪也，言康王凡三见弃疾而泣矣，敢问所以泣者其罪在谁也。
⑮ 不能，不能称其职也。
⑯ 尔其居乎，王问弃疾能留此事与否。
⑰ 父戮子居，君焉用之，言戮其父而留其子，君又何所用之耶。示不能留此事君也。
⑱ 泄命重刑，臣亦不为，言漏泄君命以重刑戮，臣亦不肯为之也。示不泄于父。
⑲ 杀子南于朝，杀公子追舒，陈尸于朝也。轘观起于四竟，车裂观起以徇于四境也。
⑳ 徙子尸于朝，欲弃疾犯命以取子南之尸殡之也。
㉑ 君臣有礼，唯二三子，言君之杀臣，臣之事君，皆有礼以为之制，唯二三家臣其少忍之为愈也。盖弃疾不欲犯命移尸。

既葬，其徒曰："行乎？①"曰："吾与杀吾父，行将焉入？"②曰："然则臣王③乎？"曰："弃父事雠，吾弗忍也。"遂缢而死。

复使蒍子冯为令尹，④公子齮⑤为司马，屈建为莫敖。⑥有宠于蒍子者八人，皆无禄而多马。他日朝，与申叔豫言，弗应而退。⑦从之，入于人中。⑧又从之，遂归。⑨退朝，见之，曰："子三困我于朝，⑩吾惧，不敢不见。吾过，子姑告我，何疾我也？"对曰："吾不免是惧，何敢告子？"⑪曰："何故？"对曰："昔观起有宠于子南，子南得罪，观起车裂。何故不惧？"自御而归，不能当道。⑫至，⑬谓八人者曰："吾见申叔夫子，所谓生死而肉骨⑭也。知我者，如夫子则可。⑮不然，请止。⑯"辞⑰八人者，而后王安之。⑱

---

① 行乎，弃疾之家臣问弃疾去楚否也。
② 与杀谓知情不告，如与谋同杀也。行将焉入，言无所容也。
③ 臣王，臣事楚王也。
④ 蒍子冯先已奉命为令尹，称疾不受。至是子南就戮，康王仍命蒍子为令尹，故云"复使"。
⑤ 公子齮，楚之群公子。
⑥ 屈建字子木，屈荡之孙，屈到之子，盖屈瑕之后也。莫敖次于令尹，为楚独有之官。
⑦ 他日朝，与申叔豫言，弗应而退，言蒍子为令尹，一日遇申叔于朝，与之言，申叔避蒍子不欲与语，故弗应而退也。
⑧ 从之，入于人中，蒍子追踪申叔，申叔避人人丛也。
⑨ 又从之，遂归，蒍子更迹申叔，申叔遂归其家也。
⑩ 退朝，见之，蒍子退朝后特就申叔家见之也。三困我于朝，谓申叔不应蒍子之言，避入人丛中，遂归之三事也。困谓困辱。
⑪ 吾不免是惧，何敢告子，言吾与子并罪，故不敢与子语也。
⑫ 自御而归，不能当道，蒍子闻申叔之言，惶惧甚，乃自御其车而归，意不在御，故不能当道而驰也。
⑬ 至，蒍子归至其家也。
⑭ 所谓生死而肉骨，言申叔之言大有起死回生之力，如使已朽之死人复得活，已枯之白骨重生肉也。
⑮ 知我者，如夫子则可，言如真知我爱我，当如申叔之以义匡我也。
⑯ 不然，请止，言如不相知，请从此辞也。
⑰ 辞，遣去也。
⑱ 康王多疑忌，子南见杀即坐此故。今见蒍子能去其宠幸故，遂安之也。

二十三年①

　　晋将嫁女于吴，齐侯使析归父②媵之，③以藩载栾盈及其士，纳诸曲沃。④栾盈夜见胥午⑤而告之。⑥对曰："不可。天之所废，谁能兴之？子必不免。⑦吾非爱死也，知不集也。⑧"盈曰："虽然，因子而死，吾无悔矣。⑨我实不天，子无咎焉。⑩"许诺，伏之，而觞曲沃人。⑪乐作，午言曰："今也得栾孺子，何如？"⑫对曰："得主而为之死，犹不死也。"⑬皆叹，有泣者。爵行，又言。⑭皆曰："得主，何贰之有？"⑮盈出，遍拜之。⑯四月，栾盈帅曲沃之甲，因魏献子以昼入绛。⑰初，

---

① 襄公二十三年当周灵王二十二年辛亥岁，晋平公八年，齐庄公四年，杞孝公十七年，宋平公二十六年，吴诸樊十一年，西历纪元前550年。
② 析归父，字子家，即析文子。已见前。
③ 媵读如"孕"，送也。古者一国嫁女，二国媵之，以侄娣从。齐侯使析归父媵之，齐庄公使析文子率人如晋陪嫁也。
④ 上年秋，栾盈自楚适齐，齐纳之。至是，齐庄公使析文子以藩载栾盈及其士，纳诸曲沃。曲沃，晋旧都，时为栾盈封邑。藩，蒲车之有障蔽者。盖齐人以有障之蒲车载栾盈及其心腹爪牙之士，使若媵妾在其中然。
⑤ 胥午，盖胥臣之后，时为守曲沃之大夫。
⑥ 栾盈潜入曲沃，不欲使人知，故夜见胥午而告之，示将复起也。
⑦ 子必不免，言栾盈明知其不可为而强为之，必不免于祸患也。
⑧ 吾非爱死也，知不集也，胥午自言非惜死，特智不足以集事耳。
⑨ 虽然……吾无悔矣，言事虽如此，然因胥午举事，即无成而死，我亦无所悔恨也。因，依也；托也。
⑩ 我实不天，子无咎焉，言我虽不为天所佑，而子无天咎故可因依也。
⑪ 伏之，而觞曲沃人，胥午既诺栾盈之请，乃匿藏其人而欢饮曲沃之众也。
⑫ 今也得栾孺子，何如，言今日如得栾盈在此，众将何以处之也。
⑬ 得主而为之死，犹不死也，言果得栾盈在此，虽为之尽死，其荣犹不死也。
⑭ 爵行，又言，以爵行酒饮众时，又以栾盈为言也。
⑮ 得主，何贰之有，言如得栾盈，何敢复有二心也。
⑯ 栾盈闻众语，大感动，遂出，遍拜之，谢众之思己也。
⑰ 因魏献子以昼入绛，以轻兵掩晋之不备也。魏献子名舒，魏庄子绛之子。

栾盈佐魏庄子于下军，① 献子私焉，② 故因之。

赵氏以原、屏之难怨栾氏。③ 韩、赵方睦。④ 中行氏以伐秦之役怨栾氏，⑤ 而固与范氏和亲。⑥ 知悼子少，而听于中行氏。⑦ 程郑⑧ 嬖于公。唯魏氏及七舆大夫与之。⑨

乐王鲋侍坐于范宣子。⑩ 或告曰："栾氏至矣。"宣子惧。桓子曰："奉君以走固宫，⑪ 必无害也。且栾氏多怨。子为政，栾氏自外。⑫ 子在位，其利多矣。既有利权，又执民柄，⑬ 将何惧焉？栾氏所得，其唯魏氏乎，而可强取也。⑭ 夫克乱在权，子无懈矣。⑮" 公有姻丧，⑯ 王鲋使宣子墨缞冒绖，二妇人辇以如公，⑰ 奉公以如固宫。

范鞅逆魏舒，⑱ 则成列既乘，⑲ 将逆栾氏矣。趋进，曰："栾氏帅贼

---

① 魏绛将下军时，栾盈尝为之佐，故云"佐魏庄子于下军"。
② 私焉，言魏舒以事私请托于栾盈也。
③ 赵氏以原、屏之难怨栾氏，指成八年庄姬谮之栾、郤为征事。已见前。
④ 韩起让赵武，事亦见前，故云"韩、赵方睦"。
⑤ 襄十四年，晋伐秦，栾黡违荀偃命，曰"余马首欲东"。事亦见前。故中行氏以伐秦之役怨栾氏。
⑥ 范匄尝佐荀偃于中军，故中行氏固与范氏和亲。
⑦ 知悼子名盈，字伯夙，荀罃之子，亦称荀盈，亦称知盈。时年十七，故云少。知氏、中行氏同祖，故知悼子听于中行氏。
⑧ 程郑，荀林父弟荀骓之曾孙，程季之子，亦中行氏之宗也。
⑨ 与之，与栾盈为好而党附之也。
⑩ 乐王鲋侍坐于范宣子，言栾氏发动之顷，正乐桓子陪坐于范匄之席旁会谈也。
⑪ 固宫，宫之有台观守备者。
⑫ 子为政，栾氏自外，言范匄方执晋政，而栾氏则自外而入，客主殊势也。
⑬ 既有利权，又执民柄，言范匄在位，既有晋国财利之权，又执赏罚生民之柄也。
⑭ 其唯魏氏乎，而可强取也，言魏舒虽与栾盈为好，其心未固，可以强劫而取之也。
⑮ 克乱在权，子无懈矣，乐桓子勉范宣子之辞，谓克胜祸乱之道在于有权，无懈怠于用权可矣。
⑯ 时杞孝公卒，晋平公夫人出自杞，故云"公有姻丧"。
⑰ 王鲋恐栾氏有内应，拒范匄，故使匄墨缞冒绖，用二妇人辇以如公，盖伪为丧使，用妇人服而入也。
⑱ 范匄用王鲋计，欲强取魏氏，故使其子范鞅逆魏舒。逆，迎也。
⑲ 则成列既乘，言范鞅往迎魏舒，则魏舒之兵已成行列，亦既乘车，盖待命出动矣。

以入，鞅之父与二三子在君所矣。^①使鞅逆吾子。鞅请骖乘持带。^②"遂超乘，^③右抚剑，左援带，^④命驱之出。仆请。^⑤鞅曰："之公。"^⑥宣子逆诸阶，^⑦执其手，赂之以曲沃。^⑧

初，斐豹隶也，著于丹书。^⑨栾氏之力臣曰督戎，^⑩国人惧之。斐豹谓宣子曰："苟焚丹书，我杀督戎。"宣子喜曰："而^⑪杀之，所不请于君焚丹书者，有如日！^⑫"乃出豹而闭之。^⑬督戎从之，^⑭逾隐而待之。^⑮督戎逾入，豹自后击而杀。^⑯范氏之徒在台后，^⑰栾氏乘公门。^⑱宣子谓鞅曰："矢及君屋，死之。"^⑲鞅用剑以帅卒。^⑳栾氏退，摄车从之，^㉑遇栾乐，^㉒曰："乐免之，死将讼女于天。"^㉓乐射之，不中。又注，^㉔则乘

---

① 鞅之父与二三子在君所矣，言范匄与诸大夫俱已在晋君之侧也。盖示之以有备，先有以慑其气矣。
② 请骖乘持带，鞅自请为舒骖乘以驱车同往君所也。凡骖乘必持带，防坠下也。
③ 遂超乘，范鞅即跃登魏舒之车也。
④ 右抚剑，左援带，所以劫持魏舒也。
⑤ 命驱之出，范鞅既登车，即命御仆驱车而出也。仆请，魏舒之御仆请指示驱车何往也。
⑥ 之公，径造君所也。之，往也。
⑦ 宣子逆诸阶，范匄见魏舒至出阶迎之也。
⑧ 范匄既劫取魏舒，犹恐不与己同心，乃以栾盈之邑曲沃赂之。
⑨ 斐豹隶也，盖犯罪没为官奴者。以丹书其罪，故云"著于丹书"。
⑩ 督戎，栾氏之家臣，有勇力，故曰"力臣"。
⑪ 而，汝也。
⑫ 所不请于君焚丹书者，有如日，誓必免斐豹之奴籍，言不负要约，明白如日也。
⑬ 出豹而闭之，闭著斐豹于门外，使斗督戎也。
⑭ 督戎从之，督戎见斐豹出，即从之格斗也。
⑮ 逾隐而待之，斐豹望见督戎来即逾短墙自蔽，以待其至也。隐，短墙也。
⑯ 督戎见斐豹逾垣入，即追踪逾入，豹乃自其后突击之，遂杀督戎。
⑰ 范氏之徒在台后，范氏之徒众，伏在晋君之台后也。
⑱ 栾氏乘公门，栾氏之徒众登公宫之门也。
⑲ 矢及君屋，死之，范匄勉范鞅之语，谓矢及君之屋，事急矣，宜致死力战也。
⑳ 用剑以帅卒，用短兵接敌，所以致死力战也。
㉑ 摄车从之，范鞅摄范匄之戎车以追栾氏之退卒也。
㉒ 栾乐，栾盈之族。
㉓ 乐免之，死将讼女于天，鞅呼乐而与之语，谓必不免汝，虽死，犹不舍汝罪也。
㉔ 注，属矢于弦也。

槐本而覆。① 或以戟钩之，断肘而死。② 栾鲂③伤。栾盈奔曲沃，晋人围之。④

二十四年⑤

二十四年春，穆叔如晋。⑥ 范宣子逆之，问焉，曰："古人有言曰，死而不朽，何谓也？"穆叔未对。宣子曰："昔匄之祖，自虞以上为陶唐氏，⑦在夏为御龙氏，⑧在商为豕韦氏，⑨在周为唐、杜氏，⑩晋主夏盟为范氏，⑪其是之谓乎？⑫"穆叔曰："以豹所闻，此之谓世禄，⑬非不朽也。鲁有先大夫曰臧文仲，⑭既没，其言立，⑮其是之谓乎！⑯豹闻之，

---

① 乘槐本而覆，栾乐方再注矢，其所乘之车乃为槐根所轹而倾覆也。
② 或以戟钩之，断肘而死，范氏之卒见栾乐覆车，遂以戈戟钩击乐，乐肘断，乃死。
③ 栾鲂亦栾盈之族。
④ 栾盈败，奔回曲沃，晋人围之。其冬，晋人克栾盈于曲沃，尽杀栾氏之族党。栾鲂出奔宋。
⑤ 襄公二十四年当周灵王二十三年壬子岁，晋平公九年，郑简公十七年，陈哀公二十年，楚康王十一年，西历纪元前549年。
⑥ 穆叔即鲁卿叔孙豹，已见前。时奉使如晋。
⑦ 陶唐，尧所治地，舜受尧禅，封尧子丹朱为王者后，犹称陶唐氏，终虞之世不改此号，故曰"自虞以上"。
⑧ 陶唐氏既衰其后有刘累者，学扰龙于豢龙氏，以事夏后孔甲。孔甲嘉之，赐氏曰御龙。故云"在夏为御龙氏"。
⑨ 豕韦本彭姓国，祝融之后。商灭之，更以封刘累之后。故云"在商为豕韦氏"。
⑩ 唐、杜，二国名。殷末，豕韦国于唐，周成王灭唐，迁之于杜，为杜伯。是先为唐氏，后为杜氏也。故云"在周为唐、杜氏"。
⑪ 杜伯之子隰叔奔晋，四世及士会，食邑于范，复为范氏。迨晋为诸夏盟主，范氏复为之佐，故云"晋主夏盟为范氏"，言己世为兴家也。
⑫ 其是之谓乎，范匄自谓自陶唐氏以下世为兴家，即所谓不朽矣，故以此傲问叔孙豹也。
⑬ 世禄云者，世代为官受禄而已。
⑭ 臧文仲即臧孙辰，已见前。为叔孙豹前辈执政大夫，故曰"先大夫"。
⑮ 立，谓不废绝。
⑯ 其是之谓乎，意与上范匄之言不同，谓必其事不可废绝，始足言不朽耳。

大上有立德,^①其次有立功,^②其次有立言。^③虽久不废,此之谓不朽。若夫保姓受氏,以守宗祊,^④世不绝祀,无国无之。^⑤禄之大者,不可谓不朽。^⑥"

范宣子为政,诸侯之币重。^⑦郑人病之。^⑧二月,郑伯如晋,子产寓书于子西以告宣子^⑨曰:"子为晋国,^⑩四邻诸侯不闻令德,而闻重币,侨也惑之。侨闻君子长国家者,非无贿之患,而无令名之难。^⑪夫诸侯之贿聚于公室,则诸侯贰。^⑫若吾子赖之,则晋国贰。^⑬诸侯贰,则晋国坏。晋国贰,则子之家坏。何没没^⑭也,将焉用贿?夫令名,德之舆^⑮也。德,国家之基^⑯也。有基无坏,无亦是务乎!^⑰有德则乐,乐则能久。^⑱《诗》云,乐只君子,邦家之基,^⑲有令德也夫。^⑳上帝临女,

---

① 大上有立德,谓当如黄帝、尧、舜之立德以垂世范。
② 其次有立功,谓当如禹、稷之立功以垂世则。
③ 其次有立言,谓当如史佚、周任、臧文仲之立言以垂世教。
④ 祊,宗庙之门。保姓受氏,以守宗祊,言克保家世以维持宗祀也。
⑤ 世不绝祀,无国无之,言仅保家世而不绝祀,则不论何国均有之也。
⑥ 禄之大者,不可谓不朽,叔孙豹重言以申明世禄非不朽之义也。
⑦ 范宣子为政,诸侯之币重,言范匄执晋政,加重诸侯会聘之币也。
⑧ 病之,犹患之,患重币也。
⑨ 时子西相郑简公如晋,故子产寄书于子西以劝告范宣子。寓,寄也。
⑩ 子为晋国,称宣子为晋执政也。
⑪ 君子……无令名之难,言居上位之君子不患无财贿而难于无有令名也。
⑫ 诸侯之贿聚于公室,则诸侯贰,言国君而聚财骄侈,必致诸侯之离贰也。
⑬ 吾子赖之,则晋国贰,言吾子执政而恃用财贿以肆骄侈,必致晋国之人之离贰也。赖,恃也。
⑭ 没没,沈灭也。言何必沈灭于货贿如此。
⑮ 德须令名以远闻,故云"令名,德之舆"。
⑯ 美德植国家以久立,故云"德,国家之基"。
⑰ 有基无坏,无亦是务乎,言有德以为基,故国家可不坏,藉以劝宣子必以德为先务也。
⑱ 有德在身则乐与人同,乐与人同则能久居其位,故云"有德则乐,乐则能久"。
⑲ 乐只君子,邦家之基,见《诗·小雅·南有嘉鱼之什·南山有台》篇之首章,言君子乐美其道为邦家之基也。
⑳ 有令德也夫,言乐美其道为邦家之基,所以济令德也。

无贰尔心,^① 有令名也夫。^② 恕思以明德,则令名载而行之,是以远至迩安。^③ 毋宁使人谓子子实生我,^④ 而谓子浚我以生^⑤乎?象有齿以焚其身,贿也。^⑥"宣子说,乃轻币。

是行也,郑伯朝晋,为重币故,且请伐陈也。郑伯稽首,宣子辞。^⑦子西相曰:"以陈国之介恃大国,而陵虐于敝邑,^⑧寡君是以请罪^⑨焉。敢不稽首?"

二十五年^⑩

齐棠公^⑪之妻,东郭偃^⑫之姊也。东郭偃臣崔武子。^⑬棠公死,偃御武子以吊焉。见棠姜^⑭而美之,使偃取之。^⑮偃曰:"男女辨姓,^⑯今

---

① 上帝临女,无贰尔心,《诗·大雅·文王之什·大明》篇第七章之卒句也。言武王为天所临,不敢怀二心也。
② 有令名也夫,言为天所临,不敢怀贰心,所以济令名也。
③ 恕思以明德……是以远至迩安,言忠恕存心而自明其德,则令名如舆载美德而行之,是以远人慕德而来至,迩人怀德而安靖也。
④ 毋宁,宁也。子实生我,言宣子实生养我也。
⑤ 浚我以生,言宣子取我财以自生也。浚,取也。
⑥ 象有齿以焚其身,贿也,言象身之毙,徒以其齿见珍于人耳。服虔云,焚读曰"偾"。偾,僵也。杜《注》遂云"焚,毙也"。
⑦ 郑伯稽首,宣子辞,范句为晋平公辞郑简公,不敢受其稽首也。
⑧ 介,因也。大国谓楚。以陈国之介恃大国而陵虐于敝邑,言陈国依恃楚国以欺侮郑国也。
⑨ 请罪,请得罪于陈也。
⑩ 襄公二十五年当周灵王二十四年癸丑岁,晋平公十年,齐庄公六年,郑简公十八年,陈哀公二十一年,卫献公二十九年,卫殇公十一年,西历纪元前584年。
⑪ 齐棠公,齐棠邑之大夫,不详何姓氏。棠,梁履绳以为即今山东堂邑县。江永以为即襄十八年所见之郏棠,孟子劝齐王发棠,即此。两地悬绝,似以梁说为胜。
⑫ 东郭,氏。偃,名。其先出自齐桓公。时为崔杼家臣。
⑬ 崔武子即崔杼,已见前。
⑭ 棠姜,棠公之妻,出于东郭氏,姜姓也。
⑮ 使偃取之,使偃为己取棠姜也。
⑯ 古者娶妻不娶同姓,故男女辨姓。辨,别也。

君出自丁，^①臣出自桓，^②不可。"武子筮之，遇《困》☱☵之《大过》☱☴，史皆曰："吉。"^③示陈文子。^④文子曰："夫从风，^⑤风陨，妻不可娶^⑥也。且其繇曰：困于石，据于蒺藜，入于其宫，不见其妻，凶。^⑦困于石，往不济也。^⑧据于蒺藜，所恃伤也。^⑨入于其宫，不见其妻，凶，无所归也。^⑩"崔子曰："嫠也何害？先夫当之矣。"^⑪遂取之。庄公通焉，骤如崔氏，^⑫以崔子之冠赐人。侍者曰："不可。"公曰："不为崔子，其无冠乎？"^⑬崔子因是，^⑭又以其间伐晋^⑮也，曰："晋必将报。"欲弑公以说于晋，而不获间。^⑯公鞭侍人贾举，而又近之，乃为崔子间公。^⑰

夏五月，莒为且于之役^⑱故，莒子^⑲朝于齐。甲戌，飨诸北郭，崔

---

① 崔杼之祖出自齐丁公，故云"君出自丁"。
② 东郭偃之祖出自齐桓公，故云"臣出自桓"。东郭与崔同为姜姓，同姓不婚，故下云"不可"。
③ 筮史皆以为吉，阿崔杼也。
④ 陈文子名无须，陈敬仲之曾孙。
⑤ 《坎》下《兑》上为《困》，其卦之六三变为九三，则成《巽》下《兑》上之《大过》卦。《坎》为中男，故曰"夫"。变而为《巽》，故曰"从风"。见杜《注》。
⑥ 风能陨落物者，变而陨落，故曰"妻不可娶"。见杜《注》。
⑦ 困于石……凶，《易·困卦》六三之爻辞也。其解分见下。爻辞本为卜筮之兆辞，故云"其繇"。
⑧ 坎为险，为水，水之险者石不可以动。故云"困于石，往不济也"。
⑨ 坎为险，兑为泽，泽之生物而险者蒺藜，恃之则伤。故云"据于蒺藜，所恃伤也"。
⑩ 《易》曰，非所困而困，名必辱。非所据而据，身必危。既辱且危，死其将至，妻其可得见邪。今卜昏而遇此卦，六三失位无应，则丧其妻，失其所归也。故云"入于其宫，不见其妻，凶，无所归也"。
⑪ 寡妇曰嫠。言棠公已当此凶，故云先夫当之矣，何害。
⑫ 骤，数也。骤如崔氏，齐庄公通于棠姜，因数往崔氏也。
⑬ 不为崔子，其无冠乎，庄公之慢辞。意谓棠姜纵不为崔子之妻，何患于无冠赐人。今在崔子之宫，适可费崔子之冠也。
⑭ 因是，因是怒庄公也。
⑮ 栾盈入曲沃之年，齐庄公伐卫，遂乘晋之难而伐之。故云"以其间伐晋"。
⑯ 不获间，不得其隙也。
⑰ 侍人贾举凡两见，庄公之近竖。与下从庄公而死之贾举明非一人。为崔子间公，为崔杼伺庄公之间隙也。
⑱ 且于，莒邑，在今山东莒县境。且于之役即在齐伐晋之年。齐侯还自晋，不入，遂袭莒，门于且于。
⑲ 莒子即莒黎比公。

子称疾不视事。① 乙亥，公问崔子，遂从姜氏。② 姜入于室，与崔子自侧户出。公拊楹而歌。③ 侍人贾举止众从者而入。闭门，甲兴。④ 公登台而请，⑤ 弗许。请盟，⑥ 弗许。请自刃于庙，⑦ 弗许。皆曰："君之臣杼疾病，不能听命。⑧ 近于公宫，陪臣干掫有淫者，不知二命。⑨"公逾墙。又射之，中股，反队，⑩ 遂弑之。贾举、州绰、邴师、公孙敖、封具、铎父、襄伊、偻堙皆死。⑪ 祝佗父祭于高唐，⑫ 至，复命。不说弁而死于崔氏。⑬ 申蒯侍渔者，⑭ 退谓其宰⑮ 曰："尔以帑免，⑯ 我将死。"其宰曰："免，是反子之义也。"与之皆死。崔氏杀鬷蔑于平阴。⑰

晏子立于崔氏之门外。⑱ 其人⑲ 曰："死乎？"曰："独吾君也乎哉，

---

① 崔杼为执政大夫，君飨莒子于北郭，宜从君。乃称疾不视事，盖欲使庄公自来临问也。

② 公问崔子，遂从姜氏，庄公往问崔杼之疾，因而就姜氏也。

③ 拊楹而歌，庄公所以命姜氏，使喻己在也。拊，拍也。楹，柱也。

④ 闭门，侍人贾举为崔杼闭庄公也。甲兴，崔杼之伏甲突起犯公也。

⑤ 登台而请，登台避众求免也。

⑥ 请盟，约款自服也。

⑦ 请自刃于庙，求还庙自杀也。

⑧ 不能听命，不能亲听公之命也。

⑨ 近于公宫，陪臣干掫有淫者，不知二命，言崔杼之家臣巡夜得淫人，以地近公宫，或淫人诈称公，故崔杼命唯讨淫人，不闻他命也。崔氏之家臣，故称陪臣。干读如"犴"。掫读如"邹"。干掫，巡绰也。有，获也。

⑩ 反队，返身下坠也。

⑪ 贾举……皆死，八人皆齐勇力之臣，为庄公所嬖宠者，与公共死于崔杼之宫也。

⑫ 祝佗父亦齐庄公之嬖者。高唐，齐之宗邑，故城在今山东禹城县北四十里。其地有齐别庙，庄公使祝佗父祭之。

⑬ 至，复命，返至庄公所告成也。不说弁而死于崔氏，不脱祭服而就死于崔氏也。说通"脱"。弁，爵弁，祭服。

⑭ 侍渔，监取鱼之官。申蒯为此官者。

⑮ 其宰，申蒯之家宰也。家宰犹言室老。

⑯ 尔以帑免，申蒯属其家宰将妻子逃免也。

⑰ 平阴，齐邑，已见前。鬷蔑，平阴大夫。盖庄公母鬷声姬之族，故使之守平阴。崔杼虑其据险作乱，故诱而杀之，以弭后患。鬷读如"宗"，鬷夷氏之后出自董姓。

⑱ 晏子即晏平仲，已见前。闻难而来，故立于崔氏之门外。

⑲ 其人，晏子之左右也。

吾死也？"① 曰："行乎？"曰："吾罪也乎哉，吾亡也？"② 曰："归乎？"曰："君死安归？③ 君民者，岂以陵民？社稷是主。臣君者，岂为其口实，社稷是养。④ 故君为社稷死则死之，为社稷亡则亡之。⑤ 若为己死而为己亡，非其私昵，谁敢任之？⑥ 且人有君而弑之，吾焉得死之？而焉得亡之？⑦ 将庸何归？⑧" 门启而入，枕尸股而哭。⑨ 兴，⑩ 三踊⑪ 而出。人谓崔子必杀之。崔子曰："民之望也，舍之得民。"⑫ 卢蒲癸奔晋。王何奔莒。⑬

叔孙宣伯之在齐⑭也，叔孙还，纳其女于灵公，嬖，生景公。⑮ 丁丑，崔杼立而相之。庆封⑯为左相，盟国人于大宫，⑰ 曰："所不与崔、庆者，"⑱ 晏子仰天叹曰："婴所不唯忠于君，利社稷者是与，有如上

---

① 独吾君也乎哉，吾死也，言己与众臣无异，岂独我君也乎哉，我何为而独死也。
② 吾罪也乎哉，吾亡也，言我得罪于君也乎哉，我何为而逃亡也。
③ 君死安归，言君死何可即归家也。
④ 君民者……社稷是养，言君不徒居民上，臣不徒求禄养，皆为社稷也。
⑤ 故君为社稷死则死之，为社稷亡则亡之，言之从死或从亡俱当以公义为主也。
⑥ 若为己死……谁敢任之，言君之死或亡若仅为己一身之故，则非其私爱昵近之人无为当其祸也。
⑦ 人有君而弑之……焉得亡之，言崔杼有君而弑之，己非正卿，见待无异于众臣，故不得死其难也。
⑧ 将庸何归，言将用死亡之义，何所归趣也。意即辨别公义私情耳。
⑨ 枕尸股而哭，以公尸枕己股上而哭之也。
⑩ 兴，既哭而起。
⑪ 三踊，三度辟踊也。当时哭君之礼。
⑫ 民之望也，舍之得民，言晏子贤，民所仰望，置而不杀，可得民心也。
⑬ 卢蒲癸、王何皆庄公之党。庄公遇弑，分奔晋、莒。
⑭ 叔孙宣伯名侨如，鲁叔孙得臣之子，叔孙豹之兄也。成十六年奔齐。故云在齐。
⑮ 景公名杵臼，庄公光之庶弟，在位五十八年，为齐国第二十三君。其元年当周灵王二十五年甲寅岁，西历纪元前 547 年。
⑯ 庆封字子家，齐桓公子无亏之孙，庆克之子也。襄二十八年奔鲁。后又奔吴。昭四年，楚子伐吴，执庆封杀之。
⑰ 大宫，齐太公之庙也。
⑱ 所不与崔、庆者，崔杼、庆封首为盟辞，欲令与盟之国人皆与于二氏也。但辞未毕，即为晏子所搀乱，故戛然无后文矣。

帝！"①乃歃。②辛巳，公与大夫及莒子盟。③大史书曰："崔杼弑其君。"崔子杀之。其弟嗣书而死者二人。④其弟又书，乃舍之。南史氏⑤闻大史尽死，执简以往。⑥闻既书矣，乃还。

　　闾丘婴⑦以帷缚⑧其妻而载之，与申鲜虞⑨乘而出。鲜虞推而下之，⑩曰："君昏不能匡，危不能救，死不能死，⑪而知匿其昵，其谁纳之？⑫"行及弇中，⑬将舍。⑭婴曰："崔、庆其追我。"鲜虞曰："一与一，谁能惧我？"⑮遂舍，枕辔而寝，⑯食马而食。⑰驾而行，出弇中，谓婴曰："速驱之！崔、庆之众不可当也。⑱"遂来奔。⑲

---

① 婴所不唯忠于君，利社稷者是与，有如上帝，晏子搀答崔、庆，易辞以应也。盖原盟书当为所不与崔、庆者，有如上帝，晏子不俟读毕即搀言云云，意谓崔、庆若不忠于君，不利于社稷，则不敢与也耳。
② 乃歃，晏子辞毕即首自歃血定盟也。
③ 莒子朝齐，遇崔杼作乱，未及盟，亦未能去。至是，景公立，故公与大夫及莒子盟。
④ 齐大史书"崔杼弑其君"，杼杀之。其弟续书不改，又杀之。其弟又书，仍不改，又杀之。故云"其弟嗣书而死者二人"。嗣，续也。古者史官世守其业，故父子兄弟相承。
⑤ 南史氏，齐史官之在外者。
⑥ 古之书者必以汗青之简，故南史氏执简以往，欲书崔杼之罪。简，竹简。削去竹之青皮令易写，谓之"杀青"。以火灼简，令汗出其汁使不蠹，谓之"汗简"。汗青之简即杀青之汗简也。
⑦ 闾丘婴，齐庄公之近臣也。
⑧ 缚读如"椽"，卷也。以帷缚其妻而载之，闾丘婴匿妻共乘，故以帷幕卷之而载诸车上也。缚，石经、宋本、岳本、闽本、监本均作"傅"。
⑨ 申鲜虞，亦庄公近臣。
⑩ 推而下之，推下婴妻也。
⑪ 君昏不能匡……死不能死，言吾二人皆庄公近臣，今君昏不能谏正，君危不能救免，君死不能从死，已当内愧矣。
⑫ 而知匿其昵，其谁纳之，承上而言，盖谓我既不能匡救君失而死其事，仅知阿匿所亲，谁其肯纳我也。匿其昵，即指闾丘婴卷载其妻事。
⑬ 弇中，狭道。今山东临淄县西南有狭道名弇中，即此。
⑭ 舍，居也。
⑮ 一与一，谁能惧我，言狭道中止堪一人与一人战耳，众无所用，不足惧也。
⑯ 枕辔而寝，恐失马也。
⑰ 食马而食，先饲马，而后自食也。食马之"食"读如"嗣"。
⑱ 既出弇中，道广众得其用，故云"崔、庆之众不可当也"。
⑲ 来奔，奔于鲁也。

襄　公　　277

　　崔氏侧^①庄公于北郭，丁亥，葬诸士孙之里，^②四翣，^③不跸，^④下车七乘，不以兵甲。^⑤

　　郑子产献捷于晋，^⑥戎服将事。^⑦晋人问陈之罪。^⑧对曰："昔虞阏父^⑨为周陶正，^⑩以服事我先王。^⑪我先王赖其利器用^⑫也，与其神明之后^⑬也，庸以元女大姬配胡公，^⑭而封诸陈，以备三恪。^⑮则我周之自出，^⑯至于今自赖。^⑰桓公之乱，蔡人欲立其出，^⑱我先君庄公奉五父而立之。^⑲蔡人杀之，我又与蔡人奉戴厉公，^⑳至于庄、宣，^㉑皆我之自立。

---

① 侧，不殡于庙而浮厝之也。

② 士孙，人姓。因以名里，故曰"士孙之里"。丁亥距被弑之日乙亥仅十三日，不待五月而葬，不以诸侯之礼予之也。

③ 翣读如"煞"，丧车之饰。礼，诸侯不翣，今用四翣，亦非礼。

④ 止行人曰跸。不跸，殡葬时并不净道也。

⑤ 下车，逆葬之车。齐旧依上公礼，用九乘。又有甲兵护送。今仅用七乘，且不以甲兵，皆故示降损也。

⑥ 襄二十四年冬，陈侯会楚子伐郑。郑人怨陈。翌年夏六月，郑子展、子产帅车七百乘伐陈，宵突陈城，遂入之。数俘而出，致地而还。子产遂献捷于晋，告入陈之功也。

⑦ 戎服将事，以军旅之服见，异于朝服也。

⑧ 问陈之罪，问郑以讨陈之罪状也。

⑨ 虞阏父，舜之后。

⑩ 当周之兴，虞阏父为武王治陶之官，监作陶器，故云"为周陶正"。

⑪ 先王谓周武王。

⑫ 武王得陶之用，故云"赖其利器用"。

⑬ 舜，圣人，故称其子孙为神明之后。

⑭ 庸以元女大姬配胡公，言用此之故武王乃以长女大姬配于阏父之子胡公满也。

⑮ 周得天下，封夏、殷二王后，又封舜后，为杞、宋、陈三国。示敬而已，故曰"三恪"。

⑯ 陈既为周之甥，故云"我周之自出"。

⑰ 至于今自赖，言陈至今赖周德也。

⑱ 陈桓公鲍卒，于是陈乱，事在鲁桓五年。蔡人欲立桓公之子跃，盖蔡甥也，故云"欲立其出"。

⑲ 陈桓公卒，其弟佗，字五父，杀桓公之大子免而代之，郑庄公因就定其位，故云"我先君庄公奉五父而立之"。

⑳ 佗立之明年。蔡人欲立其出，故奉免弟跃复杀佗。跃，是为厉公。

㉑ 陈庄公、宣公皆厉公子。庄公名林，在位七年，为陈第十四君，其元年当周桓王二十一年壬午岁，西历纪元前699年。宣公名杵臼，在位四十五年，为陈第十五君，其元年当周庄王五年己丑岁，西历纪元前692年。

夏氏之乱，成公播荡，又我之自入。① 君所知也。今陈忘周之大德，蔑我大惠，弃我姻亲，介恃楚众，以冯陵我敝邑，不可亿逞。② 我是以有往年之告。③ 未获成命，④ 则有我东门之役。⑤ 当陈隧⑥者，井堙木刊，⑦ 敝邑大惧不竞，而耻大姬，⑧ 天诱其衷，启敝邑心。⑨ 陈知其罪，授手于我。⑩ 用敢献功。"晋人曰："何敢侵小？"⑪ 对曰："先王之命，唯罪所在，各致其辟，⑫ 且昔天子之地一圻，⑬ 列国一同，⑭ 自是以衰。⑮ 今大国多数圻矣，⑯ 若无侵小，何以至焉？⑰" 晋人曰："何故戎服？"对曰："我先君武、庄为平、桓卿士，⑱ 城濮之役，⑲ 文公布命⑳ 曰，各复

---

① 宣十一年陈夏徵舒弑灵公，灵公之子成公奔晋。后因郑之力自晋复国。故云"夏氏之乱，成公播荡，又我之自入"。陈成公名午，在位三十年，为陈第十九君。其元年当周定王九年癸亥岁，西历纪元前598年。
② 亿，度也。逞，尽也。不可亿逞，犹言不可数计也。
③ 往年之告，谓襄二十四年郑伯稽首告晋请伐陈事。
④ 未获成命，言未得伐陈之命。
⑤ 襄二十四年冬，陈从、楚伐郑，门于东门。东门之役指此。
⑥ 隧，径也。当陈隧，当自陈来郑之径也。
⑦ 井堙木刊，塞井除木，使道辟易于进兵也。
⑧ 敝邑大惧不竞，而耻大姬，谓郑因当陈之径大辟，深惧不胜外兵之压境而上辱大姬之灵也。以是，郑深怨陈，而有是年入陈之役。
⑨ 天诱其衷，启敝邑心，谓入陈之役，上天开导郑人之心，故幸而获胜也。
⑩ 入陈之役，陈哀公扶其太子偃师奔墓所。郑子展、子产亲御诸门，命师无入公宫。陈哀公使司马桓子赂以宗器己则丧服，拥社，使其众男女别而累，以待于朝。子展执絷而见，再拜稽首，承饮而进献。子产入，数俘而出，祝祓社，司徒致民，司空致地。乃还。故云"陈知其罪，授手于我"。
⑪ 春秋盟会，大都有"大毋侵小"之约辞，故晋人以盟主自居，诘郑子产以"何敢侵小"。
⑫ 辟，诛也。唯罪所在，各致其辟，言唯当视罪之所在，各随其轻重而致其诛罚也。
⑬ 方千里为一圻。
⑭ 方百里为一同。
⑮ 自是以衰，谓自圻同以降，次国方七十里，小国方五十里也。衰，降也。
⑯ 今大国多数圻矣，言今之大国地多兼数圻，是明有方数千里也。
⑰ 若无侵小，何以至焉，反诘之辞，言如不侵并小国，何以兼数圻也。故晋人无应。
⑱ 郑武公、庄公为周平王、桓王卿士，故云"我先君武、庄为平、桓卿士"。
⑲ 城濮之役见僖二十八年。
⑳ 文公布命，言晋文公布天子之命也。

旧职,命我文公①戎服辅王,以授楚捷,不敢废王命故也。②"

士庄伯不能诘,③复于赵文子。④文子曰:"其辞顺。犯顺不祥。"乃受之。

冬十月,子展相郑伯如晋,拜陈之功。⑤

子西复伐陈,陈及郑平。⑥

仲尼曰:⑦"志有之,⑧言以足志,文以足言。⑨不言,谁知其志?言之无文,行而不远。⑩晋为伯,郑入陈,非文辞不为功,慎辞哉。⑪"

卫献公自夷仪,⑫使与宁喜言。⑬宁喜许之。大叔文子⑭闻之,曰:"乌乎!《诗》所谓我躬不说,皇恤我后者,宁子可谓不恤其后矣。⑮将可乎哉?殆必不可。君子之行,思其终⑯也,思其复⑰也。《书》曰,

---

① 我文公,郑文公也。
② 此言今日所以戎服将事者,不敢废弃王室之命故也。
③ 士庄伯,士渥浊之子士弱也,亦称士庄子。已见前。不能诘,无以诘责子产也。以此,知前称晋人云云即士弱之辞。
④ 赵文子即赵武,已见前。时代士匄为政,故士弱复命于赵文子。
⑤ 拜陈之功,谢晋受其功也。
⑥ 子西复伐陈,陈及郑平,盖郑前虽入陈,服之而已,故更伐以继成也。
⑦ "仲尼曰"以下,皆孔子追论此事之辞。
⑧ 志谓古书。志有之,称引古书也。
⑨ 言以足志,文以足言,即所引古书之辞。谓人之有言,所以成其志之趋向也。言之有文,所以成其言之条理也。足犹成也。
⑩ 言之无文,行而不远,谓言而无条理可循,虽得行于一时,犹不能及远也。
⑪ 此言晋之称霸与郑之入陈皆非有条理之言辞不为功,盖言辞实为荣辱之枢机,祸福系之焉。故仲尼有"慎辞哉"之叹。
⑫ 夷仪,卫邑,本邢地,在今河北邢台县西南四十里。卫献公自襄公十四年出奔齐。二十五年夏五月,晋平公使魏舒、宛没逆之,将使卫与之夷仪。其秋八月,献公遂入于夷仪。
⑬ 宁喜即宁殖之宁悼子,已见前。时献公已在夷仪,故自夷仪使人与宁喜言,求复国也。
⑭ 大叔文子即大叔仪,亦称世叔仪,已见前。
⑮ 乌乎……宁子可谓不恤其后矣,叹宁喜必将身受其祸,不得忧恤其后人也。我躬不说,皇恤我后,见《诗·小雅·节南山之什·小弁》篇末章,言我身不能自容,何暇恤念后人也。说通作"悦",今本作"阅",容也。皇,今本作"遑",不暇也。
⑯ 思其终,当思使其事终可成。
⑰ 思其复,当思使其事可复行。

慎始而敬终，终以不困。① 《诗》曰，夙夜匪解，以事一人。② 今宁子视君，不如弈棋，③ 其何以免乎？弈者举棋不定，不胜其耦，④ 而况置君而弗定乎？必不免矣。九世之卿族，⑤ 一举而灭之，可哀也哉！……

二十六年⑥

卫献公使子鲜为复。⑦ 辞。⑧ 敬姒强命之。⑨ 对曰："君无信，臣惧不免。"敬姒曰："虽然，以吾故也。"⑩ 许诺。

初，献公使与宁喜言。宁喜曰："必子鲜在，⑪ 不然必败。"故公使子鲜。子鲜不获命于敬姒，⑫ 以公命与宁喜言曰："苟反，政由宁氏，祭则寡人。"⑬

宁喜告蘧伯玉。伯玉曰："瑗不得闻君之出，敢闻其入？"⑭ 遂行，

---

① 慎始而敬终，终以不困，言谨其创始，敬其终成，卒无困废之患也。杜《注》谓逸《书》。今本《尚书·蔡仲之命》云："慎厥初，惟厥终，终以不困。"殆异文乎。
② 夙夜匪懈，以事一人，见《诗·大雅·荡之什·烝民》篇。一人，喻君。
③ 弈棋，围棋之戏。
④ 弈者举棋不定，不胜其耦，言弈棋者若举子不定，必不能胜其对手也。耦，对也；匹也。
⑤ 宁氏出卫武公，至喜九世，故云"九世之卿族"。
⑥ 襄公二十六年当周灵王二十五年甲寅岁，晋平公十一年，卫献公三十年，殇公十二年，郑简公十九年，宋平公二十九年，秦景公三十年，楚康王十三年，吴馀祭元年，西历纪元前547年。吴馀祭，寿梦之子，诸樊之弟，名戴。上年十二月，诸樊伐楚，门于巢，为巢牛臣所射杀，馀祭遂于本年初嗣吴王位，为吴国第二十一君。祭读如"蔡"。
⑦ 使子鲜为复，献公使母弟鱄为己求返国也。
⑧ 辞，子鲜以不能辞献公也。
⑨ 敬姒，献公及子鲜之母。强命之，强使子鲜为献公求复也。
⑩ 虽然，以吾故也，言献公虽不可托，然以我之故，必为求之耳。
⑪ 子鲜贤，国人信之，故宁喜必欲使子鲜在其列，故云"必子鲜在"。
⑫ 子鲜不获命于敬姒，子鲜受敬姒迫之命，不获自止也。
⑬ 苟反，政由宁氏，祭则寡人，言献公苟得返国则卫国之政皆与宁喜，己但欲守其祭祀而已。
⑭ 不得闻君之出，敢闻其入，言己不知献公因何出奔，亦何敢闻，献公因何而入也。

从近关出。①

告右宰穀。② 右宰穀曰："不可。获罪于两君，天下谁畜之？③"悼子曰："吾受命于先人，④不可以贰。"穀曰："我请使焉而观之。⑤"遂见公于夷仪。反曰："君淹恤在外十二年⑥矣，而无忧色，亦无宽言。⑦犹夫人也，⑧若不已，死无日矣。⑨"悼子曰："子鲜在。"右宰穀曰："子鲜在，何益？多而能亡，于我何为？⑩"悼子曰："虽然，弗可以已。"

孙文子在戚，⑪孙嘉聘于齐，孙襄居守。⑫二月庚寅，宁喜、右宰穀伐孙氏，不克。伯国伤，宁子出舍于郊。⑬伯国死，孙氏夜哭，国人召宁子。⑭宁子复攻孙氏，克之。

辛卯，杀子叔及大子角。⑮书曰宁喜弑其君剽，言罪之在宁氏⑯也。……

---

① 襄十四年，孙氏欲逐献公，蘧伯玉从近关出。今宁喜欲复献公，伯玉又从近关出。适见其全身远害而已。
② 告右宰穀，宁喜以献公复国之事告卫大夫右宰穀也。
③ 获罪于两君，天下谁畜之，言前出献公今又弑剽，天下虽大，何所自容耶。畜犹容也。
④ 受命于先人，谓襄二十年宁喜受其父宁殖遗命事。
⑤ 使焉而观之，使于献公以察其可还否也。
⑥ "反曰"以下皆返国复命之辞。淹恤在外十二年，言忧居外国十二年。淹，久也。恤，忧也。献公自十四年出奔，至今凡十二年。
⑦ 无忧色，亦无宽言，言献公无忧戚之容，亦无宽假之言也。
⑧ 犹夫人也，言其为人依然如故也。
⑨ 若不已，死无日矣，言若不罢迎复之议，祸不旋踵矣。
⑩ 多而能亡，于我何为，言子鲜若欲践言，至多不过能出亡耳，于我果何所为乎。
⑪ 孙文子在戚，言孙林父在其私邑，盖不与宁喜同谋也。
⑫ 孙嘉，林父子，时使聘于齐。孙襄，林父少子，字伯国，留卫居守。故宁喜、右宰穀得伺孙氏父兄皆不在，乘弱以攻之。
⑬ 宁喜攻孙氏不克，伯国虽伤，喜未之知，故出舍于郊，欲观望风色，便出奔也。
⑭ 伯国死，孙氏夜哭，虚实遂露，故国人召宁子自郊入，攻克孙氏。孙林父遂以戚附于晋。
⑮ 子叔即卫侯剽，言子叔者，以当时无谥故也。大子角，其子也。
⑯ 是年《经》文书"宁喜弑其君剽"，盖嫌于受父命纳旧君为无罪，故《传》特发之，谓为"言罪之在宁氏也"。

甲午，卫侯入。书曰复归，国纳之^①也。大夫逆于竟者，执其手而与之言。道逆者，自车揖之。逆于门者，颔之而已。^②

公至，使让大叔文子曰："寡人淹恤在外，二三子皆使寡人朝夕闻卫国之言，^③吾子独不在^④寡人。古人有言曰，非所怨勿怨，寡人怨矣。^⑤"对曰："臣知罪矣。臣不佞，不能负羁绁以从扞牧圉，^⑥臣之罪一也。有出者，有居者，臣不能贰通外、内之言以事君。^⑦臣之罪二也。有二罪，敢忘其死？"乃行，从近关出。公使止之。^⑧

楚子、^⑨秦人侵吴，及零娄，^⑩闻吴有备而还。遂侵郑。五月，至于城麇，^⑪郑皇颉戍之。^⑫出与楚师战，^⑬败，穿封戌^⑭囚皇颉。公子围^⑮与

---

① 《经》文"卫侯衎复归于卫"，故云"书曰复归"。本晋纳之夷仪，今从夷仪入国嫌若晋所纳，故《传》发国纳之例，言国之所纳而复其位也。

② 卫大夫之逆公于竟者，公执其手而与之言，示敬而亲。大夫之在道路逆公者，公不降车，但自车上揖之，敬心渐衰矣。大夫之逆公于国门者，公但颔摇其头示意而已，盖骄蹇之态作矣。

③ 二三子谓诸大夫。皆使寡人朝夕闻卫国之言，言朝夕皆来存问也。

④ 在，存问也。

⑤ 献公闻大叔文子答宁喜之言，甚忿之，故云"寡人怨矣"。

⑥ 不能负羁绁以从扞牧圉，言不能执鞭随镫从亡于外，与于养牛养马之役也。羁，马缰。绁，系也。养牛曰牧，养马曰圉。

⑦ 有出者谓献公衎。有居者谓剽。臣不能贰通外、内之言以事君，言不能交通出者、居者之言，挟二心以事君也。

⑧ 公使止之，献公悔责让之言，使人止大叔文子勿出奔也。

⑨ 楚子谓楚康王。

⑩ 零娄，楚地。汉尝于其地置零娄县，东晋时废。刘宋复置，旋废。故城在今河南商城县东北。《水经注》以为吴地，误。

⑪ 城麇，郑邑，今地未详。当近楚。

⑫ 皇颉，郑大夫。守城麇之邑，故曰"戍"。

⑬ 时秦、楚合师侵吴，还侵郑，此云皇颉出与楚师战，明秦不与战也。

⑭ 穿封戌，楚方城外之县尹。穿封，疑为地名，戌则尹之名也，后遂以为氏。

⑮ 公子围，一名虔，楚共王之子，康王之弟。康王卒，子郏敖麇立，围为令尹。后四年，弑麇自立，是为楚灵王。在位十二年，为楚第二十六君，弟訾敖比弑之。其元年当周景王五年辛酉岁，西历纪元前540年。

之争之。① 正于伯州犁。② 伯州犁曰："请问于囚。"乃立囚。③ 伯州犁曰："所争，君子也，其何不知？"④ 上其手，曰："夫子为王子围，寡君之贵介弟也。"⑤ 下其手，曰："此子为穿封戌，方城外之县尹也。⑥ 谁获子？"⑦ 囚曰："颉遇王子弱焉。"⑧ 戌怒，抽戈逐王子围，弗及。楚人以皇颉归。

印堇父⑨ 与皇颉戍城麇，楚人囚之，以献于秦。郑人取货于印氏以请之。⑩ 子大叔为令正，⑪ 以为请。⑫ 子产曰："不获。⑬ 受楚之功而取货于郑，不可谓国。秦不其然。⑭ 若曰拜君之勤郑国，微君之惠，楚师其犹在敝邑之城下。⑮ 其可。⑯" 弗从。⑰ 遂行。⑱ 秦人不予。⑲ 更币，从子产而后获之。⑳

---

① 与之争之，公子围与穿封戌争所获之囚也。
② 伯州犁，晋大夫伯宗之子，奔楚为太宰。已见前。公子围与穿封戌争俘获不相下，乃就正曲直于太宰，故云"正于伯州犁"。
③ 立囚，立皇颉于庭而问之也。
④ 所争，君子也，其何不知，言二人皆非细民，易别识也。
⑤ 上其手，伯州犁高举其手作势，指王子围以示皇颉也。夫子，尊王子围之辞。贵介弟，贵宠大弟也。介，大也。
⑥ 下其手，伯州犁下垂其手作势，指穿封戌以示皇颉也。方城外之县尹也，楚方城以外之县尹耳。此子，卑之之辞。
⑦ 谁获子，既明示以宠疏，然后询以谁得囚汝也。
⑧ 颉遇王子弱焉，皇颉已解伯州犁之意，自谓为王子所获也。弱，败也。
⑨ 印堇父，印氏，郑穆公子子印之后。时与皇颉共戍城麇，亦郑大夫也。
⑩ 郑人取货于印氏以请之，郑人使印氏出货赂，请赎堇父于秦也。
⑪ 子大叔，游氏，郑穆公子公子偃之孙游吉也。时为令正，主作辞令之官也。
⑫ 以为请，大叔为辞与秦请以货赎堇父也。
⑬ 不获，子产以为若如大叔之辞，以货赎堇父，必不能得也。
⑭ 受楚之功……秦不其然，言受楚献俘之功，大名也；若以货免之，小利也。以小利易大名，何以为国，故知秦必不尔也。
⑮ 若曰……犹在敝邑之城下，子产拟易之辞，盖谓郑实拜秦之赐，如无秦君受献之惠，楚师至今或尚留滞于郑之城下也。
⑯ 其可，子产申明之辞，谓必易辞如此，归功于秦，则堇父庶可得请而归耳。
⑰ 弗从，子大叔弗听子产之告。
⑱ 遂行，即遣使如秦以货赂请赎堇父。
⑲ 秦人不予，秦人果不以小利易大名，不允以印堇父还郑也。
⑳ 更币，从子产而后获之，更遣使执币，用子产之辞，然后得请堇父以归也。

初，宋芮司徒①生女子，赤而毛，②弃诸堤下。共姬③之妾取以入，名之曰弃。④长而美。平公入夕，⑤共姬与之食。公见弃也而视之尤。⑥姬纳诸御，⑦嬖。生佐。⑧恶而婉。⑨

大子痤美而狠，⑩合左师⑪畏而恶之。寺人惠墙伊戾⑫为大子内师，⑬而无宠。秋，楚客聘于晋，过宋，大子知之，请野享之。⑭公使往，伊戾请从之。公曰："夫⑮不恶女乎？"对曰："小人之事君子也，恶之不敢远，好之不敢近。敬以待命，敢有贰心乎？纵有共其外，莫共其内。⑯臣请往也。"遣之。至则欿，用牲，加书征之，⑰而骋告公⑱曰："大子将为乱，既与楚客盟矣。"公曰："为我子，又何求？"对曰："欲速。"⑲公使视之，则信有焉。⑳问诸夫人㉑与左师，则皆曰："固

---

① 芮司徒，宋之大夫，芮氏。
② 赤而毛，其身色赤而生毛也。
③ 共姬即宋伯姬，宋共公之夫人，宋平公之母也。
④ 取以入，共姬之媵妾取芮司徒之女入养于宫中也。名之曰弃，即取见弃之义。
⑤ 平公名成，共公固之子，为宋第二十四君在位四十四年。其元年当周简王十一年丙戌岁，西历纪元前 575 年。入夕，入宫夕见其母也。古者，子之于父母，朝夕入侍，问安视膳，故平公入夕。
⑥ 公见弃也而视之尤，平公见弃美，意悦之，故视之甚久也。尤，过也；甚也。
⑦ 姬纳诸御，共姬即以弃纳为平公之嫔御也。
⑧ 佐，平公庶子后嗣位为宋第二十五君，是为元公。在位十五年。其元年当周景王十四年庚午岁，西历纪元前 531 年。
⑨ 恶而婉，貌恶陋而心婉顺也。
⑩ 大子痤，宋平公适子。美而狠，貌姣好而心狠戾也。
⑪ 合左师，向氏，宋桓公曾孙向戌也。左师，其官；合，其封邑也。
⑫ 寺人，阉竖。惠墙，氏。伊戾，名。
⑬ 大子内师，大子之起居傅相也。
⑭ 大子知之，请野享之，过宋之楚客与大子相知，故请于宋公，欲野享楚客也。
⑮ 夫谓大子。
⑯ 伊戾自以大子内师，不随行，恐内侍废阙，故云"纵有共其外，莫共其内"而请往侍也。实则藉此伺隙耳。
⑰ 至则欿，用牲，加书征之，伊戾栽诬之毒计也。盖诈作盟处，掘地作欿，用牲，加盟书其上，为大子谋反之征验焉。欿读如"坎"，地穴也。
⑱ 骋告公，伊戾既栽诬，先大子驰归，密告平公也。
⑲ 欲速，欲速得公位，故谋反也。
⑳ 信有焉，确有盟约之征也。
㉑ 夫人，佐母弃也。

闻之。"① 公囚大子。大子曰："唯佐也能免我。"② 召而使请，曰："日中不来，吾知死矣。"左师闻之，聒而与之语。③ 过期，乃缢而死。佐为大子。公徐闻其无罪也，乃亨④伊戾。

左师见夫人之步马者，⑤ 问之。对曰："君夫人氏也。"⑥ 左师曰："谁为君夫人？余胡弗知？"⑦ 圉人⑧ 归，以告夫人。夫人使馈之锦与马，先之以玉，⑨ 曰："君之妾弃，使某献。"左师改命曰君夫人，⑩ 而后再拜稽首受之。

初，楚伍参⑪ 与蔡大师子朝⑫ 友，其子伍举⑬ 与声子⑭ 相善也。伍举娶于王子牟。⑮ 王子牟为申公而亡，⑯ 楚人曰："伍举实送之。"伍举奔郑，将遂奔晋。⑰ 声子将如晋，遇之于郑郊，班荆相与食，而言复故。⑱ 声子曰："子行也，吾必复子。"

及宋向戌将平晋、楚，⑲ 声子通使于晋。还如楚，令尹子木⑳ 与之

---

① 固闻之，久闻大子欲为乱也。固，久也。
② 大子既见囚，自念佐婉顺，当可救己，故云"唯佐也能免我"。
③ 聒而与之语，向戌知佐将往救大子，故意与佐絮聒，欲使失期也。聒，讙也。
④ 亨同"烹"。
⑤ 步马者，牵马以习步之人也。
⑥ 君夫人氏也，言君夫人氏之马也。
⑦ 弃非平公之嫡夫人，故向戌故作不知，谬言谁为君夫人，余胡弗知其姓氏也。
⑧ 圉人，牧马之人，即前之步马者。
⑨ 弃知向戌之意，故使人馈之锦与马，且以玉为锦马之先也。
⑩ 向戌得馈，遂令使者改命曰君夫人，不复卑视之矣。凡此，皆所以见宋平公之暗与向戌之谀，宜大子痤之无罪而死也。
⑪ 伍参，伍奢之祖父，伍子胥之曾祖也。已见前。
⑫ 大师子朝，蔡文公之子公子朝也。
⑬ 伍举，一称椒举，伍参之子，伍子胥之祖父也。
⑭ 声子，蔡子朝之子公孙归生也。
⑮ 王子牟，楚之公子。
⑯ 为申公而亡，王子牟为楚申县公，得罪出亡也。
⑰ 伍举先奔郑，以郑不足恃，故自郑将奔晋。
⑱ 班荆相与食，而言复故，声子如晋过郑，遇伍举于郑郊，乃席地而坐，相与饮食，共议归楚之事也。班，布也；铺也。荆，草席也。故，事也。
⑲ 向戌撮合晋、楚为弭兵之会，见下年。故此云"将平晋、楚"。
⑳ 令尹子木即屈建，屈荡之孙，屈到之子也。

语，问晋故焉。① 且曰："晋大夫与楚孰贤？"对曰："晋卿不如楚，其大夫则贤，皆卿材也。如杞梓皮革，自楚往也。② 虽楚有材，晋实用之。"子木曰："夫独无族姻乎？"③ 对曰："虽有，而用楚材实多。归生闻之，善为国者，赏不僭④而刑不滥。赏僭则惧及淫人，⑤ 刑滥则惧及善人。若不幸而过，宁僭无滥。⑥ 与其失善，宁其利淫。无善人则国从之。⑦《诗》曰，人之云亡，邦国殄瘁，⑧ 无善人之谓也。故《夏书》曰，与其杀不辜，宁失不经，⑨ 惧失善也。《商颂》有之曰，不僭不滥，不敢怠皇，命于下国，封建厥福，⑩ 此汤所以获天福也。古之治民者，劝赏而畏刑，⑪ 恤民不倦。⑫ 赏以春夏，刑以秋冬。⑬ 是以将赏，为之加膳，加膳则饫赐，此以知其劝赏也。⑭ 将刑，为之不举，不举则彻乐，此以知其畏刑也。⑮ 夙兴夜寐，朝夕临政，此以知其恤

---

① 问晋故，子木问声子以晋事也。
② 晋卿不如楚……自楚往也，言晋卿之贤不如楚卿，晋之大夫则贤于楚，其材皆可为卿，譬如木之杞梓，兽之皮革，皆产于楚而用于晋也。故下文足之以"虽楚有材，晋实用之"，喻楚之亡臣多在晋耳。
③ 夫谓晋。夫独无族姻乎，言晋岂无宗族姻亲可用而必用外材乎。
④ 僭，过也；奢也。
⑤ 淫人，冒滥之人。
⑥ 不幸而过，宁僭无滥，言不幸而刑赏失中，宁取僭赏，无取滥刑也。盖僭赏不过奖借浮冒，滥刑则将害及善人，故下文重言以申明之曰"与其失善，宁其利淫"也。
⑦ 无善人则国从之，言国无善人，国且从之亡也。
⑧ 人之云亡，邦国殄瘁，《诗·大雅·荡之什·瞻卬》篇第五章之卒句也。言善人云亡，邦国必因而受病。殄，尽也。瘁，病也。
⑨ 与其杀不辜，宁失不经，言与其刑滥而及于无辜之人，宁使失刑而不用经常之法也。此云《夏书》，盖逸《书》也。
⑩ 不僭不滥……封建厥福，见《诗·商颂·殷武》篇。言殷汤赏不僭差，刑不滥溢，不敢怠懈自宽，故能为下国所命为天子也。
⑪ 古之为政者乐于行赏而惮于用刑，故云"劝赏而畏刑"。
⑫ 恤民不倦，犹"勤恤民隐"。
⑬ 赏以春夏，刑以秋冬，体天时之生杀以顺则之也。
⑭ 将赏……此以知其劝赏也，言将行赏时，必加膳自足，自足则赏责自厚，即此喜心，可以知其乐于行赏也。
⑮ 将刑……此以知其畏刑也，言将用刑时，不举盛馔，不举盛馔则悬乐去而不用，盖以用刑为忧，不忍以声乐自娱，即此忧心，可以知其惮于用刑也。

民也。① 三者，礼之大节也。有礼无败。今楚多淫刑，② 其大夫逃死于四方，而为之谋主，以害楚国，不可救疗，所谓不能③也。子仪之乱，析公奔晋。④ 晋人置诸戎车之殿，⑤ 以为谋主。绕角之役，⑥ 晋将遁矣，析公曰，楚师轻窕，易震荡⑦也。若多鼓钧声，以夜军之，⑧ 楚师必遁。晋人从之，楚师宵溃。晋遂侵蔡，袭沈，获其君。⑨ 败申、息之师于桑隧，获申丽而还。⑩ 郑于是不敢南面。⑪ 楚失华夏，则析公之为也。⑫ 雍子之父兄谮雍子，君与大夫不善是⑬也，雍子奔晋。晋人与之鄐，⑭ 以为谋主。彭城之役，⑮ 晋、楚遇于靡角之谷，⑯ 晋将遁矣，雍子发命于军曰，归老幼，反孤疾，二人役，归一人。⑰ 简兵蒐乘，⑱ 秣马蓐食，⑲ 师陈焚次。⑳ 明日将战，行归者而逸楚囚，㉑ 楚师宵溃。晋降彭城而归

---

① 夙兴夜寐……此以知其恤民也，言为政者早起迟眠，旦夕视事，即此勤劳，可以知其勤恤民隐也。
② 淫刑，滥罚也。
③ 所谓不能，所谓楚人不能用其材也。
④ 子仪之乱，析公奔晋，在楚庄王元年，当鲁文公十四年。
⑤ 置诸戎车之殿，晋人置析公于后军也。
⑥ 绕角之役见成六年。
⑦ 楚师轻窕，易震荡，言楚军不能持重，易致震恐荡摇也。
⑧ 多鼓钧声，以夜军之，言多击军鼓，钧同其声，乘夜以攻楚军也。
⑨ 袭沈，获其君，在成八年。《传》云，晋侵沈，获沈子揖。沈，姬姓国，子爵，今安徽阜阳县西北一百二十里有沈丘集，即其地。后为秦所灭。
⑩ 败申、息之师，获申丽，亦在成八年。是年《传》，作"申骊"。
⑪ 郑于是不敢南面，言自是郑不敢南向事楚也。
⑫ 析公教晋胜楚，郑遂不敢南向，是楚失北争中原之机矣，故云"楚失华夏，则析公之为也"。
⑬ 君与大夫不善是，言楚君臣信雍子之父兄而不能正其曲直也。善，能也。是，正也。
⑭ 鄐，晋邑，盖与今河北邢台县相近。
⑮ 彭城之役在成十八年。彭城，宋邑，今江苏铜山县。
⑯ 靡角，宋地，近彭城。靡角之谷，靡角地方之山谷也。
⑰ 归老幼，反孤疾，遣归军中之老弱及孤独疾病之人也。二人役，归一人，一家有二人从役者则听其一人归家也。
⑱ 简，择也。兵，步卒。蒐，阅也。乘，车兵。简兵蒐乘，即检阅军队。
⑲ 秣马蓐食，饱饲战马，食于寝蓐，以备即时可行也。
⑳ 师陈焚次，言师既成列，即焚去所止之舍，示必死也。
㉑ 行归者而逸楚囚，言凡军中老弱孤疾之应归者皆遣之行，而纵楚人之被囚者使得逸归，盖欲楚知之也。

诸宋，以鱼石归。① 楚失东夷，子辛② 死之，则雍子之为也。③ 子反与子灵争夏姬，而雍害其事，④ 子灵奔晋。晋人与之邢，⑤ 以为谋主。扞御北狄，通吴于晋，教吴叛楚，教之乘车，射御驱侵，⑥ 使其子狐庸为吴行人⑦ 焉。吴于是伐巢，⑧ 取驾，⑨ 克棘，⑩ 入州来，⑪ 楚罢于奔命，至今为患，则子灵之为也。⑫ 若敖之乱，⑬ 伯贲之子贲皇奔晋。晋人与之苗，⑭ 以为谋主。鄢陵之役，⑮ 楚晨压晋军而陈，晋将遁矣，苗贲皇曰，楚师之良，在其中军王族而已。若塞井夷灶，成陈以当之，栾、范易行以诱之，⑯ 中行、二郤，必克二穆。⑰ 吾乃四萃⑱ 于其王族，必大败之。晋

---

① 鱼石，宋公子目夷之曾孙，与向为人、鳞朱、向带、鱼府叛宋奔楚。成十八年，郑会楚伐宋，纳五大夫于彭城，以三百乘成之而还。秋七月，老佐、华喜围彭城，华元如晋告急。冬，诸侯会于虚朾，谋救宋。襄元年，诸侯围彭城，彭城降晋。晋以五大夫归，置诸瓠丘。故云"晋降彭城而归诸宋，以鱼石归"。

② 子辛即公子壬夫，初为右尹事楚共王。宋鱼石等五大夫叛，壬夫及郑侵宋，同伐彭城纳五大夫。翌年，彭城降晋，晋以五大夫归。后二年，公子婴齐卒，壬夫代为令尹，故亦称令尹子辛。时楚东小国及陈见楚不能救彭城，皆叛。襄五年，楚人讨陈叛之故，遂杀壬夫。故下云"死之"。

③ 楚失东夷……则雍子之为也，言楚失东方小国，子辛且以此见杀，皆雍子教晋之故也。

④ 子反与子灵争夏姬，谓公子侧与申公巫臣争娶夏姬事，已见前。雍害其事，言子反壅遏巫臣使不得夏姬也。雍与"壅"通。

⑤ 邢，晋邑，即今河北邢台县，已见前。

⑥ 驱侵，驱车侵突也。

⑦ 狐庸为吴行人，已见成七年。

⑧ 巢已见成七年。

⑨ 驾，楚邑，在今安徽无为县境。

⑩ 棘，楚邑，在今河南永城县南。

⑪ 州来亦见成七年。

⑫ 楚罢于奔命……则子灵之为也，言成七年楚子重、子反一岁七奔命，而吴且至今为楚患，皆巫臣教晋通吴之故也。

⑬ 若敖之乱见宣四年。

⑭ 伯贲即斗椒。苗，晋邑，即今河南济源县西十五里之苗亭。

⑮ 鄢陵之役见成十六年。

⑯ 晋栾书时将中军，范燮佐之。苗贲皇劝栾、范简易其兵备，故示虚弱，欲令楚师贪晋之易攻，不复顾子重、子辛之兵。故云"栾、范易行以诱之"。

⑰ 郤锜时将上军，中行偃佐之，郤至时佐新军。苗贲皇劝令三人分精兵以攻子重、子辛，谓可必胜。故云"中行、二郤，必克二穆"。子重、子辛皆出穆王后，故称二穆。

⑱ 四萃，四面聚攻也。

人从之，楚师大败，王夷师熸，①子反死之。②郑叛吴兴，楚失诸侯，则苗贲皇之为也。③"子木曰："是皆然矣。"声子曰："今又有甚于此。椒举娶于申公子牟，子牟得戾④而亡，君大夫谓椒举，女实遣之，⑤惧而奔郑。⑥引领南望⑦曰，庶几赦余，⑧亦弗图也。⑨今在晋矣，晋人将与之县，以比叔向。⑩彼若谋害楚国，岂不为患？"子木惧，言诸王，益其爵禄而复之。声子使椒鸣⑪逆之。

二十七年⑫

卫宁喜专，公患之。⑬公孙免馀⑭请杀之。公曰："微宁子不及此，⑮吾与之言矣。⑯事未可知，祇成恶名，⑰止也。⑱"对曰："臣杀之，

---

① 王夷师熸，谓楚共王被射中目而伤，楚师且大败也。
② 子反死之，指鄢陵败后子重让子反，子反自杀事。
③ 郑叛吴兴，楚失诸侯，则苗贲皇之为也，言鄢陵之战，楚不能定郑而失诸侯，皆苗贲皇教晋战胜之力也。
④ 戾，罪也。
⑤ 女实遣之，言楚君臣谬谓伍举实遣送申公子牟出亡也。
⑥ 惧而奔郑，伍举惧获罪而奔于郑也。
⑦ 引领南望，延颈南向，有所希望也。
⑧ 庶几赦余，或者事状已明，可以赦我也。
⑨ 亦弗图也，言楚亦不以为意也。
⑩ 以比叔向，谓以举材能比羊舌肸也。
⑪ 椒鸣，伍举之子。
⑫ 襄公二十七年当周灵王二十六年乙卯岁，晋平公十二年，齐景公二年，楚康王十四年，秦景公三十一年，蔡景侯四十六年，卫献公三十一年，陈哀公二十三年，郑简公二十年，许悼公元年，曹武公九年，邾悼公二十年，滕成公二十九年，西历纪元前546年。许悼公名买，灵公宁之子，在位二十四年，为许国第十四君。
⑬ 宁喜即纳献公，为政自专，故公患之。
⑭ 公孙免馀，卫大夫。
⑮ 微宁子不及此，言如无宁喜之力不能复国至此也。
⑯ 吾与之言矣，言政由宁氏为吾所前许也。
⑰ 事未可知，祇成恶名，言伐之恐未必胜，适足以成恶名耳。祇读如"支"，适也。
⑱ 止也，犹言不如止而勿为。

君勿与知。"乃与公孙无地、公孙臣①谋,使攻宁氏。弗克,皆死。公曰:"臣也无罪,父子死余矣。②"夏,免馀复攻宁氏,杀宁喜及右宰穀,尸诸朝。

石恶将会宋之盟,受命而出。③衣其尸,枕之股而哭之。④欲敛以亡,惧不免。⑤且曰:"受命矣。"乃行。

子鲜曰:"逐我者出,⑥纳我者死,⑦赏罚无章,何以沮劝?⑧君失其信,而国无刑,⑨不亦难⑩乎?且鱄实使之。⑪"遂出奔晋。公使止之。不可。⑫及河,又使止之。止使者而盟于河。⑬托于木门,⑭不乡卫国而坐。⑮木门大夫劝之仕。不可。⑯曰:"仕而废其事,罪也。从之,昭吾所以出也。将谁愬乎?⑰吾不可以立于人之朝矣。"终身不仕。⑱公丧之,如税服,终身。⑲

---

① 公孙无地、公孙臣俱卫大夫。
② 献公出时,公孙臣之父为孙氏所杀,故云"父子死余矣"。
③ 石恶,石买之子石悼子也。为宁喜之党,时受献公命出国,将会盟于宋,故云"将会宋之盟,受命而出"。
④ 衣其尸,枕之股而哭之,石恶以衣着宁喜之尸,枕其尸于己股而哭之也。
⑤ 欲敛以亡,惧不免,石恶初欲敛宁喜而后出亡,旋惧不免于祸而止。
⑥ 逐我者出谓孙林父。
⑦ 纳我者死谓宁喜。
⑧ 赏罚无章,何以沮劝,言刑赏不明,将何以止恶而劝善也。章,明也。沮,止也。
⑨ 君失其信,而国无刑,言献公失政由宁氏之信,而卫国无沮恶劝善之刑也。
⑩ 难,难以治国也。
⑪ 子鲜受强命与宁喜谋复献公,已见前,故云"鱄实使之"。
⑫ 不可,子鲜不肯留卫也。
⑬ 止使者而盟于河,拒献公之使者于河而誓之,示不还也。
⑭ 托于木门,托居于晋之木门邑也。木门,在今河北赵县。
⑮ 不乡卫国而坐,怨之深也。乡同"向"。
⑯ 不可,子鲜不肯出仕也。
⑰ 仕而废其事……将谁愬乎,言仕而不任事,固为罪恶,若从而治其事,则明己之出实所取为仕,将无所自愬也。
⑱ 终身不仕,自誓不仕终身也。
⑲ 公丧之,如税服,终身,杜《注》:"税即繐也。丧服:繐,缞裳,缕细而希,非五服之常,本无月数。痛愍子鲜,故特为此服。此服无月数,而献公寻薨,故言终身。"税读如"繐"。

公与免馀邑①六十，辞曰："唯卿备百邑，臣六十矣，下有上禄，乱也。臣弗敢闻。且宁子唯多邑，故死。臣惧死之速及也。"公固与之，受其半。以为少师。②公使为卿。辞曰："大叔仪不贰，能赞大事。君其命之。"乃使文子为卿。③

宋向戌善于赵文子，又善于令尹子木，④欲弭诸侯之兵以为名。⑤如晋，告赵孟。赵孟谋于诸大夫。⑥韩宣子⑦曰："兵，民之残也，财用之蠹，小国之大菑也。⑧将或弭之，虽曰不可，必将许之。⑨弗许，楚将许之，以召诸侯，则我失为盟主矣。"晋人许之。如楚，楚亦许之。如齐，齐人难之。陈文子⑩曰："晋、楚许之，我焉得已？且人曰弭兵，而我弗许，则固携吾民矣，将焉用之？⑪"齐人许之。告于秦，秦亦许之。皆告于小国，为会于宋。⑫

五月甲辰，晋赵武至于宋。⑬丙午，郑良霄⑭至。六月丁未，朔，

---

① 邑谓一乘之邑，非四井之邑。《司马法》：成方十里，出革车一乘。此一乘之邑，每邑方十里也。
② 以为少师，献公以公孙免馀为少师之官也。
③ 乃使文子为卿，献公从免馀之言，以大叔仪为卿也。
④ 向戌与晋之赵武及楚之屈建俱相善，故云"善于赵文子，又善于令尹子木"。
⑤ 弭，戢也；止也。读如"靡"。欲弭诸侯之兵以为名，欲使诸侯各戢其兵勿争战，以获息民之名也。
⑥ 谋于诸大夫，赵武与晋之诸大夫计议弭兵可行否也。
⑦ 韩宣子名起，韩厥之子，韩无忌之弟也。已见前。
⑧ 兵……小国之大菑也，言兵本为民患，财赋所耗小国尤不堪任耳。残，贼也；害也。蠹，害物之虫。菑同"灾"，祸患也。
⑨ 将或弭之，言人或图谋弭兵也。虽曰不可，必将许之，言虽知兵不得久弭，然不可不许也。
⑩ 陈文子名须无，陈完之曾孙也，为齐大夫。
⑪ 且人曰弭兵……将焉用之，言人倡弭兵，而我弗许，是自离其民使失望也，将何所用之乎。
⑫ 皆告于小国，言晋、楚、齐、秦皆以弭兵之事告诸小国，使为会于宋也。
⑬ 赵武至于宋，晋赵孟自晋至宋莅盟也。特言至于宋者，明下举诸人之"至"，皆至宋赴会也。
⑭ 良霄，字伯有，郑七穆之后，良氏，公子去疾之孙，公孙辄之子也。

宋人享赵文子，叔向为介，司马置折俎，① 礼也。仲尼使举是礼也，以为多文辞。② 戊申，叔孙豹、齐庆封、陈须无、卫石恶③ 至。甲寅，晋荀盈从赵武至。④ 丙辰，邾悼公至。⑤ 壬戌，楚公子黑肱⑥ 先至，成言于晋。⑦ 丁卯，宋向戌如陈，从子木成言于楚。⑧ 戊辰，滕成公至。⑨ 子木谓向戌，请晋、楚之从交相见⑩ 也。庚午，向戌复于赵孟。⑪ 赵孟曰："晋、楚、齐、秦匹也，晋之不能于齐，犹楚之不能于秦⑫ 也。楚君若能使秦君辱于敝邑，寡君敢不固请于齐？⑬" 壬申，左师复言于子木。⑭ 子木使驲谒诸王。⑮ 王曰："释齐、秦，他国请相见也。"⑯ 秋七月

---

① 司马兼掌会同之事。折俎，以牲体解节折升之于俎也。司马置折俎，合卿享宴之礼，故下云"礼也"。
② 仲尼使举是礼也，以为多文辞，杜《注》："宋向戌自美弭兵之意，敬逆赵武。赵武、叔向因享宴之会，展宾主之辞，故仲尼以为多文辞。"举，谓记录之也。
③ 叔孙豹即叔孙穆子，庆封即子家，陈须无即陈文子，石恶即石悼子。均已见前。
④ 荀盈字伯夙，即知悼子，已见前。从赵武至，明非君命，盖受武命追踪至宋耳。《传》著此，为后武遣盈如楚张本。
⑤ 邾悼公名华，宣公牼之子，在位十五年，为邾国第六君。其元年当周灵王十七年丙午岁，西历纪元前555年。邾，小国，故君自至。
⑥ 公子黑肱字子晳，共王子，初为宫厩尹，后为令尹。
⑦ 时令尹子木止于陈，先遣黑肱就晋大夫成盟载之言，两相然可。故云"楚公子黑肱先至，成言于晋"。盖预先磋商约文耳。
⑧ 从子木成言于楚，向戌就子木于陈，以成楚之要言也。
⑨ 滕成公至，亦以小国，君自来。成公名原，文公寿之子，在位三十六年，为滕国第五君。其元年当周简王十二年丁亥岁，西历纪元前574年。
⑩ 请晋、楚之从交相见，子木告向戌，欲使诸侯之从晋、楚者更相朝见也。即令从晋之诸侯朝于楚，从楚之诸侯朝于晋耳。
⑪ 向戌复于赵孟，向戌以子木之言述于赵武也。
⑫ 晋之不能于齐，犹楚之不能于秦，言晋不能服齐而使之，犹楚不能服秦而使之也。
⑬ 晋欲要秦先来朝，如得请，则请齐使往朝楚，故云"楚君若能使秦君辱于敝邑，寡君敢不固请于齐"。
⑭ 左师复言于子木，向戌复以赵武之言答子木也。
⑮ 使驲谒诸王，子木使人乘传车以赵武之言告于楚康王也。
⑯ 释齐、秦，他国请相见也，舍去齐、秦，余国之在会者仍请相见也。故是年《经》文不书齐、秦，但书"叔孙豹会晋赵武、楚屈建、蔡公孙归生、卫石恶、陈孔奂、郑良霄、许人、曹人于宋"，盖至是，晋、楚始同主盟矣。

戊寅，左师至。①是夜也，赵孟及子晳盟，以齐言。②庚辰，子木至自陈。陈孔奂、蔡公孙归生至。③曹、许之大夫皆至。以藩为军，④晋、楚各处其偏。⑤伯夙谓赵孟曰："楚氛甚恶，惧难。"⑥赵孟曰："吾左还入于宋，⑦若我何？"

辛巳，将盟于宋西门之外，楚人衷甲。⑧伯州犁曰："合诸侯之师以为不信，无乃不可乎？夫诸侯望信于楚，是以来服。若不信，是弃其所以服诸侯也。"固请释甲。子木曰："晋、楚无信久矣，事利而已。苟得志焉，焉用有信？"大宰退，告人曰："令尹将死矣，不及三年。求逞志而弃信，志将逞乎？⑨志以发言，言以出信，信以立志，参以定之。⑩信亡，何以及三？⑪"

赵孟患楚衷甲，以告叔向。叔向曰："何害也？匹夫一为不信犹不可，单毙其死。⑫若合诸侯之卿，以为不信，必不捷矣。食言者不病，⑬非子之患也。夫以信召人，而以僭⑭济之，必莫之与也。安能害

---

① 左师至，向戌自陈还至宋也。
② 以齐言，要约齐同其辞，至盟时不得复讼争也。盖赵武与黑肱先为私盟以约信耳。
③ 孔奂，陈大夫。公孙归生即声子，已见前。时二国大夫与楚子木俱至宋。
④ 以藩为军，诸国各以藩篱为军，不筑营垒，示不相忌也。
⑤ 晋处诸国之军之北，楚处其南，故云"晋、楚各处其偏"。
⑥ 楚氛甚恶，惧难，言楚象甚恶，恐有袭晋之祸难也。氛，气也，引申有"景象"谊。
⑦ 时晋营在宋都东头，有急可左回入于宋之东门，故云"吾左还入于宋"。
⑧ 衷甲，甲在衣中也。盖楚人欲因会以击晋。
⑨ 求逞志而弃信，志将逞乎，言为求逞志而先自弃信，志将何所得逞乎。
⑩ 参以定之，承上志以发言三语言，谓志、言、信三者具，而后身安存也。参同"三"。
⑪ 信亡，何以及三，言信亡则并志与言俱亡，其数三，故知其不能及三年也。此申足上文"将死矣，不及三年"意。
⑫ 单，尽也。毙，踣也。单毙其死，言虽微贱之人一为不信之事犹不可立于世，当尽踣以死也。
⑬ 食言者不病，谓不必病，必单毙于死耳。盖以楚食言当死，晋不食言必无患，故下即云"非子之患也"。
⑭ 僭，不信也。

我?且吾因宋以守病,则夫能致死。① 与宋致死,虽倍楚可也。② 子何惧焉?又不及是,③ 曰,弭兵以召诸侯,而称兵以害我,吾庸多矣,④ 非所患也。"

季武子使谓叔孙以公命,曰:"视邾、滕。"⑤ 既而齐人请邾,宋人请滕,皆不与盟。⑥ 叔孙曰:"邾、滕,人之私也。我,列国也,何故视之?宋、卫,吾匹也。"乃盟。⑦ 故不书其族,言违命也。⑧

晋、楚争先。⑨ 晋人曰:"晋固为诸侯盟主,未有先晋者也。"楚人曰:"子言晋、楚匹也,若晋常先,是楚弱也。且晋、楚狎主诸侯之盟⑩也久矣,岂专在晋?"叔向谓赵孟曰:"诸侯归晋之德只,⑪非归其尸盟⑫也。子务德,无争先。且诸侯盟小国,固必有尸盟者,⑬ 楚为晋细,⑭ 不亦可乎?"乃先楚人。⑮ 书先晋,晋有信也。⑯

---

① 吾因宋以守病,则夫能致死,言我如为楚所病,则入宋城以自守,宋为地主,必将致死力助我也。

② 宋如致死助晋,则力可倍于楚,故云"与宋致死,虽倍楚可也"。

③ 又不及是,言设不幸而宋不能助晋。

④ 弭兵以召诸侯……吾庸多矣,言如以弭兵为名而举兵以害我,则我独取信,为功多矣。

⑤ 季武子……视邾、滕,季孙宿托公命以属叔孙豹,谓鲁之加盟须视邾、滕二国为率也。盖两事晋、楚则贡赋重,故欲比小国。武子恐叔孙不从其言,故假公命以教之。见杜《注》。

⑥ 齐人请邾,宋人请滕,皆不与盟,言齐请鲁盟视邾,宋请鲁盟视滕,叔孙豹俱不应加盟也。盖以邾、滕私属二国故。故下云"邾、滕,人之私也。我,列国也,何故视之"。

⑦ 乃盟,乃视宋、卫以受盟也。

⑧ 不书其族,谓《经》文仅书"豹及诸侯之大夫盟于宋",不及其氏族也。言违命也,杜《注》:"季孙专政于国,鲁君非得有命。今君唯以此命豹,豹宜崇大顺以显弱命之君。而遂其小,是故贬之。"

⑨ 争先,争先歃血也。

⑩ 狎,更也。狎主诸侯之盟,言晋、楚实更迭为诸侯盟主也。

⑪ 只,语助辞。

⑫ 尸,主也。尸盟,主盟也。

⑬ 尸盟者与"尸盟"不同,谓盟时主办具之人也,例以小国任之。

⑭ 楚为晋细,言楚欲尸盟,自同于小国,是为晋任细事也。

⑮ 先楚人,让楚人先歃也。

⑯ 书先晋,言《经》文仍书"晋赵武、楚屈建",是先书晋也。盖孔子以晋有信而追正之,故《传》言"晋有信也"。

壬午，宋公兼享晋、楚之大夫，赵孟为客。^①子木与之言，弗能对。^②使叔向侍言焉，子木亦不能对^③也。

乙酉，宋公及诸侯之大夫盟于蒙门^④之外。子木问于赵孟曰："范武子之德何如？^⑤"对曰："夫子之家事治，言于晋国无隐情。^⑥其祝史陈信于鬼神无愧辞。^⑦"子木归，以语王。王曰："尚矣哉！^⑧能歆神人，^⑨宜其光辅五君以为盟主^⑩也。"子木又语王曰："宜晋之伯也。有叔向以佐其卿，楚无以当之，不可与争。"晋荀盈遂如楚莅盟。^⑪

郑伯享赵孟于垂陇，^⑫子展、伯有、子西、子产、子大叔、二子石从。^⑬赵孟曰："七子从君，以宠武也。请皆赋以卒君贶。^⑭武亦以观七子之志。^⑮"子展赋《草虫》，^⑯赵孟曰："善哉，民之主也。^⑰抑武

---

① 客，一坐所尊。享宴之礼，宾旅虽多，特以一人为客。宋公兼享晋、楚之大夫，异于常礼，以尊敬霸主之国，故令赵孟为客。

② 子木与之言，弗能对，言屈建与赵武言，武有所难答也。

③ 使叔向侍言焉，子木亦不能对，赵武使叔向侍坐以与屈建言，建亦不能答也。

④ 蒙门，宋都之东北门也。

⑤ 晋士会贤，闻于诸侯，故子木以范武子之德何如为问也。

⑥ 言于晋国无隐情，谓士会所行之事皆可告人，故情无所隐也。

⑦ 祝史陈信于鬼神无愧辞，谓士会之大祝、大史陈其馨香以告鬼神，德足以副之，故辞无所愧也。

⑧ 尚，上也。尚矣哉，赞美之辞，言可崇敬也。

⑨ 能歆神人，言士会能使鬼神享其祭，民人怀其德也。

⑩ 光辅五君为盟主，言辅相文、襄、灵、成、景五君，世为盟主也。

⑪ 荀盈遂如楚莅盟，盖重结晋、楚之好也。

⑫ 垂陇，郑地，在今河南荥泽县东北。赵武自宋还，过郑，故郑简公享之。

⑬ 子展即公孙舍之，伯有即良霄，子西即公孙夏，子产即公孙侨，均已见前。子大叔即游吉，子蟜之子，子明之弟也。二子石，即印段与公孙段也。印段字子石，郑穆公子子印之孙公孙黑肱之子，为印氏。公孙段字伯石，穆公子子丰之子，为丰氏。时七子从郑简公享赵武。

⑭ 皆赋以卒君贶，请各赋《诗》以足郑君之赐也。

⑮ 观七子之志，欲观七子向背之志也。《诗》以言志，故赵武以此为请。

⑯ 《草虫》，《诗·国风·召南》第三篇也。

⑰ 《草虫》篇有"未见君子，忧心忡忡，亦既见止，亦既觏止，我心则降"之语，以赵孟为君子。赵孟以子展在上不忘降，许其可以主民，故赞之曰"善哉，民之主也"。

也不足以当之。①"伯有赋《鹑之贲贲》,②赵孟曰:"床笫之言不逾阈,③况在野乎?非使人④之所得闻也。"子西赋《黍苗》之四章,⑤赵孟曰:"寡君在,武何能焉?"⑥子产赋《隰桑》,⑦赵孟曰:"武请受其卒章。"⑧子大叔赋《野有蔓草》,⑨赵孟曰:"吾子之惠也。"⑩印段赋《蟋蟀》,⑪赵孟曰:"善哉,保家之主也,吾有望矣。"⑫公孙段赋《桑扈》,⑬赵孟曰:"匪交匪敖,福将焉往?⑭若保是言也,欲辞福禄得乎?"

卒享,文子告叔向曰:"伯有将为戮⑮矣。诗以言志,志诬其上,而公怨之,以为宾荣,⑯其能久乎?幸而后亡。"⑰叔向曰:"然,已

---

① 抑武也不足以当之,赵孟之谦辞,盖辞君子之称。

② 《鹑之贲贲》,《诗·墉风》第五篇也。贲贲今作"奔奔"。卫人刺宣姜,以为鹑鹊之不若也。凡二章,章末云"人之无良,我以为兄","人之无良,我以为君"。

③ 此诗刺淫乱,故云"床笫之言"。阈,门限。笫读如"子",簀也。床笫之言不逾阈,谓淫乱之言不当越出门限也。

④ 使人,赵武自谓。

⑤ 《黍苗》,《诗·小雅·鱼藻之什》第七篇也。凡五章。其第四章云"肃肃谢功,召伯营之;烈烈征师,召伯成之"。子西赋此,盖比赵孟于召伯。

⑥ 寡君在,武何能焉,赵孟谦让推善于其君。

⑦ 《隰桑》,《诗·小雅·鱼藻之什》第八篇也。义取思见君子,尽心以事之,故其诗有云"既见君子,其乐如何"。

⑧ 《隰桑》凡四章,其第四章云"心乎爱矣,遐不谓矣,中心藏之,何日忘之"。赵武欲子产之见规诲,故云请受其卒章。

⑨ 《野有蔓草》,《诗·郑风》之第二十篇也。凡二章,章六句。

⑩ 此诗有"邂逅相遇,适我愿兮""邂逅相遇,与子皆臧"语。子大叔赋此,义取喜于相遇,故赵孟曰:"吾子之惠也。"

⑪ 《蟋蟀》,《诗·唐风》之第一篇。凡三章章八句。其中有云"无以大康,职思其居,好乐无荒,良士瞿瞿"。意盖取瞿瞿然顾礼仪也。

⑫ 赵孟嘉印段之能戒惧不荒,可以保家,故曰"善哉保家之主也,吾有望矣"。

⑬ 《桑扈》,《诗·小雅·甫田之什》第五篇,凡四章,章四句。公孙段赋此,义取君子有礼文,故能受天之祐也。

⑭ 《桑扈》卒章云:"彼交匪敖,万福来求。"赵孟因以取义,故曰"匪交匪敖,福将焉往"。

⑮ 为戮,得罪以取死也。

⑯ 诗以言志……以为宾荣,杜《注》:"言诬则郑伯未有其实,赵孟倡赋诗以自宠,故言公怨之以为宾荣。"

⑰ 幸而后亡,犹言必先亡也。

侈。①所谓不及五稔②者。夫子③之谓矣。"文子曰："其余皆数世之主也，子展其后亡者也，在上不忘降。④印氏其次也，乐而不荒。⑤乐以安民，不淫以使之，⑥后亡，不亦可乎？"

宋左师请赏，⑦曰："请免死之邑。"⑧公与之邑六十。以示子罕。⑨子罕曰："凡诸侯小国，晋、楚所以兵威之，⑩畏而后上下慈和。⑪慈和而后能安靖其国家，以事大国，所以存也。无威则骄，骄则乱生，乱生必灭，所以亡也。天生五材，民并用之，废一不可，谁能去兵？⑫兵之设久矣，所以威不轨而昭文德⑬也。圣人以兴，⑭乱人以废，⑮废兴存亡昏明之术，皆兵之由⑯也，而子求去之，不亦诬乎！以诬道蔽诸侯，⑰罪莫大焉。纵无大讨，而又求赏，无厌之甚

---

① 叔向顺答赵武，故曰然，犹言诚然也。已侈，言伯有侈汰已甚也。
② 稔读如"荏"，年丰谷熟也。谷一熟为一年，五稔是五年也。
③ 夫子谓伯有。
④ 在上不忘降，谓子展赋《草虫》之"我心则降"也。
⑤ 乐而不荒，谓印段赋《蟋蟀》之"好乐无荒"也。
⑥ 乐以安民，不淫以使之，言乐与民同则民得其安，又不淫纵己欲以虐使之也。
⑦ 左师请赏，向戌自以弭兵之功，向宋君请赏也。
⑧ 戌欲宋君称其功伐以贲厚赏，故谦言"请免死之邑"。
⑨ 子罕即司城子罕，乐氏，名喜，宋戴公子乐父术之后也。以示子罕，宋公既赏向戌六十邑，戌乃以此赏典示乐喜也。
⑩ 晋、楚所以兵威之，言晋、楚更盟，正所以用兵劫制诸小国也。
⑪ 畏而后上下慈和，言诸小国正因畏大国之兵威，而后在上者能慈爱而在下者能和顺也。
⑫ 天生五材……谁能去兵，言天生金、木、水、火、土五物，并为民用，不可废缺，如何可以去金释兵也。
⑬ 兵……所以威不轨而昭文德，言兵之所以设，正为威制不轨之徒而昭明文德之治耳。盖用兵正为戡乱，不用所以昭德也。
⑭ 汤、武用兵除暴，遂兴商、周，故云"圣人以兴"。
⑮ 桀、纣弄兵取乱，遂覆夏、殷，故云"乱人以废"。
⑯ 废兴存亡昏明之术，皆兵之由，言兵之为物，废兴存亡昏明之道悉系之，用得其当，则废者可使兴，亡者可使存，昏者可使明；用失其当，则兴者可即废，存者可即亡，明者可即昏也。然兵之本身固不可去。故下云"而子求去之，不亦诬乎"。
⑰ 兵不可去而向戌以弭兵为名，故子罕斥之，以为以诬道蔽诸侯也。

也。①"削而投之。②左师辞邑,向氏欲攻司城,③左师曰:"我将亡,夫子存我,④德莫大焉,又可攻乎?"君子曰,彼己之子,邦之司直。乐喜之谓乎!⑤何以恤我,我其收之,向戌之谓乎!⑥

齐崔杼生成及强而寡。⑦娶东郭姜,生明。⑧东郭姜以孤入,曰棠无咎,⑨与东郭偃相崔氏。⑩崔成有疾,⑪而废之而立明。⑫成请老于崔,⑬崔子许之。偃与无咎弗予,曰:"崔,宗邑也,必在宗主。⑭"

成与强怒,将杀之,告庆封曰:"夫子之身亦子所知也,⑮唯无咎与偃是从,父兄莫得进矣。⑯大恐害夫子。⑰敢以告。⑱"庆封曰:"子姑退,吾图之。"告卢蒲嫳。⑲卢蒲嫳曰:"彼,君之雠也,天或者将

---

① 纵无大讨,而又求赏,无厌之甚也,言向戌以诬道蔽人,无大罚以绳之,已为宽纵矣,乃竟进而求赏,是诚无厌之请也。
② 削而投之,削左师之赏典而投去之也。
③ 左师辞邑,向氏欲攻司城,向戌受之罕之言,辞不受邑,向戌之徒遂欲攻子罕也。
④ 我将亡,夫子存我,向戌自言我邑多,将有灭亡之祸,子罕责我以义,是存我也。
⑤ 彼己之子,邦之司直,见《诗·郑风·羔裘》篇。今本己作"其"。乐喜之谓乎,引《诗》以善子罕之不阿向戌也。
⑥ 何以恤我,我其收之,盖逸《诗》。恤,忧也。收,取也。向戌之谓乎,引《诗》以善左师之能知过也。
⑦ 崔杼生成及强而寡,崔杼先娶之妻生二子成、强而死也,偏丧曰寡。寡,特也。初不限于男女。后世取鳏夫与寡妇对举,遂专以寡为丧夫之称。
⑧ 崔杼娶棠公之妻东郭姜,见襄二十五年。生明,东郭姜所生之子名明也。
⑨ 东郭姜以孤入,棠姜以先夫之子随入崔氏也。棠无咎,棠公之孤子也。
⑩ 与东郭偃相崔氏,言崔杼既娶姜氏,遂以姜之弟偃及前夫之子无咎为家相也。
⑪ 崔成有疾,谓有恶疾不可以为宗子也。
⑫ 废之而立明,废崔成而立崔明为代也。
⑬ 请老于崔,崔成请居于崔邑以终老也。崔,齐邑,崔氏始封地,在今山东章丘县西北二十五里。
⑭ 宗邑,宗庙所在。宗主谓崔明。
⑮ 夫子之身亦子所知也,言崔杼之身事,实为庆封之所素知也。
⑯ 唯无咎与偃是从,父兄莫得进矣,言崔杼平日唯棠无咎与东郭偃之言是从,凡崔氏之诸父诸兄皆莫得进用也。
⑰ 大恐害夫子,言如此恐贻害崔杼之身也。
⑱ 崔成兄弟以崔、庆同功一体,故敢以此意告庆封也。
⑲ 卢蒲嫳,庆封属大夫。故庆封以崔成兄弟之语告之。

弃彼矣。彼实家乱，子何病焉？① 崔之薄，庆之厚也。②"他日又告。③ 庆封曰："苟利夫子，必去之。④ 难，吾助女。⑤"

九月庚辰，崔成、崔强杀东郭偃、棠无咎于崔氏之朝。⑥ 崔子怒而出，其众皆逃，求人使驾不得。⑦ 使圉人驾，寺人御而出。⑧ 且曰："崔氏有福，止余犹可。"⑨ 遂见庆封。庆封曰："崔、庆一也，是何敢然？⑩ 请为子讨之。"使卢蒲嫳帅甲以攻崔氏。崔氏堞其宫而守之，⑪ 弗克。使国人助之，遂灭崔氏，杀成与强而尽俘其家。其妻缢。⑫ 嫳复命于崔子，且御而归之。⑬ 至则无归矣，乃缢。⑭ 崔明夜辟诸大墓。⑮

辛巳，崔明来奔。⑯ 庆封当国。⑰

---

① 彼，君之雠也……子何病焉，言齐庄公为崔杼所杀，实为君雠，今其家有难，或者天将弃之，何以以彼为病耶。
② 崔氏败则庆氏可以自专，故云"崔之薄，庆之厚也"。
③ 他日又告，成、强兄弟复告庆封也。
④ 苟利夫子，必去之，言苟有利于崔杼，必去偃与无咎也。
⑤ 难，吾助女，言若有他难，吾必助汝去之也。
⑥ 崔氏之朝，崔杼治事之所也。
⑦ 崔子怒而出……求人使驾不得，崔杼闻警，怒而出视，其左右人众皆逃散，求驾车之人且不可得也。
⑧ 使圉人驾，寺人御而出，言崔杼左右既散，所使之人皆非所习。圉人本为养马者，今使驾；寺人，奄士，今使御；可见当时事况之凌乱。
⑨ 崔杼恐灭家，祸不止其身，故云"崔氏有福，止余犹可"。祸福相倚，故单称可以见意。
⑩ 崔、庆一也，是何敢然，言崔、庆二氏本如一家，崔成、崔强何故敢于如此也。
⑪ 崔氏堞其宫而守之，成、强讨，乃为短垣自固，使其众据垣以守御也。堞，短墙。
⑫ 其妻缢，东郭姜见其家尽俘，乃自缢而死也。
⑬ 嫳复命于崔子，且御而归之，卢蒲嫳既杀成、强而俘崔氏之家，遂以致讨之事复命于崔杼，且为崔杼御车送之归也。
⑭ 至则无归矣，乃缢，崔杼至家，已无家可归矣，遂自缢而死也。
⑮ 崔明夜辟诸大墓，崔明乘夜避至墓所，开先人之冢以自藏也。辟，开也。
⑯ 来奔，奔于鲁也。
⑰ 庆封当国，崔氏既灭，庆封遂专齐国之政也。

二十八年①

　　孟孝伯②如晋，告将为宋之盟故如楚也。③

　　蔡侯之如晋也，④郑伯使游吉如楚。⑤及汉，楚人还之，⑥曰："宋之盟，君实亲辱。⑦今吾子来，寡君谓吾子姑还，吾将使驲奔问诸晋而以告。⑧"子大叔曰："宋之盟，君命将利小国，而亦使安定其社稷，镇抚其民人，以礼承天之休，⑨此君之宪令，而小国之望也。⑩寡君是故使吉奉其皮币，⑪以岁之不易，聘于下执事。⑫今执事有命曰，女何与政令之有？⑬必使而君弃而封守，跋涉山川，蒙犯霜露，以逞君心，⑭小国将

---

①　襄公二十八年当周灵王二十七年丙辰岁，晋平公十三年，齐景公三年，蔡景侯四十七年，郑简公二十一年，宋平公三十一年，楚康王十五年，吴馀祭三年，燕懿公四年，西历纪元前545年。

②　孟孝伯，仲孙氏，名羯，鲁卿孟庄子之庶子，孺子秩之弟也。庄子卒，公钮奉立之。孺子秩奔邾。

③　告将为宋之盟故如楚也，仲孙羯如晋，告为弭兵之会故，将往朝于楚也。鲁，晋属，故告晋而行。

④　是年夏，齐侯、陈侯、蔡侯、北燕伯、杞伯、胡子、沈子、白狄朝于晋，宋之盟故也，此云"蔡侯之如晋也"，盖指此。蔡侯，蔡景侯也。

⑤　郑伯使游吉如楚，当蔡景侯朝晋之时，郑简公亦为宋之盟使子大叔如楚也。

⑥　及汉，楚人还之，子大叔往楚，行及汉上，楚令人止之使还，盖不欲受子大叔之使也。

⑦　弭兵之会，郑简公自往，故云"宋之盟，君实亲辱"。

⑧　今君子来……奔问诸晋而以告，谓将如晋以郑君应否朝楚耳。

⑨　宋之盟……以礼承天之休，言在宋之盟，楚君之命将以弭兵为小国之利，亦使小国解兵释甲，得以安定其社稷，服田力穑，得以镇抚其民人，使得兴其礼让以承受上天之福禄也。

⑩　此承上言，谓凡此盟会实皆楚君之宪章命令是寄，而小国之所以仰望于楚者，故云"此君之宪令，而小国之望也"。

⑪　礼，聘用乘皮束帛，故云"奉其皮币"。

⑫　以岁之不易，聘于下执事，言岁有饥荒之难，故郑伯不得自朝楚。下执事，君下执事之人，简言之即为"执事"，盖不敢斥言君上，故有是称。

⑬　女何与政令之有，言汝小国大夫何得与楚国之政令也。

⑭　必使而君弃而封守……以逞君心，犹言必使汝君弃汝封疆之守，跋山涉川，蒙霜犯露，以逞楚君之心也。

君是望，敢不唯命是听？无乃非盟载之言，以阙君德，①而执事有不利焉，小国是惧。②不然，其何劳之敢惮？"

子大叔归，复命，告子展曰："楚子将死矣。不修其政德，而贪昧于诸侯，以逞其愿，欲久得乎？《周易》有之，在《复》☷☳之《颐》☶☳③曰迷复凶，④其楚子之谓乎！欲复其愿，而弃其本，⑤复归无所，是谓迷复，⑥能无凶乎？君其往也，送葬而归，以快楚心。⑦楚不几十年，未能恤诸侯也。⑧吾乃休吾民矣。⑨"……

九月，郑游吉如晋，告将朝于楚，以从宋之盟，⑩子产相郑伯以如楚。舍不为坛。⑪外仆⑫言曰："昔先大夫相先君适四国，⑬未尝不为坛。⑭自是至今，亦皆循之。⑮今子草舍，无乃不可乎？"子产曰："大适小，则为坛。小适大，苟舍而已，焉用坛？侨闻之，大适小有五美，宥其罪戾，赦其过失，救其菑患，赏其德刑，教其不及。⑯小国

---

① 无乃非盟载之言，以阙君德，承上"敢不唯命是听"而言，盖谓必君自来实非盟约所载之言，岂不自失楚君之德也。
② 而执事有不利焉，小国是惧，言楚如失德则诸侯背楚，亦将为楚君不利，小国恐惧，正坐此耳。
③ 《震》下《坤》上为《复》，《复》之上六变易为九，便成《震》下《艮》上之《颐》，故云在《复》之《颐》。
④ 迷复，凶，《复卦》上六之爻辞也。复，反也。极阴反阳之卦，上处极位，迷而复反，失道已远，远而无应，故凶。
⑤ 欲复其愿，而弃其本，言楚君欲得郑朝以复其愿，而不修德以自持也。
⑥ 此言楚君失道已远，又无所归，故云"复归无所，是谓迷复"。
⑦ 君其往也……以快楚心，言楚君必死，君往当送其葬耳。
⑧ 楚不几十年，未能恤诸侯也，言楚不及十年，不复能勤恤诸侯之事矣。几，近也。
⑨ 吾乃休吾民矣，言楚不能复为郑害也。
⑩ 告将朝于楚，以从宋之盟，谓根据弭兵之会，将往朝楚君也。
⑪ 故事：凡至敌国之郊，必除地封土为坛以受郊劳。子产舍不为坛，是仅次于草舍自安，不复为坛也。
⑫ 外仆，掌次舍之官。
⑬ 适四国，往聘于四方之国也。
⑭ 未尝不为坛，谓往聘他国，从未废坛也。
⑮ 自是至今，亦皆循之，谓至今循行弗改也。
⑯ 宥其罪戾……教其不及，言宽小国之罪赦小国之过，救小国之灾，赏小国之政，教小国之阙，所谓五美也。

不困，怀服如归。^① 是故作坛以昭其功，宣告后人，无怠于德。^② 小适大有五恶，说其罪戾，请其不足，行其政事，共其职贡，从其时命。^③ 不然则重其币帛，以贺其福，而吊其凶。^④ 皆小国之祸也，焉用作坛以昭其祸？所以告子孙无昭祸焉可也。^⑤"

齐庆封好田而耆酒，^⑥ 与庆舍政，^⑦ 则以其内实^⑧迁于卢蒲嫳氏，易内而饮酒数日。^⑨ 国迁朝焉。^⑩

使诸亡人^⑪得贼者，以告而反之。^⑫ 故反卢蒲癸。^⑬ 癸臣子之，有宠，妻之。^⑭ 庆舍之士谓卢蒲癸曰："男女辨姓，子不辟宗，^⑮ 何也？" 曰："宗不余辟，^⑯ 余独焉辟之？赋诗断章，余取所求焉，恶识宗？^⑰" 癸言王何而反之，^⑱ 二人皆嬖。^⑲ 使执寝戈而先后之。^⑳

---

① 小国不困，怀服如归，言小国沐五美之惠，是以不困，故怀大国之惠而服其威，从教如水之归壑也。

② 无怠于德，勿懈于修德也。

③ 说其罪戾……从其时命，言小国自解说其罪过，自谢其不给，奉行大国之政，供其应纳之贡，从大国朝会之命，所谓五恶也。

④ 不然……吊其凶，更进一层之辞，盖大国有福庆或有灾凶，小国俱当重其币帛以称贺或致吊也。此五恶以外之事，故以"不然则"领起，有"不但此也"之意。

⑤ 所以告子孙无昭祸焉可也，言无昭祸以告子孙耳。

⑥ 好田而耆酒，喜爱田猎而贪嗜饮酒也。

⑦ 与庆舍政，庆封当国，不自为政，以付其子舍也。舍字子之。

⑧ 内实，宝物妻妾也。

⑨ 易内而饮酒数日，庆封与卢蒲嫳交易其内人而饮酒往来数日不已也。

⑩ 庆封常数日不出，国有大事每就于卢蒲氏朝见之，故云"国迁朝焉"。

⑪ 亡人，避崔氏之难出奔者。

⑫ 诸亡人得贼者，以告而反之，亡人之能捕获盗贼告官者，得以功赎罪，使其返国也。

⑬ 卢蒲癸，已见前，崔杼弑庄公，奔晋。至是，以告贼得返。

⑭ 癸臣子之，有宠，妻之，卢蒲癸既归，曲事庆舍得其宠，舍遂以女妻癸也。

⑮ 古者，同姓不婚，必别姓而后可相取。庆氏、卢蒲氏皆姜姓，今癸娶于庆氏，是不辨姓避宗也，故庆舍之士云"男女辨姓，子不辟宗"。

⑯ 宗不余辟，言庆舍自不避宗，而欲以女妻己也。

⑰ 赋诗断章……恶识宗，言己苟欲有求于庆氏，不能复顾礼譬如赋诗者取其一章而已。

⑱ 王何亦见前。庄公被弑，王何奔莒。卢蒲癸既归，遂言于庆舍而召王何返齐，故云"癸言王何而反之"。

⑲ 二人谓卢蒲癸、王何。皆嬖，并有宠于庆舍也。盖二人还求宠于庆氏，欲为庄公报雠耳。

⑳ 使执寝戈而先后之，二人见嬖于庆舍，故庆舍使二人任亲卫之役，执兵杖随护己身之前后也。寝戈，亲近兵杖也。

公膳，日双鸡。① 饔人窃更之以鹜。② 御者知之，则去其肉而以其洎馈。③ 子雅、子尾怒。④ 庆封告卢蒲嫳。⑤ 卢蒲嫳曰："譬之如禽兽，吾寝处之矣。"⑥ 使析归父告晏平仲。⑦ 平仲曰："婴之众不足用也，知无能谋也。言弗敢出，有盟可也。"⑧ 子家曰："子之言云，又焉用盟？"⑨ 告北郭子车。⑩ 子车曰："人各有以事君，非佐之所能也。"⑪ 陈文子谓桓子⑫曰："祸将作矣，吾其何得？"⑬ 对曰："得庆氏之木百车于庄。"⑭ 文子曰："可慎守也已。"⑮

卢蒲癸、王何卜攻庆氏，示子之兆，⑯ 曰："或卜攻雠，敢献其兆。"⑰ 子之曰："克，见血。"⑱ 冬十月，庆封田于莱，⑲ 陈无宇从。丙辰，文子使召之，⑳ 请曰："无宇之母疾病，请归。"㉑ 庆季卜之，示之兆曰

---

① 公膳，日双鸡，言卿大夫在公家会食，每日例供二鸡也。
② 饔人窃更之以鹜，掌膳之人私以鸭代鸡也。鹜读如"木"，鸭也。
③ 御者知之，则去其肉而以其洎馈，进食者知其事，更去其肉而仅以肉汁上献也。此御者，左右使令之人也，与御车之士不同。洎读如"季"，肉汁也。《说文》云，洎，灌釜也。
④ 饔人、御者欲使诸大夫怨庆氏，故减其膳以怒之，盖卢蒲癸、王何之谋。子雅，公孙灶之字。子尾，公孙虿之字。俱齐大夫，齐惠公之孙也。
⑤ 庆封告卢蒲嫳，以二子之怒告之也。
⑥ 嫳轻视其事，以为可以杀而席其皮，故云"譬之如禽兽，吾寝处之矣"。
⑦ 使析归父告晏平仲，欲与共谋子雅、子尾也。
⑧ 婴之众不足用也……有盟可也，言其兵众不足用以讨乱，智略不足用以虑事，惟不敢出言以泄庆氏之谋，请为盟以誓可也。
⑨ 子之言云，又焉用盟，犹云子言如此，又何须盟誓也。盖析归父深信晏婴之辞。
⑩ 北郭子车名佐，北郭氏，齐大夫。
⑪ 人各有以事君，非佐之所能也，言凡人各有材能以事其君，非佐之材所能及也。
⑫ 陈文子谓桓子，陈须无语其子陈无宇也。
⑬ 祸将作矣，吾其何得，言齐之祸乱将起，吾当何所得也。
⑭ 庆封时有木百车积于六轨之道，故陈无宇以"得庆氏之木百车于庄"答其父。
⑮ 陈须无嘉其子不志于货财，谓可慎守其家，故云"可慎守也已"。
⑯ 示子之兆，卢蒲癸、王何即以卜攻庆氏之龟兆示庆舍也。
⑰ 癸、何伪托他人卜攻雠敌之兆问吉凶于庆舍，故云"或卜攻雠，敢献其兆"。
⑱ 卜攻主杀戮，自以见血为胜，今兆有见血之象，故庆舍曰"克，见血"。
⑲ 莱即郲，齐东鄙邑，已见前。
⑳ 文子使召之，陈须无使人召无宇归也。
㉑ 无宇之母疾病，请归，盖诈言其母疾病，请先归视其母也。

死。①奉龟而泣。②乃使归。庆嗣③闻之，曰："祸将作矣。"谓子家："速归。祸作必于尝，归犹可及也。"④子家弗听，亦无悛志。⑤子息曰："亡矣！幸而获在吴、越。"⑥陈无宇济水而戕舟发梁。⑦

卢蒲姜⑧谓癸曰："有事而不告我，必不捷矣。"癸告之。⑨姜曰："夫子愎，莫之止，将不出，我请止之。"⑩癸曰："诺。"十一月乙亥，尝于大公之庙，庆舍莅事。⑪卢蒲姜告之，且止之。⑫弗听，曰："谁敢者？"遂如公。⑬麻婴为尸，⑭庆奊为上献。⑮卢蒲癸、王何执寝戈。庆氏以其甲环公宫。⑯陈氏、鲍氏之圉人为优，⑰庆氏之马善惊，士皆释甲束马而饮酒，⑱且观优至于鱼里。⑲栾、高、陈、鲍之徒介庆氏之甲，⑳

---

① 庆季卜之，示之兆曰死，庆封为无宇卜母之疾病，而卜兆有死象也。
② 奉龟而泣，无宇捧此龟兆而泣也。
③ 庆嗣字子息，庆封之族。
④ 谓子家……归犹可及也，庆嗣促庆封速归，以为祸必作于秋天尝祭之时，即归犹可及时弭平也。
⑤ 子家弗听，亦无悛志，庆封不听庆嗣之劝，且无改悟之志也。
⑥ 亡矣，幸而获在吴、越，庆嗣叹庆氏必亡，侥幸或可窜息于吴、越之地耳。
⑦ 陈无宇既得请先归，不欲庆封得奔救其难，故每济一水，必戕破舟楫，发坏桥梁也。
⑧ 卢蒲姜，癸之妻，庆舍之女也。
⑨ 癸告之，癸为妻所诘，遂以欲杀庆舍之谋直告之也。
⑩ 夫子愎……我请止之，言庆舍强愎不受谏，如无人劝止其行或将不出莅事，我请劝止之，无异速其行也。
⑪ 尝于大公之庙，庆舍莅事，在大公之庙举行秋祭，庆舍将亲临主其事也。
⑫ 卢蒲姜告之，且止之，庆舍之女告其父以有变，且止其父勿出临祭也。
⑬ 如公，舍至公主祭之所也。即大公之庙。
⑭ 麻婴为尸，为祭尸也。古者设祭，必有人饰为受祭之人，端坐受享，所谓祭尸也。麻婴即指定为尸者。
⑮ 上献，先戏之人。庆奊亦称庆绳，盖亦庆舍之族。奊读如"协"。
⑯ 庙在公宫内，故庆氏以其私甲环卫公宫。
⑰ 陈氏、鲍氏之圉人为优，陈、鲍二氏之养马者使为俳优之戏也。
⑱ 士皆释甲束马而饮酒，庆氏之士以所乘之马善惊，皆卸甲绊马而后饮酒也。
⑲ 观优至于鱼里，往就鱼里观优也。鱼里，里名，当在宫门之外。
⑳ 栾、高、陈、鲍之徒介庆氏之甲，四氏之徒众因庆氏之甲以攻庆氏也。栾谓子雅，子雅，公子坚子栾之子，后为栾氏。高谓子尾，子尾，公子旗子高之子，后为高氏。陈谓陈须无。鲍谓鲍国，国，鲍叔牙之曾孙鲍文子也。介，因也，庆氏之士释甲而观优，故四族得因其甲以攻之。

襄　公　　305

子尾抽桷击扉三，① 卢蒲癸自后刺子之。王何以戈击之，解其左肩。犹援庙桷动于甍，② 以俎壶投杀人而后死。③ 遂杀庆绳、麻婴。④

公惧。鲍国曰："群臣为君故也。"⑤ 陈须无以公归，税服而如内宫。⑥

庆封归，遇告乱者。⑦ 丁亥，伐西门，弗克。还伐北门，克之。入伐内家，⑧ 弗克。反陈于岳，⑨ 请战，弗许。遂来奔。⑩ 献车于季武子，美泽可以鉴。⑪ 展庄叔⑫ 见之，曰："车甚泽，人必瘁，⑬ 宜其亡也。"叔孙穆子食庆封，庆封氾祭。⑭ 穆子不说，使工为之诵《茅鸱》。⑮ 亦不知。⑯ 既而齐人来让，⑰ 奔吴。⑱ 吴勾馀⑲ 予之朱方，⑳ 聚其族焉而居之，富于其旧。㉑ 子服惠伯㉒ 谓叔孙曰："天殆富淫人，庆封又富矣。"㉓ 穆子

---

① 抽桷击扉三，抽椽三叩门阖以为约号也。桷，椽也。
② 犹援庙桷动于甍，言庆舍多力，虽解左肩受重创，犹能攀援大庙之椽，引动屋栋也。甍，屋栋上面之瓦也。
③ 以俎壶投杀人而后死，以祭器投掷杀人，而后力竭就死也。
④ 庆绳即庆奭，与麻婴俱与祭，故同时被杀。
⑤ 鲍国告公，杀庆舍为尊公室，非为乱，故云"群臣为君故也"。
⑥ 税服而如内宫，言公惧于外难，脱去祭服而往内宫也。
⑦ 庆封归，遇告乱者，庆封自莱归，途遇告难之人也。
⑧ 入伐内家，以陈、鲍在公所故。
⑨ 反陈于岳，伐内家不克，乃反军列阵于岳里也。岳里在宫门之外、北门之内。
⑩ 来奔，庆封出奔于鲁也。
⑪ 献车于季武子，美泽可以鉴，庆封献车于季孙宿，制美而光泽可以照见人形也。
⑫ 展庄叔，鲁大夫，公子展之后。
⑬ 车甚泽，人必瘁，言竭民力而治车，人必困瘁也。
⑭ 礼食有祭，示有所先也。氾祭，远散所祭，不恭。
⑮ 《茅鸱》，逸《诗》，刺不敬。叔孙豹食庆封而封氾祭，故豹不悦，使乐工诵此《诗》以刺之。
⑯ 亦不知，庆封亦无所省察也。
⑰ 齐人来让，责让鲁容受庆封也。
⑱ 奔吴，庆封不能托于鲁，乃南奔于吴国也。
⑲ 吴勾馀，馀祭之弟夷昧也，一作夷末，亦作馀末，在位十七年，为吴国第二十二君。其元年当周景王二年戊午岁，西历纪元前543年。
⑳ 朱方，吴邑，即今江苏镇江县。
㉑ 富于其旧，庆氏之富过于在齐时也。
㉒ 子服惠伯名椒，仲孙蔑之孙，子服孝伯它之子也，别为子服氏。
㉓ 天殆富淫人，庆封又富矣，怀疑之辞。盖谓庆封不失其富，是殆天道奖借过恶之人矣。

曰："善人富，谓之赏。淫人富，谓之殃。天其殃之也，其将聚而歼旃。①"……

崔氏之乱，丧群公子。②故鉏在鲁，③叔孙还在燕，④贾在句渎之丘。⑤及庆氏亡，皆召之，具其器用，而反其邑焉。⑥与晏子邶殿，⑦其鄙六十。⑧弗受。子尾曰："富，人之所欲也，何独弗欲？"对曰："庆氏之邑，足欲故亡。⑨吾邑不足欲也。益之以邶殿，乃足欲。足欲，亡无日矣。在外，不得宰吾一邑。⑩不受邶殿，非恶富也，恐失富也。且夫富，如布帛之有幅焉，为之制度，使无迁也。⑪夫民生厚而用利，⑫于是乎正德以幅之，⑬使无黜嫚，⑭谓之幅利。⑮利过则为败。⑯吾不敢贪多，所谓幅也。"与北郭佐邑六十。受之。与子雅邑。辞多受少。与子尾邑。受而稍致之，⑰公以为忠，故有宠。

释卢蒲嫳于北竟，⑱求崔杼之尸，将戮之，不得。叔孙穆子曰：

---

① 聚而歼旃，聚其族而尽灭之也。
② 崔氏之乱，丧群公子，谓襄二十一年崔杼为齐庄公讨公子牙之党，群公子多出亡在外也。
③ 公子鉏奔鲁，故云"鉏在鲁"。鉏字且予，居鲁之南郭，亦谓之南郭且予。
④ 叔孙还，齐之公族，崔氏之乱奔于燕，故云在燕。燕，伯爵，周武王弟召公奭封此，今河北大兴县。时谓之北燕。六传至穆侯，入"春秋之世"。又二十三传至易王，僭称王。终"战国之世"，为七雄之一。
⑤ 贾一作"买"，亦群公子，崔氏之乱，被执于句渎之丘，故云"在句渎之丘"。句渎之丘即谷丘，在今山东菏泽县北，今名句阳店。
⑥ 具其器用，而反其邑焉，还其封邑并备其器用也。
⑦ 邶殿，齐之别都，在今山东昌邑县西。
⑧ 其鄙六十，附于邶殿之边鄙邑六十也。
⑨ 足欲故亡，言邑多则厌足其欲，厌足其欲则骄侈横生，故有灭亡之祸也。
⑩ 在外，不得宰吾一邑，言若奔亡在外国，则虽吾之一邑亦不可得而宰制也。
⑪ 为之制度，使无迁也，言如织布帛之须有幅尺为之制度，然后其富始可不迁改也。
⑫ 生理丰厚则财用利益，故云"民生厚而用利"。
⑬ 正德以幅之，言厚利皆人之所欲，唯正德可以为之幅也。
⑭ 黜嫚，放肆惰嫚也。
⑮ 幅利，利之幅尺，所谓限度也。
⑯ 利过则为败，言利得过于限度则骄心生，骄作则祸败必至也。
⑰ 受而稍致之，受赐邑，稍稍还致于公也。
⑱ 释卢蒲嫳于北竟，放嫳于国之北境也。盖嫳虽党附庆氏，而有诛崔之劳，故释而不杀，安置境上也。

"必得之。武王有乱臣十人，①崔杼其有乎？不十人，不足以葬。②"既崔氏之臣曰："与我其拱璧，③吾献其柩。"于是得之。十二月乙亥，朔，齐人迁庄公殡于大寝。④以其棺尸崔杼于市。⑤国人犹知之，皆曰："崔子也。"⑥

二十九年⑦

郑子展卒，子皮即位。⑧于是郑饥而未及麦。⑨民病。⑩子皮以子展之命，饩国人粟户一钟。⑪是以得郑国之民。⑫故罕氏常掌国政，以为上卿。宋司城子罕闻之，曰："邻于善，民之望也。"⑬宋亦饥，请于

---

① 《书·泰誓》："予有乱臣十人，同心同德。"谓有治乱之臣十人也。乱反训"治"，与"乱臣贼子"之"乱臣"意适相反。十人者，周公旦、召公奭、太公望、毕公、荣公、太颠、闳夭、散宜生、南宫适及文母也。

② 不十人，不足以葬，杜《注》："葬必须十人，崔氏不能令十人同心，故必得。"言崔氏之德不足令与葬之人同心，故终不能掩其葬处也。

③ 与我其拱璧，以崔氏之大璧与我也。其，指崔氏。拱璧，其大合拱之玉璧也。

④ 迁庄公殡于大寝，更殡之于路寝也。襄二十五年，崔氏弑庄公，侧于北郭，至是始迁其柩于正寝。

⑤ 以其棺尸崔杼于市，即以庄公之棺着崔杼之尸以暴于市，彰其罪也。盖崔杼既弑庄公，又葬不如礼，故如此处置以为显戮耳。

⑥ 始求崔杼之尸不得，后经人告得之，嫌以他尸代之。今云"国人犹知之，皆曰崔子也"，以明国人尚识其形，是真崔杼也。

⑦ 襄公二十九年当周景王元年丁巳岁，晋平公十四年，齐景公四年，卫献公三十三年，郑简公二十二年，曹武公十一年，陈哀公二十五年，杞文公六年，宋平公三十二年，秦景公三十三年，吴馀祭四年，西历纪元前544年。周景王名贵，灵王子，在位二十五年，为周朝第二十四王。

⑧ 子展卒，子皮即位，郑公孙舍之卒，其子罕虎代父为上卿也。子皮，罕虎字。

⑨ 于是郑饥而未及麦，罕虎嗣位时，郑国谷不熟，而灾未及麦也。五谷不熟曰饥。

⑩ 民病，民患乏食也。

⑪ 饩国人粟户一钟，以家有之粟分赈国人，每户一钟也。饩犹馈也。六斛四斗曰钟。时罕虎在丧，故以其父子展之命饩国人。

⑫ 得郑国之民，得郑国之民心也。

⑬ 司城子罕即乐喜，已见前。邻于善，民之望也，言邻近于善政，人民亦望君为善也。

平公，出公粟以贷。① 使大夫皆贷。② 司城氏贷而不书，为大夫之无者贷。③ 宋无饥人。叔向闻之，曰："郑之罕，④ 宋之乐，⑤ 其后亡者也，二者其皆得国⑥乎！民之归也，施而不德，乐民加焉，⑦ 其以宋升降乎！⑧"

晋平公，杞出⑨也，故治杞。⑩ 六月，知悼子合诸侯之大夫以城杞，孟孝伯会之。⑪ 郑子大叔与伯石往。⑫ 子大叔见大叔文子，⑬ 与之语。文子曰："甚乎其城杞也！"⑭ 子大叔曰："若之何哉？晋国不恤周宗之阙而夏肄是屏，⑮ 其弃诸姬亦可知也已。诸姬是弃，其谁归之？⑯ 吉也闻之，弃同即异，⑰ 是谓离德。⑱《诗》曰，协比其邻，昏姻孔云。⑲ 晋不邻矣，其谁云之？⑳"……

---

① 出公粟以贷，出公家之粟以贷于饥人也。
② 使大夫皆贷，使诸大夫各出其粟以贷人也。
③ 司城氏贷而不书，为大夫之无者贷，乐喜以粟贷人，不书于策，且兼为大夫之无粟者贷人也。
④ 郑之罕，谓郑之罕氏，指子皮。
⑤ 宋之乐，谓宋之乐氏，指司城子罕。
⑥ 得国，得掌国政也。
⑦ 施而不德，乐氏加焉，言施惠而不自以为德，乐氏更较罕氏有加也。施而不德即指贷而不书事。
⑧ 其以宋升降乎，言乐氏将随宋为盛衰，所谓与国同休也。
⑨ 晋平公之母，杞国之女，故云"杞出"。
⑩ 治杞，治理其土地，修缮其城郭也。
⑪ 知悼子合诸侯之大夫以城杞，孟孝伯会之，晋荀盈奉平公之命合诸侯之大夫以修杞城，鲁仲孙羯往会荀盈也。
⑫ 郑子大叔与伯石往，游吉与公孙段往会也。
⑬ 见大叔文子，游吉在会见卫大叔仪也。
⑭ 甚乎其城杞也，叹城杞之过乎礼也。
⑮ 不恤周宗之阙而夏肄是屏，言晋不体恤诸姬之乏力而惟杞国是保也。周宗谓诸姬姓国。阙，殚乏也。夏肄谓杞。肄，余也。杞为夏后，故云。屏，保障；城也。
⑯ 诸姬是弃，其谁归之，言晋弃诸姬，是所厚者薄，其谁望晋而归之耶。
⑰ 弃同即异，弃同姓而就异姓也。
⑱ 离德，携贰之征。
⑲ 协比其邻，昏姻孔云，见《诗·小雅·节南山之什·正月》篇。协今本作"洽"。言王者和洽近亲，则昏姻之党自甚归附也。孔，甚也。云犹"旋"。旋，归也。
⑳ 晋不邻矣，其谁云之，言晋既不比协近亲，谁其归附之也。

晋侯使司马女叔侯①来治杞田，②弗尽归③也。晋悼夫人④愠⑤曰："齐也取货。⑥先君若有知也，不尚取之。⑦"公告叔侯。叔侯曰："虞、虢、焦、滑、霍、扬、韩、魏，皆姬姓也，晋是以大。⑧若非侵小，将何所取？⑨武、献以下，兼国多矣，谁得治之？⑩杞，夏余也，而即东夷。⑪鲁，周公之后也，而睦于晋。以杞封鲁犹可，而何有焉？⑫鲁之于晋也，职贡不乏，玩好时至，公卿大夫，相继于朝，史不绝书，⑬府无虚月。⑭如是可矣，何必瘠鲁以肥杞？⑮且先君而有知也，毋宁夫人，而焉用老臣？⑯"

吴公子札来聘，⑰见叔孙穆子，说之。⑱谓穆子曰："子其不得

---

① 司马女叔侯名齐，亦称司马侯，亦称女叔侯，亦称女齐，亦称叔齐，亦称女叔侯，亦称叔侯，晋之大夫。时人以知礼称之。
② 来治杞田，使鲁归前侵杞田也。
③ 弗尽归，未能尽归杞田也。
④ 悼夫人，平公之母，杞女也。
⑤ 愠读如"蕴"，怒也。
⑥ 齐也取货，言女叔齐，必取货赂于鲁，故不尽归杞田也。
⑦ 不尚取之，决不以叔侯取货为然也。
⑧ 虞、虢……晋是以大，言虞、虢等八姬姓国皆为晋所灭，晋所以成其大也。虞、虢、滑、霍、韩、魏俱已见前。焦，周初封国，后为晋邑，在今河南陕县南。扬亦周初封国，时为晋羊舌氏邑，故城在今山西洪洞县东南十五里。
⑨ 若非侵小，将何所取，言晋如不侵小国，将于何取益以成今日之大也。
⑩ 武、献以下，兼国多矣，谁得治之，言自武公、献公以来，兼并小国多矣，谁能一一理其旧而复返之也。
⑪ 即东夷，谓杞行夷礼也。《春秋》之旨，夷狄而中国则中国之，中国而夷狄则夷狄之。是杞行夷礼，为当世所鄙视也。
⑫ 以杞封鲁犹可，而何有焉，言以杞之土地加封于鲁，于理犹可，何有于责鲁尽归杞伯之田耶。
⑬ 鲁之于晋也……史不绝书，言鲁之朝聘于晋，未尝中断，故晋记事之史执简以书鲁聘者亦未尝中绝也。
⑭ 府无虚月，言无月不受鲁贡也。
⑮ 如是可矣，何必瘠鲁以肥杞，言鲁之于晋，如是亦足矣，晋又何必削弱鲁国以厚培杞国耶。
⑯ 且先君而有知也……焉用老臣，言使先君而有所知也，毋宁怪夫人之所为，无用责我也。
⑰ 公子札即季札，吴王寿梦之少子，已见前。来聘，聘于鲁也。
⑱ 见叔孙穆子，说之，见叔孙豹而善之也。说通"悦"，此有"相善"意，下同。

死①乎！好善而不能择人。②吾闻君子务在择人，吾子为鲁宗卿而任其大政，不慎举，何以堪之？祸必及子。③"

请观于周乐。④使工为之歌《周南》《召南》。⑤曰："美哉，始基之矣，⑥犹未也。⑦然勤而不怨矣。⑧"为之歌《邶》《鄘》《卫》。⑨曰："美哉，渊乎！⑩忧而不困⑪者也。吾闻卫康叔、武公之德⑫如是，是其《卫风》乎？⑬"为之歌《王》。⑭曰："美哉，思而不惧，其周之东乎？⑮"为之歌《郑》。⑯曰："美哉，其细已甚，民弗堪也，是其先亡乎？"⑰为

---

① 不得死，谓不得以寿终也。
② 好善而不能择人，言心虽好善，而智不能决择人之贤否也。
③ 不慎举……祸必及子，言如不慎于举人，将不能任重，其祸必还及于子也。
④ 鲁以周公故，有天子礼乐，季札遂请观于周乐。
⑤ 使工为之歌《周南》《召南》，使乐工为季札歌二《南》之《诗》也。《周南》，《国风》之首，所收皆周国之民俗歌谣。周，地名，在雍州岐山之阳，周太王始居之，故国号曰周。至武王有天下，又分其地以为弟旦采邑，而此时之周则周初地名，其时所采民间歌谣得自周地者均系之曰周；南者何也，周以南之地也，大略所采诗皆周南诗多，故命之曰《周南》。《召南》，次于《周南》，所采皆召以南之歌谣。召，地名，在岐山之阳，武王得天下，封奭于召以为采邑，其所采民间歌谣谓《召南》，盖皆召以南之诗。召与周近，地同俗同，故诗之音亦略同。均从方玉润《诗经原始》说。
⑥ 美哉，美其声。始基之矣，谓二《南》王化之基也。
⑦ 犹未也，言犹有商纣之遗音，未尽善也。
⑧ 虽有商纣之遗音，未能安乐，然其音不怨怒，故云"然勤而不怨矣"。
⑨ 武王灭纣，分其地为三监，自朝歌以北谓之邶；其南为鄘；其东为卫。其后三监叛，周公灭之，更封康叔，并三监之地以为卫。故三国尽被康叔之化。今《国风·邶》《鄘》《卫》即《召南》之后，盖三国之歌谣也。
⑩ 渊乎，叹其声之深远也。
⑪ 亡国之音哀以思，其民困。卫康叔、武公德化深远，虽遭宣公淫乱，懿公灭亡，民犹秉义不至于困。其发之于歌谣也，忧深而不即困，故季札闻之谓为忧而不困也。
⑫ 卫康叔，周公弟。武公，康叔九世孙。皆卫之令君。故云"卫康叔、武公之德"。
⑬ 是其……乎，表疑问之辞，下同。季札听声以为别，故有此疑问。
⑭ 《王》，《国风》之《王风》也。幽王遇西戎之祸，平王东迁王政不行于天下，风俗下与诸侯同，故不为《雅》，而次于《卫风》之后。
⑮ 《王风》闵宗周之陨灭，是以忧思；犹有先王之遗风，是以不惧。故季札以为"思而不惧，其周之东乎"。
⑯ 《郑》，《郑风》，次《王风》之后，在《国风》第七。
⑰ 美哉，其细已甚……是其先亡乎，盖美其有治政之音，而讥其烦碎，知其不能久也。

之歌《齐》。① 曰:"美哉,泱泱乎,大风也哉!② 表东海者,其大公乎?③ 国未可量也。④"为之歌《豳》。⑤ 曰:"美哉,荡乎!乐而不淫,其周公之东乎?⑥"为之歌《秦》。⑦ 曰:"此之谓夏声。⑧ 夫能夏则大,大之至也,其周之旧乎?⑨"为之歌《魏》。⑩ 曰:"美哉,沨沨乎!大而婉,险而易行,以德辅此则明主也。⑪"为之歌《唐》。⑫ 曰:"思深哉!其有陶唐氏之遗民乎?⑬ 不然,何忧之远也?⑭ 非令德之后,⑮ 谁能若是?"为之歌《陈》。⑯ 曰:"国无主,⑰ 其能久乎?"自《郐》以下,无讥焉。⑱ 为之歌《小雅》。⑲ 曰:"美哉,思而不贰,⑳ 怨而不言,㉑

---

① 《齐》,《齐风》,次《郑风》之后,在《国风》第八。
② 泱泱乎,大风也哉,美其音声弘大,绰有雄大之风也。泱泱,弘大之声。
③ 大公封齐,为东海之表式,故季札云"表东海者,其大公乎"。
④ 国未可量也,言其或将复兴也。
⑤ 《豳》,《豳风》,次《国风》之末,第十五。豳,周之旧国,公刘所立,在今陕西栒邑县西。
⑥ 荡乎,荡然也。乐而不淫,言有节。周公遭管、蔡之变。东征三年,为成王陈后稷、先公不敢荒淫,以成王业,故言"其周公之东乎"。见杜《注》。
⑦ 《秦》,《秦风》,次《唐风》之后,《国风》第十一。
⑧ 秦本在西戎汧、陇之西,秦仲始有车马礼乐去戎狄之音而有诸夏之声,故谓之夏声。
⑨ 秦襄公佐周平王东迁,而受其故地,故曰"其周之旧乎"。
⑩ 《魏》,《魏风》,次《齐风》之后,《国风》第九。
⑪ 沨沨乎……以德辅此则明主也,杜《注》:"沨沨,中庸之声。婉,约也。险当为俭字之误也。大而约,则俭节易行,惜其国小无明主也。"
⑫ 《唐》,《唐风》,次《魏风》之后,《国风》第十。盖晋诗也。唐本唐叔虞始封之地。
⑬ 晋本唐地,故有尧之遗风,故云"其有陶唐氏之遗民乎"。
⑭ 晋音忧深思远,情发于声,故季札称之,曰"思深哉",曰"何忧之远也"。
⑮ 令德之后,有令德之君之后裔也。
⑯ 《陈》,《陈风》,次《秦风》之后,《国风》第十二。
⑰ 杜《注》:"淫声放荡,无所畏忌,故曰国无主。"
⑱ 自《郐》以下无讥焉,季札闻郐、曹二国之歌,不复讥论之,以其微也。郐亦作"桧"。《桧风》次《陈风》后,《曹风》次《桧风》后,《国风》第十三、十四。郐,妘姓国,高辛时祝融之区,郑灭之。在今河南密县东北。
⑲ 《小雅》,犹言小正,亦乐歌之常。次《国风》之后,包有《鹿鸣之什》《南有嘉鱼之什》《鸿雁之什》《节南山之什》《谷风之什》《甫田之什》《鱼藻之什》七部。
⑳ 思而不贰,言思文、武之德,无贰叛之心也。
㉑ 怨而不言,言怨商纣之政,而能忍而不言也。

其周德之衰乎？① 犹有先王之遗民焉。②"为之歌《大雅》。③ 曰："广哉，熙熙乎！④ 曲而有直体，⑤ 其文王之德乎？⑥"为之歌《颂》。⑦ 曰："至矣哉！⑧ 直而不倨，⑨ 曲而不屈，⑩ 迩而不逼，⑪ 远而不携，⑫ 迁而不淫，⑬ 复而不厌，⑭ 哀而不愁，⑮ 乐而不荒，⑯ 用而不匮，⑰ 广而不宣，⑱ 施而不费，⑲ 取而不贪，⑳ 处而不底，㉑ 行而不流，㉒ 五声和，㉓ 八风平，㉔ 节有度，㉕ 守有序，㉖ 盛德之所同也。㉗"见舞象箾、南籥者，㉘ 曰："美哉！犹有憾。㉙"见舞《大

---

① 衰，小也。其周德之衰乎，犹言此其周德尚小之时乎。
② 犹有先王之遗民焉，谓犹有殷王之余俗，故未大衰也。
③ 《大雅》，次《小雅》之后，包有《文王之什》《生民之什》《荡之什》三部。盖陈文王之德以正天下者也。
④ 熙熙乎，美其声之和乐也。
⑤ 其声委曲而有正直之体，故云"曲而有直体"。
⑥ 《雅》《颂》所以咏盛德形容，故但歌其美者，不皆歌变雅，故云"其文王之德乎"。
⑦ 《颂》者，以其成功告于神明也。《颂》分《周颂》《鲁颂》《商颂》三组；《周颂》又分《清庙之什》《臣工之什》《闵予小子之什》三部。
⑧ 至矣哉，美其道备也。
⑨ 直而不倨，爽直而不倨傲也。
⑩ 曲而不屈，委曲而不屈挠也。
⑪ 迩而不逼，迩近而不逼害也。
⑫ 远而不携，疏远而不携贰也。
⑬ 迁而不淫，迁动而不过荡也。
⑭ 复而不厌，反复而不厌弃也。
⑮ 知命，故哀而不愁。
⑯ 节之以礼，故乐而不荒。
⑰ 德弘大，故用而不匮。
⑱ 不自显，故广而不宣。
⑲ 因民之所利而利之，故施而不费。
⑳ 义然后取，故取而不贪。
㉑ 处而不底，言守之以道，虽复止处，不底滞也。
㉒ 行而不流，言制之以义，虽常运行，不流放也。
㉓ 五声和，宫、商、角、徵、羽五声谐和也。
㉔ 八风平，八方之气平调也。
㉕ 节有度，谓八音克谐。
㉖ 守有序，谓无相夺伦。
㉗ 《颂》有《鲁颂》《商颂》，故曰"盛德之所同也"。
㉘ 象箾，舞所执。南籥，以籥舞也。皆文王之乐。箾读如"朔"。
㉙ 犹有憾，文王恨不及己致太平也。

武》者,①曰:"美哉,周之盛也,其若此乎?"见舞《韶濩》者,②曰:"圣人之弘也,而犹有惭德,③圣人之难也。④"见舞《大夏》者,⑤曰:"美哉,勤而不德,非禹其谁能修之?⑥"见舞《韶箾》者,⑦曰:"德至矣哉!大矣!如天之无不帱也,如地之无不载也,虽甚盛德,其蔑以加于此矣。⑧观止矣,若有他乐,吾不敢请已。⑨"

其自聘也,通嗣君也,⑩故遂聘于齐。说晏平仲,谓之曰:"子速纳邑与政,⑪无邑无政,乃免于难。齐国之政,将有所归,未获所归,难未歇也。"故晏子因陈桓子以纳政与邑,是以免于栾、高之难。⑫

聘于郑,见子产,如旧相识,⑬与之缟带,⑭子产献纻衣⑮焉。谓子产曰:"郑之执政侈,⑯难将至矣。政必及子。子为政,慎之以礼。不

---

① 《大武》,武王乐。
② 《韶濩》,殷汤乐。
③ 犹有惭德,惭于始征伐也。
④ 圣人之难也,圣人处世变之难也。
⑤ 《大夏》,禹乐。
⑥ 勤而不德,非禹其谁能修之,言勤劳水土而不自矜其德,非禹之圣,谁能修治其功也。
⑦ 《韶箾》,舜乐。箾读如"箫",与上象箾之"箾"音异。
⑧ 如天之无不帱也……其蔑以加于此矣,言其大如天之覆,如地之载,无以更加其大也。帱,覆也,读如"焘"。
⑨ 观止矣,若有他乐,吾不敢请已,杜《注》:"鲁用四代之乐,故及《韶箾》而季子知其终也。季札贤明才博,在吴虽已涉见此乐歌之文,然未闻中国雅声,故请作周乐。欲听其声然后依声以参时政知其兴衰也。闻秦诗,谓之夏声。闻《颂》曰五声和,八风平。皆论声以参政也。舞毕,知其乐终,是素知其篇数。"
⑩ 季札历聘以告吴子馀祭之嗣立,故曰"通嗣君也"。
⑪ 说晏平仲之"说"同"悦",相悦纳交也。下皆同。纳邑与政,以封邑及政柄归之于公也。
⑫ 栾、高之难,子雅、子尾之祸事,在后昭公八年。《传》本追述往事,故通前后言之。
⑬ 如旧相识,谓一见如故交,盖二子相知以心也。
⑭ 缟带,丝织之大带也。缟,白色之生绢。
⑮ 纻衣,细麻缉成之衣。吴地贵缟,郑地贵纻,季札以缟带赠子产,子产亦献纻衣为报,各示倾心损己以为交好也。后世遂以"缟纻"为朋友馈赠之称,亦称缔交为"缟纻之欢"。
⑯ 执政侈,谓伯有,明年子皙果杀伯有,"难将至矣"之言验矣。

然，郑国将败。"

适卫，说蘧瑗、史狗、史鰌、公子荆、公叔发、公子朝，①曰："卫多君子，未有患也。"

自卫如晋。将宿于戚，②闻钟声焉，③曰："异哉！吾闻之也，辩而不德，必加于戮。④夫子获罪于君以在此，⑤惧犹不足，而又何乐？夫子之在此也，犹燕之巢于幕上。⑥君又在殡，⑦而可以乐乎？"遂去之。⑧文子闻之，终身不听琴瑟。⑨

适晋，说赵文子、韩宣子、魏献子，曰："晋国其萃于三族乎！"⑩说叔向，将行，谓叔向曰："吾子勉之，君侈而多良，⑪大夫皆富，政将在家。⑫吾子好直，必思自免于难。⑬"

郑伯有使公孙黑⑭如楚。辞曰："楚、郑方恶，而使余往，是杀余也。"伯有曰："世行也。"⑮子晳曰："可则往，难则已，何世之有？"伯有将强使之，子晳怒，将伐伯有氏。大夫和之。⑯十二月己

---

① 蘧瑗即蘧伯玉，已见前。史狗，史朝之子，亦称文子。史鰌，字鱼。皆卫之大史。公子荆字南楚，卫之群公子。公叔发，卫献公之孙，氏公叔，亦称公叔文子。公子朝亦卫群公子。鰌读如"秋"。
② 将宿于戚，道出孙林父之邑，将止宿焉。
③ 闻钟声焉，闻孙林父奏乐击钟之声。
④ 辩而不德，必加于戮，言与人争而不务德以胜之必见戮辱也。辩犹争也。
⑤ 孙林父以戚叛附晋，故云"夫子获罪于君以在此"。
⑥ 犹燕之巢于幕上，言其状至危也。
⑦ 卫献公时尚未葬，故云"君又在殡"。
⑧ 遂去之，不止宿而径去也。
⑨ 终身不听琴瑟，杜《注》谓为闻义能改也。
⑩ 季札善赵武、韩起、魏舒，知晋国之政将集于三家，故曰"晋国其萃于三族乎"。
⑪ 君侈而多良，言晋君侈汰，而多以恶人为良而善之也。
⑫ 大夫皆富，政将在家，言大夫富，必厚施，厚施得民，是"政将在家"矣。
⑬ 吾子好直，必思自免于难，季札规叔向使自检行止也。
⑭ 公孙黑字子晳，驷氏，公孙夏子西之弟也。已见前。
⑮ 言汝世为行人，故曰"世行也"。
⑯ 大夫和之，诸大夫为子晳伯有和解也。

已，郑大夫盟于伯有氏。①裨谌②曰："是盟也，其与几何？③《诗》曰，君子屡盟，乱是用长。④今是长乱之道也，祸未歇也，必三年而后能纾。⑤"然明⑥曰："政将焉往。"⑦裨谌曰："善之代不善，天命也，其焉辟子产？⑧举不逾等，则位班也。⑨择善而举，则世隆也。⑩天又除之，夺伯有魄，⑪子西即世，将焉辟之？⑫天祸郑久矣，其必使子产息之，乃犹可以戾，⑬不然将亡矣。"

三十年⑭

子产相郑伯以如晋，叔向问郑国之政焉。⑮对曰："吾得见与否，在此岁也。⑯驷、良方争，未知所成。⑰若有所成，吾得见，乃可知

---

① 盟于伯有氏，示伯有与子晳成和也。
② 裨谌，郑大夫。
③ 其与几何，言不能久也。
④ 君子屡盟，乱是用长，《诗·小雅·节南山之什·巧言》篇第三章之起句也。盖屡盟则无信，无信则情疏，此祸乱所以滋长也。
⑤ 必三年而后能纾，言如得相谅，亦必三年始得解祸也。
⑥ 然明，郑大夫，群公子也。亦称鬷蔑，一称鬷明。
⑦ 政将焉往，言伯有如败，郑国将由谁主政也。
⑧ 其焉辟子产，言政必归子产也。辟同"避"。
⑨ 子产之位，论班次应及知政，故云"举不逾等，则位班也"。
⑩ 子产之德，为世所推重，如论德，亦应知政，故云"择善而举，则世隆也"。
⑪ 天又除之，夺伯有魄，言天丧伯有之精神，以为子产驱除也。
⑫ 子西即世，将焉辟之，言子西既已前卒，郑政将无所避子产也。
⑬ 戾，定也。
⑭ 襄公三十年当周景王二年戊午岁，晋平公十五年，郑简公二十三年，许悼公四年，西历纪元前 543 年。
⑮ 叔向问郑国之政焉，羊舌肸以郑国之政情问于子产也。
⑯ 吾得见与否，在此岁也，言祸乱方兴，生死未必，得见与否，决在今年也。
⑰ 驷、良方争，未知所成，言子晳与伯有方在斗争未能知其结果也。子晳，驷氏。伯有，良氏。

也。① "叔向曰："不既和矣乎？"② 对曰："伯有侈而愎，③ 子晳好在人上，④ 莫能相下也。虽其和也，犹相积恶也，恶至无日矣。"……

郑伯有耆⑤酒，为窟室，⑥而夜饮酒，击钟焉，⑦朝至未已。⑧朝者曰："公焉在？"⑨其人曰："吾公在壑谷。"⑩皆自朝布路而罢。⑪既而朝，⑫则又将使子晳如楚，⑬归而饮酒。庚子，子晳以驷氏之甲伐而焚之。⑭伯有奔雍梁，⑮醒而后知之，⑯遂奔许。大夫聚谋。⑰子皮⑱曰："《仲虺之志》⑲云，乱者取之，亡者侮之。⑳推亡固存，㉑国之利也。"罕、驷、丰同生，㉒伯有汏侈，故不免。㉓

---

① 若有所成，吾得见，乃可知也，言若争有结果而我不死，得以见之，乃可知其政之所归也。
② 上年大夫已与两家为和盟于伯有氏，故叔向有"不既和矣乎"之问。
③ 侈而愎，侈汏而且狠愎也。
④ 好在人上，不肯居人下也。
⑤ 耆同"嗜"。
⑥ 窟室，地室也。
⑦ 击钟焉，就地室中击钟奏乐也。
⑧ 朝至未已，伯有之家臣来朝者已至，而伯有饮酒犹未已也。
⑨ 公焉在，家臣问伯有何在，故称公。
⑩ 壑谷即窟室。
⑪ 布路而罢，分散罢去也。
⑫ 既而朝，伯有朝郑君也。
⑬ 又将使子晳如楚，上年既和，今又欲强使子晳奉使于楚也。
⑭ 以驷氏之甲伐而焚之，子晳起家甲伐良氏而焚其居也。
⑮ 雍梁，郑邑，在今河南禹县东北。
⑯ 醒而后知之，及伯有酒醒，而后始知家毁身出也。
⑰ 大夫聚谋，谋所以处驷、良之道也。
⑱ 子皮，罕虎之字，已见前。
⑲ 仲虺，汤之左相，汤归自夏，仲虺作诰，今《商书》有《仲虺之诰》。《仲虺之志》即此是也。
⑳ 乱者取之，亡者侮之，谓国有乱亡之兆者自得取之、侮之也，今《书》作"取乱侮亡"。
㉑ 推亡固存，亦《仲虺之诰》语，谓灭亡者推而蹶之，安存者固而重之也。
㉒ 罕谓罕氏子皮，驷谓驷氏子晳，丰谓丰氏公孙段。三家本同母兄弟，故云同生。
㉓ 伯有汏侈，故不免，言三家同出，而伯有孤特又汏侈，所以亡也。

襄　公　　317

　　人谓子产，就直助强。① 子产曰："岂为我徒？② 国之祸难，谁知所敝？③ 或主强直，难乃不生，④ 姑成吾所。⑤"辛丑，子产敛伯有氏之死者而殡之，不及谋而遂行。⑥ 印段从之。⑦ 子皮止之，众曰："人不我顺，何止焉？"⑧ 子皮曰："夫子礼于死者，况生者乎？"⑨ 遂自止之。壬寅，子产入。癸卯，子石入。皆受盟于子皙氏。⑩

　　乙巳，郑伯及其大夫盟于大宫。⑪ 盟国人于师之梁之外。⑫ 伯有闻郑人之盟己也，怒。⑬ 闻子皮之甲不与攻己也，喜。⑭ 曰："子皮与我矣。"癸丑晨，自墓门之渎入，⑮ 因马师颉⑯介于襄库，⑰以伐旧北门。驷带⑱率国人以伐之。⑲皆召子产。⑳ 子产曰："兄弟而及此，吾从天所

---

① 人谓子产，就直助强，时人或告子产，当就子皙之直，助三家之强以共攻伯有也。
② 岂为我徒，言不以驷、良为党也。
③ 国之祸难，谁知所敝，言国家之祸难，谁能预知其所终敝也。
④ 或主强直，难乃不生，言能强能直则可以弭难，今三家未能伯有方争，何强直之可判也。
⑤ 姑成吾所，欲以无所附着为得所也。
⑥ 不及谋而遂行，子产不与于国谋而遂出行也。
⑦ 子石义子产之所为，从其出国他适，故云"印段从之"。
⑧ 人不我顺，何止焉，众谓子产不顺从驷氏，又何必止而留之也。
⑨ 夫子礼于死者，况生者乎，言子产加礼于死者，为之殡敛则其加礼于我生者自可知也。
⑩ 皆受盟于子皙氏，子产、子石皆接受子皙之盟也。
⑪ 郑伯及其大夫盟于大宫，郑简公与诸大夫盟于祖庙，与子皙以斥伯有也。
⑫ 盟国人于师之梁之外，郑君又与国人盟于师之梁之外，亦宣告伯有之罪耳。师之梁，郑之西门，已见前。
⑬ 闻郑人之盟己也，怒，伯有闻师之梁外之盟，因而发怒也。
⑭ 闻子皮之甲不与攻己也，喜，伯有闻罕虎之家甲未与于攻良氏之役，因而色喜也。
⑮ 自墓门之渎入，伯有自许潜归，由郑之北门以入国也。梁履绳《左通补释》："仁和江磐曰，古者墓兆在北，墓门当以此得名，盖郑北门，故下文著旧北门以别之。旧北门者，疑即九年诸侯伐郑，门于北门是也。"渎通"窦"。
⑯ 因，依也；托也。马师颉即羽颉，郑行人公孙挥子羽之孙也，以王父字为氏。伯有败死，颉出奔晋，为任大夫。马师，郑特有之官，盖司警备者。
⑰ 介，甲也。襄库，盖即储藏兵甲之武库。介于襄库，发武库之兵甲以配于徒众也。
⑱ 驷带，子西之子，字子上，驷氏之宗主也。
⑲ 率国人以伐之，子上率郑人以讨伯有也。
⑳ 皆召子产，驷氏与伯有俱召子产为助也。

与。"①伯有死于羊肆,②子产襚之,③枕之股而哭之,敛而殡诸伯有之臣在市侧者。④既而葬诸斗城。⑤子驷氏欲攻子产。子皮怒之,曰:"礼,国之干也。杀有礼,⑥祸莫大焉。"乃止。

于是游吉如晋还,闻难,不入,复命于介。⑦八月甲子,奔晋。驷带追之,及酸枣,⑧与子上盟,用两珪质于河。⑨使公孙鉏⑩入盟大夫。己巳,复归。⑪

书曰,郑人杀良霄,不称大夫,⑫言自外入也。⑬……

郑子皮授子产政。⑭辞曰:"国小而逼,⑮族大宠多,⑯不可为也。"子皮曰:"虎帅以听,谁敢犯子?⑰子善相之,国无小,⑱小能事大,国乃宽。⑲"

子产为政,有事伯石,赂与之邑。⑳子大叔曰:"国,皆其国也,

---

① 子晳、伯有皆子产兄弟,兄弟恩等,无所偏助,故曰"兄弟而及此,吾从天所与"。
② 羊肆,市列之店肆,屠羊沽肉者也。
③ 襚之,送衣衾以衣伯有之尸也。
④ 敛而殡诸伯有之臣在市侧者,敛伯有之尸而殡之于伯有氏家臣之居近市旁者。
⑤ 斗城,郑地,在今河南陈留县南三十五里。
⑥ 子产敛葬伯有为有礼,如杀子产,是杀有礼也。
⑦ 复命于介,寄复命之辞于副使也。盖子大叔惧祸并及,不敢入国,故遂奔晋也。介,副使。
⑧ 酸枣即廪延,故城在今河南延津县北十五里。
⑨ 用两珪质于河,沈珪于河以质信也。珪,玉圭,守邑之符信也。
⑩ 公孙鉏当系郑之公族。
⑪ 复归,游吉复归于郑也。
⑫ 是年《经》文:"郑良霄出奔许自许入于郑。郑人杀良霄。"不称大夫。
⑬ 伯有既出位绝,非复郑大夫,故《传》云"言自外入也"。
⑭ 伯有死,子皮知政,以子产贤,让之,故子皮授子产政。
⑮ 国小而逼,言幅员小而且逼近大国也。
⑯ 族大宠多,言郑之公族盛大,而恃宠者多也。
⑰ 虎帅以听,谁敢犯子,子皮自言我郑公族以听命,又谁敢违犯子之命令也。
⑱ 国之善否在治政,不在大小,故云"子善相之,国无小"。
⑲ 小能事大,当为大国所恤,故云"国乃宽"。
⑳ 子产为政,子产授受子皮之推让而知郑政也。有事伯石,赂与之邑,有事欲使公孙段,与之邑以赂之也。

奚独赂焉？"① 子产曰："无欲实难。② 皆得其欲，以从其事，而要其成，非我有成，其在人乎？③ 何爱于邑，邑将焉往？④" 子大叔曰："若四国何？"⑤ 子产曰："非相违也，而相从也，⑥ 四国何尤焉？⑦ 郑书有之⑧曰，安定国家，必大焉先。⑨ 姑先安大，以待其所归。⑩" 既，伯石惧而归邑，卒与之。⑪ 伯有既死，使大史命伯石为卿。辞。大史退，则请命焉。⑫ 复命之，又辞。如是三，乃受策，入拜。⑬ 子产是以恶其为人也，⑭ 使次己位。⑮

子产使都鄙有章，⑯ 上下有服，⑰ 田有封洫，⑱ 庐井有伍。⑲ 大人之忠俭者，从而与之。⑳ 泰侈者，因而毙之。㉑ 丰卷㉒将祭，请田焉。㉓ 弗许，

---

① 游吉以为郑之大夫当共忧郑国之事，何为独赂公孙段，故云"国，皆其国也，奚独赂焉"。
② 无欲实难，言人不能无欲也。
③ 皆得其欲……其在人乎，言若人皆能得其所欲以从国家之事，而责其成功，事既有成，乃出于我，岂在于他人乎。
④ 邑将焉往，言犹在国中也。
⑤ 若四国何，言恐为四邻所笑也。
⑥ 此言赂以邑欲为和顺，故云"非相违也，而相从也"。
⑦ 四国何尤焉，言四邻知我和顺又何所诧怪乎。尤，怪也。
⑧ 郑书有之，犹言郑国史书有语云云也。
⑨ 安定国家，必大焉先，即所引郑书之语，言先和大族，而后国家安也。
⑩ 姑先安大，以待其所归，言且先安和大族以要其成就事功也。
⑪ 伯石惧而归邑，卒与之，公孙段觉受赂不安请还邑，子产终以邑与之也。
⑫ 大史退，则请命焉，大史既退归私室伯石请大史更命己也。
⑬ 如是三，乃受策，入拜，伯石作态辞让者凡三度，然后受策命而入拜谢君也。
⑭ 伯石虚饰，子产是以恶其为人也。
⑮ 子产畏伯石之作乱，故宠之，使次己位。
⑯ 都鄙有章，无论国都及边鄙之地，所有车服尊卑各有分部也。
⑰ 上下有服，言公卿大夫服不相逾也。
⑱ 田有封洫，国内田亩各有疆界沟洫也。
⑲ 庐，舍也。九夫为井。使五家相保，故云"庐井有伍"。
⑳ 大人谓卿大夫。忠俭者，从而与之，言卿大夫之忠贞俭素者，子产从而与交也。
㉑ 泰侈者，因而毙之，卿大夫之骄盈侈汰者，子产因其有罪而毙踣之也。
㉒ 丰卷，字子张，丰氏，郑穆公子子丰之子，公孙段伯石之弟也。
㉓ 将祭，请田焉，将祭于家，请田猎以供祭品也。

曰："唯君用鲜，①众给而已。②"子张怒，退而征役。③子产奔晋。子皮止之，而逐丰卷，丰卷奔晋。子产请其田里，④三年而复之。⑤反其田里及其入焉。⑥

从政一年，舆人诵之曰："取我衣冠而褚之，⑦取我田畴而伍之，⑧孰杀子产，吾其与之。⑨"及三年，又诵之曰："我有子弟，子产诲之。⑩我有田畴，子产殖之。⑪子产而死，谁其嗣之？⑫"

三十一年⑬

三十一年，春王正月，穆叔至自会，⑭见孟孝伯。⑮语之曰："赵孟将死矣，其语偷，⑯不似民主。且年未盈五十，而谆谆焉如八九十者，

---

① 唯君用鲜，唯君祭得用鲜品耳。鲜，野兽也。
② 众臣祭，以刍豢为足，故云"众给而已"。
③ 退而征役，召兵欲攻子产也。
④ 请其田里，子产请于公，不没入丰卷之田里也。
⑤ 三年而复之，越三年，子产请于公，使丰卷复归郑国也。
⑥ 反其田里及其入焉，以前请田里及其所收入之资尽归丰卷也。
⑦ 取我衣冠而褚之，取我衣冠而藏之也。盖奢侈者畏法，故畜藏之耳。褚，畜也。
⑧ 取我田畴而伍之，取田畴分配于庐井之伍使相保也。并畔为畴。时兼并者失志，故取田畴而伍给之也。
⑨ 与之，助之也。
⑩ 诲之，教训之也。
⑪ 殖之，使生利丰殖也。
⑫ 嗣之，后继也。
⑬ 襄公三十一年当周景王三年己未岁，晋平公十六年，卫襄公二年，郑简公二十四年，宋平公三十四年，楚郏敖三年，吴夷昧二年，西历纪元前542年。郑敖名麇，《史记》作"名员"，康王昭之子，在位四年，为季父围所弑，楚国第二十五君也。其元年当周景王元年丁巳岁，西历纪元前544年。
⑭ 上年冬十月，晋赵武会鲁叔孙豹、齐公孙虿、宋向戌、卫北宫佗、郑罕虎及小邾之大夫于澶渊，为宋灾故，谋归宋财也。既而无归于宋。至是，叔孙豹归鲁，故云"穆叔至自会"。盖言自澶渊之会还国也。
⑮ 见孟孝伯，见仲孙羯有所报告也。
⑯ 偷，苟且也。

弗能久矣。若赵孟死，为政者，其韩子乎！①吾子盍与季孙言之，可以树善，②君子也。③晋君将失政矣，若不树焉，使早备鲁，④既而政在大夫，⑤韩子懦弱，大夫多贪，求欲无厌，齐、楚未足与也，⑥鲁其惧哉！"孝伯曰："人生几何，谁能无偷？朝不及夕，将安用树？"穆叔出而告人曰："孟孙将死矣。吾语诸赵孟之偷也，而又甚焉。⑦"又与季孙语晋故，⑧季孙不从。

及赵文子卒，⑨晋公室卑，政在侈家。⑩韩宣子为政，不能图诸侯。⑪鲁不堪晋求，谗慝弘多，⑫是以有平丘之会。⑬

公薨之月，⑭子产相郑伯以如晋。晋侯以我丧故，未之见也。⑮子产使尽坏其馆之垣，而纳车马焉。⑯士文伯⑰让之曰："敝邑以政刑之不修，寇盗充斥，⑱无若诸侯之属辱在寡君者何，⑲是以令吏人完客所

---

① 为政者，其韩子乎，言韩起将继赵武执晋政也。
② 可以树善，意使季孙宿早与韩起树立交善之道也。
③ 言韩起有君子之德，故曰"君子也"。
④ 若不树焉，使早备鲁，犹言若不与韩起树交而使之早为鲁备也。
⑤ 既而，犹云将来。政在大夫，言晋君失政则散在诸大夫之家也。
⑥ 求欲无厌，齐、楚未足与也，言鲁至不堪晋求之时，虽欲改事齐、楚未有足恃者矣。
⑦ 吾语诸赵孟之偷也，而又甚焉，言孟孙朝不及夕之语，偷之甚也。
⑧ 又与季孙语晋故，叔孙豹又与季孙宿言晋事，如与孟孙之所言也。
⑨ 赵文子卒，赵武之卒在后昭公元年。
⑩ 政在侈家，言政出多门，散在六卿之家也。
⑪ 不能图诸侯，不复能图谋及于诸侯也。
⑫ 谗慝弘多，潜谤构煽之言滋多也。
⑬ 平丘之会，详后昭公十三年。
⑭ 是年六月辛巳，鲁襄公薨。此云"公薨之月"，即是年六月也。
⑮ 晋侯以我丧故，未之见也，晋平公以鲁丧之故，不接见郑简公与子产也。
⑯ 子产使尽坏其馆之垣，而纳车马焉，子产使人尽毁晋客馆之墙垣，而以所赍车马纳入也。
⑰ 士文伯名匄，字伯瑕，士弱之子，与范宣子士匄同族同名。
⑱ 充斥，多也。
⑲ 无若诸侯之属辱在寡君者何，言诸侯之存问晋君者无如盗贼何也。

馆,①高其闬闳,②厚其墙垣,以无忧客使。③今吾子坏之,虽从者能戒,其若异客何?④以敝邑之为盟主,缮完葺墙,⑤以待宾客。若皆毁之,其何以共命?⑥寡君使匄请命。⑦"对曰:"以敝邑褊小,介于大国,诛求无时,⑧是以不敢宁居,悉索敝赋,以来会时事。⑨逢执事之不间,而未得见,又不获闻命,未知见时。不敢输币,亦不敢暴露。其输之,则君之府实也,非荐陈之不敢输也。⑩其暴露之,则恐燥湿之不时而朽蠹,以重敝邑之罪。⑪侨闻文公之为盟主也,宫室卑庳,无观台榭,⑫以崇大诸侯之馆,馆如公寝。⑬库厩缮修,⑭司空以时平易道路,⑮圬人以时塓馆宫室。⑯诸侯宾至,甸设庭燎,⑰仆人巡宫,⑱车马有所,⑲宾从有代,⑳巾车脂辖,㉑隶人牧圉各瞻其事。㉒百官之属,各展

---

① 是以令吏人完客所馆,因此,令主事之吏完缮宾客之馆也。
② 闬闳,门闱也。
③ 无忧客使,无令客使忧寇盗也。
④ 虽从者能戒,其若异客何,言虽郑之从者知所戒备,他国宾客来者将以待之也。
⑤ 葺墙,谓以草覆墙。
⑥ 何以共命,何以敬恭盟主之命也。
⑦ 请命,请问毁垣之命也。
⑧ 诛求无时,言大国不时责求郑国也。
⑨ 来会时事,随时来朝会也。
⑩ 非荐陈之,不敢输也,言不敢以非礼输纳于府库也。荐陈犹献见也,如今所谓验收。
⑪ 其暴露之……以重敝邑之罪,言如或将贡币暴露于野,则必因天时之变化而致朽蠹,是重郑之罪也。
⑫ 宫室卑庳,无观台榭,言晋文公时宫室卑小,又无台观亭榭之建筑也。庳读如"婢",旁高中下之屋也。
⑬ 馆如公寝,言崇大宾馆如公之宫寝也。
⑭ 库厩缮修,言馆中藏币之库与养马之厩俱缮治修葺足供应用也。
⑮ 平易道路,平治境内道路也。司空,掌邦土之官,故使之以时平治道路。
⑯ 圬人以时塓馆宫室,使匠人以时涂饰宫室也。圬人,涂墙之匠。圬读如"污"。塓读如"冥",涂也。
⑰ 庭燎,设火于庭俾周照,类后世之大烛。甸设庭燎,甸人司烛照也。
⑱ 仆人巡宫,执役者在宾馆四周行夜巡更也。
⑲ 车马有所,宾客之车马有安顿之处所也。
⑳ 宾从有代,指定人夫代客执役也。
㉑ 巾车,主车之官。脂辖,以脂涂车辖使滑泽易转动也。车轮中心着轴之处曰辖。
㉒ 隶人牧圉各瞻其事,使隶人等人各瞻视客之所需以供其事,所谓听差也。

其物。① 公不留宾,而亦无废事。② 忧乐同之,事则巡之,③ 教其不知,而恤其不足。④ 宾至如归,无宁灾患。⑤ 不畏寇盗,而亦不患燥湿。今铜鞮之宫数里,⑥ 而诸侯舍于隶人。⑦ 门不容车,而不可逾越。⑧ 盗贼公行,而天疠不戒。⑨ 宾见无时,命不可知。⑩ 若又勿坏,是无所藏币以重罪也。⑪ 敢请执事,将何所命之。⑫ 虽君之有鲁丧,亦敝邑之忧也。⑬ 若获荐币,修垣而行,⑭ 君之惠也。敢惮勤劳。⑮"

文伯复命。赵文子曰:"信。⑯ 我实不德,而以隶人之桓以嬴⑰ 诸侯,是吾罪也。"使士文伯谢不敏⑱焉。晋侯见郑伯有加礼,厚其宴好而归之。乃筑诸侯之馆。

叔向曰:"辞之不可以已也如是夫!⑲ 子产有辞,诸侯赖之,⑳ 若

---

① 各展其物,谓群有司皆展陈其物以待宾也。
② 公不留宾,而亦无废事,言宾得速去则事不废也。
③ 忧乐同之,事则巡之,言宾之忧乐,晋则同其好恶,事之得失,晋则巡其当否也。
④ 教其不知,而恤其不足,教导宾客之所不知而忧恤宾客之不足也。
⑤ 宾至如归,无宁灾患,犹言宾至客馆,百用备给,如归私家,见遇如此,宁当复有灾患耶。无宁,宁也。
⑥ 铜鞮之宫数里,晋离宫之在铜鞮者,其大延袤数里也。铜鞮,晋邑,在今山西沁县南,汉于其地置铜鞮县。
⑦ 诸侯舍于隶人,诸侯来宾者,所馆竟如隶人之舍也。
⑧ 门不容车,而不可逾越,言门墙迫迮,既不能容车马,而又有缭垣之限,复不可以跨越也。
⑨ 盗贼公行,盗贼公然行动也。天疠不戒,于天灾毫无戒备也。疠犹灾也,言水潦无时,见杜《注》。天,俗本作"天",非。
⑩ 宾见无时,命不可知,宾客来者接见无时,而召见之命不可测也。
⑪ 若又勿坏,是无所藏币以重罪也,言若又隐忍而弗坏馆垣,是藏币无处,必将益重郑之罪也。
⑫ 将何所命之,问晋命己所止之宜也。
⑬ 郑与鲁同姓,鲁丧郑亦有忧,不独晋也,故云"虽君之有鲁丧,亦敝邑之忧也"。
⑭ 若获荐币,修垣而行,言若得献币集事,必修垣而去也。
⑮ 敢惮勤劳,不敢惮劳苦也。
⑯ 信,信如子产之言也。
⑰ 嬴,受也。
⑱ 谢不敏,谢前者之失辞也。
⑲ 叔向赞叹子产之有辞,而得晋君卿之优遇,故云"辞之不可以已也如是夫"。
⑳ 子产有辞,诸侯赖之,言因子产之有辞而诸侯皆恃赖之以得改筑馆舍也。

之何其释辞也？① 《诗》曰，辞之辑矣，民之协矣。辞之绎矣，民之莫矣。② 其知之矣。③"

吴子使屈狐庸聘于晋，④ 通路也。⑤ 赵文子问焉，曰："延州来季子其果立乎？巢陨诸樊，⑥ 阍戕戴吴，⑦ 天似启之，⑧ 何如？"对曰："不立。⑨ 是二王之命也，⑩ 非启季子也。若天所启，其在今嗣君乎！甚德而度，⑪ 德不失民，⑫ 度不失事，⑬ 民亲而事有序，⑭ 其天所启也。有吴国者，必此君之子孙实终之。季子，守节者也，虽有国，不立。⑮"

十二月，北宫文子⑯相卫襄公⑰以如楚，宋之盟故也。⑱ 过郑，印段迋劳于棐林，⑲ 如聘礼而以劳辞。⑳ 文子入聘，㉑ 子羽为行人，㉒ 冯简子

---

① 若之何其释辞也，申足前语，谓辞之不可已也。
② 辞之辑矣……民之莫矣，见《诗·大雅·生民之什·板》篇。协，今本作"洽"。绎，今本作"怿"。言辞之辑睦，则民自洽同。辞之悦怿，则民自安定也。莫，犹定也。
③ 其知之矣，谓诗人知辞之有益也。
④ 吴子谓吴王夷昧，一作夷末，亦作馀末，名勾馀，馀祭之弟，为吴第二十二君，在位十七年。其元年当周景王二年戊午岁，西历纪元前543年。屈狐庸，巫臣之子，鲁成公七年自晋适吴为行人。至是，使聘于晋。
⑤ 狐庸之使晋，为通吴、晋之路，故云"通路也"。
⑥ 巢陨诸樊，诸樊为巢牛臣所射杀也。事在襄二十五年。
⑦ 阍戕戴吴，馀祭为阍所弑也。事在襄二十九年，阍本越俘，馀祭以为司阍，使守舟。馀祭观舟，阍遂以刀弑之。
⑧ 天似启之，言二君之迭被弑害，似天欲启季札使得立也。
⑨ 不立，狐庸决答之辞。谓季札决不果立也。
⑩ 是二王之命也，言此乃诸樊、馀祭之天命当死也。
⑪ 甚德而度，德行修而度量广也。
⑫ 惟其修德，民自归之故云"德不失民"。
⑬ 惟其有度，必审事情，故云"度不失事"。
⑭ 民亲而事有序，言人民亲附而处事缓急有先后也。
⑮ 虽有国，不立，证前决答之语，言季札三兄虽欲传国与之，季札终不肯立也。
⑯ 北宫文子名佗，卫成公曾孙北宫懿子括之子也。
⑰ 卫襄公名恶，献公衎之子，在位九年，为卫国第二十五君。其元年当周景王二年戊午岁，西历纪元前543年。
⑱ 宋向戌弭兵之会约晋、楚之从交相见，故云"宋之盟故也"。
⑲ 迋同"往"。棐林，郑地，即今河南新郑县东二十五里之林乡城。
⑳ 如聘礼而以劳辞，用聘礼而用郊劳之辞也。
㉑ 文子入聘，北宫佗入郑都报印段之聘也。
㉒ 子羽为行人，公孙挥为行人之官。

与子大叔逆客。① 事毕而出，言于卫侯② 曰："郑有礼，其数世之福也。其无大国之讨乎？《诗》云，谁能执热，逝不以濯。③ 礼之于政，如热之有濯也，濯以救热，④ 何患之有？"

子产之从政也，择能而使之。⑤ 冯简子能断大事。子大叔美秀而文。⑥ 公孙挥能知四国之为，⑦ 而辨于其大夫之族姓、班位、贵贱、能否，而又善为辞令。⑧ 裨谌能谋，谋于野则获，谋于邑则否。⑨ 郑国将有诸侯之事，子产乃问四国之为于子羽，且使多为辞令。与裨谌乘以适野，使谋可否。而告冯简子，使断之。事成，乃授子大叔，使行之以应对宾客。是以鲜有败事。北宫文子所谓有礼也。⑩

郑人游于乡校，⑪ 以论执政。⑫ 然明谓子产曰："毁乡校如何？"⑬ 子产曰："何为？夫人朝夕⑭ 退而游焉，以议执政之善否。其所善者，吾则行之。其所恶者，吾则改之。是吾师也。若之何毁之？我闻忠善以损怨，⑮ 不闻作威以防怨。⑯ 岂不遽止，然犹防川，⑰ 大决所犯，伤人

---

① 冯简子，郑大夫，毕公高之后。毕万封魏，支孙食采于冯城，因氏焉。与子大叔逆客，与游吉共迎北宫佗也。
② 事毕而出，言于卫侯，北宫佗报聘毕，出见卫襄公于楚林，有所告语也。
③ 谁能执热，逝不以濯，见《诗·大雅·荡之什·桑柔》篇。濯，以水濯手也。
④ 濯以救热，言有礼以节其政，如有濯以救其热也。
⑤ 子产之从政也，择能而使之，总提子产之知人善任，所谓量材器使也。以下即分说诸人之材能。
⑥ 美秀而文，言貌美而才秀也。盖游吉仪表甚都也。
⑦ 知四国之所为，知四邻诸侯之所欲为也。
⑧ 辨于其大夫之族姓、班位、贵贱、能否，而又善为辞令，言凡诸侯大夫之族姓同异，班位高下，人物贵贱，才艺能否，子羽皆能辨别之，而又长于应对也。
⑨ 谋于野则获，谋于邑则否，言裨谌谋于宽闲之野，则得其所谋；谋于喧嚣之邑，则不得其所谋。此其才性之异也。
⑩ 《传》迹子产行事以明北宫文子之言，故云"北宫文子所谓有礼也"。
⑪ 乡校，乡之学校。
⑫ 论执政，论议执政者措施之孰得孰失也。
⑬ 然明患人于乡校中谤议国政，请子产毁乡校，故曰"毁乡校如何"。
⑭ 早见曰朝。暮见曰夕。
⑮ 忠善以损怨，勉为忠善以息怨谤也。损，减也。
⑯ 作威以防怨，用威武以御怨怒也。
⑰ 岂不遽止，然犹防川，言岂不惧谤而思止息，然止谤正如防川也。遽，畏惧也。

必多，吾不克救也。不如小决使道，①不如吾闻而药之也。②"然明曰："蔑也今而后知吾子之信可事也。小人实不才，若果行此，其郑国实赖之，岂唯二三臣？③"仲尼闻是语也，④曰："以是观之，人谓子产不仁，吾不信也。"

子皮欲使尹何为邑。⑤子产曰："少。未知可否。"⑥子皮曰："愿，吾爱之不吾叛也。⑦使夫往而学焉，夫亦愈知治矣。⑧"子产曰："不可。人之爱人，求利之也。今吾子爱人则以政，⑨犹未能操刀而使割也，其伤实多。⑩子之爱人，伤之而已，其谁敢求爱于子？子于郑国，栋也，⑪栋折榱崩，侨将厌焉，⑫敢不尽言？子有美锦，不使人学制焉。⑬大官、大邑，身之所庇⑭也，而使学者制焉，其为美锦，不亦多乎？⑮侨闻学而后入政，未闻以政学者也。若果行此，必有所害。譬如田猎射御，贯⑯则能获禽。若未尝登车射御，则败绩厌覆是惧，何暇思获？⑰"子

---

① 不如小决使道，言防川而大决则多伤，不如小决使宣导之，水行乃得通畅也。道通"导"。
② 不如吾闻而药之也，言与其塞谤不闻，不如闻谤以为己之药石也。正以小决为喻。
③ 二三臣谓郑诸大夫。
④ 仲尼闻是语也，杜《注》："仲尼以二十二年生，于是十岁，长而后闻之。"
⑤ 欲使尹何为邑，欲令尹何为邑大夫也。
⑥ 少，谓尹何年少。未知可否，不知施政之当否也。
⑦ 愿，谨善也。吾爱之不吾叛也，言子皮爱尹何之愿，以为必不叛子皮也。
⑧ 使夫往而学焉，夫亦愈知治矣，两"夫"字俱指尹何。盖谓如使尹何往邑学治，必可益其施治之识力也。
⑨ 以政，以政权与之也。
⑩ 未能操刀而使割，必多自伤，故云"其伤实多"。
⑪ 子于郑国，栋也，言子皮之于郑国，犹屋之有栋。栋所以架榱者。
⑫ 栋毁折则榱崩坏，屋坏则人将覆压，故言《侨将厌焉》。厌通"压"。榱读如"崔"，椽也。
⑬ 如有美锦制衣，必求良工为之，弗肯使学制之人随手剪裁之，此人情也，故云"子有美锦，不使人学制焉"。
⑭ 大官、大邑，身之所庇，言大官与大邑皆为身之所托庇者也。
⑮ 其为美锦，不亦多乎，言官邑之重多于美锦也。
⑯ 贯俗作"惯"，习熟也。
⑰ 若未尝登车射御之人而使骋车田猎，则唯恐败事而有覆车见压之惧，必不暇思及如何可以获禽矣，故云"败绩厌覆是惧，何暇思获"。

皮曰:"善哉,虎不敏。吾闻君子务知大者远者,小人务知小者近者,我小人也。衣服附在吾身,我知而慎之。大官、大邑所以庇身也,我远而慢之。微子之言,吾不知也。他日,我曰,子为郑国,我为吾家以庇焉,① 其可也。今而后知不足。② 自今,请虽吾家,听子而行。"子产曰:"人心之不同,如其面焉。吾岂敢谓子面如吾面乎?③ 抑心所谓危,亦以告也。④"子皮以为忠,故委政焉。子产是以能为郑国。⑤

卫侯在楚,北宫文子见令尹围之威仪,⑥ 言于卫侯曰:"令尹似君矣,将有他志。⑦ 虽获其志,不能终也。⑧《诗》云,靡不有初,鲜克有终。⑨ 终之实难,令尹其将不免。"公曰:"子何以知之?"对曰:"《诗》云,敬慎威仪,惟民之则。⑩ 令尹无威仪,民无则焉。民所不则,以在民上,不可以终。⑪"公曰:"善哉,何谓威仪?"对曰:"有威而可畏谓之威,有仪而可象谓之仪。君有君之威仪,其臣畏而爱之,则而象之,故能有其国家,令闻长世。⑫ 臣有臣之威仪,其下畏

---

① 我为吾家以庇焉,子皮自谓我只能为一家之政以托庇于子产为治之国也。

② 今而后知不足,自知谋虑不足谋家国也。

③ 吾岂敢谓子面如吾面乎,言子面不如吾面,吾心岂如子心,安敢使子之家事皆听我而后行也。

④ 我心以此事为危而不安,则不敢不告,故云"心所谓危,亦以告也"。

⑤ 子产之治,乃子皮之力,故《传》言"子产是以能为郑国"。

⑥ 令尹围即公子围,楚康王昭之弟,亦称王子围,时为令尹。翌年,弑兄子麋自立,为楚第二十六君,改名虔,是为灵王。在位十二年,为弟比所逼,自缢。其元年当周景王五年辛酉岁,西历纪元前540年。威仪,泛指容止举动,俗所谓"排场""架子"也。与下文解析之"威仪"有殊。

⑦ 北宫佗见围,言语瞻视行步不常,故告卫襄公曰:"令尹似君矣,将有他志。"

⑧ 虽获其志,不能终也,言虽使围得遂篡国之志,必不善终也。

⑨ 靡不有初,鲜克有终,《诗·大雅·荡之什·荡》篇首章之卒句也。言凡事皆有始初,难能有终结也。

⑩ 敬慎威仪,惟民之则,《诗·大雅·荡之什·抑》篇第二章之卒句也。言慎守威仪,民乃得则效取法也。

⑪ 民所不则,以在民上,不可以终,言不为民所取法而居民上以君临之,必不可以善保其终也。

⑫ 畏而爱之……令闻长世,言畏而爱之则非暴虐之威,则而象之必非具文之仪,故能保有其国家,而美名垂世,永远无穷也。

而爱之,① 故能守其官职,保族宜家。② 顺是以下皆如是,是以上下能相固也。③《卫诗》曰,威仪棣棣,不可选也。④ 言君臣上下父子兄弟内外大小皆有威仪也。《周诗》曰,朋友攸摄,摄以威仪。⑤ 言朋友之道必相教训以威仪也。《周书》数文王之德曰,大国畏其力,小国怀其德。⑥ 言畏而爱之也。《诗》云,不识不知,顺帝之则。⑦ 言则而象之也。纣囚文王七年,诸侯皆从之囚,⑧ 纣于是乎惧而归之。可谓爱之。文王伐崇,再驾而降为臣,⑨ 蛮夷帅服。⑩ 可谓畏之。文王之功,天下诵而歌舞之。可谓则之。文王之行,至今为法。可谓象之,有威仪也。故君子在位可畏,施舍可爱,进退可度,周旋可则,容止可观,作事可法,德行可象,声气可乐,动作有文,言语有章,以临其下,谓之有威仪也。⑪"

---

① 此处不言"则而象之"者以承上文而言,自得省略也。
② 守其官职,保族宜家,言臣守之威仪,则其下畏而爱之,则而象之,故能称其官,举其职,保大其族而安宜其家也。
③ 顺是以下皆如是,是以上下能相固也,言顺是君臣以下,至于父子兄弟夫妇朋友士农工商皂隶牧圉,各有威仪,是以上下相安,能坚固如此也。
④ 威仪棣棣,不可选也,见《诗·邶风·柏舟》篇。邶、鄘,卫之附庸,故直曰《卫诗》。棣棣,富而闲也。选,数也。
⑤ 朋友攸摄,摄以威仪,见《诗·大雅·生民之什·既醉》篇,故曰《周诗》。攸,所也。摄,佐也。
⑥ 大国畏其力,小国怀其德,见《周书·武成》篇。今本国作"邦"。
⑦ 不识不知,顺帝之则,见《诗·大雅·文王之什·皇矣》篇,言文王行事无所揣酌,唯在则象上天也。
⑧ 纣囚文王七年,诸侯皆从之囚,指商纣囚西伯昌于羑里事。
⑨ 文王伐崇,再驾而降为臣,杜《注》:"文王闻崇德乱而伐之三旬不降。退,修教而后伐之,因垒而降。"崇,国名,唐、虞之际,封鲧于此,后舜殛鲧,以其国更封诸侯,其地在今陕西鄠县东。殷时有崇侯虎,谮西伯于纣,遂见囚羑里。其后为西伯所灭。再驾,再度起兵也。
⑩ 帅服,率教而服威也。
⑪ 故君子在位可畏……谓之有威仪也,详言君子之威仪。度、则、法,皆法也。互言之者,文法之变耳。

昭　公

名稠，一作裯，又作袑，襄公午之子。在位三十二年，为鲁国第二十四君。其元年当周景王四年庚申岁，西历纪元前541年。

元　年①

元年春，楚公子围聘于郑，②且娶于公孙段氏，③伍举为介。④将入馆，⑤郑人恶之，⑥使行人子羽与之言，乃馆于外。⑦既聘，将以众逆。⑧子产患之，使子羽辞曰："以敝邑褊小，不足以容从者，请墠听命。⑨"令尹命大宰伯州犁对⑩曰："君辱贶寡大夫围，谓围将使丰氏抚有而

---

① 昭公元年当周景王四年庚申岁，晋平公十七年，齐景公七年，卫襄公三年，蔡灵侯二年，郑简公二十五年，曹武公十四年，陈哀公二十八年，宋平公三十五年，秦景公三十六年，楚郏敖四年，许悼公六年，莒展舆元年，西历纪元前541年。
② 聘于郑，奉命聘问郑国也。
③ 娶于公孙段氏，楚公子围娶郑丰氏伯石之女也。
④ 伍举即椒举，已见前。为介，充公子围之副使也。
⑤ 将入馆，将就客舍也。
⑥ 郑人知楚怀诈，故恶之。
⑦ 馆于外，居楚使于城外也。
⑧ 既聘，聘问之礼既毕。将以众逆，以兵入城迎妇也。
⑨ 请墠听命，欲于城外除地为墠行婚礼也。墠读如"善"。
⑩ 伯州犁时从公子围行，故使对答子羽。

室。①围布几筵，告于庄、共之庙而来。②若野赐之，是委君贶于草莽也。③是寡大夫不得列于诸卿也。④不宁唯是，又使围蒙其先君，⑤将不得为寡君老，⑥其蔑以复矣。⑦唯大夫图之。"子羽曰："小国无罪，恃实其罪。⑧将恃大国之安靖己，而无乃包藏祸心以图之。⑨小国失恃，而惩诸侯，使莫不憾者，距违君命，而有所壅塞，不行是惧。⑩不然，敝邑馆人之属也，⑪其敢爱丰氏之祧？⑫"伍举知其有备也，请垂橐⑬而入，许之。正月乙未，入逆而出，遂会于虢，⑭寻宋之盟也。⑮

祁午⑯谓赵文子曰："宋之盟，楚人得志于晋。⑰今令尹之不信，诸侯之所闻也。子弗戒，惧⑱又如宋。⑲子木之信，称于诸侯，犹诈晋

---

① 将使丰氏抚有而室，将使公孙段之女抚有汝之室家也。
② 布几筵，告于庄、共之庙而来，言陈祭告请于庄王、共王之庙而来郑娶妇也。庄王，围之祖；共王，围之父。
③ 若野赐之，谓于城外除地成婚。委君贶于草莽也，言弃郑君之赐于草野也。
④ 郊野成婚，不得从卿礼，故云"不得列于诸卿也"。
⑤ 蒙其先君，言欺其先君庄王、共王。蒙，欺也。告先君而来，不得成礼于女氏之庙，故以为欺先君。
⑥ 大臣惧黜辱，则称老而退，故以得请老为幸。将不为寡君老，言以是之故，不免于黜辱也。
⑦ 蔑以复矣，言围之受屈，无以复加也。
⑧ 恃实其罪，言恃大国而无备则是罪也。
⑨ 将恃大国之安靖己，而无乃包藏祸心以图之，言郑之婚楚，本欲恃楚以安靖其国家，今楚以兵入逆，无乃包藏祸心以图袭郑耶。
⑩ 小国失恃……不行是惧，言己失所恃则诸侯憾恨以距君命，壅塞不行，所惧唯此耳。
⑪ 馆人，守舍之人。敝邑馆人之属也，谦谓郑乃楚守舍人之类耳。
⑫ 祧，远祖庙。敢爱丰氏之祧，不敢惜丰氏之庙而为公子围成礼也。
⑬ 垂橐，倒悬弓衣，示无弓也。橐读如"皋"。
⑭ 虢，郑地，今河南荥泽县之虢亭。会于虢，即《经》文所书"叔孙豹会晋赵武、楚公子围、齐国弱、宋向戌、卫齐恶、陈公子招、蔡公孙归生、郑罕虎、许人、曹人于虢"。
⑮ 寻宋之盟也，重温襄二十七年向戌弭兵之盟也。
⑯ 祁午，祁奚子，已见前。
⑰ 得志于晋，谓楚人先歃也。
⑱ 惎，"惧"之本字。
⑲ 又如宋，谓恐又如宋之盟，使楚复得志也。

而驾焉,①况不信之尤②者乎?楚重得志于晋,晋之耻也。子相晋国以为盟主,于今七年矣。③再合诸侯,④三合大夫,⑤服齐、狄,⑥宁东夏,⑦平秦乱,⑧城淳于,⑨师徒不顿,⑩国家不罢,⑪民无谤讟,⑫诸侯无怨,天无大灾,子之力也。有令名矣,而终之以耻,午也是惧。吾子其不可以不戒。"文子曰:"武受赐矣。⑬然宋之盟,子木有祸人之心,武有仁人之心,是楚所以驾于晋也。⑭今武犹是心也,楚又行僭,⑮非所害也。武将信以为本,循而行之,譬如农夫,是穮是蓘。⑯虽有饥馑,必有丰年。⑰且吾闻之,能信不为人下,吾未能也。⑱《诗》曰,不僭不贼,鲜不为则。⑲信也。能为人则者,不为人下矣。吾不能是难,楚不为患。⑳"

楚令尹围请用牲,读旧书,加于牲上而已。㉑晋人许之,三月甲

---

① 诈晋而驾焉,谓宋之盟楚子木衷甲莅会,竟陵驾晋以得志也。
② 不信之尤,斥言公子围。尤,甚也。
③ 襄二十五年,赵武始为政。至是已届七年,故云"于今七年矣"。
④ 再合诸侯,谓襄二十五年会夷仪,二十六年会澶渊。
⑤ 三合大夫,谓襄二十七年会于宋,三十年会澶渊,及今会于虢。
⑥ 襄二十八年,齐侯、白狄朝于晋,故云"服齐、狄"。
⑦ 齐、狄既服,则东方诸侯皆安,故云"宁东夏"。
⑧ 平秦乱,指襄二十六年,秦、晋为成事。
⑨ 襄二十九年,城杞之淳于,俾杞迁都之,故云"城淳于"。
⑩ 不顿,不困也。
⑪ 不罢,不劳损也。罢通"疲"。
⑫ 讟,怨诽也,读如"独"。
⑬ 受赐矣,受祁午之言也。
⑭ 子木有祸人之心……是楚所以驾于晋也,言子木称兵,是有祸人之心。武欲弭兵,是有爱人之心。此楚所以得志陵驾于晋也。
⑮ 僭,不信也。
⑯ 穮读如"标",耘也。蓘读如"衮",壅苗也。是穮是蓘,言农夫惟以耘草壅苗为务,不问其他也。
⑰ 虽有饥馑,必有丰年,言耕耡不以水旱而息,必有获丰年之收获也。所以喻守信者有所屈必有所伸。
⑱ 能信不为人下,言能守信者必不久居人下也。吾未能也,谓自恐未能持信耳。
⑲ 不僭不贼,鲜不为则,见《诗·大雅·荡之什·抑》篇。言不失信,不贼害,少有不为人所取则者。
⑳ 赵武自言不能持信实难,楚不足患,故云"吾不能是难,楚不为患"。
㉑ 楚恐晋先歃,欲从旧书加于牲上,不歃血,故云"请用牲,读旧书,加于牲上而已"。旧书,宋之盟书也。

辰，盟。楚公子围设服离卫。① 叔孙穆子曰："楚公子美矣，君哉！"②
郑子皮曰："二执戈者前矣。"③ 蔡子家④曰："蒲宫有前，不亦可乎？"⑤
楚伯州犁曰："此行也，辞而假之寡君。"⑥ 郑行人挥曰："假不反矣。"⑦
伯州犁曰："子姑忧子晳之欲背诞也。"⑧ 子羽曰："当璧犹在，假而不
反，子其无忧乎？"⑨ 齐国子⑩曰："吾代二子愍矣。"⑪ 陈公子招⑫曰：
"不忧何成，二子乐矣。"⑬ 卫齐子⑭曰："苟或知之，虽忧何害？"⑮ 宋
合左师曰："大国令，小国共，吾知共而已。"⑯ 晋乐王鲋曰："《小旻》
之卒章善矣。吾从之。"⑰

----

① 设服离卫，设君服，使二人执戈陈于前以自卫也。离，陈也，公子围盖俨然以君自居矣。
② 美矣，君哉，叔孙豹叹公子围之美服似君也。
③ 礼国君行，有二执戈者在前，公子围既设服陈卫，郑罕虎遂顺叔孙豹之言，云"二执戈者前矣"，所以见其弥似人君也。
④ 蔡子家即公孙归生，已见前。
⑤ 公子围在会，特缉蒲为王殿屋，屏蔽以自殊异，此云"蒲宫有前，不亦可乎"，言既造王宫而居之，虽服君服，无所怪也。
⑥ 此行也，辞而假之寡君，言公子围此役，尝以辞令假借君服于楚君也。伯州犁闻诸大夫讥议其令尹，故言假借以代为饰过耳。
⑦ 假不反矣，言假将不归，恐围遂图为君也。
⑧ 襄三十年，郑子晳杀伯有，背命放诞，将为国难，故伯州犁答子羽云"子姑忧子晳之欲背诞也"。盖言子且自忧此，无为忧令尹之不反君戈耳。
⑨ 当璧犹在，假而不反，子其无忧乎，杜《注》："当璧谓弃疾，事在昭十三年，言弃疾有当璧之命，围虽取国，犹将有难，不无忧也。"
⑩ 国子，国佐之子，国胜之弟国弱也，亦称国景子。
⑪ 吾代二子愍矣，杜《注》："二子谓王子围及伯州犁。围此冬便篡位，不能自终。州犁亦寻为围所杀，故言可愍。"
⑫ 公子招，陈哀公溺之母弟，为陈司徒。后为楚所获，放于越。
⑬ 不忧何成，二子乐矣，言以忧成事，事成而乐也。
⑭ 齐子，卫大夫齐恶。
⑮ 苟或知之，虽忧何害，言先知为备，虽有忧难，无所损害也。
⑯ 大国令，小国共，吾知共而已，向戌之辞。言大国布令，小国恭承，吾唯知恭承大国之命，不知其祸福也。
⑰ 《小旻》，《诗·小雅·节南山之什》第五篇。其卒章云："不敢暴虎，不敢冯河，人知其一，莫知其他。战战兢兢，如临深渊，如履薄冰。"意谓非唯暴虎冯河之可畏，不敬小人亦危殆也。乐王鲋从斯义，故不敢讥议公子围，而云《小旻》之卒章善矣，吾从之。

退会，子羽谓子皮曰："叔孙绞而婉，① 宋左师简而礼，② 乐王鲋字而敬，③ 子与子家持之，④ 皆保世之主也。齐、卫、陈大夫其不免乎！国子代人忧，子招乐忧，齐子虽忧弗害。夫弗及而忧，与可忧而乐，与忧而弗害，皆取忧之道也。忧必及之。《大誓》曰，民之所欲，天必从之。⑤ 三大夫兆忧，⑥ 忧能无至乎？言以知物，⑦ 其是之谓矣。"

季武子伐莒，取郓，⑧ 莒人告于会。⑨ 楚告于晋曰："寻盟未退，⑩ 而鲁伐莒，渎齐盟，⑪ 请戮其使。⑫" 乐桓子相赵文子，⑬ 欲求货于叔孙而为之请，⑭ 使请带⑮焉。弗与。梁其胫⑯曰："货以藩身，子何爱焉？"⑰ 叔孙曰："诸侯之会，卫社稷也。我以货免，鲁必受师。⑱ 是祸之也，何卫之为？人之有墙，以蔽恶也。⑲ 墙之隙坏，谁之咎也？⑳ 卫而恶之，吾又

---

① 绞，切也。绞而婉，切讥其似君而反谓之美，故曰"婉"。
② 简而礼，谓无所臧否而恭事大国也。
③ 字，爱也。不犯凶人，所以自爱敬，故云"字而敬"。
④ 持之，言无所取与也。
⑤ 民之所欲，天必从之，盖逸《书》之文。
⑥ 兆忧，开忧兆也。
⑦ 物，类也。言以知物，察言以知祸福之类也。杜《注》："八年，陈招杀大子。国弱、齐恶当身各无患。"
⑧ 季武子，鲁卿季孙宿。郓即员，介于鲁、莒之间，时为二国争执之地，在今山东沂水县北。
⑨ 时方会于虢，寻宋之盟，故"莒人告于会"。
⑩ 寻盟未退，言寻弭兵之盟尚未退去也。
⑪ 齐盟，齐一之盟，即所谓同盟。渎齐盟，慢乱同盟也。
⑫ 请戮其使，楚欲戮鲁使在会之叔孙豹也。
⑬ 乐桓子相赵文子，乐王鲋时佐赵武在会也。
⑭ 欲求货于叔孙而为之请，意欲取货贿于叔孙豹而后为之开脱也。
⑮ 使请带，难指求货，故以带为辞也。
⑯ 梁其胫，叔孙氏家臣也。伯禽庶子梁其之后。
⑰ 货以藩身，子何爱焉，言货贿所以卫身如藩篱然，何惜于货而不以免祸也。
⑱ 我以货免，鲁必受师，言不戮其使，必伐其国也。
⑲ 人之有墙，以蔽恶也，喻己为国卫，如墙之为人屏也。
⑳ 墙之隙坏，谁之咎也，言既为垣墙而有隙可窥，有坏可逾，是不能蔽恶，其咎在墙也。

甚焉。①虽怨季孙，鲁国何罪？②叔出季处，有自来矣，吾又谁怨？③然鲋也贿，弗与不已。④"召使者，裂裳帛而与之，曰："带其褊矣。"⑤

赵孟闻之，曰："临患不忘国，⑥忠也。思难不越官，⑦信也。图国忘死，⑧贞也。谋主三者⑨义也。有是四者，⑩又可戮乎？"乃请诸楚曰："鲁虽有罪，其执事不辟难，畏威而敬命矣。⑪子若免之，以劝左右可也。若子之群吏，处不辟污，⑫出不逃难，⑬其何患之有？患之所生，污而不治，难而不守，所由来也。⑭能是二者，又何患焉？⑮不靖其能，其谁从之？⑯鲁叔孙豹可谓能矣，请免之，以靖能者。子会而赦有罪，⑰又赏其贤，⑱诸侯其谁不欣焉？望楚而归之，视远如迩。⑲疆场之邑，一彼一此，何常之有？⑳王伯之令也，㉑引其封疆，㉒而树之官。㉓

---

① 卫而恶之，吾又甚焉，言既为国卫而露其恶，则吾之罪又甚于墙矣。
② 虽怨季孙，鲁国何罪，时季孙专鲁政，故取郓为季孙一人之咎，非鲁国之罪。
③ 叔出季处，有自来矣，吾又谁怨，言季孙守国，叔孙出使，所从来者久，今遇此戮，无所怨也。
④ 鲋也贿，弗与不已，言乐王鲋贪贿，若弗与之必无终结也。
⑤ 带其褊矣，言带已狭小难奉，故裂裳帛而与之，示不相逆也。褊读如"扁"，狭小也。
⑥ 临患不忘国，谓其言"鲁国何罪"。
⑦ 思难不越官，谓其言"叔出季处"。
⑧ 图国忘死，谓其不以货免。
⑨ 谋主三者，谓其图谋所及不失忠、信、贞也。
⑩ 忠、信、贞并义而四，故云"有是四者"。
⑪ 其执事不辟难，畏威而敬命矣，言叔孙豹不苟免于难，当不敢避戮也。
⑫ 处不辟污，居守者不避劳役。污，劳事也。
⑬ 出不逃难，出使者不苟免于难。
⑭ 患之所生……所由来也，言患害之生即由不治劳事及苟免于难而来也。
⑮ 能是二者，又何患焉，言能治劳事而不避难，则患害无自而至也。
⑯ 安靖贤能则众自附从，反是则否，故云"不靖其能，其谁从之"。
⑰ 赦有罪，谓释鲁不伐。
⑱ 赏其贤，谓赦叔孙豹。
⑲ 望楚而归之，视远如迩，言视楚之远如在近境，不惮勤劳以事楚国也。
⑳ 疆场之邑，一彼一此，何常之有，言今衰世，疆场无定主也。
㉑ 王伯之令也，言三王五伯有令德之时。
㉒ 引，正也。引其封疆，正诸侯之封界也。
㉓ 树之官，立官以守国也。

举之表旗,①而著之制令。②过则有刑,犹不可壹,③于是乎虞有三苗,④夏有观、扈,⑤商有姺、邳,⑥周有徐、奄。⑦自无令王,诸侯逐进,狎主齐盟,其又可壹乎?⑧恤大舍小,⑨足以为盟主,又焉用之?⑩封疆之削,何国蔑有?主齐盟者,谁能辩焉?⑪吴、濮有衅、楚之执事,岂其顾盟?⑫莒之疆事,楚勿与知。诸侯无烦,不亦可乎?莒、鲁争郓,为日久矣,苟无大害于其社稷,可无亢也。⑬去烦宥善,莫不竞劝。⑭子其图之。"固请诸楚。楚人许之,乃免叔孙。

令尹享赵孟,赋《大明》之首章。⑮赵孟赋《小宛》之二章。⑯事毕,赵孟谓叔向曰:"令尹自以为王矣,何如?"⑰对曰:"王弱令尹

---

① 举之表旗,用旌旗以表贵、贱也。
② 著之制令,为诸侯作制度法令,使不得相侵犯也。
③ 过则有刑,犹不可壹,言其诸侯逾制则刑随之,然犹不能齐一也。
④ 三苗左洞庭,右彭蠡,今江西旧九江府属,湖北旧武昌府属,湖南旧岳州府属,皆其地也。因不用命,舜征之,窜其君民于三危之地。三危,山名,在今甘肃敦煌县南。
⑤ 观,观国,今山东观城县扈,有扈氏,今陕西鄠县。皆叛夏见伐者。
⑥ 姺、邳二国,商诸侯,亦以叛见伐者。姺国在今山东曹县北。邳国即今江苏邳县。
⑦ 徐、奄皆嬴姓国。徐偃王为周所灭,后封其子宗为徐子,今江苏铜山县。《书序》:成王伐淮夷,遂践奄,因以封周公,即今山东曲阜县。
⑧ 自无令王……其又可壹乎,言世无令德之王,诸侯乃竞进更迭主盟,盖强弱无常,莫可齐一也。
⑨ 恤大,谓忧恤诸侯间之大故,如篡弑灭亡之祸;舍小,谓舍弃诸侯间之小节,如战伐侵夺之事。
⑩ 又焉用之,言焉用治小事也。
⑪ 谁能辩焉,言主盟者谁能辨别某国之封疆削自某国乎。
⑫ 吴、濮有衅……岂其顾盟,言若吴、濮有过于楚,楚之执政岂肯顾弭兵之盟,不称兵以治其过乎。吴在楚东,濮在楚南,皆与楚逼处者,均已见前。
⑬ 苟无大害于其社稷,可无亢也,言苟不为莒国社稷之大害,不必亢御之也。
⑭ 去烦宥善,莫不竞劝,言去烦扰之事,宥善良之人,则人莫不争为善也。
⑮ 《大明》,《诗·大雅·文王之什》第二篇。其首章云:"明明在下,赫赫在上,天难忱斯,不易维王。王位殷适,使不挟四方。"楚令尹围赋此,意在天位有属,以自光大也。
⑯ 《小宛》,《诗·小雅·节南山之什》第六篇。其二章云:"人之齐圣,饮酒温克。彼昏不知,壹醉日富。各敬尔仪,天命不又。"赵孟赋此,即取意于卒句,盖言天命一去,不可复还,所以戒令尹围也。
⑰ 令尹自以为王矣,何如,赵孟问叔向之辞,盖闻围赋《大明》之首章,逆知其意非常,故问终能成否也。

强，其可哉？虽可，不终。"赵孟曰："何故？"对曰："强以克弱而安之，强不义也。①不义而强，其毙必速。《诗》曰，赫赫宗周，褒姒灭之。②强不义也。令尹为王，必求诸侯。晋少懦矣，诸侯将往。③若获诸侯，其虐滋甚。民弗堪也，将何以终？夫以强取，不义而克，必以为道，道以淫虐，弗可久已矣。④"

夏四月，赵孟、叔孙豹、曹大夫入于郑。⑤郑伯兼享之。⑥子皮戒赵孟，⑦礼终，赵孟赋《瓠叶》。⑧子皮遂戒穆叔，且告之。⑨穆叔曰："赵孟欲一献，⑩子其从之。"子皮曰："敢乎？"⑪穆叔曰："夫人之所欲也，又何不敢？"及享，具五献之笾豆于幕下。⑫赵孟辞，⑬私于子产⑭曰："武请于冢宰⑮矣。"乃用一献。赵孟为客，礼终乃宴。穆叔赋《鹊巢》。⑯赵孟曰："武不堪⑰也。"又赋《采蘩》，⑱曰："小国为

---

① 强以克弱而安之，强不义也，言以臣之强胜君之弱，而安之以为当然，是臣强而不义也。
② 赫赫宗周，褒姒灭之，《诗·小雅·节南山之什·正月》篇第八章之卒句也。褒姒，周幽王之后，幽王惑焉而不行义遂致灭亡，言虽赫赫盛强，不义足以灭之也。
③ 晋少懦矣，诸侯将往，言晋已少弱，楚如求诸侯，诸侯将往归之也。
④ 夫以强取……弗可久已矣，言身既不义而又克胜，则必以不义为常道。既以不义为道，则淫纵暴虐，其可久乎。
⑤ 入于郑，会罢过郑也。
⑥ 郑伯兼享之，郑简公并享晋赵孟、鲁叔孙豹、曹大夫也。
⑦ 戒赵孟，以礼告赵孟以享期也。
⑧ 《瓠叶》，《诗·小雅·鱼藻之什》第七篇也。赵孟受所戒礼毕而赋此，义取古人不以微薄废礼，虽瓠叶兔首犹与宾客享之也。
⑨ 且告之，告穆叔以赵孟赋《瓠叶》也。
⑩ 《瓠叶》诗义取薄物，而以献醻，故穆叔知赵孟欲一献。一献，士饮酒之礼也。
⑪ 敢乎，不敢也。言不敢以士饮酒之礼享他国之卿也。
⑫ 朝聘之制，大国之卿须五献，故郑享赵孟时仍具五献之笾豆于幕下。笾、豆，皆礼器，祭祀宴享时用以荐食物者。析言之，竹豆谓之笾，瓦豆谓之登。笾以盛果，登以盛肉。
⑬ 赵孟自以今非聘郑，故辞五献。
⑭ 私于子产，向子产私语也。
⑮ 冢宰谓子皮，请谓赋《瓠叶》。
⑯ 《鹊巢》，《诗·召南》之首篇也。穆叔赋此，言鹊有巢而鸠居之，喻晋君有国，赵孟治之也。
⑰ 不堪，不克承受也。
⑱ 又赋《采蘩》，穆叔为赵孟再赋《采蘩》之诗也。《采蘩》次于《鹊巢》，为《召南》之第二篇。

蘩,大国省穑而用之,其何实非命?"① 子皮赋《野有死麕》之卒章。②赵孟赋《常棣》,③且曰:"吾兄弟比以安,尨也可使无吠。"④穆叔、子皮及曹大夫兴,拜,⑤举兕爵⑥曰:"小国赖子,知免于戾矣。"⑦饮酒乐。赵孟出,曰:"吾不复此矣。"⑧

天王使刘定公劳赵孟于颍,馆于雒汭。⑨ 刘子曰:"美哉禹功!⑩明德远矣。微禹,吾其鱼乎!⑪吾与子弁冕端委,以治民临诸侯,禹之力也。⑫子盍亦远绩禹功,⑬而大庇民乎!"对曰:"老夫罪戾是惧,焉能恤远?吾侪偷食,朝不谋夕,何其长也?⑭"刘子归,以语王曰:"谚所谓老将知而耄及之⑮者,其赵孟之谓乎!为晋正卿以主诸侯,而侪于

---

① 小国为蘩……其何实非命,穆叔言小国微薄犹蘩菜。大国能省爱用之而不弃,则何敢不从命也。穑读如"瑟",爱也。
② 《野有死麕》,《召南》第十二篇,凡三章,二章四句,一章三句。卒章即"舒而脱脱兮,无感我帨兮,无使尨也吠。三句"脱脱",安徐貌。帨,佩巾。子皮赋此,义取君子徐以礼来,无使我失节而使狗吠,所以喻赵孟以义抚诸侯,无以非礼相加陵也。
③ 《常棣》,《诗·小雅·鹿鸣之什》第四篇。赵孟赋此,义取凡今之人莫如兄弟,言欲亲兄弟之国也。
④ 赵孟受子皮之诗,以为我兄弟比合以安靖,尨狗可使无惊吠之恐,故云"吾兄弟比以安,尨也可使无吠"。
⑤ 鲁、郑、曹皆兄弟国,故穆叔、子皮及曹大夫闻之,皆"兴,拜"。
⑥ 兕爵,兕角所为之酒器,即兕觥,亦作兕觵。
⑦ 小国赖子,知免于戾矣,兕爵所以罚不敬,言小国蒙赵孟比合以安靖,自知免此罚戮矣。
⑧ 吾不复此矣,言吾不复见此乐矣。
⑨ 天王,周定王。刘定公名夏,天子之官师也。颍已见前。雒汭在今河南巩县南洛水之曲也。汭读如"芮",水之曲流处也。
⑩ 刘子见河、雒而思禹功,故云"美哉禹功"。
⑪ 微禹,吾其鱼乎,言如无禹治水之功,吾侪其为鱼乎。
⑫ 吾与子弁冕端委……禹之力也,言今得共服冠冕有国家者,皆由禹之功。弁冕,冠也。端委,礼衣也。
⑬ 绩,纂也;续也。远绩禹功,刘夏劝赵孟远绍禹之功业也。
⑭ 吾侪偷食……何其长也,言欲苟免目前,不能念长久也。
⑮ 老将知而耄及之,言人至老,神智当益明,而耄乱及之,反昏聩矣。八十曰耄。耄,乱也。俱见杜《注》。

隶人,朝不谋夕,①弃神人矣。②神怒民叛,何以能久？赵孟不复年矣。③神怒,不歆其祀。④民叛,不即其事。⑤祀事不从,又何以年？⑥"

郑徐吾犯⑦之妹美,公孙楚聘之矣,⑧公孙黑又使强委禽焉。⑨犯惧,告子产。子产曰："是国无政,非子之患也,⑩唯所欲与。⑪"犯请于二子,请使女择焉。⑫皆许之。⑬子晳盛饰入,布币⑭而出。子南戎服入,左右射,超乘而出。女自房观之,曰："子晳信美矣,抑子南夫也。⑮夫夫,妇妇,所谓顺也。⑯"适子南氏。⑰子晳怒,既而囊甲⑱以见子南,欲杀之而取其妻。子南知之,执戈逐之。及冲,⑲击之以戈。子晳伤而归,告大夫曰："我好见之,⑳不知其有异志也,故伤。"大夫皆谋之子产曰："直钩,幼贱有罪,㉑罪在楚也。"乃执子南而数

---

① 侪于隶人,朝不谋夕,言其自比于贱人,而无恤民之心也。
② 民为神主,不恤民则神人皆去,故云"弃神人矣"。
③ 不复年矣,言将死,不复见明年也。
④ 不歆其祀,不享受其祭祀也。
⑤ 不即其事,不成就其事功也。
⑥ 祀事不从,又何以年,言神怒民叛,何以永年也。
⑦ 徐吾犯,郑大夫。徐吾,氏名也。
⑧ 公孙楚即游楚,字子南,郑穆公之孙,游吉之季父也。聘之矣,既聘徐吾犯之妹为室矣。
⑨ 公孙黑字子晳,已见前。使强委禽焉,使人强致聘币,亦欲娶徐吾犯之妹也。禽指纳采用之雁。
⑩ 是国无政,非子之患也,言此乃郑国政令不正所致,非徐吾氏之忧也。
⑪ 唯所欲与,唯犯妹之意所欲者与之也。
⑫ 使女择焉,使犯妹自择谁与也。
⑬ 皆许之,子南、子晳皆听许犯之请也。
⑭ 布币,布陈赞币也。
⑮ 子晳信美矣,抑子南夫也,言子晳诚美,然子南实先聘之丈夫也。
⑯ 夫夫,妇妇,所谓顺也,言夫其所夫而妇其所妇,是人伦之大顺也。上"夫""妇"皆动词。
⑰ 适子南氏,犯妹卒归子南也。
⑱ 囊甲即衷甲。
⑲ 冲,四达之通衢也。
⑳ 我好见之,我为好会以见之也。盖子晳饰善意以自解。
㉑ 直钩,幼贱有罪,言虽理直均等,而幼贱与尊长讼争,曲仍在卑幼也。盖先聘,子南直也。子南用戈,子晳直也。子产力未能讨,故钩其事,归罪于楚。钩同"均"。

之，曰："国之大节有五，女皆奸之。① 畏君之威，听其政，尊其贵，事其长，养其亲，五者所以为国也。今君在国，女用兵② 焉，不畏威也。奸国之纪，③ 不听政也。子晳上大夫，④ 女嬖大夫而弗下之，⑤ 不尊贵也。幼而不忌，⑥ 不事长也。兵其从兄，⑦ 不养亲也。君曰，余不女忍杀，宥女以远，勉速行乎，无重而罪。⑧"五月庚辰，郑放游楚于吴。

将行⑨ 子南，子产咨⑩ 于大叔。大叔曰："吉不能亢身，焉能亢宗？⑪ 彼国政也，非私难也。⑫ 子图郑国，利则行之，又何疑焉？周公杀管叔而蔡⑬ 蔡叔，夫岂不爱，王室故也。⑭ 吉若获戾，子将行之，⑮ 何有于诸游？⑯"

秦后子有宠于桓，如二君于景。⑰ 其母曰："弗去惧选。"⑱ 癸卯，鍼适晋，其车千乘。书曰秦伯之弟鍼出奔晋，罪秦伯也。⑲

---

① 奸，犯也。女皆奸之，谓汝遍犯国之五大节也。
② 女用兵，言汝擅用兵戈逐人也。
③ 奸国之纪，谓伤人，破坏国家之纪纲也。
④ 上大夫，大夫之最高级。周制：卿、大夫、士各有上、中、下三级。
⑤ 嬖大夫即下大夫。女嬖大夫而弗下之，言汝为下大夫而弗肯自下于上大夫也。
⑥ 忌，畏也。
⑦ 子晳，子南之从父兄，而子南以兵伤之，故云"兵其从兄"。兵，动词，以兵伤残也。
⑧ 余不女忍杀……无重而罪，此盖子产称郑伯之命以降罚之辞，言我不忍即杀汝，姑从宽放汝于远地，汝可自勉速去，无增重汝之罪戾也。
⑨ 行，放逐遣行也。
⑩ 咨，征询意见也。大叔即游吉，为游楚之兄子，故子产咨及之。
⑪ 亢，蔽也。不能亢身，焉能亢宗，言己蔽护一身且不能，何能蔽护宗人也。
⑫ 彼谓子南。彼国政也，非私难也，言子南被逐乃国家之政令，非游氏私家之患难也。
⑬ 蔡，杜《注》"放也"。字当作"䉛"，音同。徐锴《说文系传》䉛下引《春秋左传》曰：杀管叔而䉛蔡叔，正作䉛，言放之若散米也。
⑭ 夫岂不爱，王室故也，言周公之去管、蔡正为安靖王室，夫岂不爱兄弟而放杀之耶。也与"耶"声通。
⑮ 吉若获戾，子将行之，言我若得罪，子亦将放逐我耳。
⑯ 何有于诸游，承上言，盖云己且不保，何况游氏其他诸人乎。
⑰ 后子名鍼，字伯车，秦桓公之子，景公之同母弟也。如二君于景，谓鍼之权宠，埒于秦伯，在景公时竟如两君也。
⑱ 弗去惧选，言弗早离秦他适，恐景公数其罪而加戮也。选，数也。
⑲ 秦公子鍼适晋以自全，而《经》文大书"出奔"者，罪秦伯之失教也。

后子享晋侯，①造舟于河，②十里舍车，③自雍及绛。④归取酬币，⑤终事八反。⑥司马侯⑦问焉，曰："子之车尽于此而已乎？"对曰："此之谓多矣。若能少此，吾何以得见？⑧"女叔齐以告公，⑨且曰："秦公子必归。臣闻君子能知其过，必有令图。⑩令图，天所赞也。"

后子见赵孟。赵孟曰："吾子其曷归？⑪"对曰："鍼惧选于寡君，⑫是以在此，将待嗣君。⑬"赵孟曰："秦君何如？"对曰："无道。"赵孟曰："亡乎？"对曰："何为？一世无道，国未艾也。⑭国于天地，有与立焉。⑮不数世淫，弗能毙也。⑯"赵孟曰："天乎？"⑰对曰："有焉。"赵孟曰："其几何？"对曰："鍼闻之国无道而年谷和熟，天赞之也。鲜不五稔。⑱"赵孟视荫，⑲曰："朝夕不相及，谁能待五？"⑳

---

① 后子享晋侯，秦鍼欲依晋，故特为晋平公设享礼也。
② 造舟于河，造舟为梁，通秦、晋之道也。盖并舟联系两岸以为桥耳。
③ 十里舍车，每十里为一舍，顿车八乘也。
④ 雍，秦都。绛，晋都。俱已见前。自雍及绛，相去千里，其间百舍，是用车八百乘也。为后文"八反"之备。
⑤ 归取酬币，还取享献之酬酒币也。时备九献之仪，始礼，自斋其一，故续送其八。
⑥ 终事八反，言礼成凡八次取币也。杜《注》："每十里以八乘车各以次载币，相授而还，不径至，故言八反。千里用车八百乘，其二百乘以自随，故言千乘。《传》言秦鍼之出，极奢富以成礼，欲尽敬于所赴。"
⑦ 司马侯即女叔齐，已见前。
⑧ 若能少此，吾何以得见，言己正因车多之故而出奔，如能少于此数，亦何由致此也。
⑨ 以告公，女叔齐以秦鍼之言告晋平公也。
⑩ 令图，犹言善谋。
⑪ 曷归，何时当归也。
⑫ 惧选于寡君，恐获罪于秦君也。
⑬ 将待嗣君，言将待秦君没世，嗣君继立之时始得返国也。
⑭ 一世无道，国未艾也，言先君之德泽犹在人心，国运未绝也。艾，绝也。
⑮ 国于天地，有与立焉，言欲辅助之者多也。
⑯ 不数世淫，弗能毙也，言不积世荒淫，弗致遂即踣毙也。
⑰ 天乎，犹言于天道有征乎。
⑱ 鲜不五稔，言至少尚当历五年。鲜，少也。
⑲ 荫，日影也。
⑳ 朝夕不相及，谁能待五，言赵孟意衰，以日影自喻，故云然也。

后子出而告人曰:"赵孟将死矣。主民翫岁而愒日,① 其与几何?②"

晋中行穆子③败无终④及群狄⑤于大原。⑥崇卒也。⑦

将战,魏舒⑧曰:"彼徒我车,所遇又阸,⑨以什共车,必克。⑩困诸阸,又克。⑪请皆卒,⑫自我始。"乃毁车以为行,⑬五乘为三伍。⑭荀吴之嬖人不肯即卒,⑮斩以徇。⑯为五陈以相离。⑰两于前,伍于后,专为右角,参为左角,偏为前拒,⑱以诱之。⑲翟人笑之,⑳未陈而薄之。大败之。㉑

晋侯㉒有疾,郑伯㉓使公孙侨如晋聘,且问疾。叔向问焉,曰:

---

① 主民翫岁而愒日,言主民者贪翫岁月,不复以民为心矣。翫、愒皆贪也。愒读如"渴"。
② 其与几何,言不能久也。
③ 中行穆子即荀偃之子荀吴,已见前。
④ 无终,山戎之国,亦已见前。
⑤ 群狄,无终所胁聚之白狄诸部落也。
⑥ 大原亦作"大卤",即《禹贡》之太原。今山西旧太原、汾州二府之地。
⑦ 崇,聚也。崇卒也,谓聚功于步卒耳。
⑧ 魏舒,魏绛之子魏献子也,已见前。
⑨ 彼徒我车,所遇又阸,言戎徒步而我车乘,所遭之地又险阸不便行车也。
⑩ 以什共车,更增十人以当一车之用也。共同"供"。必克,谓如以什供车必能胜之也。
⑪ 困诸阸,又克,言车每困于阸道,今去车,故为必克。
⑫ 皆卒,悉去车为步卒也。
⑬ 乃毁车以为行,魏舒先自毁其属车为步陈也。
⑭ 五乘为三伍,乘车者每车三人,五乘凡十五人,今改去车,更以五人为伍,分为三伍也。
⑮ 不肯即卒,不肯舍车就步也。
⑯ 斩以徇,魏舒辄斩以示众也。
⑰ 为五陈以相离,制步卒为五陈,互相救援也。盖以道阸难于用众,故因地制宜,立为五陈,使不相联属而易于进退,如下文所云也。
⑱ 两于前……偏为前拒,林《释》:"其居前之陈名曰两,一也。其居后之陈名曰伍,二也。其右军之陈名曰专,三也。其左军之陈名曰参,四也。其前拒之陈名曰偏,五也。此皆临时处置之名。"所谓五陈也。
⑲ 以诱之,以此五陈致师于翟人也。
⑳ 翟人笑之,笑晋人之失常也。
㉑ 未陈而薄之。大败之,乘翟人未陈,迫而击之,遂大败翟众也。
㉒ 晋侯谓晋平公。
㉓ 郑伯谓郑简公。

"寡君之疾病，卜人曰，实沈、台骀为祟，^①史莫之知。^②敢问此何神也？"子产曰："昔高辛氏有二子，伯曰阏^③伯，季曰实沈，居于旷林，不相能^④也。日寻^⑤干戈，以相征讨。后帝不臧，^⑥迁阏伯于商丘，主辰，^⑦商人是因，^⑧故辰为商星。迁实沈于大夏，主参，^⑨唐人是因，^⑩以服事夏、商。其季世曰唐叔虞。^⑪当武王邑姜^⑫方震^⑬大叔，^⑭梦帝谓己，^⑮余命而子曰虞，将与之唐，属诸参，^⑯而蕃育其子孙。及生，有文在其手曰虞，遂以命之。及成王灭唐，而封大叔焉，^⑰故参为晋星。由是观之，则实沈，参神也。昔金天氏有裔子^⑱曰昧，为玄冥师，^⑲生允格、台骀。台骀能业其官，^⑳宣汾、洮，^㉑障大泽，^㉒以处大原。^㉓帝^㉔用嘉之，

---

① 祟读如"岁"，神祸也。盖卜人言实沈、台骀二神作祟。
② 史莫之知，巫史皆不知何神也。
③ 阏读如"遏"。
④ 不相能，不和睦。能犹容也。
⑤ 寻，用也。
⑥ 后帝谓尧。不臧，不善二子之所为也。
⑦ 商丘，今河南县。辰，大火星也。主辰，主祀辰星，商丘盖辰之分野也。
⑧ 商人谓汤之祖先。相土封商丘，因阏伯之故国，故云"商人是因"。
⑨ 大夏，今山西太原县。参读如"深"，水星也，当大夏之分野，故主祀参星。
⑩ 虞、夏之际，封尧后于大夏，仍唐之号，故云"唐人是因"。
⑪ 其季世曰唐叔虞，唐人季世之君名曰叔虞也。
⑫ 邑姜，周武王后，成王之母，齐大公之女也。
⑬ 震，本又作"娠"，怀孕也。
⑭ 大叔，成王之弟叔虞。
⑮ 梦帝谓己，邑姜梦天帝告己也。
⑯ 与之唐，属诸参，谓将以唐国与之，而属诸参星之分野也。
⑰ 封大叔焉，大叔封于唐也，是为晋侯。
⑱ 金天氏即帝少皞。裔子，远世之后嗣也。
⑲ 玄冥，水官。为玄冥师，言昧为水官之长也。
⑳ 能业其官，能纂承昧之世业也。
㉑ 宣汾、洮，疏导汾、洮二水也。汾水已见前。洮水在今山西闻喜县东南，源出绛县横岭山烟庄谷，出谷即入县界，与陈村峪水合，入于涑水。
㉒ 障大泽，陂障泽地，兴修水利也。
㉓ 以处大原，谓台骀居于今太原县也。
㉔ 帝谓帝颛顼。

封诸汾川。① 沈、姒、蓐、黄,实守其祀。② 今晋主汾而灭之矣。由是观之,则台骀,汾神也。抑此二者,不及君身。③ 山川之神,则水旱疠疫之灾,于是乎禜之。④ 日月星辰之神,则雪霜风雨之不时,于是乎禜之。⑤ 若君身,则亦出入饮食哀乐之事也,⑥ 山川星辰之神又何为焉?侨闻之,君子有四时,朝以听政,昼以访问,夕以修令,夜以安身。⑦ 于是乎节宣其气,勿使有所壅闭湫底,以露其体。⑧ 兹心不爽,而昏乱百度,⑨ 今无乃壹之,⑩ 则生疾矣。侨又闻之,内官不及同姓,⑪ 其生不殖,⑫ 美先尽矣,则相生疾。⑬ 君子是以恶之,故志曰,买妾不知其姓,则卜之。⑭ 违此二者,古之所慎也。⑮ 男女辨姓,礼之大司也。⑯ 今君内实

---

① 封诸汾川,即以汾川之地封台骀也。
② 沈、姒、蓐、黄布在汾川,后灭于晋。四国皆台骀之后,故云"实守其祀"。
③ 抑此二者,不及君身,言此星辰之神及山川之神所降灾祸各有主名,不当及国君之身使生疾病也。详下。
④ 山川之神……于是乎禜之,言国有水旱疠疫之灾,则禜祭山川之神若台骀者以祈福而禳不祥也。禜读如"咏",祈祷之小祭也。
⑤ 日月星辰之神……于是乎禜之,言国有雪霜风雨不时之灾,则禜祭星辰之神若实沈者以祈福而禳不祥也。
⑥ 若君身,则亦出入饮食哀乐之事也,言若君身有疾,初不关乎山川星辰之神,其实自己起居无时,喜怒不节所致耳。
⑦ 君子有四时……夜以安身,言君子分一日为四时,各治其事。旦气清明,人事之始,故以听治国政。日中为市,众之所聚,故以访问可否。日之所为,夕而念之,故以修节号令。夜气所存,心可复安,故以安息身体。
⑧ 节宣其气……以露其体,言节宣失时,则血气集滞而肌体羸露也。宣,散也。露,羸也。壅谓气止而不行。闭谓气塞而不通。湫读如"剿",谓气聚而不散。底谓气泄而不快。
⑨ 兹心不爽,而昏乱百度,此心不明,而昏乱百事之节也。
⑩ 无乃壹之,无乃混同一日之四时也。意即起居不节。
⑪ 内官,嫔御之属。不及同姓,谓不得以同姓之女为嫔御也。
⑫ 其生不殖,谓男女同姓,则虽有生产,不能长殖也。
⑬ 美先尽矣,则相生疾,此盖子产申说内官不及同姓之义。杜《注》谓"同姓之相与,先美矣。美极则尽,尽则生疾"。
⑭ 志曰,犹云于书有之也。买妾不知其姓,则卜之,惧无知偶及同姓也。古人信卜。意谓卜而得吉则必非同姓者矣。
⑮ 违此二者,谓壹四时,取同姓。古之所慎也,谓古人戒慎此二者也。
⑯ 辨,别也。礼之大司,谓男女别姓实为礼之主要任务也。

有四姬^①焉，其无乃是也乎？^②若由是二者，弗可为也已。^③四姬有省犹可，无则必生疾矣。^④"叔向曰："善哉，肸未之闻也。此皆然矣。"

叔向出，行人挥送之，^⑤叔向问郑故焉。且问子晳。对^⑥曰："其与几何！^⑦无礼而好陵人，怙富而卑其上，^⑧弗能久矣。"

晋侯闻子产之言，曰："博物君子^⑨也。"重贿之。^⑩

楚公子围使公子黑肱、伯州犁城犨、栎、郏。^⑪郑人惧。子产曰："不害。^⑫令尹将行大事，^⑬而先除二子^⑭也。祸不及郑，何患焉？"

冬，楚公子围将聘于郑，伍举为介。未出竟，^⑮闻王有疾而还。伍举遂聘。^⑯十一月己酉，公子围至，^⑰入问王疾，缢而弑之。^⑱遂杀其二子幕及平夏。右尹子干^⑲出奔晋。宫厩尹子晳出奔郑。^⑳杀大宰伯州

---

① 君内实有四姬，言晋君之内官实有同姓之女四人也。
② 其无乃是也乎，言致疾之由无乃在此二者乎。
③ 弗可为也已，言不可治也。
④ 四姬有省犹可，无则必生疾矣，言平公平时若据异姓，去同姓，于四姬进御犹有减省，则病犹可已，若无减省，则必美尽而生疾也。
⑤ 叔向出，行人挥送之，叔向闻子产之言而退，行人挥送叔向出也。
⑥ 对，行人挥答叔向之问也。
⑦ 其与几何，言子晳不久将败也。
⑧ 无礼而好陵人，怙富而卑其上，言刚愎而好陵犯于人，恃富而骄视其上也。
⑨ 博物君子，博识事物之人也。
⑩ 重贿之，厚赠子产也。
⑪ 公子黑肱字子晳，与伯州犁俱已见前。犨、栎、郏三邑本皆郑地，时已入楚，故令尹围得使人城之。犨故城在今河南鲁山县东南。栎即今河南禹县。郏即今河南郏县。
⑫ 不害，谓无患于郑，与下"祸不及郑"应。
⑬ 令尹将行大事，言公子围将有篡弑之图也。
⑭ 二子谓黑肱、伯州犁。
⑮ 竟同"境"。
⑯ 遂聘，伍举一人独往郑行聘也。
⑰ 至，还至楚都也。
⑱ 缢而弑之，公子围乘问疾之顷以冠缨绞杀楚子麇也。
⑲ 右尹，楚特有之官，令尹之贰也。子干即公子比，共王之子，故亦称王子比。灵王初立，出奔晋。十二年，返楚，杀大子禄及公子罢敌，自立为王，灵王自缢。未几，公子弃疾逼比，比自杀于訾弃疾即位，谓之訾敖，以其不成君也。
⑳ 子晳筑城在外，楚子麇见弑遂出奔郑。宫厩尹亦楚特有之官。

犁于郑。① 葬王于郑，谓之"郏敖"。② 使赴于郑，伍举问应为后之辞焉。③ 对曰："寡大夫围。"伍举更之，曰："共王之子围为长。"④

子干奔晋，从车五乘。叔向使与秦公子同食，⑤ 皆百人之饩。⑥ 赵文子曰："秦公子富。"⑦ 叔向曰："底禄以德，⑧ 德钧以年，⑨ 年同以尊，⑩ 公子以国。⑪ 不闻以富。且夫以千乘去其国，强御已甚。⑫《诗》曰，不侮鳏寡，不畏强御。⑬ 秦、楚，匹也。"使后子与子干齿。⑭ 辞⑮ 曰："鍼惧选，楚公子不获，⑯ 是以皆来，⑰ 亦唯命。⑱ 且臣与羁齿，无乃不可乎？⑲ 史佚有言曰，非羁何忌？⑳"

---

① 伯州犁城郑未及走，遂见杀。
② 楚人谓未成君者为"敖"，灵王不肯予麇谥，乃称之曰"郏敖"。以其葬于郏，故云；犹比自杀为訾之为訾敖也。
③ 使赴于郑，楚使使以郏敖之丧赴告郑国也。时伍举先奉使在郑，故问使者以谁应立为楚后之辞焉。
④ 使者对伍举之问，谓应称"寡大夫围"。伍举乃更其辞曰"共王之子围为长"。盖更赴辞以从礼，是告终称嗣，不以篡弑赴诸侯也。
⑤ 同食，食禄同也。
⑥ 百人之饩，其禄足供一卒之需也。
⑦ 秦公子富，意谓秦鍼富强，秩禄不宜与子干同耳。
⑧ 底禄以德，言致禄当以德之厚薄为高下也。底，致也。
⑨ 德钧以年，言德之厚薄钧，则以年齿为高下也。
⑩ 年同以尊，言年之长幼同，则以尊卑为高下也。
⑪ 公子以国，言两皆公子，则以其国之大小为高下也。
⑫ 以千乘去其国，指秦鍼强御已甚，言声势过赫也。强御一作"强围"，亦作"强梧"，犹言强梁。
⑬ 不侮鳏寡，不畏强御，《诗·大雅·荡之什·烝民》篇第五章之卒句也。鳏寡今本作"矜寡"。
⑭ 秦、楚匹也，使后子与子干齿，言秦、楚匹敌之国，当使秦鍼与楚公子比以年齿为高下而序坐也。齿，引申有"伦比"谊。
⑮ 辞，秦鍼谦逊也。以下皆谦辞。
⑯ 不获，不得自安也。
⑰ 是以皆来，言一则惧得罪，一则不自安，故先后来奔也。
⑱ 亦唯命，言唯主人之命所处耳。
⑲ 后鍼先来仕，欲自同于晋臣为主人，子干后来奔，以为羁旅之客。谦不欲与羁客比，故云"臣与羁齿，无乃不可乎"。
⑳ 非羁何忌，言不敬羁客当谁敬哉。忌，敬也。后鍼引史佚之言，欲谦辞以自别耳。

楚灵王即位，①蒍罢为令尹，②蒍启强为大宰。③郑游吉如楚，葬郏敖，且聘立君。④归，谓子产曰："具行器矣。⑤楚王汏侈而自说其事，必合诸侯，吾往无日矣。⑥"子产曰："不数年，未能也。⑦"

三　年⑧

秋，郑公孙黑将作乱，欲去游氏而代其位。⑨伤疾作而不果。⑩驷氏⑪与诸大夫欲杀之。子产在鄙，闻之，惧弗及，乘遽而至。⑫使吏数之，⑬曰："伯有之乱，以大国之事而未尔讨也。⑭尔有乱心，无厌，国不女堪。⑮专伐伯有，而⑯罪一也。昆弟争室，⑰而罪二也。薰隧之盟，⑱

---

① 公子围即位，更名熊虔，是为楚灵王。
② 蒍罢，芍氏之别族，世系不详。罢读如"皮"。为令尹，代围也。
③ 蒍启强，亦不详其世系。为大宰，代伯州犁也。
④ 葬郏敖，且聘立君，会葬故君，致聘新立之君也。
⑤ 具行器矣，犹俗言"端正行装罢"。
⑥ 楚王汏侈……吾往无日矣，言楚君骄奢自喜，必合诸侯以图霸业，吾往会楚，期必不远矣。
⑦ 不数年，未能也，言不经数年之后未能合诸侯也。
⑧ 昭公三年当周景王六年壬戌岁，齐景公九年，晋平公十九年，郑简公二十七年，燕惠公六年，西历纪元前 539 年。
⑨ 游氏，子大叔之族。公孙黑前为游楚所伤，因欲害其族，故欲去游氏而代其位。
⑩ 公孙黑前年为游楚所击之创伤复发，未能即遂其害游氏之志，故云"伤疾作而不果"。
⑪ 驷氏，黑之族。
⑫ 子产时在边邑，闻驷氏与诸大夫之谋，恐公孙黑不及正罪而死，遂乘遽而至。遽，传车驿马也。欲速归，故然。
⑬ 使吏数之，子产使官吏往黑所数责其罪行也。
⑭ 伯有之乱，谓黑专杀良霄，事在襄三十年。以大国之事而未尔讨也，言务共大国之命，不暇治汝罪耳。
⑮ 国不女堪，言国家不堪容汝无厌之乱心也。
⑯ 而同"尔"。下同。
⑰ 昆弟争室，谓黑与游楚争娶徐吾犯之妹。已见前。
⑱ 昭元年六月丁巳，郑为游楚乱故，郑伯及其大夫盟于公孙段氏。罕虎、公孙侨、公孙段、印段、游吉、驷带私盟于闺门之外，实薰隧，公孙黑强与于盟。薰隧之盟指此。闺门，内宫之北门。薰隧，如后世之复道。一云窟室也。

女矫君位,①而罪三也。有死罪三,何以堪之? 不速死,大刑将至。"再拜稽首辞②曰:"死在朝夕,无助天为虐。"③子产曰:"人谁不死?④凶人不终,命也。⑤作凶事,为凶人,不助。天其助凶人乎!"请以印为褚师。⑥子产曰:"印也若才,君将任之。⑦不才,将朝夕从女。⑧女罪之不恤,而又何请焉? 不速死,司寇将至。⑨"七月壬寅,缢。⑩尸诸周氏之衢,⑪加木焉。⑫

齐侯使晏婴请继室于晋,⑬曰:"寡君使婴曰,寡人愿事君,朝夕不倦,将奉质币,以无失时。则国家多难,是以不获。⑭不腆先君之適,⑮以备内官,焜耀寡人之望,⑯则又无禄,早世陨命,寡人失望。君若不忘先君之好,惠顾齐国,辱收寡人,徼福于大公、丁公,⑰照临敝邑,镇抚其社稷,则犹有先君之適及遗姑姊妹若而人,⑱君若不弃敝

① 公孙黑既强与薰隧之盟,使大史书其名,且曰七子,盖欲于罕虎等六人外强窜入己名也。故子产数之曰"女矫君位",言汝竟敢矫称君命也。
② 公孙黑闻数责,乃再拜稽首辞辩。
③ 死在朝夕,无助天为虐,言我创疾见作,死在朝夕之间,天已虐我,无更助天为虐也。
④ 人谁不死,言人终不免一死,不可以蔽幸也。
⑤ 凶人不终,命也,言凶德之人不得善终,实为天命。
⑥ 请以印为褚师,公孙黑请以其子印为褚师也。褚师,市官。
⑦ 若才,君将任之,言印若有才可用,郑君自将委任之也。
⑧ 不才,将朝夕从女,言印若不才则朝夕之间将从汝之后以即于罪戾耳。
⑨ 不速死,司寇将至,言不速自裁,司刑之官即将莅杀也。
⑩ 缢,公孙黑自缢而死也。
⑪ 尸诸周氏之衢,陈公孙黑之尸于衢道以示戮也。周氏之衢在郑南郊。
⑫ 加木焉,言书其罪于木,以加于尸上也。即所谓宣布罪状。
⑬ 晋平公之妾少姜,齐女也,有宠而卒,视之如正夫人,故齐侯使晏婴请继室于晋。盖景公欲复以女继少姜也。
⑭ 不获,不得自来也。
⑮ 不腆先君之適谓少姜,盖嫡夫人之女也。
⑯ 内官,妃嫔。焜耀寡人之望,言少姜得备妃嫔之列,实昭明己之意望也。
⑰ 大公、丁公,齐之先君。徼,要也。言收恤寡人则先君与之福也。
⑱ 犹有先君之適及遗姑姊妹若而人,言尚有先君嫡夫人之女及其余诸姑姊妹若干人也。遗,余也。若而之"而"杜训为"如"。襄十二年《传》:"夫妇所生若而人,妾妇之子若而人。"《注》:"不敢誉亦不敢毁,故曰若如人。"此处《注》云:"言如常人不敢誉。"其实"若而"为不定之辞。顾炎武《左传杜解补正》:"若而人,犹言某某。"近人章炳麟《新方言》释词云:"物不定则言若而,数不定则言若干。"正与顾义合,是"若而"犹云"若干"也,较杜训为长。

邑，而辱使董振择之，①以备嫔嫱，②寡人之望也。"韩宣子使叔向对曰："寡君之愿也。寡君不能独任其社稷之事，未有伉俪。③在缞绖之中，④是以未敢请。君有辱命，惠莫大焉。若惠顾敝邑，抚有晋国，赐之内主，⑤岂唯寡君，举群臣实受其贶。其自唐叔以下，实宠嘉之。"

既成昏，⑥晏子受礼，⑦叔向从之宴，相与语。叔向曰："齐其何如？"晏子曰："此季世也，吾弗知。齐其为陈氏矣。公弃其民，而归于陈氏。⑧齐旧四量，豆、区、釜、钟。⑨四升为豆，各自其四，以登于釜。⑩釜十则钟。⑪陈氏三量皆登一焉，钟乃大矣。⑫以家量贷，而以公量收之。⑬山木如市，弗加于山。鱼盐蜃蛤，弗加于海。⑭民参其力，二入于公，而衣食其一。⑮公聚朽蠹，而三老冻馁。⑯国之诸市，

---

① 董，正也；督也。振，整也。使董振择之，使人督选精择之也。
② 嫔嫱，俱妇官。嫱读如"墙"。
③ 不能独任其社稷之事，未有伉俪，言晋君未有匹耦，不能独主国事也。伉，敌也。伉俪者，言是相敌之匹耦。按此文义，系指妇言，后世乃为夫妇之通称。
④ 杜《注》："制夫人之服则葬讫君臣乃释服。"故云"在缞绖之中"。
⑤ 内主即夫人，以其主阃内之事也。
⑥ 既成昏，许婚已成也。
⑦ 受礼，受宾享之礼也。
⑧ 公弃其民，而归于陈氏，言齐君不恤其民，是弃而驱归于陈氏也。以下皆驱民归于陈氏之事实。
⑨ 豆、区、釜、钟为齐国旧有量名，凡四等。故云"齐旧四量"。
⑩ 四升为豆，区、釜亦各以四进，故云"各自其四，以登于釜"。登，成也。盖四豆为区；区，斗六升。四区为釜；釜，六斗四升耳。区读如"欧"。
⑪ 釜十则钟，釜十进为钟。钟，六斛四斗也。
⑫ 陈氏三量皆登一焉，言陈氏豆、区、釜三等之量皆加旧量之一，以五升为豆，五豆为区，五区为釜也。登，加也。盖陈氏之区为二斗，釜则八斗，再十进为钟则八斛矣，故云"钟乃大矣"。
⑬ 陈氏厚贷薄敛，欲以市惠于民，故"以家量贷，而以公量收之"。
⑭ 山木如市，弗加于山，言以山木往卖于市，其价仍如在山时，并不加贵也。如，往也。鱼盐蜃蛤，弗加于海，言海之杂利往卖于市亦不加贵也。蜃蛤，海产介属。大曰蜃，小曰蛤。
⑮ 民参其力……而衣食其一，言齐国之民三分其力役之所入，以二分入于公，以一分供己衣食也。此见公之重赋敛。
⑯ 公聚朽蠹，而三老冻馁，言公敛之粟徒增朽蠹，而三老不见养遇也。三老谓上寿、中寿、下寿，皆八十以上之人，例须受国家优遇者也。

屦贱踊贵。①民人痛疾，而或燠休②之，其爱之如父母，而归之如流水，欲无获民，将焉辟之？箕伯、直柄、虞遂、伯戏，③其相胡公、大姬已在齐矣。④"叔向曰："然。虽吾公室，今亦季世也。戎马不驾，卿无军行。⑤公乘无人，卒列无长。⑥庶民罢敝，而宫室滋侈。道殣相望，而女富溢尤。⑦民闻公命，如逃寇雠。栾、郤、胥、原、狐、续、庆、伯，降在皂隶。⑧政在家门，⑨民无所依，君日不悛，以乐慆忧，⑩公室之卑，其何日之有？⑪谗鼎⑫之铭曰，昧旦丕显，后世犹怠。⑬况日不悛，其能久乎？"晏子曰："子将若何？"⑭叔向曰："晋之公族尽矣，肸闻之，公室将卑，其宗族枝叶先落，则公从之。⑮肸之宗十一族，⑯

---

① 踊，刖足者履，用以接足者。屦贱踊贵，见市上被刑之人之多也。
② 燠读如"育"，服虔云："痛其痛而念之，若今时小儿痛，父母以口就之曰燠休，代其痛也。"杜《注》谓痛念之声一作"噢咻"，引申为亲切之慰问。
③ 箕伯、直柄、虞遂、伯戏，皆舜后，陈氏之祖先也。
④ 胡公，箕伯四人之后，为周始封陈之祖。大姬，其妃也。相，助也。言陈氏虽为人臣，然将有国，其助者先祖四人与胡公、大姬之神灵已共在齐矣。
⑤ 戎马不驾，卿无军行，言晋国衰弱，不能征讨，故戎车不复驾马；晋政离散，不能统一，故诸卿不备军行也。
⑥ 无人，无长，言皆任非其人，有长如无长也。
⑦ 道殣相望，而女富溢尤，言饥死之人相望于道，而嬖宠女家之富贵乃过甚也。溢、尤，俱过也。
⑧ 栾，栾叔之后。郤，郤芮之后。胥，胥臣之后。原，原轸之后。狐，狐突之后。续，续鞫居之后。庆，庆郑之后。伯，伯宗之后，此八姓，皆晋旧臣之族。皂隶，贱臣也。
⑨ 晋大夫专政，故云"政在家门"。
⑩ 以乐慆忧，以逸乐之过藏忧患之萌也。慆读如"滔"，藏也；隐也；慢也。
⑪ 其何日之有，言今已至其时矣。
⑫ 谗鼎，服虔云："疾谗之鼎，《明堂位》所云崇鼎是也。"一云："谗，地名，禹铸九鼎于甘谗之地，故曰谗鼎。"二说并无案据，其名不可审知，故杜《注》直云鼎名而已。
⑬ 昧旦丕显，后世犹怠，谗鼎之铭文。昧旦，早起也。丕，大也。言夙兴以务大显，后世犹懈怠也。
⑭ 子将若何，晏婴问叔向何以免此难也。
⑮ 公室将卑……则公从之，言国家之有宗族，如树木之有枝叶也，本将拨，枝叶必先衰落，公族衰落则国家从之矣。
⑯ 同祖为宗，肸之宗十一族，谓同出一公有十一族也。叔向本公族。

唯羊舌氏在而已。肸又无子。① 公室无度，② 幸而得死，③ 岂其获祀？④"

初，景公欲更晏子之宅，⑤ 曰："子之宅近市，湫隘嚣尘，⑥ 不可以居，请更诸爽垲⑦者。"辞曰："君之先臣容焉，⑧ 臣不足以嗣之，于臣侈矣。⑨ 且小人近市，朝夕得所求，小人之利也。敢烦里旅？⑩"公笑曰："子近市，识贵贱乎？"对曰："既利之，敢不识乎？"公曰："何贵何贱？"于是景公繁于刑，⑪ 有鬻踊者，故对曰："踊贵屦贱。"既已告于君，故与叔向语而称之。景公为是省于刑。君子曰：仁人之言，其利博哉。晏子一言而齐侯省刑，《诗》曰，君子如祉，乱庶遄已，⑫ 其是之谓乎！

及晏子如晋，公更其宅。反则成矣。既拜，⑬ 乃毁之，而为里室，皆如其旧。⑭ 则使宅人反之，⑮ "且谚曰，非宅是卜，唯邻是卜。⑯ 二三子⑰先卜邻矣。违卜不祥。君子不犯非礼，⑱ 小人不犯不祥，⑲ 古之制也。吾敢违诸乎？"卒复其旧宅。公弗许。因陈桓子以请，⑳ 乃许之。

---

① 无子，谓无克承先业之贤子。
② 无度，无法度也。
③ 幸而得死，言得以寿终为幸。
④ 岂其获祀，言必不祀也。
⑤ 更晏子之宅，改造晏子之居宅以更大之也。
⑥ 湫，低下，读如"剿"。隘，狭小。嚣，声喧杂。尘，土上扬。合而言之，则卑湿狭小喧闹不洁也。
⑦ 爽垲，通明高燥也。
⑧ 先臣容焉，己之先人尝安容于此也。
⑨ 臣不足以嗣之，于臣侈矣，言己德不足以承先业，于所居已过奢矣。
⑩ 旅，众也。敢烦里旅，不敢劳众为己宅也。
⑪ 于是景公繁于刑，其时齐景公滥于刑戮也。
⑫ 君子如祉，乱庶遄已，《诗·小雅·节南山之什·巧言》篇第二章之卒句也。如，行也。祉，福也。遄，疾也；速也。言君子行福，则庶几祸乱可速止耳。
⑬ 既拜，拜谢新宅也。
⑭ 乃毁之……皆如其旧，杜《注》："本坏里室，以大晏子之宅故复之。"
⑮ 使宅人反之，晏子使里人各还其故宅也。
⑯ 且谚曰，……唯邻是卜，晏子称引谚语，谓须择善邻也。
⑰ 二三子谓邻人。
⑱ 去俭即奢为非礼。
⑲ 违卜迁居为不祥。
⑳ 因陈桓子以请，托陈无宇以请于景公也。

夏四月，郑伯①如晋，公孙段相，甚敬而卑，②礼无违者。③晋侯④嘉焉，授之以策，⑤曰："子丰⑥有劳于晋国，余闻而弗忘，赐女州田，⑦以胙乃旧勋。⑧"伯石再拜稽首，受策以出。君子曰："礼，其人之急也乎！⑨伯石之汰也，一为礼于晋，犹荷⑩其禄，况以礼终始乎！《诗》曰，人而无礼，胡不遄死？⑪其是之谓乎！"

初，州县，栾豹⑫之邑也。及栾氏亡，⑬范宣子、赵文子、韩宣子皆欲之。文子曰："温，吾县也。"⑭二宣子曰："自郤称以别，三传矣。⑮晋之别县不唯州，谁获治之？⑯"文子病之，乃舍之。二子曰："吾不可以正议而自与也。"⑰皆舍之。及文子为政，赵获⑱曰："可以取州矣。"文子曰："退！⑲二子之言，义也。⑳违义，祸也。余不能治余县，又焉用州。㉑其以徼祸也？君子曰，弗知实难，㉒知而弗从，祸莫

---

① 郑伯，郑简公。
② 甚敬而卑，执礼甚谨敬而自居其谦卑也。
③ 礼无违者，终礼无违失也。
④ 晋侯，晋平公。
⑤ 策，赐命之书。盖时晋侯策命外大夫，授之田，僭行天子之礼矣。
⑥ 子丰，郑穆公子，公孙段之父。
⑦ 州田，州县之田也。州本周邑，隐十一年，王以予郑。是时又属诸晋。汉于此置县。隋改曰邢丘，又改曰安昌。唐曰武德。宋省为镇。故城在今河南沁阳县东南四十里。
⑧ 胙，报也。以胙乃旧勋，言以此报汝父旧日之勋劳也。
⑨ 礼，其人之急也乎，言人之所急者莫要于礼也。
⑩ 荷，任也；受也。
⑪ 人而无礼，胡不遄死，《诗·鄘风·相鼠》篇之末句也。遄死，速死也。
⑫ 栾豹，栾盈之族。
⑬ 栾氏亡在襄二十三年，已见前。
⑭ 州本属温。温，赵氏邑，故赵武以为"温，吾县也"。
⑮ 自郤称以别，三传矣，杜《注》："郤称，晋大夫，始受州。自是，州与温别，至今传三家。"
⑯ 晋之别县不唯州，谁获治之，言县邑既别甚多，无有得追而治取之也。
⑰ 吾不可以正议而自与也，言我不可以正议责人而自取其邑也。
⑱ 赵获，赵武之子。
⑲ 退，斥获使退也。
⑳ 二子之言，义也，谓二宣子之言甚得事宜也。
㉑ 余不能治余县，又焉用州，言我若招祸，且将不能治我之县，又安用州为哉。
㉒ 弗知实难，患不知祸之所起也。

大焉。有言州必死。^①"

丰氏故主韩氏，^②伯石之获州也，韩宣子为之请之，为其复取之之故。^③

秋七月，郑罕虎如晋，贺夫人，^④且告曰："楚人曰征^⑤敝邑以不朝立王之故。敝邑之往，则畏执事，其谓寡君而固有外心。其不往，则宋之盟云，^⑥进退罪也。^⑦寡君使虎布^⑧之。"宣子^⑨使叔向对曰："君若辱有寡君，在楚何害？^⑩修宋盟也，君苟思盟，寡君乃知免于戾矣。君若不有寡君，虽朝夕辱于敝邑，寡君猜^⑪焉。君实有心，何辱命焉。^⑫君其往也，苟有寡君，在楚犹在晋也。"

张趯^⑬使谓大叔曰："自子之归也，^⑭小人粪除先人之敝庐，^⑮曰，子其将来。今子皮实来，小人失望。"大叔曰："吉贱，^⑯不获来。畏大国，尊夫人^⑰也。且孟曰，而将无事，吉庶几焉。^⑱"

---

① 有言州必死，谓有敢言取州者必坐以死罪也。
② 故犹旧也。故主韩氏，言丰氏至晋，旧以韩氏为居停也。
③ 韩宣子为之请之，为其复取之之故，盖宣子之意，以后州若还晋，因欲自取之也。昭七年，丰氏归州，详见后。
④ 贺夫人，贺齐女继室于晋平公也。
⑤ 征，责求也。
⑥ 宋之盟云，指向戌弭兵之会有晋、楚之属交相见之约定也。
⑦ 往朝楚则恐得罪于晋，不往朝则恐得罪于楚，故云"进退罪也"。
⑧ 布，陈说也。
⑨ 宣子谓韩起，时继赵武执晋政。
⑩ 君若辱有寡君，在楚何害，言郑君若有心服事晋君，虽在楚国，何害于好也。
⑪ 猜，疑也。
⑫ 此言郑君若有事晋之心，至楚可不须告，故云"君实有心，何辱命焉"。
⑬ 张趯，晋大夫。趯读如"逖"。
⑭ 是年春，游吉如晋遂以姜葬，梁丙与张趯见之，事毕而还，故云"自子之归也"。
⑮ 小人，谦词。粪除，扫除也。敝庐，旧屋也。
⑯ 贱谓非上卿。
⑰ 畏大国，尊夫人，故由上卿子皮来，而游吉乃不获来也。
⑱ 游吉之送少姜葬也，梁丙曰："甚矣哉，子之为此来也。"子大叔曰："将得已乎。少姜有宠而死，齐必继室，今兹吾又将来贺，不唯此行也。"张趯曰："善哉，吾得闻此数也，然自今子其无事矣。"故云"孟曰，而将无事，吉庶几焉"。孟谓张趯。

齐侯田于莒,^①卢蒲嫳见,泣且请曰:"余发如此种种,^②余奚能为?^③"公曰:"诺,吾告二子。^④"归而告之。子尾欲复之。子雅不可,曰:"彼其发短而心甚长,其或寝处我矣。^⑤"九月,子雅放卢蒲嫳于北燕。^⑥……

齐公孙灶^⑦卒,司马灶^⑧见晏子曰:"又丧子雅矣。"晏子曰:"惜也,子旗不免,殆哉!^⑨姜族弱矣,而妫将始昌。^⑩二惠竞爽犹可,^⑪又弱一个^⑫焉,姜其危哉!"

四 年^⑬

四年春王正月,许男^⑭如楚,楚子止之,^⑮遂止郑伯,复田江

---

① 莒,齐东境邑。时齐景公田猎于其地。
② 种种,发短貌。
③ 余奚能为,自言衰老不能复为害也。嫳,庆封之党。襄二十八年放之于境上,已见前。
④ 二子谓子雅、子尾。
⑤ 襄二十八年《传》,卢蒲嫳谓子雅、子尾譬如禽兽,吾寝处之矣。故子雅谓嫳不可测而即以"其或寝处吾矣"对子尾。
⑥ 北燕即召公封国,已见前。
⑦ 公孙灶即子雅。
⑧ 司马灶,齐大夫。
⑨ 子旗,子雅之子。子旗不免,殆哉,言其父既,子旗必不免于危殆也。
⑩ 妫将始昌,言陈氏将昌大也。
⑪ 子雅、子尾皆齐惠公之孙,故云二惠。竞,强也。爽,明也。竞爽犹可,言子雅、子尾强明,或犹可以为国也。
⑫ 又弱一个,又减去一人也。
⑬ 昭公四年当周景王七年癸亥岁,晋平公二十年,齐景公十年,卫襄公六年,郑简公二十八年,陈哀公三十一年,蔡灵侯五年,曹武公十七年,许悼公九年,宋平公三十八年,邾庄公三年,楚灵王三年,吴夷末六年,西历纪元前538年。
⑭ 许男谓许悼公。悼公名买,灵公宁之子,为许第十四君。在位二十四年,世子止弑之。其元年当周灵王二十六年乙卯岁,西历纪元前546年。
⑮ 楚子止之,楚灵王留许悼公不遣,欲与俱猎也。

南,^① 许男与焉,使椒举如晋求诸侯,^② 二君待之。^③

椒举致命,^④ 曰:"寡君使举曰日君有惠,^⑤ 赐盟于宋^⑥。曰晋、楚之从,交相见也,以岁之不易,^⑦ 寡人愿结驩于二三君。^⑧ 使举请间。^⑨ 君若苟无四方之虞,则愿假宠以请于诸侯。^⑩"

晋侯欲勿许。司马侯^⑪曰:"不可。楚王方侈,天或者欲逞其心,以厚其毒而降之罚,^⑫ 未可知也。其使能终,^⑬ 亦未可知也。晋、楚唯天所相,^⑭ 不可与争。君其许之,而修德以待其归。^⑮ 若归于德,吾犹将事之,^⑯ 况诸侯乎?若适淫虐,楚将弃之,^⑰ 吾又谁与争?"公曰:"晋有三不殆,^⑱ 其何敌之有?国险而多马,齐、楚多难。^⑲ 有是三者,何

---

① 时郑简公在楚,楚灵王亦留之,故云"遂止郑伯"。前年楚子已与郑伯猎于江南,故此云"复田江南"。江南为江南之梦之简称,指当时之云梦泽,分跨今湖北省境大江南北,面积广八九百里。自今湖北京山县以南,枝江县以东,蕲春县以西,及湖南省北部边境华容县以北,皆其区域。后世逐渐淤成陆地,遂呈今态,现曹湖、洪湖、梁子湖、斧头湖等数十湖泊,星罗棋布,若断若续,皆古云梦之遗迹也。

② 椒举即伍举,已见前。如晋求诸侯,楚子欲专会诸侯,使伍举往晋求之也。

③ 二君待之,郑、许二君留楚待会也。

④ 致命,达楚君之命也。

⑤ 日,往日也。日君有惠,犹言往日承君之惠。

⑥ 赐盟于宋,即指襄二十七年向戌弭兵之会。

⑦ 岁之不易,言连年有难。

⑧ 愿结驩于二三君,意谓欲得诸侯谋事补阙也。驩同"欢"。

⑨ 请间,谓请以空隙之时许我白事,不欲对众言之也。

⑩ 四方之虞,边境之戒备也。假宠以请于诸侯,欲借君之威宠以致诸侯也。

⑪ 司马侯即女齐,已见前。

⑫ 厚其毒而降之罚,使积恶而重罚之也。

⑬ 能终,克善其终之谓。

⑭ 唯天所相,唯视天意之谁助耳。

⑮ 修德以待其归,增修晋德以待楚君之所归也。归,趋向也。

⑯ 若归于德,吾犹将事之,言楚君若趋向于修德,吾亦不免事之耳。

⑰ 若适淫虐,楚将弃之,言苟纵淫虐,虽楚国犹将弃之不以为君也。适亦归也。

⑱ 殆,危也。三不殆,谓有可恃之道三端也。

⑲ 国险谓晋表里河山,险固可恃,一不殆也。晋境代北产马,是多马足以供兵,二不殆也。齐、楚多篡弑之祸,是强邻多难,三不殆也。

乡而不济？①"对曰："恃险与马，而虞②邻国之难，是三殆也。四岳、③三涂、④阳城、⑤大室、⑥荆山、⑦中南，⑧九州之险也，是不一姓。⑨冀之北土，马之所生，无兴国焉。⑩恃险与马，不可以为固也，从古以然。⑪是以先王务修德音以亨神人，⑫不闻其务险与马也。邻国之难，不可虞也。或多难以固其国，启其疆土。或无难以丧其国，失其守宇。⑬若何虞难？齐有仲孙之难而获桓公，⑭至今赖之。晋有里、丕之难而获文公，⑮是以为盟主，卫、邢无难，敌亦丧之，⑯故人之难，不可虞也。恃此三者，而不修政德，亡于不暇，又何能济？君其许之！纣作淫虐，文王惠和，殷是以陨，周是以兴。夫岂争诸侯？"乃许楚使。使叔向对曰："寡君有社稷之事，是以不获春秋时见。⑰诸侯君实有之，何辱

---

① 何乡而不济，无往而不克。乡通"向"。
② 虞，候望也。
③ 杜《注》："东岳，岱；西岳，华；南岳，衡；北岳，桓。"此据汉武、宣以来所定之五岳去中岳而言，古无是说也。左襄十四年传"我诸戎是四岳之裔胄"，是四岳为诸戎之所出。据《山海经》有东、西、南、北四岳，考其水道所注，其地望在今陕西陇县西、甘肃六盘山东南，今陇县西四十里有岳山，其遗迹也。参下"九州"注。
④ 三涂，山名，在今河南嵩县西南伊水之北，俗呼崖口，亦曰水门。
⑤ 阳城，山名，在今河南登封县北三十八里，俗名车岭山。
⑥ 大室即嵩高山，在今河南登封县北十里。
⑦ 当系今河南阌乡县之荆山，以其在三涂、中南之中道也。
⑧ 中南，即陕西长安县南五十里之终南山。
⑨ 九州之区域，据上司马侯所言考之，当始自今陕西之极西或甘肃之东南部，北由陇山（四岳），南抵秦岭（中南）；及逾潼关，则北暨崤函（荆山）南及熊耳之东（三涂），以迄河南之嵩山（阳城太室），包有渭、雒、伊、汝诸水之流域。按，此条及上"四岳""荆山"条注均据顾颉刚先生考证，详见《古史辨》第七册《九州戎与戎禹》。
⑩ 冀之北土……无兴国焉，言冀州之域之北境虽为产马之地，然无兴盛之国可以指数也。
⑪ 从古以然，言恃险与马之不可以为固，自古已如此矣。以通"已"。
⑫ 修德音以亨神人，言修德则治民事神可使神人通悦也。亨，通也。
⑬ 守宇，据守之疆界也。
⑭ 齐有仲孙之难而获桓公，事见前庄九年。仲孙，公孙无知也。
⑮ 晋有里、丕之难而获文公，事见前僖九年。里、丕，里克、丕郑也。
⑯ 闵二年狄灭卫，僖二十五年卫灭邢，故云"卫、邢无难，敌亦丧之"。
⑰ 不获春秋时见，言不得自往，谦词也。

命焉？"椒举遂请昏，^①晋侯许之。

楚子问于子产^②曰："晋其许我诸侯乎？"对曰："许君。晋君少安，不在诸侯。^③其大夫多求，^④莫匡其君。在宋之盟，又曰如一，^⑤若不许君，将焉用之？^⑥"王曰："诸侯其来乎？"对曰："必来。从宋之盟，承君之欢，不畏大国，^⑦何故不来？不来者，其鲁、卫、曹、邾乎？曹畏宋，邾畏鲁，鲁卫逼于齐而亲于晋，唯是不来。其余君之所及^⑧也，谁敢不至？"王曰："然则吾所求者，无不可乎？"^⑨对曰："求逞于人，不可。^⑩与人同欲，尽济。^⑪"……

夏，诸侯如楚，鲁、卫、曹、邾不会。曹、邾辞以难。^⑫公辞以时祭。^⑬卫侯辞以疾。^⑭郑伯先待于申。^⑮六月丙午，楚子合诸侯于申。

椒举言于楚子曰："臣闻诸侯无归，礼以为归。^⑯今君始得诸侯，

---

① 楚子遣椒举时，兼使求昏于晋，故遂请昏。
② 子产时从郑简公在楚，故楚子问之。
③ 晋君少安，谓安于小。安于小则不能远图，故云"不在诸侯"。
④ 求，贪也。
⑤ 如一，所谓晋、楚同也。
⑥ 焉用之，焉用宋之盟也。
⑦ 大国谓晋。
⑧ 君之所及，言楚威力所能及也。
⑨ 吾所求者，无不可乎，犹言吾将无求不得乎。
⑩ 求人以快意，人必违之，故云"求逞于人，不可"。
⑪ 与人同欲，尽济，言不拂人则事必皆成也。
⑫ 曹、邾辞以难，曹武公、邾庄公以国有危难为词，辞楚之召也。曹武公名滕，《史记》作"胜"，成公负刍子，在位二十七年，为曹国第二十君。其元年当周灵王十八年丁未岁，西历纪元前554年。邾庄公名穿，悼公华子，在位三十四年，为邾国第七君。其元年当周景王五年辛酉岁，西历纪元前540年。
⑬ 公辞以时祭，鲁昭公以国有祭祀为词，辞不赴召也。
⑭ 卫侯辞以疾，卫襄公以有疾为词，辞不赴召也。凡此托词不赴，悉如子产之言。卫襄公名恶，献公衎子，在位九年，为卫国第二十五君。其元年当周景王二年戊午岁，西历纪元前543年。
⑮ 郑伯先待于申，郑简公自楚先至会地也。申已见前。
⑯ 椒举言于楚子，未会以前之进言也。诸侯无归，礼以为归，言诸侯之依归无常，惟依归于有礼者耳。

其慎礼矣。霸之济否，在此会也。夏启有钧台之享，^① 汤有景亳^②之命，周武有孟津之誓，^③ 成有岐阳之蒐，^④ 康有酆宫之朝，^⑤ 穆有涂山之会，^⑥ 齐桓有召陵之师，^⑦ 晋文有践土之盟。^⑧ 君其何用？^⑨ 宋向戌、郑公孙侨在，诸侯之良也，君其选焉。^⑩" 王曰："吾用齐桓。^⑪"

王使问礼于左师与子产。左师曰："小国习之，大国用之，敢不荐闻？^⑫"献公合诸侯之礼六。^⑬ 子产曰："小国共职，敢不荐守？^⑭"献伯子男会公之礼六。^⑮ 君子谓合左师善守先代，子产善相小国。^⑯ 王使椒举侍于后，以规过。^⑰ 卒事，不规。王问其故。对曰："礼，吾未见者有六焉。^⑱ 又何以规？"

---

① 夏启，禹之子。钧台即夏台，在今河南禹县南，盖启享诸侯于此。
② 景亳即偃师，今河南偃师县南二十里有景山。
③ 孟津即盟津，在今河南孟县南十八里。孟津之誓，将伐纣也。
④ 周成归自奄，大蒐于岐山之阳，故云"成有岐阳之蒐"。岐山在今陕西岐山县东北。
⑤ 酆宫在今陕西鄠县东三十五里。其地有灵台，康王尝朝诸侯于此。
⑥ 周穆王会诸侯于涂山。涂山在今安徽怀远县东南八里。以上六王之事，唯周武王孟津之誓，《尚书》有其事，武王伐殷作《泰誓》三篇是也。其余五者，皆书传无文，不能知其本末。见孔颖达《正义》。其实《竹书纪年》均载之。
⑦ 召陵之师已详前僖四年。
⑧ 践土之盟已详前僖二十八年。
⑨ 君谓灵王，其何用，言当于六王二公之事择用何礼也。
⑩ 君其选焉，请灵王就向戌、子产选择所用也。
⑪ 用齐桓，用会召陵之礼也。召陵之役，齐桓退舍以礼，楚灵王今感其意，是以用之。
⑫ 荐闻，荐所闻之礼，谦示所未行也。
⑬ 宋，公爵，故向戌献公合诸侯之礼六仪也。
⑭ 荐守，荐所守行之礼也。
⑮ 郑，伯爵，故子产献伯子男会公之礼六仪也。杜《注》谓向戌、子产所献者其礼同，所从言之异耳。《正义》："杜知其礼同，所从言之异者，以左师献公合诸侯之礼六，子产献伯子男会公之礼六，若其各异，凡十二礼，下椒举云'礼吾所未见者六焉'，故知其礼同也。于公言之，云合诸侯之礼；于伯子男言之，云会公之礼：是所从言之异。"
⑯ 向戌荐闻，不坠宋公之体，故云"善守先代"。子产荐守，谨执下国之礼，故云"善相小国"。
⑰ 规过，欲纠正向戌、子产所言之失也。
⑱ 礼，吾未见者有六焉，盖指二子所献六礼，楚皆未尝行也。

宋大子佐①后至，王田于武城，②久而弗见。椒举请辞焉。③王使往曰："属有宗祧之事④于武城，寡君将堕币焉，敢谢后见。⑤"

徐子，吴出也，以为贰焉，故执诸申。⑥

楚子示诸侯侈，椒举曰："夫六王二公之事，⑦皆所以示诸侯礼也。诸侯所由用命也。夏桀为仍之会，有缗叛之。⑧商纣为黎之蒐，东夷叛之。⑨周幽为大室之盟，戎狄叛之。⑩皆所以示诸侯汰也。诸侯所由弃命也。今君以汰，无乃不济乎！"王弗听。

子产见左师曰："吾不患楚矣，汰而愎谏，⑪不过十年。⑫"左师曰："然。不十年侈，其恶不远。远恶而后弃。⑬善亦如之，德远而后兴。⑭"

秋七月，楚子以诸侯伐吴。宋大子、郑伯先归。⑮宋华费遂、郑大夫从。⑯使屈申围朱方。⑰八月甲申，克之。执齐庆封，而尽灭

---

① 大子佐，宋平公成之子，后嗣立为宋第二十五君，是为元公。在位十五年。其元年当周景王十四年庚午岁，西历纪元前531年。
② 武城本申地，后属楚，在今河南南阳县北，已见前。
③ 请辞焉，请王辞谢宋大子佐也。
④ 属有宗祧之事，言为宗庙之祭而田猎也。
⑤ 寡君将堕币焉，敢谢后见，杜《注》："恨其后至，故言将因诸侯会，布币乃相见，《经》并书宋大子佐，知此言在会前。"堕，布也；输也。
⑥ 徐子，徐国之君。为吴国之甥，故云吴出。楚君以徐贰于吴，故执诸申，正见楚君以疑罪执诸侯耳。
⑦ 六王二公之事即前举夏启、商汤、周武王、成王、康王、穆王及齐桓公、晋文公也。
⑧ 仍、缗皆国名。有仍地在今山东济宁县，有缗地在今山东金乡县东北二十里。帝癸十一年，会诸侯于仍，有缗氏逃归，遂灭有缗。见《竹书纪年》。
⑨ 商纣为黎之蒐见《竹书纪年》。《韩非子·十过》篇作黎丘之蒐。黎，东夷之国，地不详，非今山西长治县西南之古黎国。
⑩ 《竹书纪年》："幽王十年春，王及诸侯盟于大室。十一年，申人、鄫人及犬戎入宗周弑王。"故云"周幽为大室之盟，戎狄叛之"。
⑪ 汰而愎谏，骄狠而拒谏诤也。
⑫ 不过十年，言其祸败不出十年也。
⑬ 必恶及远方则人皆弃之，故云"远恶而后弃"。
⑭ 善不积，不足以成名，故云"德远而后兴"。远，久也。
⑮ 时晋之属国与会者皆归，此独言宋大子、郑伯先归者，以郑伯久于楚，宋大子不得时见，故慰遣之也。
⑯ 宋华费遂、郑大夫从，从楚伐吴，以答见慰之意也。华费遂，宋大司马，华元之族。
⑰ 屈申，屈荡之子。朱方，吴邑，时为齐逋臣庆封所封。已见前。

其族。①

　　将戮庆封。椒举曰:"臣闻无瑕者可以戮人,②庆封唯逆命,③是以在此,其肯从于戮乎?④播于诸侯,焉用之?⑤"王弗听,负之斧钺,以徇于诸侯,⑥使言曰:"无或如齐庆封,弑其君,弱其孤,以盟其大夫。"⑦庆封曰:"无或如楚共王之庶子围,弑其君兄之子麇而代之,以盟诸侯。"⑧王使速杀之。

　　遂以诸侯灭赖。⑨赖子⑩面缚衔璧,士袒,舆榇从之,造于中军。⑪王问诸椒举。对曰:"成王克许,⑫许僖公如是,王亲释其缚,受其璧,焚其榇。"王从之。迁赖于鄢。⑬楚子欲迁许于赖,使斗韦龟⑭与公子弃疾⑮城之而还。申无宇⑯曰:"楚祸之首,⑰将在此矣。召诸侯而来,⑱伐国而克,⑲城竟莫校。⑳王心不违,㉑民其居乎?㉒民之不处,其谁堪

---

① 庆封以襄二十八年奔吴,至是,楚假大义为齐讨之,故尽灭其族。
② 无瑕者可以戮人,言唯己身无瑕疵可指者始可以声戮他人之罪衅也。
③ 逆命,谓性不恭顺。
④ 肯从于戮乎,言不肯默而就戮也。
⑤ 播于诸侯,焉用之,言将戮庆封而自扬其恶于诸侯,何用如此也。播,扬也。
⑥ 负之斧钺,以徇于诸侯,使庆封自负斧钺,以徇告于诸侯,使以为戒也。
⑦ 无或如齐庆封……以盟其大夫,楚灵王使庆封自暴罪状之辞。
⑧ 无或如楚共王之庶子围……以盟诸侯,庆封更改楚意,反诋楚灵王之辞。
⑨ 赖,国名,子爵,已见前。
⑩ 赖子,赖国之君。
⑪ 中军,王所将,故赖子君臣造于中军。
⑫ 成王克许,谓僖六年楚成王灭许事,已见前。
⑬ 鄢,楚邑,即前桓十三年"及鄢,乱次以济"之"鄢"。
⑭ 斗韦龟,令尹子文之玄孙。时奉命与公子弃疾为许城鄢。
⑮ 公子弃疾,共王之子,灵王之弟,后嗣位为楚国第二十七君,是为平王。在位十三年。其元年当周景王十七年癸酉岁,西历纪元前528年。
⑯ 申无宇,申舟之后。
⑰ 祸之首,犹言"祸端""祸根"。
⑱ 召诸侯而来,召会诸侯,诸侯皆来也。
⑲ 伐国而克,伐吴伐赖俱克捷也。
⑳ 城竟莫校,筑城于外境而诸侯无与争也。
㉑ 王心不违,总上三者而言,谓王心之所欲莫有违逆也。
㉒ 王心不违,必将纵欲,纵欲则必有事于内外而民不得安,故云"民其居乎"。居,安也。

之？①不堪王命，乃祸乱也。②"

郑子产作丘赋。③国人谤之，曰："其父死于路，④己为虿尾。⑤以令与国，国将若之何？"子宽⑥以告。子产曰："何害？苟利社稷，死生以之。⑦且吾闻为善者不改其度，⑧故能有济也。民不可逞，⑨度不可改。⑩《诗》曰，礼义不愆，何恤于人言？⑪吾不迁⑫矣。"

浑罕曰："国氏⑬其先亡乎！君子作法于凉，其敝犹贪，⑭作法于贪，敝将若之何？⑮姬在列者，⑯蔡及曹、滕其先亡乎？逼而无礼。⑰郑

---

① 民之不处，其谁堪之，言民不得安，其谁能忍受之乎。处亦安也。
② 不堪王命，乃祸乱也，言民不堪命则祸乱立成矣。
③ 丘赋，杜《注》："丘，十六井，当出马一匹，牛三头。今子产别赋其田，如鲁之田赋。田赋在哀十一年。"《正义》："丘，十六井，当出马一匹，牛三头，《司马法》之文也。服虔以为子产作丘赋者，赋此一丘之田使之出一马三牛，复古法耳。丘赋之法不行久矣，今子产修复古法，民以为贪，故谤之，案《春秋》之世，兵革数兴，郑在晋、楚之间，尤当其剧，正当重于古，不应废古法也。若往前不修此法，岂得全无赋乎，故杜以为今子产于牛马之外别赋其田如鲁之田赋。田赋在哀十一年，彼注云：丘赋之法，因其田财，通出马一匹，牛三头。今欲别其田及家财各为一赋，故言田赋。然则此与彼同，赋敛家资，使出牛马；又别赋其田，使之出粟，若今输租。更出马一匹，牛三头，是一丘出两丘之税。案《周礼》有夫征、家征。夫征谓出税。家征谓出车徒给徭役。此牛马之属，则《周礼》之家征也。其夫征，十一而税，是与家征别。"
④ 其父死于路，谓子国为尉氏所杀。
⑤ 己为虿尾，谓子产重赋，毒害百姓如蜂虿之尾也。
⑥ 子宽，郑大夫浑罕之字。
⑦ 以，用也。死生以之，不顾死生以坚持之也。
⑧ 度，法也。
⑨ 民不可逞，言民心不可使逞快也。
⑩ 度不可改，言法度不可随便改变也。
⑪ 礼义不愆，何恤于人言，杜《注》谓出逸《诗》。盖产自以为权制济国，于礼义无违失也。愆，失也。
⑫ 迁，改也；移也。
⑬ 子产以父字为氏，故云国氏。
⑭ 作法于凉，其敝犹贪，言君子作法，什一取民，敛从其薄，其流敝犹至于贪也。凉，薄也。
⑮ 作法于贪，敝将若之何，言必不可久行也。
⑯ 姬在列者，谓姬氏之在列国者。
⑰ 蔡见逼于楚，曹、滕见逼于宋，而又无礼以为之本，故云"蔡及曹、滕其先亡乎？逼而无礼"。

先卫亡，逼而无法。① 政不率法，而制于心，② 民各有心，何上之有？③"

初，穆子去叔孙氏。④ 及庚宗，⑤ 遇妇人，使私为食而宿焉。⑥ 问其行。⑦ 告之故。⑧ 哭而送之。⑨ 适齐，娶于国氏，⑩ 生孟丙、仲壬。梦天压己，弗胜。⑪ 顾而见人，黑而上偻，⑫ 深目而豭喙，⑬ 号之曰："牛助余！"乃胜之。旦，⑭ 而皆召其徒，⑮ 无之。⑯ 且曰："志之。"⑰

及宣伯奔齐，⑱ 馈之。⑲ 宣伯曰："鲁以先子⑳之故，将存吾宗，必召女。召女何如？"对曰："愿之久矣。"㉑ 鲁人召之，不告而归。㉒

既立，㉓ 所宿庚宗之妇人献以雉。㉔ 问其姓。㉕ 对曰："余子长

---

① 郑见逼于晋、楚，而无法以为之备，故云"郑先卫亡，逼而无法"。
② 政不率法，而制于心，言施政不循法度，而以私心操纵之也。
③ 民各有心，何上之有，言人各有心，若人人自以为是，何贵乎有民上也。
④ 穆子去叔孙氏，叔孙豹避兄叔孙侨如之难而奔齐也。初，追叙前事之辞，指成十六年。
⑤ 庚宗，鲁北境之地，今山东泗水县南有庚宗亭，即此。
⑥ 使私为食而宿焉，叔孙豹使此妇人私为己具食而止宿其家也。
⑦ 问其行，妇人问叔孙豹有何故出行也。
⑧ 告之故，叔孙豹以奔齐之故告妇人也。
⑨ 哭而送之，妇人闻悉原委，乃哭而送豹成行也。
⑩ 国氏，齐正卿，姜姓。
⑪ 梦天压己，弗胜，叔孙豹梦天下坠压己，力不能胜其重也。
⑫ 黑而上偻，色黑而肩伛也。肩伛即驼背。
⑬ 豭喙，口象猪也。
⑭ 之，及也。之旦，及天明之时也。
⑮ 徒，从者。皆召其徒，尽召其从者也。
⑯ 豹以夜梦自异，既旦，乃召从者遍视之，无一人与梦中所见同，且无一人名牛者，故云"无之"。
⑰ 且曰志之，犹言姑云记之也。
⑱ 宣伯奔齐在成十六年。宣伯即穆子之兄叔孙侨如也。
⑲ 馈之，穆子先在齐，故馈饷宣伯也。
⑳ 叔孙氏出于鲁庄公庶兄公子庆父同母弟公子牙，号僖叔。僖叔生公孙兹，号戴伯。戴伯生得臣，号叔孙庄叔。侨如及豹皆庄叔之子。此云先子，盖僖叔、戴伯、庄叔也。
㉑ 愿之久矣，盖忿言，意谓兄始为乱，已有今日之愿矣。
㉒ 成十六年《传》云，召叔孙豹于齐而立之。豹不以告侨如而径行，故云"不告而归"。
㉓ 叔孙豹在齐生孟丙、仲壬，鲁召之立为卿，襄二年始见《经》。成十六年《传》云召而立之，盖侨如出奔时顺叙后事而及之耳。此云既立，已在襄二年矣。
㉔ 献以雉，庚宗妇人知穆子立，故以雉来献贺也。
㉕ 女生曰姓，姓谓子也。问其，即问有子否。

矣，能奉雉而从我矣。"① 召而见之，则所梦② 也。未问其名，号之曰："牛。"曰："唯。"皆召其徒，使视之，③ 遂使为竖。④ 有宠。长使为政。⑤

公孙明⑥ 知叔孙于齐，⑦ 归，未逆国姜，子明取之。⑧ 故怒其子，长而后使逆之。⑨ 田于丘蕕，⑩ 遂遇疾焉。竖牛欲乱其室而有之，强与孟盟，不可。⑪ 叔孙为孟钟，⑫ 曰："尔未际，⑬ 飨大夫以落之。⑭" 既具，⑮ 使竖牛请日。⑯ 入，弗谒。⑰ 出，命之日。⑱ 及宾至，闻钟声。⑲ 牛曰："孟有北妇人之客。"⑳ 怒，将往。㉑ 牛止之。宾出，使拘而杀诸外。㉒ 牛又强与仲盟，不可。仲与公御莱书㉓ 观于公，㉔ 公

---

① 襄二年，庚宗妇人所生之子已五六岁，故对曰："余子长矣，能奉雉而从我矣。"
② 所梦，符前梦所见之形像也。
③ 使视之，使左右辨认竖牛，符己所梦也。
④ 竖，小臣也。使为竖使竖牛为竖。故称竖牛。
⑤ 长使为政，及竖牛长，因使管叔孙氏之家政也。
⑥ 公孙明字子明，齐大夫。
⑦ 知叔孙于齐，叔孙豹在齐时，公孙明与之相亲知也。
⑧ 国姜，孟丙、仲壬母。穆子归鲁，未及迎回，公孙明邀娶之，故云"归，未逆国姜，子明取之"。
⑨ 穆子怒国姜遂并孟丙、仲壬而怒之，故云"怒其子"。长而后使逆之，及孟、仲长成，始遣迎返鲁也。
⑩ 丘蕕，杜《注》云地名。不详所在。
⑪ 不可，孟丙不肯从竖牛之强盟也，后文仲不可之"不可"与此意同。
⑫ 叔孙为孟钟，穆子为其子孟丙铸钟也。
⑬ 际，接也。尔未际，谓孟丙尚未与诸大夫相接也。
⑭ 以豭猪血涂钟曰落，即所谓衅钟。飨大夫以落之，言当飨宴诸大夫以行衅钟之礼也。
⑮ 既具，言飨礼已筹备就绪也。
⑯ 使竖牛请日，孟丙使竖牛向穆子请示飨宴之日期也。
⑰ 入，弗谒，竖牛既入见穆子，弗以孟丙之意禀白也。谒，白也，告也。
⑱ 出，命之日，竖牛自穆子所出，诈命孟丙以飨宴之期也。
⑲ 及至诈命之期，孟丙乃飨宴诸大夫而衅钟，穆子未知宾至，突闻钟声，遂怪而诘问。
⑳ 北妇人，国姜也。客谓公孙明。此云"孟有北妇人之客"，盖竖牛故投穆子之所忌而诬言孟丙享公孙明以落钟耳。
㉑ 穆子闻言大怒，将自往讨孟丙。
㉒ 宾出，使拘而杀诸外，诸大夫既退，穆子遂使人拘杀孟丙于门外也。
㉓ 莱书，人名，昭公之御士也。故云"公御莱书"。
㉔ 观于公，仲壬私与莱书游观于公之宫也。

与之环。① 使牛入示之。② 入，不示。③ 出，命佩之。④ 牛谓叔孙："见仲而何？"⑤ 叔孙曰："何为？"⑥ 曰："不见。⑦ 既自见矣，公与之环而佩之矣。⑧" 遂逐之，奔齐。疾急，命召仲。牛许而不召。

杜泄⑨见，告之饥渴，授之戈。⑩ 对曰："求之而至，又何去焉？"⑪ 竖牛曰："夫子疾病，不欲见人。"使置馈于个而退。⑫ 牛弗进，则置虚命彻。⑬ 十二月癸丑，叔孙不食。乙卯，卒。⑭ 牛立昭子而相之。⑮

公使杜泄葬叔孙。竖牛赂叔仲昭子⑯与南遗，⑰ 使恶杜泄于季孙而去之。⑱ 杜泄将以路⑲葬，且尽卿礼。南遗谓季孙曰："叔孙未乘

---

① 公与之环，昭公以玉环赐与仲壬也。
② 使牛入示之，仲壬使竖牛以赐环入示于穆子也。
③ 入，不示，竖牛既入，不以仲壬所托之环示穆子也。
④ 出，命佩之，竖牛出，诈以穆子之命命仲壬佩此玉环也。
⑤ 而何，犹云"何如"。见仲而何，询穆子见仲壬有何异状也。
⑥ 穆子怪牛言之突兀，故诘以"何为"。
⑦ 不见，牛故作惊疑之辞，盖反问穆子，若曰岂其无所见耶。
⑧ 既自见矣，公与之环而佩之矣，牛乘机播弄谗言之辞，谓仲壬已私自往见公，且得环而擅自佩带矣。故仲壬被逐奔齐。
⑨ 杜泄，叔孙氏之家宰，出自帝尧之后。
⑩ 竖牛不进食于穆子，穆子怒，故杜泄入见，告之饥渴，授之戈，欲使泄杀牛也。
⑪ 求之而至，又何去焉，言求食可得无为去竖牛，盖泄力不能去，故设辞以免耳。
⑫ 个，正寝之左右厢。使实馈于个而退，竖牛使庖人进食者置食器于厢而退去也。盖遮使穆子不得近食耳。
⑬ 置虚命彻，杜《注》："泻器令空，示若叔孙已食，命去之。"盖竖牛倾去食物令食器空置，伪为穆子已食状，遽命庖人撤去空器也。彻通"撤"。
⑭ 癸丑，叔孙不食，至乙卯，已绝粮三日，遂卒。穆子盖病不得食而饿死矣。
⑮ 昭子，豹之庶子叔孙婼也。竖牛既杀孟丙，逐仲壬，至是又逼死豹，遂立婼嗣位而已相之也。
⑯ 叔仲昭子名带，僖叔孙彭生之孙也，于叔孙婼为族兄弟，则为叔仲氏。
⑰ 南遗，季氏之家臣。
⑱ 竖牛憎杜泄不与己同志，故赂使叔仲带、南遗恶泄于季孙而谋去之。恶，诋毁也。季孙谓季武子，已见前。
⑲ 路，王所赐叔孙豹之大车也。

路，葬焉用之？① 且冢卿无路，介卿以葬，不亦左乎？②"季孙曰："然。"使杜泄舍路。③ 不可。④ 曰："夫子受命于朝，而聘于王。⑤ 王思旧勋而赐之路。⑥ 复命而致之君。⑦ 君不敢逆王命而复赐之。使三官书之。⑧ 吾子为司徒，⑨ 实书名。⑩ 夫子为司马，⑪ 与工正书服。⑫ 孟孙为司空，⑬ 以书勋。⑭ 今死而弗以，⑮ 是弃君命也。书在公府而弗以，是废三官也。⑯ 若命服，生弗敢服，死又不以，将焉用之？"乃使以葬。

季孙谋去中军，⑰ 竖牛曰："夫子固欲去之。"⑱

---

① 叔孙未乘路，葬焉用之，言豹生前未尝乘路车，何用以路车葬之也。
② 冢，大也。介，次也。冢卿谓季孙，介卿谓叔孙。不亦左乎言不顺也。
③ 舍路，置路车弗用也。
④ 不可，杜泄不肯从舍路之命也。
⑤ 襄二十四年《传》："齐人城郏，穆叔如周聘，且贺城。王嘉其有礼也，赐之大路。"故云"夫子受命于朝，而聘于王"。
⑥ 王之赐路，实感叔孙之有礼以念其先人，故云"王思旧勋而赐之路"。
⑦ 豹不敢自乘，故复命而致之君。
⑧ 使三官书之，鲁君使司徒、司马、司空书叔孙豹受王赐路之事也。
⑨ 吾子谓季孙。司徒，掌教化铨叙之官。
⑩ 书名，定位号也。《周礼》，司徒掌十二教，其十有一曰以贤制爵，其十有二曰以庸制禄。故司徒书名定位号。
⑪ 当时叔孙为司马，故云"夫子为司马"。
⑫ 《周礼》司马之属有司士，掌群臣之政，以德诏爵，以功诏禄。工正虽不属司马，以其掌作车服，故与司马书服。服，车服之器也。
⑬ 孟孙谓孟孝伯仲孙羯，时为司空。
⑭ 司勋之官《周礼》属诸夏官，而鲁以冬官司空书勋者，盖诸侯之法未必尽与王礼同，况值"春秋之世"，各国又多自造作乎。
⑮ 以，用也。弗以即弗用，下同。
⑯ 书名、书服、书勋，皆藏在公府，而弗用之，是废三官之所书也。
⑰ 襄十一年，鲁作三军。盖本有二军，是时初建中军以为公徒也。至是季孙宿谋去中军，将欲削弱公室耳。
⑱ 夫子固欲去之，竖牛诬叔孙以媚季孙之辞也。观下杜泄之语自明。

五 年①

五年春王正月，舍中军，卑公室也。②毁中军于施氏，成诸臧氏。③初作中军，三分公室而各有其一。④季氏尽征之。⑤叔孙氏臣其子弟。⑥孟氏取其半焉。⑦及其舍之也，四分公室，季氏择二，二子各一。⑧皆尽征之，而贡于公。⑨以书。⑩使杜泄告于殡，⑪曰："子固欲毁中军，既毁之矣，故告。"杜泄曰："夫子唯不欲毁也，故盟诸僖闳，诅诸五父之衢。⑫"受其书而投之，⑬帅士而哭之。⑭

----

① 昭公五年当周景王八年甲子岁，晋平公二十二年，齐景公十一年，郑简公二十九年，楚灵王四年，吴夷末七年，西历纪元前537年。

② 舍中军，卑公室也，杜《注》："罢中军，季孙称左师，孟氏称右师，叔孙氏则自以叔孙为军名。"万斯大《学春秋随笔》："舍中军，季孙宿弱二子，更弱公室也。宿既将中军，专鲁政，复私计己与二子归公虽异，分国维均，因乘叔豹之死，欺仲貜之懦，遂舍去中军；己专一军而以一军属二子。《传》言四分公室者，对二子而为言。如是则己不居中军之名，而实则益前之半。《传》云皆尽征之而贡于公，要知宿之所贡不过就所益者稍分其一二，若二子已灭四一，所贡岂能从厚乎。二子有分民而无专将，公室有贡而无民。故曰，弱二子，更弱公室也。"

③ 毁中军于施氏，成诸臧氏，杜《注》："季孙不欲亲其议，勒二家会诸大夫发置毁之计，又取其令名。"臧氏为司寇，古者兵狱同制，故质成于臧氏。余参万斯大说。

④ 三分公室而各有其一，谓三家各有一军家属。

⑤ 尽征之，无所入于公也。

⑥ 臣其子弟，叔孙氏以所属军民之父兄归公也。

⑦ 取其半焉，孟孙复以子弟之半归公也。以上所述三家征取情形，皆追溯初立中军时而言。

⑧ 季氏择二，二子各一，季孙择取四分之二，叔孙、孟孙各取四分之一也。

⑨ 皆尽征之，而贡于公，国人尽属三家，三家随时献公而已。此舍中军后之情形也。参详前万斯大说。

⑩ 以书，即以四分公室之事书之简册也。

⑪ 告于殡，季孙以前书授杜泄，使告于叔孙豹之柩前也。

⑫ 盟诸僖闳，诅诸五父之衢，俱襄十一年初立中军时事。叔孙豹当时知季孙宿后将变易，故既盟之，又诅以祸福之言相要约也。僖闳，僖宫之门。五父之衢，鲁国东南门外二里之大道也。

⑬ 受其书而投之，杜泄受季孙属告之书而掷弃，不以告叔孙之殡也。

⑭ 杜泄痛叔孙之见诬，故帅士而哭之。盖其徒众哭告于叔孙之殡也。

叔仲子谓季孙曰："带受命于子叔孙曰，葬鲜者自西门。"①季孙命杜泄。②杜泄曰："卿丧自朝，③鲁礼也。吾子④为国政，未改礼，而又迁之。⑤群臣惧死，不敢自⑥也。"既葬而行。⑦

仲至自齐，⑧季孙欲立之。⑨南遗曰："叔孙氏厚则季氏薄，彼实家乱，子勿与知，不亦可乎？"南遗使国人助竖牛以攻诸大库之庭。⑩司宫射之，中目而死。⑪竖牛取东鄙三十邑，⑫以与南遗。

昭子即位，朝其家众，⑬曰："竖牛祸叔孙氏，使乱大从，⑭杀适立庶，又披其邑。⑮将以赦罪，罪莫大焉。⑯必速杀之。"竖牛惧，奔齐。孟、仲之子⑰杀诸塞关⑱之外，投其首于宁风之棘上。⑲……

---

① 葬鲜者自西门，叔仲带诬叔孙之辞。谓葬不善终之人，举殡当从西门出也。子叔孙谓叔孙豹。不以寿终为鲜。西门非鲁朝之正门。

② 季孙命杜泄，季孙即以叔仲带之言命杜泄，使葬叔孙从西门出也。

③ 卿丧自朝，从生存朝觐之正路也。服虔云，言卿葬三辞于朝，从朝出正门。卿，佐国之桢干，君之股肱。必过于朝，重之也。

④ 吾子谓季孙。

⑤ 未改礼，而又迁之，言季孙当国，并未改典礼而又更易其法也。

⑥ 自，从也。

⑦ 既葬而行，杜泄既葬叔孙，惧祸之及己也，即避而远行。

⑧ 仲至自齐，仲壬闻父丧，自齐归鲁也。

⑨ 季孙欲立之，季孙欲立仲壬为叔孙之嗣也。

⑩ 大库之庭，似当作"大庭氏之库"。鲁城内有大庭氏之虚，于其上作库，故昭十八年《传》直作"大庭氏之库"。

⑪ 司宫，奄臣，盖内官也。射之，射仲壬。中目而死，矢中仲壬之目而死也。

⑫ 东鄙三十邑，叔孙氏之邑也。

⑬ 家众，家臣徒众也。

⑭ 大从，和顺之道。使乱大从，谓竖牛乱叔孙氏和顺之道也。

⑮ 披，离也；析也。披其邑，谓竖牛取叔孙氏之邑以与南遗也。

⑯ 昭子不知竖牛饿杀其父，故但言其杀嫡披邑，固已云"将以赦罪，罪莫大焉"矣。

⑰ 孟、仲之子，孟丙、仲壬之子也。

⑱ 塞关，齐、鲁界上关。竖牛被杀，已在齐境，自鲁言之，故云"塞关之外"。

⑲ 宁风，齐地，今不详何所。度离塞关不远。棘上，荆棘之上，盖根牛甚，故投其首于荆棘之上也。

公如晋,① 自郊劳至于赠贿,② 无失礼。③ 晋侯谓女叔齐曰:"鲁侯不亦善于礼乎?"对曰:"鲁侯焉知礼!"公曰:"何为?自郊劳至于赠贿,礼无违者,何故不知?"对曰:"是仪也,不可谓礼。④ 礼所以守其国,行其政令,无失其民者也。今政令在家,⑤ 不能取也。有子家羁,⑥ 弗能用也。奸大国之盟,⑦ 陵虐小国。⑧ 利人之难,⑨ 不知其私。⑩ 公室四分,民食于他。⑪ 思莫在公,不图其终。⑫ 为国君,难将及身,不恤其所。⑬ 礼之本末将于此乎在,而屑屑焉习仪以亟。⑭ 言善于礼,不亦远乎?"君子谓叔侯于是乎知礼。⑮

晋韩宣子如楚送女,⑯ 叔向为介。⑰ 郑子皮、子大叔劳诸索氏。⑱ 大叔谓叔向曰:"楚王汰侈已甚,子其戒之。"叔向曰:"汰侈已甚,身之灾也,焉能及人?若奉吾币帛,慎吾威仪,守之以信,行之以

---

① 公如晋,昭公以即位而往见晋平公也。
② 自郊劳至于赠贿,杜《注》:"往有郊劳,去有赠贿。"《正义》:"聘礼,宾至于近郊,君使卿服用束帛劳。及聘事皆毕,乃去宾遂行,舍于郊,公使卿赠如觌币。聘既如此,朝亦当然……其文据公去言,故云往有也。赠据晋言,故云去有也。"
③ 无失礼,不失揖让之礼也。
④ 是仪也,不可谓礼,言揖让进退,此仪文也,不可谓之礼经。
⑤ 政令在家,言鲁之政令在大夫之家。
⑥ 子家羁,鲁庄公之玄孙懿伯也。庄公子公子遂,称东门襄仲是为东门氏。遂子公孙归父字子家。羁,归父之孙,以王父字别为子家氏。以上言昭公不知礼,无以守其国。
⑦ 奸大国之盟,言干犯元年会虢之盟。
⑧ 陵虐小国,谓伐莒取郓。
⑨ 利人之难,谓往年莒乱而取郓。
⑩ 不知其私,不自知有私难。以上言昭公不知礼,无以行其政令。
⑪ 他,谓三家。民食于他,言鲁君食于三家,与民无异也。
⑫ 思莫在公,不图其终,言无有为公谋终始者。以上言昭公不知礼,尽失其民。
⑬ 难将及身,不恤其所,言有祸难将及己身,犹不自忧恤祸难之所从来也。
⑭ 礼之本末将于此乎在,而屑屑焉习仪以亟,言礼之本末端在恤民与忧国,而鲁君不此之务,反以习仪为急。屑屑犹切切,动作之意。
⑮ 时晋侯亦失政,叔齐以此讽谏,故君子嘉之,谓叔侯于是乎知礼。
⑯ 上年椒举使晋,遂为楚灵王请婚,晋许之。至是,晋使韩宣子如楚送女。
⑰ 介,副使也。
⑱ 索氏,杜《注》:"河南成皋县东有大索城。"《春秋传说汇纂》云:"今荥阳东南三十里有京城。大索城在京城西二十里。其东北四十里为小索城。"

礼,敬始而思终,终无不复。① 从而不失仪,② 敬而不失威,③ 道之以训辞,④ 奉之以旧法,⑤ 考之以先王,⑥ 度之以二国,⑦ 虽汰侈,若我何?"

及楚,楚子朝其大夫曰:"晋,吾仇敌也,苟得志焉,无恤其他。今其来者,上卿、上大夫⑧也,若吾以韩起为阍,⑨ 以羊舌肸为司宫,⑩ 足以辱晋,吾亦得志矣,可乎?"大夫莫对。薳启彊⑪曰:"可。苟有其备,何故不可?⑫ 耻匹夫不可以无备,况耻国乎?是以圣王务行礼,不求耻人。朝聘有珪,⑬ 享覜有璋,⑭ 小有述职,⑮ 大有巡功,⑯ 设机而不倚,爵盈而不饮,⑰ 宴有好货,⑱ 飧有陪鼎,⑲ 入有郊劳,⑳ 出有赠贿,㉑ 礼

---

① 终无不复,言事虽已终,皆可复行也。
② 从而不失仪,虽随顺,不失体制也。
③ 敬而不失威,虽致恭,不失等威也。
④ 道之以训辞,称道先王之训辞以通其意也。
⑤ 奉之以旧法,奉行出使之旧法以致其命也。
⑥ 考之以先王,以先王之礼成其好也。
⑦ 度之以二国,度晋、楚之势而行之也。
⑧ 韩起,晋之上卿。叔向,晋之上大夫。故云。
⑨ 为阍,刖其足使为守门也。
⑩ 为司宫,加宫刑使为奄人也。
⑪ 薳启彊已见前,时为楚太宰。
⑫ 启彊姑顺楚灵王之意而讽谏之,故曰"可"。继即紧追以有何准备足以弭祸,故曰"苟有其备,何故不可"。
⑬ 朝聘有珪,言朝聘之礼皆以珪为信也。《说文》:"珪,古文圭,剡上为圭,半圭为璋。"诸侯会同于天子曰朝。诸侯相候问曰聘。朝聘皆执圭,惟聘用圭璧,其饰虽与君同,其长降君一等。故上公圭九寸,聘圭八寸;侯伯圭七寸,聘圭六寸;子男琮璧五寸,聘璧四寸。
⑭ 享覜有璋,杜《注》:"享,飨也。覜,见也。既聘而享见也。臣为君使执璋。"
⑮ 诸侯适天子曰述职。述其所治国之功职也。
⑯ 天子适诸侯曰巡功。巡所守之功绩也。
⑰ 设机而不倚,爵盈而不饮,《正义》:"朝聘之礼,有设几进爵之时。朝礼虽亡,而聘礼有其略也。《聘义》曰聘射之礼,至大礼也,质明而始行事,日几中而后礼成,非强有力者弗能行也。酒清人渴而不敢饮也,肉干人饥而不敢食也。是言务在行礼不敢倚机不敢饮酒也。"
⑱ 宴有好货,主国宴宾,以货财为恩好,衣服车马在客所无者皆与之也。
⑲ 飧有陪鼎,所以示殷勤。熟食为飧,读如"孙"。陪,加也。加鼎正以见厚待也。
⑳ 宾至,迎劳之于郊,故云"入有郊劳"。
㉑ 宾去,则赠之以货贿,故云"出有赠贿"。

之至也。^①国家之败，失之道也，则祸乱兴。^②城濮之役，晋无楚备以败于邲。^③邲之役，楚无晋备以败于鄢。^④自鄢以来，晋不失备，而加之以礼，重之以睦，^⑤是以楚弗能报，而求亲焉。既获姻亲，又欲耻之，以召寇雠，备之若何，^⑥谁其重此？^⑦若有其人，耻之可也。^⑧若其未有，君亦图之。晋之事君，臣曰可矣。求诸侯而麋至。^⑨求昏而荐^⑩女，君亲送之，^⑪上卿及上大夫致之。^⑫犹欲耻之，君其亦有备矣。不然，奈何？韩起之下，赵成、中行吴、魏舒、范鞅、知盈，^⑬羊舌肸之下，祁午、张趯、籍谈、女齐、梁丙、张骼、辅跞、苗贲皇、^⑭皆诸侯之选^⑮也。韩襄^⑯为公族大夫，韩须受命而使矣。^⑰箕襄、邢带、叔禽、叔椒、子羽，^⑱皆大家也。韩赋七邑，^⑲皆成县^⑳也。羊舌

---

① 礼之至也，言圣王务行礼，必当有此朝聘宴好周妥之道也。
② 国家之败……则祸乱兴，言如失此朝聘宴好之道，则祸败之至也。失之道也之"之"作"此"解。
③ 僖二十八年晋败楚于城濮，自后晋不备楚，宣十二年邲之战，晋遂为楚所败。故云"城濮之役，晋无楚备以败于邲"。言兵祸实始于城濮也。
④ 楚于邲战胜晋之后不备晋，成十六年鄢陵之战楚又为晋所败。故云"邲之役，楚无晋备以败于鄢"。
⑤ 睦，君臣和协也。
⑥ 备之若何，犹云何以为备也。
⑦ 谁其重此，言苟无其备，谁当任此重怨耶。
⑧ 若有其人，耻之可也，谓如有贤人以敌晋，则可以耻之。
⑨ 求诸侯而麋至，谓上年申之会。麋，群也；聚也。
⑩ 荐，进也。
⑪ 晋女入楚，平公亲送至于邢丘，故云"君亲送之"。
⑫ 致之，送达也。
⑬ 赵成，赵武之子。中行吴、魏舒、范鞅、知盈均已见前。此五卿，位在韩起之下，皆三军之将佐也。故云"韩起之下"。
⑭ 祁午、张趯、籍谈、女齐、梁丙、苗贲皇均已见前。张骼、辅跞皆晋大夫。此八大夫位在叔向之下，故云"羊舌肸之下"。
⑮ 诸侯之选，言此五卿八大夫俱非凡庸之人，实诸侯中之上选也。
⑯ 韩襄，公族穆子韩无忌之子，故仍为公族大夫。于韩起为兄子。
⑰ 韩须，韩起之门子，年事虽幼，已任出使，故云"受命而使矣"。门子，嫡子也。
⑱ 箕襄、邢带，韩氏族。箕、邢，其食邑也。叔禽、叔椒、子羽，皆韩起庶子。叔禽名韩籍。
⑲ 韩襄以次七人，人一邑，故云"韩赋七邑"。
⑳ 成县出赋百乘。

四族，①皆强家②也。晋人若丧韩起、杨肸，③五卿八大夫④辅韩须、杨石，⑤因其十家九县，⑥长毂九百，⑦其余四十县，遗守四千，⑧奋其武怒，以报其大耻。伯华谋之，⑨中行伯、魏舒帅之，⑩其蔑不济矣。君将以亲易怨，⑪实无礼以速寇，⑫而未有其备，使群臣往遗之禽，⑬以逞君心，何不可之有？⑭"王曰："不穀之过也。大夫无辱。⑮"厚为韩子礼，王欲敖⑯叔向以其所不知，而不能。⑰亦厚其礼。

韩起反，郑伯劳诸圉。⑱辞不敢见，礼也。⑲

冬十月，楚子以诸侯及东夷伐吴，以报棘、栎、麻之役。⑳蹶射㉑

---

① 铜鞮伯华、叔向、叔鱼、叔虎兄弟四人皆羊舌职之子，故云"羊舌四族"。
② 羊舌四家共二县，故但云"强家"。
③ 杨肸，即羊舌肸叔向也。
④ 五卿，谓赵成以下。八大夫，谓祁午以下。
⑤ 杨石，叔向之子杨食我也。
⑥ 韩氏七羊舌氏四，而言十家者，举成数也。韩氏七县，羊舌氏二县，故云九县。
⑦ 长毂，戎车也。县出戎车百乘，九县共出九百乘。
⑧ 晋九县之外尚有四十县，故云"其余四十县"。计其遗下之车乘足以守国者尚有四千乘，故云"遗守四千"。
⑨ 伯华谋之，谓叔向兄铜鞮伯华主谋议。
⑩ 中行伯、魏舒帅之，谓荀吴与魏舒主指挥。
⑪ 以亲易怨，谓失婚姻之亲。
⑫ 无礼以速寇，谓失圣王之礼以催召外寇也。
⑬ 往遗之禽，谓将使楚之群臣往送于晋，为其俘获也。
⑭ 何不可之有，与前"可""何故不可"应，反言寄讽，盖言其甚不可也。
⑮ 大夫无辱，楚灵王谢蹶启疆之辞。
⑯ 敖同"傲"。
⑰ 叔向多知，故楚灵王欲傲以其所不知而不能也。
⑱ 圉，郑地，在今河南杞县南五十里。
⑲ 辞不敢见，以奉使君命未反故，故称之曰"礼也"。
⑳ 昭四年冬，吴伐楚，入棘、栎、麻以报朱方之役。楚沈尹射奔命于夏汭，箴尹宜咎城钟离，蹶启疆城巢，然丹城州来。至是，楚伐吴，以报棘、栎、麻之役。棘，楚邑，在今河南永城县南。栎，楚东鄙邑，今河南新蔡县北二十里有野栎店，即古栎城也。麻亦楚东鄙邑，今江苏砀山县安阳城是。
㉑ 蹶射，楚大夫，蹶启疆之族。

以繁扬①之师，会于夏汭。②越大夫常寿过③帅师会楚子于琐。④闻吴师出，蔿启疆帅师从之。⑤遂不设备，吴人败诸鹊岸。⑥

楚子以驲至于罗汭。⑦吴子使其弟蹶由犒师，⑧楚人执之，将以衅鼓。王使问焉，曰："女卜来，吉乎？"对曰："吉。寡君闻君将治兵于敝邑，卜之以守龟，⑨曰，余亟使人犒师，请行以观王怒之疾徐，而为之备，尚克知之。⑩龟兆告吉，曰克可知也。⑪君若骥焉，好逆使臣，兹敝邑休息，⑫而忘其死，亡无日矣。今君奋焉震电冯怒，⑬虐执使臣，将以衅鼓，则吴知所备矣。敝邑虽羸，⑭若早修完，⑮其可以息师，⑯难易有备，⑰可谓吉矣。且吴社稷是卜，岂为一人？使臣获衅军鼓，而敝邑知备，以御不虞，其为吉孰大焉？国之守龟，其何事不卜？⑱一臧一否，其谁能常之？⑲城濮之兆，其报在邲。⑳今此行也，

---

① 繁扬，楚地，在今河南新蔡县北，亦作繁阳。
② 会于夏汭，会楚子于夏汭也。夏汭，夏水入江处，盖夏水之尾。汉末谓之夏口，亦曰汉口，亦曰沔口。沔之下流为汉，夏水亦会，三水共出此口也。即今湖北汉口。
③ 常寿过，姬姓，吴仲雍之后，常寿其氏也。
④ 琐，楚地，当在今安徽霍丘县东。
⑤ 从之，从吴师拒战也。
⑥ 鹊岸当在今安徽江中。杜佑曰，南陵大江中有鹊尾洲，即古鹊岸也。今繁昌县西南大江中有鹊尾洲。又，铜陵县北十里有鹊头山，高耸临江，故江曰鹊江，岸曰鹊岸。
⑦ 罗汭，当在今河南罗山县。罗山旧有罗水北入淮，楚子当至此也，盖当时出师分南北二道，故楚子至罗汭。或言即汨罗，谬，不应反过洞庭湖而南也。
⑧ 蹶由，吴子夷末之弟。犒师，往劳楚师也。
⑨ 守龟，守国之龟，盖宗庙所藏以主卜国之大事者。
⑩ 余亟使人犒师……尚克知之，言我急使人往劳楚师，以观楚王忿怒之缓急而为战守之备，庶几可以知之也。
⑪ 曰克可知也，卜龟之辞，盖兆既示吉，其意若曰必能观知楚意也。
⑫ 休息，休懈怠惰也。
⑬ 奋焉震电冯怒，言奋发盛怒如雷震电掣也。冯读如"凭"，盛也。
⑭ 羸，弱也，读如"雷"。
⑮ 修完，修整器备使无他虞也。
⑯ 息师，息止楚师也。
⑰ 度事势之难易而设备，故云"难易有备"。
⑱ 言常卜，故云"何事不卜"。
⑲ 一臧一否，其谁能常之，谓不可必其常吉也。
⑳ 城濮之战，楚卜吉，其效乃在邲，故云"城濮之兆，其报在邲"。

其庸有报志。① "乃弗杀。

楚师济于罗汭,沈尹赤② 会楚子,次于莱山。③ 薳射帅繁扬之师,先入南怀,④ 楚师从之。及汝清,⑤ 吴不可入。⑥ 楚子遂观兵于坻箕之山。⑦

是行也,吴早设备,楚无功而还,以蹶由归。楚子惧吴,使沈尹、射待命于巢,⑧ 薳启疆待命于雩娄,⑨ 礼也。⑩

六 年⑪

二月,郑人铸刑书。⑫ 叔向使诒子产书,⑬ 曰:"始吾有虞于子,⑭ 今则已矣。⑮ 昔先王议事以制,不为刑辟。⑯ 惧民之有争心也,犹不可禁御。⑰ 是故闲之以义,纠之以政,行之以礼,守之以信,奉之以

---

① 其庸有报志,言吴有报楚之意也。
② 沈尹赤,楚大夫。
③ 莱山在楚东境,今河南光山县南一百五十里有天台山,或云即莱山。
④ 南怀,楚界之地,当在今江、淮间。
⑤ 汝清亦楚界,殆亦在今江、淮间。
⑥ 楚已有备,故吴师不可入。
⑦ 观兵所以示武,犹今之大检阅。坻箕之山,顾栋高以为即今安徽巢县南三十七里之踟蹰山。
⑧ 巢,楚邑,薳启疆所城,即今安徽巢县。
⑨ 雩娄,楚之东邑,在今安徽霍丘县西南。
⑩ 楚子惧吴之逼,而分使沈尹赤、薳射待命于巢,薳启疆待命于雩娄,是有备无患也。故君子嘉之,曰礼也。
⑪ 昭公六年当周景王九年乙丑岁,晋平公二十二年,郑简公三十年,楚灵王五年,西历纪元前536年。
⑫ 铸刑书,书刑法条文铸于鼎上,以为国之常刑也。
⑬ 使诒子产书,使人遗书于子产,规其铸刑鼎之失也。
⑭ 始,初也。虞,度也。始吾有虞于子,叔向自言初尝准度子产以为法也。
⑮ 今则已矣,示失望。已,止也。
⑯ 议事以制,不为刑辟,言临事制刑,不豫设法也。辟,法也。
⑰ 法豫设则民知争端,故议事以制,不为刑辟。此云惧民之有争心也,犹不可禁御,盖谓虽不豫设法以启争心,犹无法禁止人之犯罪也。

仁。① 制为禄位，以劝其从。② 严断刑罚，以威其淫。③ 惧其未也，④ 故诲之以忠，耸之以行，教之以务，使之以和，临之以敬，莅之以强，断之以刚，⑤ 犹求圣哲之上，明察之官，⑥ 忠信之长，慈惠之师，⑦ 民于是乎可任使也，而不生祸乱。⑧ 民知有辟，则不忌于上。⑨ 并有争心，以徵于书，而徼幸以成之，⑩ 弗可为矣。⑪ 夏有乱政，而作《禹刑》。商有乱政，而作《汤刑》。⑫ 周有乱政，而作《九刑》。⑬ 三辟之兴，皆叔世也。⑭

---

① 闲之以义……奉之以仁，《正义》："义者宜也，合于事宜。闲谓防卫也。闲之以义，卫之使合于事宜也。政者正也，齐正在下。纠谓举治也。纠之以政，举治之使从于齐正也。礼当勉力履行，故行之以礼也。信当守而勿失，故守之以信也，仁心所以养物，故奉之以仁也。"奉，养也。

② 《正义》："位以序德，禄以酬勤。有德能勤，则居官食禄。制为禄位，以劝其从顺教令也。"

③ 《正义》："其有犯罪，则制之刑罚，故严断刑罚，以威其骄淫放佚也。严断，言其不放舍也。对文则加罪为刑，收赎为罚。散则刑罚通也。""闲之"以下至此，皆言在上位者行此事以治民也。

④ 惧其未也，言犹恐未尽治民之道也。

⑤ 诲之以忠……断之以刚，《正义》："此上言行事，此又言用心言虽行上事，惧其未从教也，故复劳心以抚之。……忠是万事之本，故陈忠恕之事以训诲之。……举善恶之行以恐惧之。时之所急，民或不知，故教示之以当时之务。居上位者失于以威迫人，故使之以和，当和说以使之。临、莅一也。临谓位居其上，俯临其下；莅谓有所施为，临抚其事。临谓平常之时；莅谓当事之时。居上位者失于骄慢，临之以敬，言常共敬以临之。其监于行事者失于懈倦，莅之以强，言当强力以临之。柔和少决，为政之病，故断之以刚强。此云断之以刚，即上严断之义。严谓威可畏；刚谓情无私。此皆论心，故重言之。"耸，惧也。

⑥ 上谓王、公。官谓卿、大夫。

⑦ 长与师皆亲民示教之乡官也。

⑧ 圣哲、明察、忠信、慈惠之教行，而后礼义洋溢，祸乱消弭。故云"民于是乎可任使也，而不生祸乱"。

⑨ 民知有辟，则不忌于上，言权移于法，则民不畏上也。忌，畏也；惮也。

⑩ 并有争心……而徼幸以成之，《正义》："法之设文有限，民之犯罪无穷。为法立文，不能网罗诸罪，民之所犯，不必正与法同，自然有危疑之理。因此危文，以生与上争罪之心，缘徼幸以成其巧伪，将有实罪而获免者也。"

⑪ 弗可为矣，犹言罪刑淆乱，不可治矣。为，治也。

⑫ 《禹刑》《汤刑》，夏、商之刑书也。此言夏、商乱世，始著禹、汤之法，正见不能议事以制耳。

⑬ 周之衰，亦为刑书，谓之《九刑》。

⑭ 三辟谓《禹刑》《汤刑》《九刑》也。此言刑书不起于始盛之世，故云"皆叔世也"。叔世，犹言"末世"，所谓"叔季之世"也。

今吾子相郑国，作封洫，①立谤政，②制参辟，③铸刑书，将以靖民，④不亦难乎？《诗》曰，仪式刑文王之德，日靖四方。⑤又曰，仪刑文王，万邦作孚。⑥如是，何辟之有？⑦民知争端矣，将弃礼而征于书，⑧锥刀之末，⑨将尽争之。乱狱滋丰，贿赂并行，⑩终子之世，郑其败乎？肸闻之，国将亡，必多制，⑪其此之谓乎！"

复书曰："若吾子之言，侨不才，不能及子孙，吾以救世也。⑫既不承命，敢忘大惠。⑬"

士文伯曰："火见，郑其火乎！⑭火未出而作火以铸刑器，⑮藏争辟焉。⑯火如象之，不火何为？⑰"……

---

① 作封洫，事见前襄三十年。
② 立谤政，指作丘赋被谤事，见前昭四年。
③ 制参辟，谓用三代之末法也。参读如"三"。
④ 靖民，安民也。
⑤ 仪式刑文王之德，见《诗·周颂·清庙之什·我将》篇。今本"德"作"典"。言文王以德为仪式，故能日有安靖四方之功也。刑，法也。
⑥ 仪刑文王，万邦作孚，《诗·大雅·文王之什·文王》篇之末句也。言文王作仪法为天下所信也。孚，信也。
⑦ 如是，何辟之有，言诗唯以德与信，不以刑也。
⑧ 民知争端矣，将弃礼而征于书，《正义》："端谓本也。今铸鼎示民，则民知争罪之本在于刑书矣。制礼以为民则，作书以防民罪。违礼之愆，非刑书所禁，故民将弃礼而取征验于书。刑书无违礼之罪，民必弃礼而不用矣。"
⑨ 锥刀之末，喻小事。盖锥之端无大，刀之刃无厚，其细已甚也。
⑩ 民既弃礼而征于书，则或将以贿赂文致人罪，或将以贿赂幸脱刑辟，故云"乱狱滋丰，贿赂并行"。
⑪ 多制，谓数改法也。
⑫ 若吾子之言，犹云"诚如君言"。侨不才……吾以救世也，言我无才能，不能为后世子孙虑，吾实欲以矫救当世之弊耳。
⑬ 既不承命，敢忘大惠，言在势既不能承顺叔向之教命，改其所为，然不敢忘叔向箴戒之大惠也。
⑭ 士文伯，士弱之子，名匄，与范宣子之名偶同。火，心星也。周五月而昏见。郑其火乎，谓郑将有火灾也。
⑮ 刑器，鼎也。作火以铸，谓举火以鼓铸也。
⑯ 藏争辟焉，藏争罪之法也。
⑰ 火如象之，不火何为，言同气相求，火未出而用火相感，自致灾也。象，类也。

六月丙戌，郑灾。①

楚公子弃疾②如晋，报韩子③也。过郑，郑罕虎、公孙侨、游吉从郑伯以劳诸桓。④辞不敢见。⑤固请见之，见。如见王，⑥以其乘马八匹私面。⑦见子皮如上卿，⑧以马六匹。见子产，以马四匹。见子大叔，以马二匹。⑨禁刍牧采樵，⑩不入田，⑪不樵树，⑫不采蓺，⑬不抽屋，⑭不强匄。⑮誓⑯曰："有犯命者，君子废，小人降。"⑰舍不为暴，⑱主不愿宾。⑲往来如是。郑三卿⑳皆知其将为王也。

韩宣子之适楚㉑也，楚人弗逆。公子弃疾及晋竟，晋侯将亦弗逆。叔向曰："楚辟我衷，㉒若何效辟？《诗》曰，尔之教矣，民胥效

---

① 郑灾，终士文伯之言。

② 公子弃疾，楚共王子、灵王弟。克蔡，为蔡公。灵王为弟公子比所弑，弃疾复杀比而自立，改名居，是为平王。在位十三年，为楚国第二十七君。其元年当周景王十七年癸酉岁，西历纪元前528年。

③ 前年韩起送女如楚，至是，弃疾如晋报聘，故云"报韩子也"。

④ 桓，郑地，当近郑都，与襄十一年会吴于桓之在楚境者盖别一地。时楚弃疾过境，子皮、子产、子大叔从郑简公迎劳之。

⑤ 弃疾谦不敢当国君之劳，故辞不敢见。

⑥ 如见王，言弃疾之见郑君如见楚王也，所以见其恭而有礼。

⑦ 私面，私以己礼请见郑伯，非公聘正礼，故谓之私。以下所云，皆私面也。

⑧ 见子皮如上卿，弃疾见罕虎如见楚卿也。

⑨ 弃疾见郑伯以马八匹，见子皮以马六匹，见子产以马四匹，见子大叔以马二匹，降杀以两，示有等威也。

⑩ 禁刍牧采樵，禁约从者，不得滥行放牧牛羊及伐木采薪也。

⑪ 不入田，不得犯田种。

⑫ 不樵树，不得伐嘉树以为樵也。

⑬ 不采蓺，不得采蓺种以为刍也。

⑭ 不抽屋，不毁裂所止舍之屋也。抽，裂也。

⑮ 不强匄，不强有所需索也。匄为"丐"之本字，乞也；索也。

⑯ 誓，禁约之命令也。

⑰ 君子废，小人降，杜《注》："君子则废黜不得居位，小人则退给下剧也。"

⑱ 舍不为暴，言其所舍止，不为暴行也。

⑲ 主不愿宾，言主人不以宾客为患也。愿读如"混"，患也。

⑳ 三卿谓子皮、子产、子大叔。

㉑ 韩宣子之适楚，指前年如楚致女事。

㉒ 楚辟我衷，言楚邪曲而我正直也。辟，邪也。衷，正直。下云"效辟""效人之辟"俱谓不当效人邪曲也。

矣。^①从我而已，焉用效人之辟？《书》曰，圣作则。^②无宁^③以善人为则，而则人之辟乎？匹夫为善，民犹则之，况国君乎？"晋侯说，乃逆之。

七　年^④

楚子之为令尹也，为王旌以田，^⑤芋尹无宇断之，^⑥曰："一国两君，其谁堪之？"及即位，为章华之宫，^⑦纳亡人以实之。^⑧无宇之阍入焉，^⑨无宇执之。有司弗与，^⑩曰："执人于王宫，其罪大矣。"执而谒诸王。^⑪王将饮酒，^⑫无宇辞^⑬曰："天子经略，^⑭诸侯正封，^⑮古之制也。封略^⑯之内，何非君土。食土之毛，^⑰谁非君臣？故《诗》曰，普天之

---

① 尔之教矣，民胥效矣，《诗·小雅·鱼藻之什·角弓》篇第二章之卒句也。效今本作"傚"。言上之所教，下必则效之也。

② 圣作则，出逸《书》。则，法也。

③ 无宁，宁也。

④ 昭公七年当周景王十年丙寅岁，晋平公二十三年，齐景公十三年，郑简公三十一年，楚灵王六年，惠惠公十年，西历纪元前535年。燕，姬姓国，伯爵。召公奭封此。都蓟，今北平。召公六传至穆侯，入"春秋之世"。又十一传至惠公，为燕第二十五君，在位十年。其元年当周景王元年丁巳岁，西历纪元前544年。

⑤ 楚子之为令尹也，为王旌以田，言楚灵王当为令尹时，尝建王用之旌旗以田猎也。

⑥ 芋尹，楚官名。无宇，其官之名也，申氏。断读如"短"，断之，禁弗使用王旌也。

⑦ 章华，地名，楚灵王初即位，于其地作宫，故称章华之宫。继又筑台于此。在今湖北监利县。

⑧ 纳亡人以实之，招纳流亡之人充实章华宫也。

⑨ 阍，司阍之小臣。入焉，有罪亡入章华宫也。

⑩ 有司弗与，王之有司弗肯以阍，交还无宇也。

⑪ 执而谒诸王，执无宇以告于王也。

⑫ 将饮酒，会逢其欢也。

⑬ 辞，无宇陈述之辞。

⑭ 经营天下，略有四海，故曰"经略"。

⑮ 正封，言封疆有定分也。

⑯ 封略，犹云封界。

⑰ 毛，草也。食土之毛，言资食于土之所生谷物也。

下,莫非王土。率土之滨,莫非王臣。① 天有十日,② 人有十等,③ 下所以事上,上所以共神也。故王臣④公,公臣大夫,大夫臣士,士臣皂,皂臣舆,舆臣隶,隶臣僚,僚臣仆,仆臣台,马有圉,牛有牧,⑤ 以待百事。今有司曰,女胡执人于王宫?将焉执之?⑥ 周文王之法曰,有亡荒阅,⑦ 所以得天下也。吾先君文王,⑧ 作仆区之法,⑨ 曰盗所隐器,⑩ 与盗同罪,所以封汝也。⑪ 若从有司,是无所执逃臣也。逃而舍之,是无陪台⑫也。王事毋乃阙乎?昔武王数纣之辠,⑬ 以告诸侯曰,纣为天下逋逃主,⑭ 萃渊薮,⑮ 故夫致死焉。⑯ 君王始求诸侯而则⑰纣,无乃不可乎?若以二文之法取之,盗有所在矣。⑱"王曰:"取而臣以往。⑲ 盗有宠,未可得也。⑳"遂赦之。㉑

---

① 普天之下……莫非王臣,见《诗·小雅·谷风之什·北山》篇。今本普作"溥"。
② 天有十日,谓甲日至癸日。
③ 人有十等,谓王、公、大夫、士、皂、舆、隶、僚、仆、台。盖古者阶级森然,故多为之区等也。
④ 臣,役使之也。下同。
⑤ 养马曰圉,养牛曰牧。故云"马有圉,牛有牧"。
⑥ 将焉执之,承上"有司曰,女胡执人于王宫"言,意谓如此则安所执其逃亡之臣乎。
⑦ 荒,大也。阅,蒐也。有亡荒阅,言如有逃亡之人,当大蒐其众也。
⑧ 先君文王,谓楚文王熊赀。
⑨ 仆区之法,楚之刑书也。仆,隐也。区读如"欧",匿也,盖为处治隐匿亡人之法。
⑩ 盗所隐器,隐藏盗所得之器也。
⑪ 所以封汝也,言楚唯推行善法,故能启疆北至汝水也。
⑫ 陪台犹云重台。谓役于仆隶之人。
⑬ 辠,"罪"之本字。
⑭ 逋逃主,藏匿逋逃之首领也。
⑮ 萃,集也。萃渊薮,谓天下逋逃之人之归于纣,如鱼集于深渊,兽集于大薮也。
⑯ 夫致死焉,言人欲致死讨纣也。
⑰ 则,效也;取法也。
⑱ 若以二文之法取之,盗有所在矣,言若以周文王、楚文王之法科之,则盗有着落矣。意盖指王亦为盗也。
⑲ 取而臣以往,取尔之阍臣去也。
⑳ 盗有宠,未可得也,盖灵王之戏言,意谓若以二文之法指我为盗,则我方有宠于君,未可得而取也。
㉑ 赦之,赦无宇也。

楚子成章华之台，愿与诸侯落之。^①大宰薳启疆曰："臣能得鲁侯。"薳启疆来召公。辞^②曰："昔先君成公，命我先大夫婴齐^③曰，吾不忘先君之好，将使衡父，照临楚国，^④镇抚其社稷，以辑宁尔民。婴齐受命于蜀，^⑤奉承以来，弗敢失陨，而致诸宗祧，^⑥曰我先君共主，引领北望，^⑦日月以冀。^⑧传序相授，于今四王矣。^⑨嘉惠未至，唯襄公之辱临我丧。^⑩孤与其二三臣，悼心失图，^⑪社稷之不皇，况能怀思君德？^⑫今君若步玉趾，^⑬辱见寡君，宠灵楚国，以信蜀之役，^⑭致君之嘉惠，是寡君既受贶矣，何蜀之敢望？^⑮其先君鬼神，实嘉赖之。岂唯寡君？君若不来，使臣请问行期，^⑯寡君将承质币，^⑰而见于蜀，以请先君之贶。^⑱"

公将往，梦襄公祖。^⑲梓慎^⑳曰："君不果行。襄公之适楚也，梦

----

① 章华之台，参见前。凡宫室始成，祭之为落。故楚子愿与诸侯落之，盖欲藉此夸耀诸侯耳。
② 辞，薳启疆召鲁昭公之辞。
③ 先君成公，谓鲁成公。我先大夫婴齐，谓楚令尹子重也。
④ 成二年，楚令尹子重起师救郑，侵鲁之蜀（详后），鲁使成公子公衡为质以请盟，楚人许平。故言"照临楚国"。衡父，公衡字。
⑤ 受命于蜀，指成二年蜀之盟。蜀，鲁地，今山东汶上县西南四十里有蜀山，其下有蜀山湖，与南旺湖东西相对，当即其地。
⑥ 致诸宗祧，言奉成公"不忘先君之好"之语，以告于楚之宗庙也。
⑦ 楚居南方，故引领北向以望中原也。
⑧ 日月以冀，谓时时冀望鲁之朝楚也。
⑨ 于今四王矣，言迁延迄今楚已历共王、康王、郏敖及灵王四王矣。
⑩ 襄二十八年，公如楚临康王丧，故云"唯襄公之辱临我丧"。
⑪ 悼心失图，谓在哀戚之中其心伤悼，失所图谋也。
⑫ 社稷之不皇，况能怀思君德，言有大丧，不暇顾社稷，遂未能感怀鲁君临丧之德也。
⑬ 步玉趾，犹言屈体来临也。
⑭ 以信蜀之役，以示蜀之盟言有信也。
⑮ 何蜀之敢望，言但欲使君来，不敢望如蜀盟之复有质子也。
⑯ 请问行期，问鲁见伐之期。盖恫吓之辞，意谓鲁如绝楚，当以干戈相见也。
⑰ 质币，使聘之币。
⑱ 见于蜀，而请先君之贶，谓将重至于蜀，以问成公所赐何不践言也。请，问也。
⑲ 祖，祭道神也。祖道即后世之饯行。梦襄公祖，昭公梦见襄公为其祭道神耳。
⑳ 梓慎，鲁大夫，善占。

周公祖而行，今襄公实祖，君其不行。"子服惠伯①曰："行！先君未尝适楚，故周公祖以道之。②襄公适楚矣，而祖以道君，不行何之？③"

三月，公如楚，郑伯劳于师之梁。④孟僖子⑤为介，不能相仪。⑥及楚，不能答郊劳。⑦

郑子产聘于晋，晋侯有疾。韩宣子逆客，⑧私焉⑨曰："寡君寝疾，于今三月矣，并走群望，⑩有加而无瘳。⑪今梦黄熊入于寝门，其何厉鬼也？"对曰："以君之明，子为大政，其何厉之有？昔尧殛鲧于羽山，⑫其神化为黄熊，以入于羽渊，⑬实为夏郊，⑭三代祀之。⑮晋为盟主，其或者未之祀也乎！⑯"韩子祀夏郊。晋侯有间，⑰赐子产莒之二方鼎。⑱

子产为丰施⑲归州田于韩宣子，⑳曰："日㉑君以夫公孙段为能任其

---

① 子服惠伯，名椒，孟献子仲孙蔑之孙。
② 先君未尝适楚，故周公祖以道之，谓襄公未曾适楚，故周公为祖道以开之也。道同"导"，开也。
③ 不行何之，言不如楚将何往。之，往也。
④ 师之梁，郑都之西门。已见前。
⑤ 孟僖子，仲孙羯之子仲孙貜也。赵鹏飞《春秋经筌》云："貜，蔑之子，速之弟。速无嫡子，以弟貜为后，貜幼，速庶子羯摄之。襄三十一年羯卒，乃嗣爵。"不知何据。
⑥ 昭公固习仪以亟者，而僖子至不能相仪，盖僖子朴遨少文，所知者礼意，所疏者仪节。据梁玉绳《左通补释》采《周氏附论》。
⑦ 不能答郊劳，僖子病，不能答郊劳之礼也。
⑧ 韩宣子逆客，韩起迎子产也。
⑨ 私焉，私语也。
⑩ 晋所望祀山川，皆走往祈祷之，故云"并走群望"。
⑪ 有加而无瘳，晋平公之病势有增加而无减退也。瘳读如"抽"，愈也。
⑫ 羽山，在今山东蓬莱县东南三十里。从胡渭《禹贡锥指》说。鲧为尧治水不成，舜殛之。
⑬ 羽渊，当是近羽山之深潭也。
⑭ 鲧，禹父，夏代郊祭以配天，故云"实为夏郊"。
⑮ 郊祀鲧，历殷、周二代行之，故云"三代祀之"。
⑯ 周衰，晋为盟主，得佐天子祀群神，故子产有"晋为盟主，其或者未之祀也乎"之语也。
⑰ 间，差也。有间，有瘳也。
⑱ 莒之二方鼎，莒所贡晋之二方鼎也。
⑲ 丰施，字子旗，郑公孙段之子。
⑳ 昭三年，晋以州田赐公孙段。七年正月段卒，故子产使晋时为丰施归州田于韩宣子。
㉑ 日，往日也。

事，而赐之州田，今无禄早世，①不获久享君德。其子弗敢有。②不敢以闻于君，私致诸子。③"宣子辞。子产曰："古人有言曰，其父析薪，其子弗克负荷。④施将惧不能任其先人之禄，其况能任大国之赐？纵吾子为政而可，后之人若属有疆场之言，⑤敝邑获戾，⑥而丰氏受其大讨。⑦吾子取州，是免敝邑于戾，而建置⑧丰氏也。敢以为请。"宣子受之，以告晋侯。晋侯以与宣子。宣子为初言，⑨病有之，⑩以易原县⑪于乐大心⑫。

郑人相惊以伯有，⑬曰："伯有至矣！"则皆走，不知所往。⑭铸刑书之岁二月，⑮或梦伯有介而行，⑯曰："壬子，余将杀带⑰也。明年壬寅，余又将杀段⑱也。"及壬子，驷带卒。国人益惧。齐、燕平之月⑲壬寅，公孙段卒。国人愈惧。其明月，⑳子产立公孙泄及良止以抚之，㉑

---

① 无禄早世，即谓本年正月公孙段卒。
② 其子弗敢有，言丰施不敢享此田也。
③ 不敢以闻于君，私致诸子，言不敢告晋君，辄以私达于韩起也。
④ 其父析薪，其子弗克负荷，言其父析木而为薪，其子不能背负肩荷以归其家。荷，担也。以微薄喻贵重。
⑤ 后之人若属有疆场之言，言恐后之代宣子者或即以此兴戎之口实也。
⑥ 敝邑获戾，言兴戎之口实即将以郑取晋邑为罪也。
⑦ 丰氏受其大讨，言丰施之家遽有此邑，必受将来之大罚也。
⑧ 建置，犹言扶持。
⑨ 初言，谓与赵文子争州田事，已见前。
⑩ 病有之，患己取有州田之贻口实也。
⑪ 原县即原邑，已见前。
⑫ 乐大心，宋大夫。原县本晋邑，以赐乐大心者。至是，韩起遂以郑归之州县与乐大心易取原县以自益，故云"以易原县于乐大心"。
⑬ 郑人相惊以伯有，郑人讹言伯有见厉，互相惊疑也。襄三十年郑人杀伯有，已见前。故郑人讹言其鬼至。
⑭ 走，走避。不知所往，犹言逃遁无所，状其惊乱也。
⑮ 铸刑书之岁二月，谓上年之二月。
⑯ 介而行，披甲行过也。
⑰ 壬子为昭六年三月三日。带，驷带，子西之子子上也，助子晳杀伯有者。
⑱ 明年壬寅，指本年正月二十八日。段，公孙段伯石也，驷氏之党。
⑲ 齐燕平之月即本年正月。上年十一月，齐伐燕。至本年正月，齐与燕平。故云。
⑳ 其明月谓齐、燕平之月之下月，盖本年二月也。
㉑ 公孙泄，公子嘉子孔之子。良止，良霄伯有之子。襄二十九年，郑杀子孔；三十年，郑杀伯有。良氏、孔氏一时中绝。至是，子产立公孙泄及良止为大夫，使各有宗庙用以抚慰子孔、伯有也。

乃止。子大叔问其故。子产曰:"鬼有所归,乃不为厉。吾为之归也。"① 大叔曰:"公孙泄何为?"② 子产曰:"说也,为身无义而图说③。从政有所反之,以取媚也。④ 不媚不信。⑤ 不信,民不从也。"

及子产适晋,赵景子⑥问焉,曰:"伯有犹能为鬼乎?"子产曰:"能。人生始化曰魄,⑦ 既生魄阳曰魂。⑧ 用物精多,则魂魄强。⑨ 是以有精爽,至于神明。⑩ 匹夫匹妇强死,⑪ 其魂魄犹能冯依于人,以为淫厉。⑫ 况良霄,我先君穆公之胄,⑬ 子良之孙,子耳之子,敝邑之卿,从政三世⑭矣。郑虽无腆,⑮ 抑谚曰蕞尔国,⑯ 而三世执其政柄,其用物也弘⑰矣,其取精也多⑱矣,其族又大,所冯厚矣,⑲ 而强死,能为鬼,不亦宜乎!"

---

① 鬼有所归……吾为之归也,言鬼有宗庙则得其所归,乃不为恶厉以害于民;我立二人使有宗庙以为之依归也。
② 公孙泄何为,杜《注》:"子孔不为厉,问何为复立泄。"
③ 说也,为身无义而图说,杜《注》:"伯有无义,以妖鬼故立之,恐惑民。并立泄,使若自以大义存诛绝之后者以解说民心。"
④ 从政有所反之,以取媚也,杜《注》:"民不可使知之,故治政或当反道以求媚于民。"
⑤ 不媚不信,言说而后信之,民苟不说则不信也。
⑥ 赵景子,晋中军佐赵成也。成,武之子。
⑦ 人生始化曰魄,林《释》:"魄,形也。始化为形,其神形曰魄。此有生之初也。"
⑧ 既生魄阳曰魂,林《释》:"魄属静,主阴;至静生动,阳也。魄阳为气,其神气曰魂,此既生之后也。"
⑨ 物养生之具精多,取精且用多也。居移气,则魂强。养移体则魄强。
⑩ 精者,神之未著爽者,神之未融。是以积精而至于神,积爽而至于明。
⑪ 强死,不病而死,所谓"生死""横死"也。
⑫ 淫厉,恶虐之厉鬼也。
⑬ 胄,子孙也。
⑭ 三世谓去疾、辄、良霄。从政三世,谓其三世为郑卿也。
⑮ 无腆,谦辞,谓单弱不厚也。
⑯ 蕞尔国,藐小之国也。蕞尔,小貌。
⑰ 用物也弘,谓养生之具弘大。
⑱ 取精也多,谓致精爽众多也。
⑲ 所冯厚矣,言良霄魂魄所凭者贵且重也。

九 年①

周甘人②与晋阎嘉③争阎田。④晋梁丙、张趯率阴戎⑤伐颍⑥。王使詹桓伯⑦辞⑧于晋，曰："我自夏以后稷，⑨魏、骀、芮、岐、毕，⑩吾西土也。及武王克商，蒲姑、商奄，⑪吾东土也。巴、濮、楚、邓，⑫吾南土也。肃慎、燕、亳，⑬吾北土也。吾何迩封之有？⑭文、武、成、康之建母弟，以蕃屏周，亦其废队是为，⑮岂如弁髦，而因以敝之。⑯先王居梼杌于四裔，⑰以御螭魅。故允姓之奸，⑱居于瓜州。⑲伯父惠公归自秦，⑳

---

① 昭公九年当周景王十二年戊辰岁，晋平公二十五年，西历纪元前533年。
② 甘人，甘大夫襄也。
③ 阎嘉，晋阎县之大夫。
④ 争阎田，甘大夫襄欲得介处在阎之田也。阎与甘相逼近，当系周畿内地，时已入晋耳。
⑤ 阴戎即陆浑之戎，允姓，本居瓜州，在秦、晋之西北，僖二十二年秦、晋诱而徙诸伊川，其地当渭汭逦东及于辕辕。以在河之南山之北，号曰阴戎。
⑥ 颍，周邑，在今河南登封县境。
⑦ 詹桓伯，周大夫。詹父之后。
⑧ 辞，责让之也。
⑨ 自夏以后稷，谓周在夏世，以后稷之功受下列之五国也。
⑩ 魏已见前。骀即后稷始封之邰，今陕西武功县。芮、岐、毕，均已见前。
⑪ 蒲姑亦作薄姑，今山东博兴县东南十五里有薄姑故城，盖商时故国也。商奄亦古国，本作郁，都于今山东曲阜县，周成王灭之，以其地封鲁。商奄云者，谓商时之奄国也。
⑫ 巴、濮、楚、邓，俱南方之国，已见前。
⑬ 肃慎，周初远夷国，其地当在今吉林宁安县以北，直至混同江南北之地。燕已见前。亳，小国，不知所在，盖与燕近。
⑭ 迩，近也。吾何迩封之有，言我周之封疆，外薄四海，何近之有。
⑮ 废队是为，杜《注》："为后世废队兄弟之国当救济之。"
⑯ 童子始冠，必以弁盖缁布冠，故谓之弁髦。既三加冠成礼，而弃其始冠缁布之冠，永不复用，故言因以敝之。
⑰ 梼杌，尧时四凶之一，已见前。言梼杌，举一以概之也。下言四裔明三苗在其中矣。
⑱ 允姓之奸，即指阴戎之祖，与三苗俱放三危者。
⑲ 瓜州，今甘肃敦煌县。已见前。
⑳ 僖十五年，晋惠公自秦归，故云"惠公归自秦"。伯父，周王尊称同姓之先世。

而诱以来,① 使逼我诸姬,入我郊甸,② 则戎焉取之?③ 戎有中国,谁之咎也?④ 后稷封殖天下,今戎制之,不亦难乎?⑤ 伯父图之。我在伯父,犹衣服之有冠冕,木水之有本原,民人之有谋主也。⑥ 伯父若裂冠毁冕,拔本塞原,专弃谋主,虽戎狄其何有余一人?⑦"

叔向谓宣子⑧曰:"文之伯也,岂能改物?⑨ 翼戴天子而加之以共。⑩ 自文以来,世有衰德,而暴灭宗周,⑪ 以宣示其侈,⑫ 诸侯之贰,不亦宜乎!且王辞直,⑬ 子其图之。"宣子说。

王有姻丧,⑭ 使赵成如周吊,且致阎田与襚,⑮ 反颍俘。⑯ 王亦使宾滑⑰执甘大夫襄以说于晋。晋人礼而归之。⑱

---

① 僖二十二年,秦、晋迁陆浑之戎于伊川,故云"诱以来"。
② 邑外为郊。郊外为甸。入我郊甸,言戎取周郊甸之地。
③ 则戎焉取之,《正义》:"焉犹何也。若不由晋,则戎何得取周之地也。"
④ 谁之咎也,明言咎之在晋耳。
⑤ 后稷封殖天下……不亦难乎,杜《注》:"后稷修封疆,殖五谷,今戎得之,唯以畜牧。"
⑥ 我在伯父……民人之有谋主也,言我周存在,于伯父有益,如衣服之必有冠冕然后见贵重,木水之必有本原然后得久长,民人之必有宗族师长然后亲疏长幼各得其序也。民人谋主,即宗族之师长。
⑦ 晋率阴戎伐周邑,在周王之意,伯父犹然,则虽戎狄无所可责矣,故云"虽戎狄其何有余一人"。余一人,周王自称也。
⑧ 时韩宣子执晋国之政,故叔向言之也。
⑨ 文之伯也,岂能改物,言难以晋文公之成霸业,亦未能改变宗周之正朔服色也。
⑩ 翼,佐也。加之以共,益之以恭敬也。
⑪ 宗周谓天子,犹云天下所宗仰也。
⑫ 宣示其侈,自暴其过轶也。
⑬ 辞直,谓其理充沛。
⑭ 姻丧,外亲之丧。
⑮ 致阎田,以阎嘉所争之田归周也。襚,送死之衣。
⑯ 颍俘,颍邑被俘之人。
⑰ 宾滑,周大夫。
⑱ 礼而归之,加礼于甘大夫襄而送之还周也。

十 年①

齐惠栾、高氏②皆耆酒，信内多怨，③强于陈、鲍氏而恶之。④

夏，有告陈桓子⑤曰："子旗、子良⑥将攻陈、鲍。"亦告鲍氏。桓子授甲⑦而如鲍氏，遭子良醉而骋，⑧遂见文子，⑨则亦授甲矣。使视二子，⑩则皆将饮酒。桓子曰："彼虽不信，⑪闻我授甲，则必逐我。及其饮酒也，先伐诸？"陈、鲍方睦，遂伐栾、高氏。

子良曰："先得公，陈、鲍焉往？"⑫遂伐虎门。⑬晏平仲端委⑭立于虎门之外，四族召之，无所往。⑮其徒曰："助陈、鲍乎？"曰："何善焉。"⑯"助栾、高乎？"曰："庸愈乎？"⑰"然则归乎？"曰："君伐焉归？"⑱公召之而后入。公卜使王黑以灵姑钾率，吉，⑲请断三

---

① 昭公十年当周景王十三年己巳岁，齐景公十六年，西历纪元前532年。
② 齐栾氏为惠公子公子坚栾之后。高氏为惠公子公子旗子高之后。以其皆出惠公，故云齐惠栾、高氏。
③ 信内多怨，杜《注》："说妇人言，故多怨。"
④ 陈氏，陈公子完敬仲之后。鲍氏，鲍叔牙之后。强，当也。强于陈鲍氏而恶之，言栾、高二氏之族，其盛与陈、鲍二氏相当，而有恶于陈、鲍也。
⑤ 陈桓子，即陈敬仲玄孙陈无宇，已见前。
⑥ 子旗，栾氏，名施，公孙鼍子雅之子也。子良，高氏，名强，公孙虿子尾之子也。
⑦ 授甲，以兵甲分配其徒众也。犹云"授兵"。
⑧ 遭，值也。遭子良醉而骋，无宇欲乘子良之醉，故驱而告于鲍文子也。
⑨ 文子，鲍庄子之弟鲍国也。
⑩ 使视二子，使人阴觇子旗、子良之动静也。
⑪ 彼，谓传言告密之人。彼虽不信，言传言者虽未必可信也。
⑫ 高强欲先得齐景公以自助，使陈、鲍失公，其将安往，故云"先得公，陈、鲍焉往"，言二氏必败也。
⑬ 高强欲入公宫，公不听，故伐虎门。虎门，寝门之画虎者。
⑭ 端委，朝服也。
⑮ 四族召之，无所往，栾、高、陈、鲍四族皆召晏平仲，平仲皆不往也。
⑯ 何善焉，言无善义可助之也。
⑰ 此言栾、高罪恶不差于陈、鲍。故云"庸愈乎"。
⑱ 君伐焉归，言君今受伐，又安归乎？
⑲ 公卜使王黑以灵姑钾率，吉，齐景公卜拒栾、高之吉凶，繇谓使王黑以公旗灵姑钾麾众，必吉也。王黑，齐大夫。灵姑钾，公旗之名钾读如"丕"。率，持以指麾也。

尺焉而用之。① 五月庚辰，战于稷。② 乐、高败，又败诸庄。③ 国人追之，④ 又败诸鹿门。⑤ 乐施、高强来奔。⑥ 陈、鲍分其室。

晏子谓桓子："必致诸公。⑦ 让，德之主也，让之谓懿德。凡有血气，皆有争心，故利不可强，⑧ 思义为愈。⑨ 义，利之本也，蕴利生孽。⑩ 姑使无蕴乎！可以滋长。"桓子尽致诸公，而请老于莒。⑪

桓子召子山，⑫ 私具⑬ 幄幕器用从者之衣屦，而反棘焉。⑭ 子商⑮ 亦如之，而反其邑。⑯ 子周⑰ 亦如之，而与之夫於。⑱ 反子城、子公、公孙捷，⑲ 而皆益其禄。凡公子、公孙之无禄者，私分之邑。⑳ 国之贫约孤寡者，私与之粟。㉑ 曰："《诗》云：陈锡载周，能施也。桓公是以霸。"㉒

---

① 请断三尺焉而用之，王黑请截短公旗三尺而用之示不敢与君同也。
② 稷，齐都城西祀后稷之处也。
③ 六轨之道曰庄。
④ 国人追之，国人助公追栾、高之师也。
⑤ 鹿门，齐都之东南门也。
⑥ 来奔，奔于鲁也。
⑦ 致诸公，归之于景公也。
⑧ 利不可强，言不可强取也。
⑨ 思义为愈，言见利思义，乃为愈胜也。
⑩ 蕴，畜也。孽，妖害也。
⑪ 莒，陈私邑，在齐东境，盖取地于莒以立邑。请老于莒，请退休终老于莒也。
⑫ 子山，襄三十一年子尾所逐群公子之一。
⑬ 私具，私自具备，不告公也。
⑭ 棘，子山故邑，今山东临淄县西北有棘里亭，即此。反棘焉，以棘还子山也。
⑮ 子商，子尾所逐群公子之一。
⑯ 亦如之，谓亦如于子山之私具幄幕器用从者之衣屦也，下同。反其邑，以其故邑还之，未详何邑。
⑰ 子周，亦子尾所逐群公子之一。
⑱ 夫于，今於陵城在山东长山县南二十里。子周本无邑，故更与之。
⑲ 反，召之归。子城、子公、公孙捷皆昭八年子旗所逐者。
⑳ 私分之邑，桓子以己邑分之也。
㉑ 私与之粟，桓子以己粟与之也。约，俭也，窘迫之谊。
㉒ 《诗》云……桓公是以霸，桓子称《诗》自解之辞。陈锡载周，见《诗·大雅·文王之什·文王》篇第二章。今本载作"哉"。言文王能布陈大利以赐天下，行之周遍。故下云"能施也"。桓公是以霸，言齐桓公亦以能施而致霸也。

公与桓子莒之旁邑，辞。穆孟姬①为之请高唐，②陈氏始大。③

十一年④

景王问于苌弘⑤曰："今兹诸侯，何实吉？何实凶？"对曰："蔡凶。此蔡侯般⑥弑其君之岁也。岁在豕韦，⑦弗过此矣。⑧楚将有之，然亦。⑨岁及大梁，蔡复楚凶，天之道也。⑩"

楚子在申，召蔡灵侯。灵侯将往。蔡大夫曰："王贪而无信，唯蔡于感，⑪今币重而言甘，诱我也。不如无往。"蔡侯不可。三月丙申，楚子伏甲而享蔡侯于申，醉而执之。夏四月丁巳，杀之。刑其士七十人。公子弃疾帅师围蔡。

韩宣子问于叔向曰："楚其克乎？"对曰："克哉！蔡侯获罪于其

---

① 穆孟姬，景公之母。
② 高唐，齐邑，有齐之别朝，盖齐之宗邑也，在今山东禹城县北四十里。
③ 陈氏始大，陈氏由是日大也。
④ 昭公十一年当周景王十四年庚午岁，晋昭公元年，齐景公十七年，卫灵公四年，蔡灵侯十二年，郑简公三十五年，宋元公元年，楚灵王十年，西历纪元前531年。晋昭公名夷，平公彪之子，为晋第三十二君，在位六年。宋元公名佐，平公成之子，为宋第二十五君，在位十五年。
⑤ 苌弘，周大夫。后与于晋范中行氏之难，晋责让周，周杀之。
⑥ 蔡侯般即蔡灵侯，弑父自立，为蔡第十八君，在位十二年，楚灵王杀之。其元年当周景王三年己未岁，西历纪元前542年。
⑦ 豕韦，星名，即二十八宿中之室宿。古者以岁星周行纪年，岁星即木星，适十二年而一周天。岁在豕韦，言其年岁星行至室宿之次也。襄三十年，蔡世子般弑其君，岁在豕韦，至本年已及十三年，岁星复在豕韦矣，故云。
⑧ 弗过此矣，言蔡凶不过此年也。
⑨ 蔡近楚，故知楚将有之。楚无德而享大利，正所以壅积其恶耳，故云"然壅也"。
⑩ 岁及大梁……天之道也，杜《注》："楚灵王弑立之岁，岁在大梁，到昭十三年，岁复在大梁，美恶周必复，故知楚凶。"盖天道循环之理也。大梁当二十八宿胃宿、昴宿之次，于辰为酉。
⑪ 感读作"憾"，恨也。蔡为近楚之大国，楚常恨其不服顺，故云"唯蔡于感"。

君,^①而不能其民,^②天将假手于楚以毙之,^③何故不克? 然肸闻之,不信以幸,不可再也。^④楚王奉孙吴以讨于陈^⑤曰,将定而国,^⑥陈人听命,而遂县之。^⑦今又诱蔡而杀其君,以围其国,虽幸而克,必受其咎,弗能久矣。桀克有缗,以丧其国,纣克东夷,而陨其身。^⑧楚小位下,而亟暴于二王,^⑨能无咎乎? 天之假助不善,非祚之也,厚其凶恶而降之罚也。且譬之如天,其有五材而将用之,力尽而敝之,是以无拯,不可没振。^⑩"……

楚师在蔡,^⑪晋荀吴谓韩宣子曰:"不能救陈,又不能收蔡,物以无亲,^⑫晋之不能,亦可知也。己为盟主而不恤亡国,将焉用之?"秋,会于厥慭,^⑬谋救蔡也。郑子皮将行,子产曰:"行不远,不能救蔡也。^⑭蔡小而不顺,楚大而不德,天将弃蔡以壅楚盈而罚之,^⑮蔡必

---

① 获罪于其君,谓弑父自立。
② 不能其民,谓不能施德于民也。
③ 假手于楚以毙之,言借楚手以讨蔡也。
④ 不信以幸,不可再也。言以诈败人,不信;侥幸成功,必不可期再就也。
⑤ 陈哀公有废疾,其弟公子招、公子过杀其大子偃师。哀公缢,楚灵王命其弟公子弃疾奉孙吴围陈,遂灭之,使弃疾为陈公。事在昭八年。故云"楚王奉孙吴以讨于陈"。孙吴,悼大子偃师之子。陈灭四年,弃疾王楚,复立吴为陈第二十一君,是为陈惠公。在位二十四年。其元年当周景王十七年癸酉岁,西历纪元前528年。
⑥ 将定而国,楚诈陈之辞,谓将安定尔国家也。
⑦ 遂县之,遂灭陈国以为楚之县也。
⑧ 桀克有缗……而陨其身,桀为仍之会,有缗叛之;纣为黎之蒐,东夷叛之。语已见前。桀身奔南巢,故云丧国。纣首悬白旗,故云陨身。
⑨ 楚小位下,而亟暴于二王,言楚国地小于夏、殷而位卑于桀、纣,然数行暴虐甚于桀、纣二王也。
⑩ 其有五材而将用之……不可没振,杜《注》:"金木水火土五者为物,用久则必有敝尽,尽则弃,捐故言无拯。拯,犹救助也。不可没振,犹没不可复振。"
⑪ 楚师在蔡,指弃疾围蔡之师。
⑫ 物,事也。物以无亲,言事事无所亲附也。
⑬ 厥慭,卫地,《公羊传》作"屈银"。或曰在今河南新乡县境。是会也,晋韩起、鲁季孙意如、齐国弱、宋华亥、卫北宫佗、郑罕虎及曹人、杞人皆与。
⑭ 行不远,不能救蔡也,言此行必不远到,虽欲救蔡,将不能也。
⑮ 蔡小而不顺……壅盈楚恶而罚之,言小国而叛逆不顺,楚大国而强暴不德,天将弃绝蔡国而以壅满楚恶,使楚恶盈满而降之罚也。

亡矣。且丧君而能守者，鲜矣，三年，王其有咎乎！美恶周必复，① 王恶周矣。②"晋人使狐父③请蔡于楚，④ 弗许。……

冬十一月，楚子灭蔡。……

楚子城陈、蔡、不羹，⑤ 使弃疾为蔡公。⑥ 王问于申无宇⑦曰："弃疾在蔡，何如？"对曰："择子莫如父，择臣莫如君。郑庄公城栎而置子元焉，使昭公不立。⑧ 齐桓公城谷⑨而置管仲焉，至于今赖之。臣闻五大不在边，五细不在庭。⑩ 亲不在外，羁不在内。⑪ 今弃疾在外，郑丹在内，⑫ 君其少戒。"王曰："国有大城何如。"⑬ 对曰："郑京、栎实杀曼伯，⑭ 宋萧、亳实杀子游，⑮ 齐渠丘实杀无知，⑯ 卫蒲、戚实出献公，⑰ 若

---

① 岁星十二年而一周，人事之应于天者，无论为美为恶，周必复始也。故云"美恶周必复"。
② 昭元年，楚子弑君而立，岁在大梁此后三岁，为昭十三年，岁星又周复于大梁矣，故云"王恶周矣"。
③ 狐父，晋大夫。
④ 请蔡于楚，请楚释蔡也。
⑤ 时陈、蔡皆为楚县，故楚子城之。不羹有二，皆在今河南境，东不羹在襄城县东南，西不羹在舞阳县西北。俱楚之要地，灵王始为城。羹读作"郎"。
⑥ 楚诸县尹皆称公，故使弃疾为蔡公。
⑦ 申无宇，申舟之后，即芋尹无宇。已见前。
⑧ 子元，郑公子。庄公置子元于栎。桓十五年，厉公因之，以杀栎大夫檀伯，遂居栎。卒使昭公不安位而见杀。故云"郑庄公城栎而置子元焉，使昭公不立"。
⑨ 齐桓公城谷在庄三十二年。
⑩ 五大不在边，五细不在庭，杜《注》："上古金木水火土谓之五官，……盖立官之本也。末世随事施职，是以官无常数。今无宇称习古言，故云五大也。言五官之长专盛过节，则不可居边；细弱不胜任，亦不可居朝廷。"
⑪ 亲用之人不当使久居于外，故云"亲不在外"。羁旅之人不当使居于内，故云"羁不在内"。
⑫ 郑丹即然丹，襄十九年自郑奔楚，为右尹，亦称右尹子革，已见前。然丹羁旅之人也，而居内为右尹，故云"郑丹在内"。
⑬ 国有大城何如，楚灵王自负之言，意谓有大城则守国必固也。
⑭ 郑厉公得栎，又并京，故云"郑京、栎实杀曼伯"。曼伯即檀伯。
⑮ 宋杀子游事在庄十二年，已见前。
⑯ 渠丘，齐大夫雍廪之邑，即葵丘，在今山东临淄县西三十里。庄十一年，连称、管至父弑齐襄公，立无知。已见前。十二年，雍廪杀无知。故云"齐渠丘实杀无知"。
⑰ 蒲，宁殖邑。戚，孙林父邑。宁、孙逐卫献公在襄十四年，已见前。故云"卫蒲、戚实出献公"。

由是观之，则害于国。① 末大必折，② 尾大不掉，③ 君所知也。"

十二年④

楚子狩于州来，⑤ 次于颖尾。⑥ 使荡侯、潘子、司马督、嚣尹午、陵尹喜⑦ 帅师围徐以惧吴。⑧ 楚子次于乾溪，⑨ 以为之援。⑩ 雨雪，王皮冠，⑪ 秦复陶，⑫ 翠被，⑬ 豹舄，⑭ 执鞭以出，⑮ 仆析父从。⑯

右尹子革夕，⑰ 王见之，去冠被，舍鞭。⑱ 与之语曰："昔我先王熊绎，⑲ 与吕伋、⑳ 王孙牟、㉑ 燮父、㉒ 禽父㉓ 并事康王，㉔ 四国皆有

---

① 害于国，言别邑之城过大，必为国之害也。
② 末大必折，言木之末梢过大，必折其本也。
③ 尾大不掉，言尾过大则掉摆不灵也。
④ 昭公十二年当周景王十五年辛未岁，晋昭公二年，齐景公十八年，卫灵公五年，楚灵王十一年，西历纪元前530年。
⑤ 州来，楚邑，今安徽寿县，已见前。狩，冬猎也。
⑥ 颖尾，颖水入淮处，即今安徽颖上县东南之颖口。
⑦ 荡侯、潘子、司马督、嚣尹午、陵尹喜，皆楚大夫。
⑧ 徐为吴之与国，已见前。围徐，所以逼吴也。故五子帅师围徐以惧吴。
⑨ 乾溪，楚东境地，在今安徽亳县东南七十里。
⑩ 为之援，为五子之声援也。
⑪ 皮冠，皮制之冠，所以御雨雪者，灵王冠之以出。
⑫ 秦复陶，秦所遗楚王之羽衣也。
⑬ 翠被，以翠羽为饰之被，犹今之披肩。
⑭ 豹舄，豹皮制成之履。
⑮ 执鞭以出，将有所教令也。
⑯ 仆析父，楚大夫从，从灵王以出也。
⑰ 右尹子革即郑丹。夕，暮见也。
⑱ 去冠被，舍鞭，所以示礼敬大臣也。
⑲ 熊绎，楚始封之君。后世追称，即以时王之礼尊之，故曰"先王"。
⑳ 吕伋，齐大公之子丁公也。
㉑ 王孙牟，卫康叔之子也。
㉒ 燮父，唐叔之子，晋之先也。
㉓ 禽父，周公子伯禽，鲁之先也。
㉔ 并事康王，谓共事于周成王子康王之朝也。

分,^①我独无有。今吾使人于周,^②求鼎以为分,王其与我乎。"对曰:"与君王哉!^③昔我先王熊绎,辟在荆山,^④筚路蓝缕,^⑤以处草莽。跋涉山林,以事天子。唯是桃弧棘矢,以共御王事。^⑥齐,王舅也。^⑦晋及鲁、卫,王母弟也。^⑧楚是以无分,而彼皆有。今周与四国^⑨服事君王,将唯命是从,岂其爱鼎?"王曰:"昔我皇祖伯父昆吾,^⑩旧许是宅,^⑪今郑人贪赖其田,而不我与。我若求之,其与我乎?"对曰:"与君王哉!周不爱鼎,郑敢爱田?"王曰:"昔诸侯远我而畏晋,今我大城陈、蔡、不羹,赋皆千乘。子与有劳焉,诸侯其畏我乎?"对曰:"畏君王哉!是四国者,专足畏也,^⑫又加之以楚,敢不畏君王哉!"

工尹路^⑬请曰:"君王命剥圭以为鏚柲,^⑭敢请命。^⑮"王入视之。

析父谓子革:"吾子,楚国之望也,今与王言如响,^⑯国其若之何?"子革曰:"摩厉以须,王出,吾刃将斩矣。"^⑰

---

① 四国皆有分,言齐、晋、鲁、卫皆分得周珍宝之器也。
② 禹铸九鼎,三代传之,以为有国之宝。今灵王欲使人于周求此九鼎以为楚之分器,故云"求鼎以为分"。
③ 与君王哉,然丹顺灵王之口气以为答,盖阳示其可而实有疑问之意也。以下二答之"哉"俱同此意。
④ 辟,僻处也。荆山,楚西境之山,在今湖北南漳县西少北八十里。
⑤ 筚路蓝缕,已见前宣十二年。
⑥ 唯是桃弧棘矢,以共御王事,杜《注》:"桃弧棘矢以御不祥,言楚在山林,少所出有。"
⑦ 成王母为齐大公之女,故云"齐,王舅也"。
⑧ 鲁、卫之祖皆武王之母弟,晋则成王之母弟。故云"晋及鲁、卫,王母弟也"。
⑨ 四国谓齐、晋、鲁、卫。
⑩ 夏陆终氏生六子,长曰昆吾,少曰季连。季连,楚之祖,故曰"吾皇祖伯父昆吾"。
⑪ 昆吾尝居许地,许既南迁,故云"旧许是宅"。时其地属郑,故下云"郑人贪赖其田"。
⑫ 是四国者,谓陈、蔡及东、西不羹。以其赋皆千乘,单举此四国之兵已足令人畏忌,故云"专足畏也"。
⑬ 工尹路,楚工官之长。
⑭ 鏚读如"戚",斧也。柲读如"祕",柄也。剥圭以为鏚柲,破圭玉以饰斧柄也。
⑮ 请命,请示制作之法式。
⑯ 与王言如响,讥其顺王心如响之应声也。
⑰ 摩厉以须,王出,吾刃将斩矣,杜《注》:"以己喻锋刃,欲自摩厉以斩王之淫慝。"须,待也。盖欲有所待以断绝王之肆心耳。

王出，复语。左史倚相①趋过，王曰："是良史也，子善视之。是能读《三坟》《五典》《八索》《九丘》。"②对曰："臣尝问焉。昔穆王③欲肆其心，周行天下，将皆必有车辙马迹焉。④祭公谋父⑤作《祈招》之诗以止王心，⑥王是以获没于祇宫。⑦臣问其诗而不知⑧也。若问远焉，其焉能知之？⑨"王曰："子能乎？"对曰："能。其《诗》曰，祈招之愔愔，式昭德音。⑩思我王度，式如玉，式如金。⑪形民之力，而无醉饱之心。⑫"

　　王揖而入，馈不食，寝不寐，数日。⑬不能自克，以及于难。⑭

　　仲尼曰："古也有志，⑮克己复礼，仁也。⑯信善哉！楚灵王若能如

---

① 倚相，楚史之名。
② 《三坟》《五典》《八索》《九丘》，杜《注》但云皆古书名。其后解之者纷纭错杂，莫知所从。林《释》以书《三坟》即伏羲、神农、黄帝之书，《五典》即少昊、颛顼、高辛、尧舜之书，《八索》即八卦说，《九丘》即九州之志。较为近是。
③ 穆王即周穆王满，昭王瑕之子，为周第五王，在位五十五年。其元年庚辰岁，当公元前1001年。
④ 穆王乘八骏马，使造父为御，遍行天下，欲令车辙马跡无所不遍，故云"周行天下，将皆必有车辙马跡焉"。周，遍也。
⑤ 祭公谋父，周卿士。
⑥ 作《祈招》之诗以止王心，杜《注》："祁父，周司马，世掌甲兵之职。招，其名。祭公方谏游行，故指司马官而言。此诗逸。"
⑦ 王是以获没于祇宫，言穆王闻谏而止，是以得善终于祇宫，免于篡弑。祇宫，当时之离宫，在今陕西南郑县。
⑧ 臣问其诗而不知，子革问倚相以《祈招》之诗作何语，而倚相不知所答也。
⑨ 若问远焉，其焉能知之，言问穆王之近事且不知，若问以《三坟》《五典》之远事，倚相又安能该通其义耶。
⑩ 愔愔，安和貌，愔读如"音"。式，用也。昭，明也。祁招之愔愔，式昭德音，言祁招掌甲兵，而愔愔然安和以不用。用能昭明王之德声也。
⑪ 式如玉，式如金，取其坚重，犹言如金、如锡、如圭、如璧，谓令德也。
⑫ 形民之力，而无醉饱之心，杜《注》："言国之用民当随其力任，如金冶之器，随器而制形。故言形民之力，去其醉饱过盈之心。"顾炎武《左传杜解补正》引苏子瞻曰："以民力从王事，当如饮食，适于饥饱之度而已，若必至于醉饱，则民不堪命。"
⑬ 灵王深感子革之言，当馈而不食，当寝而不寐者数日。
⑭ 不能自克，以及于难，追论之辞，谓灵王虽感子革之言，终不能奋志自胜其欲，遂不免于蒙难耳。翌年，楚果叛王。
⑮ 古也有志，言古人所传，非出于仲尼自作也。
⑯ 克训胜。己谓身。复，归也。克己复礼，仁也，言身能胜去嗜欲，复归于礼，方为仁耳。

是，岂其辱于乾溪？①"……

十三年②

楚子之为令尹③也，杀大司马蒍掩而取其室。④及即位，夺蒍居⑤田。迁许而质许围。⑥蔡洧⑦有宠于王，王之灭蔡也，其父死焉，⑧王使与于守而行。⑨申之会，越大夫戮焉。⑩王夺斗韦龟中犫，⑪又夺成然邑，而使为郊尹。⑫蔓成然故事蔡公。⑬故蒍氏之族及蒍居、许围、蔡洧、蔓成然，皆王所不礼也。因群丧职之族，⑭启越大夫常寿过作乱，⑮围固

---

① 楚灵王若能如是，岂其辱于乾溪，言楚子如能克己复礼，不至受乾溪之辱以迄于缢死申亥氏也。
② 昭公十三年当周景王十六年壬申岁，晋昭公三年，齐景公十九年，卫灵公六年，郑定公元年，蔡平公元年，曹武公二十六年，陈惠公元年，宋元公三年，楚灵王十二年，吴王夷末十五年，莒著邱公十二年，邾庄公十二年，滕悼公十年，薛献公五十年，杞平公七年，西历纪元前529年。
③ 楚子之为令尹，言灵王为令尹之时，与下"及即位""王灭蔡""申之会"等皆追溯前事也。
④ 杀蒍掩而取其室，事在襄三十年。蒍掩即芳子冯之子芳掩，孙叔敖之孙也。
⑤ 蒍居，蒍掩之族。
⑥ 昭九年春二月，楚公子弃疾迁许于夷，即今安徽亳县。并以其大夫围为质。故云"迁许而质许围"。
⑦ 蔡洧，蔡人仕楚者。
⑧ 楚灭蔡在昭十一年。洧仕楚，其父死于国，故云"其父死焉"。
⑨ 灵王使蔡洧留守国都，己则出行至乾溪。故云"王使与于守而行"。
⑩ 申之会在昭四年。越大夫常寿过以有罪不得列会，故是年《经》文书淮夷而不书越。戮焉者，陈其罪恶而徇诸军，言将杀之也。然终未杀，故至此过犹在楚。
⑪ 斗韦龟，令尹子文之玄孙。中犫，韦龟之食邑，当在今河南旧南阳府境。
⑫ 成然即韦龟子斗成然，以其食采于蔓，亦称蔓成然，字子旗。又夺成然邑，言韦龟死后，又夺去成然之邑也。使为郊尹，任为治郊竟之大夫也。平王即位，使为令尹。
⑬ 蔡公谓公子弃疾。故犹旧也。韦龟以弃疾有当璧之命（详见后），故使成然事之。
⑭ 因群丧职之族，利用诸大夫之失职而怨王者。
⑮ 启，导也。常寿过时在楚，故导之作乱。

城，克息舟，城而居之。①

观起之死也，其子从在蔡，事朝吴，②曰："今不封蔡，蔡不封矣。③我请试之。④"以蔡公之命召子干、子皙，⑤及郊而告之情，⑥强与之盟，入袭蔡。蔡公将食，见之而逃。⑦观从使子干食，坎用牲，加书，而速行。⑧己徇于蔡⑨曰："蔡公召二子，将纳之，与之盟而遣之矣，将师而从之。⑩"蔡人聚，将执之。⑪辞⑫曰："失贼成军，⑬而杀余何益？"乃释之。朝吴曰："二三子若能死亡，则如违之，以待所济。⑭若求安定，则如与之，以济所欲。⑮且违上，何适而可？⑯"众曰："与之！"⑰乃奉蔡公，召二子而盟于邓，⑱依陈、蔡人以国。⑲楚公子比、公子黑肱、公子弃疾、蔓成然、蔡朝吴帅陈、蔡、不羹、许、叶⑳之

---

① 围固城，克息舟，城而居之，《正义》："围固城，城之固者。克息舟，息舟即是其一也。以围时有所毁，故更城而居之。"
② 观起之死已见襄二十二年。其子观从，字子玉，在蔡，事故蔡大夫声子之子朝吴。
③ 今不封蔡，蔡不封矣，言此时不复封蔡，蔡必无由复封也。
④ 我请试之，观从以父死怨楚，故欲试作乱。
⑤ 子干、子皙皆灵王弟，昭元年，子干奔晋，子皙奔郑。至是，观从诈以蔡公弃疾之命召之。
⑥ 及郊而告之情，二子至于蔡郊，观从乃以蔡公不知谋之情告之也。
⑦ 蔡公不知情，故见之而逃。
⑧ 使子干食，……而速行，使子干居蔡公之床，食蔡公之食，并伪为与蔡公加盟之征验以示众，而使子干速去之也。
⑨ 己指观从自身。徇于蔡，以蔡公与盟之伪征周示于蔡人也。
⑩ 将师而从之，诈言蔡公将以师助二子也。
⑪ 将执之，蔡人将执观从，以为妖言惑众也。
⑫ 辞，观从辩解之辞。
⑬ 失贼成军，杜《注》："贼谓子干、子皙也。言蔡公已成军，杀己不解罪。"
⑭ 二三子……以待所济，言若能为灵王死亡，则可违蔡公之命，以待成败所在也。
⑮ 若求安定……以济所欲，言与蔡公合势，则可得安定也。
⑯ 且违上，何适而可，言不可违上也。上谓蔡公。
⑰ 众曰与之，蔡人愿与蔡公合势也。
⑱ 邓，蔡地，今河南郾城县东南三十五里有邓襄城，非邓国。
⑲ 依陈、蔡人以国，复封陈、蔡之国而依倚之也。盖二子无兵众，遂以复国慰陈、蔡，因以依其人耳。
⑳ 叶，楚邑，今河南叶县南三十里有古叶城。叶读如"摄"。

师，因四族①之徒，以入楚。

及郊，②陈、蔡欲为名，故请为武军。③蔡公知之，曰："欲速。④且役病矣，请藩而已。⑤"乃藩为军。⑥蔡公使须务牟与史猈⑦先入，因正仆人⑧杀大子禄及公子罢敌。⑨公子比为王，公子黑肱为令尹，次于鱼陂。⑩公子弃疾为司马，先除王宫。⑪使观从从师于乾溪，而遂告之。⑫且曰："先归复所，后者劓。"⑬师及訾梁而溃。⑭

王闻群公子之死也，自投于车下，曰："人之爱其子也，亦如余乎？"侍者曰："甚焉。小人老而无子，知挤⑮于沟壑矣。"王曰："余杀人子多矣，能无及此乎？"右尹子革曰："请待于郊，以听国人。"⑯王曰："众怒，不可犯也。"曰："若入于大都⑰而乞师于诸侯。"王曰："皆叛矣。"⑱曰："若亡于诸侯，以听大国之图君⑲也。"王曰："大福不

---

① 四族指蘧氏、许围、蔡洧、蔓成然。
② 郊，楚都之郊也。
③ 陈、蔡欲为名，故请为武军，言陈、蔡人欲筑垒壁以示后人，为复雠之名也。
④ 欲速，言欲速入楚。
⑤ 役病矣，请藩而已，言从役者已疲，请植篱为营可矣，不必筑垒壁也。藩，篱也。
⑥ 藩为军，植篱为营也。
⑦ 须务牟、史猈皆楚大夫，蔡公之党也。
⑧ 正仆，大子之近官。因正仆人，利用正仆之人役也。
⑨ 大子禄及公子罢敌皆楚灵王之子。罢读如"疲"。
⑩ 鱼陂，楚地，在今湖北天门县西北。亦称甘鱼口，亦称甘鱼陂。
⑪ 先除王宫，先入楚都，洁治王宫也。
⑫ 使观从从师于乾溪，而遂告之，使从至乾溪军中，告知二子，蔡公之举，使叛灵王也。
⑬ 先归复所，后者劓，观从传命之辞，言先归国者得各安其所，后归者必坐以劓刑也。劓读如"刈"，割鼻之刑。
⑭ 及訾梁而溃，灵王还师返国，行至訾梁而众多散去也。訾梁，梁名，在今河南信阳县界，盖訾水之梁也。
⑮ 挤，坠也。
⑯ 以听国人，听国人之所与。
⑰ 大都，谓陈、蔡、不羹、许叶之属。
⑱ 皆叛矣，言陈、蔡等皆同叛也。
⑲ 亡于诸侯，以听大国之图君，言出亡于他国，以待大国之纳己耳。

再，只取辱焉。"①然丹乃归于楚。②

王沿夏，将欲入郢。③芋尹无宇之子申亥曰："吾父再奸王命，④王弗诛，惠孰大焉？君不可忍，⑤惠不可弃，吾其从王。"乃求王，遇诸棘闱以归。⑥夏五月癸亥，王缢于芋尹申亥氏。申亥以其二女殉而葬之。

观从谓子干曰："不杀弃疾，虽得国，犹受祸也。"子干曰："余不忍也。"子玉曰："人将忍子，吾不忍俟也。"⑦乃行。

国每夜，骇曰："王入矣。"⑧乙卯夜，弃疾使周走而呼⑨曰："王至矣。"国人大惊，使蔓成然走告子干、子晳⑩曰："王至矣。国人杀君司马，将来矣。⑪君若早自图也，可以无辱。众怒如水火焉，不可为谋。⑫"又有呼而走至者曰："众至矣！"二子⑬皆自杀。

丙辰，弃疾即位，名曰熊居，葬子干于訾，实訾敖。⑭杀囚，衣之王服而流诸汉，乃取而葬之，以靖国人。⑮使子旗为令尹。

---

① 大福不再，只取辱焉，言大命不可再期，徒自取辱而已。
② 然丹乃归于楚，右尹子革遂弃王而归楚也。
③ 沿，"沿"本字，顺流行也。夏，汉水之别名。将欲入郢也，顺汉水南至楚别都鄢也。郢在今湖北宜城县西南九里。
④ 申无宇曾断王旌，又执人于章华宫，俱见前，故申亥曰"吾父再奸王命"。奸，干犯也。
⑤ 君不可忍，言不可忍心于君也。
⑥ 乃求王，遇诸棘闱以归，申亥踪迹灵王，遇之于棘闱，遂偕归己宅也。棘，里名，闱门也。
⑦ 子玉，观从字。人将忍子，谓弃疾将忍于杀子干。吾不忍俟也，观从不忍见祸作也。
⑧ 时灵王虽缢于申亥氏，而国人实未之知，余威犹在，故国中每至夜，皆相恐骇，曰"王入矣"。
⑨ 使周走而呼，弃疾时先入都，利用国人之恐惧，故意使人遍走国中，而惊呼以扰乱也。
⑩ 蔓成然，弃疾之党，故使走告子干、子晳以恐胁之。
⑪ 司马谓弃疾。国人杀君司马，将来矣，绐子干以司马见杀，王将来讨也。
⑫ 众怒如水火焉，不可为谋。言众怒难犯，如水火之狂暴，不容犹豫更为他谋也。
⑬ 二子，子干、子晳也。
⑭ 不成君，无号谥者，楚皆谓之"敖"。子干未成君，葬于訾，故曰"訾敖"。
⑮ 杀囚……以靖国人，取囚诈以为灵王而葬之，以安靖楚国之人也。

楚师还自徐,吴人败诸豫章,① 获其五帅。②

平王封陈、蔡,③ 复迁邑,④ 致群赂,⑤ 施舍宽民,⑥ 宥罪举职。⑦ 召观从,王曰:"唯尔所欲。⑧" 对曰:"臣之先,佐开卜。⑨" 乃使为卜尹。⑩

使枝如子躬聘于郑,且致犨、栎之田。⑪ 事毕,弗致。⑫ 郑人请曰:"闻诸道路,将命寡君以犨、栎,敢请命。" 对曰:"臣未闻命。" 既复,王问犨、栎。降服而对⑬曰:"臣过失命,未之致也。" 王执其手,曰:"子毋勤⑭。姑归,不穀有事,其告子也。⑮"

他年芋尹申亥以王柩告,乃改葬之。

初,灵王卜,曰:"余尚⑯得天下。" 不吉。投龟诟天而呼曰:"是区区者而不余畀,⑰ 余必自取之。" 民患王之无厌⑱也,故从乱如归。

初,共王无冢适,⑲ 有宠子五人,无适立焉。⑳ 乃大有事于群

---

① 楚师还自徐,前年围徐之师,解围而还也。豫章即淮汭,今安徽寿县,非今之江西南昌也。依顾栋高说。
② 五帅即荡侯、潘子、司马督、嚣尹午、陵尹喜。
③ 楚平王即位,立陈惠公吴于陈,蔡平公庐于蔡。时陈、蔡已灭,今使复其故国,故云"封陈、蔡"。
④ 昭九年,楚迁许于夷,迁城父人于陈,迁方城外人于许。至是,皆复其旧。故云"复迁邑"。
⑤ 致群赂,一一分送始举事时所许之货赂也。
⑥ 施舍宽民,施恩惠,舍逋责,以宽民力也。
⑦ 举职,修复废官也。
⑧ 观从教干杀弃疾,今弃疾召之,使唯尔所欲,明在君为君之义。
⑨ 佐开卜,谓佐卜人开龟兆也。
⑩ 卜尹,掌卜之官。
⑪ 犨、栎本郑邑,楚取之。平王新立,故还以赂郑。枝如子躬,楚大夫。
⑫ 子躬知自说服,不复须赂,故事毕而弗致犨、栎之田。
⑬ 降服而对,解冠以谢违命也。
⑭ 毋勤,毋自苦责也。
⑮ 平王嘉子躬之有权,以后有事将复使之,故云"不穀有事,其告子也"。
⑯ 尚,庶几也。犹今所用之"倘"。
⑰ 区区,小视天下。不余畀,不肯付我也。
⑱ 厌,足也。今作"餍"。
⑲ 冢,大也。适同"嫡"。冢适,嫡长子也。
⑳ 宠子五人即指康王昭、灵王虔(公子围)、訾敖比子干、公子黑肱子晳及平王居(公子弃疾)。共王欲就五子中择立大子,不知适从,故云无适立焉。

望,①而祈曰:"请神择于五人者,使主社稷。"乃遍以璧见于群望,曰:"当璧而拜者,神所立也,谁敢违之。"既乃与巴姬②密埋璧于大室③之庭,使五人齐,④而长入拜。⑤康王跨之,⑥灵王肘加焉,⑦子干、子皙皆远之。平王弱,抱而入,⑧再拜,皆厌纽。⑨斗韦龟属成然焉,⑩且曰:"弃礼违命,⑪楚其危哉!"

子干归,⑫韩宣子问于叔向曰:"子干其济乎。"对曰:"难。"宣子曰:"同恶相求,如市贾焉,何难?"⑬对曰:"无与同好,谁与同恶。⑭取国有五难。有宠而无人,⑮一也。有人而无主,⑯二也。有主而无谋,⑰三也。有谋而无民,⑱四也。有民而无德,⑲五也。子干在晋十三年矣,⑳晋、楚之从,不闻达者,㉑可谓无人。族尽亲叛,㉒可谓无

---

① 群望,星辰山川之神。大有事,遍祀也。
② 巴姬,共王妾。
③ 大室,祖庙也。
④ 齐读如"斋",肃也;敬也。
⑤ 长入拜,依长幼次序入拜也。
⑥ 康王跨之,公子昭之两足各跨璧之一边也。
⑦ 灵王肘加焉,公子围之肘适触于璧旁耳。
⑧ 平王弱,抱而入,时公子弃疾幼,遂命人抱持以入也。
⑨ 埋璧时微见璧纽以为审识,弃疾再拜,皆厌纽,是当璧而拜矣。厌同"压"。纽,穿璧之丝带也。
⑩ 斗韦龟知弃疾将立,故及弃疾之长而以子成然托之。属,托也。
⑪ 弃礼,谓弃立长之礼而听卜于神。违命,谓违当璧之命而立康王。
⑫ 子干归,谓观从矫蔡公命召子干于晋也。
⑬ 同恶相求,如市贾焉,何难,杜《注》:"宣子谓弃疾亲恃子干,共同好恶,故言如市贾同利以相求。"
⑭ 无与同好,谁与同恶,言弃疾本不与子干同好,则亦不得同恶也。
⑮ 有宠而无人,言虽宠贵而无贤人辅之以自固也。
⑯ 有人而无主,言虽有贤人为辅而无内主为应也。
⑰ 有主而无谋,言虽有内主而无策谋可成也。
⑱ 有谋而无民,言虽有策谋而无人归附也。
⑲ 有民而无德,言虽有民人而无德以相成也。
⑳ 子干于昭元年奔晋,至此已十三年,故云"在晋十三年矣"。
㉑ 晋、楚之从,不闻达者,言晋、楚之士之从子干游者皆非达人也。
㉒ 族尽亲叛,言子干无亲族在楚。

主。无衅而动,① 可谓无谋。为羁终世,② 可谓无民。亡无爱征,③ 可谓无德。王虐而不忌,④ 楚君子干涉五难以弑旧君,⑤ 谁能济之?有楚国者,其弃疾乎!君陈、蔡,城外属焉。⑥ 苛慝不作,盗贼伏隐,⑦ 私欲不违,⑧ 民无怨心。先神命之,⑨ 国民信之,芈姓有乱,必季实立,⑩ 楚之常也。获神,⑪ 一也。有民,⑫ 二也。令德,⑬ 三也。宠贵,⑭ 四也。居常,⑮ 五也。有五利以去五难,谁能害之?子干之官,则右尹也。数其贵宠,则庶子也。⑯ 以神所命,则又远之。其贵亡矣,⑰ 其宠弃矣,⑱ 民无怀焉,⑲ 国无与焉,⑳ 将何以立?"宣子曰:"齐桓、晋文不亦是乎?"㉑ 对曰:"齐桓,卫姬之子也,有宠于僖。㉒ 有鲍叔牙、宾须无、隰朋以为辅佐。㉓ 有莒、卫以为外主。㉔ 有国、高以为内主。㉕ 从善

---

① 召子干时,楚尚无大衅可乘,故云"无衅而动"。
② 子干终身羁客在晋,故云"为羁终世"。
③ 子干出亡,楚人无爱念之者,故云"亡无爱征"。
④ 王虐而不忌,言灵王暴虐,无所畏忌也。
⑤ 楚君子干涉五难以弑旧君,言楚人欲拥子干以为君,犯五难以弑灵王也。
⑥ 时穿封戌既死,弃疾兼领陈、蔡,故云"君陈、蔡,城外属焉",言方城之外俱属弃疾也。
⑦ 苛慝不作,言弃疾不为虐恶之政以厉民。盗贼伏隐,言民不为盗贼之行以陵犯弃疾也。
⑧ 私欲不违,言弃疾不以私欲违民事。
⑨ 先神命之,谓群望属命于弃疾也。
⑩ 必季实立,必少子得立也。
⑪ 获神,谓当璧拜。
⑫ 有民,谓国民信之。
⑬ 令德,谓无苛慝。
⑭ 宠贵,言弃疾为贵妃之子。
⑮ 居常,言弃疾适居季也。
⑯ 言右尹,见子干之官卑。言庶子,见子干之宠卑。
⑰ 子干之位不尊,故云"其贵亡矣"。
⑱ 子干之父既没,宠无所怙,故云"其宠弃矣"。
⑲ 子干非令德,故云"民无怀焉"。
⑳ 子干无内主,故云"国无与焉"。
㉑ 齐桓、晋文皆起自庶贱,盖庶子而出奔者。故韩宣子有"不亦是乎"之问。
㉒ 卫姬,齐僖公妾,故云"有宠于僖"。
㉓ 辅佐,夹辅佐助也。
㉔ 莒,桓公出奔所托。卫,桓公之舅氏。故云"以为外主"。
㉕ 国、高二氏皆齐上卿,而向心桓公,故云"以为内主"。

如流，①下善齐肃，②不藏贿，③不从欲，④施舍⑤不倦，求善不厌，是以有国，不亦宜乎？我先君文公，狐季姬之子也，有宠于献。⑥好学而不贰，⑦生十七年，有士五人，⑧有先大夫子馀、子犯以为腹心。⑨有魏犫、贾佗以为股肱。⑩有齐、宋、秦、楚以为外主。⑪有栾、郤、狐、先以为内主。⑫亡十九年，守志弥笃，惠、怀弃民，⑬民从而与之。献无异亲，民无异望，⑭天方相晋，将何以代文？⑮此二君者，异于子干。共有宠子，国有奥主。⑯无施于民，无援于外，去晋而不送，归楚而不逆，何以冀国？⑰"

晋成虒祁，⑱诸侯朝而归者，皆有贰心。⑲为取郠⑳故，晋将以诸

---

① 从善如流，言其向善之速。

② 下善齐肃，言其服善之心严谨而端庄也。下，服从善言，降心为之下也。齐同"斋"，严也。肃，敬也。

③ 不藏贿，言其清。

④ 不从欲，昭其俭。从同"纵"，放也。

⑤ 施舍，犹言布恩德。

⑥ 狐季姬，晋献公妾，故云"有宠于献"。

⑦ 不贰，笃志不移也。

⑧ 有士五人，谓从晋文出亡之狐偃、赵衰、颠颉、魏犫、胥臣。

⑨ 子馀、子犯以为腹心，以赵衰、狐偃为腹心之寄也。

⑩ 贾佗，晋公族。魏犫、贾佗以为股肱，以此二人当股肱之任也。杜云："称五人而说四士，贾佗又不在本数，盖叔向所贤。"

⑪ 晋文在外，齐妻以女，宋赠以马，楚王享之，秦伯纳之，故云"有齐、宋、秦、楚以为外主"。

⑫ 栾、郤、狐、先以为内主，谓栾枝、郤縠、狐突、先轸也。

⑬ 惠、怀弃民，谓惠公、怀公皆不能恤民也。

⑭ 献公之子九人，惟文公在，故云"献无异亲"。惠、怀不恤其民，民归文公，故云"民无异望"。

⑮ 当其时，天方助晋以成霸业，将有何君可以代文公者，故云"天方相晋，将何以代文"。

⑯ 弃疾于共王为宠子，于楚国为奥主，故云"共有宠子，国有奥主"。奥主犹云国内之主，见《正义》。

⑰ 无施于民……何以冀国，全指子干之行为与遭遇。上言弃疾之得人，下言子干之失体，盖著子干所以蒙弑君之名，弃疾所以享得国之实耳。

⑱ 虒祁，晋地，在绛西四十里，地临汾水。晋平公于鲁昭八年兴建别宫于此，谓之虒祁之宫。虒读如"斯"。

⑲ 诸侯之如晋贺宫成者，多鄙晋君之奢，故朝而归者皆有二心。

⑳ 昭十年，季孙意如伐莒，取郠。郠，莒邑，当在今山东沂水县境。

侯来讨。① 叔向曰："诸侯不可以不示威。"② 乃并征会,告于吴。秋,晋侯会吴子于良。③ 水道不可,④ 吴子辞,乃还。七月丙寅,治兵于邾南,⑤ 甲车四千乘,⑥ 羊舌鲋摄司马,⑦ 遂合诸侯于平丘。⑧

子产、子大叔相郑伯以会。⑨ 子产以幄幕⑩ 九张行。子大叔以四十,既而悔之,每舍损焉。⑪ 及会,亦如之。⑫

次于卫地,叔鲋求货于卫,淫刍荛者。⑬ 卫人使屠伯⑭ 馈叔向羹,与一箧锦,⑮ 曰："诸侯事晋,未敢携贰,况卫在君之宇下,⑯ 而敢有异志?刍荛者异于他日,敢请之。⑰" 叔向受羹反锦,⑱ 曰:"晋有羊舌鲋者,渎货无厌,⑲ 亦将及矣,为此役也。⑳ 子若以君命赐之,其

---

① 为鲁取郓故,晋将以诸侯讨之。《传》内鲁,故云来讨。
② 叔向知晋德已薄,欲以威服诸侯,故曰"诸侯不可以不示威"。
③ 晋侯会吴子于良,晋昭公与吴王夷未会于良,约为平丘之会也。良,吴地,在今江苏邳县北六十里汉良城废县。
④ 水道不可,吴子以水道不通,辞不赴平丘之会也。
⑤ 治兵于邾南,晋昭公还自良,因治兵于邾之南境也。邾,今地不详。
⑥ 甲车四千乘,合三十万人。
⑦ 羊舌鲋字叔鱼,亦称叔鲋,叔向之弟,已见前。摄,兼职也。司马,掌管军政之官。
⑧ 平丘,卫邑,汉于其地置县,晋废,故城在今河南陈留县北九十里。是会除晋昭公为主外,周刘子、鲁昭公、齐景公、宋元公、卫灵公、郑定公、曹武公、莒著丘公、邾庄公、滕悼公、薛献公、杞平公、小邾子皆会。
⑨ 相郑伯以会,相郑定公以同赴平丘也。时定公初立,定公名宁,简公嘉之子,在位十六年,为郑第十六君。
⑩ 幄幕,军旅之帐。四合象宫室曰幄,在上曰幕。
⑪ 每舍损焉,每遇宿舍,辄灭损所携之幄幕也。
⑫ 及会,亦如之,比到会,亦仅有九张也。
⑬ 淫,放也;逸也。淫刍荛者,纵军人四出樵采也。饲牲曰刍,草薪曰荛。盖为会于卫地,叔鲋因欲使卫人患苦樵采而致货赂耳。
⑭ 屠伯,卫大夫。
⑮ 一箧锦,以美锦盛满一箧也。
⑯ 宇下,屋宇之下,喻其近也。
⑰ 刍荛者异于他日,言樵采者与往日不同。婉言纵暴,不敢直斥之也。敢请之,敢请禁止之也。
⑱ 受羹,示不逆其意反锦,示不受其货。
⑲ 渎货无厌,谓数致货贿,不知餍足也。
⑳ 亦将及矣,为此役也,言鲋正为此"淫刍荛者"之事,将及祸也。

已。①"客从之。未退，而禁之。②

晋人将寻盟，齐人不可。晋侯使叔向告刘献公③曰："抑④齐人不盟，若之何？"对曰："盟以底⑤信。君苟有信，诸侯不贰，何患焉？告之以文辞，董⑥之以武师，虽齐不许，君庸⑦多矣。天子之老⑧请帅王赋，元戎十乘，以先启行。⑨迟速唯君。⑩"叔向告于齐，曰："诸侯求盟，已在此矣。今君弗利，⑪寡君以为请。"对曰："诸侯讨贰，则有寻盟。若皆用命，何盟之寻？"⑫叔向曰："国家之败，有事而无业，事则不经。⑬有业而无礼，经则不序。⑭有礼而无威，序则不共。⑮有威而不昭，共则不明。⑯不明弃共，百事不终，⑰所由倾覆也。是故明王之制，使诸侯岁聘以志业，⑱间朝以讲礼，⑲再朝而会

---

① 若以君命赐之，其已，言若以卫君之命，即以此锦赐叔鲋或者其可禁止乎。
② 客从之，谓屠伯依叔向之教。未退，而禁之，屠伯尚未退去，叔鲋已下令禁止樵采矣，以见其渎货之甚。
③ 刘献公名挚，刘康公之孙，刘定公夏之子也。为王卿士，一称刘子。
④ 抑，犹或也。
⑤ 底，致也。
⑥ 董，督也。
⑦ 庸，功也。
⑧ 天子之老，刘献公自谓，杜《注》："天子大夫称老。"
⑨ 元戎十乘，以先启行，引《诗》以自壮。《诗》意已见前。
⑩ 迟速唯君，表示佐晋讨齐也。
⑪ 弗利，弗能速示赞可也。
⑫ 诸侯讨贰……何盟之寻，齐人之诡词，盖托言用命以拒晋之寻盟也。
⑬ 有事而无业，事则不经，《正义》："有交好之事而无贡赋之业，交好之事不得常矣。"
⑭ 有业而无礼，经则不序，《正义》："有贡赋之常而无上下之礼，事虽有常，则不次序矣。"
⑮ 有礼而无威，序则不共，《正义》："有上下之礼而无可畏之威，虽有次序则不共敬矣。"
⑯ 有威而不昭，共则不明，《正义》："有可畏之威而不昭告神明，虽为共敬，则不明著矣。"
⑰ 不明弃共，百事不终，《正义》："信义不明，弃共敬也。承事不共敬，弃次序也。班位不序，弃常度也。征命不常，弃事宜也。事既弃矣，则百事不终，国家所由倾覆，只为此也。"
⑱ 岁聘以志业，杜《注》："志，识也。岁聘以修其职业。"《正义》："诸侯每岁令大夫一聘天子，以志识贡赋之业。"
⑲ 间朝以讲礼，杜《注》："三年而一朝，正班爵之义，率长幼之序。"《正义》："间一岁，诸侯亲自入朝，以讲习上下之礼。"

以示威,① 再会而盟以显昭明。② 志业于好,讲礼于等,示威于众,昭明于神。③ 自古以来,未之或失也。存亡之道,恒由是兴。晋礼主盟,④ 惧有不治,奉承齐牺,⑤ 而布诸君,求终事也。⑥ 君曰,余必废之,何齐之有?唯君图之。⑦ 寡君闻命矣。"齐人惧,对曰:"小国言之,大国制之,⑧ 敢不听从?既闻命矣,敬共以往,迟速唯君。"

叔向曰:"诸侯有间⑨矣,不可以不示众。"八月辛未,治兵,⑩ 建而不旆。⑪ 壬申,复旆之。诸侯畏之。⑫

邾人、莒人愬⑬于晋,曰:"鲁朝夕伐我,几亡矣。⑭ 我之不共,鲁故之以。⑮"晋侯不见公,⑯ 使叔向来辞曰:"诸侯将以甲戌盟,寡君

---

① 再朝而会以示威,杜《注》:"六年而一会,以训上下之则,制财用之节。"《正义》:"天子于诸侯再朝而一大会,以示可畏之威也。"

② 再会而盟以显昭明,杜《注》:"十二年而一盟,所以昭信义也。凡八聘四朝,再会,王一巡守,盟于方岳之下。"《正义》:"再会而一为盟誓以显诸侯之昭明者也。"

③ 志业于好……昭明于神,《正义》:"志识贡赋之业在于交好,故使聘也;讲习上下之礼在于等差,故使朝也。示可畏之威在于众聚,故为会也。昭明德之信在于告神,故为盟也。"

④ 晋礼主盟,晋依先王、先公之旧礼,得主诸侯之盟也。

⑤ 齐牺,齐盟之牺牲。

⑥ 布诸君,求终事也,言布之于齐君,求终竟盟约之事也。

⑦ 君曰……唯君图之,犹云"君言曰,今余必废之,何齐盟之有,必如此语,唯君自图谋之"。盖叔向威胁齐君之语也。

⑧ 小国言之,言其情,申诉之谓也。大国制之,制其义,决断之谓也。

⑨ 间,隙也。

⑩ 治兵,习战也。

⑪ 建而不旆,建立旌旗而不曳其旆也。旆读如"沛",缠于竿头之帛,如燕尾然,从郭璞说。

⑫ 军将战,曳旆,故晋军复旆,诸侯畏之也。

⑬ 愬与"诉"同,告也。

⑭ 鲁朝夕伐我,几亡矣,杜《注》:"自昭公即位,邾、鲁同好,又不朝夕伐莒,无故怨愬,晋人信之,所谓谗慝弘多。"《正义》:"三年《传》,穆子云曹、滕、二邾,实不忘我好。又无相伐之事。是昭公即位,邾、鲁同好也。不朝夕伐莒者,案元年、十年再伐莒耳。是不朝夕也。"

⑮ 我之不共,鲁故之以,言不供晋贡,实以鲁伐不胜重任之故也。

⑯ 晋侯不见公,晋昭公信谗而不愿见鲁昭公也。

知不得事君矣，请君无勤。^①"子服惠伯^②对曰："君信蛮夷^③之诉，以绝兄弟之国，弃周公之后亦唯君。寡君闻命矣。"叔向曰："寡君有甲车四千乘在，虽以无道行之，必可畏也。况其率道，^④其何敌之有？牛虽瘠，偾于豚上，其畏不死？^⑤南蒯、子仲之忧，^⑥其庸可弃乎？^⑦若奉晋之众，用诸侯之师，因邾、莒、杞、鄫之怒，^⑧以讨鲁罪，间其二忧，^⑨何求而弗克？"鲁人惧，听命。^⑩

甲戌，同盟于平丘，齐服也。^⑪令诸侯日中造于除。^⑫癸酉，退朝。^⑬子产命外仆速张于除，^⑭子大叔止之，使待明日。及夕，子产闻其未张也，使速往，乃无所张矣。^⑮

及盟，子产争承，^⑯曰："昔天子班贡，轻重以列。^⑰列尊贡重，^⑱

---

① 叔向托谦辞以绝鲁，故云"寡君知不得事君矣，请君无勤"。
② 子服惠伯名椒，一作湫，子服孝伯仲孙它之子，孟献子仲孙蔑之孙也。别为子服氏。
③ 蛮夷指邾、莒。
④ 率道，遵道而行，含师出有名意。
⑤ 牛虽瘠……其畏不死，言瘠牛仆于小猪之上，牛不畏猪之不死也。以喻晋不畏鲁之不亡。偾读如"愤"，仆也。豚，小猪。
⑥ 南蒯，南遗之子，季氏费邑宰。子仲，鲁公族公子憖之字。昭公十二年，南蒯、子仲与叔仲穆子小谋季氏。子仲告谗，遂从公如晋。南蒯惧不克，以费叛，如齐。子仲还，及卫，闻乱，逃介而先。及郊，闻费叛，遂奔齐。事在上年，实为鲁之隐忧，故云"南蒯、子仲之忧"。
⑦ 弃犹忘也。庸可弃，犹言"岂可忘"。
⑧ 因邾、莒、杞、鄫之怒，杜《注》："四国近鲁，数以小事相忿。鄫已灭，其民犹存，故并以恐鲁。"
⑨ 间以二忧，言因南蒯、子仲二忧为间隙也。
⑩ 听命，不敢与盟。
⑪ 齐服也，《传》释《经》所以称"同"之故。
⑫ 令诸侯日中造于除，晋令诸侯于会盟之日必日中时齐集坛场也。造，到也。除，除地为坛，为盟会处所也。
⑬ 癸酉，退朝，先盟朝晋，朝毕而退也。
⑭ 外仆，掌次舍大夫。速张于除，使之速张幄幕于所除地也。
⑮ 地已满，故无所张矣。
⑯ 承贡赋之次。争承，争执应纳贡赋之等级，不肯多纳非分之赋也。
⑰ 班贡，谓定贡赋之制。轻重以列，言贡赋之或轻或重当视爵位以为衡。列，位也。
⑱ 公侯地广所贡自多，故云"列尊贡重"。

周之制也。卑而贡重者，甸服也。①郑，伯男也，而使从公侯之贡，②惧弗给也。③敢以为请。诸侯靖兵，好以为事。④行理之命，无月不至。⑤贡之无艺，小国有阙，所以得罪也。⑥诸侯修盟，存小国也。贡献无极，亡可待也。存亡之制，将在今矣。⑦"自日中以争，至于昏，晋人许之。

既盟，⑧子大叔咨之曰："诸侯若讨，其可渎乎？⑨"子产曰："晋政多门，⑩贰偷⑪之不暇，何暇讨？国不竞亦陵，何国之为？⑫"

公不与盟，晋人执季孙意如，⑬以幕蒙之，⑭使狄人守之。司铎射⑮怀锦奉壶饮冰以蒲伏焉。⑯守者御之，⑰乃与之锦而入。⑱晋人以平子归，子服湫从。⑲

---

① 卑而贡重者，甸服也，谓大子畿内之供职贡者则位虽卑而贡则重。甸服，天子直辖方千里内之地也。故云"畿内"。畿内有公卿大夫之采邑，税入于王，卑与尊同，故云"卑而贡重"。畿外之国则卑者贡轻，尊者贡重。见《正义》。
② 郑，伯男也，而使从公侯之贡，言郑国在畿外，爵列伯子男，而令出公侯之贡也。
③ 惧弗给，承上而言，盖谓位卑而出重贡，恐无以取足也。给，足也。
④ 诸侯靖兵，好以为事，言诸侯息兵，以和好为事也。靖，息也。
⑤ 行理之命，无月不至，言和好之后，互通聘问之事每月俱有也。行理，使人通聘问者。
⑥ 贡之无艺……所以得罪也，言责贡而无度，小国必有所阙失而得罪于大国矣。艺，法度也。
⑦ 贡赋法轻则小国存，贡赋法重则小国亡，是小国之存亡端在今日立法何如耳。故云"存亡之制，将在今矣"。
⑧ 既盟，晋既许郑之争而盟也。
⑨ 诸侯若讨，其可渎乎，言晋若以诸侯之师而讨治其事，岂可轻易忽视乎。渎，易也。
⑩ 多门，谓不出一家。
⑪ 不壹之谓贰。苟且之谓偷。
⑫ 国不竞亦陵，何国之为，杜《注》："不竞争则为人所侵陵，不成为国。"
⑬ 季孙意如即季平子，季武子宿之孙，季悼子纥之子也。时相昭公赴会，故见执于晋。
⑭ 以幕蒙之，以帷幕遮裹季平子也。
⑮ 司铎射，鲁大夫，时从季平子在次。射读如"掖"。
⑯ 怀锦奉壶饮冰以蒲伏焉，状司铎射之窃往饮季平子。盖怀锦奉壶饮，承之以冰，匍匐而往也。冰，箭筩之盖，脱而用之，可以取饮者也。蒲伏即匍匐，伏地手行如婴儿之状也。
⑰ 守者御之，守季平子之狄人阻司铎射弗令入幕也。
⑱ 乃与之锦而入，司铎射即以所怀之锦赂狄人，遂许之入饮平子也。
⑲ 子服湫从，子服惠伯从季平子同入晋国也。

子产归，未至，①闻子皮卒，哭，且曰："吾已无为为善矣，唯夫子知我。②"仲尼谓子产于是行也，足以为国基③矣。《诗》曰，乐旨君子，邦家之基。④子产，君子之求乐者也。且曰，合诸侯，艺贡事，礼也。⑤……

　　季孙犹在晋，子服惠伯私于中行穆子⑥曰："鲁事晋，何以不如夷之小国？鲁，兄弟也，土地犹大，所命能具。⑦若为夷弃之，使事齐、楚，其何瘳于晋？⑧亲亲与大，⑨赏共罚否，⑩所以为盟主也。子其图之。谚曰，臣一主二，⑪吾岂无大国？⑫"穆子告韩宣子，且曰："楚灭陈、蔡，不能救，而为夷执亲，将焉用之？"乃归季孙。⑬惠伯曰："寡君未知其罪，合诸侯而执其老，⑭若犹有罪，死命可也。⑮若曰无罪而惠免之，诸侯不闻，是逃命也，何免之为？请从君惠于会。⑯"宣子患之，谓叔向曰："子能归季孙乎？"对曰："不能。鲋也能。"乃使

---

① 未至，未及国门也。
② 吾已无为为善矣，唯夫子知我，《正义》："子产言，我此日行善，唯子皮知之，今子皮既卒，无人知我之善，故云无为更须为善矣。"
③ 为国基，为国家树立坚固之基础也。
④ 乐旨君子，邦家之基，出《诗·小雅·南有嘉鱼之什·南山有台》篇第一章。旨当作"只"。意谓乐与君子为治乃邦家之基本也。
⑤ 合诸侯，艺贡事，礼也，言因会合诸侯而争定限艺贡赋之事使有常度，虽嫌竞争不顺，然实无伤于礼也。
⑥ 私于中行穆子，私语于荀吴也。
⑦ 所命能具，晋之命令鲁尚能供给也。
⑧ 瘳读如"抽"，痊也；愈也。何瘳于晋，犹言于晋何益。
⑨ 亲亲与大，亲抚兄弟之邦而交与强大之国也。
⑩ 赏共罚否，赏恭顺者而罚怠忽者。
⑪ 臣一主二，杜《注》："言一臣必有二主，道不合，得去事他国。"
⑫ 鲁自审非独晋可事，故云"吾岂无大国"。
⑬ 韩起听荀吴之言，遂释季孙意如，遣之归，故云"乃归季孙"。
⑭ 老，尊卿称。
⑮ 死命可也，言虽死于晋命可也。
⑯ 欲得盟会见遣，不欲私去，故云"请从君惠于会"。

叔鱼。叔鱼见季孙曰："昔鲋也得罪于晋君，自归于鲁君。① 微武子② 之赐不至于今。虽获归骨于晋，犹子则肉之，③ 敢不尽情？④ 归子而不归，⑤ 鲋也闻诸吏，⑥ 将为子除馆于西河，⑦ 其若之何？"且泣。⑧ 平子惧，先归。惠伯待礼。⑨

十四年⑩

晋邢侯与雍子争鄐田，⑪ 久而无成。⑫ 士景伯⑬ 如楚，叔鱼摄理。⑭ 韩宣子命断旧狱，⑮ 罪在雍子。雍子纳其女于叔鱼，叔鱼蔽罪⑯ 邢侯。邢侯怒，杀叔鱼与雍子于朝。宣子问其罪于叔向。叔向曰："三人同罪，施生戮死⑰ 可也。雍子自知其罪而赂以买直，⑱ 鲋也鬻

---

① 襄二十一年，叔鲋坐叔虎与栾氏党，得罪奔鲁，故云"得罪于晋君，自归于鲁君"。
② 武子，季孙意如之祖父季孙宿。
③ 虽获归骨于晋，犹子则肉之，言犹如已死枯骨而季氏再生其肉也。
④ 尽情，倾吐实情也。
⑤ 归子而不归，言晋已遣意如归，而意却不肯归也。
⑥ 闻诸吏，言闻之于当事之有司也。
⑦ 除馆于西河，扫除馆舍于晋西境近河之处也。意将久禁不遣。
⑧ 泣，以信其言。
⑨ 待礼，待见遣之礼。
⑩ 昭公十四年当周景王十七年癸酉岁，晋昭公四年，西历纪元前528年。
⑪ 邢侯，申公巫臣之子。襄二十六年，巫臣奔晋，晋人与之邢。已见前。雍子亦故楚人奔晋者，晋人与之鄐。鄐，晋邑，盖今河北邢台附近之地。邢、鄐邻比，故互争疆界，而有争鄐田之事。
⑫ 成，平也。久而无成，久讼而狱不决也。
⑬ 士景伯名弥牟，士庄子弱之孙，士文伯匄之子也。时为晋理刑之官。
⑭ 叔鱼摄理，鲋代为刑官也。鲋本士景伯之佐，景伯聘楚，鲋遂得专断。
⑮ 断旧狱，听断前久讼未决之争田案也。
⑯ 蔽罪，曲断刑名而归罪之也。
⑰ 施生戮死，言生存者即施以应得之刑，已死者宣布罪状以示戮也。
⑱ 赂以买直，纳贿以求胜诉也。

狱,①刑侯专杀,②其罪一也。己恶而掠美为昏,③贪以败官为墨,④杀人不忌为贼,⑤《夏书》曰,昏墨贼杀,⑥皋陶⑦之刑也。请从之。"乃施邢侯,而尸雍子与叔鱼于市。⑧

仲尼曰:"叔向,古之遗直⑨也。治国制刑,不隐于亲,⑩三数叔鱼之恶,不为末减。⑪曰义也夫,可谓直矣。⑫平丘之会,数其贿也,⑬以宽卫国,晋不为暴。归鲁季孙,称其诈也,⑭以宽鲁国,晋不为虐。邢侯之狱,言其贪也,⑮以正刑书,晋不为颇。⑯三言而除三恶,加三利,⑰杀亲益荣,⑱犹义也夫!⑲"

---

① 鬻,卖也。鬻狱,取赂枉法也。
② 专杀,擅行杀戮也。
③ 己有罪恶而掠取他人之美谓之昏乱,指雍子之买直。
④ 贪欲以败其官守,谓之污墨,指叔鲋之鬻狱。墨,不洁之称。
⑤ 专辄杀人,无所畏忌,谓之贼害,指邢侯之专杀。
⑥ 昏墨贼杀,言犯昏、墨、贼三罪者皆当处死刑也。《夏书》云者,不见今本盖逸《书》也。
⑦ 皋陶,舜九官之一,作士治刑者也。陶读如"遥"。
⑧ 施邢侯,加罪于邢侯也。尸雍子与叔鱼于市,陈二人之尸于市,示戮也。
⑨ 叔向之直道有古人之遗风,故云"古之遗直"。
⑩ 不隐于亲,不为亲故而有所蔽曲也。
⑪ 三数,谓平丘之会,说季平子使归,邢侯之狱也。数,举说其罪也。不为末减,不予减轻或降等也。
⑫ 曰义也夫,可谓直矣,杜《注》:"于义未安,直则有之。"
⑬ 平丘之会,叔向斥"叔鲋渎货无厌",故云"数其贿也"。
⑭ 宣子欲说令季孙自归,叔向言"鲋也能",故云"称其诈也"。
⑮ 邢侯之狱,叔向言"鲋也鬻狱",故云"言其贪也"。
⑯ 颇,偏也。
⑰ 除三恶,为晋国去暴、虐、颇三不善也。加三利,为晋国增不暴、不虐、不颇之善名也。
⑱ 益荣,以荣名益己也。
⑲ 杜云:"三罪唯答宣子问,不可以不正其余则以直伤义,故重疑之。"是以《传》著疑辞,云"犹义也夫"。

十五年①

楚费无极②害朝吴之在蔡③也,欲去之。乃谓之曰:"王唯信子,故处子于蔡。子亦长矣,而在下位,辱,必求之,④吾助子请。"又谓其上之人⑤曰:"王唯信吴,故处诸蔡,二三子莫之如⑥也,而在其上,不亦难乎?弗图,必及于难。"

夏,蔡人遂朝吴,朝吴出奔郑。

王怒曰:"余唯信吴,故置诸蔡。且微吴,吾不及此。⑦女何故去之?"无极对曰:"臣岂不欲吴?⑧然而前知其为人之异⑨也。吴在蔡,蔡必速飞⑩去吴,所以翦其翼⑪也。"

晋荀吴帅师伐鲜虞,⑫围鼓。⑬

鼓人或请以城叛,穆子弗许。左右曰:"师徒不勤,而可以获城,何故不为?"穆子曰:"吾闻诸叔向曰,好恶不愆,民之所适,事无

---

① 昭公十五年适当周景王十八年甲戌岁,晋昭公五年,郑定公三年蔡平侯三年,西历纪元前527年。
② 费无极,楚大夫,奸佞善谗所贼害甚众。后为令尹囊瓦所杀,并夷其族。
③ 朝吴,蔡大夫,有功于楚平王,故置诸蔡。无极恐其夺宠,妒害之,故云"害朝吴之在蔡"。害,妒也;忌也;疾恨也。
④ 在下位,辱,必求之,言吴在下位,屈辱已甚,必请求上位也。
⑤ 其上之人,蔡人之在上位者。
⑥ 莫之如,言楚王之信二三子,不如信朝吴也。
⑦ 如无朝吴之助,平王无由得国,故王云"微吴,吾不及此"。
⑧ 岂不欲吴,言非不欲善吴也。
⑨ 前知其为人之异,言向知其多权谋诈术也。
⑩ 速飞,以鸟喻蔡,言吴在蔡必能使蔡速强而背楚也。
⑪ 所以翦其翼,喻去吴如翦蔡之翼也。
⑫ 荀吴即中行穆子,已见前。鲜虞,夷国,白狄别种,姬姓。今河北正定县西北四十里之新市城即其国都,战国时为中山国,赵武灵王灭之。
⑬ 鼓亦白狄别种之夷国,祁姓,子爵。为晋所灭,其地即今河北晋县。

不济。① 或以吾城叛，吾所甚恶也。人以城来，吾独何好焉？赏所甚恶，若所好何？② 若其勿赏，是失信也，何以庇民？力能则进，否则退，量力而行。吾不可以欲城而迩奸，所丧滋多。③"使鼓人杀叛人而缮守备。④ 围鼓三月，鼓人或请降，使其民见。⑤ 曰："犹有食色，姑修而城。"⑥ 军吏曰："获城而弗取，勤民而顿兵，何以事君？"穆子曰："吾以事君也。获一邑而教民怠，将焉用邑？⑦ 邑以贾怠，不如完旧。⑧ 贾怠无卒，⑨ 弃旧不祥。鼓人能事其君，我亦能事吾君。⑩ 卒义不爽，⑪ 好恶不愆，城可获而民知义所，⑫ 有死命而无二心，⑬ 不亦可乎？"鼓人告食竭力尽，而后取之。

克鼓而反，不戮一人，以鼓子鸢鞮⑭归。

十二月，晋荀跞⑮如周，葬穆后，⑯籍谈⑰为介。既葬除丧，以文

---

① 好恶不愆……事无不济，穆子引叔向之语。言在上者好善恶恶无有过差，则在下者晓然知上之好恶有所适归，是故举事无有不成也。愆，过也。
② 赏所甚恶，若所好何，言如赏己之所甚恶者，则己之所好者，将若何是无以复加所好矣。
③ 欲城而迩奸，所丧滋多，言欲得城而接近奸恶，则所失更多也。
④ 使鼓人杀叛人而缮守备，晓令鼓人诛杀谋叛之人而更缮完守备之具也。
⑤ 使其民见，明示非叛人纳降，乃出鼓人之本意也。
⑥ 犹有食色，姑修而城，穆子之言。谓鼓民尚有饱食之容，未至绝境，且归修尔城，或可仍守也。
⑦ 获一邑而教民怠，将焉用邑，言如获得一邑而教民以怠惰，试问何用得此一邑也。
⑧ 邑以贾怠，不如完旧，言以得一邑而买人之怠，不如使人保守其旧之为愈也。贾犹买也，完犹保守也。
⑨ 贾怠无卒，晋自谓。言买人之怠不能自善其终也。
⑩ 弃旧不祥，谓鼓，言不守其旧亦无幸也。故下云"鼓人能事其君"，言不弃旧；"我亦能事吾君"，言不贾怠。
⑪ 卒义不爽，始终有义不致差失也。爽，差也。
⑫ 民知义所，知义之所在也。
⑬ 有死命而无二心，尽忠以死君命，无敢怀二心也。
⑭ 鼓子鸢鞮，鼓君也。鸢同"鸢"。
⑮ 荀跞即知文子，亦称文伯，知悼子荀盈之子。昭九年，晋以跞佐下军。
⑯ 穆后，周景王之后，是年八月崩，故荀跞奉使如周会葬。
⑰ 籍谈，字叔，籍偃之子也。

伯宴，樽以鲁壶。① 王曰："伯氏，② 诸侯皆有以镇抚王室，晋独无有，③ 何也？"文伯揖籍谈，④ 对曰："诸侯之封也，皆受明器⑤ 于王室，以镇抚其社稷，故能荐⑥ 彝器⑦ 于王。晋居深山，戎狄之与邻，而远于王室。王灵不及，拜戎不暇，⑧ 其何以献器？"王曰："叔氏，⑨ 而⑩ 忘诸乎！叔父唐叔，成王之母弟也，其反无分乎？⑪ 密须之鼓与其大路，⑫ 文所以大蒐也。阙巩之甲，⑬ 武所以克商也。唐叔受之，以处参虚，⑭ 匡有戎狄。⑮ 其后襄之二路，⑯ 鏚钺秬鬯，⑰ 彤弓虎贲，⑱ 文公受之，以有南阳之田。⑲ 抚征东夏，非分而何？⑳ 夫有勋而不废，㉑ 有绩而载，㉒ 奉

---

① 樽以鲁壶，宴饮时用鲁所献之壶樽也。
② 晋，周之同姓，故曰"伯氏"。
③ 诸侯皆有以镇抚王室，晋独无有，王盖感鲁壶而言。是时晋为盟主，不修职贡，故云然。镇抚王室，谓贡献之物。
④ 文伯无辞，揖籍谈使对。
⑤ 明器，谓明德之分器。
⑥ 荐，献也。
⑦ 彝，常也。彝器，可常用之宝器。
⑧ 王灵不及，拜戎不暇，言王之宠灵不见及，故数为戎所陵，拜谢戎师且不暇也。
⑨ 叔氏，称谈字以呼其族也。
⑩ 而，汝也。
⑪ 其反无分乎，犹云岂反无明德之分器乎。
⑫ 密须，殷时姞姓国，故城在今甘肃灵台县西五十里。周文王伐之，得其鼓与其大路以蒐。故下云"文所以大蒐也"。
⑬ 阙巩之甲，阙巩国所出之铠也。武王资以克商，故下云"武所以克商也"。阙巩，今地不详。
⑭ 参虚，参星所在，即实沈之次，晋之分野也。已见前。
⑮ 匡有戎狄，犹云抚有戎狄也。
⑯ 襄之二路，周襄王所赐晋文公大路、戎路也。此下至"以有南阳之田"皆已见僖二十八年《传》。
⑰ 鏚，斧也。钺，金钺。秬，黑黍。鬯，香酒。
⑱ 彤弓，赤色之弓。虎贲，天子所赐卫士也。
⑲ 以有南阳之田，即所谓大启南阳也。
⑳ 抚征东夏，非分而何，言晋文公受天子之赐以专征伐，何得云无分器乎。
㉑ 有勋而不废，言晋有勋而周室加以重赏也。此下至"明之以文章"皆谓周室加惠于晋之事。
㉒ 有绩而载，书功于策也。

之以土田,① 抚之以彝器,② 旌之以车服,③ 明之以文章,④ 子孙不忘,所谓福也。福祚之不登叔父,焉在?⑤ 且昔而高祖孙伯黡,⑥ 司晋之典籍,以为大政,故曰籍氏。及辛有之二子董之,晋于是乎有董史。⑦ 女,司典之后也,何故忘之?"籍谈不能对。宾出,⑧ 王曰:"籍父⑨ 其无后乎!数典而忘其祖。⑩"

籍谈归,以告叔向。⑪ 叔向曰:"王其不终乎!吾闻之,所乐必卒焉,今王乐忧,若卒以忧,不可谓终。⑫ 王一岁而有三年之丧二也,⑬ 于是乎以丧宾宴,⑭ 又求彝器,乐忧甚矣,⑮ 且非礼⑯也。彝器之来,嘉功之由,非由丧也。⑰ 三年之丧,虽贵遂服,礼也。⑱ 王虽弗遂,宴乐

---

① 奉之以土田,启南阳也。
② 抚之以彝器,锡弓钺之属也。
③ 旌之以车服,襄之二路也。
④ 明之以文章,赐旌旗也。
⑤ 福祚之不登叔父,焉在,言福祚不在叔父,当在谁耶。
⑥ 孙伯黡,晋正卿,籍谈九世祖。称而高祖者,谓汝之远祖也。
⑦ 辛有之二子董之,晋于是乎有董史,杜《注》:"辛有,周人也,其二子适晋为太史。籍黡与之共董督晋典,因为董氏,董狐其后。"
⑧ 宾出,荀跞、籍谈退席也。
⑨ 籍父,即籍谈,不斥名,敬称也。
⑩ 数典而忘其祖,举引典故而忘其祖业也。
⑪ 以告叔向,籍谈以王之所言告诸叔向也。
⑫ 王其不终乎……不可谓终,《正义》:"言王其不得以寿终乎,言将夭命而横死也。吾闻之,心之所乐,必卒于此焉,今王在忧而乐,是为乐忧也。亦既乐忧必以忧卒。若性命之卒以忧而死,不可谓之终也,言以忧死是不终其天年也。"
⑬ 是年六月,王大子寿卒。八月穆后崩。故云"王一岁而有三年之丧二也"。天子绝期,唯服三年,故通谓之三年丧。
⑭ 以丧宾宴,以吊丧之宾共宴乐也。
⑮ 又求彝器,乐忧甚矣,言因吊丧而求彝器,甚矣其以忧为乐也。
⑯ 天子无求,而竟求,故曰"非礼"。
⑰ 彝器之来……非由丧也,言诸侯有善功乃作彝器,藉手以献,非由吊丧来献彝器也。
⑱ 三年之丧……礼也,言三年之丧,虽贵为天子,犹当申遂其服,使终日月,乃是礼也。今王既葬而除,故讥其不遂。遂,申也;竟也。

以早,亦非礼也。①礼,王之大经也,一动而失二礼,②无大经矣。言以考典,③典以志经,④忘经而多言举典,⑤将焉用之?"

十六年⑥

三月,晋韩起聘于郑,郑伯享之。⑦子产戒曰:"苟有位于朝,无有不共恪。"⑧孔张后至,立于客间。⑨执政御之,⑩适客后。⑪又御之,适县间。⑫客从而笑之。

事毕,富子谏⑬曰:"夫大国之人,不可不慎也,几为之笑而不陵我?⑭我皆有礼,夫犹鄙我。国而无礼,何以求荣?孔张失位,君子之耻⑮也。"子产怒,⑯曰:"发命之不衷,⑰出令之不信,⑱刑之颇类,⑲狱

---

① 王虽弗遂……亦非礼也,言今虽不能遂服犹当静默,而便宴乐,又失礼也。
② 失二礼,谓既不遂服,又设宴乐。
③ 考,成也。言以考典,立言所以成典也。
④ 典以志经,考典所以不忘经常之大道也。
⑤ 忘经而多言举典,言忘其经常,而徒恃言语举引典故也。
⑥ 昭公十六年当周景王十九年乙亥岁,晋昭公六年,郑定公四年,西历纪元前526年。
⑦ 晋韩宣子聘郑,郑定公定期享宴之。
⑧ 苟有位于朝,无有不共恪,子产戒饬百官之辞。言苟有位列于朝廷,无许有不恭敬而恪谨者也。
⑨ 孔张,子孔之孙,公孙泄之子也。后至,不能以时趋朝也。礼,大夫立于东夹,南面。孔张立于客间者,盖宾未升阶,侍立于西方,张误立于其间也。
⑩ 执政,掌位列者。御之,纠止孔张,毋许立于客间也。
⑪ 适客后,孔张移立于客之西也。
⑫ 又御之,适县间,执政又纠止孔张,张益退而西,乃立于乐县之间也。
⑬ 富子,郑大夫。谏,谏子产不当使孔张太下不去。
⑭ 几为之笑而不陵我,言数见笑则其心必陵侮我也。
⑮ 孔张失位,君子之耻,言使孔张失位序之列,实为子产之耻也。
⑯ 子产怒,怒富子责己之不当。
⑰ 发命之不衷,发号施令不得其当也。
⑱ 出令之不信,朝行夕改,不守信约也。
⑲ 刑之颇类,缘事类以成偏颇也。盖事有相类,真伪难明,缘此事类以致偏颇,虽非故心,亦为罪也。见《正义》。

之放纷,①会朝之不敬,②使命之不听,③取陵于大国,罢民而无功,罪及而弗知,侨之耻也。孔张,君之昆孙,④子孔之后也,执政之嗣⑤也。为嗣大夫,承命以使,属于诸侯,⑥国人所尊,诸侯所知。立于朝而祀于家,⑦有禄于国,⑧有赋于军,⑨丧祭有职,⑩受脤归脤,⑪其祭在庙,已有著位,⑫在位数世,世守其业,而忘其所,⑬侨焉得耻之?⑭辟邪之人而皆及执政,是先王无刑罚也。⑮子宁以他规我。⑯"

宣子有环,其一在郑商。⑰宣子谒诸郑伯,⑱子产弗与,曰:"非官府之守器也,寡君不知。"子大叔、子羽谓子产曰:"韩子亦无几求,⑲晋国亦未可以贰。晋国、韩子不可偷也。⑳若属有谗人交斗其间,㉑鬼

---

① 放,纵也。纷,乱也。狱之放纷,言科罪纷杂,失出失入也。
② 朝会之不敬,谓国无礼敬之心。
③ 使命之不听,谓在下者不从在上者之命。自前"发命之不衷"至下"罪及而弗知"皆子产所认为执政者之所耻,如有所犯,则已实耻之。故结以"侨之耻也"一语,正见孔张失位非己之耻耳。
④ 昆,兄也。孔张之祖父子孔为郑襄公之兄,故云"君之昆孙"。
⑤ 子孔尝执郑国之政,孔张为子孔之孙,故云"执政之嗣"。
⑥ 为嗣大夫,承命以使,属于诸侯,谓孔张嗣为大夫,尝奉使于诸侯也。
⑦ 卿得自立庙于家,故云"立于朝而祀于家"。
⑧ 有禄于国,谓受有禄邑。
⑨ 军出,卿赋百乘,故云"有赋于军"。
⑩ 丧祭有职,谓丧祭均有所主。
⑪ 受脤,谓君祭以肉赐大夫。归脤,谓大夫祭归肉于公。皆社之戎祭也。
⑫ 其祭在庙,已有著位,言其助祭于君之宗庙,已有表之位次也。
⑬ 世守其业,而忘其所,谓孔张祖父世居于卿位,张当守其祖父之职业,而竟忘其所当立之位也。
⑭ 以上所言,俱著孔张失位实自取其咎,子产不得代受其耻辱,故云"侨焉得耻之"。
⑮ 辟邪之人而皆及执政,是先王无刑罚也,言在位之人而有言行过谬者若皆归咎于执政,是先王无刑罚矣。意谓用刑罚以纠辟邪,正为执政之责也。
⑯ 规,正也。子宁以他规我,言汝宁以他事正我之失,此事则我不任也。
⑰ 宣子有环,其一在郑商,盖玉人同工共璞,琢成双环,韩起有其一,郑之商人有其一也。
⑱ 谒,请也。宣子谒诸郑伯,韩起向郑定公请在郑之一环也。
⑲ 亦无几求,言所求不多也。
⑳ 偷,薄也。晋国、韩子不可偷也,言晋国既未可以贰,韩子又执晋政,二者不可薄之也。
㉑ 属,适也;会也。属有谗人交斗其间,言适有谗佞之夫交相构扇于晋、郑之间也。

神而助之，以兴其凶怒。①悔之何及？吾子何爱于一环，其以取憎于大国也？盍求而与之？"子产曰："吾非偷晋而有二心，将终事之，是以弗与，忠信故也。②侨闻君子非无贿之难，立而无令名之患。③侨闻为国非不能事大字小之难，无礼以定其位之患。④夫大国之人，令于小国，而皆获其求，将何以给之？⑤一共一否，为罪滋大。⑥大国之求，无礼以斥之，何厌之有？⑦吾且为鄙邑，则失位矣。⑧若韩子奉命以使，而求玉焉，贪淫甚矣，独非罪乎？出一玉以起二罪，⑨吾又失位，韩子成贪，⑩将焉用之？且吾以玉贾罪，不亦锐乎？⑪"

韩子买诸贾人，⑫既成贾矣，⑬商人曰："必告君大夫。"⑭韩子请诸子产曰："日⑮起请夫环，执政弗义，弗敢复也。⑯今买诸商人。商人

---

① 鬼神而助之，以兴其凶怒，言装点其辞而助益之，以兴起兵祸也。此处所云"鬼神"犹言弄神弄鬼捣玄虚也。宜可以"装点其辞"释之。

② 将终事之……忠信故也，言将终久以事晋，是故不以玉环与之，所以尽忠于韩宣子而守与晋之信也。

③ 君子非无贿之难，立而无令名之患，言君子家贫无贿不为难，如立于职位而无善名，是为身之大患也。盖谓韩子当患身无令名，不宜患家无贿也。

④ 为国非不能事大字小之难，无礼以定其位之患，言国家者服事大国、爱养小国，并不为难，如无礼以定其位，是为国之大患也。盖谓郑当患位之不定，不宜患事晋之难也。

⑤ 将何以给之，犹云将如何供应得起也。

⑥ 若今日有求而与之，后日有求而不与，则得罪于大国将益大，故云"一共一否，为罪滋大"。

⑦ 无礼以斥之，何厌之有，言若不执礼法以拒大国之求，则大国之欲又将何以满足之也。

⑧ 吾且为鄙邑，则失位矣，言郑若不别然否，一味听从，则郑且夷为晋边鄙之邑，将不复成国矣。

⑨ 出一玉以起二罪，谓一共一否为郑国之罪，奉使贪淫为韩子之罪也。

⑩ 吾又失位，韩子成贪，实为二罪注脚。

⑪ 吾以玉贾罪，不亦锐乎，言吾以不应求玉之请而得罪，亦纤小之甚矣。贾读如"古"，买也。锐，锋刃之端，犹言锥刀之末，喻其细小也。

⑫ 买诸贾人，韩宣子买其一环于郑之商人也。

⑬ 既成贾矣，已讲定偿价之数也。贾同"价"。

⑭ 必告君大夫，言必告诸君之大夫始可成交也。君大夫指执政者。

⑮ 日，往日也。

⑯ 执政弗义，弗敢复也，犹言执政不以为然，故不敢复求也。

曰，必以闻，敢以为请。"子产对曰："昔我先君桓公，与商人皆出自周。① 庸次比耦，② 以艾杀此地，③ 斩之蓬蒿藜藿而共处之。④ 世有盟誓，以相信也，曰，尔无我叛，我无强贾，毋或匄夺。尔有利市宝贿，我勿与知。⑤ 恃此质誓，⑥ 故能相保以至于今。今吾子以好来辱，而谓敝邑强夺商人，是教敝邑背盟誓也，毋乃不可乎！吾子得玉，而失诸侯，必不为也。若大国令而共无艺，郑鄙邑也，亦弗为也。⑦ 侨若献玉，不知所成，⑧ 敢私布之。⑨"韩子辞玉曰："起不敏，敢求玉以徼二罪？⑩ 敢辞之。"

夏四月，郑六卿⑪ 饯宣子于郊。宣子曰："二三君子请皆赋，起亦以知郑志。⑫"子齹⑬ 赋《野有蔓草》，⑭ 宣子曰："孺子善哉！吾有望矣。⑮"子产赋郑之《羔裘》，⑯ 宣子曰："起不堪也。"⑰ 子大

---

① 郑本在周畿内，桓公东迁并与商人俱，故云"先君桓公，与商人皆出自周"。
② 庸，用也。庸次此耦，更相从耦耕也。
③ 艾读如"刈"，除也。艾杀此地，除治此地之荒秽也。
④ 斩之蓬高藜藿而共处之，相与共去其恶草而同居此土也。
⑤ 尔无我叛……我勿与知，盟誓之辞。言汝不叛我，我不强市汝物，并不丐取或篡夺。汝有好买卖或宝物货贿，我亦不过问也。
⑥ 质，信也。质誓，信誓也。
⑦ 若大国令而共无艺……亦弗为也，言若大国有所号令，而供给无度，是令郑为晋边鄙之邑，亦不肯为此事也。
⑧ 不知所成，不知何所取义也。
⑨ 敢私布之，敢以私意陈其不可也。
⑩ 敢求玉以徼二罪，不敢因求玉而要取失诸侯，鄙郑国之罪也。
⑪ 郑六卿谓子产、子齹、子大叔、子游、子旗、子柳。齹读如"醝"。
⑫ 诗言志，故云"以知郑志"。
⑬ 子齹，子皮之子婴齐也。
⑭ 《野有蔓草》，《诗·郑风》第二十篇。二章，章六句。
⑮ 《野有蔓草》首章之卒句曰："邂逅相遇，适我愿兮。"次章卒句曰："邂逅相遇，与子皆臧。"宣子以为君子相愿，已所望也，故云"吾有望矣"。
⑯ 郑之《羔裘》，别于《唐风·羔裘》而言。《羔裘》次第六，三章，章四句。
⑰ 《羔裘》首章卒句曰："彼其之子，舍命不渝。"次章卒句曰："彼其之子，邦之司直。"末章卒句曰："彼其之子，邦之彦兮。"故宣子云"起不堪也"，盖谦不敢当。

叔赋《褰裳》,① 宣子曰:"起在此,敢勤子至于他人乎?"② 子大叔拜。③ 宣子曰:"善哉,子之言是。不有是事,有能终乎?"④ 子游⑤赋《风雨》,⑥ 子旗赋《有女同车》,⑦ 子柳⑧赋《萚兮》,⑨ 宣子喜曰:"郑其庶乎!⑩ 二三君子以君命贶起,赋不出郑志,⑪ 皆昵燕好也。⑫ 二三君子,数世之主也,可以无惧矣。"宣子皆献马焉,而赋《我将》。⑬ 子产拜,使五卿皆拜,曰:"吾子靖乱,敢不拜德!"宣子私觌于子产,以玉与马,曰:"子命起舍夫玉,是赐我玉而免吾死也。⑭ 敢不藉手以拜!⑮"

---

① 《褰裳》,《郑风》第十三篇二章,章五句。
② 《褰裳》首章有云"子惠思我,褰裳涉溱。子不我思,岂无他人"。次章有云"子惠思我,褰裳涉洧。子不我思,岂无他士"。故宣子闻之,遂云"起在此,敢勤子至于他人乎"。言己今崇好在此,不复令子适他人也。
③ 子大叔拜,谢宣子之有郑也。
④ 善哉……其能终乎,宣子赞美游吉之辞。杜《注》:"韩起不欲令郑求他人,子大叔拜以答之,所以晋、郑终善。"
⑤ 子游,公孙夏子西之孙,驷带子上之子驷偃也。
⑥ 《风雨》,《郑风》第十六篇。三章,章四句。子游赋此,意取"既见君子,云胡不夷"云云也。
⑦ 子旗,即公孙段之子丰施,已见前。《有女同车》,《郑风》第九篇。二章,章六句。子旗赋此,意取"洵美且都",示爱乐宣子之志也。
⑧ 子柳,印段子石之子印癸也。
⑨ 《萚兮》,《郑风》第十一篇。二章,章四句。子柳赋此,盖取"倡予和女",言宣子倡,己将和从之也。
⑩ 郑其庶乎,美其庶几于兴盛。
⑪ 六诗皆《郑风》,故云"不出郑志"。
⑫ 昵,亲也。赋不出其国,以示亲好,故云"皆昵燕好也"。
⑬ 《我将》,《诗·周颂·清庙之什》第七篇。宣子赋此,取其"日靖四方","我其夙夜,畏天之威",意谓志在靖乱,畏惧天威也。
⑭ 子产说韩起舍玉不求,是使其免于不义而远于死,故云"是赐我玉而免吾死也"。
⑮ 藉手以拜,以玉与马藉手拜谢子产也。

十七年①

吴伐楚。阳匄②为令尹，卜战，不吉。司马子鱼③曰："我得上流，何故不吉？④且楚故⑤司马令龟，我请改卜令，⑥曰，鲂也以其属死之，楚师继之，尚大克之，吉。"战于长岸。⑦子鱼先死，楚师继之，大败吴师，获其乘舟余皇。⑧使随人与后至者守之，⑨环而堑之及泉，⑩盈其隧炭，陈以待命。⑪

吴公子光⑫请于其众曰："丧先生之乘舟，岂唯光之罪，众亦有焉。请藉取之，以救死。⑬"众许之。使长鬣者⑭三人，潜伏于舟侧，曰："我呼余皇，则对。"⑮师夜从之。⑯三呼，皆迭对。⑰楚人从而杀之，楚师乱。⑱吴人大败之，取余皇以归。

----

① 昭公十七年当周景王二十年丙子岁，楚平王四年，吴王僚二年，西历纪元前525年。吴王僚，号州于，夷末子，为吴国第二十三君。在位十二年，诸樊子光弑之。其元年当周景王十九年乙亥岁，西历纪元前526年。
② 阳匄字子瑕，楚穆王曾孙。亦称令尹子瑕。
③ 司马子鱼即公子鲂，楚之群公子也。时为司马之官。
④ 楚之伐吴，顺江而下，易用胜敌，故云"我得上流，何故不吉"。
⑤ 楚故，楚之故事，犹前例也。
⑥ 司马令龟，我请改卜令，言楚国前例由司马之龟卜，今我得改请主卜之辞也。
⑦ 长岸，楚地，即今安徽当涂县西南三十里东、西梁山夹江处。
⑧ 余皇，吴王乘舟之名。后世以大舟为余皇，作"艅艎"。
⑨ 使随人与后至者守之，楚使随人与后至之楚军守余皇也。
⑩ 环而堑之及泉，周环余皇而堑其地，深至于见泉也。
⑪ 隧，出入道也。陈，结阵也。盈其隧炭，陈以待命，以炭火实隧道使满，结阵其外以待楚命也。见其守御之严密。
⑫ 公子光即诸樊子阖庐，后弑夷末子僚自立，在位十九年，为吴国第二十四君。其元年当周敬王六年丁亥岁，西历纪元前514年。
⑬ 请藉取之，以救死，请藉众人之力以取余皇而纾死罪也。
⑭ 长鬣者，多髭顺之人。盖择与吴人形状有异者诈为楚人也。鬣读如"列"。
⑮ 我呼余皇，则对，公子光预嘱伏者之者命令，俾夜袭时闻声相应，一方可以使吴人寻踪往击，一方可以使守兵慌乱无措也。
⑯ 师夜从之，吴师乘夜袭攻余皇之所在也。
⑰ 三呼，皆迭对，吴人三度呼余皇，而预伏之长鬣者更番答应也。
⑱ 楚人从而杀之，楚师乱，楚人夜闻应答余皇之声，乃寻声往杀，而三度迭应不知虚实，以为吴人已尽伏舟侧矣，故纷乱无状也。

十八年①

夏五月,火始昏见。②丙子风。梓慎③曰:"是谓融风,火之始也。④七日,其火作乎!⑤"戊寅,风甚。壬午,大甚。⑥宋、卫、陈、郑皆火。梓慎登大庭氏之库以望之,⑦曰:"宋、卫、陈、郑也。"数日,皆来告火。

裨灶⑧曰:"不用吾言,郑又将火。"⑨郑人请用之。⑩子产不可。子大叔曰:"宝,以保民也。若有火,国几亡。可以救亡,子何爱焉?"子产曰:"天道远,人道迩,非所及也,何以知之?灶焉知天道?是亦多言矣,岂亦或信?⑪"遂不与,亦不复火。⑫

郑之未灾也,里析⑬告子产曰:"将有大祥,⑭民震动,国几亡。吾身泯焉,弗良及也,⑮国迁⑯其可乎?"子产曰:"虽可。吾不足以定迁

---

① 昭公十八年当周景王二十一年丁丑岁,晋顷公二年,宋元公八年,卫灵公十一年,陈惠公六年,郑定公六年,许悼公二十三年,西历纪元前524年。
② 火,心宿,亦曰大火,一称商星,已见前。始昏见,初昏之时便出见天空也。
③ 梓慎,鲁大夫。善占候。
④ 东北曰融风。融风,木也。木,火母,故曰"火之始"。见杜《注》。
⑤ 七日,其火作乎,杜《注》:"从丙子至壬午七日,壬午水火合之相,故知当火作。"
⑥ 大甚,风更甚也。闽本作"火甚",非。
⑦ 大庭氏之库,已详前"大库之庭"注。其地高显,故梓慎登以望之,盖欲参近占以审前言也。慎于上年已占宋、卫、陈、郑将有火灾。
⑧ 裨灶,郑大夫。亦以善占候著称。
⑨ 上年裨灶亦占将有火灾,言于子产曰:"宋、卫、陈、郑将同日火,若我用瓘斝玉瓒,郑必不火。"盖欲用圭、爵、玉勺之属祀庙禳灾也,子产以天灾流行,非禳所息,故弗与至是,裨灶复请用之。以为不禳,将复灾,故云"不用吾言,郑又将火"。
⑩ 郑人信灶言,请子产用瓘斝玉瓒以禳之。
⑪ 多言者,或时有中,非必可征信也,故云"是亦多言矣,岂亦或信"。
⑫ 遂不与,亦不复火,子产竟未与瓘斝之物,郑亦竟不得灾也,盖天道难明,虽裨灶犹不足尽知之。
⑬ 里析,郑大夫,亦明晓灾祥者。
⑭ 祥,变异之气。大祥,大灾异也。
⑮ 吾身泯焉,弗良及也,言将先灾而死不及见之。良,语助辞,史传多云"良所未悟""良有以也",是古今共有此语也。见《正义》。
⑯ 国迁,迁都也。

矣。^①"及火，里析死矣，未葬，子产使舆三十人，迁其柩。^② 火作，子产辞晋公子、公孙于东门。^③ 使司寇出新客，^④ 禁旧客勿出于宫。^⑤ 使子宽、子上^⑥ 巡群屏摄，^⑦ 至于大宫。^⑧ 使公孙登徙大龟，^⑨ 使祝史徙主祏于周庙，^⑩ 告于先君。使府人、库人各儆其事。^⑪ 商成公儆司宫，^⑫ 出旧宫人，置诸火所不及。^⑬ 司马、司寇列居火道，行火所焮。^⑭ 城下之人，伍列登城。^⑮ 明日，使野司寇各保其征，^⑯ 郊人助祝史除于国北，^⑰ 禳火于玄冥、回禄，^⑱ 祈于四鄘。^⑲ 书焚室而宽其征，与之材。^⑳

---

① 吾不足以定迁矣，杜《注》："子产知天灾不可逃，非迁所免，故托以知不足。"
② 使舆三十人，迁其柩，子产使舆人三十名护迁里析之柩使远去也。
③ 辞晋公子、公孙于东门，晋人新来，犹未入国，故辞而止之，不使前也。
④ 出新客，言新来聘者犹未知郑之虚实，故出之使去也。
⑤ 禁旧客勿出于宫，为其知国情，不欲令其于纷乱之时引去也。
⑥ 子宽、子上皆郑大夫。时子大叔之子游速字子宽，浑罕亦字子宽，不知究何指。子游之父驷带字子上，但其时死已六年，当系别一大夫亦字子上者。
⑦ 屏摄，束茅为之，以定祭祀之位者。群屏摄，各处祭神之所也。祭神之所草易燃，故巡行之，以防引火。
⑧ 大宫，郑之祖庙。巡行之使不得及于火。
⑨ 公孙登，开卜大夫，故使先徙守庙之大龟以趋安全之所也。
⑩ 使祝史徙主祏于周庙，郑《注》："祏，庙主石函。周庙，厉王庙也。有火灾，故合群主于祖庙，易救护。"《正义》："每庙木主，皆以石函盛之，当祭则出之。事毕，则纳于函，藏于庙之北壁内，所以辟火灾也。……既有火灾，皆须防守，故合群主就于祖王庙，易救护也。"祏读如"石"。
⑪ 府库置货财所聚，故使府人、库人各儆其事，备火灾也。儆，备也；戒严也。
⑫ 商成公，郑大夫。司宫，寺人之官。儆，戒之使行也。
⑬ 出旧宫人，置诸火所不及，使司宫出先公之宫女，置于火所不及之地也。
⑭ 司马主兵，司寇主刑，故使列居火道，儆备非常。行火所焮者，巡视火所向处，督役以扑救也。焮读如"衅"，灸也。
⑮ 城下之人，伍列登城，为部伍登城，以备奸宄也。
⑯ 野司寇，县士也。火之明日，四方乃闻它，故戒保所征役之人。见杜《注》。
⑰ 郊人助祝史除于国北，使郊外之人助大祝、大史除治祭处于国之北方，盖欲就大阴之位禳火也。
⑱ 禳读如"攘"，祓解也。玄冥，水神。回禄，火神。
⑲ 祈于四鄘，杜《注》："鄘，城也。城，积土，阴气所聚，故祈祭之，以禳火之余灾。"
⑳ 书焚室而宽其征，与之材，记录被焚之家，宽其征敛赋税，并与之材木以助营建也。

三日哭，① 国不市。② 使行人告于诸侯。

宋、卫皆如是。③ 陈不救火，许不吊灾，君子是以知陈、许之先亡也。④……

七月，郑子产为火故，大为社，祓让于四方，振除火灾，礼也。⑤ 乃简兵大蒐，将为蒐除。⑥ 子大叔之庙在道南，其寝在道北，⑦ 其庭小，过期三日。⑧ 使除徒⑨陈于道南庙北，⑩ 曰："子产过女而命速除，乃毁于而乡。⑪" 子产朝，过而怒之，⑫ 除者南毁。⑬ 子产及衝，⑭ 使从者止之，曰："毁于北方。"⑮

火之作也，子产授兵登陴。⑯ 子大叔曰："晋无乃讨乎？"⑰ 子产曰："吾闻之，小国忘守则危，况有灾乎？国之不可小，有备故也。⑱" 既，⑲ 晋之边吏让郑⑳曰："郑国有灾，晋君大夫不敢宁居，卜筮走望，不爱

---

① 三日哭，君大夫三日举哀也。
② 国不市，亦以忧戚不会市也。
③ 宋、卫皆如是，宋、卫救灾恤民之政俱与郑国相当也。
④ 陈不救火，是不恤民也。许不吊灾，是不畏天也。一则不恤民隐，一则不畏天谴，故《传》称"君子是以知陈、许之先亡也"。
⑤ 大为社……礼也，言子产大治社庙于四方，祓除火灾，深得敬天恤民之礼也。
⑥ 将为蒐除，言将治兵于庙，以城内地迫故除而广之也。
⑦ 子大叔之庙在道南，其寝在道北，言游氏之家庙在道之南，而其住宅则在道之北也。为蒐而除，势将毁其宅矣。
⑧ 其庭小，过期三日，言游氏之蒐场小，不得一时毕，故过期三日也。
⑨ 除徒，除道之徒众也。
⑩ 陈于道南庙北，向家庙而立也。
⑪ 毁于而乡，对汝所向立之一面拆毁也。
⑫ 子产朝，过而怒之，子产朝君过其间，怒其不以时拆毁也。
⑬ 除者南毁，除道之众依子大叔之戒向南毁庙也。
⑭ 及衝，行及大道。
⑮ 毁于北方，言当北向毁宅，不当南向毁庙也。
⑯ 授兵登陴，授兵仗于伍列，登城之众使凭陴守望也。
⑰ 火作时，辞晋公子、公孙使止东门之外，而授兵登陴，实类叛晋，故子大叔以为晋无见讨乎。
⑱ 国之不可小，有备故也，言国虽小而他国不敢轻犯者，以其能修守备故也。
⑲ 既，犹云"未几"或"后来"。
⑳ 晋之边吏让郑，晋边疆之吏来责让郑国也。

牲玉。① 郑之有灾，寡君之忧也。今执事㈡然，② 授兵登陴，将以谁罪？边人恐惧，不敢不告。"子产对曰："若吾子之言，敝邑之灾，君之忧也。敝邑失政，天降之灾，又惧谗慝之间谋之，以启贪人，荐为敝邑不利，③ 以重君之忧。幸而不亡，犹可说也。④ 不幸而亡，君虽忧之，亦无及也。郑有他竟，望走在晋，⑤ 既事晋矣，其敢有二心？"

十九年⑥

是岁也，郑驷偃卒。子游娶于晋大夫，生丝，弱。⑦ 其父兄立子瑕。⑧ 子产憎其为人⑨也，且以为不顺，⑩ 弗许亦弗止。⑪ 驷氏耸。⑫

他日，丝以告其舅。冬，晋人使以币如郑，问驷乞之立故。⑬ 驷氏惧，驷乞欲逃。子产弗遣。请龟以卜，亦弗予。大夫谋对。子产不待而对客⑭曰："郑国不天，寡君之二三臣，札瘥夭昏。⑮ 今又丧我先

---

① 卜筮走望，不爱牲玉，言晋为郑灾之故，龟卜筮并走群望，不自爱惜其牺牲与玉帛也。
② ㈡然，劲忿貌。㈡读如"现"，通作"倜"，忿也；猛也。
③ 惧谗慝……荐为敝邑不利，言惧有谗潜邪慝之徒乘火灾之间而图谋之，以开启贪人之心，重为郑国之害也。荐，重也。
④ 犹可说也，犹可解说授兵之罪也。
⑤ 郑有他竟，望走在晋，言郑虽与他国接境，每瞻望晋为归赴之所也。
⑥ 昭公十九年当周景王二十二年戊寅岁，晋顷公三年，郑定公七年，西历纪元前523年。
⑦ 弱，幼少也。丝弱，子游卒时，其子驷丝犹幼少不任事也。
⑧ 子瑕，子游之叔父驷乞也。乞为公孙夏子西之子，驷带子上之弟。
⑨ 憎其为人，憎驷乞之为人。
⑩ 舍子立叔，故以为不顺也。
⑪ 许乞立是为违礼，故子产弗许。止乞立，是为远众，故子产亦弗止。
⑫ 耸，憟惧也。
⑬ 问驷乞之立故，问驷氏何故舍子而立叔也。
⑭ 不待而对客，不待大夫谋对之辞而径自对晋使也。
⑮ 札瘥夭昏，谓相继死亡也。析言之，夭死曰札，小疫曰瘥，短折曰夭，未名曰昏。未名，谓生未三月而死。瘥读如"矬"，病也，与通作"痊"为病愈之谊者异。

大夫偃，其子幼弱，其一二父兄惧队宗主，① 私族于谋而立长亲。② 寡君与其二三老曰，抑天实剥乱，是吾何知焉？③ 谚曰，无过乱门。④ 民有兵乱，犹惮过之，而况敢知天之所乱？今大夫将问其故，抑寡君实不敢知，其谁实知之？平丘之会，⑤ 君寻旧盟曰，无或失职！若寡君之二三臣，其即世者，晋大夫而专制其位，是晋之县鄙也，何国之为？⑥"

辞客币而报其使。⑦ 晋人舍之。⑧

二十年⑨

费无极言于楚子曰："建与伍奢将以方城之外叛。⑩ 自以为犹宋、郑也，齐、晋又交辅之，将以害楚。其事集矣。"王信之。问伍奢。伍奢对曰："君一过多矣，⑪ 何信于谗？"王执伍奢。使城父司马奋扬杀太子，⑫

---

① 惧队宗主，忧惧其宗主之失队也。队通"坠"。
② 私族于谋而立长亲，私于族人共谋，以为宜立亲之长者也。
③ 天实剥乱，是吾何知焉，言天自欲乱驷氏，非国所知也。
④ 无过乱门，戒勿过乱人之门，所以远之俾弗沾惹也。
⑤ 平丘之会在昭十三年，已见前。
⑥ 若寡君之二三臣……何国之为，言若郑大夫之死亡者皆由晋大夫制定其后嗣之位，是郑夷为晋之县鄙矣，尚何国体之存乎。
⑦ 辞客币而报其使，返还晋使之币，而遣人报谢之也。
⑧ 舍之，置而不问也。
⑨ 昭公二十年当周景王二十三年己卯岁，齐景公二十六年，卫灵公十三年，郑定公八年，楚平王七年，吴王僚五年。西历纪元前 522 年。
⑩ 楚平王为蔡公时，郧阳封人之女奔之，生大子建。及即位，使伍举之子奢为大子师。费无极为少师，无宠，欲潜诸王，乃曰："建可室矣。"王为之聘于于秦，无极与迎，劝王自取之。时相十九年正月也。既又言于平王曰："晋之伯也，迩于诸夏，而楚辟陋，故弗能与争。若大城城父而置大子焉，以通北方，王收南方，是得天下也。"王悦，从之，故大子建居于城父。城父处楚方城之外，在今河南郑县西四十里，与前迁许于夷之城父异地。至是，费无极谮之，故云"建与伍奢将以方城之外叛"。
⑪ 一过多矣，谓王纳建妻，过已多矣。
⑫ 奋扬，楚大夫，时为城父司马，故使就杀大子。

未至，而使遣之。① 三月，太子建奔宋。王召奋扬。奋扬使城父人执己以至。王曰："言出于余口，入于尔耳，谁告建也？"对曰："臣告之。君王命臣曰，事建如事余。② 臣不佞，不能苟贰。③ 奉初以还，不忍后命，④ 故遣之。既而悔之，亦无及已。"王曰："而敢来，何也？"对曰："使而失命，召而不来，是再奸⑤也，逃无所入。⑥"王曰："归。"从政如他日。⑦

无极曰："奢之子材，若在吴，必忧楚国，⑧ 盍以免其父召之。彼仁，⑨ 必来。不然，将为患。"王使召之，曰："来，吾免而父。"棠君尚⑩谓其弟员⑪曰："尔适吴，我将归死。吾知不逮，⑫我能死，尔能报。闻免父之命，不可以莫之奔也。亲戚为戮，不可以莫之报也。奔死免父，孝也。⑬ 度功而行，仁也。⑭ 择任而往，知也。⑮ 知死不辟，勇也。⑯ 父不可弃，⑰ 名不可废，⑱ 尔其勉之！相从为愈。⑲"伍尚归，奢闻员不来，

---

① 未至，而使遣之，奋扬奉命未至，知太子冤，故遣令逸去也。
② 君王命臣曰，事建如事余，奋扬以平王命己之辞提出也。
③ 苟贰，苟且而怀二心也。
④ 奉初以还，不忍后命，谓既奉初命以周旋，不忍遂行就杀之后命也。还同"旋"。
⑤ 再奸，再犯也。
⑥ 逃无所入，言虽欲逃避，无所可入也。
⑦ 从政如他日，赦还奋扬，令服官一如往日也。
⑧ 若在吴，必忧楚国，言伍奢之子俱有材能，若听其适吴，必为楚国之忧也。
⑨ 彼谓伍奢之子。仁谓爱其父。
⑩ 尚，伍奢之长子，时为楚棠邑大夫，故称棠君。棠，今江苏六合县。
⑪ 员，字子胥，伍尚弟。奔吴，仕阖庐，致霸。后阖庐之子夫差信谗，赐剑使自杀。吴竟为越所灭。员读如"云"。
⑫ 吾知不逮，伍尚自谓智不及员也。知同"智"。
⑬ 奔死免父，孝也，尚自勉之辞，意谓奔死以求免父罪，不失为孝也。
⑭ 度功而行，仁也，尚勖员之辞，意谓汝度量功力而求行汝志，不失为仁也。
⑮ 择任而往，知也，亦勖员之辞，意谓择能任报仇之国而出奔不失为智也。
⑯ 知死不辟，勇也，尚自勖，谓知归之必死而独不避，不失为勇也。
⑰ 兄弟俱去为弃父，故云"父不可弃"。
⑱ 兄弟俱死为废名，故云"名不可废"。
⑲ 相从为愈，言比之相从俱奔或俱死皆为差胜也。

曰："楚君大夫其旰食乎？"① 楚人皆杀之。②

员如吴，言伐楚之利于州于。③ 公子光曰："是宗为戮而欲反其雠，④ 不可从也。"员曰："彼将有他志。⑤ 余姑为之求士，而鄙以待之。⑥"乃见鱄设诸焉，而耕于鄙。⑦

卫公孟絷⑧ 狎齐豹，⑨ 夺之司寇与鄄，⑩ 有役则反之，⑪ 无则取之。⑫ 公孟恶北宫喜、⑬ 褚师圃，⑭ 欲去之。公子朝⑮ 通于襄夫人宣姜，⑯ 惧而欲以作乱。故齐豹、北宫喜、褚师圃、公子朝作乱。

初，齐豹见宗鲁于公孟，⑰ 为骖乘焉。⑱ 将作乱，而谓之曰："公孟之不善，子所知也。勿与乘，吾将杀之。"对曰："吾由子事公孟，子假吾名焉，故不吾远也。⑲ 虽其不善，吾亦知之。抑以利故，不能去，

---

① 伍奢知员不来，楚国将有吴忧，君相必不得早食，故云"楚君大夫其旰食乎"。旰读"幹"，晚也。
② 楚人皆杀之，尽杀伍奢、伍尚父子也。
③ 州于即吴王僚。
④ 是宗为戮而欲反其雠，言伍员之进计，实为己宗受戮，欲藉吴力以复仇耳。
⑤ 光欲弑僚自立，不利员之用事，故破其议。而员亦知之，故曰"彼将有他志"。
⑥ 余姑为之求士，而鄙以待之，员知计未得用，故欲物色勇士以求入于公子光，而己则退居于边鄙，以待时机也。
⑦ 乃见鱄设诸焉，而耕于鄙，员乃结交鱄设诸备用，而己退耕于吴鄙。鱄设诸，亦称鱄诸，一作"专诸"，吴之勇士也。
⑧ 公孟絷，卫襄公之子，卫灵公之兄，一称孟絷。絷之足不良，襄公卒，孔烝钼立其弟元，是为灵公。
⑨ 齐豹，齐恶之子。事灵公为司寇。狎，轻侮也。
⑩ 夺之司寇与鄄，夺豹之官及其食邑也。鄄，今山东鄄城县。
⑪ 有役则反之，絷足不良，有役则以官与邑还豹使行也。
⑫ 无则取之，若无征役则取其邑也。
⑬ 北宫喜，北宫括之孙，北宫佗之子也。
⑭ 褚师圃，盖以官为氏。褚师，掌市禁之官也。
⑮ 公子朝，宋之公子，仕卫为大夫。
⑯ 襄夫人宣姜，灵公之嫡母也。孟絷、灵公之母为婤姶，襄公之嬖人。
⑰ 宗鲁，公孟之家臣。见，荐达也。
⑱ 为骖乘焉，齐豹荐宗鲁于公孟，为公孟之骖乘。骖乘，旁驾之卫士也。
⑲ 子假吾名焉，故不吾远也，言子借我以善名，故公孟亲近我也。

昭　公　　425

是吾过也。今闻难而逃，是僭子①也。子行事乎，吾将死之，以周事子，②而归死于公孟，③其可也。"

丙辰，卫侯在平寿，④公孟有事于盖获之门外。⑤齐子氏帷于门外，而伏甲焉。⑥使祝鼃置戈于车薪以当门，⑦使一乘从公孟以出。⑧使华齐⑨御公孟，宗鲁骖乘。及闳中，⑩齐氏用戈击公孟，宗鲁以背蔽之，断肱，以⑪中公孟之肩，皆杀之。

公闻乱，乘驱自阅门入。⑫庆比⑬御公，公南楚⑭骖乘。使华寅乘二车。⑮及公宫，鸿骝魋驷乘于公，⑯公载宝以出。褚师子申遇公于马路之衢，⑰遂从。⑱过齐氏，使华寅肉袒执盖，以当其阙。⑲齐氏射公，中南楚之背。公遂出。寅闭郭门，⑳逾而从公。㉑公如死

---

① 僭子，使子言不信也。
② 周犹终竟也。周事子，谓子将行事，吾必死之，以终实子荐达之言也。
③ 归死于公孟，归其身以死公孟之难也。
④ 平寿，卫下邑，今地不详。
⑤ 盖获，卫之郭门。有事于盖获之门外，公孟设祭于郭门外也。
⑥ 齐子氏帷于门外，而伏甲焉，齐豹之家设帷于盖获门外，伪为看位而隐伏甲士于内也。
⑦ 祝鼃，齐氏党。鼃，"蛙"之本字。置戈于车薪以当门，用车载薪藏戈于其中，当门以要公孟之前也。
⑧ 使一乘从公孟以出，别使一车亦如前车之藏戈载薪以踵公孟之后也。
⑨ 华齐亦齐氏党。
⑩ 闳中，曲门之中。
⑪ 以，因也；藉也；遂也。
⑫ 阅门，卫城门名。乘驱，乘车疾驱也。阅门盖偏侧之门，其路远齐氏，故卫灵公得疾驱而入。
⑬ 庆比，灵公之党。
⑭ 公南楚即公子荆，南楚其字也。
⑮ 华寅亦灵公党。二车，副车也。
⑯ 鸿骝魋，盖亦灵公之党。驷乘于公，言公车及宫时，鸿骝魋复就公乘，一车遂载四人也。
⑰ 褚师子申，盖褚师圃之同族，亦灵公之党。马路之衢，当是城门内之衢路。
⑱ 遂从，子申即从公以出也。
⑲ 肉袒，示不敢与齐氏争。执盖，蔽公而去，以盖当侍从空阙之处。阙，空也。本杜《注》。
⑳ 闭郭门，阻追者之出也。
㉑ 逾而从公，逾郭而出，追从灵公也。

鸟,① 析朱鉏②宵从窦出,徒行从公。③

齐侯使公孙青④聘于卫,既出,闻卫乱,使请所聘。⑤公曰:"犹在竟内,则卫君也。"⑥乃将事焉。⑦遂从诸死鸟,请将事。辞曰:"亡人不佞,失守社稷,越在草莽。吾子无所辱君命。"宾⑧曰:"寡君命下臣于朝,曰,阿下执事,⑨臣不敢贰。⑩"主人曰:"君若惠顾先君之好,照临敝邑,镇抚其社稷,则有宗祧在。⑪"乃止。⑫卫侯固请见之,⑬不获命,以其良马见,⑭为未致使故也。⑮卫侯以为乘马。⑯宾将掫,⑰主人辞曰:"亡人之忧,不可以及吾子。草莽之中,不足以辱从者。敢辞。"宾曰:"寡君之下臣,君之牧圉也。若不获扞外役,是不有寡君⑱也。臣惧不免于戾,请以除死。⑲"亲执铎终夕,与于燎。⑳

齐氏之宰渠子召北宫子。㉑北宫氏之宰不与闻谋,杀渠子,遂伐齐氏,灭之。丁巳,晦,公入。与北宫喜盟于彭水㉒之上。秋七月戊

---

① 死鸟,当是卫郭门外东向适齐之地。
② 析朱鉏,卫定公弟子叔黑背之孙。
③ 宵从窦出,徒行从公,乘夜由城窦潜出,徒步往从灵公也。
④ 公孙青,字子石,齐顷公之孙。时奉齐景公之命聘卫。
⑤ 使请所聘,使人请命于景公,究应否致聘也。
⑥ 犹在竟内,则卫君也,言卫侯犹在卫之境内,则犹为卫君,未失国,当向之致聘也。
⑦ 乃将事焉,公孙青仍行聘事也。
⑧ 宾指公孙青,与下文"主人"对举。主人,卫君也。下同。
⑨ 阿,比也。下执事,臣下也。
⑩ 贰,违命也。
⑪ 则有宗祧在,言受聘当在宗庙也。
⑫ 乃止,不行聘事。
⑬ 卫灵公谦辞不受聘,然欲与公孙青相见,故固请见之。
⑭ 不获命,以其良马见,公孙青辞不获命乃以良马献卫灵公,以为相见之礼也。
⑮ 青尚未致使,不敢以客礼见,故云"为未致使故也"。
⑯ 卫灵公喜其敬己,故贵其物,以为乘马。
⑰ 掫,行夜也。宾将掫,青将巡夜以助守备也。
⑱ 有,相亲有。不有寡君,是不与寡君相亲有也。
⑲ 请以除死,请助夜行以免死罪也。
⑳ 亲执铎终夕,与于燎,设火燎以备守,亲自秉铎彻夜巡行也。
㉑ 齐氏之宰渠子召北宫子,召北宫喜同叛也。
㉒ 彭水,近卫都之水道。北宫喜本与齐氏同谋,故公先与喜盟。

午，朔，遂盟国人。八月辛亥，公子朝、褚师圃、子玉宵、①子高鲂②出奔晋。闰月戊辰，杀宣姜。③卫侯赐北宫喜谥曰贞子，赐析朱鉏谥曰成子，而以齐氏之墓予之。④

卫侯告宁于齐，且言子石。⑤齐侯将饮酒，遍赐大夫曰："二三子之教也。"⑥苑何忌⑦辞曰："与于青之赏，必及于其罚。⑧在《康诰》曰，父子兄弟，罪不相及。⑨况在群臣？臣敢贪君赐，以干先王。⑩"

琴张⑪闻宗鲁死，将往吊之。仲尼曰："齐豹之盗，而孟絷之贼，⑫女何吊焉。君子不食奸，⑬不受乱，⑭不为利疚于回，⑮不以回待人，⑯不盖不义，⑰不犯非礼。⑱"

齐侯疥，遂痁。⑲期而不瘳，⑳诸侯之宾问疾者多在。㉑梁丘据与裔款㉒言于公曰："吾事鬼神，丰于先君有加矣，今君疾病，为诸侯

---

① 子玉宵，齐氏党。
② 子高鲂，亦齐氏党。
③ 杀宣姜，以与公子朝通谋故。
④ 卫灵公以北宫喜灭齐氏，析朱鉏宵出从行，皆生赐谥及墓田。
⑤ 告宁于齐，且言子石，使使如齐告宁乱，且言公孙青之有礼也。
⑥ 齐景公喜子石敬卫侯，故遍赐大夫酒，曰二三子之教也。
⑦ 苑何忌，齐大夫。
⑧ 与于青之赏，必及于其罚，言青若有罪，亦当并受其罚也。
⑨ 父子兄弟，罪不相及，《周书·康诰》并无明文，盖推义得之。
⑩ 受赐则犯《康诰》之义，故云"干先王"。
⑪ 琴张，孔子弟子，字子开，名牢，与宗鲁为友。
⑫ 齐豹之盗而孟絷之贼，言齐豹之所以为盗，而孟絷之所以见贼，事皆由宗鲁也。
⑬ 君子当不食奸，而宗鲁知公孟之不善而受其禄，是食奸也。
⑭ 君子当不受乱，而宗鲁许豹行事，是受乱也。
⑮ 君子当不为利疚于回，而宗鲁以利故，不能去，是为利疚于回也。疚，病也。回，邪也。
⑯ 君子当不以回待人，而宗鲁知难不告，是以回待人也。
⑰ 君子当不盖不义，而宗鲁以周事豹自许，是盖不义也。
⑱ 君子当不犯非礼，而宗鲁以二心事絷，是犯非礼也。
⑲ 齐侯疥，遂痁，齐景公先因疥疾，后转疟疾也。痁读如"店"，疟也。
⑳ 期而不瘳，期年不愈也。
㉑ 时诸侯之宾之问疾者多在齐。
㉒ 梁丘据与裔款，皆齐之嬖大夫。

忧，是祝史之罪也。诸侯不知，其谓我不敬。①君盍诛于祝固、史嚚以辞宾？②"公说，告晏子。

晏子曰："日宋之盟，③屈建问范会之德于赵武。④赵武曰：夫子之家事治，言于晋国，竭情无私，其祝史祭祀，陈信不愧，其家事无猜，其祝史不祈。⑤建以语康王。⑥康王曰，神人无怨，宜夫子之光辅五君，⑦以为诸侯主也。"公曰："据与款谓寡人能事鬼神，故欲诛于祝史。子称是语，何故？"对曰："若有德之君，外内不废，⑧上下无怨，动无违事，其祝史荐信，无愧心矣。⑨是以鬼神用飨，国受其福，祝史与焉。⑩其所以蕃祉老寿者，为信君使也，其言忠信于鬼神。⑪其适遇淫君，⑫外内颇邪，上下怨疾，动作辟违，从欲厌私，⑬高台深池，⑭撞钟舞女，⑮斩刈民力，输掠其聚，⑯以成其违，不恤后人，暴虐淫从，肆行非度，无所还忌，⑰不思谤讟，不惮鬼神，神怒民痛，无悛于心，其

---

① 诸侯不知，其谓我不敬，言诸侯之国不知吾事鬼神之丰于先君，反将谓我致不敬不虔，故不获福佑也。

② 祝固，齐之大祝。史嚚，齐之大史。嚚读如"银"。诛于……以辞宾，欲杀固、嚚以辞谢来问疾之宾也。

③ 宋之盟在襄二十七年，已见前。日，往日也。

④ 屈建即楚子木。范会即晋范武子士会。赵武即赵文子。俱见前。

⑤ 不祈，无求也。盖家无猜疑之事，则祝史无求于鬼神也。

⑥ 康王，楚康王。

⑦ 五君谓晋文、襄、灵、成、景五公也。

⑧ 外内不废，内外皆无废事也。

⑨ 君有功德，祝史陈说之无所愧，故云"祝史荐信，无愧心矣"。

⑩ 与焉，祝史与国同受福佑也。

⑪ 其所以蕃祉老寿者……其言忠信于鬼神，言祝史如为诚信之君所使，其所以告于鬼神者皆忠直诚信之言，故与受其福，为蕃祉老寿。蕃，庶也；多也。祉，福也。

⑫ 淫君，放纵邪辟之君。

⑬ 从欲厌私，纵一己之欲以厌足私情也。

⑭ 高台深池，所以见淫君极游观之美。

⑮ 撞钟舞女，所以见淫君极声色之奉。

⑯ 斩刈民力，言尽用民力如刈草菅。输掠其聚，言夺取民间之积聚如寇盗之劫掠也。

⑰ 还忌，顾忌也。

祝史荐信，是言罪也。① 其盖失数美，是矫诬也。② 进退无辞，则虚以求媚。③ 是以鬼神不享其国以祸之，祝史与焉。④ 所以夭昏孤疾者，为暴君使也，其言僭嫚于鬼神。⑤"公曰："然则若之何？"对曰："不可为也。⑥ 山林之木，衡鹿守之。泽之萑蒲，舟鲛守之。薮之薪蒸，虞候守之。海之盐蜃，祈望守之。⑦ 县鄙之人，入从其政。逼介之关，暴征其私。⑧ 承嗣大夫，强易其贿。⑨ 布常无艺，⑩ 征敛无度。宫室日更，淫乐不违。⑪ 内宠之妾，肆夺于市。⑫ 外宠之臣，僭令于鄙。⑬ 私欲养求，不给则应。⑭ 民人苦病，夫妇皆诅。⑮ 祝有益也，诅亦有损。⑯ 聊、摄以东，⑰ 姑、尤以西，⑱ 其为人也多矣。⑲ 虽其善祝，岂能胜亿兆⑳人

---

① 凡上述种种，如祝史以实白神不啻直陈君之罪恶，故云"祝史荐信，是言罪也"。
② 其盖失数美，是矫诬也，言其或掩盖过失而举数美善，则明明枉曲虚诬矣。
③ 进退无辞，则虚以求媚，言祝史遇此，势必进退失据，于是乎作虚辞以求媚于神也。
④ 与焉，祝史与国同受灾祸也。
⑤ 所以夭昏孤疾者……其言僭嫚于鬼神，言祝史如为暴虐之君所使，其所以告于鬼神者皆不信欺嫚之言，故与受其祸，为夭昏孤疾。夭、昏俱见前，孤特也。孤疾，特有之笃病也。
⑥ 不可为也，言非诛祝史所能治也。
⑦ 山林之木……祈望守之，言公专有山海泽薮之利，不与民共也。衡鹿、舟鲛、虞候、祈望皆官名，即分掌山、林、泽、薮海产之政者。萑读如"桓"，荻也。蒸，薪之细者。
⑧ 县鄙之人……暴征其私，言边鄙之人既入服政役，而近关征税者乃暴夺其私物也，逼，近也。介，隔也。逼介之关，迫近国都之关也。
⑨ 承嗣大夫，强易其贿，大夫之世位者每强改其财贿也。
⑩ 布常无艺，言布政无法度也。
⑪ 不违，不去也。
⑫ 肆夺于市，横行于市以征取技巧之物也。
⑬ 僭令于鄙，诈为教令于边鄙也。
⑭ 私欲养求，不给则应，言嬖宠臣妾纵其私欲，长养求觅，所求不给，则应之以罪也。
⑮ 诅，怨讪也；咒恨也。
⑯ 祝有益也，诅亦有损，言祝史祷祝若有所益，则夫妇诅咒亦有所损也。
⑰ 聊、摄，齐之西界。故聊城在今山东聊城县西北，故摄城在今山东博平县西南二十里。以东，明指齐境。
⑱ 姑、尤，齐之东界。姑水即今山东黄县之大姑河，尤水即今山东掖县之小姑河。以西与"以东"对照，明说齐之全境矣。
⑲ 其为人也多矣，言境内诅咒之人之多也。
⑳ 万万曰亿，万亿曰兆，极言其多也。

之诅。君若欲诛于祝史，修德而后可。"

公说，使有司宽政，毁关，去禁，薄敛，已责。①……

齐侯至自田，②晏子侍于遄台。③子犹驰而造焉。④公曰："唯据与我和夫？"⑤晏子对曰："据亦同也，焉得为和？"公曰："和与同异乎？"⑥对曰："异。和如羹焉，⑦水火醯醢盐梅以烹鱼肉，燀之以薪。⑧宰夫和之，齐之以味，济其不及，以泄其过。⑨君子食之，以平其心。⑩君臣亦然。⑪君所谓可而有否焉，臣献其否以成其可。⑫君所谓否而有可焉，臣献其可以去其否。⑬是以政平而不干，⑭民无争心。故《诗》曰，亦有和羹，既戒既平。⑮鬷嘏无言，时靡有争。⑯先王之济五味，和五声也，平其心，以成其政也。⑰声亦如味，⑱一气，⑲二体，⑳

---

① 毁关，毁逼介之关。去禁，去山泽之禁。已责，除逋欠之债。责，"债"之本字。
② 齐景公疾愈，行猎于沛泽，时归自田所，故云"至自田"。
③ 遄台，薄姑城内之高台，在今山东临淄县西五十里，俗呼戏马台。
④ 子犹，即梁丘据。驰而造焉，闻景公在遄台，特驾车疾驱往候也。
⑤ 唯据与我和夫，景公嬖据甚，以为唯据能知其心而应其志，故有此得意忘形之问也。
⑥ 景公闻晏子"据同，焉得为和"之论，以为和与同即一物，故诧问和之与同亦有异乎。
⑦ 和如羹焉，言所谓"和"者当以调羹为喻耳。
⑧ 醯读如"希"，即今之醋。醢读如"海"，肉酱也。醯醢联用，盖调味之物。盐与梅亦调味者。燀之以薪，用薪以扬火也。燀读如"禅"，炊也。
⑨ 宰夫，治庖之官。齐同"剂"，调也。济，益也。泄，除也；灭也。泄其过，灭杀其过多之味也。
⑩ 味和则心自平，故云"以平其心"。
⑪ 君臣亦然，言君臣相处亦当如和羹也。
⑫ 否，不可也。臣献其否以成其可，献君之不可，以成君之可也。
⑬ 臣献其可以去其否，献君之可，以替去其不可也。
⑭ 政平而不干，政得其平而上下不相犯也。
⑮ 亦有和羹，既戒既平，见《诗·商颂·烈祖》篇。言中宗能与贤者和齐可否，其政如羹，其臣皆敬戒其事，志性和平也。
⑯ 鬷嘏无言，时靡有争，亦《烈祖》篇句，即踵前句之后。言总大政，能使上下皆如和羹也。鬷读如"宗"，总也。嘏，大也。
⑰ 先王之济五味……成其政也，林《释》：声味皆和，故其心平。心既平，其政始成。
⑱ 齐和五声，亦如齐和五味，故云"声亦如味"。
⑲ 乐须气以动，故当专一其气。
⑳ 乐之动身体者唯有舞耳。文舞执羽籥，武舞执干戚，是舞有文武二体也。见《正义》。

三类，①四物，②五声，③六律，④七音，⑤八风，⑥九歌，⑦以相成也。⑧清浊，小大，短长，疾徐，哀乐，刚柔，迟速，高下，出入，周疏，以相济也。⑨君子听之，以平其心。心平德和。故《诗》曰，德音不瑕。⑩今据不然。君所谓可，据亦曰可。君所谓否，据亦曰否。若以水济水，谁能食之？⑪若琴瑟之专一，谁能听之？⑫同之不可也如是。"

饮酒乐。公曰："古而无死，其乐若何。"晏子对曰："古而无死，则古之乐也，君何得焉。⑬昔爽鸠氏始居此地，⑭季荝因之，⑮有逢伯陵⑯因之，蒲姑氏⑰因之，而后大公⑱因之。古若无死，爽鸠氏之乐，非君

---

① 三类，《正义》："乐以歌诗为主。诗有风、雅、颂，其类各别，知三类为风、雅、颂也。一国之事，诸侯之诗为风。天下之事，天子之诗为雅。成功告神为颂。是三者类别各不同。"

② 四物，《正义》："乐之所用八音之器，金、石、丝、竹、匏、土、革、木，其物非一处能备，故杂用四方之物以成器。"

③ 五声，杜《注》："宫、商、角、徵、羽。五声，宫为君，商为臣，角为民，徵为事，羽为物。"徵读如"止"。

④ 六律，杜《注》："黄钟、大蔟、姑洗、蕤宾、夷则、无射也。阳声为律，阴声为吕。此十二月气。"蔟读如"簇"。蕤读如"甤"。射读如"亦"。

⑤ 七音，宫、商、角、徵、羽、变宫、变徵也，杜《注》："周武王伐纣，自午及子凡七日。王因此以数合之，以声昭之，故以七同其数以律和其声，谓之七音。"

⑥ 八风，八方之风也。东北曰条风，又名融风。东方曰明庶风。东南曰清明风。南方曰景风，又曰凯风。西南曰凉风，西方曰阊阖风。西北曰不周风，北方曰广莫风。见《易纬·通卦验》。

⑦ 九歌，歌九功之德也。六府三事，谓之九功。六府者，水、火、金、木、土、谷也。三事者，正德利用、厚生生也。是皆养民之政，出《书·大禹谟》。

⑧ 此言和乐者，必合此九者然后始得相成，故云"以相成也"。

⑨ 清浊……以相济也，此言和乐者必斟酌轻重，调节合度，始得集事也。周，密也。

⑩ 德音不瑕，《诗·裔风·狼跋》篇之末句也。义取心平则德音无阙耳。

⑪ 以水济水，谁能食之，言调味者如以水益水，人将不能食之也。

⑫ 琴瑟之专一，谁能听之，言和乐者如专用单音而无他音以调节之，人将不能听受也。

⑬ 古而无死……君何得焉，言自古如无死亡，则今日之乐皆古人之乐也，君又何从得享受之耶。

⑭ 爽鸠氏，少皞氏之司寇，实封于薄姑，故云"始居此地"。

⑮ 季荝，虞、夏时诸侯，代爽鸠氏有此地者，故云"因之"。

⑯ 有逢伯陵，姜姓，殷之诸侯，代季荝者。

⑰ 蒲姑氏，亦作蒲姑氏，殷、周间诸侯，代逢公者。

⑱ 大公，齐之祖尚父，佐周武王开周者。

所愿也。①"

郑子产有疾,谓子大叔曰:"我死,子必为政。唯有德者能以宽服民。其次莫如猛。夫火烈,民望而畏之,故鲜死焉。水懦弱,民狎而玩之,则多死焉。故宽难。②"疾数月而卒。大叔为政,不忍猛而宽。郑国多盗,取人于萑苻之泽。③大叔悔之,曰:"吾早从夫子,不及此。"兴徒兵以攻萑苻之盗,尽杀之。盗少止。

仲尼曰:"善哉!政宽则民慢,慢则纠之以猛。猛则民残,残则施之以宽。宽以济猛,猛以济宽,政是以和。《诗》曰,民亦劳止,汔可小康。惠此中国,以绥四方。施之以宽也。④毋从诡随,以谨无良。式遏寇虐,惨不畏明。纠之以猛也。⑤柔远能迩,以定我王。平之以和也。⑥又曰,不竞不絿,不刚不柔。布政优优,百禄是遒。⑦和之至也。"

及子产卒,仲尼闻之,出涕曰:"古之遗爱也。"⑧

---

① 爽鸠氏之乐,非君所愿也,言古如无死,则今日之乐当为爽鸠氏所专,恐非君之所愿闻矣。盖齐侯甘于所乐,志于不死,晏子乃称古以节其情耳。

② 施政以水火为喻,则宽为难治,故云"宽难"。

③ 萑苻之泽,即圃田泽,在今河南中牟县西北七里。萑读如"桓",苻同"蒲",葭苇也。取人于萑苻之泽,于葭苇丛生之泽薮中劫人取贿也,后世谓盗薮为"萑苻",本此。

④ 民亦劳止……以绥四方,《诗·大雅·生民之什·民劳》篇第一章首四句。言周厉王暴虐,民劳于苛政,故诗人刺之,欲其施宽政,故云"施之以宽也"。汔,其也。康、绥皆安也。

⑤ 毋从诡随……惨不畏明,《民劳》篇第一章次四句也。毋,今本作"无"。从,今本作"纵"。惨今本作"憯"。《正义》云:"诡随谓诡人为善,随人小恶,此虽恶之小者,其事不可舍从也。毋得从此诡随之人,以谨敕彼无善之人。无善之恶大于诡随,诡随不从,则无善息止,是谨敕之也。寇虐之恶人又大于无善。式,用也。遏,止也。憯,曾也。王当严为刑威,用此臣民之间为寇盗苛虐,曾不畏明白之刑者。……欲其纠之以猛也。"

⑥ 柔远能迩,以定我王,《民劳》篇第一章末二句。《正义》云:"柔,安也。迩,近也。能谓才能也。王者当以宽政安慰远人,使之怀附,则各以才能自进者,是近人也。远者怀而归,近者以能自进,用此以定我为王之功。……言平之以和也。"

⑦ 不竞不絿……百禄是遒,《诗·商颂·长发》篇第四章后四句。竞,强也。絿,急也。优优,和也。遒,聚也。《正义》云:"汤之为政,不大强,不大急,不大刚,不大柔,布行政教优优然和缓,百种福禄于是聚而归之,言其和之至也。"

⑧ 子产见爱,有古人之遗风,故云"古之遗爱也"。

二十一年①

宋华费遂②生华貙、华多僚、华登。貙③为少司马。多僚为御士，与貙相恶，乃谮诸公曰："貙将纳亡人。"④亟⑤言之。公曰："司马以吾故亡其良子。⑥死亡有命，吾不可以再亡之。"对曰："君若爱司马，则如亡。死如可逃，何远之有？"⑦公惧，使侍人召司马之侍人宜僚，⑧饮之酒，而使告司马。⑨司马叹曰："必多僚也。⑩吾有谗子而弗能杀，吾又不死，抑君有命，可若何？"乃于公谋逐华貙，将使田孟诸而遣之。⑪公饮之酒，厚酬之，⑫赐及从者。司马亦如之。⑬张匄尤之，⑭曰：

---

① 昭公二十一年当周景王二十四年庚辰岁，宋元公十一年，晋顷公五年，齐景公二十七年，卫灵公十四年，曹悼公三年，楚平王八年，吴王僚六年，西历纪元前521年。
② 华费遂，宋戴公子好父说之后，华元之族孙也，已见前。时为宋大司马。
③ 华貙、华多僚时俱仕宋，华登则以事于上年出奔吴。貙字子皮。
④ 宋元公无信多私，而恶华氏与向氏。华椒之孙华定及其族昆弟华亥与向戌之子向宁谋乱。昭二十年夏，华亥伪有疾，以诱群公子。公子问之，则执之。六月丙申，亥杀公子寅、公子御戎、公子朱、公子固、公孙援、公孙丁，并囚向胜、向行，皆公之党也。公未知诸人之死，如华氏请，遂劫公取大子栾与母弟辰、公子地以为质。公亦取华亥之子华无戚、向宁之子向罗、华定之子华启与华氏盟，以为质。于是宋之八大夫，平公之子公子城、群公子公孙忌、乐喜之孙乐舍、司马强、向戌之子向宜、向郑、楚平王之亡大子楚建、小邾穆公之子邾甲皆以党于公，出奔郑。子城又为华氏所败，别走晋。冬十月，公杀华、向之质而攻之，华亥、华定、向宁皆奔陈，华登奔吴。至是，华多僚谮华貙将纳亡人，即指华亥等而言。
⑤ 亟，数也；频也；屡也。读如"器"。
⑥ 司马以吾故亡其良子，言费遂以己之故致使其子出亡也。
⑦ 君若爱司马……何远之有，多僚耸动元公之危词，意谓君如顾爱大司马，则当亡走失国，亡走如可逃死，勿虑其道远也。
⑧ 宜僚，华费遂之家臣。
⑨ 使告司马，使宜僚告费遂，逐去华貙也。
⑩ 费遂闻宜僚传君之言，知必为多僚谗潜所致，故有"必多僚也"之叹。
⑪ 孟诸，宋之泽薮，亦称望诸，在今河南商丘县东北，接虞城县界。已湮。使田孟诸而遣之，使貙猎于孟诸，因而遣出之也。
⑫ 厚酬之，厚赐酒币以侑欢也。
⑬ 司马亦如之，华费遂亦厚赐貙，如公之所赐也。
⑭ 张匄，貙之家臣。尤，怪也。尤之，怪所赐之厚也。

"必有故。"使子皮承宜僚以剑而讯之。①宜僚尽以告。②张匄欲杀多僚。子皮曰："司马老矣，登之谓甚。吾又重之，不如亡也。"③五月丙申，子皮将见司马而行，则遇多僚御司马而朝。张匄不胜其怒，遂与子皮、臼任、郑翩④杀多僚，劫司马以叛，而召亡人。壬寅，华、向入。⑤乐大心、丰愆、华牼御诸横。⑥华氏居卢门，以南里叛。⑦六月庚午，宋城旧鄘⑧及桑林之门而守之。⑨……

冬十月，华登以吴师救华氏。⑩齐乌枝鸣戍宋。⑪厨人濮⑫曰："军志有之，先人有夺人之心，后人有待其衰。⑬盍及其劳且未定也，伐诸。若入而固，则华氏众矣，悔无及也。"从之。丙寅，齐师、宋师败吴师于鸿口，⑭获其二帅公子苦雂、偃州员。⑮华登帅其余以败宋师。⑯公欲出，⑰厨人濮曰："吾小人，可藉死而不能送亡。⑱君请待之。⑲"乃

---

① 子皮承宜僚以剑而讯之，华貙以剑胁宜僚而问其详委也。
② 尽以告，尽以所闻公与华费遂之谋告貙也。
③ 司马老矣……不如亡也，言登之奔吴，已甚伤老父之心，吾若杀多僚，是重伤其心矣，不如出亡之为愈也。
④ 臼任、郑翩俱貙之家臣。
⑤ 华、向入，华亥、华定、向宁自陈还宋也。
⑥ 横，在今河南商丘县西南，即横亭，亦称横城，一呼光城。乐大心，乐溷之族父。丰衍，宋大夫。华牼，华亥之庶兄。牼读如"铿"。
⑦ 卢门，宋东南城门。南里，城内里名，近卢门。
⑧ 旧鄘，故都也。鄘通作"墉"。
⑨ 桑林之门，宋外城之城门。时华、向已入宋，宋遂就其外围，修复旧墉及桑林门以围守之。
⑩ 华登在吴，闻华氏被围，遂以吴师来救华氏。
⑪ 乌枝鸣，齐大夫。时助宋戍守，故云"戍宋"。
⑫ 厨人濮，宋厨邑大夫。厨邑今地不详。
⑬ 军志有之，犹言兵书有此语也。先人有夺人之心，后人有待其衰，即军志语。言先事而掩人者，夺其心志也；后事而胜人者，待其衰竭也。
⑭ 鸿口，即今河南商丘、虞城二县界上之鸿口亭。
⑮ 公子苦雂、偃州员皆吴大夫。雂读如"箝"。员读如"云"。
⑯ 华登帅其余以败宋师，登乘宋师恃胜而骄，故得率吴之余师以复败之也。帅同"率"。
⑰ 公欲出，元公欲出奔也。
⑱ 可藉死而不能送亡，言可借我以死难，不能强我从亡也。
⑲ 君请待之，请君且待复战而下决胜负也。

徇曰:"扬徽者,公徒也。"① 众从之。② 公自扬门③见之,下而巡之,④曰:"国亡君死,二三子之耻也,岂专孤之罪也?"⑤ 齐乌枝鸣曰:"用少,莫如齐致死。⑥ 齐致死,莫如去备。⑦ 彼多兵矣,诸皆用剑。⑧"从之。华氏北,⑨复即之。⑩ 厨人濮以裳裹首而荷以走,曰:"得华登矣。"⑪ 遂败华氏于新里。⑫

翟偻新⑬居于新里,既战,说甲于公而归。⑭ 华妵⑮居于公里,亦如之。⑯

十一月癸未,公子城以晋师至,⑰曹翰胡⑱会晋荀吴、齐苑何忌、卫公子朝⑲救宋。丙戌,与华氏战于赭丘。⑳ 郑翩愿为鹳,其御愿为鹅。㉑

---

① 徽,标识也。厨人濮徇于宋人,欲令自效于元公,则莫如举标识以自明,故呼曰"扬徽者,公徒也"。
② 众从之,宋人从厨人濮之言,皆扬徽以自别也。
③ 扬门,宋都城之正东门。
④ 下而巡之,元公见国人皆扬徽自效,遂下城抚循之也。
⑤ 国亡君死……岂专孤之罪也,言宋国若亡,宋君死难,此大夫国人之所共耻也。岂特孤一人之罪耶。盖元公借此激励其众之辞。
⑥ 用少,莫如齐致死,言欲以少击众,莫如齐致其死力也。
⑦ 齐致死,莫如去备,言既齐致其死力矣,莫如去长兵用短兵也。备,长兵器。
⑧ 诸皆用剑,即去长兵用短兵也。
⑨ 华氏北,华氏败走也。
⑩ 复即之,乘胜复进以就之也。
⑪ 以裳裹首,用下衣裹一死人之头也。荷以走,故意高揭此死人之头负之以周行也。得华登矣,诈言已斩获华登之头也。
⑫ 新里,杜云华氏所取邑。顾栋高云,恐未然,意亦城内里名,如前南里之类耳。顾说较胜。
⑬ 翟偻新,元公臣。
⑭ 说同"脱"。说甲于公而归,盖居华氏地而助公战也。
⑮ 华妵,华氏族。杜氏《世族谱》以为华合比之子。妵读如"䗒"(tǒu)。
⑯ 居于公里,亦如之,妵为华氏族人,故助华氏,亦如偻新之说甲而归也。公里,公所居之里也。
⑰ 公子城上年奔晋,今还救宋,故以晋师至。
⑱ 翰胡,曹大夫。
⑲ 荀吴、苑何忌、公子朝俱见前。公子朝上年出奔晋,今还卫,遂将卫师会晋、齐、曹之师救宋。
⑳ 赭丘,宋地。玩索下文"大败华氏围诸南里"之语,则当在国都附近也。
㉑ 鹳、鹅,皆阵势之名。

子禄①御公子城，庄堇②为右。干犫御吕封人华豹，③张匄为右。相遇，城还。④华豹曰："城也。"⑤城怒而反之。⑥将注，豹则关矣。⑦曰："平公之灵尚辅相余。"⑧豹射出其间。⑨将注，则又关矣。曰："不狎，鄙。"⑩抽矢。⑪城射之，殪。⑫张匄抽殳而下，⑬射之，折股。⑭扶伏而击之，折轸。⑮又射之，死。⑯干犫请一矢。⑰城曰："余言女于君。"⑱对曰："不死伍乘，⑲军之大刑也。干刑而从子，君焉用之？子速诸！"乃射之，殪。⑳大败华氏，围诸南里。

华亥搏膺㉑而呼，见华貑曰："吾为栾氏矣。"㉒貑曰："子无我迂，不幸而后亡。"㉓使华登如楚乞师。华貑以车十五乘，徒七十人，犯师

---

① 子禄，向宜字。
② 庄堇，庄朝之子。
③ 干犫，华豹之御。华豹，华氏党，为吕地封人之官，故称吕封人。
④ 相遇，城还，两军相遇公子城不欲显为敌，故回车而避也。
⑤ 华豹初未辨来战者为谁何，及见城回车乃不禁脱口而呼曰城也。
⑥ 城怒而反之，公子城怒豹之呼己，遂反身还战也。
⑦ 注，傅矢着弦也。关通"弯"，引弓将射也。将注，豹则关矣，公子城将傅矢，华豹已弯弓待射矣。
⑧ 平公城父，故城曰"平公之灵尚辅相余"。
⑨ 豹射出其间，豹发之矢出于子城、子禄之间而无所中也。
⑩ 狎，更也。不狎，鄙言汝如连射而不让余更番对射者，汝实为鄙夫也。
⑪ 抽矢，豹闻城言遂抽矢止射也。
⑫ 殪，华豹饮矢而死也。
⑬ 殳，戈属，长丈二，树于车边。张匄见豹死，急抽殳而下以击城。
⑭ 射之，折股，城射匄，折其股也。
⑮ 扶伏同"匍匐"。折轸，张匄既断股，力疾匍匐击公子城，折城之车轸也。
⑯ 又射之，死，城再射匄，匄遂死也。
⑰ 干犫请一矢，干犫以豹、匄俱死，遂弃车不御，求城速以一矢射死己也。
⑱ 言女于君，为汝进言于宋君，意欲活之也。
⑲ 同乘共伍，死则皆死。今干犫同车三人，其二已死，故曰"不死伍乘"。
⑳ 乃射之，殪，干犫又死也。
㉑ 华亥已见前。搏，拍也。膺，胸也。
㉒ 晋乐盈还人作乱，事未成而族灭，已见襄二十三年。华亥在围见华貑，以为我举事不成而死，将与栾氏同，故曰"吾为栾氏矣"。
㉓ 迂读如"旺"，恐也。子无我迂，不幸而后亡，言汝无恐我事不成至不幸亦止奔亡耳，未必遂见死灭也。

而出。① 食于睢上，② 哭而送之，乃复入。③

楚薳越④师师将逆华氏。大宰犯⑤谏曰："诸侯唯宋事其君，⑥ 今又争国，释君而臣是助，⑦ 无乃不可乎？"王曰："而告我也后，既许之矣。"⑧……

二十二年⑨

楚薳越使告于宋，⑩ 曰："寡君闻君有不令之臣为君忧。无宁以为宗羞，寡君请受而戮之。⑪" 对曰："孤不佞，不能媚于父兄，⑫ 以为君忧。拜命之辱。⑬ 抑君臣日战，⑭ 君曰余必臣是助，亦唯命。人又言曰，唯乱门之无过。⑮ 君若惠保敝邑，无亢不衷，以奖乱人，⑯ 孤之望也。唯君图之。"楚人患之。⑰ 诸侯之戍谋⑱曰："若华氏知困

---

① 犯师而出，貙冲公师而出，而送华登如楚也。
② 睢上，睢水之上。在今河南睢县境。
③ 复入，貙复入南里也。
④ 薳越，薳启疆之后。
⑤ 大宰犯，楚之大宰名犯者。
⑥ 时诸侯之国皆有君臣之乱，唯宋犹能事其君，故云"诸侯唯宋事其君"。
⑦ 释君而臣是助，言舍国君不助而唯助其臣也。
⑧ 而告我也后，既许之矣，言汝告我已迟，我既许之，不及变更矣。
⑨ 昭公二十二年当周景王二十五年辛巳岁，宋元公十二年，晋顷公六年，齐景公二十八年，卫灵公十五年，曹悼公四年，楚平王九年，西历纪元前520年。
⑩ 薳越奉命帅师救华氏，故使人告于宋也。
⑪ 无宁以为宗羞，寡君请受而戮之，言华氏在宋，实宋宗庙之羞耻，楚君愿得收而戮之，盖不能明言救拔，故如此措辞也。
⑫ 华、向皆宋之公族，故称父兄。
⑬ 拜命之辱，拜辱楚君之命也。
⑭ 日，二也，见《广雅·释诂》。日战或有交相战之意义乎。
⑮ 唯乱门之无过，即"无过乱门"，已见前。
⑯ 无亢不衷，以奖乱人，言无为高亢不协中正之事，以奖助叛乱之人也。
⑰ 患之，患宋之以义见拒也。
⑱ 诸侯之戍谋，诸侯助宋成守之诸帅相与谋议也。

而致死,^① 楚耻无功而疾战,^② 非吾利也。不如出之,以为楚功,^③ 其亦无能为也已。^④ 救宋而除其害,又何求?"乃固请出之。宋人从之。已巳,宋华亥、向宁、^⑤ 华定、^⑥ 华䝙、华登、皇奄伤、^⑦ 省臧、^⑧ 士平^⑨ 出奔楚。

宋公使公孙忌为大司马,^⑩ 边卬为大司徒,^⑪ 乐祁为司城,^⑫ 仲几为左师,^⑬ 乐大心为右师,^⑭ 乐輓为大司寇,^⑮ 以靖国人。

二十三年^⑯

吴人伐州来,^⑰ 楚薳越帅师^⑱ 及诸侯之师奔命救州来。吴人御诸钟离,^⑲ 子瑕卒,楚师熸。^⑳

---

① 华氏知困而致死,言华氏若知困迫之不解而齐致其死力也。
② 楚耻无功而疾战,言楚若以无功为耻而奋于一战也。
③ 不如出之,以为楚功,言不如解围听华、向出奔,使楚人得取其救华氏之功也。
④ 华氏经此创败,已不能复为宋患,故云"其亦无能为也已"。
⑤ 向宁,向戌子。已见前。
⑥ 华定,华椒孙。已见前。
⑦ 皇奄伤,华、向之党。
⑧ 省臧,亦华、向党。
⑨ 士平,亦华、向党。
⑩ 公孙忌,所出未详。时元公使代华费遂为大司马。
⑪ 边卬,宋平公曾孙。时受元公命,代华定为大司徒。
⑫ 乐祁,即乐喜之孙乐祁犂,字子梁。时受命为司城。
⑬ 仲几,宋庄公孙公孙师之孙,仲江之子。时代向宁为左师。
⑭ 乐大心,已见前。时代华亥为右师。
⑮ 乐輓亦乐喜孙,时受命为大司寇。
⑯ 昭公二十三年当周敬王元年壬午岁,楚平王十年,吴王僚八年,西历纪元前519年。周敬王名匄,景王子。在位四十四年,为周朝第二十六王。
⑰ 州来已见前。为楚险要,吴欲从入楚,必争此地,故吴人伐之。
⑱ 时楚令尹阳匄以疾从戎,故大夫薳越摄其事,帅师救州来。阳匄字子瑕,穆王曾孙,亦称令尹子瑕。
⑲ 钟离,楚邑,今安徽凤阳县东四里有钟离旧城。
⑳ 吴、楚之间谓火灭为"熸",熸读如"戈"。令尹子瑕既不起,则军之重主丧亡,其军人气焰乃大杀,如火之灭矣,故云"楚师熸"。

吴公子光曰："诸侯从于楚者众，而皆小国也。畏楚而不获已，是以来。吾闻之曰，作事威克其爱，虽小必济。①胡、沈之君幼而狂，②陈大夫啮壮而顽，③顿与许、蔡疾楚政。④楚令尹死，其师燀，帅贱多宠，政令不壹。⑤七国⑥同役而不同心，帅贱而不能整，无大威命，楚可败也。若分师先以犯胡、沈与陈，必先奔。三国败，诸侯之师乃摇心矣。诸侯乖乱，楚必大奔。请先者去备薄威，后者敦陈整旅。⑦"吴子⑧从之。戊辰，晦，战于鸡父。⑨吴子以罪人三千，先犯胡、沈与陈。三国争之。⑩吴为三军以系于后，⑪中军从王，光师右，掩馀⑫帅左。吴之罪人或奔或止，三国乱。⑬吴师击之，三国败，获胡、沈之君及陈大夫。舍胡、沈之囚，使奔许与蔡、顿曰："吾君死矣！"师噪而从之，三国奔。楚师大奔。……

楚大子建之母在郧，⑭召吴人而启之。⑮冬十月甲申，吴大子诸

---

① 作事威克其爱，虽小必济，言军事尚威，若能克胜其爱者，虽小国必有成功也。克，胜也。
② 胡，姬姓国。沈，嬴姓国。时俱沦为楚附庸。胡、沈之君谓胡子髡、沈子逞。幼而狂，年幼而举动无常度也。
③ 陈大夫啮即夏悼子，夏徵舒之会孙夏啮也。从《世族谱》说。啮读如"臬"。
④ 顿，姬姓国，时亦沦为楚附庸。疾楚政，不满楚之政令也。
⑤ 蒍越非正卿，故云"帅贱"。旦军多宠人政令自不能专一于楚。
⑥ 七国谓蒍、顿、胡、沈、蔡、陈、许。
⑦ 请先者去备薄威，后者敦陈整旅，请将士卒之在前行进者去其战备，薄其威严示敌以不整而诱之；后行者乃厚集陈势，严整行列，持之以坚重而待敌之来斗也。
⑧ 吴子，王僚也。
⑨ 鸡父，楚地，即今安徽寿县西南六十里瑞安丰故城西南之鸡备亭。
⑩ 罪人，囚徒也。囚徒不习战，故遣以先犯，所以示不整也。胡、沈、陈三国果争逐之。
⑪ 为三军以系于后，即以敦陈整旅之众分为三军，以紧随此三千罪人之后也。
⑫ 掩馀，吴王寿梦之子。
⑬ 三国乱，胡、沈、陈争逐不整之吴卒而自致纷乱也。
⑭ 郧，郧阳，蔡邑，当在今河南新蔡县境。楚大子建之母，本为郧阳封人之女，平王既娶秦女，废大子，故母归在郧。郧读如"决"。
⑮ 召吴人而启之，召吴人导入郧阳也。

樊^①入郧，取楚夫人^②与其宝器以归。楚司马薳越追之，不及。将死。^③众曰："请遂伐吴以徼之。^④"薳越曰："再败君师，死且有罪。^⑤亡君夫人，不可以莫之死也。^⑥"乃缢于薳澨。^⑦……

楚囊瓦^⑧为令尹，城郢。^⑨沈尹戌^⑩曰："子常必亡郢。苟不能卫，城无益也。古者，天子守在四夷，^⑪天子卑，守在诸侯。^⑫诸侯守在四邻，^⑬诸侯卑，守在四竟。^⑭慎其四竟，结其四援，^⑮民狎其野，^⑯三务成功，^⑰民无内忧，而又无外惧，国焉用城？今吴是惧而城于郢，守已小矣。卑之不获，能无亡乎？^⑱昔梁伯沟其公宫而民溃，^⑲民弃其上，不亡何待？夫正其疆场，^⑳修其土田，险其走集，^㉑亲其民人，明其伍候，^㉒信

---

① 大子诸樊，王僚子。
② 楚夫人，即大子建母。
③ 将死，薳越以追楚夫人不及，将以自杀也。
④ 伐吴以徼之，伐吴以要胜负，庶有以见功罪也。
⑤ 本年秋，薳越败于鸡父，设再往复败，是再败矣，故云"再败君师，死且有罪"。
⑥ 亡君夫人，不可以莫之死也，言君夫人亦且亡失之，如何可以不死耶。
⑦ 薳澨，楚地，今地不详，当为水滨。
⑧ 囊瓦字子常，子囊之孙，时代子瑕为令尹，故亦称令尹子常。
⑨ 城郢，增筑楚都也。楚前用子囊之言，已筑郢城，至是，畏吴之逼复增修以图自固耳。
⑩ 沈尹戌，楚之大夫。沈尹，楚特有之官。
⑪ 天子德及远方，则四夷不侵，皆为之守卫，故云"守在四夷"。
⑫ 天子之政卑损，则四夷交侵，乃藉诸侯以为守卫，故云"守在诸侯"。
⑬ 诸侯亲仁善邻，则邻国不侵，皆为之守卫，故云"守在四邻"。
⑭ 诸侯政卑，则邻国交侵，不得不设防于四境以自守卫，故云"守在四竟"。
⑮ 结其四援，结四邻之国以为己援也。
⑯ 民狎其野，人民安习于田畴也。狎，习也，安也。
⑰ 三务成功，春耕、夏耘、秋收三时之务，得依时毕功也。
⑱ 卑之不获，能无亡乎，言卑损之极，不得守其四境，能不亡其国都乎。
⑲ 梁伯沟其公宫而民溃，事在僖十九年。梁伯好土功，亟城而弗处。民罢而弗堪，则曰某寇将至；乃沟公宫，曰，秦将袭我。民惧而溃，秦遂取梁。
⑳ 正其疆场，经正其边境使彼此不侵越也。
㉑ 险，严缮之谓，筑治使成峻险也。走集，边境之壁垒也。
㉒ 亲其民人，使民相亲，相爱，相救助，相扶持也。明其伍候，使民有部伍，相为候望也。

其邻国，慎其官守，守其交礼，①不僭不贪，②不懦不耆，③完其守备，以待不虞，又何畏矣？《诗》曰，无念尔祖，聿修厥德。④无亦监乎若敖、蚡冒至于武、文，⑤土不过同，⑥慎其四竟，犹不城郢。今土数圻，⑦而郢是城，不亦难乎。⑧……

二十四年⑨

楚子为舟师以略吴疆。⑩沈尹戌曰："此行也，楚必亡邑。不抚民而劳之，吴不动而速之，⑪吴踵楚而疆场无备，⑫邑能无亡乎？"

越大夫胥犴劳王于豫章之汭，⑬越公子仓归王乘舟。⑭仓及寿梦帅师从王。⑮王及圉阳⑯而还。

吴人踵楚，而边人不备，遂灭巢⑰及钟离而还。沈尹戌曰："亡

---

① 交礼，交接之礼。
② 不僭所以守诚信，不贪所以尚廉耻。
③ 不懦，不弱也。不耆，不强也。
④ 无念尔祖，聿修厥德，《诗·大雅·文王之什·文王》篇第七章之首二句也。无念，念也。聿，述也。义取念祖考则述治其德以显之耳。
⑤ 若敖、蚡冒、武王、文王四君，皆楚先君之贤者，故沈尹戌欲以为监。监通"鉴"。
⑥ 方百里为一同。土不过同，言未满一圻也。
⑦ 方千里为圻。圻读如"畿"。
⑧ 不亦难乎，言仅城郢为守，难以为安也。
⑨ 昭王二十四年当周敬王二年癸未岁，楚平王十一年，吴王僚九年，西历纪元前518年。
⑩ 为舟师以略吴疆，治水师以窥伺吴之边境也。
⑪ 吴不动而速之，吴无所动而促召其来也。速，召也。
⑫ 吴踵楚而疆场无备，言吴若踵楚之后而楚疆无备则危矣，故下云"邑能无亡乎"。踵，蹑迹也。
⑬ 劳王于豫章之汭，胥犴迎劳楚平王于豫章之水次也。豫章，今鄱阳湖一带。
⑭ 归王乘舟，公子仓以乘舟馈平王也。归通"馈"，遗也，赠也。
⑮ 寿梦，越大夫，与公子仓帅师徒平王巡行。
⑯ 圉阳，楚地，在今安徽巢县南境。
⑰ 巢，已见前，即薳启疆城之以备吴者。至是，与钟离俱为吴所灭。

郯之始，于此在矣。王一动而亡二姓之帅，^①几如是而不及郯？^②《诗》曰，谁生厉阶，至今为梗。^③其王之谓乎！"

二十五年^④

夏，会于黄父，^⑤谋王室^⑥也。赵简子^⑦令诸侯之大夫输王粟，具戍人，^⑧曰："明年将纳王。^⑨"子大叔见赵简子，简子问揖让周旋之礼焉。对曰："是仪也，非礼也。"简子曰："敢问何谓礼？"对曰："吉也闻诸先大夫子产曰，夫礼，天之经也，^⑩地之义也，^⑪民之行也。^⑫天地之经，而民实则之。^⑬则天之明，^⑭因地之性，^⑮生其六气，^⑯

---

① 二姓之帅，守巢及钟离之大夫也。
② 几如是而不及郯，言如此不经敌，几何而不侵及郯都乎。
③ 谁生厉阶，至今为梗，《诗·大雅·荡之什·桑柔》篇第三章之卒句也。盖刺厉王之诗。厉，恶也。阶，道也。梗，病也。
④ 昭公二十五年当周敬王三年甲申岁，晋顷公九年，宋元公十五年，西历纪元前517年。
⑤ 黄父即黑壤，晋地，已见前。是会仍由晋主持，与会者有晋赵鞅、鲁叔诣、宋乐大心、卫北宫喜、郑游吉、曹、邾、滕、薛、小邾之大夫。
⑥ 时周室有王子朝之乱，黄父之会所以谋定之，故云"谋王室"。
⑦ 赵简子，赵武之孙，赵成之子赵鞅也。
⑧ 输王粟，输粟米以供王。具戍人，具人徒以戍周也。
⑨ 周敬王时避王子朝之乱，出居狄泉，黄父之会谋纳王于王城，故云"将纳王"。狄泉，一作翟泉，在今河南洛阳县洛阳城中。
⑩ 经者道之常，礼为天道之常则，故云"天之经也"。
⑪ 义者利之宜，礼为地利之常宜，故云"地之义也"。
⑫ 行者人所履，礼为人生之常行，故云"民之行也"。
⑬ 天经地义，其实一理，故总而言之谓之"天地之经"。民生天地间，必以天地为法则，故云"民实则之"。
⑭ 日月星辰，天之明也，而人则之，故云"则天之明"。
⑮ 高下刚柔，地之性也，而人因之，故云"因地之性"。
⑯ 六气谓阴、阳、风、雨、晦、明。

用其五行，①气为五味，②发为五色，③章为五声。④淫则昏乱，民失其性。⑤是故为礼以奉之。⑥为六畜，⑦五牲，⑧三牺，⑨以奉五味。为九文，⑩六采，⑪五章，⑫以奉五色。为九歌，八风，七音，六律，⑬以奉五声。为君臣，上下，以则地义。⑭为夫妇，外内，以经二物。⑮为父子，兄弟，姑姊，甥舅，昏媾，姻亚，以象天明。⑯为政事，庸力，行务，以从四时。⑰为刑罚，威狱，使民畏忌，以类其震曜杀戮。⑱为温慈，惠和，以效天之生殖长育。⑲民有好恶喜怒哀乐，生于六气。⑳是故审则宜类，以制六志。㉑哀有哭泣，乐有歌舞，喜有施舍，怒有战斗，喜生于好，怒生于恶。是故审行信令，祸福赏

---

① 五行谓金、木、水、火、土。
② 五味谓酸、咸、辛、苦、甘。
③ 五色谓青、黄、赤、白、黑。
④ 五声谓宫、商、角、徵、羽。
⑤ 淫，过也。滋味声色，过则伤性，故云"淫则昏乱，民失其性"。
⑥ 是故为礼以奉之，言诚恐民生过佚则伤性，故制礼以奉其性也。
⑦ 六畜谓马、牛、羊、鸡、犬、豕。
⑧ 五牲谓麋、鹿、麇、狼、兔。
⑨ 三牺，祭天、地、宗庙之牲献。
⑩ 九文，山、龙、华虫、藻、火、宗彝、粉米、黼、黻也，为章服之文。
⑪ 画绘之事，杂用天地四方之色，青与白，赤与黑，玄与黄，恒相次为用，谓之六采。
⑫ 青与赤间谓之文，赤与白间谓之章，白与黑间谓之黼，黑与青间谓之黻，五色备谓之绣。合此五者，即所谓五章也。
⑬ 九歌……六律，已见前昭二十年《传》。
⑭ 君臣有尊卑，取法于地之有高下，故云"为君臣，上下，以则地义"。
⑮ 夫治外，妇治内，各治其经常之事，故云"为夫妇，外内，以经二物"。物，事也。
⑯ 为父子……以象天明，杜《注》："六亲和睦，以事严父，若众星之拱辰极也。妻父曰昏，重昏曰媾，婿父曰姻，两壻相谓曰亚。"
⑰ 为政事……以从四时，杜《注》："在君为政在臣为事，民功曰庸，治功曰力，行其德教，务其时要，礼之本也。"《正义》："行其德教务其时要，使民春耕，夏耘，秋敛，冬藏。圣王之化，先致力于民，是为礼之本也。"
⑱ 雷震电曜，天之威也。圣人作刑戮以象类之，故云"为刑罚……以类其震曜杀戮"。
⑲ 春生夏长，天之恩也。圣人施恩惠以效法之，故云"为温慈……以效天之生殖长育"。
⑳ 好恶喜怒哀乐，皆禀阴阳风雨晦明之气，故云"生于六气"。
㉑ 是故审则宜类，以制六志，言圣王恐六气之动之不中节也，故审其法则，宜其象类，为礼以制好恶喜怒哀乐之六志，使不过度也。

罚，以制死生。① 生，好物也。死，恶物也。好物，乐也。恶物，哀也。哀乐不失，乃能协于天地之性。是以长久。②"简子曰："甚哉，礼之大也！"對曰："礼，上下之纪，天地之经纬也，③ 民之所以生也，④ 是以先王尚之。故人之能自曲直以赴礼者，谓之成人。⑤ 大，不亦宜乎！⑥"简子曰："鞅也。请终身守此言也。"

宋乐大心曰："我不输粟，我于周为客，⑦ 若之何使客？"晋士伯⑧曰："自践土以来，⑨ 宋何役之不会，而何盟之不同？曰同恤王室，子焉得辟之？子奉君命，以会大事，而宋背盟，无乃不可乎？"右师不敢对，受牒而退。⑩ 士伯告简子曰："宋右师必亡。奉君命以使，而欲背盟以干盟主，无不祥大焉。⑪"

二十六年⑫

九月，楚平王卒，令尹子常欲立子西，⑬ 曰："大子壬⑭弱，其母非

---

① 是故审行信令……以制死生，言圣王恐施舍战斗之乖宜，故慎其举止，信其号令，为祸福赏罚，以制民之生死也。
② 哀乐不失……是以长久，言民之或哀或乐，举不失正，乃能则天因地，和协于阳生阴杀之性，故能参天地与之长久也。
③ 天地以礼而成位，犹织以经纬而成文也，故云"礼，上下之纪，天地之经纬也"。
④ 民有礼则安，无礼则危，是礼之为物，民之所资以生者也。
⑤ 人之能自曲直以赴礼者，谓之成人，杜《注》："曲直以弼其性。"《正义》："性曲者以礼直之，性直者以礼曲之。"
⑥ 人能弼其性以赴礼，然后谓之成人，否则不足以成人目之矣，然则礼之大，不亦宜乎。
⑦ 宋为殷后，周以宾客待之，故乐大心云"我于周为客"。
⑧ 士伯，士文伯之子士弥牟也。时从赵鞅在会。
⑨ 践土之会已见前僖二十八年。自此以后，晋为盟主，故云"自践土以来"。
⑩ 右师指乐大心。受牒而退，受输粟之牒命而退也。
⑪ 无不祥大焉，犹云不祥莫大焉。
⑫ 昭公二十六年当周敬王四年乙酉岁，晋顷公十年，楚平王十三年，西历纪元前516年。
⑬ 子西即公子申，楚平王之庶长子。
⑭ 大子壬即楚昭王，见下。

適也，王子建实聘之。① 子西长而好善，立长则顺，建善则治。王顺国治，可不务乎？"子西怒曰："是乱国而恶君王也。② 国有外援，不可渎也。③ 王有適嗣，不可乱也。④ 败亲速雠，⑤ 乱嗣不祥，我受其名。⑥ 赂吾以天下，吾滋⑦不从也。楚国何为？必杀令尹！"令尹惧，乃立昭王。⑧

冬十月丙申，王起师于滑。⑨ 辛丑，在郊，⑩ 遂次于尸。⑪ 十一月辛酉，晋师克巩。⑫ 召伯盈逐王子朝。⑬ 王子朝及召氏之族、毛伯得、尹氏固、南宫嚚⑭ 奉周之典籍以奔楚。阴忌奔莒⑮ 以叛。召伯逆王于尸，及刘子、单子盟。⑯ 遂军圉泽，次于堤上。⑰ 癸酉，王入于成周。

———————

① 壬母即大子建所聘之秦女而平王夺之者。故襄瓦有"其母非適也，王子建实聘之"之语。適同"嫡"，下同。

② 废嫡立庶，是乱楚国之政。言王子建聘之，是彰平王之恶。故云"是乱国而恶君王也"。

③ 国有外援，不可渎也，言壬有秦国以为外援，不可慢之也。

④ 王有適嗣，不可乱也。言平王既有大子壬为之嫡嗣，申即不得而乱之也。

⑤ 败亲速雠，言如不立壬，秦将来讨，是内败亲亲之义，外速寇雠之祸也。

⑥ 我受其名，受乱嗣速雠之恶名。

⑦ 滋，益也。

⑧ 昭王立，更名轸，《史记》作"珍"。在位二十七年，为楚国第二十八君。其元年当周敬王五年丙戌岁，西历纪元前515年。

⑨ 时晋知跞、赵鞅帅师谋纳敬王，故王起师于滑以应之。滑，周邑，本郑邑，今河南偃师县南缑氏故城是。

⑩ 在郊，及子朝所有郊邑也。郊，当在今河南巩县附近。

⑪ 尸，亦称尸氏，即周邑尸乡也。在河南偃师县西三十里。

⑫ 晋师克巩，知跞、赵鞅之师克周之巩邑也。巩，即今河南巩县。

⑬ 周景王十八年六月，大子寿卒。八月，穆后崩，已见昭十五年《传》。景王无適立，遂启子朝之乱。子朝，景王之庶长子，楚出，有宠。大子寿卒，王欲立子猛，既而又欲立子朝。会王崩，子猛立，是为悼王。子朝遂作乱。未得逞，奔京。刘子、单子悼王居于皇。晋师纳悼王于王城。王立七月而崩，弟匄立，是为敬王。晋师退，子朝复入于王城。敬王乃避居于翟泉，号东王。至是，子朝之党召伯盈见晋师克巩，知事不成，更逐王子朝而迎敬王。敬王十五年，王人杀子朝于楚。

⑭ 召氏之族、毛伯得、尹氏固、南宫嚚，皆王子朝党。尹、召二族皆奔，故称氏。重见尹固名者，为后还见及。见杜《注》。

⑮ 阴忌，子朝党。莒，周邑，今地不详。

⑯ 召伯盈迎王新还，故与刘子、单子盟。刘子名狄，一名卷，字伯盆，刘献公挚之庶子，是为刘文公。单子名旗，单顷公之曾孙，单靖公之孙，单成公之子，是为单穆公。

⑰ 圉泽，即东圉之泽，在今河南洛阳县东三十里。堤上，当即今河南洛阳县西南二十三里之金堤。

甲①戌，盟于襄宫。②晋师使成公般③戍成周而还。十二月癸未，王入于庄宫。④

王子朝使告于诸侯曰："昔武王克殷，成王靖四方，康王息民，并建母弟，以藩屏周。亦曰，吾无专享文、武之功，⑤且为后人之迷败倾覆，而溺入于难，则振救之。⑥至于夷王，⑦王愆于厥身。⑧诸侯莫不并走其望，以祈王身。⑨至于厉王，⑩王心戾虐，万民弗忍，居王于彘。⑪诸侯释位，以间王政。⑫宣王⑬有志而后效官。⑭至于幽王，⑮天不吊周，王昏不若，用愆厥位。⑯携王奸命，诸侯替之，⑰而建王嗣，

---

① 成周在今河南洛阳县东二十里。周公管王城，并营下都，处殷顽民，在瀍水之东，与王城相去十八里，亦谓之成周。子朝奔楚，其余党多在王城，敬王畏之，徙都成周。成周狭小，乃请诸侯城之。本顾栋高说。
② 襄宫，襄王之庙。
③ 成公般，晋大夫。
④ 庄宫，庄王之庙。
⑤ 无专享文、武之功，示不敢专，故建母弟以为藩屏也。
⑥ 且为……则振救之，言且为后世设想，如中朝有失，所建诸兄弟之国亦得匡救也。
⑦ 夷王名燮，孝王辟方之子，在位十六年，为周朝第九王。其元年丁卯岁，当西历纪元前894年。
⑧ 愆，恶疾。愆于厥身，夷王身染恶疾也。
⑨ 并走其望，以祈王身，遍祷于群望之神以祈王疾之瘳也。
⑩ 厉王名胡，夷王燮之子，在位三十七年，为国人所袭，出奔彘。又十四年，死。为周朝第十王。其元年癸未岁，当西历纪元前878年。
⑪ 弗忍，不忍害王也。居王于彘，流放厉王于彘也。彘因彘水得名，今山西霍县东北有彘城。
⑫ 间，犹与也。诸侯释位，以间王政，言诸侯皆去其位与治王之政事也。盖即指周、召共和之政。
⑬ 宣王名靖，厉王胡之子，长于召公家。厉王死，周、召二公立之，在位四十六年，为周朝第十一王。其元年甲戌岁，当西历纪元前827年。
⑭ 有志，言长而有立志也。效，授也。有志而后效官，言宣王长而有志，二公乃共立之，而授其官政于王也。
⑮ 幽王名宫涅，宣王靖之子，周朝第十二王也。在位十一年，为犬戎所弑。其元年庚申岁，西历纪元前781年。
⑯ 若，顺也。愆，失也。王昏不若，用愆厥位，幽王无道不顺，因此失其王位也。
⑰ 携王，谓幽王少子伯服。伯服，褒姒所生，幽王欲立之，大子宜曰奔申。所谓奸命也。申伯乃与鄫及西戎伐周，幽王死，诸侯废伯服，故云"诸侯替之"。

用迁郏鄏。① 则是兄弟之能用力于王室也。至于惠王，② 天不靖周，生颓③ 祸心，施④ 于叔带。⑤ 惠、襄辟难，越去王都。⑥ 则有晋、郑，咸黜不端，⑦ 以绥定王家。则是兄弟之能率先王之命也。在定王六年，⑧ 秦人降妖，⑨ 曰，周其有顄王，⑩ 亦克能修其职。诸侯服享，二世共职。⑪ 王室其有间王位，诸侯不图而受其乱灾。⑫ 至于灵王，⑬ 生而有髭，王甚神圣，无恶于诸侯。灵王、景王，克终其世。今王室乱，单旗、刘狄⑭ 剥乱天下，壹行不若。⑮ 谓先王何常之有，唯余心所命，⑯ 其谁敢讨

---

① 伯服既废，立宜白为平王，故云建王嗣。平王既立，畏犬戎之逼，东还郏鄏。郏鄏即洛邑王城，在今河南洛阳县城内西偏。平王在位五十一年，为周朝第十三王。其元年辛未岁，当西历纪元前770年。

② 惠王名阆，平王六世孙，僖王胡齐之子。在位二十五年，为周朝第十七王。其元年乙巳岁，当西历纪元前676年。

③ 颓，惠王之庶叔王子颓也。惠王二年即鲁庄公十九年。子颓作乱，王出奔，故云"生颓祸心"。

④ 施，及也。

⑤ 叔带，襄王母弟甘昭公也。召戎、翟入周干位。襄王十六年即鲁僖公二十四年，王出奔，其祸有甚于子颓。襄王名郑，惠王阆之子。在位三十三年，为周朝第十八王。其元年庚午岁，当西历纪元前651年。

⑥ 子颓之乱，惠王出居温。叔带之难，襄王出处汜。故云"惠、襄辟难，越去王都"。

⑦ 子颓自立凡四年，郑、虢讨之，郑厉公诛子颓，惠王复位。叔带自立之明年，晋文公纳襄王而诛叔带。故云"晋、郑，咸黜不端"。

⑧ 定王名瑜，襄王郑之孙，顷王壬臣之子，匡王班之弟。在位二十一年，为周朝第二十一王。其元年乙卯岁，当西历纪元前606年。六年则鲁宣公八年也。

⑨ 衣服歌谣草木之怪谓之妖。秦人降妖，盖妖言降于秦也。

⑩ 顄读如"咨"，口上须也。亦作"髭"。周其有顄王，言周当有王生而有顄也。"曰"字下至"受其乱灾"，皆降妖之辞。

⑪ 诸侯服享，二世共职，谓灵、景二王俱得享诸侯之供职也。

⑫ 间，厕也。间王位，乘隙干求王位也。妖语实指子朝，而子朝以为干位者子猛也。诸侯不图而受其乱灾，谓诸侯不图匡正干位之人必受乱灾也。妖语受灾实指楚，而子朝则以为指扶助敬王之晋。

⑬ 灵王名泄心，定王瑜之孙，简王夷之子。在位二十七年，为周朝第二十三王。其元年庚寅岁，当西历纪元前571年。

⑭ 单旗、刘狄，即单穆公、刘文公，已见前。

⑮ 剥乱天下，谓拥敬王逐己。壹行不若，言专断于心，以行此不顺之事也。以下至"肆其罔极"句，皆罪状单、刘及晋之辞。

⑯ 先王何常之有，唯余心所命，言先王无常法，唯我心之所欲则命以为君也。

之。帅群不吊之人,① 以行乱于王室。侵欲无厌,规求无度,贯② 渎鬼神,慢弃刑法,倍奸齐盟,③ 傲狠威仪,④ 矫诬先王,⑤ 晋为不道,是摄是赞,⑥ 思肆其罔极。⑦ 兹不穀震荡播越,窜在荆蛮,⑧ 未有攸底。⑨ 若我一二兄弟甥舅,奖顺天法,无助狡猾,以从先王之命。毋速天罚,赦图不穀,⑩ 则所愿也。敢尽布其腹心,及先王之经,而⑪ 诸侯实深图之。昔先王之命曰,王后无適,则择立长。年钧以德。德钧以卜。⑫ 王不立爱,公卿无私,⑬ 古之制也。穆后及大子寿早夭即世,⑭ 单、刘赞私立少,⑮ 以间先王,⑯ 亦唯伯仲叔季⑰ 图之。"

闵马父⑱ 闻子朝之辞,曰:"文辞以行,礼也。子朝干景之命,远晋之大,以专其志,无礼甚矣。文辞何为?"⑲

---

① 不吊,不善也。群不吊之人,犹云群不逞之徒。
② 贯,"惯"之本字,常也;习也。
③ 倍奸齐盟,违犯同盟也。
④ 傲狠威仪,傲惰狠戾以败坏威仪也。
⑤ 矫诬先王,矫诈诬罔以奸犯先王之命令也。
⑥ 摄,持也。赞,佐也;助也。是摄是赞,言晋惟扶持赞助敬王也。
⑦ 肆其罔极,放纵其无底止之欲也。
⑧ 震荡播越,动摇不安,迁徙流亡也。窜,奔逃也。荆蛮谓楚。
⑨ 攸,所也。底,至也。未有攸底,不知所至也。
⑩ 赦图不穀,子朝请赦己之忧而图己之难也。
⑪ 而,汝也。
⑫ 王后无適……德钧以卜,此子朝所称先王之经也。言王后若无嫡子,则择庶子之长者而立之。年同,则论其德之厚簿。德同,则论其卜之吉凶。
⑬ 王不立爱,公卿无私,言此先王之经,虽王者不能违之而立所爱,公卿不能违之而有所私曙也。
⑭ 穆后、大子寿即世在昭十五年,已见前。
⑮ 单、刘赞私立少,言单旗、刘狄赞助景王之私意而立少子匄也。与前"助狡猾以从先王之命"呼应。
⑯ 间,错也。以间先王,用以误错先王之制也。
⑰ 伯仲叔季,总谓诸侯。与前"一二兄弟甥舅"俱泛称之辞。
⑱ 闵马父,鲁大夫。
⑲ 文辞以行……文辞何为,闵马父讥子朝之辞,盖谓临行以文辞告人,固不可谓之非礼。但子朝上干景王之命,小视晋国之援,专欲以求逞志,无礼极矣。又何为而有此文辞乎。

二十七年①

吴子欲因楚丧而伐之。②使公子掩馀、公子烛庸③帅师围潜。④使延州来季子聘于上国,⑤遂聘于晋,以观诸侯。⑥楚莠尹然,工尹麇⑦帅师救潜。左司马沈尹戌帅都君子⑧与王马之属⑨以济师,⑩与吴师遇于穷。⑪令尹子常以舟师及沙汭⑫而还。左尹郤宛、工尹寿⑬帅师至于潜,吴师不能退。⑭

吴公子光曰:"此时也,弗可失也。"⑮告鱄设诸⑯曰:"上国有言曰,不索,何获?我王嗣也,吾欲求之。⑰事若克,季子虽至,⑱不

---

① 昭公二十七年当周敬王五年丙戌岁,楚昭王元年,吴王僚十二年,西历纪元前515年。
② 上年楚平王卒,故吴王僚欲因楚丧而伐之。
③ 公子掩馀,已见前。与公子烛庸皆王僚之母弟。
④ 潜,楚邑,即今安徽霍山县东北三十里之灊城。
⑤ 季子本封延陵,后复封来,故称延州来季子。上国指中原,盖吴居水乡,故以中原为上国也。
⑥ 观诸侯,察孰强孰弱也。
⑦ 莠尹、工尹皆楚官,然、麇其名也。
⑧ 都君子,在都邑之士之免役者。
⑨ 王马之属,王之校人,盖养马之官属。
⑩ 济,益也。济师即增援。
⑪ 穷,即《水经注》之穷水,在今安徽霍邱县西。
⑫ 沙汭,沙水入淮之口,在今安徽怀远县东北。
⑬ 左尹、工尹皆楚官。寿,工尹之名。郤宛字子恶,时为左尹。
⑭ 遇于穷之师当吴前,至于潜之师要吴后,而楚师又强盛,故吴师不能退。
⑮ 公子光欲因师徒在外,国不堪役之际以弑王,故云"此时也,弗可失也"。
⑯ 鱄设诸,即昭二十年时伍员介见公子光之勇士。
⑰ 不索,何获,言如不追索,将于何时得之耶。吴王寿梦生四子:诸樊、馀祭、夷末、季札。季札贤,故诸樊、馀祭不以国与子而与弟,凡为季札也。季札不受,则国宜及诸樊之子光。僚,夷末子也,今越光而代札,光不能堪,故云"我王嗣也,吾欲求之"。
⑱ 至,谓聘还。

吾废也。"鱄设诸曰:"王可弑也。母老子弱,是无若我何?①"光曰:"我,尔身也。"②夏四月,光伏甲于堀室③而享王。王使甲坐于道,及其门,④门阶户席,皆王亲也,夹之以铍。⑤羞者献体改服于门外。⑥执羞者坐行而入,⑦执铍者夹承之,⑧及体以相授也。⑨光伪足疾,入于堀室。⑩鱄设诸置剑于鱼中以进。⑪抽剑刺王,⑫铍交于胸,⑬遂弑王。阖庐以其子为卿。⑭

季子至,曰:"苟先君无废祀,民人无废主,社稷有奉,国家无倾,乃吾君也。吾谁敢怨?哀死事生,以待天命。⑮非我生乱,立者从之,先人之道也。⑯"复命,哭墓,⑰复位而待。⑱

吴公子掩馀奔徐,公子烛庸奔钟吾。⑲

---

① 是无若我何,犹言我无以处此,盖欲以老母、弱子托光也。
② 我,尔身也,言我身犹尔身,意谓事汝母当如我母,待汝子当如我子也。
③ 堀室,掘地为室。堀通"窟"。
④ 王使甲坐于道,及其门,王僚使甲士坐于道旁,直造光之门,犹今之布岗警备非常也。
⑤ 铍,读如"陂",剑也。门阶户席,皆王亲也,夹之以铍,言直门者、直阶者、主户者、主席者,皆王僚亲信之人,又执剑以夹侍之,盖见守卫之严密。
⑥ 羞,进食也。献体,解衣也。羞者献体改服于门外,言进食者必先于门外解衣易服而后入也。
⑦ 坐行而入,膝行而入献也。执羞之"羞",名词,食品也。与作动词进食解者异。
⑧ 执铍者夹承之,执剑者二人,夹承执羞者,监视其行动也。
⑨ 剑锋几触及执羞者之体,然后以羞授王,故云"及体以相授"。
⑩ 光恐难作,王党将杀己,故伪称足疾,避入于堀室。
⑪ 鱄设诸时为执羞之人,乃置剑于全鱼炙中以进于王僚。
⑫ 及王僚前,授羞,因抽鱼中剑刺王。
⑬ 执铍夹承之人见鱄设诸行弑,遂奋铍刺之,其锋乃交陷于鱄设诸之胸。鱄设诸遂死,王亦就殒,故下云"遂弑王"。
⑭ 阖庐,即公子光。其子,鱄设诸之子也。阖庐既代僚为吴王,遂以鱄设诸之子为卿。
⑮ 哀死事生,以待天命,言哀王僚之死丧,事阖庐之生存,以待天命之自定也。
⑯ 吴自诸樊以下,兄弟相传而不立嫡,是乱由先人起也。季子自知力不能讨光,故直云"非我生乱,立者从之,先人之道也"。
⑰ 复命,哭墓,复使命于僚墓而哭之也。
⑱ 复位而待,季子复于本位以待光之命也。
⑲ 钟吾,小国,即今江苏宿迁县北之司城吾,盖汉时尝于其地置司吾县也。

楚师闻吴乱而还。①

郤宛直而和，国人说之。② 鄢将师为右领，③ 与费无极比而恶之。④ 令尹子常赂而信谗。⑤ 无极谮郤宛焉，⑥ 谓子常曰："子恶欲饮子酒。"⑦ 又谓子恶："令尹欲饮酒于子氏。"⑧ 子恶曰："我贱人也，不足以辱令尹。⑨ 令尹将必来辱，为惠已甚，吾无以酬之，⑩ 若何？"无极曰："令尹好甲兵，子出之，吾择焉。⑪"取五甲五兵，曰："置诸门，令尹至，必观之，而从以酬之。"及享日，帷诸门左。⑫ 无极谓令尹曰："吾几祸子。子恶将为子不利，甲在门矣。子必无往！且此役⑬也，吴可以得志，⑭ 子恶取赂焉而还，又误群帅，使退其师，曰，乘乱不祥。⑮ 吴乘我丧，我乘其乱，不亦可乎？⑯" 令尹使视郤氏，则有甲焉。不往，召鄢将师而告之。⑰ 将师退，遂令攻郤氏，且爇⑱之。子恶闻之，遂自杀也。国人弗爇，令曰："不爇郤氏，与之同辜。"或取一编菅⑲焉，

---

① 楚师闻吴乱而还，郤宛等不欲乘人之乱，乃还师也。
② 直而和，谓郤宛以直事君，以和接物。以故国人皆说之。说同"悦"。
③ 鄢将师，费无极之党。右领官名，楚特有之官，盖左尹之属。
④ 比而恶之，阿比于费无极，而恶郤宛也。
⑤ 赂而信谗，贪贿赂而信从谗言也。
⑥ 无极谮郤宛焉，无极利用子常之弱点，乘机谮害郤宛也。
⑦ 子恶欲饮子酒，言郤宛欲为子常设宴也。
⑧ 令尹欲饮酒于子氏，言子常欲饮酒于郤宛之家也。
⑨ 辱令尹，屈辱子常也。
⑩ 无以酬之，无所报献也。
⑪ 子出之，吾择焉，令郤宛出所有之甲兵，无极为选择佳者，以备进诸子常也。
⑫ 帷诸门左，就门之左侧，张帷陈甲兵其中也。
⑬ 此役，谓是春救潜之役。
⑭ 吴可以得志，可以得志于吴也。
⑮ 乘乱不祥，无极故举郤宛当时之辞，以诬证取赂而还也。
⑯ 吴乘我丧，我乘其乱，不亦可乎，无极逗挑之辞，益征郤宛还师之不当。
⑰ 告之，告鄢将师以子恶门有甲兵，将害己也。
⑱ 爇，烧也。
⑲ 编菅，苫也。一编菅，犹云一张苫。

或取一秉秆[1]焉，国人投之，[2]遂弗藝也。令尹炮之。[3]尽灭郤氏之族党，杀阳令终与其弟完及佗与晋陈及其子弟。[4]晋陈之族呼于国曰："鄢氏、费氏自以为王，专祸楚国，弱寡王室，蒙[5]王与令尹以自利也。令尹尽信之矣，国将如何？"令尹病之。……

　　楚郤宛之难，国言未已，[6]进胙者莫不谤令尹。[7]沈尹戌言于子常曰："夫左尹与中厩尹[8]莫知其罪而子杀之，以兴谤讟，至于今不已，戌也惑之。仁者杀人以掩谤，犹弗为也。今吾子杀人以兴谤而弗图，不亦异乎！夫无极，楚之谗人也，民莫不知。去朝吴，[9]出蔡侯朱，[10]丧大子建，杀连尹奢，[11]屏[12]王之耳目，使不聪明。不然，平王之温惠共俭，有过成、庄，无不及焉，所以不获诸侯，迩无极也。今又杀三不辜，[13]以兴大谤，几及子矣。子而不图，将焉用之？夫鄢将师矫子之命，以灭三族，国之良也，而不愆位。[14]吴新有君，疆场日骇，[15]楚国若有大事，子其危哉！[16]知者除谗以自安也，今子爱谗以自危也，甚矣其惑也！"子常曰："是瓦之罪，敢不良图！"九月己未，子常杀费无极与鄢将师，尽灭其族，以说于国。谤言乃止。

---

① 秉，把也。秆，稿也。一秉秆犹云一把稿。
② 国人愤或人之猥从藝郤氏之乱命，遂夺其手中之一编营、一秉秆，投而弃之。
③ 令尹炮之，子常炮燔郤宛之尸也。
④ 阳令终与完、佗皆令尹瑕阳匄之子。晋陈，楚大夫。皆郤氏之党，故见灭。
⑤ 蒙，欺也；瞒也；蔽也。
⑥ 国言未已，谤议不息也。
⑦ 进胙者莫不谤令尹，国中祭祀之人，无不诅子常也。
⑧ 左尹谓郤宛。中厩尹谓阳令终，时令终官此。
⑨ 去朝吴在昭十五年。
⑩ 出蔡侯朱在昭二十一年。
⑪ 丧大子建，杀连尹奢，在昭二十年。丧，废也；失也。
⑫ 屏，蔽也。
⑬ 三不辜，谓郤氏、阳氏、晋陈氏。
⑭ 国之良也，而不愆位，言此三氏皆国之良材，且在位无过愆也。
⑮ 疆场日骇，言边疆将日有警报也。
⑯ 囊瓦众情不附，恐有他变，故云"楚国若有大事，子其危哉"。

二十八年①

晋祁胜与邬臧通室。②祁盈③将执之，访于司马叔游。④叔游曰："《郑书》⑤有之，恶直丑正，实蕃有徒。⑥无道立矣，子惧不免。⑦《诗》曰，民之多辟，无自立辟。⑧姑已若何？⑨"盈曰："祁氏私有讨，国何有焉？"⑩遂执之。祁胜赂荀跞，荀跞为之言于晋侯。⑪晋侯执祁盈。祁盈之臣曰："钧将皆死，⑫憖使吾君闻胜与臧之死也，以为快。⑬"乃杀之。⑭夏六月，晋杀祁盈及杨食我，⑮食我，祁盈之党也，而助乱，故杀之。遂灭祁氏、羊舌氏。⑯……

秋，晋韩宣子卒，魏献子为政。⑰分祁氏之田以为七县，分羊舌

---

① 昭公二十八年当周敬王六年丁亥岁，晋顷公十二年，西历纪元前514年。
② 祁胜、邬臧皆祁盈之家臣。通室，易妻也。
③ 祁盈，祁奚之孙，祁午之子。
④ 司马叔游，女齐之子。
⑤ 《郑书》，古书名。
⑥ 恶直丑正，实蕃有徒，《郑书》语。言世衰道微，反以正直为丑恶者，实多其人也。蕃，多也。徒，众也。
⑦ 无道立矣，子惧不免，言世乱谗胜，子以正直自居，惧不能免于祸也。
⑧ 民之多辟，无自立辟，《诗·大雅·生民之什·板》篇第六章之卒句也。多辟之"辟"谓邪僻。立辟之"辟"谓法。言民多邪僻之行，无再立法以自违于众也。
⑨ 姑已若何，犹云且止念如何。
⑩ 祁盈以为讨家臣无与国事，故云"祁氏私有讨，国何有焉"。
⑪ 荀跞为之言于晋侯，知文子受祁胜之赂，为言于晋顷公，责祁益专杀也。
⑫ 钧，同也。钧将皆死，言祁盈、祁胜、邬臧三人同被执，皆将戮死也。
⑬ 憖，发语之音，读如"印"。憖使……以为快，言宁使祁盈先闻胜、臧之死以快其心也。
⑭ 杀之，祁盈之臣杀祁胜、邬臧也。
⑮ 杨食我，字伯石，叔向之子。杨，叔向之邑。食读如"嗣"。
⑯ 灭祁氏、羊舌氏，《史记·晋世家》："晋之宗家祁傒孙、叔向子相恶于君，六卿欲弱公室，乃遂以法尽灭其族而分其邑为十县，各令其子为大夫。晋益弱，六卿皆大。"
⑰ 韩宣子卒，魏献子为政，魏舒代韩起执晋政也。

氏之田以为三县。① 司马弥牟为邬大夫，② 贾辛为祁大夫，③ 司马乌为平陵大夫，④ 魏戊为梗阳大夫，⑤ 知徐吾为涂水大夫，⑥ 韩固为马首大夫，⑦ 孟丙为盂大夫，⑧ 乐霄为铜鞮大夫，⑨ 赵朝为平阳大夫，⑩ 僚安为杨氏大夫。⑪ 谓贾辛、司马乌为有力于王室，故举之。⑫ 谓知徐吾、赵朝、韩固、魏戊，余子之不失职，能守业者也。⑬ 其四人者，皆受县而后见于魏子，以贤举也。⑭

魏子谓成鱄：⑮ "吾与戊也县，人其以我为党乎？"对曰："何也？戊之为人也，远不忘君，近不逼同，居利思义，在约思纯。⑯ 有守心，而无淫行。虽与之县，不亦可乎？昔武王克商，光有天下。其兄弟之国者十有五人，姬姓之国者四十人，⑰ 皆举亲也。夫举无他，唯善所在，亲疏一也。《诗》曰，唯此文王，帝度其心。莫其德音，其德克

---

① 分祁氏之田以为七县，邬、祁、平陵、梗阳、涂水、马首、盂也。分羊舌氏之田以为三县，铜鞮、平阳、杨氏也。

② 司马弥牟，即士景伯，已见前。为邬大夫，受邬县，为其县之大夫也。邬县，今山西介休县东北二十七里有邬城故址。

③ 贾辛，晋大夫。祁，今山西县。

④ 司马乌，即晋大夫司马督。平陵，即今山西文水县东北二十里之大陵城。

⑤ 魏戊，魏舒之庶子。梗阳，在今山西清源县境。

⑥ 知徐吾，知盈之孙荀跞之子也。涂水故城在今山西榆次县西南二十里。

⑦ 韩固，韩起孙。马首，即今山西寿阳县东南十五里之马首村。

⑧ 孟丙，晋大夫。盂，今山西县。

⑨ 乐霄，晋大夫。铜鞮故城在今山西沁县西南。

⑩ 赵朝，赵胜之曾孙。平阳，今山西临汾县。

⑪ 僚安，晋大夫。杨氏故城在今山西洪洞县南二里，又名危城村。

⑫ 谓……故举之，以贾辛、司马乌于昭二十二年帅师纳敬王，故举以宰邑，赏其勤王之功也。

⑬ 谓……能守业者也，以知徐吾、赵朝、韩固、魏戊皆卿之庶子，而能不失其职，克守世业者，故赏之也。余子，卿之庶子也。

⑭ 其四人者，谓司马弥牟、孟丙、乐霄、僚安。受县而后见，言采众誉而举，不以私，故云"以贤举也"。

⑮ 成鱄，晋大夫。

⑯ 远不忘君……在约思纯，言其在疏远，不敢忘君，忠也。其在近密，不偪同位，恭也。其处财利则思合义，是无苟得之心也。其处穷约则思纯正，是无僭滥之心也。

⑰ 之，往也。之国，受封而往治其国也。十有五人及四十人，均约举成数而言之耳。

明。克明克类，克长克君。王此大国，克顺克比。比于文王，其德靡悔。既受帝祉，施于孙子。① 心能制义曰度，② 德正应和曰莫，③ 照临四方曰明，④ 勤施无私曰类，⑤ 教诲不倦曰长，⑥ 赏庆刑威曰君，⑦ 慈和遍服曰顺，⑧ 择善而从之曰比，⑨ 经纬天地曰文。⑩ 九德不愆，作事无悔，⑪ 故袭⑫天禄，子孙赖之。主之举也，近文德矣。所及其远哉！⑬"

贾辛将适其县，见于魏子。魏子曰："辛来，昔叔向适郑，鬷蔑恶，⑭ 欲观叔向，从使之收器者，⑮ 而往立于堂下。一言而善。叔向将饮酒，闻之，曰，必鬷明也。⑯ 下，执其手以上，曰，昔贾大夫恶，⑰ 娶妻而美，三年不言不笑，御以如皋，⑱ 射雉，获之。其妻始笑而言。贾大夫曰，才之不可以已，我不能射，女遂不言不笑夫！⑲ 今子少不飏，⑳ 子

---

① 唯此文王……施于孙子，《诗·大雅·文王之什·皇矣》篇第四章全文也。唯此文王，今本作"维此王季"。莫其德音，今本作"貊其德音"。诗意美文王之能王大国，受天福施及子孙也。度、莫、明、类等九德，详下分释。

② 心能制义曰度，言文王之心能制合宜之义，是以上帝揆度其心，使凡事皆得其中也。

③ 德正应和曰莫，言文王之德端正，民皆应和，是以德教之声莫然清净也。莫，安定貌。

④ 照临四方曰明，言文王之德能如日月之明，照临四方也。

⑤ 勤施无私曰类，言文王施而无私，使物皆得所，不失其类也。

⑥ 教诲不倦曰长，美文王能有长人之道，惟在勤于教诲也。

⑦ 赏庆刑威曰君，美文王能有君人之德，盖作威作福，君之职也。

⑧ 慈和遍服曰顺，言唯慈和故遂使天下遍服而顺从也。

⑨ 择善而从之曰比，言比方善事，使相从也。

⑩ 经天纬地曰文，言经纬相错，故能交织成文也。

⑪ 九德不愆，谓以上所释之九者皆无愆过也。九德即无愆过，则动无悔吝，故云"作事无悔"。

⑫ 袭，受也。

⑬ 主之举也……所及其远哉，言魏舒举魏戊等勤施无私也，举司马弥牟等，择善而从也。故曰，近文德，所及远也。

⑭ 鬷蔑，即郑然明，已见前。恶，谓其貌丑恶也。

⑮ 从使之收器者，随收拾俎豆使人之后也。

⑯ 叔向素闻然明之贤，故闻其善言而知之曰必鬷明也。

⑰ 贾大夫恶，贾国之大夫貌亦丑恶也。

⑱ 御以如皋，为妻御往皋泽纵猎也。

⑲ 才之不可以已……女遂不言不笑夫，贾大夫谓妻之语。盖致叹于才之不可无，故云，我如不能射，汝遂终于不言不笑乎。

⑳ 飏通"扬"，显也。不飏，貌陋不显也。

若无言，吾几失子矣。言之不可以已也，如是。遂如故知。① 今女有力于王室，吾是以举女。行乎，敬之哉！毋堕乃力！"

仲尼闻魏子之举也，以为义，曰："近不失亲，② 远不失举，③ 可谓义矣。"又闻其命贾辛也，以为忠：④ "《诗》曰：永言配命，自求多福，忠也。⑤ 魏子之举也义，其命也忠，其长有后于晋国乎！"

冬，梗阳人有狱，魏戊不能断，⑥ 以狱上。⑦ 其大宗赂以女乐。⑧ 魏子将受之。魏戊谓阎没、女宽⑨曰："主以不贿闻于诸侯，若受梗阳人，贿莫甚焉。吾子必谏。"皆许诺。退朝，待于庭。⑩ 馈入，召之。⑪ 比置，⑫ 三叹。既食，使坐。⑬ 魏子曰："吾闻诸伯叔，谚曰，唯食忘忧。⑭ 吾子置食之间三叹，何也？"同辞而对⑮曰："或赐二小人酒，不夕食。⑯ 馈之始至，恐其不足，⑰ 是以叹。中置，⑱ 自咎⑲曰，岂将军

---

① 故知，旧相识也。
② 近不失亲，谓举魏戊。
③ 远不失举，谓以贤举司马弥牟等。
④ 命贾辛，先赏王室之功也，故以为忠。"忠"下省一"曰"字。盖《诗》曰……其长有后于晋国乎。"皆仲尼之赞辞也。
⑤ 永言配命，自求多福，见《诗·大雅·文王之什·文王》篇。永，长也。言能长配天命致多福者，唯忠耳，故紧接之曰忠也。
⑥ 不能断，魏戊以己望轻，不敢决断其曲直也。
⑦ 以狱上，移其讼狱，上于魏舒也。
⑧ 其大宗赂以女乐，讼者之大宗以女乐赂遗魏舒也。
⑨ 阎没、女宽，魏舒之属大夫。
⑩ 退朝，待于庭，魏舒朝君退，阎没、女宽已相待于魏舒之庭也。
⑪ 馈入，召之，传餐入，召二大夫食之也。
⑫ 比置，自始食至食尽也。
⑬ 既食，使坐，食后更令就坐也。
⑭ 唯食忘忧，言当食不叹，盖凡遇食不宜叹，叹则不饱耳。
⑮ 同辞而对，二大夫合同其辞以对魏舒之问也。
⑯ 不夕食，言昨有人赐酒，饮之醉，未及夕食，故此刻饥甚也。
⑰ 馈之始至，恐其不足，言传餐始入，恐其不足以饱所欲也。
⑱ 中置，谓食及半也。
⑲ 自咎，自责也。

食之，而有不足，①是以再叹。及馈之毕，愿以小人之腹为君子之心，属厌而已。②"献子辞梗阳人。③

三十年④

吴子使徐人执掩馀，使钟吾人执烛庸。二公子奔楚。楚子大封而定其徙。⑤使监马尹大心逆⑥吴公子，使居养。⑦莠尹然、左司马沈尹戌城之，⑧取于城父与胡田以与之。⑨将以害吴⑩也。子西⑪谏曰："吴光新得国，而亲其民。视民如子，辛苦同之，将用之也。若好吴边疆，使柔服焉，犹惧其至。⑫吾又强其仇以重怒之，⑬无乃不可乎！吴，周之胄裔⑭也，而弃在海滨，不与姬通。今而始大，比于诸华，光又

---

① 岂将军食之，而有不足，犹言岂有将军赐食而有不足之虞乎。魏舒时为中军帅，故谓之将军。及六国以后遂以将军为官名，其原盖起于此。
② 愿以小人之腹为子之心，属厌而已，服虔云："属，足也。小人，二子自谓。小人腹饥则恐食之不足，厌饱则知止。君子居尊官，食重禄而不知足，故愿以其腹为君子之心。"
③ 献子悟二大夫之规谏，遂辞梗阳人，却其赂。
④ 昭公三十年当周敬王八年己丑岁，楚昭王四年，吴王阖庐三年，西历纪元前512年。
⑤ 楚子谓楚昭王。大封而定其徙，大封二公子，与以土田，使定其所徙之居也。
⑥ 监马尹，官名；大心，其人之名也。逆，迎二公子于楚之境上也。
⑦ 养，即二公子所封邑，今河南沈丘县东有养城。
⑧ 城之，城养也。
⑨ 城父，一名夷，在今安徽亳县东南七十里。与前见大子建所居之北城父异，所谓南城父也，盖楚取之于陈者。胡田，故胡子之地，在今安徽阜阳县西北。城父、胡田俱与沈丘逼近，正在吴、楚境上，故取以与之。
⑩ 将以害吴，将以为吴边疆之害也。
⑪ 子西，楚大夫后继囊瓦为令尹。穆王世斗宜申亦字子西，实非一人。
⑫ 若好吴边疆……犹惧其至，言若各安边疆，不与吴构衅，犹恐吴兵之来也。
⑬ 二公子乃王僚母弟，阖庐之仇也，今树之吴、楚境上以为吴害，是挑衅矣，故云"吾又强其仇以重怒之"。
⑭ 吴，大伯、仲雍之后，故云"周之胄裔"。

甚文,将自同于先王。①不知天将以为虐乎,使翦丧吴国而封大异姓乎?其抑亦将卒以祚吴乎?其终不远矣。②我盍姑亿③吾鬼神,而宁吾族姓,以待其归,④将焉用自播扬⑤焉?"王弗听。吴子怒。冬十二月,吴子执钟吾子,遂伐徐,防山以水之。⑥已卯,灭徐,徐子章禹断其发,⑦携其夫人,以逆吴子。吴子唁而送之,⑧使其迩臣⑨从之,遂奔楚。楚沈尹戌帅师救徐,弗及,遂城夷,⑩使徐子处之。

吴子问于伍员曰:"初而⑪言伐楚,余知其可也,而恐其使余往也,又恶人之有余之功也。⑫今余将自有之矣,伐楚何如?"对曰:"楚执政众而乖,莫适任患。⑬若为三师以肄焉,⑭一师至,彼必皆出。彼出则归,彼归则出,楚必道敝。⑮亟肄以罢之,⑯多方以误之,⑰既罢而后以三军继之,必大克之。"阖庐从之。楚于是乎始病。

---

① 先王,谓大王、王季。盖亦自西戎始比诸华者。
② 不知……其终不远矣,林《释》:"不知天意将使之为暴虐乎,使阖庐用兵以自翦削,丧灭吴国而以其土地封大异姓诸侯乎。或者其终以福祚吴国乎。其事行可知不久远矣。"
③ 亿,安也。
④ 以待其归,待吴善恶之自见也。
⑤ 播扬,犹劳动也。
⑥ 防山以水之,壅遏山水以灌徐城也。
⑦ 断其发,示自刑不胜其恐惧也。
⑧ 唁而送之,吊慰而后遣徐子也。
⑨ 迩臣,近臣也。
⑩ 城夷,城城父也。
⑪ 而,汝也。
⑫ 余知其可也……又恶人之有余之功也,林《释》:"人谓王僚。恐其使我师师以伐楚,又恶伐楚之功为王僚所有。"
⑬ 执政众而乖,莫适任患,言楚执政众多而意向乖异,不相统一,莫肯为国家任患难也。亦见林《释》。
⑭ 肄,犹劳也。为三师以肄焉,设三师扰楚,更番迭进而劳动之也。
⑮ 道敝,罢敝于道路往返也。
⑯ 亟肄以罢之,数数劳扰楚,使楚日即罢敝也。亟读如"器",数也,频也。
⑰ 多方以误之,声东击西,使之迷误也。

三十二年①

秋八月，王使富辛与石张②如晋，请城成周。③天子曰："天降祸于周，俾我兄弟并有乱心，以为伯父忧。④我一二亲昵甥舅，不皇启处，于今十年。⑤勤戍五年，⑥余一人无日忘之，闵闵焉如农夫之望岁，惧以待时。⑦伯父若肆大惠，复二文之业，⑧弛周室之忧，徼文，武之福，以固盟主，⑨宣召令名，则余一人有大愿矣。昔成王合诸侯成周，以为东都，崇文德焉。⑩今我欲徼福假灵于成王，修成周之城，俾戍人无勤，诸侯用宁，蛮贼远屏，⑪晋之力也。其委诸伯父，使伯父实重图之。俾我一人，无征怨于百姓，而伯父有荣施，先王庸之。⑫"范献子谓魏献子⑬曰："与其戍周，不如城之，天子实云。⑭虽有后事，

---

① 昭公三十二年当周敬王十年辛卯岁，晋定公二年，齐景公三十八年，宋景公七年，卫灵公二十五年，郑献公四年，曹声公五年，莒郊公九年，薛襄公元年，杞悼公八年，西历纪元前510年。

② 富辛、石张皆周大夫。

③ 子朝之乱，其余党多在王城，敬王畏其逼，徙都成周，成周狭小，故周请晋召诸侯城成周。

④ 我兄弟并有乱心，谓子朝之变。以为伯父忧，为此累及晋侯也。时晋侯为晋定公，名午，顷公去疾之子，在位三十七年，为晋国第三十四君。其元年当周敬王九年庚寅岁，西历纪元前511年。

⑤ 不皇启处，于今十年，谓昭二十三年王师、晋师围郊至于今也。

⑥ 勤戍五年，谓昭二十七年十二月晋籍谈子籍秦致诸侯之戍至于今也。

⑦ 余一人无日忘之……惧以待时，言余日念诸侯之劳苦，而忧乱望安，如农夫之忧饥冀望来岁之将熟也。闵闵，忧貌。

⑧ 二文之业，谓晋文侯仇及文公重耳尊王之绩也。

⑨ 固盟主，固主盟之权也。

⑩ 成王作成周，迁殷民以为京师之东都，所以崇文王之德焉。

⑪ 俾，使也。戍人无勤，戍守者可以解勤而归也。诸侯用宁，诸侯得因修城之故而罢戍周之役也。蛮贼远屏，谓凡为周之灾者可以藉城而屏之使远也。

⑫ 庸，功也。先王庸之，言先王之灵必以晋侯之设施为大功也。

⑬ 范献子即范鞅，魏献子即魏舒。俱见前。

⑭ 天子实云，指上"戍人无勤，诸侯用宁"语，盖周欲罢戍城也。

晋勿与知可也。从王命以纾诸侯，晋国无忧。是之不务，而又焉从事？"魏献子曰："善。"使伯音①对曰："天子有命，敢不奉承，以奔告于诸侯，迟速衰序，于是焉在。②"冬十一月，晋魏舒、韩不信如京师，合诸侯之大夫于狄泉，寻盟，③且令城成周，魏子南面。④卫彪傒⑤曰："魏子必有大咎，干位以令大事，非其任也。⑥《诗》曰，敬天之怒，不敢戏豫。敬天之渝，不敢驰驱。⑦况敢干位以作大事乎？"

己丑，士弥牟营成周，计丈数，⑧揣高卑，⑨度厚薄，⑩仞沟洫，⑪物土方，⑫议远迩，⑬量事期，⑭计徒庸，⑮虑材用，⑯书糇粮，⑰以令役于诸侯。⑱属役赋丈，⑲书以授帅，⑳而效诸刘子。㉑韩简子临之，以为成命。㉒……

---

① 伯音，韩不信之字。不信，韩宣子起之孙韩简子也。
② 衰，差也，读如"崔"。序，次也。迟速衰序，于是焉在，言兴役之或迟或速，以及赴役之等差次序，一切唯周所命也。
③ 狄泉即翟泉，已见前。寻盟，寻昭十三年平丘之盟也。
④ 南面，居君位也。
⑤ 彪傒，卫大夫。时从世叔申与会。
⑥ 干位以令大事，非其任也，言魏舒干犯君位以令城周之大事，非其德之所能当也。
⑦ 敬天之怒……不敢驰驱，《诗·大雅·生民之什·板》篇末章之前四句也。言戒王者当敬畏天之谴怒，不可游戏逸豫，驰驱自恣也。渝，变也。
⑧ 士弥牟，即士景伯司马弥牟，已见前。计丈数，计所当城筑之丈数也。
⑨ 度高曰揣。揣高卑，揣版幹高卑之宜也。
⑩ 度厚薄，量本末厚薄之制也。
⑪ 度深曰仞。仞沟洫，量沟洫深浅之准也。
⑫ 物，相也。物土方，相取土宜之方面也。
⑬ 议远迩，议取物远近之宜也。
⑭ 量事期，计事功完毕之期也。
⑮ 计徒庸，计当用若干人工也。
⑯ 虑材用，计当费若干材用也。
⑰ 书糇粮，计当用若干粮食也。
⑱ 以令役于诸侯，即以计度所得，号令于诸侯，使供其役也。
⑲ 属役赋文，属所当役之人数，赋说当城之丈尺也。
⑳ 帅，诸侯之大夫。书以授帅，书所当役之条文以授诸会城之诸侯大夫也。
㉑ 效，致也。效诸刘子，即以分派诸侯服役之书据致送于周卿刘文公也。
㉒ 韩简子临之，以为成命，韩不信监役事，秉士景伯之规度以为成命也。

定　公

名宋，襄公午之子，昭公稠之弟，在位十五年，为鲁国第二十五君。其元年当周敬王十一年壬辰岁，西历纪元前509年。

元　年①

元年春王正月辛巳，晋魏舒合诸侯之大夫于狄泉，将以城成周。魏子莅政。②卫彪傒曰："将建天子，③而易位以令，④非义也。大事奸义，必有大咎。晋不失诸侯，魏子其不免乎！"是行也，魏献子属役于韩简子及原寿过，⑤而田于大陆，焚焉。⑥还，卒于宁。⑦范献子去其柏椁，⑧以其未复命而田也。⑨

---

① 定公元年当晋定公三年，齐景公三十九年，宋景公八年，卫灵公二十六年，郑献公五年，曹隐公元年，莒郊公十年，薛襄公二年，杞悼公九年。
② 莅，临也。魏子莅政，魏舒代天子之大夫为政也。
③ 将建天子，谓将立天子之居所也。
④ 易位以令，谓以晋大夫代周大夫为政而号令诸侯也。
⑤ 属役，以役事托之。原寿过，周大夫。
⑥ 田于大陆，焚焉，魏舒纵猎于大陆，并放火野烧也。大陆，指今河南修武县西北之吴泽陂，盖当时为广平荒芜之地，故曰纵猎耳。
⑦ 宁，晋邑，今河南修武县，近吴泽。
⑧ 魏舒卒，范鞅代为政，去其柏椁，示贬也。
⑨ 以其未复命而田也，即去椁示贬之理由。

孟懿子①会城成周。庚寅，栽。②宋仲几不受功，③曰："滕、薛、郳，吾役也。"④薛宰⑤曰："宋为无道，绝我小国于周，以我适楚。⑥故⑦我常从宋。晋文公为践土之盟，⑧曰，凡我同盟，各复旧职。若从践土，若从宋，亦唯命。⑨"仲几曰："践土固然。"⑩薛宰曰："薛之皇祖奚仲，居薛，以为夏车正。⑪奚仲迁于邳，⑫仲虺居薛，以为汤左相。若复旧职，将承王官，何故以役诸侯？⑬"仲几曰："三代各异物，薛焉得有旧？⑭为宋役，亦其职也。"士弥牟曰："晋之从政者新，⑮子⑯姑受功。归，吾视诸故府。⑰"仲几曰："纵子⑱忘之，山川鬼神其忘诸乎。"士伯怒，谓韩简子曰："薛征于人，⑲宋征于鬼，⑳宋罪大矣。且己无辞而抑我以神诬我也。启宠纳侮，㉑其此之谓矣。必以仲几为戮。"

---

① 孟懿子即鲁卿仲孙羯之孙，仲孙獲之子仲孙何忌也。
② 栽，设版筑。犹云开工。
③ 仲几，宋大夫，时应召与于曾不。受功，不肯任役也。
④ 滕、薛均见前。郳即小邾。宋欲使三国代受功，故云"吾役也"。
⑤ 薛宰，薛国主政之人，时亦与会。
⑥ 绝我小国于周，以我适楚，言绝我小国使不得自通于天子，而帅我以服事蛮夷之楚也。
⑦ 故，昔也；旧也。
⑧ 践土之盟在僖二十八年。已详前。
⑨ 凡我同盟，各复旧职，引践土之会之载书。若从践土，若从宋，亦惟命，言或从践土之盟，复旧职以役于天子；或从宋，供旧职以役于诸侯，惟晋所命也。
⑩ 践土固然，言践土之会固明言从旧，则薛旧为宋役，是仍当代宋服役也。
⑪ 皇，大也。皇祖，大祖也。奚仲为夏禹掌车服大夫，故云"为夏车正"。
⑫ 邳，今江苏县。
⑬ 若复旧职……何故以役诸侯，言若如践土之言，复其旧职，则当如奚仲、仲虺奉天子为王官，何故舍天子，从宋诸侯之役乎。
⑭ 仲几以为居周之世，不得以夏、殷为旧，故云三代各异物，薛焉得有旧。
⑮ 晋之从政者新，言范献子新为政，未习故事也。
⑯ 子谓仲几。
⑰ 归，吾视诸故府，犹云待吾归后查案办理也。
⑱ 子谓士弥牟。
⑲ 典籍故事人之所知，故云"薛征于人"。
⑳ 仲几词穷，取证于鬼神，故云"宋征于鬼"。
㉑ 《商书·说命中》有云"无启宠纳侮"。盖开宠过分则将纳受侵侮，故古以为戒。今仲几诬晋，是晋过宠之使然，正合此义。

乃执仲几以归。三月,归诸京师。①

城三旬而毕,乃归诸侯之戍。②

齐高张③后,不从诸侯。晋女叔宽④曰:"周苌弘、齐高张皆将不免。苌叔违天,⑤高子违人。⑥天之所坏,不可支也。众之所为,不可奸⑦也。"

二 年⑧

桐⑨叛楚,吴子使舒鸠氏⑩诱楚人,曰:"以师临我,我伐桐,为我使之无忌。⑪"秋,楚囊瓦伐吴,师于豫章。⑫吴人见舟于豫章,而潜师于巢。⑬冬十月,吴军楚师于豫章,败之。⑭遂围巢,克之,获楚公子繁。⑮……

---

① 士弥牟既执宋仲几归晋,知干名字不可,乃复归诸京师。
② 昭二十七年,晋籍秦致诸侯之戍于周。至是,城功已毕,乃归诸侯之戍。
③ 高张,高偃之子,齐大夫,亦称高昭子。
④ 女叔宽,即女宽,已见前。
⑤ 苌叔即苌弘,周大夫。天既厌周德,苌弘欲迁都以延其祚,故曰"违天"。见杜《注》。
⑥ 诸侯相帅以崇天子,而高子后期,故曰"违人"。亦见杜《注》。
⑦ 奸,同"干",犯也。
⑧ 定公二年当周敬王十二年癸巳岁,楚昭王十一年,吴王阖庐七年,西历纪元前508年。
⑨ 桐,偃姓小国,为楚附庸。故城在今安徽桐城县北。当舒城县西南。
⑩ 舒鸠氏,亦偃姓国,属于楚,在今安徽舒城县境。
⑪ 以师临我,教舒鸠诱楚,使以师临吴也。我伐桐,为我使之无忌,吴伐桐,为若畏楚师之临己而为伐其叛国以取媚者,欲使楚不忌吴,所谓多方以误之也。
⑫ 楚从舒鸠,言故囊瓦出师伐吴。师于豫章,军次于豫章之地也。豫章已见前。
⑬ 吴人伪将为楚伐桐,故见舟于豫章。见同"现"。吴人实欲击楚,故潜师于巢。巢已见前。
⑭ 吴出不意攻楚师于豫章,楚不忌吴,故吴得败之。军,整军袭击也。
⑮ 公子繁,楚守巢之大夫。

三 年①

蔡昭侯②为两佩与两裘，以如楚。③献一佩一裘于昭王。昭王服之，以享蔡侯。蔡侯亦服其一。子常欲之。弗与。三年止之。④唐成公⑤如楚，有两肃爽马。⑥子常欲之。弗与。亦三年止之。唐人或相与谋，请代先从者，⑦许之。饮先从者酒，醉之，窃马而献之子常。子常归唐侯。自拘于司败，⑧曰："君以弄马之故，隐君身，弃国家群臣。⑨请相夫人以偿，马必如之。⑩"唐侯曰："寡人之过也。二三子无辱！"皆赏之。蔡人闻之，固请而献佩于子常。⑪子常朝见蔡侯之徒，命有司曰："蔡君之久也，官不共也。⑫明日礼不毕，将死。⑬"蔡侯归，及汉，执玉而沈，曰："余所有济汉而南者，有若大川！"⑭蔡侯如晋，以其

---

① 定公三年当周敬王十三年甲午岁，晋定公五年，蔡昭侯十二年，楚昭王九年，西历纪元前507年。
② 蔡昭侯名申，蔡国第二十一君，灵侯般之孙，悼侯东国之弟也。迁都州来。在位二十八年，为盗所杀。
③ 两佩与两裘，佩玉与羔裘各一双也。以如楚，携此佩裘南朝于楚也。
④ 子常欲之，囊瓦欲得蔡昭侯之佩与裘也。弗与，蔡侯不肯与子常也。三年止之，子常藉端强蔡侯止于楚，三年弗遣令归国也。
⑤ 唐成公，唐惠侯之后。惠侯见前宣十二年《传》。
⑥ 肃爽马，骏马之名。爽读如"霜"。
⑦ 请代先从者，伪若自己国来受代，使先从成公来楚之人归去也。
⑧ 自拘于司败，窃马者自投于法庭，愿受应得之罪也。
⑨ 君以弄马之故……弃国家群臣，言唐成公因肃爽之故羁身异国，远离己之国家群臣也。隐，忧也；约也。引申有束缚羁縶意。
⑩ 请相夫人以偿，马必如之，自请助养马者养马以偿君，必有骏马如肃爽者焉。相，助也。夫人谓养马者。
⑪ 固请而献佩于子常，蔡人坚求蔡侯以佩裘献诸子常也，不言裘，以承上文为言，其意自见，无烦更说耳。
⑫ 子常朝见蔡侯之徒……官不共也，囊瓦既受赂，乃公见蔡侯之从者，表示发遣蔡侯之迟迟，实楚有司礼遣之物不共备故耳。
⑬ 明日礼不毕，将死，囊瓦申儆有司，谓明日遣蔡侯之礼不备将坐有司以死罪也。
⑭ 余所有济汉而南者，有若大川，蔡侯之誓辞。蔡侯久縶得脱，恨楚已深，故自誓若复渡汉朝楚当受祸明如大川也。

子元与其大夫之子为质焉，而请伐楚。

四　年①

四年春正月，刘文公合诸侯于召陵，②谋伐楚也。晋荀寅③求货于蔡侯，弗得。言于范献子曰："国家方危，诸侯方贰，将以袭敌，不亦难乎？水潦方降，疾虐方起，④中山⑤不服，弃盟取怨，⑥无损于楚，而失中山，不如辞蔡侯。吾自方城以来，楚未可以得志，⑦只取勤焉。⑧"乃辞蔡侯。

晋人假羽旄⑨于郑，郑人与之。明日，或旆以会。⑩晋于是乎失诸侯。……

沈人不会于召陵，晋人使蔡伐之。夏，蔡灭沈。秋，楚为沈故，围蔡。伍员为吴行人以谋楚。⑪楚之杀郤宛也，伯氏之族出。伯州

---

① 定公四年当周敬王十四年乙未岁，晋定公六年，齐景公四十二年，卫灵公二十九年，蔡昭侯十二年，郑献公八年，曹隐公四年，陈惠公二十四年，宋景公十一年，秦哀公三十一年，许公十四年，杞悼公十二年，邾隐公元年，莒郊公十三年，滕顷公八年，薛襄公五年，楚昭王十年，吴王阖庐九年，西历纪元前 506 年。

② 刘文公，天子之卿。召陵，楚地。俱已见前。蔡侯如晋请伐楚，晋人乃假王命以讨楚之久留蔡侯，故云"文公合诸侯"。是时赴会者，晋侯、鲁侯、宋公、蔡侯、卫侯、陈子、郑伯、许男、曹伯、莒子、邾子、顿子、胡子、滕子、薛伯、杞伯、小邾子、齐国夏。

③ 荀寅，荀吴之子，亦称中行寅，亦称中行文子。

④ 水潦方降，疾疟方起，林《释》："春雨正时，故多水潦。寒燠不常，故多疾疫。"

⑤ 中山即鲜虞，姬姓，白狄别种，今河北定县。战国时为中山国，赵灭之。上年秋九月，鲜虞人败晋师于平中，故下云"不服"。

⑥ 晋、楚同盟，伐之当招怨，故云"弃盟取怨"。

⑦ 襄十六年，晋败楚，侵方城。自是以来楚终未能陵晋。故云"吾自方城以来，楚未可以得志"。

⑧ 只取勤焉，言适以自取勤劳之辱耳。

⑨ 析羽为旌，王者游车之所建，郑私有之，因谓之羽旄。

⑩ 或旆以会，令贱者施旆于羽旄，执以从会，示卑郑也。或，贱者也。

⑪ 伍员为欲复父兄之仇，故为吴行人以谋报楚。

犁之孙嚭，为吴大宰以谋楚。① 楚自昭王即位，无岁不有吴师。② 蔡侯因之，以其子乾与其大夫之子为质于吴。冬，蔡侯、吴子、唐侯伐楚。③ 舍舟于淮汭，④ 自豫章与楚夹汉。⑤ 左司马戌⑥谓子常曰："子沿汉而与之上下，⑦ 我悉方城外以毁其舟，⑧ 还塞大隧、直辕、冥阨。⑨ 子济汉而伐之，我自后击之，必大败之。"既谋而行。⑩ 武城黑谓子常曰："吴用木也，我用革也，不可久也。⑪ 不如速战。"史皇⑫谓子常："楚人恶子而好司马，⑬ 若司马毁吴舟于淮，塞城口而入，是独克吴也。⑭ 子必速战，不然不免。⑮ "乃济汉而陈，自小别至于大别。⑯ 三战，子常知不可，欲奔。⑰ 史皇曰："安求其事，难而逃之，将何

---

① 伯嚭亦怨楚之杀郤宛而逐己之族也，故为吴大宰以谋报楚。
② 楚昭王立之明年，吴王阖庐立。阖庐立，始为三军以肆楚，故楚自昭王即位，无岁不有吴师。
③ 蔡侯、吴子、唐侯伐楚，蔡昭侯、吴王阖庐、唐成公联兵伐楚也。
④ 吴乘舟从淮来，过蔡而弃诸水之曲，故云"舍舟于淮汭"。
⑤ 兴楚夹汉，吴与楚夹汉水而军也。
⑥ 左司马戌即沈尹戌，已见前。
⑦ 沿汉而与之上下。缘汉水上下遮使吴兵勿渡也。沿同"沿"。
⑧ 悉方城外以毁其舟，悉兵于方城之外，尽毁吴所舍之舟也。
⑨ 大隧、直辕、冥阨皆汉东之隘道，统称"三关"。大隧，即今河南信阳县西南九十里，湖北应山县北六十五里之平靖关。直辕，即今信阳县南一百五十里，应山县东北九十里之武阳关，亦称武胜关。冥阨，即今信阳县东南九十里，应山县东北一百三十里之九里关，亦称黄岘关。此三关，至南北朝时犹为重镇。
⑩ 既谋而行，左司马戌与令尹子常定谋而各行其约定之任务也。
⑪ 武城故申国地，楚取以为邑，已见前。武城黑，守武城之大夫名黑者。吴用木也……不可久也，言吴用木为兵，惟钝；我用革为兵，犀利：不必久与相持也。
⑫ 史皇，楚大夫。
⑬ 恶子而好司马，言厌恶子常而喜爱戌也。
⑭ 城口，三隘道之总名。是独克吴也，谓如此则戌将专克吴之功也。
⑮ 不免，不能免攘功之耻也。
⑯ 小别，山名，在今湖北汉川县北，一名甑山。大别亦山名，在今湖北汉阳县东北，一名鲁山。小别在西，大别在东，相去一百二十余里。与今河南、湖北两省界上之大别山脉非一地。孔《疏》谓小别当在大别之东，子常从小别与吴战，退而至大别，明自东而渐西也。胡渭云，自豫章与楚夹汉，谓吴军汉东，楚军汉西也。子常济汉而陈，自小别至于大别，言其师众为长陈，自西及东若此其远也。小别当在大别西。其说与孔《疏》正相反，而理较长，从胡说为是。
⑰ 知不可，欲奔，子常知吴不可胜，欲奔逃也。

所入。① 子必死之，初罪必尽说。②"十一月庚午，二师陈于柏举。③ 阖庐之弟夫概王晨请于阖庐曰："楚瓦不仁，其臣莫有死志。④ 先伐之，其卒必奔。而后大师继之，必克。"弗许。夫概王曰："所谓臣义而行，不待命⑤者，其此之谓也。今日我死，楚可入也。⑥"以其属五千，先击子常之卒。子常之卒奔，楚师乱，吴师大败之。子常奔郑。史皇以其乘广死。⑦

吴从楚师，及清发，⑧将击之。夫概王曰："困兽犹斗，⑨况人乎？若知不免而致死，必败我。若使先济者知免，后者慕之，蔑有斗心矣。⑩半济而后可击也。⑪"从之。又败之。楚人为食，吴人及之，奔，食而从之。⑫败诸雍澨。⑬五战，及郢。⑭己卯，楚子取其妹季芈畀我以出。⑮涉睢，⑯鍼尹固⑰与王同舟。王使执燧象以奔吴师。⑱

① 安求其事，难而逃之，将何所入，言楚国安宁则求知其政事，有难则逃避以求免，将入何国以安其身乎。
② 子必死之，初罪必尽说，言子常必当致死克吴，然后从前种种贪贿致寇之罪可以脱免也。说同"脱"。
③ 柏举，楚地，在今湖北麻城县境。县东北三十里有柏子山，县东南有举水，因以得名。
④ 莫有死志，无死战之心也。
⑤ 臣义而行，不待命，言人臣之道，见义则为，固不必待君命也。
⑥ 我死，楚可入也，言我若致死力以击楚，必可乘胜以入楚都也。
⑦ 乘广，楚卒伍名，已详前。以其乘广死，言囊瓦既奔郑，史皇因其遗卒力战而死也。
⑧ 从，追也。清发，水名，即今湖北安陆县西八十里石门山下经流之一段涢水也。
⑨ 困兽犹斗，喻最后之死抗，盖猛兽至于困急之际犹必力图反噬以冀脱去也。
⑩ 若使先济者知免……蔑有斗心矣，谓苟使楚师之先得渡清发者知所以幸免于死亡，则后来者必慕而争渡，自无还斗之心矣。
⑪ 楚师既争渡无斗志，然后迫之，必破之，故云"半济而后可击也"。
⑫ 楚人为食……食而从之，言楚师将就食，吴人追及之楚师奔，故吴人得食其食而又追之也。
⑬ 雍澨，楚地，今湖北京山县。
⑭ 五战，及郢，谓吴师自雍澨胜后，五战皆捷，遂及楚都也。郢，楚都今湖北江陵县，已见前。
⑮ 季芈畀我，楚平王之女。《世族谱》谓系两人。服虔云，畀我即季芈之字。服说较合。楚子取以出，楚昭王将妹同奔也。
⑯ 睢亦作"沮"，即今湖北当阳县之沮水。其入江处在今枝江县，当郢都之西，即昭王避吴西走涉水处。
⑰ 鍼尹固即箴尹固。箴尹，楚特有之官。固，当官人之名也。
⑱ 使执燧象以奔吴师，使箴尹固烧火燧系象尾，驱赴吴师，惊却其追逼也。

庚辰，吴入郢，以班处宫。① 子山② 处令尹之宫。夫概王欲攻之，③ 惧而去之，夫概王入之。④

左司马戌及息而还，⑤ 败吴师于雍澨，伤。⑥ 初，司马臣阖庐，故耻为禽焉，⑦ 谓其臣曰："谁能免吾首？"⑧ 吴句卑曰："臣贱，可乎？"⑨ 司马曰："我实失子，可哉！"⑩ 三战，皆伤，曰："吾不可用也已。"⑪ 句卑布裳刭而裹之，⑫ 藏其身而以其首免。⑬

楚子涉雎济江，入于云中。⑭ 王寝，盗攻之，以戈击王。王孙由于⑮ 以背受之，中肩。王奔郧，⑯ 钟建⑰ 负季芈以从。由于徐苏而从。⑱ 郧公辛⑲ 之弟怀，将弑王，曰："平王杀吾父，我杀其子，⑳ 不亦可乎？"辛曰："君讨臣，谁敢仇之？君命，天也，若死天命，将谁

---

① 以班处宫，以尊卑之班次，分处楚王宫室也。
② 子山，吴王阖庐之子。
③ 夫概王，子山之叔父，见子山处令尹之宫，怒其轧己，故欲攻之。
④ 子山惧攻引去，故云"惧而去之"。夫概王遂入居令尹之宫，故云"人之"。
⑤ 息，姬姓，侯国，时已沦为楚邑，故城在今河南息县西南。左司马戌既与令尹子常谋定而出方城，及息，闻楚败而还。
⑥ 司马戌先败吴师于雍澨，而身被创，故云"伤"。
⑦ 司马戌尝在吴臣于阖庐，至是耻於见擒，故云"耻为禽焉"。
⑧ 谁能免吾首，言我若战死，谁能取我首以匿去，俾免于耻辱也。
⑨ 吴句卑，吴人之为司马戌臣者。臣贱，可乎，言我贱人也，亦可为用乎。盖句卑自荐之词。
⑩ 我实失子，可哉，戌自悔认失句卑之贤，故云然。
⑪ 吾不可用也已，戌自知不能免，故发此叹。
⑫ 司马已死，句卑布己之裳，刭取司马之首而裹藏之。
⑬ 藏其身，掩藏司马之身。以其首免，裹司马之首以逃免吴获也。
⑭ 云中谓云梦泽中，已见前。此处盖谓江南之梦也。
⑮ 王孙由于，又曰吴由于，为楚寝尹之官。盖亦公族也。
⑯ 郧本子爵之国，时已沦为楚邑。地已见前。
⑰ 钟建，楚大夫。
⑱ 由于以背受戈，中其肩，当时晕绝。及昭王奔郧，由于已徐苏，仍追而从王。
⑲ 郧公辛，楚守郧之大夫，即蔓成然之子斗辛也。
⑳ 昭十四年，楚平王杀蔓成然。是时斗辛之弟斗怀欲杀昭王，故云"平王杀吾父，我杀其子"。

仇？《诗》曰，柔亦不茹，刚亦不吐。不侮矜寡，不畏强御。① 唯仁者能之。违强陵弱，非勇也。乘人之约，② 非仁也。灭宗废祀，非孝也。③ 动无令名，非知也。必犯是，余将杀女。"斗辛与其弟巢以王奔随。

吴人从之。谓随人曰："周之子孙在汉川者，楚实尽之。天诱其衷，致罚于楚，而君又窜之。④ 周室何罪？君若顾报周室，施及寡人，以奖天衷，⑤ 君之惠也。汉阳之田，君实有之。"楚子在公宫⑥之北，吴人在其南。子期似王，⑦ 逃王，而己为王，⑧ 曰："以我与之，王必免。"随人卜与之，不吉。乃辞吴曰："以随之辟小而密迩于楚，楚实存之。世有盟誓，至于今未改。若难而弃之，何以事君？执事之患，不唯一人。⑨ 若鸠楚竟，⑩ 敢不听命？"吴人乃退。鑢金⑪初官于子期氏，实与随人要言。⑫ 王使见。⑬ 辞曰："不敢以约为利。"⑭ 王割子期之心，以与随人盟。⑮

初，伍员与申包胥⑯友，其亡也，⑰ 谓申包胥曰："我必复楚国。"⑱

---

① 柔亦不茹……不畏强御，《诗·大雅·荡之什·烝民》篇第五章后四句也。盖美仲山甫之不避强陵弱。
② 约有窘迫之意。
③ 弑君则罪应灭宗，宗灭则祀废，是大违孝道也。故云"灭宗废祀，非孝也"。
④ 窜，匿也。窜之谓随庇楚王。
⑤ 奖，成也。以奖天衷言成天之志，即擒献楚王之意。
⑥ 公宫，随公之宫。
⑦ 子期，平王子，昭王之兄公子结也。似王，貌似昭王。
⑧ 逃王，而己为王，子期伪为昭王，而纵使昭王逃去也。
⑨ 一人谓楚王。
⑩ 若鸠楚竟，若能安集楚境也。正承上所患不唯一人而言。
⑪ 鑢金尝事公子结，故下云"初官于子期氏"。鑢别本作"镟"。
⑫ 要言，要约之言，盖吴胁随时，鑢金实与随人要约，无以楚王与吴，并欲脱子期也。
⑬ 王使见，昭王喜鑢金之善意，欲引见之，以比王臣，且欲使盟随人也。
⑭ 不敢以约为利，杜《注》："此约，谓要言也。此一时之事，非为德举，故辞不敢见，亦不肯为盟主。"
⑮ 王割子期之心，以与随人盟，杜《注》："当心前割取血以盟，示其至心。"
⑯ 申包胥，楚大夫，盖出申氏，系未详。
⑰ 其亡也，谓伍员出奔吴事已见昭二十年《传》。
⑱ 我必复楚国，我必为父兄报楚国之仇也。复，报也。

申包胥曰："勉之！子能复之，我必能兴之。"及昭王在随，申包胥如秦乞师曰："吴为封豕长蛇，以荐食上国。① 虐始于楚，寡君失守社稷，越在草莽。使下臣告急曰，夷德无厌，若邻于君，疆埸之患也。② 逮吴之未定，君其取分焉。③ 若楚之遂亡，君之土也。④ 若以君灵抚之，世以事君。⑤"秦伯使辞焉，曰："寡人闻命矣，子姑就馆，将图而告。⑥"对曰："寡君越在草莽，未获所伏，⑦ 下臣何敢即安？"立依于庭墙而哭，日夜不绝声，勺饮不入口。七日，秦哀公为之赋《无衣》。⑧ 九顿首而坐。⑨ 秦师乃出。

五　年⑩

……申包胥以秦师至，秦子蒲、子虎帅车五百乘以救楚。⑪ 子蒲

---

① 为封豕长蛇，以荐食上国，言吴贪害如蛇豕，屡向内地侵略也，封，大也。荐，数也；屡也；频也。上国，犹云内地诸大国，盖当时鄙吴为夷狄。
② 夷德无厌……疆埸之患也，言吴贪欲无止境，若得楚以邻于秦，必为秦边界之患也。
③ 分读若"忿"，即俗称份子之"份"之本字。逮吴之未定，君取分焉，言秦当及吴之犹未定楚，急往取得一分土地也。杜云"与吴共分楚地"，作分割解，则"取"字不安，似未谛。
④ 若楚之遂亡，君之土也，言秦如出兵抗吴，不幸而楚亡，则楚土即为秦土矣。
⑤ 若以君灵抚之，世以事君，言如得凭藉秦君之威灵以存恤楚，则楚当世服事秦君也。
⑥ 将图而告，将考虑汝之所告也。
⑦ 伏犹处也。未获所伏，犹未获宁处也。
⑧ 秦哀公名不详，景公后伯车之子，在位三十六年，为秦国第十九君。其元年当周景王九年乙丑岁，西历纪元前536年。《无衣》，《诗·秦风》篇名，凡三章，章五句。哀公赋此，意取"修我戈矛，与子同仇"，及其下"修我矛戟，与子偕作"，"修我甲兵，与子偕行"，盖已许申包胥出兵救楚矣。
⑨ 九顿首而坐，杜《注》："《无衣》三章章三顿首。"阎若璩《潜丘札记》："坐即跪也。据每章阕，祇宜一顿首，今遂三顿首，盖申包胥故重其礼以谢秦君。若礼之正，如襄四年歌《鹿鸣》之三，三拜，乃三揖耳。岂得至顿首而又凡九顿首乎。故曰此礼之至变也。"
⑩ 定公五年当周敬王十五年丙申岁，楚昭王十一年，秦哀公三十二年，吴王阖庐十年，西历纪元前505年。
⑪ 子蒲、子虎皆秦公子。五百乘，三万七千五百人也。申包胥引以救楚。

曰："吾未知吴道。"①使楚人先与吴人战，而自稷②会之。大败夫概王于沂。③吴人猎薳射④于柏举。其子帅奔徒⑤以从子西，⑥败吴师于军祥。⑦秋七月，子期、子蒲灭唐。⑧九月，夫概王归，自立也，以与王战，⑨而败奔楚，为堂溪氏。

吴师败楚师于雍澨。秦师又败吴师，吴师居麇。⑩子期将焚之。⑪子西曰："父兄亲暴骨焉，不能收，又焚之，不可。"⑫子期曰："国亡矣。死者若有知也，可以歆旧祀。⑬岂惮焚之？"焚之而又战，吴师败。又战于公壻之溪，⑭吴师大败，吴子乃归，囚闉舆罢。⑮闉舆罢请先，遂逃归。⑯

叶公诸梁⑰之弟后臧从其母于吴，不待而归。⑱叶公终不正视。⑲……

楚子入于郢。⑳初，斗辛闻吴人之争宫也，曰："吾闻之，不让

———

① 未知吴道，林《释》："道犹法术也，言我未知制吴之法术。"
② 稷，楚地，当在今河南桐柏县境。
③ 沂，楚邑，当去稷不远。
④ 薳射，楚大夫。
⑤ 其子谓薳射之子。奔徒，散卒也。
⑥ 从子西，附于楚公子申之伍也。
⑦ 军祥，楚地，当在今湖北随县西南。
⑧ 灭唐，以其从吴伐楚故。
⑨ 自立为吴王，号夫概，故称夫概王。以与王战，与阖庐战也。
⑩ 麇，楚地，或云当在今湖南岳阳县东。顾栋高云即雍澨，较允。
⑪ 将焚之，将以火攻吴师。
⑫ 父兄亲暴骨焉……不可，言前年楚人与吴战，多死于雍澨，不可并焚以及遗骸也。
⑬ 焚吴复楚则祭祀不废，故云"可以歆旧祀"。
⑭ 公壻之溪亦楚地，今地不详。
⑮ 闉舆罢，楚之大夫。
⑯ 请先，请先行至吴国也。逃归，逃还楚国也。
⑰ 叶公诸梁，左司马沈尹戌之子，叶公子高也。叶读如"摄"，楚邑，即今河南叶县南三十里之古叶城。
⑱ 吴入楚，获后臧母子，故后臧从其母于吴。楚定，后臧弃母归楚，故云"不待而归"。
⑲ 诸梁以后臧不义，故终不正视之。
⑳ 吴师既退，楚昭王遂得复入于郢。

则不和，不和不可以远征。吴争于楚，必有乱。有乱则必归，焉能定楚？"王之奔随也，将涉于成臼。① 蓝尹亹涉其帑，② 不与王舟。及宁，③ 王欲杀之。子西曰："子常唯思旧怨以败，君何效焉？"王曰："善。使复其所，吾以志前恶。④"王赏斗辛、王孙由于、王孙圉、钟建、斗巢、申包胥、王孙贾、宋木、斗怀。⑤ 子西曰："请舍怀也。"⑥ 王曰："大德灭小怨，道也。"⑦ 申包胥曰："吾为君也，非为身也。君既定矣，又何求？且吾尤子旗，其又为诸？"⑧ 遂逃赏。王将嫁季芈。季芈辞曰："所以为女子，远丈夫也。⑨ 钟建负我矣。⑩"以妻钟建，以为乐尹。

王之在随也，子西为王舆服以保路，⑪ 国于脾泄，⑫ 闻王所在，而后从王。王使由于城麇，复命，子西问高厚焉，弗知。子西曰："不能如辞，⑬ 城不知高厚大小，何知？⑭"对曰："固辞不能，子使余也。⑮ 人各有能有不能。王遇盗于云中，余受其戈，其所犹在。⑯"袒而视之背，

---

① 成臼，即今湖北天门县境之臼河。
② 蓝尹亹，楚大夫。涉其帑，先在臼水涉其妻子也。
③ 宁，安定也。
④ 恶，过也。吾以志前恶，我用此以识前日之过也。
⑤ 斗辛……斗怀皆从楚昭王有大功者，故王赏之。王孙圉、王孙贾皆王族。宋木，他事无载。余人均已见前。
⑥ 斗怀初谋弑王，为兄斗辛呵止之，故子西请舍怀不赏也。
⑦ 怀终从其兄，免王大难，是大德也。故王曰："大德灭小怨，道也。"
⑧ 吾为君也……其又为诸，林《释》："言我乞师于秦，欲为君救难，非以为身求赏。今君既已安定，在我又复何求。且我常以子旗为过，其可又为子旗所为以自速祸。"子旗即蔓成然，以有德于平王，求欲无厌，平王杀之。事在昭十四年。
⑨ 所以为女子，远丈夫也，盖本诸古训男女授受不亲之义。
⑩ 钟建负我矣，谓前年钟建负我从王以奔郧。意盖云建既负我，义当嫁之，不可别嫁也。故王顺其意以妻钟建。
⑪ 为王舆服以保路，伪建王之舆服以保安道路往来之人，盖系权宜安定人心之计。
⑫ 国于脾泄，即于脾泄之地伪建王之舆服以为行都也。脾泄，楚邑，当在今湖北江陵县境，地近郢都。
⑬ 不能如辞，言自知不能，当辞勿行也。
⑭ 子西斥由于筑城尚不知其高厚小大之数，当复与知何事。故云"何知"。
⑮ 固辞不能，子使余也，言当时余固以不能辞，子乃强使余行也。
⑯ 其所犹在，言受伤之处尚在也，故下文接述"袒而视之背"。

曰："此余所能也。脾泄之事，余亦弗能也。"……

六　年①

四月己丑，吴大子终累②败楚舟师，获潘子臣、小惟子③及大夫七人。楚国大惕，惧亡。子期又以陵师败于繁扬。④令尹子西喜曰："乃今可为矣。"⑤于是乎迁郢于鄀，⑥而改纪其政，⑦以定楚国。

十四年⑧

吴伐越，⑨越子句践⑩御之，陈于檇李。⑪句践患吴之整也，使死

---

① 定公六年当周敬王十六年丁酉岁，楚昭王十二年，吴王阖庐十一年，西历纪元前504年。
② 大子终累，阖庐子，夫差之兄也。
③ 潘子臣、小惟子，楚舟师之帅。
④ 陵与"陆"义通，陵师即陆师，与上文"舟师"对举。繁扬即繁阳，楚邑，今河南新蔡县北有繁阳亭。
⑤ 令尹子西喜，喜楚人之知惧而后可治也，故曰"乃今可为矣"。所谓多难兴邦也。
⑥ 改都为鄀，故云"迁郢于鄀"。鄀亦称鄢鄀，今湖北宜城县。
⑦ 改其政而新之，纪其政而理之，故云"改纪其政"。
⑧ 定公十四年当周敬王二十四年乙巳岁，吴阖庐十九年，越句践元年，西历纪元前496年。
⑨ 吴之伐越始于昭三十二年。盖吴阖庐与越允常相怨伐。及定五年，吴入郢，越亦入吴以报之。至是，阖庐闻允常死，复报入吴之役，吴又伐越。
⑩ 越，姒姓，子爵，夏少康子无馀之后也。无馀传二十余世，至越侯夫谭，《春秋》谓之于越。都会稽，即今浙江绍兴县，有今杭县以南，东至海之地。及句践灭吴，遂有今江苏、浙江及山东之一部。句践为争霸中原，曾徙都琅邪，故城在今山东诸城县东南一百四十里。战国时为楚所灭。越子句践即夫谭之孙，允常之子。允常已僭称王，故句践称越王。
⑪ 陈于檇李，结阵于檇李以拒吴师也。檇李，今浙江嘉兴县。一云，檇李古城在嘉兴县南四十五里。檇读如"醉"。

士再禽焉，不动。① 使罪人三行，② 属剑于颈③ 而辞曰："二君有治，④ 臣奸旗鼓，⑤ 不敏于君之行前，⑥ 不敢逃刑，敢归死。⑦" 遂自刭也。师属之目。⑧ 越子因而伐之，大败之。灵姑浮⑨ 以戈击阖庐，阖庐伤将指，⑩ 取其一屦。⑪ 还卒于陉，⑫ 去檇李七里。

夫差⑬ 使人立于庭，苟出入，必谓己曰："夫差，而忘越王之杀而父乎？"

则对曰："唯。不敢忘！"三年，乃报越。⑭……

---

① 患吴之整也，越忧吴阵之坚。使死士再禽焉，不动越使敢死之士往，辄为吴所擒。盖越欲扰动吴阵，使乱乃乘之，而吴终不动也。

② 三行，三小队也。

③ 属剑于颈，各以剑注颈待刭也。

④ 辞，致辞。二君有治，言二国之君各治军旅。

⑤ 奸旗鼓，谓干犯军令。

⑥ 不敏于君之行前，在君行阵之前不能敏达事务也。

⑦ 不敢逃刑，敢归死，言不敢逃窜于刑戮，敢自归死于吴也。盖罪人为越所伪饰之吴士耳。

⑧ 师属之目，吴师怪其所为，皆注目而视之也。

⑨ 灵姑浮，越大夫。

⑩ 将指，足之大指。伤将指，阖庐一足之大指见斩也。

⑪ 阖庐以伤将指失屦，姑浮遂取之，故云"取其一屦"。

⑫ 陉，近檇李之地。阖庐伤重归吴，道死于此。

⑬ 夫差，阖庐子，嗣为吴国第二十五君。在位二十三年，见灭于越。其元年当周敬王二十五年丙午岁，西历纪元前 495 年。

⑭ 哀元年吴入越，适在阖庐伤亡之后三年，故云"三年，乃报越"。

哀　公

名蒋，《史记》作"将"，定公宋之子。在位二十七年，为鲁国第二十六君。其元年当周敬王二十六年丁未岁，西历纪元前494年。其十四年，西狩获麟，《春秋》即终于是年。

元　年①

……吴王夫差败越于夫椒，②报樵李也。遂入越。越子以甲楯五千，保于会稽，③使大夫种④因吴大宰嚭以行成。⑤吴子将许之。伍员曰："不可。臣闻之，树德莫如滋，去疾莫如尽。⑥昔有过浇杀斟灌以伐斟鄩，⑦灭夏后相。⑧后缗方娠，⑨逃出自窦，⑩归于有

---

① 哀公元年当周敬王二十六年丁未岁，吴夫差二年，越句践三年，陈缗公八年，西历纪元前494年。
② 夫椒，山名，即今江苏吴县西南八十五里太湖中之西洞庭山，一名包山。
③ 保于会稽，退屯会稽山，凭险自保也。会稽山即古防山，为四镇山之一，所谓"南镇"也。在今浙江绍兴县东南十二里。
④ 大夫种，姓文氏，出周文王支子，以谥为氏，字禽，楚之郢人。仕越为大夫。
⑤ 大宰嚭，伯氏，字子馀，晋大夫伯宗之曾孙，楚大宰伯州犂之孙也。奔吴为大宰，有宠于夫差故文种因之，以求行成于吴。
⑥ 树德莫如滋，去疾莫如尽，盖古训。言树立有德必使滋长，除去恶疾必使净尽也。
⑦ 有过浇杀斟灌以伐斟鄩，夏初事，已见襄四年传。
⑧ 夏后相，禹之曾孙，启之孙也。失国后依于二斟，复为浇所灭。
⑨ 后缗，相后之妻。方娠，正怀孕也。
⑩ 逃出自窦，穴墙而逃，不敢从门出也。

仍，① 生少康焉，为仍牧正。惎浇，能戒之。② 浇使椒求之，③ 逃奔有虞，为之庖正，以除其害。④ 虞思于是妻之以二姚，⑤ 而邑诸纶。⑥ 有田一成，有众一旅，⑦ 能布其德，而兆其谋，⑧ 以收夏众，抚其官职。⑨ 使女艾谍浇，⑩ 使季杼诱豷，⑪ 遂灭过、戈，⑫ 复禹之绩。祀夏配天，不失旧物。今吴不如过，而越大于少康，或将丰之，不亦难乎？⑬ 句践能亲而务施，施不失人，⑭ 亲不弃劳。⑮ 与我同壤而世为仇雠，⑯ 于是乎克而弗取，将又存之。违天而长寇仇，⑰ 后虽悔之，不可食已。⑱ 姬之衰也，日可俟也。⑲ 介在蛮夷，而长寇雠，以是求伯，必不行矣。⑳" 弗听。退而告人曰："越十年生聚，而十年教训，㉑ 二十年之外，吴其为沼乎？㉒" 三月，越及吴平。……

---

① 有仍，后缗之母家，太昊之后。即任国，今山东济宁县。
② 惎浇，能戒之，少康畏忌浇之毒害，然能戒备无虞也。惎，毒也。戒，备也。
③ 椒，浇臣。浇使之访求少康踪迹，欲加杀害。
④ 以除其害，少康逃虞为庖正，藉此以除免己害也。
⑤ 虞思，虞国之君。以二女妻少康，故云"妻之以二姚"。姚，虞姓。
⑥ 纶，虞邑，在今河南虞城县东南。邑诸纶，以纶邑封少康也。
⑦ 一成，方十里。一旅，五百人也。
⑧ 兆，始也。兆其谋，谓其复国之谋得以托基于此也。
⑨ 以收夏众，抚其官职，即前襄四年《传》所云"靡自有鬲氏收二国之烬以灭浞而立少康也"。
⑩ 女艾，少康臣。谍，刺探，行间也。谍浇，少康使女艾伺浇动静也。
⑪ 季杼，少康子，后嗣位为君，称后杼。豷，浇弟。
⑫ 过，浇国。戈，豷国。
⑬ 如吴许越成，是使越丰大，必为吴难也。故云"或将丰之，不亦难乎"。
⑭ 句践所加惠赐皆得其人，故云"施不失人"。
⑮ 句践推亲爱之诚而不遗小劳，故云"亲不弃劳"。
⑯ 吴、越接境，故云同壤。阖庐、允常互攻，夫差、句践相伐，故云"世为仇雠"。
⑰ 违天犹云"天与不取"。使越坐大，是长寇仇矣。
⑱ 食，消也。已，止也。
⑲ 姬，吴姓。姬之衰也，日可俟也，言吴之衰亡可计日而待也。
⑳ 介在蛮夷而长寇雠，言逼处于蛮夷之境而坐长寇雠之势，是危道也，如故下云"以是求伯，必不行矣"。伯同"霸"，求伯谓争霸于中原也。
㉑ 生谓蕃息人口。聚谓蓄积财富。教训则蒐讨军实以教之作战也。
㉒ 沼，池也。吴其为沼乎，言吴之宫室将废壤夷灭，沦为污池也。

秋八月，吴侵陈，修旧怨也。①……

吴师在陈，楚大夫皆惧，曰："阖庐惟能用其民，以败我于柏举。今闻其嗣又甚焉。②将若之何？"子西曰："二三子恤不相睦，无患吴矣。③昔阖庐食不二味，④居不重席，⑤室不崇坛，⑥器不彤镂，⑦宫室不观，⑧舟车不饰，衣服财用择不取费。⑨在国，天有灾疠，亲巡孤寡而共其乏困。⑩在军，熟食者分而后敢食，⑪其所尝者，卒乘与焉。⑫勤恤其民，而与之劳逸。⑬是以民不罢劳，死知不旷。⑭吾先大夫子常易之，⑮所以败我也。今闻夫差次有台榭陂池焉，⑯宿有妃嫱嫔御焉，⑰一日之行，所欲必成，玩好必从。⑱珍异是聚，观乐是务。⑲视民如雠，而用之日新。⑳夫先自败也已，安能败我？"……

---

① 陈有怨于吴，故吴侵陈以修旧怨也。其后五年，又伐陈。
② 其嗣，谓夫差。又甚焉，谓夫差能用其民又甚于阖庐也。
③ 二三子恤不相睦，无患吴矣，言楚大夫能彼此相恤而辑睦，吴必不足为患也。
④ 食不二味，不尚兼味之食也。
⑤ 居不重席，居处不用重茵累褥也。
⑥ 室不崇坛，平地作室，不起坛也。
⑦ 器不彤镂，器用不施丹漆彤镂也。
⑧ 宫室不观，居室不起台榭也。
⑨ 择不取费，选取坚厚耐用之物，不尚细巧虚靡之品也。
⑩ 灾疠，灾荒及疾役也。亲巡孤寡而共其乏困，躬亲抚视而资给其用度也。
⑪ 熟食者分而后敢食，言必须军士皆分得熟食然后乃敢食也。分，犹遍也。
⑫ 其所尝者，卒乘与焉，言如有甘珍非常之食，其军士必遍与共尝也。
⑬ 与之劳逸，均调其劳逸也。
⑭ 知身死不见旷弃，故云"死知不旷"。
⑮ 子常易之，谓囊瓦所为一反阖庐之行。
⑯ 次有台榭陂池焉，言夫差经行之处，再宿以上即须备有池馆之乐也。
⑰ 宿有妃嫱嫔御焉，言夫差出行，虽一宿之寓亦必备女官之奉也。
⑱ 一日之行，所欲必成，玩好必从，承上言，谓夫差一日所行之地，其欲必求成遂，玩好必以自随也。
⑲ 珍异是聚，观乐是务，聚敛珍异之物，务为游观之乐也。
⑳ 用之日新，用之争战，日新不已也。

七　年①

……夏，公会吴于鄫。②吴来征百牢。③子服景伯④对曰："先王未之有也。"吴人曰："宋百牢我。⑤鲁不可以后宋。且鲁牢晋大夫过十，吴王百牢，不亦可乎？⑥"景伯曰："晋范鞅贪而弃礼，以大国惧敝邑，⑦故敝邑十一牢之。⑧君若以礼命于诸侯，则有数⑨矣。若亦弃礼，则有淫者矣。⑩周之王也，制礼，上物不过十二，以为天之大数也。⑪今弃周礼而曰必百牢，亦唯执事。"吴人弗听。景伯曰："吴将亡矣，弃天而背本。⑫不与，必弃疾于我。⑬"乃与之。……

---

① 哀公七年当周敬王三十二年癸丑岁，吴夫差八年，宋景公二十九年，晋定公二十四年，西历纪元前488年。
② 鄫，姒姓国，子爵。故城在今山东峄县东八十里，襄十六年灭于莒。亦作"缯"。公会吴于鄫，夫差欲霸中原，召会于鄫，而鲁哀公应召赴会也。
③ 三牲备为一牢，百牢当为百牛、百羊、百豕，是需牺畜三百头也。
④ 子服景伯名何，出仲孙氏。孟献子仲孙蔑之子仲孙它，别为子服氏，称子服孝伯。景伯即孝伯之曾孙。
⑤ 是时吴过宋，得百牢，故云"宋百牢我"，言宋献致百牢于吴也。
⑥ 昭二十一年，晋士鞅聘鲁，鲁饩之十一牢，故吴人云"鲁牢晋大夫过十"。《王制》，君十卿禄，吴即以此为口实，遂云吴王百牢，不亦可乎矣。
⑦ 以大国惧敝邑，言士鞅挟大国之势以陵鲁国也。
⑧ 十一牢之，以十一牢饩士鞅也。
⑨ 有数，谓礼有常数。《周礼》，上公九牢，侯伯七牢，子男五牢。即常数。
⑩ 若亦弃礼，则有淫者矣，言吴若步士鞅之后而弃礼弗举，则其数更有过度者矣。
⑪ 上物不过十二，以为天之大数也，言天子之礼十二牢，象天之有十二星次也。上物谓天子之牢。天之大数，谓天有十二次，故制礼象之。
⑫ 弃天，谓弃天十二之数。背本，谓背周制礼之本。
⑬ 弃疾于我，委恶于我也。杜云"放弃凶疾，来伐击我"，似稍有曲解。

十一年①

吴将伐齐，②越子率其众以朝焉。王及列士，皆有馈赂。吴人皆喜。唯子胥惧，曰："是豢吴也夫！"③谏曰："越在，我心腹之疾也。壤地同而有欲于我。夫其柔服，求济其欲也，不如早从事④焉。得志于齐，犹获石田⑤也，无所用之。越不为沼，吴其沦矣。⑥使医除疾，而曰必遗类焉者，未之有也。⑦盘庚之诰曰，其有颠越不共，则劓殄无遗育，无俾易种于兹邑。⑧是商所以兴也。今君易之，⑨将以求大，不亦难乎？"弗听。⑩使于齐，属其子于鲍氏，为王孙氏。⑪反役，⑫王闻之，使赐之属镂以死。⑬将死，曰："树吾墓槚，⑭槚可材也，吴其亡

---

① 哀公十一年当周敬王三十六年丁巳岁，吴夫差十二年，越句践十三年，齐简公元年，西历纪元前484年。齐简公名壬，悼公阳生之子，一云景公杵臼之子，为齐第二十六君。在位四年，为陈恒所弑。
② 吴自鄫会以后，北向争霸，齐国首当其冲，故冲突时起。自哀八年至十一年，凡两伐齐。九年城邗，沟通江、淮，即所以谋北出也。此云吴将伐齐，即指十一年兴师之际。
③ 豢读如"患"，养也。越之朝赂吴，使得快意伐齐，实犹人之养牺牲，非爱之，将杀之也，故子胥有"是豢吴也夫"之叹。
④ 从事，务于击越也。
⑤ 石田不可耕，喻无用。
⑥ 越不为沼，吴其泯矣，所以喻吴、越不两立。
⑦ 使医治疾……未之有也，言自来未有使医攻病而谓必令留下病种者。
⑧ 其有颠越不共……无俾易种于兹邑，摘取《商书·盘庚中》语。《盘庚中》有云："乃有不吉不迪，颠越不恭，遇奸宄，我乃劓殄灭之，无遗育，无俾易种于兹新邑。"颠越不共，纵横不承命者也。劓，割也。殄，绝也。育，长也。俾，使也。易种，转生种类。见杜《注》。
⑨ 除恶去根，此商所由兴，今夫差欲反易其道，留恶易种，故云"今君易之"。
⑩ 弗听，夫差不纳胥之谏，遂行伐齐，战于艾陵，大败齐师。
⑪ 使于齐……为王孙氏，杜《注》："私使人至齐，属其子，改姓为王孙，欲以避吴祸。"按，《史记·吴越世家》及《伍子胥列传》皆作"吴王使子胥于齐"，其说较杜《注》为胜。
⑫ 反役，杜《注》："艾陵役也。"按，从《史记》当释为返自使齐之役。
⑬ 使赐之属镂以死，夫差使人以属镂之剑赐子胥，令以自裁也。
⑭ 槚一名楸，即梓，落叶乔木，可供建筑及制器之用。树吾墓槚，以槚植于吾墓也。

乎！①三年，其始弱矣，盈必毁，天之道也。"

十三年②

……夏，公会单平公、晋定公、吴夫差于黄池。③

六月丙子，越子伐吴，为二隧。④畴无馀、讴阳⑤自南方，先及郊。⑥吴大子友、王子地、王孙弥庸、寿於姚自泓上观之。⑦弥庸见姑蔑⑧之旗，曰："吾父之旗也。⑨不可以见仇而弗杀也。"大子曰："战而不克，将亡国，请待之。"弥庸不可。属徒五千。⑩王子地助之。乙酉，战。弥庸获畴无馀。地获讴阳。越子至，王子地守。⑪丙戌，复战。大败吴师，获大子友、王孙弥庸、寿於姚。丁亥，入吴。⑫吴人

---

① 槚可材也，吴其亡乎，言槚稍长可供材用时吴其灭亡矣。
② 哀公十三年当周敬王三十八年己未岁，吴夫差十四年，越句践十五年，晋定公三十年，宋景公三十五年，西历纪元前482年。
③ 公会单平公、晋定公、吴夫差于黄池，夫差召会于黄池也。单平公，周之卿士，亦应召赴会者。黄池，宋地在今河南封丘县东南，近济水。《国语·吴语》："吴王夫差既杀申胥（即伍子胥），不稔于岁，乃起师北征，阙为深沟，通于商（即宋）鲁之间，北属之沂，西属之济，以会晋公午于黄池。"盖是时夫差既通江、淮，遂帅舟师自淮入泗，自泗入沂，复穿鲁、宋之境，连属水道，有不通者凿而通之，以达于封丘之济，以耀兵于黄池也。
④ 隧，道也。二隧，分兵两路也。《国语·吴语》："夫差……会晋公午于黄池，于是越王句践乃命范蠡、舌庸（《左传》作后庸）率师沿海泝淮以绝吴路。此北路也。"下云"自南方，先及郊"，即南路也。
⑤ 畴无馀、讴阳皆越之大夫。
⑥ 先及郊，越南路之师乘吴空虚，轻装掩袭，故先及吴都之郊也。
⑦ 大子友，夫差子。王子地、王孙弥庸、寿於姚，群公子，俱吴大夫。泓，杜云水名。当系近郊之水。自泓上观之，从泓水之上观越师也。
⑧ 姑蔑，越地，当越之西境，今浙江龙游县。
⑨ 弥庸父前为越所获，姑蔑人得其旌旗。至是，弥庸见此旗，故云"吾父之旗也"。
⑩ 不可，不肯听大子友之言也。属，会也。属徒五千，集其徒众得五千人也。
⑪ 越子至，句践亲到吴郊也。王子地守，王子地守国未出战也。
⑫ 大败吴师……入吴，《国语·吴语》："败王子友于姑熊夷（吴郊也），越王句践乃率中军泝江以袭吴，入其郛，焚其姑苏，徙其大舟。"

告败于王。① 王恶其闻也,自刭七人于幕下。②

秋七月辛丑,盟。③ 吴晋争先。④ 吴人曰:"于周室我为长。"⑤ 晋人曰:"于姬姓我为伯。"⑥ 赵鞅呼司马寅⑦曰:"日旰⑧矣。大事未成,二臣⑨之罪也。建鼓整列,二臣死之,长幼必可知也。⑩" 封曰:"请姑视之。"⑪ 反⑫曰:"肉食者无墨。⑬ 今吴王有墨,国胜乎?大子死乎?⑭ 且夷德轻,不忍久。⑮ 请少待之。"乃先晋人。⑯……

王欲伐宋,杀其丈夫,而囚其妇人。⑰ 太宰嚭曰:"可胜也,而弗能居也。"⑱ 乃归。

冬,吴及越平。

---

① 告败于王,奔告败状于夫差也。
② 恶其闻也,自刭七人于幕下,夫差深恐凶信之泄于诸侯也,故手刃奔告之人以灭口。
③ 盟,黄池之会之歃盟也。
④ 争先,争歃血先后,即争为盟长耳。
⑤ 吴为大伯之后,故云"于周室我为长"。
⑥ 吴,子爵。晋,侯爵。晋以侯伯压子男,故云"于姬姓我为伯"。
⑦ 司马寅,晋大夫董褐也。寅一作"演"。
⑧ 旰,晚也。
⑨ 二臣,赵鞅自指,兼及司马寅。
⑩ 建鼓整列……长幼必可知也,是赵简子欲耀兵决斗以求长矣。
⑪ 请姑视之,且往察其动静也。
⑫ 反,司马寅察吴复命于简子也。
⑬ 墨,暴气也。一作"气色下"。肉食者无墨,言肉食爵禄之人无气色下者,见林《释》。
⑭ 吴王有墨,……大子死乎,言吴王气色不佳,岂国为敌所胜乎,抑大子死乎?《国语·吴语》:"董褐既致命,乃告赵鞅曰,臣观吴王之色类有大忧,小则嬖妾嫡子死,不则国有大难,大则越入吴,将毒不可与战,主其许之先。"是《吴语》以为晋畏吴之将致死以争先,故董褐劝赵鞅许之先歃,适与《左传》所述相反。今并存之。
⑮ 不忍久,不能耐久也。
⑯ 乃先晋人,让晋先歃也。
⑰ 夫差以宋不会黄池,故欲伐宋,杀其丈夫而囚其妇人。
⑱ 可胜也,而弗能居也,言吴强宋弱,可必胜然吴去宋远,不能居有之也。

十七年①

……三月，越子伐吴，吴子御之笠泽，②夹水而陈。越子为左右句卒，③使夜或左或右，鼓噪而进。吴师分以御④之。越子以三军潜涉。⑤当吴中军而鼓之。吴师大乱，遂败之。⑥……

二十年⑦

……吴公子庆忌⑧骤谏吴子曰："不改，必亡。"弗听。出居于艾。⑨遂适楚。闻越将伐吴，冬，请归平越。⑩遂归。欲除不忠者以说于越。⑪吴人杀之。

十一月，越围吴。赵孟降于丧食。⑫楚隆⑬曰："三年之丧，亲暱

---

① 哀公十七年当周敬王四十二年癸亥岁，吴夫差十八年，越句践十九年，西历纪元前478年。
② 笠泽即今之太湖，亦称具区。东西三百余里，南北一百二十里周五百里，介于今江苏吴江、吴县、无锡、武进、宜兴及浙江吴兴六县之间。
③ 左右句卒，杜《注》："钩伍相著，别为左右屯。"盖于三军之外别为左右偏师，以扰乱敌人之耳目者。
④ 御通"禦"。
⑤ 潜涉，偷渡也。
⑥ 当吴中军而鼓之……遂败之，吴师既为越左右句卒之声势所分散，而越之三军精卒乃得并力击吴中军，故遂胜吴也。
⑦ 哀公二十年当周元王元年丙寅岁，吴夫差二十一年，越句践二十二年，晋定公三十七年，西历纪元前475年。周元王名仁，敬王子，在位七年，为周朝第二十七王。
⑧ 公子庆忌，吴之群公子。
⑨ 艾，吴邑，在今江西修水县西。
⑩ 请归平越，请归吴求成于越也。
⑪ 欲除不忠者以说于越，庆忌不自量力，冀得驱除奸佞以见好于越国也。
⑫ 赵孟，赵简子之子赵襄子无恤也。降于丧食，饮食减损于居丧之度也。时无恤居简子之丧。
⑬ 楚隆，无恤家臣。

之极也。主又降之，无乃有故乎？①"赵孟曰："黄池之役，先主与吴王有质，②曰，好恶同之。今越围吴，嗣子③不废旧业而敌之。④非晋之所能及也，吾是以为降。⑤"楚隆曰："若使吴王知之，若何？"赵孟曰："可乎？"隆曰："请尝⑥之。"乃往。先造⑦于越军，曰："吴犯间⑧上国多矣，闻君亲讨焉，诸夏之人⑨莫不欣喜，唯恐君志之不从。请入视之。⑩"许之。告于吴王曰："寡君之老无恤，⑪使陪臣隆敢展谢其不共。⑫黄池之役，君之先臣志父⑬得承齐盟，曰，好恶同之。今君在难，无恤不敢惮劳。非晋国之所能及也，使陪臣敢展布之。"王拜，稽首曰："寡人不佞，不能事越以为大夫忧。拜命之辱。"与之一箪⑭珠，使问⑮赵孟，曰："句践将生忧寡人，寡人死之不得矣。⑯"王曰："溺人必笑，吾将有问也。⑰史黯何以得为君子？⑱"封曰："黯也进不

---

① 三年之丧……无乃有故乎，言三年之丧降食居忧，似已极报亲之意，今更降之，岂有别有缘故乎。
② 有质，谓十三年黄池之会简子与夫差有盟信也。
③ 嗣子，无恤自谓。
④ 不废旧业而敌之，言当履简子之信，敌越救吴也。
⑤ 非晋之所及也，吾是以为降，言晋、吴相距甚远，欲救吴，实非晋力所能及，因是深用忧念，为之降食。
⑥ 尝，试也。
⑦ 造，往也；诣也。读如"慥"。
⑧ 犯间，犹云开罪。
⑨ 诸夏之人，谓中原诸邦之人。
⑩ 请入视之，请得入吴以视其动息也。
⑪ 告于吴王，楚隆入见夫差，达无恤之命也。大夫称老，无恤称名于吴君也。
⑫ 展，陈也。展谢其不共，陈谢不能敬恭承命之愆也。
⑬ 志父，即简子鞅。
⑭ 箪，小笥。
⑮ 问，遗也。
⑯ 句践将生忧寡人，寡人死之不得矣，言句践将使我生受其忧患，我虽欲为之死，不可得矣。
⑰ 溺人必笑，当时之谚，意谓溺水之人面常呈笑容也。此处夫差更端引之，想见意绪之恶，而接云"吾将有问也"，所以自喻所问不急，犹溺水不知所为而反笑也。
⑱ 史黯，晋大史蔡墨也。昭三十二年夏，吴始用师于越，史墨曰："不及四十年，越其有吴乎。"夫差有感此言，故问史黯何以得为君子。

见恶，退无谤言。^①"王曰："宜哉！"

二十二年^②

……冬十一月丁卯，越灭吴。^③请使吴王居甬东。^④辞曰："孤老矣，焉能事君？"乃缢。越人以归。^⑤

---

① 进不见恶，谓时行则行。退无谤言，谓时止则止。
② 哀公二十二年当周元王三年戊辰岁，吴夫差二十三年，越句践二十四年，西历纪元前473年。
③ 越自哀二十年围吴，至是，越破城灭吴，凡阅二年矣。
④ 甬东，越地，今浙江鄞县东海中之定海县也。
⑤ 以归，以吴王夫差之尸归越也。